Conheça o
Saraiva Conecta

Uma plataforma que apoia o leitor em sua jornada de estudos e de atualização.

Estude *online* com conteúdos complementares ao livro e que ampliam a sua compreensão dos temas abordados nesta obra.

Tudo isso com a **qualidade Saraiva Educação** que você já conhece!

Veja como acessar

No seu computador
Acesse o *link*

https://somos.in/DIP22

No seu celular ou tablet
Abra a câmera do seu celular ou aplicativo específico e aponte para o *QR Code* disponível no livro.

Faça seu cadastro

1. Clique em **"Novo por aqui? Criar conta"**.

2. Preencha as informações – insira um *e-mail* que você costuma usar, ok?

3. Crie sua senha e clique no botão **"CRIAR CONTA"**.

Pronto!
Agora é só aproveitar o conteúdo desta obra!*

Qualquer dúvida, entre em contato pelo *e-mail* **suportedigital@saraivaconecta.com.br**

Confira o material dos professores para você: **https://somos.in/DIP22**

* Sempre que quiser, acesse todos os conteúdos exclusivos pelo *link* ou pelo *QR Code* indicados.
O seu acesso tem validade até dezembro de 2024.

Direito
Internacional
Privado

teoria e prática

BEAT WALTER RECHSTEINER

22ª EDIÇÃO

2024

Av. Paulista, 901, Edifício CYK, 4º andar
Bela Vista – São Paulo – SP – CEP 01310-100

SAC sac.sets@saraivaeducacao.com.br

Diretoria executiva	Flávia Alves Bravin
Diretoria editorial	Ana Paula Santos Matos
Gerência de produção e projetos	Fernando Penteado
Gerência de conteúdo e aquisições	Thais Cassoli Reato Cézar
Gerência editorial	Livia Céspedes
Novos projetos	Aline Darcy Flôr de Souza
	Dalila Costa de Oliveira
Edição	Daniel Pavani Naveira
Design e produção	Jeferson Costa da Silva (coord.)
	Camilla Felix Cianelli Chaves
	Guilherme Salvador
	Karina Lourenço Kempter
	Lais Soriano
	Rosana Peroni Fazolari
	Tiago Dela Rosa
	Verônica Pivisan
Planejamento e projetos	Cintia Aparecida dos Santos
	Daniela Maria Chaves Carvalho
	Emily Larissa Ferreira da Silva
	Kelli Priscila Pinto
Diagramação	Mônica Landi
Revisão	Paula Hercy Cardoso Craveiro
Capa	Tiago Dela Rosa
Produção gráfica	Marli Rampim
	Sergio Luiz Pereira Lopes
Impressão e acabamento	Gráfica Paym

DADOS INTERNACIONAIS DE CATALOGAÇÃO NA PUBLICAÇÃO (CIP)
VAGNER RODOLFO DA SILVA – CRB-8/9410

R296d	Rechsteiner, Beat Walter
	Direito Internacional Privado / Beat Walter Rechsteiner. – 22. ed. – São Paulo : SaraivaJur, 2024.
	432 p.
	ISBN: 978-85-5362-325-9 (Impresso).
	1. Direito. 2. Direito Internacional. 3. Direito Internacional Privado. I. Título.
2023-2375	CDU 341
	CDU 341

Índices para catálogo sistemático:
1. Direito Internacional   341
2. Direito Internacional   341

Data de fechamento da edição: 19-10-2023

Dúvidas? Acesse www.saraivaeducacao.com.br

Nenhuma parte desta publicação poderá ser reproduzida por qualquer meio ou forma sem a prévia autorização da Saraiva Educação. A violação dos direitos autorais é crime estabelecido na Lei n. 9.610/98 e punido pelo art. 184 do Código Penal.

CÓD. OBRA 12254   CL 608743   CAE 841901

A
Karin Patrícia e
Alessandra Maria,
minhas filhas.

ABREVIAÇÕES E SIGLAS UTILIZADAS

AASP — Associação dos Advogados de São Paulo
ABGB — *Allgemeines bürgerliches Gesetzbuch*
ADC — Ação Declaratória de Constitucionalidade
ACO — Ação Cível Originária
ADI — Ação Direta de Inconstitucionalidade
ADCT — Ato das Disposições Constitucionais Transitórias
AgIn — Agravo de Instrumento
AgRg — Agravo Regimental
AGU — Advocacia-Geral da União
AmJCompL — *The American Journal of Comparative Law*
Ap — Apelação
ApCív — Apelação Cível
ARE — Recurso Extraordinário com Agravo
ASADIP — Associação Americana de Direito Internacional Privado
Bol. AASP — *Boletim de Jurisprudência da Associação dos Advogados de São Paulo*
cad. — caderno
Câm. — Câmara
CC — Código Civil
CComp — Conflito de Competência
CDC — Código de Defesa do Consumidor
CE — Corte Especial
cf. — confronte
CF — Constituição Federal

VII

CIDIP — Conferência Especializada Interamericana de Direito Internacional Privado
CLT — Consolidação das Leis do Trabalho
CMC — Conselho do Mercado Comum
CNJ — Conselho Nacional de Justiça
CP — Código Penal
CPC — Código de Processo Civil
CPP — Código de Processo Penal
CR — Carta Rogatória
CSM — Conselho Superior da Magistratura
DCI — *Diário do Comércio e Indústria*
DE — Decisão Estrangeira
DEJT — *Diário Eletrônico da Justiça do Trabalho*
DJe — *Diário da Justiça eletrônico*
DJE — *Diário da Justiça do Estado de São Paulo*
DJU — *Diário da Justiça da União*
DOU — *Diário Oficial da União*
EC — Emenda Constitucional
ECR — Embargos na Carta Rogatória
ed. — edição
EDcl — Embargos de Declaração
EREsp — Embargos de Divergência em Recurso Especial
ERR — Embargos em Recurso de Revista
FS — *Festschrift*
HC — *Habeas Corpus*
HDE — Homologação de decisão estrangeira
ICLQ — *International and Comparative Law Quaterly*
IN — Instrução Normativa
INCRA — Instituto Nacional da Colonização e Reforma Agrária
IPRax — *Praxis des Internationalen Privat- und Verfahrensrechts*
j. — julgado(a)
Jhg. — *Jahrgang*
JZ — *Juristenzeitung*
LAB — Lei que dispõe sobre Arbritagem
LICC — Lei de Introdução ao Código Civil, atual LINDB
LINDB — Lei de Introdução às Normas do Direito Brasileiro

LRP — Lei dos Registros Públicos
MC — Medida Cautelar
MDIC — Ministério do Desenvolvimento, Indústria e Comércio Exterior
MJSP — Ministério da Justiça e Segurança Pública
MS — Mandado de Segurança
n. — número
NJW — *Neue Juristische Wochenschrift*
OLG — *Oberlandesgericht*
PGB — *Privatrechtliches Gesetzbuch für den Kanton Zürich*
PL — Projeto de Lei
PLS — Projeto de Lei no Senado
p.m. — por maioria
QO — Questão de Ordem
RabelsZ — *Rabels Zeitschrift für ausländisches und internationales Privatrecht*
RArb — *Revista de Arbitragem e Mediação*
Rcl — Reclamação
RDF — *Revista Síntese Direito de Família*
RDM — *Revista de Direito Mercantil, Industrial, Econômico e Financeiro*, nova série
RE — Recurso Extraordinário
REsp — Recurso Especial
RF — *Revista Forense*
RG — Repercussão Geral
RHC — Recurso em *Habeas Corpus*
RIDC — *Revue Internationale de Droit Comparé*
RISTF — Regimento Interno do Supremo Tribunal Federal
RISTJ — Regimento Interno do Superior Tribunal de Justiça
RIW — *Recht der Internationalen Wirtschaft*
RMS — Recurso em Mandado de Segurança
RO — Recurso Ordinário
RP — *Revista de Processo*
RPS — *Revue Pénale Suisse*
RR — Recurso de Revista
RSTJ — *Revista do Superior Tribunal de Justiça*

RT — *Revista dos Tribunais*
RTJ — *Revista Trimestral de Jurisprudência*
SDI — Seção de Dissídios Individuais
SE — Sentença Estrangeira
SEC — Sentença Estrangeira Contestada
SJZ — *Schweizerische Juristen-Zeitung (Revue Suisse de Jurisprudence)*
STF — Supremo Tribunal Federal
STJ — Superior Tribunal de Justiça
SZIER — *Schweizerische Zeitschrift für internationales und europäisches Recht*
TACivSP — Tribunal de Alçada Civil do Estado de São Paulo
TJDF — Tribunal de Justiça do Distrito Federal
TJRS — Tribunal de Justiça do Rio Grande do Sul
TJSP — Tribunal de Justiça de São Paulo
TP — Tribunal Pleno
TRF — Tribunal Regional Federal
TRT — Tribunal Regional do Trabalho
TST — Tribunal Superior do Trabalho
Uncitral — *United Nations Commission on International Trade Law*
v. — *vide*
v. — volume
v. u. — votação unânime
ZVglR — *Zeitschrift für Vergleichende Rechtswissenschaft*

Índice Geral

Abreviações e siglas utilizadas VII
Prefácio à 22ª edição XV
Prefácio à 10ª edição XVII
Apresentação XIX

Título I – Princípios Gerais de Direito Internacional Privado

Capítulo 1. Noções Básicas de Direito Internacional Privado 1
    A. Conceito do Direito Internacional Privado 1
    B. Objeto do Direito Internacional Privado..................... 6
    C. Objetivos do Direito Internacional Privado................. 12
    D. Direito Internacional Privado e Direito Público.......... 23

Capítulo 2. Direito Internacional Privado e Disciplinas Jurídicas
    Afins... 30
    A. Nacionalidade e Direito Internacional Privado............ 30
    B. Condição do Estrangeiro e Direito Internacional Privado 35
    C. Direito Processual Civil Internacional......................... 40
    D. Direito Internacional Público – Direito Transnacional...... 46
    E. Conflitos de Leis no Espaço não Relacionados ao Direito Internacional Privado 49
    F. Direito Intertemporal ou Transitório.......................... 51
    G. Direito Comparado 52

Capítulo 3. Direito Uniforme e Direito Internacional Privado 55
    A. Direito Internacional Privado Uniforme 55
    B. Direito Uniforme Substantivo ou Material 66
    C. Direito Internacional Privado e Direito Comunitário .. 73
    D. Direito Internacional Privado e *Lex Mercatoria* 78
    E. Direito Internacional Privado e Direito do Trabalho..... 89
    F. Direito Internacional Privado e Relações de Consumo.... 100

Capítulo 4. Fontes do Direito Internacional Privado 113
    A. Lei.. 113
    B. Tratado Internacional.................................... 115
    C. Jurisprudência... 125
    D. Doutrina.. 126
    E. Direito Costumeiro 128

Capítulo 5. Estrutura da Norma do Direito Internacional Privado.. 131
    A. Considerações Gerais 131
    B. Norma Indicativa ou Indireta do Direito Internacional Privado... 134
    C. Qualificação.. 140
    D. Elementos de Conexão.................................... 144
    E. Autonomia da Vontade e Direito Internacional Privado 155
    F. *Lex Fori* 164
    G. Estatuto Pessoal da Pessoa Jurídica no Direito Internacional Privado 166

Capítulo 6. Preceitos Básicos do Direito Internacional Privado...... 175
    A. Ordem Pública 175
    B. Fraude à Lei 181
    C. Reenvio.. 185
    D. Questão Prévia 190
    E. Adaptação, Substituição, Institutos Jurídicos Desconhecidos. 192
    F. Alteração de Estatuto ou Conflito Móvel 195
    G. Direitos Adquiridos.. 198

Capítulo 7. História Moderna do Direito Internacional Privado.... 203
    A. História Moderna no Plano Internacional 203
    B. Direito Internacional Privado no Brasil 225

TÍTULO II – PRINCÍPIOS GERAIS DE DIREITO PROCESSUAL CIVIL INTERNACIONAL

Capítulo 1. Noções Básicas do Direito Processual Civil Internacional 235

Capítulo 2. Verificação do Conteúdo e Aplicação do Direito Estrangeiro no Processo 246
    A. Aplicação das Normas de Direito Internacional Privado 246
    B. Aplicação do Direito Estrangeiro no Processo 247
    C. Verificação do Conteúdo do Direito Estrangeiro no Processo 254

Capítulo 3. Competência Internacional e Imunidade de Jurisdição.. 258
    A. Conceito e Princípios Básicos 258
    B. Classificação de Competência Internacional 264
    C. Normas de Competência Internacional no Direito Brasileiro 266
    D. Imunidades de Jurisdiçao do Estado Estrangeiro 279

Capítulo 4. Homologação de Sentença Estrangeira 289
    A. Conceitos e Princípios Básicos 289
    B. Homologação da Sentença Estrangeira no Direito Brasileiro 295

Capítulo 5. Cooperação Jurídica Internacional e Regime das Provas nos Processos com Conexão Internacional 314
    A. Cooperação Jurídica Internacional 314
    B. Regime das Provas nos Processos com Conexão Internacional 328

XIII

Capítulo 6. Outros Temas Específicos Relacionados ao Direito Processual Civil Internacional 337
  A. Litispendência Internacional 337
  B. Caução de Processo (*Cautio Judicatum Solvi*) 343
  C. Capacidade Processual da Parte 348
  D. Assistência Judiciária Gratuita 352
  E. Regime Jurídico dos Documentos de Procedência Estrangeira 354

Capítulo 7. Direito Processual Civil Internacional no Mercosul 361
  A. Considerações Gerais 361
  B. Princípios Básicos da Cooperação e Assistência Jurídica 364
  C. Jurisdição em Matéria Contratual 373
  D. Medidas Cautelares 379
  E. Responsabilidade Civil 382

Bibliografia 385

Prefácio
à 22ª edição

A intenção do autor é a atualização legislativa, doutrinária e jurisprudencial constante de sua obra. Por esse motivo, ela foi completamente revisada. Destaquem-se, nesse sentido, vários de seus Capítulos.

Esse é o caso, em especial, dos Capítulos 1.C. Objetivos do direito internacional privado, 2.D. Direito internacional público – Direito transnacional, 6.A. Ordem pública, 6.G. Direitos adquiridos, 7.A. e B. História moderna do direito internacional privado, do Título I, bem como dos Capítulos 1. Noções básicas do direito processual civil internacional, 4.A. Conceitos e princípios básicos da homologação da sentença estrangeira e 6.B., Caução de processo *(Cautio Judicatum Solvi)*, do Título II, do livro.

O Supremo Tribunal Federal, o Superior Tribunal de Justiça e o Tribunal Superior do Trabalho proferiram várias decisões relevantes, servindo como orientação para a interpretação e aplicação do direito internacional privado desde a publicação da última edição da obra pela Editora Saraiva.

Em nível internacional, convém ressaltar a Resolução do Instituto de Direito Internacional sobre a Relação entre Direitos Humanos e Direito Internacional Privado, de 4 de setembro de 2021. Seu conteúdo básico foi incorporado na obra.

Outro tópico fascinante e atual é a utilização das novas tecnologias na cooperação jurídica internacional. O autor aborda esse tópico no contexto internacional e nacional. No Brasil, deverá ser levada em consideração a esse respeito, particularmente, a Resolução n. 449, de 30 de março de 2022, do Conselho Nacional de Justiça (CNJ), que dispõe sobre a tramitação das ações judiciais fundadas na Convenção da Haia sobre os aspectos civis do sequestro internacional de crianças (1980), em execução por força do Decreto n. 3.141, de 14 de abril de 2000.

Na sua obra, o autor reserva um amplo espaço ao direito comparado, em relação à América Latina, inclusive, às legislações mais recentes de direito internacional privado do Panamá, da Argentina, e do Uruguai.

O autor espera que também essa nova edição seja bem recebida pelo meio jurídico e que continue servindo como fonte de auxílio aos estudantes e operadores do direito interessados pelo direito internacional privado.

Seu artigo *Contrato de compra e venda internacional de arte – Aspectos jurídicos relevantes* integra esta edição como conteúdo adicional.

São Paulo, agosto de 2023.

Beat Walter Rechsteiner

Prefácio
à 10ª edição

Desde sua 1ª edição, lançada no mês de setembro, em 1996, este livro tem tido boa aceitação no mercado, tanto no meio estudantil quanto entre os profissionais já formados que atuam na prática do direito internacional no País.

Na última década, o mundo mudou consideravelmente, o que se refletiu também no direito brasileiro, em virtude do fenômeno da mundialização ou globalização das relações internacionais.

A obra procurou acompanhar essa evolução em todas as suas edições lançadas até a presente data, porém nunca deixou de permanecer concentrada no direito brasileiro, não só na perspectiva doutrinária, mas ainda com relação à prática forense, em particular, dos tribunais superiores do País.

Note-se que o número das causas com conexão internacional, focalizando a disciplina jurídica objeto deste livro, o direito internacional privado, aumentou consideravelmente nos últimos anos no Brasil, o que demonstra o maior volume das decisões proferidas pelos nossos tribunais e juízos singulares nesse âmbito. Ademais, verifica-se um crescimento dos meios alternativos de solução de litígios no País, em especial da arbitragem, e isso, inclusive, com relação àqueles com conexão internacional.

Apresentação

Foi com satisfação que aceitei o convite do autor para a apresentação de seu trabalho.

A profundidade da pesquisa, o linguajar despretensioso e escorreito, a exposição lógica e organizada representam, sem dúvida, valiosa contribuição para os estudiosos do direito, tanto estudantes quanto advogados, e, inclusive, para nossos julgadores quando às voltas com questões internacionais.

Por outro lado, o momento não poderia ser mais oportuno, tendo em vista a intensificação das relações internacionais do nosso país.

Atente-se não se cuidar de obra meramente acadêmica, sem qualquer respaldo na prática.

O autor, doutor pela Universidade de Zürich e mestre pela Universidade de São Paulo, exerce com maestria a atividade, aplicando, na prática e com sucesso, os ensinamentos aqui consubstanciados.

Por tais razões, aliadas ao fato de ter acompanhado de perto a elaboração do trabalho, podendo testemunhar sua seriedade, minha alegria em apresentar a presente edição.

Vera Helena de Mello Franco

Doutora e Mestre em Direito pela
Universidade de São Paulo (USP).
Professora Assistente Doutora
da Faculdade de Direito (USP).
Professora Doutora da Faculdade
Autônoma de Direito.

TÍTULO I

PRINCÍPIOS GERAIS DE DIREITO INTERNACIONAL PRIVADO

CAPÍTULO 1

NOÇÕES BÁSICAS DE DIREITO INTERNACIONAL PRIVADO

A. CONCEITO DO DIREITO INTERNACIONAL PRIVADO

Existe, atualmente, um número em torno de duzentos Estados soberanos em nosso planeta, possuindo cada um sua ordem jurídica própria, da qual faz parte o direito privado.

As relações jurídicas de direito privado, na maioria dos casos, estão vinculadas estritamente ao território do Estado no qual os tribunais julgam uma eventual lide corrente entre as partes. Mas, no mundo inteiro, cada vez mais são frequentes as relações jurídicas com conexão internacional a transcender as fronteiras nacionais. Assim é também no Brasil, onde a mobilidade da população[1] e as relações comerciais entre empresas ganham

---

1. No ano de 2021, de acordo com as estimativas do Ministério das Relações Exteriores, a comunidade brasileira no exterior ultrapassou 4,4 milhões de cidadãos, o que representou um aumento de mais de 180 mil pessoas em comparação ao último levantamento realizado, referente ao ano de 2020. As mais expressivas concentrações estão nos Estados Unidos, Portugal, Paraguai, Reino Unido e Japão.

constantemente caráter internacional[2]. Uma brasileira e um português, domiciliados na Alemanha, se casam naquele país. Posteriormente, a esposa volta com os dois filhos, nascidos na Alemanha, ao Brasil e pretende se divorciar no País do seu marido. Um chinês, domiciliado em São Paulo, se envolve num acidente de carro na Argentina. Ele próprio e dois pedestres, um de nacionalidade argentina e outro de nacionalidade francesa, sofrem ferimentos graves. Uma empresa com sede em Belo Horizonte adquire equipamentos de uma empresa, sediada no Canadá, que apresentam defeitos. Um nigeriano vivendo em união estável com uma brasileira em Fortaleza, falece no seu país de origem. Deixa a companheira e dois filhos nascidos no Brasil e uma filha com outra mulher, nascida na Nigéria. O ex-namorado norte-americano, que está domiciliado e estudando em Boston (EUA), envia continuamente mensagens eletrônicas com graves ofensas e ameaças à brasileira que voltou ao Brasil com o seu novo domicílio em Santos-SP.

Esses exemplos ilustram casos de direito privado, nos quais o fato de todos possuírem uma conexão internacional ou transnacional é comum, seja porque as pessoas envolvidas têm nacionalidade estrangeira, seja porque o domicílio ou a sede de uma ou ambas as partes de um negócio jurídico está situado no exterior, ou, ainda, porque outro fato ocorreu fora do país, um bem está localizado ou um direito foi adquirido em outro lugar, além de outros elementos de conexão similares possíveis[3].

---

2. A entidade mais importante para o comércio internacional em nível mundial é a Organização Mundial do Comércio (OMC). Ela integra 164 Estados-membros. Seu histórico, seu funcionamento, seus objetivos, sua organização, seus membros e suas atividades no âmbito jurídico, *v.* o seu Portal. Disponível em: https://www.wto.org. Acesso em: 4-7-2023. Levando em consideração a integração econômica regional, cumpre mencionar que o Brasil faz parte da Associação Latino-Americana de Integração (ALADI). Sobre os membros, o histórico, os objetivos e as atividades da ALADI, *v.* o seu Portal. Disponível em: https://www.aladi.org. Acesso em: 4-7-2023. De grande relevância para o Brasil é, ainda, o Mercosul. Para obter mais informações a seu respeito, *v.* o seu Portal. Disponível em: https://www.mercosur.int. Acesso em: 4-7-2023.

3. Sobre a relação jurídica de direito privado com conexão internacional, cf., entre outros, Walter A. Stoffel, "Le rapport juridique international", in *Conflits et harmonisation*; mélanges en l'honneur d'Alfred E. von Overbeck (ed. Walter A. Stoffel e Paul Volken), Fribourg, Faculté de Droit de l'Université de Fribourg, Éditions Universitaires Fribourg, 1990, p. 421-51. Os Estados com leis que regulam o direito internacional privado raramente definem a relação jurídica internacional no seu texto. Uma exceção é o Panamá. *v.* art. 2 da sua Lei n. 61, de 7-10-2015, que adota o Código de Direito Internacional Privado.

Cada Estado poderia, teoricamente, aplicar o direito interno, indistintamente, a todas as questões jurídicas com conexão nacional e internacional. Na realidade, porém, não é isso o que ocorre, pois todos os ordenamentos jurídicos nacionais estabelecem regras peculiares, concernentes às relações jurídicas de direito privado com conexão internacional[4]. Tais regras dizem respeito, principalmente, ao direito aplicável, que será sempre o direito nacional ou um determinado direito estrangeiro[5].

Atente-se, porém, que essas regras não resolvem a questão jurídica propriamente dita, indicando, tão somente, qual direito, dentre aqueles que têm conexão com a lide *sub judice*, deverá ser aplicado pelo juiz ao caso concreto.

Qual é a razão, nesses casos, pela qual um juiz ou tribunal pátrio aplicaria eventualmente o direito estrangeiro?

Por vezes, a relação jurídica com conexão internacional está mais vinculada a um ou a vários ordenamentos jurídicos estrangeiros do que com o direito pátrio. Quando essa situação ocorre, contudo, cada Estado, basicamente, determina individualmente, conforme a sua própria legislação, sendo aplicado o direito no qual a relação jurídica com conexão internacional tenha seu "centro de gravidade"[6]. Esta faculdade é limitada apenas quando um Estado está vinculado juridicamente por tratados internacionais. Particularmente nos Estados-membros da União Europeia estão em vigor normas uniformes, deixando cada vez menos espaço para eles legislarem individualmente nesse âmbito[7].

---

4. Cf., no Brasil, entre outros, Jacob Dolinger, *Direito internacional privado*; parte geral, 3. ed., Rio de Janeiro, Renovar, 1994, p. 6; Haroldo Valladão, *Direito internacional privado*, 5. ed., Rio de Janeiro, Freitas Bastos, 1980, v. 1, p. 3-8.

5. V., no Brasil, entre outros, Jacob Dolinger, *Direito internacional privado*, cit., p. 5 e 14; Haroldo Valladão, *Direito internacional privado*, cit., v. 1, p. 38-41.

6. No exterior, utilizam-se as expressões *most significant relationship, center of gravity, Schwerpunkt, engster oder stärkster Zusammenhang* etc. A ideia de que o direito aplicável a uma relação jurídica com conexão internacional é aquele do lugar da sua *"sede"* tem sua origem no pensamento do jurista alemão Friedrich Carl von Savigny (1779-1862). Cf., a respeito, detalhadamente, Max Keller e Kurt Siehr, *Allgemeine Lehren des Internationalen Privatrechts*, Zürich, Schulthess Polygraphischer Verlag AG, 1986, p. 53-61.

7. Cf., entre outros, Gisela Rühl e Jan von Hein, Towards a European Code on Private International Law?, *RabelsZ*, 79:701-51, 2015; Eckart Brödermann, Paradigmenwechsel im Internationalen Privatrecht, *Neue Juristische Wochenschrift (NJW)*, 63:807-13, 2010.

Como já realçado, esse direito é representado por normas que definem qual o direito a ser aplicado a uma relação jurídica com conexão internacional, não resolvendo propriamente a questão jurídica, tão só indicando o direito aplicável. Por essa razão, são denominadas indicativas ou indiretas.

As normas indicativas, designativas do direito aplicável, são essenciais para a compreensão do direito internacional privado e, conforme o ensinamento da doutrina, resolvem conflitos de leis no espaço[8].

Da ótica do juiz pátrio, porém, inexistem conflitos desse gênero. Cada país basicamente possui suas próprias normas de direito internacional privado e, por tal razão, o juiz, ao aplicar o direito, baseia-se em primeiro lugar na ordem jurídica interna. Se as normas de direito internacional privado indicam o direito estrangeiro como aplicável, este não se impõe ao juiz por força própria. Sua aplicação dependerá da vontade do legislador nacional e nunca do Estado estrangeiro. Por esse motivo, não se pode falar em conflito de leis no espaço, propriamente dito, quando uma causa com conexão internacional para julgamento é submetida a juiz ou tribunal[9].

O conflito existe tão somente quando o direito internacional privado é visto através de uma perspectiva supranacional, ou seja, como cada Estado possui o seu próprio ordenamento jurídico, o direito aplicável a uma causa com conexão internacional é aquele que o juiz de determinado país aplica à lide *sub judice*, conforme a sua legislação.

Dependendo da ordem jurídica do país em que se decide a lide, o direito aplicável à causa com conexão internacional poderá variar. Assim, o conflito de leis no espaço, assinalado pela doutrina, está fundamentado na possibilidade de o direito aplicável não ser o mesmo nos diversos países[10], e justamente essas normas resolutivas de conflito de leis no

---

8. Jacob Dolinger, *Direito internacional privado*, cit., p. 5; Keller e Siehr, *Allgemeine Lehren*, cit., p. 130; Haroldo Valladão, *Direito internacional privado*, cit., p. 11-7; Henri Batiffol e Paul Lagarde, *Traité de droit international privé*, 8. ed., Paris, LGDJ, EJA, 1993, t. 1, p. 13-4.

9. Cf., entre outros, Jacob Dolinger, *Direito internacional privado*, cit., p. 5; Keller e Siehr, *Allgemeine Lehren*, cit., p. 130-1.

10. Cf. Keller e Siehr, *Allgemeine Lehren*, cit., p. 131-2.

espaço, indicadas pela lei do foro (*lex fori*), são as básicas da nossa disciplina: o direito internacional privado.

Observe-se, todavia, que o nome "direito internacional privado" sofreu severas críticas por parte da doutrina[11]. Apesar disso, na doutrina e jurisprudência internacional, o termo é empregado quase que universalmente[12], inclusive no Brasil[13].

Como existe um vínculo estreito entre as normas do direito internacional privado que resolvem conflitos de leis no espaço, ou seja, que designam o direito aplicável às relações jurídicas com conexão internacional, e as processuais correspectivas, estas, na realidade, também pertencem à disciplina do direito internacional privado[14]. As normas resolutivas abrangem as processuais, fazendo assim parte do direito internacional privado *lato sensu*; as resolutivas, por sua vez, são qualificadas como *stricto sensu*.

---

11. Cf., a respeito, detalhadamente, Jacob Dolinger, *Direito internacional privado*, cit., p. 6-8; Keller e Siehr, *Allgemeine Lehren*, cit., p. 147; Haroldo Valladão, *Direito internacional privado*, cit., v. 1, p. 46-8; Batiffol e Lagarde, *Traité de droit*, cit., p. 39.

12. Jacob Dolinger, *Direito internacional privado*, cit., p. 8-9; Keller e Siehr, *Allgemeine Lehren*, cit., p. 146-7; Batiffol e Lagarde, *Traité de droit*, cit., p. 39. No exterior, usam-se as expressões *droit international privé, private international law, diritto internazionale privato, derecho internacional privado, Internationales Privatrecht* etc. Foi Joseph Story quem usou primeiro (em 1834, no seu *Commentaries on the conflict of laws*) a expressão *direito internacional privado*. Jean Jacques Gaspard Foelix utilizou-a, em seguida, para o título do seu *Traité de droit international privé ou du conflit des lois de différentes nations, en matière de droit privé*, em 1843, conquistando depois o reconhecimento quase universal. Cf. Jacob Dolinger, *Direito internacional privado*, cit., p. 8; Keller e Siehr, *Allgemeine Lehren*, cit., p. 146; Haroldo Valladão, *Direito internacional privado*, cit., p. 46-7. No sistema anglo-americano, é mais divulgada a denominação *conflict of laws*. Quanto à origem desse termo e seu significado, cf. Jacob Dolinger, *Direito internacional privado*, cit., p. 8; Haroldo Valladão, *Direito internacional privado*, cit., v. 1, p. 45-7.

13. Jacob Dolinger, *Direito internacional privado*, cit., p. 8-9; Haroldo Valladão, *Direito internacional privado*, cit., v. 1, p. 48.

14. Cf., no Brasil, entre outros, em particular, Irineu Strenger, *Direito internacional privado*; parte geral. São Paulo: Revista dos Tribunais, 1986, v. 1, p. 28-9; Guido Fernando Silva Soares, A competência internacional do Judiciário brasileiro e a questão da autonomia da vontade das partes, in *Direito e comércio internacional, tendências e perspectivas*; estudos em homenagem a Irineu Strenger, São Paulo, LTr, 1994, p. 285, e no exterior, por todos, Andreas Bucher, La dimension sociale du droit international privé, Cours general, in: Académie de Droit International, *Recueil des Cours*, 2009, t. 341. Leiden/Boston: Martinus Nijhoff Publishers, 2010, p. 27-30.

Por essa razão, na primeira parte da obra o autor cuidará das normas de direito internacional privado que resolvem conflitos de leis de direito privado no espaço. Na segunda, examinará as principais questões relacionadas ao direito processual civil internacional, levando-se em consideração o direito comparado, quando da análise do direito brasileiro, com a intenção de facilitar a compreensão da matéria.

B. Objeto do Direito Internacional Privado

De acordo com nosso entendimento, o direito internacional privado resolve, essencialmente, conflitos de leis no espaço referentes ao direito privado, ou seja, determina o direito aplicável a uma relação jurídica de direito privado com conexão internacional. Não soluciona a questão jurídica propriamente dita, indicando, tão somente, qual direito, dentre aqueles que tenham conexão com a lide *sub judice*, deverá ser aplicado pelo juiz ao caso concreto (direito internacional privado *stricto sensu*). Como a aplicação desse tipo de norma jurídica depende de normas processuais específicas, ou seja, das normas do direito processual civil internacional, considera-se que o direito internacional privado abrange também normas processuais correspectivas na sua disciplina (direito internacional privado *lato sensu*).

As normas relacionadas ao direito internacional privado, em sua essência, ainda têm a sua origem no direito interno[15], possuindo cada Estado, assim, suas próprias normas de direito internacional privado[16].

Enquanto as fontes jurídicas do direito internacional privado conforme a sua origem são principalmente ainda de direito interno, o objeto da disciplina é internacional, isto é, sempre se refere a relações jurídicas com conexão que transcende as fronteiras nacionais[17]. Essa

---

15. Entretanto, nos Estados-membros da União Europeia, atualmente, o regulamento tornou-se, a fonte jurídica mais significativa em relação ao direito internacional privado, *stricto e lato sensu*. Quanto ao regulamento se trata de direito comunitário derivado da União Europeia com aplicação direta nos seus Estados-membros.

16. Veja-se, entre muitos, Jacob Dolinger, *Direito internacional privado*, cit., p. 6.

17. Cf., entre muitos, Keller e Siehr, *Allgemeine Lehren*, cit., p. 135-6.

constatação equivale com algumas diferenças, também para o direito processual civil internacional[18].

Stricto sensu, o direito internacional privado refere-se às relações jurídicas de direito privado com conexão internacional[19]. Todo direito que regula relações privadas é direito privado. Esse é o caso também do direito internacional privado que delimita o âmbito de aplicação dos diferentes ordenamentos jurídicos de direito privado, tratando-se de relações jurídicas com conexão internacional[20]. Já o direito processual civil internacional pertence ao direito público, como o direito processual em geral.

Da análise específica do direito brasileiro, verifica-se, entre os doutrinadores, que o conteúdo do objeto do direito internacional privado é controvertido[21].

Haroldo Valladão defende um campo de abrangência mais amplo para o objeto do direito internacional privado. Segundo ele, o direito internacional privado tem por objeto leis de qualquer natureza que abranjam conflitos de leis no espaço, quer nacionais, estaduais, provinciais, religiosas, quer civis,

---

18. Note-se que o número de tratados multilaterais referente ao direito processual civil internacional já é considerável e está crescendo continuamente. Os países europeus, tradicionalmente, foram vinculados a esse tipo de tratado. Cf., para todos, Kurt Siehr, *Internationales Privatrecht, Deutsches und europäisches Kollisionsrecht für Studenten und Praxis*, Heidelberg, Müller Verlag, 2001, p. 499-564. Nos Estados-membros da União Europeia predomina, hoje, no entanto, amplamente o direito comunitário derivado na sua modalidade de regulamento com aplicação direta nos seus ordenamentos jurídicos nacionais. O tratado multilateral desempenha um papel cada vez mais importante também na América Latina. Cf., com mais detalhes, p. 237-45, adiante.

19. Cf., entre outros, Jan Kropholler, *Internationales Privatrecht*, 2. ed., Tübingen, J. C. B. Mohr (Paul Siebeck), 1994, p. 8; Annabelle Bennett e M. Sam Granata, *Quand le droit international privé rencontre le droit de la propriété intellectuelle – Guide à l'intention des juges*, Organisation Mondiale de la Propriété Intellectuelle (OMPI) e Conférence de La Haye de droit international privé (HCCH), Genebra/Haia, 2019, p. 6, 13. Nesse sentido, atualmente, também, STJ, REsp 1.729.549-SP, 4. T., rel. Min. Luis Felipe Salomão, j. 9-3-2021, *DJe*, 28-4-2021.

20. Cf., entre outros, Jürgen Basedow, The Law of Open Societies – Private Ordering and Public Regulation of International Relations, General Course on Private International Law, in: Académie de Droit international, *Recueil des Cours*, 2012, t. 360. Leiden/Boston: Martinus Nijhoff Publishers, 2013, p. 41.

21. Cf., entre outros, Jacob Dolinger, *Direito internacional privado*, cit., p. 1-24; Irineu Strenger, *Direito internacional privado*, cit., p. 16-32; Haroldo Valladão, *Direito internacional privado*, cit., v. 1, p. 38-48.

comerciais ou, ainda, pertencentes às áreas trabalhista, penal, processual, administrativa, fiscal e mesmo de direito internacional privado[22]. A visão de Jacob Dolinger é similar, entendendo que o direito internacional privado não se restringe a instituições de direito privado, mas atua, igualmente, no campo do direito público. Dolinger preleciona que questões trabalhistas, fiscais, financeiras, monetário-cambiais, penais e administrativas assumem igualmente aspectos internacionais a exigir o recurso a regras e princípios do direito internacional privado[23]. O parecer mais restritivo é o sustentado por Pontes de Miranda, o qual afirma que o direito internacional privado não aceita no seu âmbito questões ligadas ao direito público[24].

Todavia, todos são unânimes em afirmar que as normas de direito internacional privado se destinam a resolver conflitos de leis no espaço, o que sempre pressupõe fatos, juridicamente relevantes, com conexão internacional[25]. Controvertem, contudo, se a relação jurídica com conexão internacional se restringe, necessariamente, ao direito privado, ou se as regras do direito internacional privado são aplicáveis, também, a conflitos de leis no espaço, quando decorrentes do direito público (como direito penal, direito da previdência social, direito tributário ou fiscal etc.).

O juiz somente poderá aplicar o direito pátrio ou determinado direito estrangeiro, de acordo com a regra jurídica do direito internacional privado da lei do foro (*lex fori*), quando se tratar de uma relação jurídica com conexão internacional de direito privado. O fato de o juiz poder ser obrigado a aplicar o direito estrangeiro a uma causa com conexão internacional, mais ligada a um ou mais ordenamentos jurídicos estrangeiros do que ao direito pátrio, limita-se às relações jurídicas de direito privado. Isso salta à vista, em particular, em relação às normas bilaterais de direito internacional privado. Elas constituem na maioria dos Estados tradicionalmente a regra na nossa disciplina e designam necessariamente o direito doméstico ou o estrangeiro como aplicável ao caso concreto. Nesse âmbito, o direito internacional privado não tolera

---

22. Haroldo Valladão, *Direito internacional privado*, cit., v. 1, p. 42.

23. Jacob Dolinger, *Direito internacional privado*, cit., p. 3.

24. Pontes de Miranda, *Tratado de direito internacional privado*, Rio de Janeiro, José Olympio, 1935, v. 1, p. 36-7.

25. Cf., entre outros, Kropholler, *Internationales Privatrecht*, cit., p. 8-9.

qualquer discriminação em relação ao estrangeiro. Esse apenas não será aplicado *in casu* quando violar a ordem pública, ou seja, normas fundamentais de origem de direito interno ou internacional.

Já no campo do direito público, o juiz não tem de escolher qual o direito aplicável, como faz ao julgar uma causa com conexão internacional de direito privado.

As normas conflituais designativas do direito aplicável não servem e não são adaptáveis à estrutura do direito público. Por essa razão, o direito internacional privado refere-se somente às relações jurídicas com conexão internacional de direito privado e não àquelas do direito público[26].

Partindo-se do princípio de que tão somente o direito internacional privado admite a aplicação do direito estrangeiro de forma generalizada (isto é, quando as normas do direito internacional privado da *lex fori* designam o direito estrangeiro como o aplicável a uma relação jurídica de direito privado com conexão internacional), pode-se inferir que os conceitos e institutos, próprios do direito internacional privado, não são aplicáveis por analogia a outros conflitos de leis no espaço, relacionados a questões jurídicas com conexão internacional, quando não tenham origem no direito privado[27].

Em virtude de a estrutura própria do direito internacional privado atingir um alto grau de abstração[28], deve-se diferenciar entre as várias disciplinas e ramos de direito, destinados a resolver conflitos de leis no espaço, respeitando-se a autonomia científica de cada um.

A regra aplica-se, por exemplo, ao direito tributário ou direito fiscal. Repetindo a lição de Ruy Barbosa Nogueira, o direito tributário ou direito fiscal tem objeto próprio, princípios especiais e autonomia

---

26. Cf., entre outros, Annabelle Bennett e M. Sam Granata, *Quand le droit international privé rencontre le droit de la proprieté intellectuelle*, cit., p. 6, 13; Christian von Bar, *Internationales Privatrecht*, Allgemeine Lehren, München, Verlag C. H. Beck, 1987, v. 1, p. 4, que examina com profundidade o problema, e Batiffol e Lagarde, *Traité de droit*, cit., p. 411-4.

27. À essa conclusão chegam, entre outros, Keller e Siehr, *Allgemeine Lehren*, cit., p. 158-64, 241 e 249; Christian von Bar, *Internationales Privatrecht*, cit., p. 4; Kropholler, *Internationales Privatrecht*, cit., p. 6, 9.

28. Veja-se Kropholler, *Internationales Privatrecht*, cit., p. 2.

científica, e isso, inclusive, quando se trata de evitar a chamada bitributação internacional, principalmente em relação ao imposto de renda[29].

Na realidade, as normas internas e os tratados internacionais, que determinam as regras do direito tributário ou direito fiscal no contexto internacional, também resolvem conflitos de leis no espaço. É evidente, no entanto, que as normas e princípios gerais do direito internacional privado são inadequadas para resolver esse tipo de conflito de leis no espaço. O mesmo raciocínio encontra respaldo no direito penal internacional e em outras disciplinas pertencentes ao direito público, quando relacionadas à definição do objeto do direito internacional privado[30].

O fato de o direito internacional privado resolver conflitos de leis no espaço de direito privado referindo-se tão somente às relações jurídicas com conexão internacional de direito privado não significa, porém, que o direito público não possa exercer qualquer influência sobre tais relações jurídicas. Na realidade, são múltiplas as relações entre o direito internacional privado e o direito público[31]. Por essa razão, a opinião doutrinária que repele qualquer influência do direito público sobre o direito internacional privado não merece ser acolhida[32].

Parte da doutrina inclui, ainda, os conflitos de leis estaduais e interpessoais no objeto do direito internacional privado[33]. Destarte, não limita o campo de aplicação do direito internacional privado às relações jurídicas com conexão internacional.

---

29. Cf. Ruy Barbosa Nogueira, *Curso de direito tributário*, 12. ed., São Paulo, Saraiva, 1994, p. 17-28, 31-41, 52. Sobre os princípios do direito tributário internacional, *v.* no Brasil ainda Heleno Tôrres, *Pluritributação internacional sobre as rendas de empresas*, 2. ed., São Paulo, Revista dos Tribunais, 2001, p. 47-170.

30. Cf. a análise do problema feita por Keller e Siehr, *Allgemeine Lehren*, cit., p. 158 e 164.

31. Referente à relação entre o direito internacional privado e o direito público, cf. p. 23-9, adiante. Sobre o papel do direito público em relação ao direito internacional privado em geral, cf. também Gerhard Kegel, Die Rolle des öffentlichen Rechts im internationalen Privatrecht, in: *Völkerrecht – Recht der Internationalen Organisationen – Weltwirtschaftsrecht, Festschrift für Ignaz Seidl-Hohenveldern*, Köln-Berlin-Bonn-München, Heymanns Verlag KG, 1988, p. 243-78.

32. Nesse sentido, entre outros, Keller e Siehr, *Allgemeine Lehren*, cit., p. 490-3; Kropholler, *Internationales Privatrecht*, cit., p. 22-3.

33. Assim, por exemplo, Jacob Dolinger, *Direito internacional privado*, cit., p. 3; Haroldo Valladão, *Direito internacional privado*, cit., v. 1, p. 42.

Nem sempre o Estado possui um direito privado unificado válido para todo o seu território[34]. Nos Estados Unidos, por exemplo, o distrito federal de Colúmbia com a capital Washington, D.C., cada um dos seus 50 Estados-membros e cada um dos seus territórios ultramarinos (Porto Rico, Ilhas Virgens Americanas, Samoa, Guam e Ilhas Marianas do Norte) mantêm a sua própria legislação sobre o direito privado. O direito federal se sobrepõe apenas em algumas das suas áreas, como é o caso em relação à proteção do consumidor[35]. As regras jurídicas que resolvem os conflitos de leis no espaço dos diferentes direitos privados, com vigência dentro do território de um Estado, compreendem o direito privado interlocal[36].

Às vezes, o Estado possui legislação de direito privado aplicável em todo o seu território, mas sua ordem jurídica a distingue, de acordo com a pessoa física – membro de determinada tribo ou de certa etnia, casta ou religião[37]. De acordo com o direito libanês, por exemplo, aplicam-se aos requisitos formais e ao direito substantivo ou material do casamento as regras vigentes conforme a crença religiosa dos noivos. O Líbano distingue 18 religiões. Não permite o casamento civil. Por esse motivo, noivos de crenças religiosas diferentes, frequentemente, contraem núpcias no exterior, levando em consideração que o ordenamento jurídico do país basicamente reconhece esses casamentos[38]. As regras jurídicas destinadas a resolver esse tipo de conflito de leis, que não é espacial, mas decorrente de determinadas qualificações atribuídas a uma pessoa física, pertencem ao direito privado interpessoal[39].

---

34. É o que ocorre, por exemplo, nos Estados Unidos, no Canadá, no México e na Austrália. Cf., entre outros, Olaf Meyer, *Parteiautonomie bei Mehrrechtsstaaten, RabelsZ*, 83:722-5, 2019.

35. *V.*, Peter Hay, On the Road to a Third American Restatement of Conflicts Law, *Praxis des Internationalen Privat- und Verfahrensrechts (IPRax)*, 42:205, 2022.

36. Jacob Dolinger, *Direito internacional privado*, cit., p. 19-21.

37. Essa é ainda a situação em muitos países da África e da Ásia. Cf., entre outros, Jacob Dolinger, *Direito internacional privado*, cit., p. 21-3.

38. *V.*, Anna Kirchhefer-Lauber, Zur interreligiösen Rechtsspaltung und der Bedeutung der Kulturgebundenheit des Rechts am Beispiel des Libanons - Abgrenzung konstitutiver religiöser Eheschließung von staatlichen Registrierungsakten, *Praxis des Internationalen Privat- und Verfahrensrechts (IPRax)*, 42:408-14, 2022.

39. Cf., entre outros, Jacob Dolinger, *Direito internacional privado*, cit., p. 21-3.

Segundo nossa concepção, o direito internacional privado direciona-se às relações jurídicas com conexão internacional ou transnacional, não abrangendo os direitos privados interlocal e interpessoal[40]. Isso, porém, não significa, como assinala a doutrina, que não se notem semelhanças de fato, no método de aplicação do direito, entre o direito internacional privado e os direitos privados interlocal e interpessoal[41].

C. Objetivos do Direito Internacional Privado

A conexão internacional da causa *sub judice* é pressuposto de fato necessário para a aplicação, pelo juiz, de uma norma de direito internacional privado da *lex fori*.

Essa norma determina o direito aplicável, ou seja, o direito doméstico ou determinado direito estrangeiro, porém não resolve a questão jurídica propriamente dita, como já anteriormente esboçado.

É a concepção do direito internacional privado clássico, ancorada nas regras sobre o conflito de leis no espaço. Baseia-se no princípio de que o direito aplicável deverá ser determinado conforme a sua localização, ou seja, de acordo com o ordenamento jurídico com a qual uma relação jurídica de dimensão internacional tem a sua sede ou o seu centro de gravidade (*most significant relationship, center of gravity, Sitz des Rechtsverhältnisses, Schwerpunkt*). Nesse sistema prevalecem amplamente os elementos ou regras de conexão bilaterais. O elemento ou a regra de conexão forma a parte da norma do direito internacional privado que indica o direito aplicável a um caso concreto. É bilateral quando admite, sem discriminação, a aplicação de direito estrangeiro além do doméstico a uma relação jurídica de direito privado com dimensão internacional. Cada Estado estabelece, em princípio, individualmente na sua legislação qual é o elemento ou a regra de conexão mais

---

40. No Brasil, entre outros, Pontes de Miranda, *Tratado de direito*, cit., v. 1, p. 42-7, adota esta posição.

41. Cf., entre outros, Jacob Dolinger, *Direito internacional privado*, cit., p. 19-23; Olaf Meyer, *Parteiautonomie bei Mehrrechtsstaaten, RabelsZ, 83*:726-9, 2019. Com relação à situação jurídica nos Estados Unidos, em particular, *v.* Peter Hay, On the Road to a Third American Restatement of Conflicts Law, *Praxis des Internationalen Privat- und Verfahrensrechts (IPRax)*, 42:205-19, 2022.

vinculada a determinado ordenamento jurídico nesta relação. Principalmente, nos Estados-membros da União Europeia, porém, as regras sobre o conflito de leis no espaço foram uniformizadas com relação a várias áreas do direito internacional privado (contratos, obrigações extracontratuais, família, sucessões).

De acordo com o direito internacional privado clássico todos os ordenamentos jurídicos existentes são equivalentes, cada um em relação ao outro. O sistema é concebido mais como um processo abstrato e neutro. Como princípio, não leva em consideração o conteúdo do direito substantivo ou material a ser aplicado no caso concreto. Pretende alcançar acima de tudo a justiça no âmbito do próprio direito internacional privado e com isso a previsibilidade e a segurança de direito nas relações jurídicas de direito privado que transcendem as fronteiras, bem como nas decisões judiciais, proferidas nesses casos, favorecer a sua harmonização em nível universal.

Quando for aplicável, no caso concreto, direito estrangeiro, os seus limites, no sistema clássico do direito internacional privado, são a violação da ordem pública *(ordre public)* e a vigência de leis de aplicação imediata *(lois d'application immédiate)*. Estas últimas são disposições promulgadas pelos Estados, a serem aplicadas independentemente de uma eventual incidência do direito estrangeiro no caso concreto. São consideradas normas fundamentais, integrantes do ordenamento jurídico, para a salvaguarda do interesse público. A reserva da ordem pública, por seu lado, é uma cláusula de exceção que se propõe a corrigir a aplicação do direito estrangeiro, quando este leva, no caso concreto, a um resultado incompatível com os princípios fundamentais da ordem jurídica interna ou internacional, respaldada principalmente nos direitos humanos, em particular, no princípio da não discriminação[42].

---

42. Nesse sentido, o art. 8º da Resolução do Instituto de Direito Internacional sobre a Relação entre Direitos Humanos e Direito Internacional Privado, de 4-9-2021, dispõe: "Ordre public international - En appréciant la compatibilité de l'application du droit étranger désigné par les règles de conflit de lois avec l'ordre public international et en appliquant les lois impératives, il est tenu compte, conformément à l'article 2, des droits de la personne humaine, notamment du principe de non-discrimination". Em português: "Ordem pública internacional – Na avaliação da compatibilidade da aplicação do direito estrangeiro designado pelas regras de conflito de leis com a ordem pública internacional e na aplicação das leis de aplicação ime-

O sistema clássico do direito internacional privado tem a sua raiz na doutrina de Friedrich Carl von Savigny, jurista alemão (1779-1861). A maioria dos diplomas legais de origem interna e internacional revelam uma forte influência da concepção clássica do direito internacional privado.

No decorrer do tempo, porém, surgiram várias críticas em relação ao sistema clássico. Questionadas, em particular, foram a sua pouca flexibilidade e a sua neutralidade em relação à justiça material. Inicialmente, a oposição veio dos Estados Unidos. Lá, o direito privado, basicamente, é direito estadual[43]. Portanto, nos Estados Unidos, se verifica além de conflitos internacionais também os interlocais no âmbito das relações jurídicas privadas. Conforme os críticos naquele país, o direito internacional privado deveria levar em consideração, principalmente, os reais interesses no lugar do fórum. As regras fixas para designar o direito internacional privado precisariam ser substituídas por princípios orientadores *(approaches)*. Teriam que se basear em valores decorrentes do direito substantivo ou material *(better law approach)* ou dos interesses estatais *(governmental interests)*[44]. Na Europa, surgiram críticas similares como nos Estados Unidos. Em geral, eram mais brandas. Porém, também reivindicaram do direito internacional privado o implante de mais valores materiais. Nesse sentido, por exemplo, o famoso internacionalista alemão Leo Raape declaraou que relacionado ao seu conteúdo a indicação de um determinado direito estrangeiro significaria *"um salto no escuro"*[45]. E Konrad Zweigert aludiu à "carência do direito internacional privado em relação aos valores sociais"[46].

No entanto, é de salientar que o objetivo do direito internacional privado não é a aplicação do direito "melhor". O principal argumento contra esse método é o de que, na prática, a avaliação de um direito

---

diata, serão levados em consideração, em conformidade com o artigo 2º, os direitos humanos, notadamente o princípio da não discriminação" (tradução realizada pelo autor).

43. Cf., Peter Hay, *On the Road to a Third American Restatement of Conflicts Law*, cit., p. 205-6.

44. *Ibidem*, p. 206-10; Andreas Bucher, *La dimension sociale du droit international privé*, cit., p. 54-61.

45. Cf., Leo Raape, *Internationales Privatrecht*, 4. ed., Berlin/Frankfurt a.M., Verlag Franz Vahlen GmbH, 1955, p. 87.

46. *V.*, Konrad Zweigert, Zur Armut des Internationalen Privatrechts an sozialen Werten, *RabelsZ*, 37:435-52, 1973.

conforme a sua qualidade é muito relativa. As teorias desenvolvidas nesse sentido, como aquela de origem americana, denominada *better law approach*, não merecem o nosso aplauso, pela dificuldade de sua execução na prática, falta de previsibilidade e segurança jurídica[47]. Isso foi reconhecido até mesmo nos Estados Unidos, onde surgiram as críticas mais severas em relação ao método clássico do direito internacional privado. Atualmente, o "American Law Institute" (ALI), uma organização não governamental, fundada em 1923, e composta por juízes, acadêmicos, e advogados em exercício nos Estados Unidos e no exterior, está trabalhando desde 2014 na elaboração do "Restatement (Third) of Conflict of Laws", que deverá substituir no futuro o atual, ou seja, o "Restatement (Second) of Conflict of Laws", de 1971. Os "Restatements" identificam regras jurídicas *(rules)* que refletem os direitos dos diversos Estados-membros, inclusive, a jurisprudência dos seus tribunais *(case law)*. Não têm força de lei, mas exercem considerável influência nas decisões judiciais, proferidas por juízes e tribunais em todo país. O principal motivo para elaboração do novo "Restatement", ou seja, o "Restatement (Third) of Conflict of Laws", é conferir mais estabilidade, previsibilidade e segurança jurídica no âmbito do direito internacional privado dos Estados Unidos[48].

Na Europa, entre os diversos críticos do método clássico do direito internacional privado, destaque-se Paul Lagarde. No ano de 1986, quando era professor na Universidade de Paris I (Panthéon-Sorbonne), apresentou como método alternativo para o direito internacional privado contemporâneo o princípio da proximidade *(le principe de proximité)*. De acordo com essa regra, uma relação jurídica é regida pela lei do país com a qual está mais estreitamente ligada *(lien le plus étroit)*. Sua finalidade principal é assegurar maior flexibilidade ao direito internacional privado. A regra compreende todo o direito internacional privado, ou seja, as disposições sobre o conflito de leis no espaço e aquelas relacionadas ao direito processual civil internacional, especificamente, a

---

47. No mesmo sentido, Keller e Siehr, *Allgemeine Lehren*, cit., p. 253; Kropholler, *Internationales Privatrecht*, cit., p. 29-30.

48. Sobre o papel dos "Restatements", seu histórico, sua evolução e as tendências futuras do direito internacional privado nos Estados Unidos *v.* Peter Hay, *On the Road to a Third American Restatement of Conflicts Law*, cit., p. 205-19.

competência internacional direta e o reconhecimento de decisões estrangeiras. No ano de 2014, Paul Lagarde, ademais, expôs o método do reconhecimento de situações constituídas no exterior pela *lex fori*, ou seja, pelo país, no qual se invoca o seu reconhecimento. Quanto a essas situações se trata, em particular, do estado civil de uma pessoa, como o seu casamento, o seu divórcio e a sua filiação, constituída no exterior, mas também de direitos que afetam a personalidade de uma pessoa, como o seu nome e a sua identidade. Na visão de Paul Lagarde, as normas sobre o conflito de leis da *lex fori* não têm como intervir nestes casos. Para o seu reconhecimento, basta examinar a validade da situação de acordo com o direito do país de sua constituição, a prova da ausência de vínculo de proximidade com esse país quando for manifestado por uma das partes, e a conformidade com a ordem pública nacional e internacional[49]. A doutrina de Paul Lagarde teve grande influência para a evolução do direito internacional privado no âmbito da União Europeia.

Vários autores europeus trataram dos aspectos da justiça material ou substantiva no direito internacional privado. Esse debate, no entanto, não está encerrado ainda[50]. Na verdade, o direito internacional privado se propõe à realização da justiça material basicamente de forma mediata, e isso, notadamente, mediante elementos ou regras de conexão alternativos, favorecendo a validade jurídica de um negócio jurídico (*princípio do* "favor negotii"). Nesse sentido, por exemplo, a maioria das legislações de direito internacional privado prevê que, quando a um negócio jurídico específico for aplicável um determinado direito e sua forma não satisfizer a esses requisitos, mas àqueles do lugar onde foi realizado, deverá ser aplicado quanto à forma do negócio jurídico esse direito. Além disso, no direito internacional privado, é possível, até certo limite, favorecer e proteger a parte estruturalmente mais fraca que participe de um

---

49. Cf., por inteiro, Paul Lagarde, *Le principe de proximité dans le droit international privé contemporain*. Cours général de droit international privé. In: Académie de Droit International, Recueil des Cours, 1986, t. 196, Dordrecht/Boston/Lancaster, Martinus Nijhoff Publishers, 1987, p. 9-238; e, *La méthode de la reconnaissance est-elle l'avenir du droit international privé?* Cours général de droit international privé. In: Académie de Droit International, Recueil des Cours, 2014, t. 371, Leiden/Boston, Martinus Nijhoff Publishers, 2015, p. 9-42.

50. V., entre outros, Pascal Grolimund, *Materialisierung von Kollisionsrecht, in Festschrift für Anton K. Schnyder zum 65. Geburtstag*. Pascal Grolimund, Alfred Koller, Leander D. Loacker, Wolfgang Portmann (Eds.). Zürich, Schulthess, 2018, p. 145-55.

negócio jurídico. Nesses casos, aplica-se preferencialmente a *lex fori*, como, *v.g.*, no direito do trabalho e no do consumidor, quando a lei proíbe às partes ou limita para elas a escolha do direito aplicável *(restrição do princípio da autonomia da vontade das partes)*. O Regulamento (CE) n. 593/2008 do Parlamento Europeu e do Conselho, de 17 de junho de 2008, sobre a lei aplicável às obrigações contratuais (Roma I), por exemplo, pretende proteger as partes vulneráveis através de normas de conflitos de leis "que sejam mais favoráveis aos seus interesses do que as normas gerais". As partes a serem protegidas, em particular, são os trabalhadores e os consumidores. No âmbito dos direitos do trabalho e do consumidor, porém, o Regulamento apenas restringe, mas não proíbe totalmente a escolha do direito aplicável pelas partes[51]. Uma alternativa é a aplicação da lei mais favorável, ou seja, o direito estrangeiro será aplicado apenas quando for mais favorável à parte estruturalmente mais fraca que aquele da *lex fori*[52]. No que diz respeito à pensão alimentícia familiar, o Protocolo da Haia sobre a lei aplicável às obrigações de prestar alimentos, de 23 de novembro de 2007, com vigência no Brasil, *e.g.*, ademais, dispõe de normas especiais em favor do credor vulnerável, prevendo vários elementos ou regras de conexão subsidiários a fim de que ele possa obter pensão alimentícia do devedor. Se com fundamento no ordenamento jurídico preferencialmente aplicável for impossível receber pensão alimentícia, o credor tem como recebê-la conforme o ordenamento jurídico subsidiariamente aplicável[53].

Um dos mais destacados expoentes da evolução do direito internacional privado clássico é Erik Jayme, professor titular emérito de direito civil, direito internacional privado e direito comparado da Universidade

---

51. Cf., em particular, os itens 23-25, 34-36 do Preâmbulo, e os arts. 6º e 8º do Regulamento.

52. Nesse sentido, o direito brasileiro com relação a reclamações trabalhistas que transcendem as fronteiras nacionais. *V.* TST, RR-19000-45.2009.5.10.0013, 7ª T., rel. Min. Cláudio Mascarenhas Brandão, j. 27-11-2019, *DEJT*, 21-8-2020; TST, ARR-866-65-2010.5.02.0005, 6ª T., rel. Min. Kátia Magalhães Arruda, j. 6-2-2019, *DEJT*, 6-12-2019; TST, AI-RR-131342-49.2015.5.13.0026, 6ª T., rel. Min. Aloysio Corrêa de Veiga, j. 30-8-2017, *DEJT*, 1º-9-2017; TST, ARR-175000-73.2008.5.02.0027, 8ª T., rel. Min. Márcio Vital Amaro, j. 28-6-2017, *DEJT*, 30-6-2017; TST, ARR-157-68.2012.5.04.0372, 3ª T., rel. Min. Alberto Luiz Bresciani de Fontan Pereira, j. 10-8-2016, *DEJT*, 19-8-2016; TST, RR-845-76.2011.5.01.0007, 1ª T., rel. Min. Walmir Oliveira da Costa, j. 11-3-2015, *DEJT*, 13-3-2015; TST, AI-RR-1789-04.2011.5.02.0443, 3ª T., rel. Min. Mauricio Godinho Delgado, j. 10-12-2014, *DEJT*, 12-12-2014; TST, RR-65240-91-2008.5.10.0020, 2ª T., rel. Min. Renato de Lacerda Paiva, j. 11-2-2014, *DEJT*, 21-2-2014.

53. Cf., em particular, arts. 3 e 4 do Protocolo.

de Heidelberg. A sua doutrina teve e ainda tem grande repercussão, particularmente também no Brasil. Para ele, o direito internacional privado, de um lado, preserva uma estrutura tradicional, mas de outro, ao mesmo tempo está aberto para a agregação de novos valores. Na visão de Erik Jayme, estes caracterizam o direito internacional privado pós--moderno, tendo como base o pluralismo, a comunicação, as normas narrativas que expressam valores, mas não possuem força jurídica imediata e o retorno aos sentimentos. O direito internacional privado da pós-modernidade, destarte, está fundamentado no respeito à identidade cultural. Sua expressão externa são a língua, a religião, a moral, a nacionalidade e outras tradições da comunidade às quais um indivíduo está vinculado e com relação às quais existe um forte sentimento de lealdade e afiliação. Conforme o entendimento de Erik Jayme, o respeito à identidade cultural significa também tolerância e o reconhecimento imediato dos direitos humanos no âmbito do direito internacional privado[54].

Com efeito, os direitos fundamentais que são direitos essenciais e elementares da pessoa humana, consagrados basicamente nas Constituições dos Estados soberanos[55], como também os direitos humanos[56], cuja fonte jurídica é o direito internacional público, deverão ser levados em consideração pelo direito internacional privado[57]. Nesse sentido, a *Resolução do Instituto de Direito Internacional sobre a Relação entre Direitos Humanos e Direito Internacional Privado*, de 4 de setembro de 2021, sinaliza nas suas referências ao conflito de leis no espaço que os elementos de conexão ou regras de conexão deverão evitar qualquer discriminação

---

54. Cf., em particular, Erik Jayme, *Identité culturelle et intégration: le droit international privé postmoderne. Cours général de droit international privé.* In: Académie de Droit International, *Recueil des Cours*, 1995, t. 251, Haia/Boston, Londres Martinus Nijhoff Publishers, 1996, p. 9-286.

55. Cf., entre outros, Jürgen Basedow, 4ème Commission. Droits de l´homme et droit international privé/Human Rights and Private International Law. In: Institut de Droit International. *Annuaire, Session de Hyderabad*, 2017, Vl. 77-I, 2016-2017, Travaux préparatoires, Paris, Editions A. Pedone, 2016, p. 401-2.

56. *V.*, em particular, o inteiro teor da Resolução do Instituto de Direito Internacional sobre a Relação entre Direitos Humanos e Direito Internacional Privado, de 4-9-2021.

57. *V.*, entre outros, Jürgen Basedow, 4ème Commission. Droits de l´homme et droit international privé/Human Rights and Private International Law. In: Institut de Droit International. *Annuaire, Session de La Haye, 2019, Travaux préparatoires,* Vl. 79, 2019, Paris, Editions A. Pedone, 2019, p. 12-3, 17-8.

proibida pelo direito internacional[58]. Ademais, quando for aplicável o direito estrangeiro, designado pelas regras do direito internacional privado, o exame de sua compatibilidade com a ordem pública internacional deverá levar em consideração os direitos humanos, em particular, o princípio da não discriminação[59]. Na prática forense, constata-se frequentemente uma tendência que os juízes favorecem a aplicação da *lex fori*. Às vezes, não estão obrigados a aplicar as normas do direito internacional privado ou pelo menos aquelas do direito estrangeiro quando esse for o aplicável no caso concreto. Além disso, em regra, não estão familiarizados com o conteúdo do direito estrangeiro e interpretam a ordem pública de forma extensiva, de tal modo que resta pouco espaço para a aplicação do direito internacional privado. É de lembrar, neste contexto, porém, que a indicação de um direito material ou substantivo estrangeiro conforme as normas de direito internacional privado da *lex fori*, num caso concreto com conexão transnacional, por si só não constitui violação de qualquer direito fundamental e direito humano. Em particular, também não tem caráter discriminatório, pois às normas de direito internacional privado é inerente a aplicação do direito material ou substantivo interno ou estrangeiro, de acordo com o elemento de conexão ou a regra de conexão a ser levado em consideração pelo juiz no caso concreto[60]. Os direitos humanos integram todo o direito internacional privado, ou seja, abrangem também os direitos constituídos e adquiridos no exterior[61] e o direito processual civil internacional[62].

Atualmente, a doutrina, em geral, reconhece que o direito internacional privado clássico vem sendo complementado por novos métodos.

---

58. Cf., art. 7º da Resolução do Instituto de Direito Internacional sobre a Relação entre Direitos Humanos e Direito Internacional Privado, de 4-9-2021.

59. Cf., art. 8º da Resolução do Instituto de Direito Internacional sobre a Relação entre Direitos Humanos e Direito Internacional Privado, de 4-9-2021.

60. V., entre outros, Kurt Siehr, *Das Internationale Privatrecht der Schweiz*, Zurique, Schulthess Verlag, 2002, p. 448.

61. Cf., em particular, arts. 10º, 11º, 12º, 13º, 14º, 15º, 18º, da Resolução do Instituto de Direito Internacional sobre a Relação entre Direitos Humanos e Direito Internacional Privado, de 4-9-2021.

62. Cf., em particular, arts. 3º, 4º, 5º, 6º, 15º, 17º, 20º, da Resolução do Instituto de Direito Internacional sobre a Relação entre Direitos Humanos e Direito Internacional Privado, de 4-9-2021.

Nesse sentido, o direito internacional privado contemporâneo admite o pluralismo de métodos[63].

No Brasil, atualmente, parece ser amplamente reconhecido que as normas do direito internacional privado deverão ser interpretadas em consonância com a Carta Magna do País[64]. Desse modo, terão de atender, no âmbito do direito de família, aos requisitos da igualdade de direitos entre homem e mulher[65], e do melhor interesse da criança e do adolescente[66]. Com relação ao direito das sucessões é de se levar em consideração, *e.g.*, ademais, que os filhos, havidos ou não de relação de casamento, terão os mesmos direitos[67]. Essa regra fundamental vale inclusive no âmbito da norma constitucional, que dispõe: "a sucessão de bens de estrangeiros situados no País será regulada pela lei brasileira em benefício do cônjuge ou dos filhos brasileiros, sempre que não lhes seja mais favorável a lei pessoal do *de cujus*"[68], ratificada pela Lei de Introdução às Normas do Direito Brasileiro (LINDB)[69]. Ocorre frequentemente que dentro da mesma entidade familiar existem filhos com a nacionalidade brasileira e outros de nacionalidade estrangeira apenas ou de dupla nacionalidade quando pelo menos um dos seus genitores possui uma nacionalidade estrangeira. Falecendo o genitor de nacionalidade estrangeira, nesses casos, a interpretação da Lei Maior deverá ocorrer de forma sistemática, ou seja, em sintonia com todos os outros dispositivos constitucionais aplicáveis ao caso concreto[70]. Cumpre acrescentar que

---

63. Cf., entre outros, Andreas Bucher, *La dimension sociale du droit international privé*, cit., p. 41,78.

64. Cf., com relação ao direito privado em geral, Cristiano Chaves de Farias/Nelson Rosenvald, *Curso de direito civil: parte geral e LINDB*, 20. ed., Salvador, JusPodivm, 2022, v. 1, p. 49-51, p. 81-4.

65. Cf., art. 5º, *caput* e inciso I, CF: "Todos são iguais perante a lei, sem distinção de qualquer natureza, garantindo-se aos brasileiros e aos estrangeiros residentes no País a inviolabilidade do direito à vida, à liberdade, à igualdade, à segurança e à propriedade, nos termos seguintes: I – homens e mulheres são iguais em direitos e obrigações, nos termos desta Constituição...".

66. Cf. art. 227, *caput*, CF.

67. Art. 227, § 6º, CF.

68. Art. 5º, XXXI, CF.

69. Art. 10, § 1º, LINDB.

70. A análise de Valerio de Oliveira Mazzuoli se restringe ao art. 5º, XXXI, CF, em confronto com o art. 10, § 1º, LINDB. Cf. a publicação de sua autoria: sobre a lei "pessoal" do *de cujus* na

também o conceito de cônjuge deverá ser interpretado de acordo com o princípio constitucional da dignidade humana[71], conforme explicitado pelo Supremo Tribunal Federal em precedente com força vinculante, admitindo a equiparação entre uniões homoafetivas e heterossexuais[72], bem como do Superior Tribunal de Justiça com relação ao casamento[73]. Além disso, não é permitido aqui distinguir o regime jurídico aplicável à sucessão[74]. Por derradeiro, a norma constitucional que beneficia o cônjuge brasileiro ou os filhos brasileiros em relação à sucessão de bens de estrangeiros situados no País, já por si só, suscita dúvidas na sua aplicação ao caso concreto quando, *v.g.*, o direito estrangeiro é favorável ao cônjuge, mas ao mesmo tempo desfavorável em relação aos filhos. Ainda, não parece ser apropriado diferenciar pessoas conforme a sua nacionalidade nos tempos atuais, quando se trata da aquisição de bens por meio de sucessão[75]. Manifestamente inconstitucional é também a parte do art. 7º, § 7º, da Lei de Introdução às Normas do Direito Brasileiro (LINDB), de 4 de setembro de 1942, que se refere ao "chefe de família" com o seguinte teor: "Salvo o caso de abandono, o domicílio do chefe da família estende-se ao outro cônjuge e aos filhos não emancipados". No Brasil, o respeito aos direitos fundamentais, consagrados na Constituição Federal, estende-se a todo direito internacional privado, inclusive, ao direito processual civil internacional[76].

Além dos direitos fundamentais, o direito internacional privado brasileiro leva em consideração também os direitos humanos que têm o seu fundamento no direito internacional público. Nesse sentido, conforme o art. 5º, § 3º, da Constituição Federal, "os tratados e convenções internacionais sobre direitos humanos que forem aprovados, em cada

---

sucessão de bens de estrangeiros situados no país: exegese do artigo 5º, XXXI, da Constituição Federal de 1988, *Revista Síntese – Direito de Família, 102*:68-80, 2017.

71. Art. 1º, III, CF.

72. *Informativo STF* 625, 2 e 6-5-2011.

73. Cf., entre outros, STJ, REsp 1.183.378-RS, 4ª T., rel. Min. Luis Felipe Salomão, j. 25-10-2011, *DJe*, 1º-2-2012.

74. *Notícias STF*, RE 646.721 e RE 878.694, 10-5-2017.

75. Art. 1.784, CC.

76. Nesse sentido, determina o art. 1º, CPC: "O processo civil será ordenado, disciplinado e interpretado conforme os valores e as normas fundamentais estabelecidos na Constituição da República Federativa do Brasil, observando-se as disposições deste Código".

Casa do Congresso Nacional, em dois turnos, por três quintos dos votos dos respectivos membros, serão equivalentes às emendas constitucionais"[77]. Sua interpretação, no entanto, ainda é controvertida na doutrina e jurisprudência[78].

Os dois conceitos nem sempre são convergentes[79]. Por esse motivo, são possíveis conflitos entre direitos fundamentais com amparo constitucional e direitos humanos, protegidos universalmente pelo direito internacional. Uma norma no direito brasileiro que revela esse conflito no âmbito da nossa disciplina refere-se à sucessão de bens de estrangeiros no Brasil. Seu teor é: "(...) a sucessão de bens de estrangeiros situados no País será regulada pela lei brasileira em benefício do cônjuge ou dos filhos brasileiros, sempre que não lhes seja mais favorável a lei pessoal do *"de cujus"*; (...)"[80]. Convém esclarecer que além do Brasil também outros países na América do Sul, de longa data, conhecem normas nos seus ordenamentos jurídicos que privilegiam de uma forma ou outra os herdeiros nacionais[81]. Essas normas tiveram forte influência de uma lei da França, de 14 de julho de 1819, declarada, porém, como inconstitucional pelo Conselho Constitucional daquele país no ano de 2011[82]. Com efeito, o Pacto Internacional sobre Direitos Civis e Políticos, de 16 de dezembro de 1966, prescreve *in verbis*: "Todas as pessoas são iguais perante a lei e têm direito, sem discriminação alguma, a igual proteção da

---

77. A norma foi incorporada ao ordenamento jurídico pátrio mediante a Emenda Constitucional n. 45, de 8-12-2004, publicada no *Diário Oficial da União* do dia 31 do mesmo mês.

78. *V.*, em relação à pluralidade de opiniões diferentes, por exemplo, STF, RHC 79.785-RJ, TP, rel. Min. Sepúlveda Pertence, j. 29-3-2000, *RTJ, 183*:1010-30, 2003; e com relação à doutrina, entre muitos, Valério de Oliveira Mazzuoli, O novo § 3º do art. 5º da Constituição e sua eficácia, *RF, 378*:89-109, 2005; Ingo Wolfgang Sarlet, O Supremo Tribunal Federal e o controle interno de convencionalidade na base dos tratados internacionais de direitos humanos, *RP. 266*:23-51, 2017; Flávia Piovesan, *Temas de direitos humanos*, 11. ed. São Paulo, Saraiva, 2018, p. 70-90, 169-74.

79. *V.* entre outros, Jürgen Basedow, 4ème Commission. *Droits de l'homme et droit international privé/Human Rights and Private International Law*, Session de La Haye, 2019, cit., p. 12.

80. Cf., art. 5, XXXI, CF, basicamente repetido pelo art. 10º, § 1º, LINDB.

81. *V.*, Jürgen Basedow, *National Privileges in the Law of International Succession – A Comparative Account of French and Latin American Developments*. In: Facultad de Derecho Universidad de Chile - Temas actuales de derecho internacional – Homenaje al Profesor emérito Mario Ramirez Necochea, Santiago, Thomson Reuters Chile, 2016, p. 39-45.

82. *Ibidem*, p. 38-39, 50.

Lei. A este respeito, a lei deverá proibir qualquer forma de discriminação e garantir a todas as pessoas proteção igual e eficaz contra qualquer discriminação por motivo de raça, cor, sexo, língua, religião, opinião política ou de outra natureza, origem nacional ou social, situação econômica, nascimento ou qualquer outra situação"[83]. No mesmo sentido, a Convenção Americana sobre Direitos Humanos (CADH – Pacto de São José da Costa Rica), de 22 de novembro de 1969, proclama: *"Igualdade Perante a Lei – Todas as pessoas são iguais perante a lei. Por conseguinte, têm direito, sem discriminação, a igual proteção da lei"*[84]. Portanto, são questionáveis discriminações de uma pessoa, lastreadas exclusivamente na sua nacionalidade, no âmbito do direito internacional privado que faz parte do direito privado[85].

D. Direito Internacional Privado e Direito Público

De acordo com nossa concepção, o direito internacional privado refere-se, tão somente, a relações jurídicas de direito privado que transcendem as fronteiras nacionais, não se adaptando à resolução do conflito de leis interespaciais de direito público. Mas não se pode negar que o direito público repercute e reflete de modo visível na nossa disciplina, influenciando fortemente a aplicação do direito internacional privado[86].

Cada país conhece, no seu ordenamento jurídico, normas de direito público que reivindicam a sua aplicação imediata, por força de seu conteúdo imperativo e cogente, independentemente do direito aplicável a uma relação jurídica de direito privado com conexão internacional. Na doutrina, tais normas são denominadas leis de aplicação imediata (*lois d'application immédiate, lois de police, dispositions impératives, norme imperative, norme di applicazione necessaria, normas de aplicación necesária,*

---

83. Art. 26, do Pacto.

84. Art. 24, da Convenção.

85. Cf. art. 7º, da Resolução do Instituto de Direito Internacional sobre a Relação entre Direitos Humanos e Direito Internacional Privado, de 4-9-2021; Jürgen Basedow, *National Privileges in the Law of International Succession*, cit., p. 49-53.

86. No mesmo sentido, *v.*, entre outros, E. Vitta e F. Mosconi, *Corso di diritto internazionale privato e processuale*, 5. ed., Torino, UTET, 1994, p. 39-41.

mandatory rules, Gesetze von streng positiver, zwingender Natur[87], *Eingriffsnormen,* ou *selbstgerechte Sachnormen*[88]). Na literatura, usa-se, por vezes, também o termo *"ordem pública positiva"* quando se têm em vista as normas de aplicação imediata[89]. A teoria das leis de aplicação imediata foi desenvolvida por Phocion Francescakis (1910-1992), na França[90]. Conforme o seu conteúdo "são disposições cujo respeito é considerado fundamental por um país para a salvaguarda do interesse público, designadamente sua organização política, social ou econômica, ao ponto de exigir a sua aplicação em qualquer situação abrangida pelo seu âmbito de aplicação", independentemente do direito que seria aplicável por força das normas do direito internacional privado da *lex fori*[91].

Com efeito, verifica-se que os Estados limitam o exercício e o gozo dos direitos civis quando o interesse público é tangido[92]. A propriedade privada, por exemplo, por encargos públicos, a liberdade de contratar, por exemplo, por proibições de importar e exportar determinadas mercadorias, e de transacionar com moeda estrangeira[93], pelas normas que

---

87. O termo teve sua origem com Friedrich Carl von Savigny, 1779-1861. Cf. o seu *System des heutigen römischen Rechts*, Berlin, 1849, v. 8, p. 33.

88. Cf., entre outros, Keller e Siehr, *Allgemeine Lehren*, cit., p. 230-1.

89. Keller e Siehr, *Allgemeine Lehren*, cit., p. 536-7, 539-40; Kropholler, *Internationales Privatrecht*, cit., p. 93-4, 221-2, 427-36; Frank Vischer, Lois d'application immédiate als Schranken von Gerichtsstands-und Schiedsvereinbarungen, in *"Collisio Legum"*, Studi di diritto internazionale privato, Milano, Giuffrè, 1997, p. 577-94.

90. Cf., entre outros, Jolanta Kren Kostkiewicz, *Schweizerisches Internationales Privatrecht*, 2. ed., Bern, Stämpfli Verlag, 2018, p. 239-40.

91. *V.*, nesse sentido, art. 9º, 1, do Regulamento (CE) n. 593/2008 do Parlamento Europeu e do Conselho, de 17-6-2008, sobre a lei aplicável às obrigações contratuais (Roma I).

92. Nesse contexto, o art. 6 da "Ley general de derecho internacional privado", Lei n. 19.990, promulgada em 27-11-2020 no Uruguai, dispõe: "As relações jurídicas privadas internacionais reguladas ou abarcadas por normas imperativas de aplicação necessária que a República tenha adotado para o cumprimento das políticas sociais e econômicas não estarão sujeitas às normas de conflito" (tradução do autor do espanhol para o português).

93. Sobre a interpretação de contratos com previsão de pagamento em moeda estrangeira no Brasil *v.*, entre outros, STJ, AgInt no REsp 1907013-SP, 3. T., rel. Min. Marco Aurélio Bellizze, j. 29-5-2023, *DJe*, 1-6-2023; STJ, AgInt nos EDcl no REsp 2017292-SP, rel. Min. Paulo de Tarso Sanseverino, j. 27-3-2023, *DJe*, 29-3-2023. Com relação à legislação cambial em vigor no Brasil, cf. o Portal do Banco Central do Brasil. Disponível em: https://www.bcb.gov.br. Acesso em: 4-7-2023.

regulamentam o direito de concorrência entre as empresas[94], bem como por normas específicas protegendo o consumidor[95], trabalhador ou inquilino[96], entre outras[97]. De fundamental importância para o comércio internacional, em particular, é ainda a legislação sobre o comércio exterior[98]. Todas essas normas são destinadas, principalmente, a cumprir fins socioeconômicos de interesse do Estado, capazes de intervir até em quaisquer negócios jurídicos de trato sucessivo, já concluídos antes da data de sua vigência no ordenamento jurídico interno[99], desde que não comprometam *in casu* o princípio constitucional da intangibilidade do ato jurídico perfeito, como estatuído no art. 5º, XXXVI, da Carta Magna em vigor[100], conforme o Supremo Tribunal Federal já destacou reiteradas vezes na sua jurisprudência[101]. O Estado, todavia, deverá pretender aplicá-las, não só às relações de alcance meramente territorial, mas

---

94. Sobre informações completas em relação à situação legal no País, cf., o Portal do Conselho Administrativo de Defesa Econômica (CADE). Disponível em: https://www.gov.br/cade/pt-br. Acesso em: 4-7-2023.

95. No Brasil, cf., em especial, a Lei n. 8.078, de 11-9-1990, que dispõe sobre a proteção do consumidor e dá outras providências.

96. No Brasil, cf., em particular, a Lei n. 8.245, de 18-10-1991, que dispõe sobre as locações dos imóveis urbanos e os procedimentos a elas pertinentes.

97. Cf., entre outros, Von Bar, *Internationales Privatrecht*, cit., p. 219 e 228-9.

98. De acordo com a Constituição Federal em vigor, art. 22, VIII, compete privativamente à União legislar sobre comércio exterior, de modo que os Estados Federados não possam invadir tal competência. Cf., nesse sentido, STF, ADIn 910-9-RJ, TP, rel. Min. Maurício Corrêa, j. 20-8-2003, *RT*, *822*:153-5, 2004. É de ressaltar, porém, que o direito internacional ocupa espaço cada vez maior no âmbito do comércio exterior, como também os usos e costumes do comércio internacional, na medida em que respeitem os limites traçados pela legislação vigente sobre o comércio exterior. Sobre a organização e o funcionamento do comércio exterior no Brasil *v.* o Portal do Siscomex. Disponível em: https://www.gov.br/siscomex/pt-br. Acesso em: 4-7-2023.

99. Cf. TJSP, Ap 134.725-4/6-00, 5ª Câm., rel. Des. Marcus Andrade, j. 17-12-2003, *RT*, *826*:1926, 2004, com a seguinte ementa oficial: "Nos compromissos de compra e venda ou em quaisquer outros negócios jurídicos, de trato sucessivo, as normas de ordem pública (planos econômicos) que estabelecem critérios de correção monetária incidem de imediato, atingindo os contratos em curso".

100. Cf. o seu teor: "a lei não prejudicará o direito adquirido, o ato jurídico perfeito e a coisa julgada".

101. *V.*, nesse sentido, entre outros, STF, RE 948.634-RS, TP, rel. Min. Ricardo Lewandowski, j. 20-10-2020, *DJe*, 18-11-2020, p.m.; STF, AgRg no RE 393.021-4-SP, 2ª T., rel. Min. Celso de Mello, j. 25-11-2003, *DJU*, 12-8-2005, *RT*, *840*:203-5, 2005.

também às relações jurídicas com conexão internacional, para serem consideradas normas de aplicação imediata em nível internacional[102].

Assim, se for aplicável o direito doméstico a uma relação jurídica de direito privado com conexão internacional, conforme as normas do direito internacional privado da *lex fori*, o juiz, automaticamente, leva em consideração todas as normas de direito público aplicáveis ao caso concreto. Aqui não surge qualquer dificuldade quanto às normas de aplicação imediata, já que o direito aplicável coincide com o ordenamento jurídico ao qual tais normas estão vinculadas.

Diferente é a situação quando, conforme as normas do direito internacional privado da *lex fori*, tem aplicação um determinado direito estrangeiro. Nesse caso, as leis de aplicação imediata do direito doméstico são imediatamente aplicáveis, pois, em virtude de seu caráter imperativo e cogente, reprimem a aplicação do direito estrangeiro; por esse motivo não é necessário verificar o seu conteúdo[103].

Determinar se uma lei de direito interno tem, na realidade, aplicação imediata pode suscitar dúvidas. Isso porque existem normas cogentes que recebem esse atributo tão somente quando o direito interno é o aplicável, o que permite a aplicação de determinado direito estrangeiro em desacordo com tais normas de direito interno, nos casos em que a relação jurídica concreta tem conexão internacional[104].

Discute-se na doutrina se ao juiz é facultado aplicar normas públicas, editadas por um Estado estrangeiro, quando este entenda que suas normas têm caráter cogente e imperativo também no plano internacional. O Estado estrangeiro, reivindicante da aplicação do seu direito público num outro Estado, pode ser aquele cujo direito é aplicável a uma relação jurídica de direito privado com conexão internacional, de acordo com as normas de direito internacional privado da *lex fori* ou um terceiro Estado[105].

---

102. Kropholler, *Internationales Privatrecht*, cit., p. 222.

103. Assim, por exemplo, a legislação brasileira sobre o desembaraço aduaneiro de mercadorias importadas se caracteriza como de aplicação imediata.

104. Cf., a respeito, entre outros, Von Bar, *Internationales Privatrecht*, cit., p. 230-2.

105. V., nesse contexto, *e. g.*, art. 9º, § 3º, do Regulamento (CE) n. 593/2008 do Parlamento Europeu e do Conselho, de 17-6-2008, sobre a lei aplicável às obrigações contratuais (Roma I) com o seguinte teor: "Pode ser dada prevalência às normas de aplicação imediata da lei do país em que as obrigações decorrentes do contrato devam ser ou tenham sido executadas, na me-

A regra básica, tempos atrás, era a de que o juiz pátrio não podia e não devia aplicar o direito público de um Estado estrangeiro se seu direito fosse o aplicável conforme as normas do direito internacional privado da *lex fori*. Essa posição foi abandonada pela doutrina no decorrer do tempo, sendo confirmada, expressamente, por uma Resolução do Instituto de Direito Internacional, concernente à aplicação do direito público estrangeiro, a qual declara que "o caráter público atribuído a uma disposição legal de direito estrangeiro, designada como direito aplicável pela regra de conflito de leis, não representa obstáculos a sua aplicação, sob reserva de respeito ao princípio da ordem pública"[106].

Atualmente, enquanto grande parte da doutrina e da jurisprudência não exclui mais o direito público da aplicação do direito estrangeiro, quando este é o aplicável, segundo as normas do direito internacional privado da *lex fori*, controverte-se, ainda, se o juiz pátrio pode levar em consideração o direito público de um terceiro país, exigindo a sua aplicação, quando este não é o aplicável conforme as normas do direito internacional privado da *lex fori*[107].

---

dida em que, segundo essas normas de aplicação imediata, a execução do contrato seja ilegal. Para decidir se deve ser dada prevalência a essas normas, devem ser tidos em conta a sua natureza e o seu objeto, bem como as consequências da sua aplicação ou não aplicação".

106. O Instituto de Direito Internacional emitiu essa Resolução na sua sessão em Wiesbaden, em 1975. Cf. o seu Portal. Disponível em: https://www.idi-iil.org. Acesso em: 4-7-2023. *V.*, ademais, nesse sentido, por exemplo, o art. 2.599 do Código Civil e Comercial da Nação, Lei n. 26.994, de 7-10-2014, em vigor na Argentina desde 1º-8-2015: "As normas internacionalmente imperativas ou de aplicação imediata do direito argentino impõem-se sobre o exercício da autonomia da vontade e excluem a aplicação do direito estrangeiro indicado pelas normas de conflito ou pelas partes. Quando uma lei estrangeira é aplicável, suas disposições internacionalmente imperativas também são aplicáveis" (...) (tradução do autor do espanhol para o português).

107. A esse respeito, o art. 6º da "Ley general de direito internacional privado", Lei n. 19.920, promulgada em 27-11-2020 no Uruguai, dispõe: "Pode o tribunal quando o considerar pertinente, aplicar as disposições imperativas do direito de outro Estado com o qual o caso tenha vínculos relevantes" (tradução do autor do espanhol para o português), e o art. 2.599 do Código Civil e Comercial da Nação, Lei n. 26.994, de 7-10-2014, em vigor na Argentina desde 1º-8-2015, reza: "(...) Quando uma lei estrangeira é aplicável, suas disposições internacionalmente imperativas também são aplicáveis e, quando interesses legítimos assim o exigem, podem ser reconhecidos os efeitos das disposições internacionalmente imperativas de terceiros Estados que tenham vínculos estreitos e manifestamente preponderantes com o caso" (tradução do autor do espanhol para o português).

O juiz pátrio, ao levar em consideração o direito público estrangeiro no ato da aplicação do direito, nunca, porém, o aplica diretamente, como, faz uma autoridade pública quando lavra um auto de infração. O direito público estrangeiro pode exercer, tão somente, uma influência indireta sobre as relações jurídicas de direito privado com conexão internacional[108]. Assim, se for submetida à justiça brasileira uma causa de empréstimo internacional, à qual fosse aplicável determinado direito estrangeiro, conforme as normas do direito internacional privado brasileiro, e esse direito estrangeiro conhecesse uma norma ordenando que sem autorização governamental não se pode transferir moeda corrente do país para o exterior, o contrato poderia ser declarado nulo pelo juiz brasileiro, caso levasse em consideração, no seu julgamento, a lei estrangeira proibitiva. Contudo, as autoridades brasileiras não poderiam aplicar diretamente as sanções administrativas e penais do direito estrangeiro aos infratores. Por outro lado, se à mesma transação não fosse aplicável o direito estrangeiro, mas o direito brasileiro, o juiz pátrio deveria tomar a decisão de aplicar ou não o direito estrangeiro, quanto à proibição de transferir recursos em moeda nacional para o exterior, embora tal direito não fosse aplicável ao caso concreto.

Ao estudar a relação entre direito internacional privado e direito público, devemos dirigir a atenção para o próprio conceito de direito privado e direito público, sendo necessário mencionar que nem em todos os sistemas jurídicos diferenciam-se os dois termos[109]. No Brasil, tradicionalmente, usa-se a dicotomia direito privado e direito público[110].

O critério básico para a distinção dos dois conceitos é o de que o direito positivo define expressamente os conceitos ou declara quando uma matéria pertence ao direito privado ou ao direito público. Quando o direito positivo não contém qualquer manifestação a respeito, pode-se recorrer tanto à doutrina quanto à jurisprudência, visto que ambas desenvolveram várias teorias para distinguir os conceitos.

---

108. Keller e Siehr, *Allgemeine Lehren*, cit., p. 491; Kropholler, *Internationales Privatrecht*, cit., p. 137-8 e 430.

109. Cf., entre outros, Von Bar, *Internationales Privatrecht*, cit., p. 219.

110. Cf., entre outros, Luís Roberto Barroso, *Curso de direito constitucional contemporâneo*, 8. ed., São Paulo, Saraiva, 2019, p. 72-80; Carlos Roberto Gonçalves, *Direito civil brasileiro*, 12. ed., São Paulo, Saraiva, 2014, v. 1, p. 26-9.

Com esse teor, o direito privado, conforme a teoria da subordinação, soluciona principalmente relações entre particulares, enquanto o direito público tem como objeto a relação do cidadão com o poder público.

Já, segundo a teoria dos interesses, o direito privado serve, principalmente, para a proteção de interesses particulares, enquanto o direito público procura, em primeiro lugar, servir aos interesses públicos.

Por fim, de acordo com a teoria funcional, as normas de direito público destinam-se, de imediato, à solução de um assunto público ou à satisfação de um interesse coletivo, ao passo que o direito privado está restrito às relações particulares[111].

Destarte, percebe-se não ser possível, na realidade, a delimitação precisa entre os dois conceitos. Ademais, nota-se que os conceitos, nos diferentes sistemas jurídicos que distinguem entre direito privado e público, não são necessariamente congruentes[112].

Caso o juiz não esteja impedido de levar em consideração uma norma de direito público estrangeiro, ao julgar uma causa de direito privado com conexão internacional, sua tarefa torna-se mais fácil, uma vez que está liberado para traçar os limites entre o direito privado e o direito público, o que seria um trabalho mais árduo e complicado[113].

---

111. Cf., entre outros, Luís Roberto Barroso, *Direito constitucional contemporâneo*, cit., p. 72-4; Carlos Roberto Gonçalves, *Direito civil*, cit., v. 1, p. 26-8.

112. Cf., entre outros, Luís Roberto Barroso, *Direito constitucional contemporâneo*, cit., p. 72.

113. Nesse sentido, *v.*, Keller e Siehr, *Allgemeine Lehren*, cit., p. 491.

| Capítulo 2 |

Direito Internacional Privado e Disciplinas Jurídicas Afins

A. Nacionalidade e Direito Internacional Privado

O regime jurídico da nacionalidade tangencia várias disciplinas do direito, notadamente o direito constitucional, o direito internacional público e o direito internacional privado. No programa de estudos das faculdades de Direito, o tema aparece, em regra, no currículo dessas disciplinas, inclusive no Brasil. Por essa razão, o regime jurídico da nacionalidade é analisado em vários manuais sobre direito constitucional pátrio, como, *v.g.*, nos festejados *Curso de direito constitucional*, de Ingo Wolfgang Sarlet, Luiz Guilherme Marinoni e Daniel Mitidiero[1], e *Curso de direito constitucional*, Gilmar Ferreira Mendes e Paulo Gustavo Gonet Branco[2], dentre outros.

O regime jurídico da nacionalidade faz parte, igualmente, do curso de direito internacional público, como bem ilustram as obras dos insignes professores pátrios, José Francisco Rezek, *Direito internacional público*[3], e Valerio de Oliveira Mazzuoli, *Curso de direito internacional público*[4], dentre outros.

---

1. Ingo Wolfgang Sarlet, Luiz Guilherme Marinoni e Daniel Mitidiero, *Curso de direito constitucional*, 8. ed., São Paulo, Saraiva, 2019, p. 713-36.

2. Gilmar Ferreira Mendes e Paulo Gustavo Gonet Branco, *Curso de direito constitucional*, Série IDP, 18. ed., São Paulo, Saraiva, 2023, p. 382-5 (consulta do acervo digital da AASP).

3. José Francisco Rezek, *Direito internacional público*; curso elementar, 17. ed., São Paulo, Saraiva, 2018, p. 221-34.

4. Valerio de Oliveira Mazzuoli, *Curso de direito internacional público*, 15. ed., Rio de Janeiro,

Para o direito internacional privado, o regime jurídico da nacionalidade tem relevante interesse. Autores prestigiados como Jacob Dolinger[5], Irineu Strenger[6] e João Grandino Rodas[7], bem como o já clássico Haroldo Valladão[8], discorreram com profundidade sobre o assunto.

A razão principal de o regime jurídico da nacionalidade ser tratado na disciplina do direito internacional privado está no fato de a nacionalidade refletir sobre dois temas básicos de direito internacional privado, a saber, os elementos de conexão[9] e a questão prévia[10].

Pasquale Stanislao Mancini, um dos grandes mestres do direito internacional privado do século XIX[11], foi quem primeiro destacou o relevo da nacionalidade em face do direito internacional privado. O pensamento de Mancini influenciou significativamente a Europa (Itália, Alemanha, França, entre outros países) e, em parte, também a América Latina (Brasil, entre outros países). Inicialmente, as Convenções da Haia adotaram a nacionalidade como elemento de conexão básico[12]; na América Latina, o Código Bustamante[13] permitiu aos Estados contratantes utilizar a nacionalidade como principal elemento de conexão, no que se refere ao estatuto pessoal da pessoa física[14].

Forense, 2023, p. 642-88 (consulta do acervo digital da AASP).

5. Jacob Dolinger, *Direito internacional privado*, cit., p. 133-75.

6. Irineu Strenger, *Direito internacional privado*, cit., v. 1, p. 18-20.

7. Cf., de sua autoria, A nacionalidade da pessoa física no Brasil após 1988, in: *Direito e comércio internacional*, cit., p. 221-41.

8. Haroldo Valladão, *Direito internacional privado*, cit., p. 282-334.

9. Referente ao conceito, *v.* p. 144-74, adiante.

10. Cf. José Roberto Franco da Fonseca, Reflexos internacionais da nacionalidade, in: *Direito e comércio internacional*, cit., p. 135-6. Referente ao conceito da questão prévia, *v.* p. 201-3, adiante.

11. Destaca-se a aula inaugural de Mancini proferida na Universidade de Turim no dia 22 de janeiro de 1851, sob o título: "Della nazionalità come fondamento del Diritto delle Genti".

12. Com relação à evolução, cf. Keller e Siehr, *Allgemeine Lehren*, cit., p. 76-80.

13. Cf., a respeito, p. 122-5, adiante.

14. A Convenção de Direito Internacional Privado dos Estados Americanos – Código Bustamante, Havana, 1928, promulgada pelo Brasil em 13-8-1929, pelo Decreto n. 18.871, determina no seu art. 7º: "Cada Estado contratante aplicará como leis pessoais as do domicílio, as da nacionalidade ou as que tenha adotado ou adote no futuro a sua legislação interna". Antônio Sánchez de Bustamante y Sirvén, autor do Código Bustamante, que teve esse título em sua homenagem, defendeu pessoalmente o princípio da nacionalidade; porém, ao acatar essa po-

A tendência moderna do direito internacional privado, porém, prefere os elementos de conexão do domicílio e da residência habitual àquele da nacionalidade[15], considerando-os, assim, como os principais elementos de conexão do estatuto pessoal da pessoa física.

No Brasil, a evolução legislativa seguiu esse rumo. Enquanto a antiga Lei de Introdução ao Código Civil de 1916 proclamava o princípio da nacionalidade[16], a Lei de Introdução ao Código Civil de 1942, com denominação oficial atual de Lei de Introdução às Normas do Direito Brasileiro, conforme redação dada pela Lei n. 12.376, de 30 de dezembro de 2010 (em vigor), consagrou o princípio do domicílio[17]. Atualmente, na América Latina, apenas o Panamá privilegia o elemento de conexão da nacionalidade em relação ao estatuto pessoal da pessoa física[18].

Embora perca, paulatinamente, a relevância de outrora, o princípio da nacionalidade manteve-se ainda como um elemento de conexão importante no direito internacional privado também em vários Estados-membros da União Europeia até poucos anos atrás. Assim, sobreviveu, por exemplo, às revisões da legislação alemã até a presente data[19], e da lei de direito internacional privado da Áustria, de 1978[20]. Ainda assim, seu âmbito de aplicação está sendo cada vez mais reduzido pelo

---

sição, ficou com a minoria. Cf. Haroldo Valladão, *Direito internacional privado*, cit., p. 198-9.

15. Cf., entre outros, Keller e Siehr, *Allgemeine Lehren*, cit., p. 79 e 313; Kropholler, *Internationales Privatrecht*, cit., p. 248-51.

16. O art. 8º da antiga Lei de Introdução ao Código Civil rezava: "A lei nacional da pessoa determina a capacidade civil, os direitos de família, as relações pessoais dos cônjuges e o regime dos bens no casamento, sendo lícita quanto a este a opção pela lei brasileira".

17. O art. 7º, *caput*, LINDB, estabelece: "A lei do país em que for domiciliada a pessoa determina as regras sobre o começo e o fim da personalidade, o nome, a capacidade e os direitos de família". Para fins didáticos, cf., ademais, STJ, REsp 512.401-SP, Segredo de Justiça, 4ª T., rel. Min. Cesar Asfor Rocha, j. 14-10-2003, *RT, 824*:182-6, 2004 (processo de investigação de paternidade, sendo a autora da pretensão concebida e nascida no exterior, possuindo ainda nacionalidade estrangeira, mas domicílio em território nacional à época da propositura da ação).

18. V., em particular, art. 23 da sua Lei n. 61, de 7-10-2015, que adota o Código de Direito Internacional Privado.

19. Cf. o Portal do Bundesministerium der Justiz und für Verbraucherrecht, Bundesamt für Justiz, EGBGB. Disponível em: https://www.gesetze-im-internet.de/bgbeg/. Acesso em: 4-7-2023.

20. Cf. § 9º da lei de direito internacional privado da Áustria, de 15 de junho de 1978. V. o Portal Rechtsinformationssystem des Bundes, Áustria. Disponível em: https://www.ris.bka.gv.at. Acesso em: 4-7-2023.

fato que estes países são Estados-membros da União Europeia. Pessoas de outros Estados-membros não podem ser discriminadas em seu território, o que enfraquece a aplicação do elemento de conexão da nacionalidade[21]. Além disso, o Regulamento (UE) n. 650, de 4 de julho de 2012, relativo à competência, à lei aplicável, ao reconhecimento e execução das decisões, à aceitação e execução dos atos autênticos em matéria de sucessões e à criação de um Certificado Sucessório Europeu, prescreve basicamente o direito da "residência habitual do falecido no momento do óbito" como o direito aplicável à sua sucessão. A aplicação do direito da nacionalidade é permitida apenas nos limites em que o Regulamento autoriza ao autor da herança a escolha do direito a ser aplicado a sua sucessão[22]. No mesmo sentido, também o Regulamento (UE) n. 1.259, de 20 de dezembro de 2010, que cria uma cooperação reforçada no domínio da lei aplicável em matéria de divórcio e separação judicial, restringe a aplicação do elemento de conexão da nacionalidade no seu âmbito.

Em outros países, o princípio da nacionalidade não foi substituído totalmente pelo elemento de conexão do domicílio ou da residência habitual. Na Suíça, por exemplo, predominam os princípios do domicílio e da residência habitual em detrimento do princípio da nacionalidade. Para este sobrou, na atual Lei de 18 de dezembro de 1987, tão somente uma função subordinada[23]. Em relação às convenções internacionais, verifica-se, igualmente, que o princípio da nacionalidade perdeu importância. Todavia, não foi totalmente substituído pelo princípio do domicílio ou da residência habitual. Por vezes, manteve-se ao lado daqueles elementos de conexão já mencionados, sendo que essa afirmação vale principalmente em relação a várias Convenções da Haia[24]. As convenções, elaboradas pela Conferência Especializada Interamericana de Direito Internacional Privado (CIDIP), sempre deram preferência ao

---

21. Sobre o tema *v.* Jürgen Basedow, Das Staatsangehörigkeitsprinzip in der Europäischen Union, *Praxis des Internationalen Privat-und Verfahrensrechts (IPRax), 31*:109-16, 2011.

22. Arts. 21º e 22º do Regulamento.

23. Daniel Girsberger (Hrsg.), Andreas Furrer, Daniel Girsberger, Kurt Siehr, Dirk Trüten, *Internationales Privatrecht, Besonderer Teil, XI/2*. Basel, Helbing Lichtenhahn Verlag, 2018, p. 25, 28.

24. Keller e Siehr, *Allgemeine Lehren*, cit., p. 79.

elemento de conexão do domicílio e, mais recentemente, inclusive, ao elemento de conexão da residência habitual[25].

Alertamos que o regime jurídico da nacionalidade será tratado, no presente trabalho, tão somente, à medida que se vincule diretamente à resolução dos conflitos de leis no espaço referente ao direito privado, isto é, quando determine o direito aplicável a uma relação jurídica com conexão internacional. Nessa ordem, demonstraremos a relevância da nacionalidade como elemento de conexão no direito internacional privado, incluindo, ademais, a questão de determinar qual das nacionalidades deverá ser levada em consideração quando uma pessoa possuir mais de uma[26].

As questões referentes ao regime jurídico da nacionalidade, não ligadas diretamente ao direito internacional privado (como, a aquisição e a perda da nacionalidade), de acordo com o nosso entendimento, pertencem à disciplina do direito constitucional[27]. Em degrau menor, a nacionalidade reflete também no direito internacional público[28]. Com esse teor, discordamos da Escola francesa[29], que trata o regime jurídico da nacionalidade como um todo, relacionando-o ao direito internacional privado[30].

---

25. Cf. Convenção Interamericana sobre Conflitos de Leis em Matéria de Adoção de Menores, de 24-5-1984.

26. Nas legislações dos diversos países que ainda atribuem à nacionalidade importância no direito internacional privado, encontram-se diferentes soluções. Na Suíça, por exemplo, a lei federal de direito internacional privado, de 18-12-1987, prevê no seu art. 23, inc. 2: "Se uma pessoa possui mais de uma nacionalidade, é relevante para a determinação do direito aplicável aquela nacionalidade com a qual existe o vínculo mais estreito, a não ser que a própria lei disponha de modo diferente" (tradução do autor do francês para o português).

27. Dos autores pátrios que se referem expressamente ao tema, Pontes de Miranda entende que o regime jurídico da nacionalidade, a rigor, não pertence à disciplina do direito internacional privado. V. seu *Tratado de direito*, cit., v. 1, p. 36. No mesmo sentido, José Roberto Franco da Fonseca, Reflexos internacionais..., in: *Direito e comércio internacional*, cit., p. 136-7.

28. Cf., entre outros, José Roberto Franco da Fonseca, Reflexos internacionais..., in: *Direito e comércio internacional*, cit., p. 136-7. A proteção diplomática que o Estado de origem concede aos seus nacionais, encontrando-se no estrangeiro, revela, entre outros, a interdependência entre o regime jurídico da nacionalidade e o direito internacional público.

29. V., como exemplo, Batiffol e Lagarde, *Traité de droit*, cit., p. 16-7, 102-4.

30. Segundo a nossa concepção, por exemplo, não se trata de uma questão jurídica relacionada ao direito internacional privado de saber se e, conforme for, em que circunstâncias é admissível a extradição de um nacional.

Basta lembrar, nesse contexto, em prol do argumento, da regra fundamental de que a nacionalidade de uma pessoa se determina sempre de acordo com a lei cuja nacionalidade está em questão[31]. Assim, cada Estado determina, por meio de sua legislação, quais são os seus nacionais. Tal princípio básico é aceito como norma do direito internacional público[32]. No Brasil, as normas elementares com relação à aquisição e à perda da nacionalidade já se situam na própria Constituição Federal[33]. Quanto às normas infraconstitucionais, compete privativamente à União legislar sobre nacionalidade[34].

B. Condição do Estrangeiro e Direito Internacional Privado

As regras jurídicas sobre a condição do estrangeiro (*la condition de l'étranger*) definem a sua situação jurídica em relação ao nacional. São normas substantivas, diretamente aplicáveis às pessoas de nacionalidade estrangeira, não se confundindo, assim, com as normas indicativas ou indiretas do direito internacional privado, que designam, tão somente, o direito aplicável a uma relação jurídica com conexão internacional, não solucionando a *quaestio iuris* propriamente dita[35].

Essas normas, em regra, são qualificadas como de direito público[36]. Isso significa que uma distinção de tratamento do estrangeiro perante o nacional pode fundar-se somente em motivos de interesse público. Destarte, as restrições à aquisição de imóveis que certos países impõem ao

---

31. *V.*, entre muitos, Jacob Dolinger, *Direito internacional privado*, cit., p. 167; STJ, SEC 6.577-EX, CE, rel. Min. João Otávio de Noronha, j. 15-10-2014, *DJe*, 3-11-2014.

32. Valerio de Oliveira Mazzuoli, *Curso de direito internacional público*, 15. ed., Rio de Janeiro, Forense, 2023, p. 643-4 (consulta do acervo digital no Portal da AASP).

33. No Brasil, o regime jurídico da nacionalidade basicamente está regulamentado na CF, Título II, Dos Direitos e Garantias Fundamentais, Cap. III, Da Nacionalidade, art. 12.

34. *V.* art. 22, XIII, CF.

35. Quando, numa causa de direito privado com conexão internacional, uma ou ambas as partes são estrangeiras, não se trata de normas da condição de estrangeiro se, perante o juiz ou tribunal, debate-se qual o direito aplicável, isto é, o direito pátrio ou um determinado direito estrangeiro. Trata-se de direito internacional privado, *stricto sensu*. Se, entretanto, é duvidoso, podendo o estrangeiro exercer um direito em igualdade com o nacional, estamos diante de um problema jurídico que se refere à condição do estrangeiro.

36. Keller e Siehr, *Allgemeine Lehren*, cit., p. 138.

estrangeiro pertencem, na realidade, ao direito público, e não ao direito privado[37]. As regras jurídicas que limitam o acesso do estrangeiro à propriedade imobiliária no Brasil[38] objetivam a defesa da integridade do território nacional, a segurança do Estado e a justa distribuição da propriedade[39], atendendo a interesses públicos do Estado.

Na legislação dos diversos países, há um considerável número de normas aplicáveis apenas ao estrangeiro. A faculdade do Estado de restringir os seus direitos em relação ao nacional decorre de sua soberania. Os limites desse direito são, entretanto, traçados pelo direito internacional público, garantindo ao indivíduo de nacionalidade estrangeira um mínimo de direitos fundamentais que o Estado deve respeitar. De acordo com a doutrina mais moderna, o seu conteúdo, quando menos, equivale aos direitos humanos, pelos quais toda pessoa é protegida universalmente, independentemente de sua nacionalidade[40]. Nesse sentido, a Lei de Migração[41] consagra, entre outros, expressamente os princípios e diretrizes da "universalidade, individualidade e interdependência dos

---

37. Cf. Beat Walter Rechsteiner, Beschränkungen des Grundstückerwerbs durch Ausländer; Eine Studie über des Stand der Rechtsentwicklung in der Schweiz mit vergleichender Berücksichtigung der Rechte der anderen Mitgliedstaaten des Europarates, *Zürcher Studien zum öffentlichen Recht*, Zurique, Schulthess Polygraphischer Verlag, 1985, p. 49-96.

38. *V.*, em particular, art. 190 CF; Lei n. 5.709, de 7-10-1971, que regula a aquisição de imóvel rural por estrangeiro, residente no País ou pessoa jurídica estrangeira autorizada a funcionar no Brasil; Decreto n. 74.965, de 26-11-1974, que regulamenta a Lei n. 5.709, de 7 de outubro de 1971. Com relação à toda legislação nesse âmbito v. Procuradoria Federal Especializada junto ao Incra PFE-Incra, Índice de legislação agrária, 2. ed., Brasília, 2022, p. 14-7. Disponível em: https://www.gov.br/incra/pt-br/centrais-de-conteudos/legislacao/indice_legislacao_agraria.pdf. Acesso em: 5-7-2023.

39. Cf., entre outros, Olivar Vitale, Aquisição de imóvel rural por estrangeiro, *Revista do Advogado – AASP, Direito do Agronegócio, 134*:121-31, 2017; Michel François Drizul Havrenne, A aquisição de imóveis rurais por estrangeiros no Brasil, *RT, 919*:86-7, 2012; Olavo Acyr de Lima Rocha, O imóvel rural e o estrangeiro, *Revista de Direito Agrário, 16*:9-22, 2000; Vicente Cavalcanti Cysneiros, Aquisição de imóvel rural por estrangeiro, in *Direito agrário no Brasil*, Brasília, Fundação Petrônio Portella, 1982, v. 9, p. 16-8.

40. Cf., entre outros, Flávia Piovesan, *Temas de direitos humanos*, 11. ed., São Paulo, Saraiva, 2018, p. 97-101.

41. Lei n. 13.445, de 24-5-2017.

direitos humanos"[42], da "acolhida humanitária"[43], da "garantia do direito à reunião familiar"[44], da "igualdade de tratamento e de oportunidade ao migrante e a seus familiares"[45] e do "repúdio e prevenção à xenofobia, ao racismo e a quaisquer outras formas de discriminação"[46].

A situação jurídica do estrangeiro pode estar regulada, ademais, por tratados internacionais específicos. O Brasil celebrou, neste âmbito, por exemplo, tratados bilaterais e multilaterais em relação à extradição[47] e à autorização de entrada para estrangeiros no País.

Sem prejuízo das normas decorrentes do direito internacional, as normas sobre a condição do estrangeiro podem estar espalhadas em um considerável número de diplomas legais diferentes. Em geral, a legislação de origem interna é complexa.

No Brasil, a própria Constituição já disciplina várias regras limitativas para o estrangeiro[48].

Outras distinções encontram-se em leis específicas que limitam determinado direito ao estrangeiro, como, a mencionada aquisição de propriedade imobiliária rural[49]. Há, também, dispositivos legais, isolados em determinada lei específica, que dizem respeito à condição jurídica do alienígena[50]. Às vezes, ainda, a situação jurídica do estrangeiro está determinada apenas de forma mediata na lei. Nesses casos, cabe a sua

---

42. Art. 3º, I, da Lei.

43. Art. 3º, VI, da Lei.

44. Art. 3º, VIII, da Lei.

45. Art. 3º, IX, da Lei.

46. Art. 3º, II, da Lei.

47. Com relação ao considerável número dos tratados internacionais firmados pelo Brasil, *v.* o Portal do Ministério da Justiça e Segurança Pública. Disponível em: https://www.gov.br/mj/pt-br/assuntos/sua-protecao/cooperacao-internacional/extradicao/. Acesso em: 5-7-2023.

48. Cf., por exemplo, a EC n. 36, de 28-5-2002, que deu nova redação ao art. 222 da CF.

49. *V.*, a respeito desta legislação, p. 36, nota de rodapé n. 38, *retro.*

50. *V.*, entre outros, o art. 515, letra *c*, da Consolidação das Leis do Trabalho (CLT), que estabelece: "As associações profissionais deverão satisfazer os seguintes requisitos para serem reconhecidas como sindicatos: (...) *c)* exercício do cargo de Presidente e dos demais cargos de administração e representação por brasileiros".

correta interpretação no caso concreto ao juiz[51] ou a outro órgão vinculado ao Poder Judiciário[52].

No Brasil, compete privativamente à União legislar sobre "emigração e imigração, entrada, extradição e expulsão de estrangeiros"[53]. As regras gerais e principais da condição jurídica do estrangeiro no Brasil atualmente estão disciplinadas no "Estatuto de Migração"[54].

O referido Estatuto dispõe sobre os direitos e os deveres do imigrante e do visitante, regula a sua entrada e estada no País e estabelece princípios e diretrizes para as políticas públicas em prol do emigrante[55]. Com a sua entrada em vigor na data de 21-11-2017, ficou revogado o antigo "Estatuto do Estrangeiro"[56].

De eminente interesse prático são as Resoluções Normativas baixadas pelo Conselho Nacional de Imigração, especificando a legislação em vigor, e publicadas no *Diário Oficial da União*[57].

Além disso, o Comitê Nacional para os Refugiados (CONARE) possui a competência de aprovar Resoluções Normativas em relação à

---

51. V., por exemplo, STJ, Notícias, *Do Estatuto do Estrangeiro à Lei de Migração, a evolução da jurisprudência do STJ sobre expulsão de estrangeiros*. Disponível em: https://www.stj.jus.br/sites/portalp/Paginas/Comunicacao/Noticias/2023/25062023-Do-Estatuto-do-Estrangeiro-a-LeideMigracao--a-evolucao-da-jurisprudencia-do-STJ-sobre-expulsao-de-estrangeiros.aspx. Acesso em: 26-6-2023.

52. Cf., a Resolução n. 405, de 06-7-2021, do Conselho Nacional de Justiça (CNJ), que estabelece procedimentos para o tratamento das pessoas migrantes custodiadas, acusadas, rés, condenadas ou privadas de liberdade, inclusive em prisão domiciliar e em outras formas de cumprimento de pena em meio aberto, em cumprimento de alternativas penais ou monitoração eletrônica e confere diretrizes para assegurar os direitos dessa população no âmbito do Poder Judiciário.

53. Cf. art. 22, XV, CF.

54. V. Lei n. 13.445, de 24-5-2017, bem como a sua regulamentação por meio do Decreto n. 9.199, de 20-11-2017.

55. Art. 1º da Lei.

56. O art. 124 da Lei trata da revogação da Lei n. 6.815, de 19-8-1980 *(Estatuto do Estrangeiro)*, e da Lei n. 818, de 18-9-1949.

57. Sobre o Conselho Nacional de Imigração, cf. o Decreto n. 9.873, de 27-6-2019, que dispõe sobre o Conselho Nacional de Imigração. Com relação às Resoluções Normativas em vigor, consulte o Portal de Imigração do Ministério da Justiça e Segurança Pública. Disponível em: https://portaldeimigracao.mj.gov.br/pt/resolucoes. Acesso em: 5-7-2023.

concessão de vistos a estrangeiros por razões humanitárias conforme a legislação em vigor[58].

Em relação à condição jurídica do estrangeiro, no Brasil, diferentes autores, provenientes de diferentes áreas, publicaram valiosos estudos. O eminente professor Yussef Said Cahali criou trabalho pioneiro, ao tratar do assunto de forma minuciosa e abrangente[59]. José Francisco Rezek[60] e Valerio de Oliveira Mazzuoli[61] dedicaram-se também ao tema, embora elucidando a matéria mais sob a perspectiva do direito internacional público. Os clássicos Jacob Dolinger[62] e Haroldo Valladão[63] repetiram a façanha em suas obras, tratando-a na parte geral do direito internacional privado.

Contudo, determinar se a condição do estrangeiro faz parte do objeto do direito internacional privado, e em que medida se inclui nessa disciplina, é questão controvertida na doutrina[64]. A nosso ver, o tema deve ser tratado, tão somente, na nossa disciplina, por mera questão didática, apesar de não pertencer ao seu objeto[65].

Na realidade, as normas do direito internacional privado determinam, em primeiro lugar, o direito aplicável a uma relação jurídica de direito privado com conexão internacional. As normas sobre a condição do estrangeiro, como vimos, qualificam-se como normas de direito público, objetivando a regularização da situação jurídica do estrangeiro em

---

58. Sobre o CONARE, cf. o Portal de Imigração do Ministério da Justiça e Segurança Pública. Disponível em: https://Portaldeimigracao.mj.gov.br/pt/. Acesso em: 19-7-2021.

59. Veja-se, Yussef Said Cahali, *Estatuto do Estrangeiro*, 2. ed., São Paulo, Revista dos Tribunais, 2011.

60. José Francisco Rezek, *Direito internacional público*, cit., p. 234-62.

61. Valerio de Oliveira Mazzuoli, *Curso de direito internacional público*, cit., p. 688-746 (consulta ao acervo digital no Portal da AASP).

62. Jacob Dolinger, *Direito internacional privado*, cit., p. 177-226.

63. Haroldo Valladão, *Direito internacional privado*, cit., v. 1, p. 383-442.

64. *V.*, quanto às divergências existentes, Haroldo Valladão, *Direito internacional privado*, cit., v. 1, p. 384-5.

65. No mesmo sentido, Irineu Strenger, *Direito internacional privado*, cit., p. 19; em sentido contrário, Haroldo Valladão, *Direito internacional privado*, cit., v. 1, p. 385; Jacob Dolinger, *Direito internacional privado*, cit., p. 2.

relação ao nacional no país. Assim, não resolvem o conflito de leis no espaço, o que caracteriza o direito internacional privado em sua essência[66].

C. DIREITO PROCESSUAL CIVIL INTERNACIONAL

As normas do direito internacional privado indicam na sua essência o direito aplicável a uma relação jurídica de direito privado com conexão internacional. Para que possam ser aplicadas de fato ao caso concreto, no entanto, dependem de normas acessórias ou instrumentais. Quanto a estas, trata-se de normas processuais.

Na medida em que se inter-relacionam com as normas do direito internacional privado, pertencem ao direito processual civil internacional.

Este, basicamente, abrange todas as normas processuais vigentes no país do foro, com destinação à tutela jurisdicional de interesses privados, caso a questão *sub judice* tenha conexão internacional[67].

A doutrina mais moderna inclui as normas de direito processual civil internacional, em virtude do vínculo estreito existente, no objeto do direito internacional privado. Assim concebendo, disciplina-o *lato sensu*, enquanto as normas designativas do direito aplicável são classificadas como direito internacional privado *stricto sensu*[68].

No direito brasileiro, as normas referentes ao direito processual civil internacional são disciplinadas basicamente no Código de Processo Civil[69].

Encontram-se ali as normas sobre os limites da jurisdição nacional (arts. 21 a 23, 25 CPC), a cooperação jurídica internacional (arts. 26 a 41 CPC), a litispendência internacional (art. 24 CPC), a aplicação das leis processuais (art. 13 CPC), a caução de autor, brasileiro ou estrangeiro,

---

66. Não só no Brasil, aliás, mas também no exterior, é controverso se o regime jurídico do estrangeiro faz parte do objeto do direito internacional privado. Assim, por exemplo, na França, a condição jurídica do estrangeiro (*condition de l'étranger*) tradicionalmente é incluída na disciplina do direito internacional privado, como ensinam Batiffol e Lagarde, *Traité de droit*, cit., p. 15-6, enquanto, na Alemanha, o mesmo não ocorre. Cf., entre outros, Keller e Siehr, *Allgemeine Lehren*, cit., p. 150-1; Kropholler, *Internationales Privatrecht*, cit., p. 9-10.

67. Cf., nesse sentido, Haimo Schack, *Internationales*, cit., p. 3.

68. *V.*, também, p. 5-6, *retro*.

69. Lei n. 13.105, de 16-3-2015, com vigência a partir de 18-3-2016.

que residir fora do Brasil ou deixar de residir no país durante a tramitação de processo (art. 83 CPC), o direito à gratuidade da justiça (arts. 98 a 102 CPC), o intérprete e tradutor, bem como a obrigatoriedade do uso da língua portuguesa em todos os atos e termos do processo (arts. 162 a 164, e 192 CPC), a aplicação do direito estrangeiro no processo (art. 376 CPC), e a homologação e o cumprimento da decisão estrangeira, bem como a concessão do *exequatur* à carta rogatória no território nacional (arts. 960 a 965 CPC).

Nesses casos, as normas processuais de origem interna aplicam-se sempre na ausência de tratado internacional em vigor no Brasil. Mas, em se tratando de tratado internacional com vigência no País, este prevalece em relação à norma processual conflitante de origem interna[70].

Trataremos do direito processual civil internacional principalmente na segunda parte deste livro. Porém, não nos dedicaremos às questões ligadas ao direito falimentar e à arbitragem internacional, embora se incluam, também, no objeto do direito processual civil internacional *lato sensu*[71].

O direito falimentar internacional trata basicamente da competência internacional e do direito aplicável em relação a procedimentos de insolvência com conexão internacional, bem como do reconhecimento de procedimentos de insolvência estrangeiros pelo direito interno e da cooperação internacional entre autoridades judiciárias e equivalentes nesses procedimentos, inclusive da faculdade de um representante legal estrangeiro para praticar atos jurídicos no território nacional e participar de um procedimento de insolvência doméstico. Outro aspecto importante vinculado ao direito falimentar internacional é o tratamento dos credores externos em comparação aos internos da mesma categoria quanto à declaração dos seus créditos em processos de insolvência[72].

---

70. Nesse sentido, cf., *expressis verbis*, arts. 13; 24, *caput*; 26; 30, *caput*; 31; 83, § 1º, I; 960, *caput*; 961, *caput*; todos do CPC.

71. Nesse sentido, a lei federal suíça de direito internacional privado, de 18-12-1987, por exemplo, baseia-se em um conceito de direito internacional privado o mais amplo possível. Cf. o seu artigo primeiro: "La présente loi régit, en matière internationale: *a*) la compétence des autorités judiciaires ou administratives suisses; *b*) le droit applicable; *c*) les conditions de la reconnaissance et de l'exécution des décisions étrangères; *d*) la faillite et le concordat; *e*) l'arbitrage. 2. Les traités internationaux sont réservés".

72. Cf., Beat Walter Rechsteiner, A insolvência internacional sob a perspectiva do direito

No Brasil, foi incorporada na legislação que regula a recuperação judicial, a extrajudicial e a falência do empresário e da sociedade empresária[73] um capítulo próprio sobre a insolvência transnacional[74]. Destarte, ali são tratadas as questões da competência internacional da Justiça brasileira[75], a legitimidade e os poderes do representante estrangeiro perante o Juízo competente no Brasil[76], a cooperação jurídica internacional do Juízo competente no Brasil com autoridades ou representantes estrangeiros[77], o reconhecimento pelo Brasil de processos ajuizados no exterior[78], a relação entre processos ajuizados no Brasil e no exterior[79], bem como a relação de tratamento entre credores nacionais e estrangeiros no processo de insolvência[80].

A legislação reformada facilita a coordenação e cooperação jurídica internacional entre autoridades brasileiras e estrangeiras em casos de insolvência transnacional em comparação ao direito anterior consideravelmente[81]. Além disso, traz mais segurança jurídica para os agentes envolvidos (credores, devedor, autoridades brasileiras e estrangeiras) neste âmbito[82].

---

brasileiro, in: Luiz Fernando Valente de Paiva (coord.), *Direito falimentar e a nova Lei de Falências e Recuperação de Empresas*, São Paulo, Quartier Latin, 2005, p. 670-99.

73. Lei n. 11.101, de 9-2-2005, com as alterações incluídas pela Lei n. 14.112, de 24-12-2020.

74. Cap. VI-A, arts. 167-A a 167-Y da Lei.

75. *V.*, em particular, art. 167-D da Lei.

76. *V.*, em particular, art. 167-F da Lei. O representante estrangeiro está definido no art. 167-B, IV, da Lei.

77. *V.*, em particular, arts. 167-P e 167-Q, da Lei. A autoridade estrangeira está definida no art. 167-B, V, da Lei.

78. *V.*, em particular, arts. 167-H a 167-O, da Lei. O processo estrangeiro está definido no art. 167-B, I, da Lei.

79. *V.*, em particular, arts. 167-R a 167-Y, da Lei.

80. *V.*, em particular, art. 167-G, da Lei.

81. Cf., em relação ao direito anterior, Renata Martins de Oliveira Amado, Renato G. R. Maggio, A insolvência transnacional no ordenamento jurídico brasileiro. In: Recuperação de empresas e falência, alterações da Lei n. 14.112/2020. *Revista do Advogado da AASP, 150:* 222-6, 2021.

82. Sobre a legislação reformada cf., entre outros, Eronides Aparecido dos Santos, Insolvência transnacional e cooperação jurídica internacional. In: Recuperação de empresas e falência, alterações da Lei n. 14.112/2020. *Revista do Advogado da AASP, 150:*38-50, 2021; Renata Martins de Oliveira Amado, Renato G.R. Maggio, A insolvência transnacional no ordenamento jurídico brasileiro, cit., p. 226-32; Daniel Carnio Costa, Os impactos da PL 6.229/05 na insolvência transnacional. In: Análise de impacto legislativo na recuperação e na falência, org.

Note-se, neste contexto, que a Assembleia Geral da ONU, em sua 65ª sessão plenária de 2 de dezembro de 2004, adotou a Resolução n. 59/40, relativa ao "Guia legislativo referente ao direito de insolvência", recomendando, ademais, a incorporação do texto da Lei Modelo sobre a insolvência internacional, adotada pela Resolução n. 52/158, de 15 de dezembro de 1997, pela mesma entidade, nas legislações nacionais dos seus Estados-membros[83]. Ambos os textos se baseiam em trabalhos realizados pela Comissão das Nações Unidas para o Direito do Comércio Internacional (UNCITRAL). Em complemento, esta Comissão, em 1º de julho de 2009, aprovou o "Guia prático sobre a cooperação em matéria de insolvência internacional". Ademais, elaborou em 2018 outra Lei Modelo sobre o reconhecimento e a execução de sentenças relacionadas a casos de insolvência junto com um guia para sua incorporação ao direito interno. Preparou ainda guias legislativas e recomendações, bem como textos explicativos, e continua a trabalhar permanentemente na evolução do direito falimentar internacional[84].

A arbitragem internacional é de suma importância, particularmente no comércio internacional. Quase noventa por cento de todos os contratos internacionais referentes a transações comerciais contêm uma cláusula arbitral[85]. Destarte, o juiz arbitral tornou-se o juiz natural das relações internacionais de comércio[86]. Cumpre mencionar, nesse contexto, os tribunais arbitrais institucionais das bolsas de mercadorias, das câmaras de comércio internacional e de outras organizações. Ademais, os tribunais, constituídos *ad hoc*, exercem função igualmente importante no comércio internacional.

Tiago Salles, Erika Siebler Branco, coord. Luis Felipe Salomão, Flávio Galdino, Rio de Janeiro, Editora JC, 2020, p. 79-98.

83. O Cap. VI-A, arts. 167-A a 167-Y, da Lei n. 14.112, de 14-12-2020, que trata da insolvência transnacional, foi fortemente inspirado por essa Lei Modelo.

84. Cf., com relação a todos os trabalhos o seu Portal. Disponível em: https://uncitral.un.org/en/texts/insolvency. Acesso em: 5-7-2023.

85. Veja-se, no Brasil, sobre o tema, por todos, Luiz Olavo Baptista, *Arbitragem comercial e internacional*, São Paulo, Lex Magister, 2011.

86. Cf. Guy Keutgen, l'arbitrage et la mondialisation du commerce, *Revue de Droit Internatio-nal e de Droit Comparé*, 87:223-45, 2010.

Entre os problemas específicos concernentes à arbitragem, destacam-se aqueles de competência, validade da cláusula arbitral, procedimento, sede do tribunal arbitral, constituição dos árbitros, autorização destes para julgar por equidade, relação da arbitragem com a justiça estatal, remédios processuais contra laudos arbitrais e, por fim, o reconhecimento e a execução de laudos arbitrais estrangeiros.

Atualmente, verifica-se uma tendência de combinar a mediação com a arbitragem. Existem várias modalidades desta aproximação[87]. A mediação é considerada "a atividade técnica exercida por terceiro imparcial sem poder decisório, que, escolhido ou aceito pelas partes, as auxilia e estimula a identificar ou desenvolver soluções consensuais para a controvérsia"[88]. Além disso, entrou em vigor internacionalmente a Convenção das Nações Unidas sobre Acordos Comerciais Internacionais resultantes de Mediação, de 20 de dezembro de 2018 (Convenção de Singapura)[89]. Ela simplifica a execução desses acordos nos Estados contratantes. Outra concorrência para a arbitragem privada internacional tradicional constitui os tribunais estatais especializados em julgar litígios comerciais transnacionais de direito privado. Esses tribunais são encontrados em cada vez mais países[90].

No Brasil, a Lei n. 9.307, de 23 de setembro de 1996, que dispõe sobre a arbitragem, aplica-se também à arbitragem privada internacional[91].

De grande relevância para a arbitragem privada internacional é a Convenção de Nova Iorque sobre o Reconhecimento e a Execução de Sentenças Arbitrais Estrangeiras, de 10 de junho de 1958. Ela vigora no

---

87. *V.*, entre outros, Daniel Girsberger, Konkurrenz für die internationale Schiedsgerichtsbarkeit? – Wirtschaftsmediation, Internationale Handelsgerichte und Hybride Verfahren, *Anwaltsrevue/Revue de l'avocat, 24*:327-31, 2021.

88. Cf., nesse sentido, art. 1º, parágrafo único, da Lei n. 13.140, de 26-6-2015 (Lei de Mediação).

89. Disponível em: https://uncitral.un.org/en/texts/mediation/conventions/international_settlement_agreements. Acesso em: 5-7-2023.

90. Daniel Girsberger, revista, cit., p. 330-1.

91. Por último, a Lei n. 9.307, de 23-9-1996, foi alterada pela Lei n. 13.129, de 26-5-2015. Nesse contexto, cumpre mencionar ainda a Lei n. 13.140, de 26-6-2015 (Lei de Mediação). Ela favorece os métodos alternativos para resolução de conflitos em detrimento de sua tradicional resolução por meio da intervenção do Poder Judiciário estatal no Brasil.

Brasil[92]. É provável que o País ratifique no futuro ademais a Convenção das Nações Unidas sobre Acordos Comerciais Internacionais resultantes de Mediação, de 20 de dezembro de 2018 (Convenção de Singapura)[93].

O direito processual civil internacional, atualmente, em geral, vem sendo ensinado na disciplina do direito internacional privado. A Escola anglo-americana, cujo sistema jurídico difere fundamentalmente do nosso[94], segue o mesmo esquema, e, na Alemanha, onde tradicionalmente não se deu muita ênfase ao direito processual civil internacional, a situação mudou[95].

Há tempo, o Instituto de Direito Internacional (*Institut de Droit International*), na sua sessão de 26 de agosto a 4 de setembro de 1997, em Estrasburgo, adotou uma Resolução, postulando que toda faculdade de Direito deveria oferecer curso básico de direito internacional privado para os estudantes. Este, de preferência, incluiria os seguintes tópicos: *a)* fontes do direito internacional privado; *b)* relação entre os direitos internacional privado e público; *c)* competência internacional dos tribunais; *d)* direito aplicável; *e)* reconhecimento e execução de sentenças estrangeiras[96].

---

92. O Congresso Nacional aprovou o texto da Convenção por meio do Decreto Legislativo n. 52, de 25-4-2002, e o Presidente da República a promulgou mediante o Decreto n. 4.311, de 23-7-2002. A Convenção, que foi elaborada sob o patrocínio das Nações Unidas (ONU), entrou em vigor internacionalmente em 7 de junho de 1959. Atualmente, conta com a adesão de 172 Estados. Cf. o Portal da Uncitral. Disponível em: https://uncitral.un.org/en/texts/arbitration/conventions/foreign_arbitral_awards. Acesso em: 5-7-2023.

93. Nesse sentido, *Clipping eletrônico*, AASP, de 8-6-2021.

94. O conceito de "private international law", "conflict of laws", ou "conflicts law" abrange: *a) jurisdiction of domestic courts*, ou seja, a competência internacional dos tribunais e autoridades internas; *b) choice of the applicable law*, isto é, o direito internacional privado *stricto sensu; c) recognition and enforcement of foreign judgements*, isto é, o reconhecimento e a execução de sentenças estrangeiras. Cf., a respeito, entre outros, Peter Hay, On the Road to a Third American Restatement of Conflicts Law, *Praxis des Internationalen Privat- und Verfahrensrechts (IPRax)*, 42:205, 2022.

95. Cf., a esse respeito, entre outros, Peter Mankowski, Über den Standort des Internationalen Zivilprozessrechts, *RabelsZ*, 82:576-617, 2018.

96. Cf. o inteiro teor da Resolução do Instituto de Direito Internacional em seu Portal. Disponível em: https://www.idi.iil.org. Além disso, ela se pronuncia sobre o aprofundamento da matéria, sugerindo, entre outras, as seguintes especialidades no curso: *a)* arbitragem internacional; *b)* contratos internacionais; *c)* direito societário internacional; *d)* responsabilidade civil internacional; *e)* direito internacional de família e das sucessões.

Nos dias atuais, ademais, parece existir o entendimento consolidado no âmbito da Conferência da Haia de Direito Internacional Privado que o direito internacional privado trata em particular da competência internacional dos tribunais, do direito aplicável, bem como do reconhecimento e da execução das decisões estrangeiras. Além disso, salienta que, inclusive, relaciona-se às questões da cooperação jurídica e administrativa internacional vinculadas ao direito privado[97].

D. DIREITO INTERNACIONAL PÚBLICO – DIREITO TRANSNACIONAL

O direito internacional público ou direito das gentes é a ordem jurídica que regula as relações entre os sujeitos de direito do direito internacional público. Sujeitos de direito, nesse sentido, são os Estados soberanos, as organizações internacionais, como a Organização das Nações Unidas e entidades tradicionalmente reconhecidas como sujeitos de direito, ao lado dos Estados, como o Comitê Internacional da Cruz Vermelha, a Santa Sé, e a pessoa humana em si, desde que se lhe reconheçam direitos individuais tutelados no âmbito do direito internacional público[98].

Ao direito internacional privado, por seu lado, é inerente que resolve conflitos de leis interespaciais, ou seja, designa o direito aplicável a uma relação jurídica de direito privado com conexão internacional. Na maioria dos Estados trata-se, basicamente, ainda de direito interno que, em algumas partes, foi uniformizado por via de tratado internacional, facultando aos Estados interessados a sua adesão; mas, ao contrário do direito internacional público, não se caracteriza como um direito hierarquicamente superior ao regime jurídico nacional, qualidade que uma

---

97. Nesse sentido, por exemplo, Annabelle Bennett e M. Sam Granata, *Quand le droit international privé rencontre le droit de la propriété intellectuelle*, cit., p. 13, e, art. 1 da Lei n. 61, de 7-10-2015, do Panamá, que adota o Código de Direito Internacional Privado.

98. Cf., no Brasil, entre outros, em geral, Valerio de Oliveira Mazzuoli, *Curso de direito internacional público*, cit., p. 407-12 (consulta do acervo digital da AASP); e com relação à pessoa humana como sujeito de direito internacional público, em particular, Flávia Piovesan, *Temas de direitos humanos*, cit., p. 93-5.

parte significativa da doutrina reivindica para o direito internacional público[99].

Nesse contexto, cumpre salientar, ademais, que, ao lado do particular, pessoa física ou pessoa jurídica, também o próprio Estado pode engajar-se numa relação jurídica de direito privado com conexão internacional. Em princípio, está sujeito, nessas relações, às regras do direito internacional privado, e, assim, da mesma forma que um particular, não pode beneficiar-se do privilégio da imunidade de jurisdição perante a justiça de um Estado estrangeiro[100].

Na doutrina, particular e tradicionalmente, as relações entre os direitos internacional público e privado são examinadas sob diferentes aspectos[101]. Muitos doutrinadores tentaram extrair princípios gerais do direito internacional público para reger a nossa disciplina, e para isso utilizaram as mais variáveis argumentações jurídicas, com a finalidade de demonstrar esse relacionamento mútuo entre ambas. Essa tarefa culmina no extremo de chegar à afirmação de que o direito internacional privado se originaria, ou resultaria, do público. Juristas de grande renome, como, *v.g.*, Ulricus Huber (1636-1694), Etienne Bartin (1860-1948), Ernst Zitelmann (1852-1925), Pasquale Stanislao Mancini (1817-1888), Ernst Frankenstein (1881-1959), Antoine Pillet (1857-1926) e Josephus Jitta (1854-1925), entre outros, seguiram esse raciocínio[102].

Atualmente, verifica-se na doutrina a tendência de ser o direito internacional privado uma disciplina jurídica autônoma. Por sua vez, o direito internacional público, *per definitionem*, não trata das relações jurídicas de direito privado com conexão internacional[103]. Conforme a Resolução do Instituto de Direito Internacional (Institut de Droit Inter-

---

99. Cf., entre muitos, José Francisco Rezek, *Direito internacional*, cit., p. 28-9.

100. Cf., a respeito, detalhadamente, p. 279-88, adiante.

101. Veja-se, a respeito do tema, entre outros, Batiffol e Lagarde, *Traité de droit*, cit., p. 11-3; Jacob Dolinger, *Direito internacional privado*, cit., p. 14-5; Keller e Siehr, *Allgemeine Lehren*, cit., p. 176-93; Kropholler, *Internationales Privatrecht*, cit., p. 48-53; Von Bar, *Internationales Privatrecht*, cit., p. 122-54.

102. Jacob Dolinger, *Direito internacional privado*, cit., p. 12; Keller e Siehr, *Allgemeine Lehren*, cit., p. 42-5, 62-6, 109, 177-80; Von Bar, Internationales Privatrecht, cit., p. 125-8, 136-8, 140-2, 387-9, 405-12.

103. Cf., entre muitos, Kropholler, *Internationales Privatrecht*, cit., p. 48-9.

national) adotada durante a sua sessão de 26 de agosto a 4 de setembro de 1997 em Estrasburgo, seu corpo básico abrange notadamente: a história, a natureza jurídica e a função do direito internacional público, as suas fontes, o direito dos tratados, a relação entre o direito internacional público e o privado, a relação entre o direito internacional público e o direito interno, os sujeitos de direito do direito internacional público, inclusive o indivíduo, a situação jurídica dos territórios do mar, do espaço aéreo e do universo, o direito da jurisdição internacional e das imunidades, o direito da nacionalidade, a condição jurídica do estrangeiro e do refugiado, a proteção dos direitos humanos no direito internacional, a responsabilidade internacional do Estado, a solução pacífica de litígios internacionais e o uso da força, bem como o sistema coletivo de segurança da Organização das Nações Unidas (ONU)[104]. Outrossim, quanto ao conteúdo das normas do direito internacional privado, não vigoram princípios gerais do direito internacional público, de molde a gerar obrigações para um Estado. Nesse sentido, hodiernamente quase não existem mais divergências na doutrina[105]. Isso, é óbvio, não quer dizer que as normas do direito internacional público, que obrigam um Estado de uma forma geral, não devam ser observadas pelo juiz quando da aplicação das normas do direito internacional privado. De suma relevância, particularmente, são os direitos humanos, cuja fonte jurídica é o direito internacional público. Os direitos humanos são direitos que todo ser humano tem *"sem distinção alguma, nomeadamente de raça, de cor, de sexo, de língua, de religião, de opinião política ou outra, de origem nacional ou social, de fortuna, de nascimento ou de qualquer outra situação"*[106]. Os direitos humanos deverão ser respeitados e reconhecidos também no âmbito do direito internacional privado[107]. Conceitos originados no direito internacional público, porém, nem sempre vêm sendo adotados na nossa disciplina. Pode ocorrer, por exemplo, que conforme as normas do direito

---

104. Sobre a Resolução, cf. o Portal do Instituto de Direito Internacional. Disponível em: https://www.idi-iil.org. Acesso em: 5-7-2023.

105. Cf., entre outros, Keller e Siehr, *Allgemeine Lehren*, cit., p. 183-9 e 192-3; Kropholler, *Internationales Privatrecht*, cit., p. 49-51; Von Bar, Internationales Privatrecht, cit., p. 129-35.

106. Art. 2º da Declaração Universal dos Direitos do Homem, proclamada pela Organização das Nações Unidas em 10-12-1948.

107. Cf., em particular, o inteiro teor da Resolução do Instituto de Direito Internacional sobre a Relação entre Direitos Humanos e Direito Internacional Privado, de 4-9-2021.

internacional privado da *lex fori* seja aplicável um direito estrangeiro, sem que o Estado estrangeiro tenha sido reconhecido por aquele da situação do foro, em consonância com as regras do direito internacional público. Se nesse caso existe uma ordem jurídica, efetiva e regularmente aplicada, dentro do território em questão, nada impede o juiz de aplicar esse direito à lide *sub judice*[108].

Por final, devem ser distinguidos os conceitos de direito internacional público e direito internacional privado do direito transnacional. O último é empregado para caracterizar qualquer matéria jurídica que transcenda aos limites de um Estado. Destarte, abrange o direito internacional público, o direito internacional privado, o direito administrativo e penal internacional e, também o direito do comércio internacional, inclusive a *Lex Mercatoria*[109]. O termo criado por Philip Jessup (1897-1986), entretanto, até hoje não obteve a aceitação geral na doutrina[110].

E. CONFLITOS DE LEIS NO ESPAÇO NÃO RELACIONADOS AO DIREITO INTERNACIONAL PRIVADO

O direito internacional privado resolve conflitos de leis de direito privado no espaço. Quando uma relação jurídica de direito privado tem conexão internacional, o juiz determina, em primeiro lugar, o direito aplicável, para poder, em seguida, decidir a lide *sub judice* materialmente. O direito aplicável será sempre o direito interno ou determinado direito estrangeiro, designado pelas normas do direito internacional privado da *lex fori*. Este direito é denominado *lex causae*.

O direito internacional privado é a única disciplina jurídica que pode obrigar o Poder Judiciário doméstico a julgar uma causa conforme as normas de uma ordem jurídica estrangeira. Tal fato é uma peculiaridade da nossa disciplina[111].

---

108. *V.*, entre outros, Nadjma Yassari, Staatszerfall und Internationales Privatrecht, *RabelsZ*, 82:948-52, 2018.

109. Cf., a respeito da *Lex Mercatoria*, detalhadamente, p. 78-88, adiante.

110. Cf., entre outros, Ignaz Seidl-Hohenveldern, Völkerrecht, 8. ed., Köln-Berlin-Bonn-München, Heymannns Verlag KG, 1994, p. 16.

111. Cf., entre outros, Von Bar, *Internationales Privatrecht*, cit., p. 218 e 221-7; Batiffol e Lagarde, *Traité de droit*, cit., p. 411-4.

Conflitos de leis no espaço, contudo, não estão relacionados, tão somente, ao direito internacional privado. São decorrentes também do direito público, atingindo, entre outros, o direito penal[112] e o administrativo em todos os seus ramos, bem como o direito econômico, o da previdência social e o tributário ou fiscal[113].

Nas disciplinas jurídicas de direito público, não vigoram normas indicando o direito aplicável. São sempre normas substantivas ou materiais de direito doméstico, estabelecendo diretamente o campo de aplicação dos direitos penal, econômico, tributário ou fiscal etc., quando exista uma conexão internacional e seja invocada uma autoridade doméstica para proferir uma decisão *in casu*. Isso não impede que essa autoridade leve em consideração o direito estrangeiro, aplicando o direito público, desde que os requisitos legais para tanto estejam cumpridos, conforme a legislação interna[114]. Uma autoridade, ao aplicar o direito público, portanto, não necessitará escolher entre a aplicação do direito interno ou do estrangeiro, como ocorre quando um juiz ou tribunal julga uma causa de direito privado com conexão internacional de acordo com as normas do direito internacional privado[115]. Por essa razão, con-

---

112. O direito penal internacional, em particular, refere-se à jurisdição do Estado em relação a crimes praticados por indivíduos no âmbito internacional, bem como à cooperação jurídica internacional na área penal, quando as respectivas normas são de origem interna. Quanto à situação legal no Brasil, *v.*, entre outros, Roberto Luís Luchi Demo, A jurisdição penal brasileira, *RT*, *855*:496-508, 2007. O direito internacional penal refere-se às matérias relacionadas ao direito penal, cuja origem é o direito internacional público. Cf., Alexandre Pereira da Silva, Direito internacional penal (Direito penal internacional?): Breve ensaio sobre a relevância e transnacionalidade da disciplina, *Rev. Fac. Direito UFMG*, *62*:53-83, 2013.

113. Sobre os diferentes ramos de direito, cf., no Brasil, Haroldo Valladão, *Direito internacional privado*, Rio de Janeiro, Freitas Bastos, 1978, v. 3, p. 222-39 (direito penal internacional); 240-57 (direito processual penal internacional); 293-9 (direito tributário ou fiscal internacional); 105-11 (direito da previdência social); 286-92 (direito administrativo internacional).

114. Tratando-se, por exemplo, de um diploma estrangeiro, o direito interno estabelece os requisitos formais para seu reconhecimento no país. A autoridade competente para o reconhecimento do diploma levará em consideração o direito estrangeiro, à medida que isso seja previsto pela legislação interna. Quanto ao Brasil, *v.* STJ, AgRg EDcl REsp 1.234.825-PR, 1ª T., rel. Min. Napoleão Nunes Maia Filho, j. 9-8-2016, *DJe*, 23-8-2016; STJ, REsp 1.215.550-PE, Recurso Repetitivo, 1ª Seção, rel. Min. Og Fernandes, j. 23-9-2015, *DJe*, 5-10-2015.

115. Cf. Von Bar, *Internationales Privatrecht*, cit., p. 218 e 221-7; Batiffol e Lagarde, *Traité de droit*, cit., p. 411-4.

flitos de leis no espaço, decorrentes do direito público, não são objeto do direito internacional privado.

F. Direito Intertemporal ou Transitório

A finalidade do direito intertemporal ou transitório é definir a partir de que data entra em vigor uma nova lei, e como irá relacionar-se com fatos encerrados e relações jurídicas contínuas, iniciadas antes de sua entrada em vigor.

Enquanto o direito internacional privado regula um conflito interespacial, ou seja, determina quando o direito interno ou determinado direito estrangeiro é aplicável a uma relação jurídica de direito privado com conexão internacional, o direito intertemporal ou direito transitório leva em consideração o critério de tempo, determinando quando será aplicável uma nova lei ou uma lei antiga a um fato juridicamente relevante. Porém, ambos os direitos indicam, meramente, o direito aplicável a um conflito de leis, quer no espaço, quer no tempo, nunca solucionando a *quaestio iuris* propriamente dita. Isso será possível tão somente quando o direito aplicável já estiver conhecido.

O direito internacional privado e o direito intertemporal ou transitório estão entrelaçados sob vários aspectos. Assim, quando entram em vigor novas regras de direito internacional privado, faz-se mister definir se já são aplicáveis as novas ou se permanecem em vigor as antigas regras jurídicas do direito internacional privado da *lex fori*, referentes a uma causa com conexão internacional. A resposta à questão é dada pelo direito intertemporal ou transitório.

Quando as próprias normas de direito internacional privado não estipularem regras especiais em relação ao direito intertemporal ou transitório, predomina na doutrina o entendimento, inclusive no Brasil, de que o efeito no tempo da alteração de uma regra de direito internacional privado será determinado pelo sistema ao qual referida regra pertence. Vale dizer serem aplicáveis à transitoriedade das normas de direito internacional privado, nesses casos, as regras do direito comum da *lex fori*. Essa regra é a geralmente adotada e, tendo sido objeto de uma resolução específica do Instituto de Direito Internacional na sessão de Dijon, em 1981, no nosso entender é, de fato, a mais adequada[116].

Por derradeiro, o juiz deverá aplicar o direito intertemporal ou transitório estrangeiro quando as normas de direito internacional privado da *lex fori* designarem, como sendo o aplicável, determinado direito estrangeiro, sendo irrelevante o fato de que neste se incluam também as normas do direito internacional privado do respectivo país ou não[117].

Nesses casos, o direito intertemporal ou transitório da *lex fori* será aplicado, tão somente, quando o conteúdo do direito estrangeiro correspondente não for verificável ou quando a aplicação desse direito violar a ordem pública no caso concreto[118].

G. DIREITO COMPARADO

São várias as finalidades do direito comparado.

Mediante a análise e o estudo dos direitos estrangeiros, pode-se chegar a uma melhor compreensão do direito interno. O direito comparado pode oferecer alternativas para o legislador, quando se trata de reformar a legislação doméstica. O mesmo direito comparado revela, ainda, o padrão internacional das soluções, adotadas nos diferentes sistemas jurídicos, podendo assim contribuir para a evolução do direito interno. O estudo do direito comparado promove, outrossim, a uniformização das leis; serve à avaliação da aplicação do direito já uniformizado pelos tribunais e, finalmente, abre para o jurista uma visão que transcende as fronteiras do Estado ao qual pertence[119].

---

116. Cf., entre outros, Jacob Dolinger, *Direito internacional privado*, cit., p. 26-7; Haroldo Valladão, *Direito internacional privado*, cit., v. 1, p. 5-6.

117. Cf., a respeito do conteúdo do direito estrangeiro aplicável e do problema do reenvio, p. 185-9, adiante.

118. Keller e Siehr, *Allgemeine Lehren*, cit., p. 173-4; Von Bar, *Internationales Privatrecht*, cit., p. 281.

119. Cf., entre outros, Jürgen Basedow, Hundert Jahre Rechtsvergleichung, *Juristenzeitung (JZ)*, 71:269-80, 2016; Raymond Legeais, L'utilisation du droit comparé par les tribunaux, *Revue Internationale de Droit Comparé (RIDC)*, 46:347-58, 1994; Konrad Zweigert e Hein Kötz, *Einführung in die Rechtsvergleichung auf dem Gebiete des Privatrechts*, 3. Aufl., Tübingen, Paul Siebeck, 1996, p. 13-31. No Brasil, cf., entre outros, Bruno Miragem, A contribuição essencial do direito comparado para a formação e o desenvolvimento do direito privado brasileiro, *RT, 1000*:157-90, 2019.

Examinando o direito brasileiro, cumpre mencionar, em particular, o art. 8º, *caput*, da Consolidação das Leis do Trabalho (CLT), de 1º de maio de 1943[120], que faz referência expressa ao direito comparado. Ademais, verifica-se que os tribunais superiores do País, em particular o Supremo Tribunal Federal e o Superior Tribunal de Justiça, frequentemente, fundamentam suas decisões também no direito comparado. Esse é o caso, por exemplo, quando as questões jurídicas a serem analisadas pelo Tribunal se defrontam com a utilização de novas tecnologias[121].

Levando em consideração especificamente a integração política e econômica regional no mundo, como na Europa (União Europeia) e na América do Sul (Mercosul), o estudo profundo do direito comparado pode desempenhar um papel importante na promoção da harmonização de direito numa primeira fase, capaz de se aperfeiçoar com a sua uniformização num período posterior. Em contrapartida, o direito internacional privado, basicamente por suas normas indicativas e indiretas, busca a coexistência harmoniosa dos diferentes ordenamentos jurídicos nacionais em matérias de direito privado, com relação às quais uma harmonização não é ou não parece ser ainda o meio adequado no presente. Por esse motivo, os direitos comparado e internacional privado devem ser vistos como disciplinas jurídicas complementares, ambas inter-relacionando-se reciprocamente[122].

Na nossa disciplina, existe uma distinção entre a comparação das normas do direito internacional privado, que determinam o direito

---

120. Cf. o seu teor: "As autoridades administrativas e a Justiça do Trabalho, na falta de disposições legais ou contratuais, decidirão, conforme o caso, pela jurisprudência, por analogia, por equidade e outros princípios e normas gerais de direito, principalmente do direito do trabalho, e, ainda de acordo com os usos e costumes, o direito comparado, mas sempre de maneira que nenhum interesse de classe ou particular prevaleça sobre o interesse público."

121. Cf., entre outros, STJ, REsp 1.512.647-MG, 4ª T., rel. Min. Luis Felipe Salomão, j. 13-5-2015, *DJe*, 5-8-2015.

122. Sobre a inter-relação entre direito comparado e direito internacional privado, *v.* Bénédicte Fauvarque-Crosson, Droit international privé et droit comparé: brève histoire d'un couple à l'heure de l'Europe, in *Liber Amicorum Hélène Gaudemet-Tallon, Vers de nouveaux équilibres entre ordres juridiques*, Paris, Dalloz, 2008, p. 43-56; Bernhard Dutoit, Droit comparé et droit international privé ou les deux arches d'un même pont, *Aktuelle Juristische Praxis* (*AJP*), *12*:235-45, 2003.

aplicável a uma relação jurídica de direito privado com conexão internacional, e a comparação do direito substantivo ou material de ordenamentos jurídicos diferentes.

Com esse teor, o direito comparado é particularmente importante nos sistemas jurídicos que estipulam a obrigação do juiz de aplicar o direito estrangeiro de ofício[123]. Por outro lado, todo advogado necessita de conhecimentos do direito comparado, principalmente quando tem de provar o teor e a vigência do direito estrangeiro aplicável a uma relação jurídica de direito privado com conexão internacional.

O advogado a quem foi confiada uma causa de direito privado com conexão internacional não pode limitar-se a examinar a competência internacional e o direito aplicável segundo a *lex fori*. Cumpre-lhe indagar em que outros Estados a Justiça se declara, da mesma forma, internacionalmente competente para julgar a mesma causa, e qual é o direito aplicável nesses Estados, conforme as normas do direito internacional privado ali vigentes. Baseado nas respostas a essas perguntas, deverá analisar qual será o foro mais favorável para o seu cliente, tendo em vista a solução material da lide, as despesas do processo, a celeridade do procedimento judicial e o reconhecimento da sentença em outros Estados, se isso for do interesse das partes. A busca do foro mais favorável, em causas de direito privado com conexão internacional, é denominada, na doutrina, *forum shopping*, e é evidente que apenas um advogado com conhecimentos de direito comparado e experiência na advocacia internacional será capaz de atender um cliente em causas do gênero[124].

Por fim, cumpre lembrar a regra básica de que o direito estrangeiro deve ser examinado sempre no seu contexto geral, e conforme as mesmas regras interpretativas que o próprio direito estrangeiro estabelece[125].

---

123. Cf. p. 247-54, adiante.

124. Sobre a relação entre advocacia e direito internacional privado, cf. Kurt Siehr, Der Anwalt und das IPR, in *"Collisio Legum", Studi di diritto internazionale privato*, Milano, Giuffrè, 1997, p. 537-59.

125. Cf., por exemplo, nesse sentido expressamente o art. 2.595, a) do Código Civil e Comercial da Nação da Argentina, Lei n. 26.994, de 7-10-2014.

| Capítulo 3 |

Direito Uniforme e Direito Internacional Privado

A. Direito Internacional Privado Uniforme

De um lado, o direito internacional privado uniforme basicamente é constituído por normas designativas do direito aplicável. Por outro, é representado por normas de natureza processual com conexão internacional. Portanto, são normas, abrangendo o direito internacional privado *stricto* e *lato sensu*. Têm vigência em pelo menos dois Estados.

O instrumento jurídico para uniformização das normas do direito internacional privado é o tratado internacional[1]. Na prática, predomina o tratado multilateral ou a convenção em relação ao tratado bilateral, com apenas dois Estados contratantes[2].

Dentro da categoria do tratado multilateral ou da convenção, diferencia-se a convenção aberta da fechada, conforme a possibilidade de adesão por Estados terceiros não participantes das suas conferências elaborativas. A qualquer Estado é facultado aderir a uma convenção aberta, enquanto, tratando-se de convenção fechada, existem limites[3].

---

1. Referente ao tratado internacional como fonte do direito internacional privado, cf., p. 115-25, adiante.

2. Cf., entre outros, Kropholler, *Internationales Privatrecht*, cit., p. 63.

3. V., entre outros, José Francisco Rezek, *Direito internacional público*, 17. ed., São Paulo, Saraiva, 2018, p. 115-8.

As convenções *erga omnes* ou *lois uniformes* substituem as normas nacionais autônomas de direito internacional privado *stricto sensu*, ou seja, aquelas de origem interna. Aplicam-se a todos os casos com conexão internacional, independentemente se possuem relação com Estados signatários ou não signatários destas convenções. Portanto, são aplicáveis perante todos os Estados, inclusive aqueles juridicamente não vinculados a elas. As convenções sem essa característica, com fundamento no princípio da reciprocidade entre os Estados contratantes apenas, aplicam-se, dentro do seu âmbito, tão só, em relação aos Estados, nos quais estão em vigor as regras jurídicas uniformizadas. As normas nacionais autônomas do direito internacional privado, nesses casos, permanecem em vigor perante os Estados não signatários das convenções[4].

O paralelismo entre as normas de direito internacional privado *stricto sensu*, referente à mesma matéria no ordenamento jurídico interno, foi criticado pela doutrina[5]. Por essa razão, as convenções mais modernas, elaboradas pela Conferência da Haia de Direito Internacional Privado[6], foram concebidas como *lois uniformes* ou convenções *erga omnes*.

No século XIX, quando nasceu a ideia de uniformizar o direito aplicável, acreditava-se ser ainda possível criar um sistema de normas de direito internacional privado com caráter universal. Essa esperança, porém, não se tornou realidade[7]. O direito internacional privado foi uniformizado apenas em determinadas matérias, vinculando juridicamente tão somente um número não muito expressivo de Estados.

As convenções internacionais de direito internacional privado uniforme são elaboradas, geralmente, em conferências especializadas,

---

4. *V.*, entre outros, Jürgen Basedow, The Hague Conference and the future of Private International Law, *RabelsZ*, 82:925, 2018; Andreas Bucher, La dimension sociale du droit international privé, cit., p. 35.

5. Kropholler, *Internationales Privatrecht*, cit., p. 64; Keller e Siehr, *Allgemeine Lehren*, cit., p. 195.

6. Cf., por exemplo, o art. 2º do Protocolo da Haia sobre a Lei Aplicável às Obrigações de Prestar Alimentos, de 23-11-2007, promulgado no Brasil mediante o Decreto n. 9.176, de 19-10-2017, que dispõe: "Aplicação universal – O presente Protocolo aplica-se mesmo que a lei aplicável seja aquela de um Estado não contratante."

7. *V.*, entre outros, Jacob Dolinger, *Direito internacional privado*, cit., p. 77.

patrocinadas por organizações internacionais. Dentre elas, a entidade mais famosa, fundada em 1893, concebida com o objetivo principal de uniformização contínua do direito internacional privado[8], é a Conferência da Haia de Direito Internacional Privado[9].

Essa entidade elaborou grande número de convenções, referentes, principalmente, ao direito processual civil internacional, em particular, à cooperação jurídica internacional, e ao direito internacional privado *stricto sensu*, estabelecendo regras sobre o direito aplicável. As convenções de maior êxito, ou seja, com um número de ratificações maior, são aquelas que tratam da cooperação jurídica internacional[10]. Nesse sentido, as *Convenções sobre a Liberação dos Instrumentos Públicos de Origem Estrangeira da Autenticação*, de 5 de outubro de 1961[11], *sobre a Proteção de Crianças e a Cooperação em Matéria de Adoção Internacional*, de 29 de maio de 1993[12], e *sobre Aspectos Civis do Sequestro Internacional de Crianças*, de 25 de outubro de 1980[13], obtiveram cem ou mais ratificações e adesões até a presente data. Além disso, outras Convenções, como aquelas sobre a *Obtenção de Provas no Estrangeiro em Matérias de Direito Civil e Comercial*, de 18 de março de 1970[14], e *sobre a Citação, Intimação e Notificação no Estrangeiro de Documentos Judiciais e Extrajudiciais em Matéria Civil e Comercial*, de 15 de novembro de 1965[15], alcançaram considerável

---

8. O Estatuto da Conferência da Haia de Direito Internacional Privado, de 31-10-1951, declara no seu art. 1º: "A Conferência da Haia tem como meta trabalhar para a uniformização contínua das regras de direito internacional privado."

9. Cf., referente à Conferência da Haia, o seu Portal. Disponível em: https://www.hcch.net. Ademais, *v.*, entre outros, Jürgen Basedow, The Hague Conference and the Future of Private International Law. *RabelsZ, 82*:922-43, 2018; Gonzalo Parra-Aranguren, The Centenary of the Hague Conference on Private International Law, in *Études de droit international en l'honneur de Pierre Lalive*, eds. Christian Dominicé, Robert Patry e Claude Reymond, Bâle-Francfort-sur-le-Main, Faculté de Droit de l'Université de Genève, Éditions Helbing & Lichtenhahn, 1993, p. 97-112; Kurt Lipstein, One Hundred Years of Hague Conferences on Private International Law, *The International and Comparative Law Quarterly (ICLQ) 42*:553-653, 1993.

10. V., com relação ao texto, às ratificações e adesões, às autoridades centrais e às publicações de todas as convenções o Portal da Conferência da Haia de Direito Internacional Privado. Disponível em: https://www.hcch.net. Parcialmente, as informações são disponíveis também em português.

11. A Convenção está em vigor em 125 países (posição: 5-7-2023).

12. A Convenção está em vigor em 105 países (posição: 5-7-2023).

13. A Convenção está em vigor em 103 países (posição: 5-7-2023).

14. A Convenção está em vigor em 66 países (posição: 5-7-2023).

15. A Convenção está em vigor em 82 países (posição: 5-7-2023).

aceitação em nível internacional. Ao invés, as Convenções, referindo-se à determinação do direito aplicável, não tiveram o mesmo êxito até a presente data[16].

Na atualidade, cumpre ressaltar a *Convenção da Haia sobre o Reconhecimento e a Execução de Sentenças Estrangeiras em Matéria Cível e Comercial*, de 2 de julho de 2019[17]. Com efeito, é desejável uma regulamentação eficaz em nível universal, a qual complementa aquela já existente em relação à arbitragem. Neste âmbito, a *Convenção de Nova Iorque sobre o Reconhecimento e a Execução de Sentenças Arbitrais Estrangeiras*, de 10 de junho de 1958, nos dias atuais corresponde ao padrão internacional[18]. As perspectivas da Convenção da Haia, porém, não são das mais promissoras. Ela permite aos Estados contratantes formular declarações com a possibilidade de limitar o seu campo de aplicação em seu território consideravelmente. Além disso, lhes faculta declarar não serem vinculados juridicamente em relação a determinados outros Estados contratantes da Convenção[19].

A doutrina internacional dedica-se regularmente, nas suas pesquisas, aos trabalhos da Conferência, e os legisladores nacionais inspiram-se neles, muitas vezes, por ocasião da reformulação do direito de origem interna.

O Brasil ratificou o *Estatuto da Conferência da Haia*, de 31 de outubro de 1951, em 23 de fevereiro de 2001, e seu texto emendado, de 30 de junho de 2005, em 5 de outubro de 2009[20]. Todavia, participou das negociações da elaboração de novas convenções já anteriormente. Durante cinco anos (até 1977), inclusive, foi membro efetivo da Conferência[21].

---

16. A Convenção sobre os Conflitos de Leis quanto à Forma de Disposições Testamentárias, de 5-10-1961, por exemplo, obteve apenas 42 ratificações e adesões (posição: 5-7-2023).

17. A Convenção entrará em vigor em 1-9-2023 por causa das adesões da União Europeia e de seus Estados-membros, bem como da Ucrânia. Cf., a seu respeito, o Portal da Conferência da Haia de Direito Internacional Privado. Disponível em: https:// www.hcch.net. Acesso em: 5-7-2023.

18. A Convenção está em vigor em 172 países (posição: 5-7-2023).

19. Arts. 18-19 e 29 da Convenção. Com uma análise crítica em relação à Convenção, *v.*, entre outros, Haimo Schack, Das neue Haager Anerkennungs- und Vollstreckungsübereinkommen, *Praxis für des Internationalen Privat- und Verfahrensrechts (IPRax)*, 40:1-6, 2020.

20. O País promulgou o Estatuto mediante o Decreto n. 3.832, de 1º-6-2001. O texto emendado foi promulgado no plano jurídico interno mediante o Decreto n. 7.156, de 9-4-2010.

21. Cf., com relação à participação do Brasil na Conferência, João Grandino Rodas e Gustavo

É de nosso conhecimento que o Brasil até a presente data ratificou e aderiu às seguintes Convenções elaboradas pela Conferência da Haia, a saber, a *Convenção relativa à Proteção de Crianças e à Cooperação em Matéria de Adoção Internacional*, de 29 de maio de 1993[22]; a *Convenção sobre os Aspectos Civis do Sequestro Internacional de Crianças*, de 25 de outubro de 1980[23]; a *Convenção sobre o Acesso Internacional de Justiça*, de 25 de outubro de 1980[24]; a *Convenção sobre a Obtenção de Provas no Estrangeiro em Matérias de Direito Civil e Comercial*, de 18 de março de 1970[25]; a *Convenção sobre a Liberação dos Instrumentos Públicos de Origem Estrangeira da Autenticação*, de 5 de outubro de 1961[26]; a *Convenção sobre a Cobrança Internacional de Alimentos para Crianças e Outros Membros da Família*; o *Protocolo sobre o Direito Aplicável às Obrigações de Prestar Alimentos*, ambos de 23 de novembro de 2007[27]; e a *Convenção Relativa à Citação, Intimação e Notificação no Estrangeiro de Documentos Judiciais e Extrajudiciais em Matéria Civil e Comercial*, de 15 de novembro de 1965[28].

Ferraz de Campos Mônaco, *Conferência da Haia de Direito Internacional Privado*: A participação do Brasil, Fundação Alexandre de Gusmão (FUNAG), Brasília, 2008.

22. Essa Convenção foi promulgada mediante o Decreto n. 3.087, de 21-6-1999. Com relação à adoção internacional no Brasil, cf. Gustavo Ferraz de Campos Monaco, *Direitos da criança e adoção internacional*, 2. ed., São Paulo, Thomson Reuters Brasil, 2021.

23. Essa Convenção foi promulgada mediante o Decreto n. 3.413, de 14-4-2000. Cf., nesse contexto ainda a Resolução n. 449 do CNJ, de 30-3-2022, que dispõe sobre a tramitação das ações judiciais fundadas na Convenção da Haia sobre os aspectos civis do sequestro internacional de crianças (1980), em execução por força do Decreto n. 3.413, de 14 de abril de 2000. Disponível em: https://atos.cnj.jus.br/atos/detalhar/4458. Acesso em: 14-6-2023. V., ademais, *Manual de aplicação da Convenção da Haia de 1980*, Coord., Mônica Sifuentes, Guilherme Calmon Nogueira da Gama, Brasília, Conselho da Justiça Federal, Centro de Estudos Judiciários, Centro de Cooperação Jurídica Internacional, 2021. Disponível em: https://www.cjf.jus.br/cjf/corregedoria-da-justica-federal/centro-de-estudos-judiciarios-1/publicacoes-1/outras-publicacoes/manual-haia. Acesso em: 15-6-2023.

24. Essa Convenção foi promulgada no Brasil mediante o Decreto n. 8.343, de 13-11-2014.

25. Essa Convenção foi promulgada no Brasil mediante o Decreto n. 9.039, de 27-4-2017, com reserva ao § 2º do art. 4º e ao Capítulo II, nos termos do art. 33, e com as declarações previstas nos art. 8º e art. 23.

26. Essa Convenção foi promulgada no Brasil mediante o Decreto n. 8.660, de 29-1-2016.

27. A Convenção e o Protocolo foram promulgados no Brasil mediante o Decreto n. 9.176, de 19-10-2017, com reserva ao art. 20, § 1º, alínea "e", e ao art. 30, § 1º, com fundamento, respectivamente, no art. 20, § 2º, e no art. 30, § 8º, e apresentação da declaração que trata o art. 3º, § 2º, todos da Convenção.

28. Essa Convenção foi promulgada no Brasil mediante o Decreto n. 9.734, de 20-3-2019, com

Por derradeiro, debate-se ainda a conveniência da adesão do Brasil ao seguinte instrumento: *Convenção sobre Acordos de Eleição de Foro*, de 30 de junho de 2005[29].

A Conferência da Haia conta, nos dias de hoje, noventa Estados e uma organização regional de integração econômica, a União Europeia, vinculados juridicamente ao estatuto da entidade[30]. Antigamente, era composta principalmente de países da Europa Continental. Atualmente, fazem parte Estados como os Estados Unidos, a China, o Japão, a Índia, a Rússia, bem como a União Europeia, entre outros. Na América do Sul, hoje, são países-membros da Conferência, além do Brasil, Argentina, Chile, Costa Rica, Equador, Honduras, México, Nicarágua, Panamá, Paraguai, Peru, República Dominicana, Suriname, Uruguai e Venezuela[31].

Com objetivos semelhantes àqueles da Conferência da Haia de Direito Internacional Privado, as Conferências Especializadas Interamericanas de Direito Internacional Privado são de relevância, particularmente para os países da América do Sul[32]. São patrocinadas pela Organização dos Estados Americanos (OEA), cuja Carta constitui a base jurídica para o trabalho de elaboração de convenções[33].

---

reserva aos seus arts. 8º e 10, e a apresentação de várias declarações em relação aos seus arts. 2º, 5º, 6º e 7º.

29. Nádia de Araújo/Daniela Vargas, A Conferência da Haia de Direito Internacional Privado: reaproximação do Brasil e análise das convenções processuais, *RArb*, *35*:195-6, 2012.

30. Cf., o seu Portal. Disponível em: https://www.hcch.net. Acesso em: 5-7-2023.

31. Cf., o seu Portal. Disponível em: https://www.hcch.net. Acesso em: 5-7-2023.

32. Cf., entre outros, Jacob Dolinger, *Direito internacional privado*, cit., p. 73-4; Haroldo Valladão, *Direito internacional privado*, cit., v. 1, p. 202-3; Anna Maria Villela, A unificação do direito na América Latina: direito uniforme e direito internacional privado, *Revista de Informação Legislativa*, Brasília, ano 21, *83*:15-26, 1984; Jürgen Samtleben, Neue interamerikanische Konventionen zum Internationalen Privatrecht, *RabelsZ*, *56*:1-115, 142-75, 1992; Gonzalo Parra Aranguren, The Fourth Inter-American Specialized Conference on Private International Law (Cidip-IV, Montevideo, 9-15 July 1989), in *Conflits et harmonisation*, cit., p. 155-75; Didier Opertti Badán, La CIDIP V: una visión en perspectiva, *Revista Uruguaya de Derecho Internacional Privado*, ano 1, *1*:13-43, 1994.

33. A Carta em vigor dispõe nos seus arts. 99 a 105 sobre a "Comissão Jurídica Interamericana", sendo uma de suas principais tarefas "promover o desenvolvimento progressivo e a codificação do direito internacional" (art. 99). Nos seus arts. 122 e 123, a Carta, ademais, refere-se expressamente às "Conferências Especializadas". Sobre o histórico, os objetivos, a organização e os membros da OEA *v.* o seu Portal: https://www.oas.org. Acesso em: 5-7-2023.

Essas convenções, porém, têm caráter regional e são restritas, principalmente, aos Estados-membros da OEA, embora seja permitida, em princípio, a adesão de qualquer Estado às suas convenções. A OEA conta atualmente trinta e cinco Estados-membros, sendo que mais ou menos a metade deles participou no passado regularmente nas Conferências[34].

A primeira Conferência Especializada Interamericana de Direito Internacional Privado ocorreu em 1975; a última de que se tem notícia (CIDIP-VII), em 2009[35].

As convenções elaboradas nessas Conferências são aplicáveis tão só entre os Estados que as ratificarem. Não têm efeitos jurídicos em relação a terceiros Estados, perante os quais permanecem em vigor as normas autônomas do direito internacional privado de origem interna[36]. As convenções referem-se, conforme o seu conteúdo, a matérias específicas do direito internacional privado, objetivando a designação do direito aplicável, do direito processual civil internacional e, em número mais reduzido, ao direito uniforme substantivo ou material, para fatos juridicamente relevantes com conexão internacional[37], que atingiram, de forma geral, um considerável número de ratificações[38].

---

34. Regularmente presentes nas Conferências foram Argentina, Chile, Equador, Guatemala, Honduras, Colômbia, México, Paraguai, Peru, Uruguai, Venezuela, Estados Unidos e Brasil. Cf. Jürgen Samtleben, Neue..., revista cit., p. 5.

35. As Conferências tiveram lugar no Panamá, em 1975; em Montevidéu, em 1979; em La Paz, em 1984; novamente em Montevidéu, em 1989; no México, em 1994; e em Washington, D.C., em 2002 e 2009. Sobre o seu histórico v. o Portal da OEA. Disponível em: https://www. oas.org/es/sla/ddi/derecho_internacional_privado_historia_proceso_CIDIPs.asp. Acesso em: 5-7-2023.

36. Cf., entre outros, o art. 1 da Convenção sobre Conflitos de Leis em Matéria de Sociedades Mercantis, de 8-5-1979: "Esta Convenção aplicar-se-á às sociedades mercantis constituídas em qualquer dos Estados Partes", e o art. 1 da Convenção sobre Obrigação Alimentar, de 15-7-1989: "Esta Convenção tem como objeto a determinação do direito aplicável à obrigação alimentar, bem como à competência e à cooperação processual internacional, quando o credor de alimentos tiver seu domicílio ou residência habitual num Estado-Parte e o devedor de alimentos tiver seu domicílio ou residência habitual, bens ou renda em outro Estado-Parte".

37. Cf., quanto a esse tipo de convenção, as Convenções sobre o Regime Legal das Procurações a serem utilizadas no Exterior, de 30-1-1975 (Panamá), e sobre o Transporte Internacional de Mercadorias nas Rodovias, de 15-7-1989 (Montevidéu).

38. V. com relação ao texto das convenções, o estado das ratificações, e as autoridades centrais das partes contratantes, o Portal da OEA. Disponível em: https://www.oas.org/es/sla/ddi/ tratados_multilaterales_interamericanos.asp. Acesso em: 5-7-2023. Sobre as convenções em

O Brasil, como membro da OEA, participou no passado regularmente nas Conferências Especializadas Interamericanas de Direito Internacional Privado. Porém, inicialmente não ratificou nenhuma das suas convenções. Só a partir de 1994 começou a ratificar convenções importantes, a saber, a *Convenção Interamericana sobre Arbitragem Comercial Internacional*, a *Convenção Interamericana sobre Cartas Rogatórias* e a *Convenção Interamericana sobre o Regime Legal das Procurações a serem utilizadas no Exterior*, todas as três de 30 de janeiro de 1975; a *Convenção Interamericana sobre Prova e Informação acerca do Direito Estrangeiro*, de 8 de maio de 1979; a *Convenção Interamericana sobre Normas Gerais de Direito Internacional Privado*; a *Convenção Interamericana sobre Eficácia Extraterritorial das Sentenças e Laudos Arbitrais Estrangeiros*; a *Convenção Interamericana sobre Conflitos de Leis em Matéria de Cheques*; o *Protocolo Adicional à Convenção Interamericana sobre Cartas Rogatórias*; a *Convenção Interamericana sobre Conflitos de Leis em Matéria de Sociedades Mercantis*, todos da mesma data; a *Convenção Interamericana sobre Personalidade e Capacidade de Pessoas Jurídicas no Direito Internacional Privado* e a *Convenção Interamericana sobre Conflitos de Leis em Matéria de Adoção de Menores*, ambas de 24 de maio de 1984; a *Convenção Interamericana sobre a Restituição Internacional de Menores* e a *Convenção Interamericana sobre a Obrigação de Prestar Alimentos*, ambas de 15 de julho de 1989; e a *Convenção Interamericana sobre Tráfico Internacional de Menores*, de 18 de março de 1994[39].

---

geral, visto por uma perspectiva brasileira, cf., *Integração jurídica interamericana: as convenções interamericanas de direito internacional privado (CIDIPs) e o direito brasileiro*, Paulo Borba Casella e Nádia de Araújo (coord.), São Paulo, LTr, 1998.

39. A Convenção Interamericana sobre Arbitragem Comercial Internacional foi promulgada pelo Decreto n. 1.902, de 9-5-1996; a Convenção Interamericana sobre Cartas Rogatórias foi promulgada pelo Decreto n. 1.900, de 20-5-1996; a Convenção sobre o Regime Legal das Procurações a serem utilizadas no Exterior foi promulgada pelo Decreto n. 1.213, de 3-8-1994; a Convenção Interamericana sobre Prova e Informação acerca do Direito Estrangeiro foi promulgada pelo Decreto n. 1.925, de 10-6-1996; a Convenção Interamericana sobre Normas Gerais de Direito Internacional Privado foi promulgada pelo Decreto n. 1.979, de 9-8-1996; a Convenção Interamericana sobre Eficácia Extraterritorial das Sentenças e Laudos Arbitrais Estrangeiros foi promulgada pelo Decreto n. 2.411, de 2-12-1997; a Convenção sobre Conflitos de Leis em Matéria de Cheques foi promulgada pelo Decreto n. 1.240, de 15-9-1994; o Protocolo Adicional à Convenção Interamericana sobre Cartas Rogatórias foi promulgado pelo Decreto n. 2.022, de 7-10-1996; a Convenção sobre Conflitos de Leis em Matéria de Sociedades Mercantis foi promulgada pelo Decreto n. 2.400, de 21-11-1997; a

As Conferências Especializadas Interamericanas de Direito Internacional Privado, como conferências regionais, no passado, deram preferência às suas convenções em relação àquelas padronizadas pela Conferência da Haia de Direito Internacional Privado. Todavia, prevaleceu, o espírito de colaboração e cooperação entre as duas entidades, o que foi facilitado pelo fato de os delegados sul-americanos, em regra, eram os mesmos nas duas Conferências[40].

Na atualidade, as iniciativas no âmbito do direito internacional privado dentro da OEA se concentram no seu Departamento de Direito Internacional. Este, ademais, publica periodicamente boletos informativos, referindo-se ocasionalmente também ao direito internacional privado, como no boletim de 12 de março de 2018 com o título: "O Departamento de Direito Internacional e a promoção do direito internacional privado"[41].

Nesse contexto, convém ressaltar ainda a Associação Americana de Direito Internacional Privado (ASADIP) que, entre outros objetivos, propõe-se a "cooperar com a Organização dos Estados Americanos em matéria de projetos de regulamentação interamericana sobre a disciplina, bem como com outras instancias e instituições universais, regionais, sub-regionais e nacionais, públicas e privadas, encarregadas da elaboração e o desenvolvimento do direito internacional privado"[42].

Convenção Interamericana sobre Personalidade e Capacidade de Pessoas Jurídicas no Direito Internacional Privado foi promulgada pelo Decreto n. 2.427, de 17-12-1997; a Convenção Interamericana sobre Conflitos de Leis em Matéria de Adoção de Menores foi promulgada pelo Decreto n. 2.429, de 17-12-1997; a Convenção sobre a Restituição Internacional de Menores foi promulgada pelo Decreto n. 1.212, de 3-8-1994; a Convenção sobre a Obrigação de Prestar Alimentos foi promulgada pelo Decreto n. 2.428, de 17-12-1997; a Convenção Interamericana sobre Tráfico Internacional de Menores foi promulgada pelo Decreto n. 2.740, de 20-8-1998.

40. No Brasil, *v.* Carmen Tibúrcio, Uma análise comparativa entre as convenções da CIDIP e as convenções da Haia – o direito uniformizado comparado, in *Integração jurídica interamericana: as convenções interamericanas de direito internacional privado (CIDIPs) e o direito brasileiro*, org. Paulo Borba Casella e Nádia de Araújo, São Paulo, LTr, 1998, p. 46-76.

41. Cf. o seu Portal. Disponível em: https://www.oas.org – OEA – Secretaría de Asuntos Jurídicos (SAJ) – Departamento de Derecho Internacional (DDI). Acesso em: 20-7-2021.

42. Sobre o histórico e os objetivos da ASADIP, cf. o seu Portal. Disponível em: https://www.asadip.org.

Outra entidade cujo elevado prestígio é reconhecido para a evolução do direito internacional privado é o Instituto de Direito Internacional (Institut de Droit International), fundado em Gante, na Bélgica, em 1873[43]. Trata-se aqui de associação científica, cujo intuito é favorecer o estudo e o progresso do direito internacional. Os associados do Instituto reúnem-se em sessões, a cada dois anos, com o fito de debater relevantes assuntos do direito internacional.

O Instituto emite resoluções, dentre as quais se destaca um considerável número referente ao direito internacional privado[44]. Todavia, essas resoluções refletem tão só a opinião particular da entidade, e não se equiparam aos resultados finais obtidos em uma conferência internacional, patrocinada por um Estado ou uma organização internacional. Entretanto, a influência que exercem perante a doutrina, a legislação e a jurisprudência dos tribunais supremos é considerável.

A Organização das Nações Unidas (ONU) e suas organizações especiais também já se ocuparam da nossa disciplina, ainda que isso ocorresse à margem de suas atividades[45].

Quanto às organizações regionais, é mister lembrar, ainda, a União Europeia (UE) e o Conselho da Europa. Ambas as entidades elaboraram convenções importantes, que despertaram o interesse dos estudiosos, inclusive fora da Europa[46].

---

43. Cf., a respeito do Instituto, entre outros, Nicolas Valticos, Aperçu de l'action de l'Institut de Droit International en matière de droit international privé, in *Études de droit*, cit., p. 199-209. Com relação ao histórico, à estrutura e às atividades do Instituto de Direito Internacional, cf., ademais, o seu Portal. Disponível em: https://www.idi-iil.org.

44. Sobre as resoluções, cf. Nicolas Valticos, Aperçu de l'action..., in *Études de droit*, cit., p. 199-209.

45. Cf., entre outras, a Convenção sobre o Estatuto dos Refugiados, de 28-7-1951; a relativa ao Estatuto dos Apátridas, de 28-9-1954; sobre a Prestação de Alimentos no Estrangeiro, de 20-6-1956; e sobre o Reconhecimento e a Execução de Sentenças Arbitrais Estrangeiras, de 10-6-1958. No Brasil, atualmente, todas as Convenções estão em vigor.

46. Quanto à União Europeia, deve ser mencionada a Convenção de Roma, de 19-6-1980, sobre a Lei Aplicável às Obrigações Contratuais. Cf., a respeito, entre outros, Henry Lesguillons, A Convenção de Roma, de 19 de junho de 1980, sobre a Lei Aplicável às Obrigações Internacionais, in *Direito e comércio internacional*, cit., p. 165-89. O Conselho da Europa elaborou, entre outras, a Convenção Europeia de Informação sobre Lei Estrangeira, de 7-6-1968, e a Convenção concernente ao Reconhecimento e à Execução de Decisões Relativas ao Direito da Guarda da Criança e a Restituição deste Direito, de 20-5-1980.

Levando em consideração a União Europeia, são de interesse peculiar para a nossa disciplina, entre outros Regulamentos, como no âmbito dos Direitos de Família e das Sucessões, o Regulamento (CE) n. 593/2008 do Parlamento Europeu e do Conselho, de 17 de junho de 2008, sobre a lei aplicável às obrigações contratuais (Roma I), e o Regulamento (CE) n. 864/2007 do Parlamento Europeu e do Conselho, de 11 de julho de 2007, relativo à lei aplicável às obrigações extracontratuais (Roma II).

Por fim, cumpre destacar neste contexto que também o MERCOSUL elaborou o Acordo entre os seus Estados-partes e Estados associados sobre Jurisdição Internacionalmente Competente, Lei Aplicável e Cooperação Jurídica Internacional em Matéria de Matrimônio, Relações Pessoais entre os Cônjuges, Regime Matrimonial de Bens, Divórcio, Separação Conjugal e União não Matrimonial. Esse acordo foi firmado em Brasília na data de 6 de dezembro de 2012[47].

Essa breve análise do direito internacional privado uniforme revela existir um expressivo número de convenções. Predominam aquelas relacionadas ao direito processual civil internacional, em particular, à cooperação jurídica internacional. No que diz respeito às convenções designativas do direito aplicável, aquelas elaboradas pelas Conferências Especializadas Interamericanas de Direito Internacional Privado se aplicam basicamente apenas entre os Estados-partes no seu âmbito, permanecendo em vigor as normas referentes ao direito internacional privado de origem interna em relação aos Estados não signatários dessas convenções[48]. Por outro lado, as convenções *erga omnes* ou *leis uniformes* substituem as normas do direito internacional privado de origem interna e se aplicam também em relação aos Estados não signatários, inclusive, quando for designado no caso concreto o seu direito. Essa é a

---

47. Por enquanto, não houve a adesão de qualquer Estado ao Acordo.

48. Cf., entre outros, o art. 1º da Convenção sobre Conflitos de Leis em Matéria de Sociedades Mercantis, de 8-5-1979: "Esta Convenção aplicar-se-á às sociedades mercantis constituídas em qualquer dos Estados Partes", e o art. 1º da Convenção sobre Obrigação Alimentar, de 15-7-1989: "Esta Convenção tem como objeto a determinação do direito aplicável à obrigação alimentar, bem como à competência e à cooperação processual internacional, quando o credor de alimentos tiver seu domicílio ou residência habitual num Estado-Parte e o devedor de alimentos tiver seu domicílio ou residência habitual, bens ou renda em outro Estado-Parte".

concepção das convenções elaboradas pela Conferência da Haia de Direito Internacional Privado[49].

Algumas das suas convenções estabelecem ainda regras sobre a competência internacional dos tribunais e o direito aplicável, no sentido de ser basicamente aplicável a *lex fori* quando uma autoridade judiciária for internacionalmente competente, conforme a convenção (princípio da *lex fori in* foro próprio)[50]. A vantagem desse tipo de convenção é que cada juiz e tribunal conhece a *lex fori* melhor que o direito estrangeiro, o que facilita e acelera a aplicação do direito. Esse fato torna-se mais evidente quando é necessário um procedimento rápido, como a determinação de uma tutela de urgência pelo juiz[51].

Levando em consideração o significativo número de convenções de direito internacional privado uniforme, *stricto* e *lato sensu*, em vigor, aparece um problema jurídico peculiar, a saber, o conflito entre as próprias convenções, já que, por vezes, não está clara a relação de uma convenção com outra ou qual delas prevalece. O assunto é objeto de discussão doutrinária[52], que se estende às convenções elaboradas pelas Conferências Especializadas Interamericanas de Direito Internacional Privado[53].

B.   DIREITO UNIFORME SUBSTANTIVO OU MATERIAL

O direito internacional privado *stricto sensu*, como já dito alhures, basicamente, determina o direito aplicável a uma relação jurídica de direito privado com conexão internacional. Pela indicação desse direito, que pode ser o direito doméstico ou determinado direito estrangeiro, o direito internacional privado "nacionaliza" um fato de dimensões

---

49. V., entre outros, o art. 6º da Convenção sobre os Conflitos de Leis quanto à Forma de Disposições de Última Vontade, de 5-6-1961: "A aplicação de regras de conflitos estabelecidas pela presente Convenção será independente de qualquer requerimento de reciprocidade. A Convenção será aplicada mesmo que a nacionalidade das pessoas envolvidas ou o direito aplicado em virtude dos artigos precedentes não seja aquele do Estado Contratante".

50. Cf., nesse sentido, entre outros, o art. 13º da Convenção relativa à Proteção Internacional de Adultos, de 13-1-2000.

51. Cf., Keller e Siehr, *Allgemeine Lehren,* cit., p. 391-2.

52. Cf., entre outros, Keller e Siehr, *Allgemeine Lehren,* cit., p. 197; Kropholler, *Internationales Privatrecht,* cit., p. 63.

53. Cf. Jürgen Samtleben, Neue..., revista cit., p. 79-81.

internacionais, porque, quando aplicável um determinado direito estrangeiro, é irrelevante se esse direito, conforme a sua concepção, focaliza prioritariamente fatos com conexão nacional ou transnacional[54].

Uma alternativa com relação ao método clássico do direito internacional privado *stricto sensu* é a elaboração de normas substantivas ou materiais, imediatamente aplicáveis a uma relação jurídica de direito privado com conexão internacional[55].

Tais normas, específicas e com aplicação imediata, pretendem resolver a questão jurídica diretamente, sem a interposição de normas do direito internacional privado.

O direito privado substantivo ou material, com conexão internacional, é formado, em grande parte, por tratados internacionais. Em escala muito menor, existem normas, editadas pelo legislador doméstico, com as mesmas características[56]. O direito, constituído por tratados internacionais, denomina-se direito uniforme substantivo ou material.

Esse tipo de direito uniforme vem-se tornando cada vez mais importante perante o direito internacional privado *stricto sensu*, que basicamente se limita a designar o direito aplicável. Suas normas reportam-se, principalmente, ao direito do comércio internacional e às disciplinas afins, como os direitos industrial, marítimo, aeronáutico, de transporte ferroviário, de transporte rodoviário, de transporte aéreo, da propriedade intelectual e do trabalho[57].

O direito uniforme substantivo ou material regula, no mais das vezes, aspectos singulares de uma matéria jurídica, como, a prescrição no contrato de compra e venda internacional de mercadorias[58].

---

54. Cf., entre outros, Marc-Philippe Weller, Vom Staat zum Menschen: Die Methodentrias des Internationalen Privatrechts unserer Zeit, *RabelsZ*, 81:771-2, 2017.

55. Sobre a sua evolução no contexto histórico e internacional, v., entre outros, Jürgen Basedow, Internationales Einheitsprivatrecht im Zeitalter der Globalisierung, *RabelsZ*, 81:3-15, 2017.

56. Keller e Siehr, *Allgemeine Lehren*, cit, p. 98-9; Kropholler, *Internationales Privatrecht*, cit., p. 85-6. No direito brasileiro, por exemplo, as normas especiais sobre a adoção internacional no Estatuto da Criança e do Adolescente, Lei n. 8.069, de 13-7-1990, em particular os arts. 31, 46, § 3º, § 3º-A, 51, 52, 52-A, 52-B, 52-C e 52-D, constituem normas substantivas ou materiais de direito privado com conexão internacional.

57. Cf., entre outros, Jacob Dolinger, *Direito internacional privado*, cit., p. 34-5.

58. Sobre esta convenção, firmada na data de 14-6-1974 em Nova Iorque, e seu protocolo

O direito do comércio marítimo internacional, principalmente, está disperso em grande número de convenções que se limitam a regular fragmentos da matéria. Isso dificulta seriamente a aplicação do direito para o juiz, porque, por vezes, quase não lhe é possível verificar se determinadas convenções estão em vigor e quais Estados as ratificaram, além da dificuldade em definir o campo de aplicação das convenções em geral. Na doutrina, indaga-se, tendo em vista o crescente número de convenções, se, no futuro, os tribunais ainda estarão capacitados para assimilar todas as novas convenções, quando da aplicação prática do direito[59].

Pode-se afirmar, em suma, que o direito uniforme substantivo ou material está se expandindo com velocidade cada vez maior, mas isso ocorre, reiteradamente, de modo desordenado e, até a presente data, não existe nenhuma convenção em vigor universalmente, ou seja, para todos os Estados do mundo[60]. A *Convenção das Nações Unidas sobre os Direitos da Criança*, de 20 de novembro de 1989, talvez seja o tratado internacional que obteve o maior número de ratificações universalmente[61]. Embora esse diploma legal regule a situação jurídica da criança em geral e possa ser controvertido, na medida em que os seus artigos sejam tão precisos a fim de se aplicarem diretamente sem a necessidade da transformação numa lei de origem interna mais específica *(normas de caráter autoaplicável)*, ele, a nosso ver, contém normas desse gênero, capazes de

---

adicional, firmado na data de 11-4-1980 em Viena, v. o Portal da Uncitral. Disponível em: https://uncitral.un.org/en/texts/salegoods/conventions/limitation_period_international_sale_of_goods. Acesso em: 5-7-2023.

59. Cf., a respeito da utilidade, dos gastos, dos métodos e dos objetivos da uniformização do direito, Hein Koetz, Rechtsvereinheitlichung; Nutzen, Kosten, Methoden, Ziele, *RabelsZ*, *50*:1-18, 1986, e, notadamente, p. 5-6.

60. Cf. Von Bar, *Internationales Privatrecht*, cit., p. 66.

61. 196 Estados aderiram à Convenção, mas ainda não os Estados Unidos. Cf. o Portal da ONU. Disponível em: https://treaties.un.org – Human Rights. Acesso em: 6-7-2023. No Brasil, a Convenção foi promulgada pelo Decreto n. 99.710, de 21-11-1990. Cumpre aqui ressaltar que o Brasil aderiu também ao Protocolo Facultativo à Convenção sobre os Direitos da Criança, relativo ao envolvimento de crianças em conflitos armados, de 25-5-2000, promulgado pelo Decreto n. 5.006, de 8-3-2004. Sobre a Convenção, cf., no Brasil, entre outros, Gustavo Ferraz de Campos Mônaco, O décimo quinto aniversário da convenção sobre os direitos da criança – contributo para o aprofundamento e a implementação do direito internacional dos direitos humanos, *RT*, *831*:132-46, 2005.

intervir nas suas relações de direito privado[62]. Nesse sentido, aliás, já se pronunciou o Superior Tribunal de Justiça[63].

O direito uniforme, substantivo ou material, procura alcançar a unidade de direito (*Rechtseinheit*) dentro do seu campo de aplicação. A prática, contudo, revela que isso não acontece na realidade. As convenções empregam, frequentemente, conceitos abertos e cláusulas gerais, frutos de compromissos entre os Estados participantes das conferências preparatórias que antecederam a sua entrada em vigor.

Como os tribunais nacionais são obrigados a interpretar esses termos abertos ao analisar a jurisprudência, verifica-se que a sua interpretação diverge, por vezes, consideravelmente entre os tribunais[64]. Sem uma justiça supranacional que julgue o direito uniforme, não se pode esperar progressos significativos na aplicação do direito uniforme substantivo ou material[65].

Por outro lado, a modificação e a adaptação do tratado internacional às situações sociais e econômicas novas são difíceis, já que a própria

---

62. Veja-se, por exemplo, o art. 10.2. da Convenção: "A criança cujos pais residam em Estados diferentes terá o direito de manter, periodicamente, relações pessoais e contato direto com ambos, exceto em circunstâncias especiais. Para tanto, e de acordo com a obrigação assumida pelos Estados Partes em virtude do parágrafo 2 do artigo 9, os Estados Partes respeitarão o direito da criança e de seus pais de sair de qualquer país, inclusive do próprio, e de ingressar no seu próprio país. O direito de sair de qualquer país estará sujeito, apenas, às restrições determinadas pela lei que sejam necessárias para proteger a segurança nacional, a ordem pública, a saúde ou a moral públicas ou os direitos e as liberdades de outras pessoas e que estejam acordes com os demais direitos reconhecidos pela presente Convenção".

63. O art. 12 da Convenção dispõe: "1. Os Estados Partes assegurarão à criança, que for capaz de formar seus próprios pontos de vista, o direito de exprimir suas opiniões livremente sobre todas as matérias atinentes à criança, levando-se devidamente em conta essas opiniões em função da idade e maturidade da criança. 2. Para esse fim, à criança será dada a oportunidade de ser ouvida em qualquer procedimento judicial ou administrativo que lhe diga respeito, diretamente ou atraves de um representante ou órgão apropriado, em conformidade com as regras processuais do direito nacional". O Superior Tribunal de Justiça já aplicou a mencionada norma de imediato no âmbito da interpretação da Convenção da Haia sobre os Aspectos Civis do Sequestro Internacional de Crianças, de 25-10-1980, com vigência no Brasil. V., STJ, REsp 1.214.408-RJ, 1ª T., rel. Min. Sérgio Kukina, j. 23-6-2015, *DJe*, 5-8-2015.

64. Cf., a respeito, Hein Koetz, Rechtsvereinheitlichung..., revista cit., p. 1-18, e, notadamente, p. 7-8.

65. Cf., entre outros, Jürgen Basedow, Internationales Einheitsprivatrecht im Zeitalter der Globalisierung, *RabelsZ*, 81:25-6, 2017.

estrutura do tratado internacional, que primeiro deve ser negociado no plano internacional e depois incorporado ao ordenamento jurídico interno, não favorece a sua própria revisão. Por essa razão, existe certo risco de o direito, uniformizado mediante tratado internacional, tornar-se ultrapassado em virtude da evolução socioeconômica, que é permanente[66]. Isso não significa que tratados internacionais em vigor de fato não sejam revisados por instrumentos mais atualizados. Na prática, porém, ocorre que nem todos os Estados contratantes aderem ao tratado revisado. Desse modo, detectam-se divergências na normatização em nível internacional com relação à mesma matéria de direito[67].

Os tribunais nacionais, ademais, nem sempre costumam interpretar as normas constantes no tratado internacional de forma igual. Na doutrina, é controvertido como o juiz deve proceder nesses casos. Existe doutrina que defende a interpretação autônoma das normas com base nos princípios do próprio tratado internacional e com apoio do direito comparado, sem a necessidade de recorrer às normas do direito internacional privado da *lex fori*. Outros estudiosos opinam em sentido contrário[68].

O direito internacional privado, no entanto, deve ser levado em consideração sempre que um tratado internacional de direito uniforme substantivo ou material não for aplicável, pelo fato de uma questão jurídica, deliberadamente, não ter ficado ali regulamentada. Ademais, é possível que o próprio tratado internacional indique a aplicação das normas do direito internacional privado da *lex fori* em determinadas situações[69].

Diante da possibilidade de que um tratado internacional de direito uniforme substantivo ou material não regule todas as questões jurídicas com conexão internacional *in casu* e a sua interpretação não seja homogênea perante os tribunais de todos os países signatários do tratado

---

66. Hein Koetz, Rechtsvereinheitlichung..., revista cit., p. 1-18, e, em particular, p. 10-13; Peter Behrens, Voraussetzungen und Grenzen der Rechtsfortbildung durch Rechtsvereinheitlichung, *RabelsZ*, 50:10-34, 1986.

67. V. Jürgen Basedow, Internationales Einheitsprivatrecht im Zeitalter der Globalisierung, *RabelsZ*, 81:27-9, 2017.

68. Cf. Jürgen Basedow, Internationales Einheitsprivatrecht im Zeitalter der Globalisierung, *RabelsZ*, 81:20-6, 2017.

69. *Ibidem*, p. 20-6.

internacional, abre-se o caminho para o *forum shopping*, ou seja, a escolha do foro mais favorável para o autor, o que não se coaduna com a ideia da uniformização do direito em nível internacional[70].

A famosa *Convenção das Nações Unidas sobre Contratos para a Compra e Venda Internacional de Mercadorias*, de 11 de abril de 1980 *(Convenção de Viena)*[71], por exemplo, não disciplina todas as questões jurídicas relacionadas ao contrato de compra e venda internacional e emprega termos abertos e elásticos em seu âmbito. A doutrina já alertou, preventivamente, que esse fato poderá dar lugar a interpretações contraditórias sobre a mesma matéria, em diversos países, o que conduziria, por fim, ao resultado indesejado de terem-se, de fato e novamente, direitos nacionais cujos teores diferem entre si[72]. Esse efeito indesejável, entretanto, procura-se contornar com a ajuda de uma coleção atualizada e abrangente da jurisprudência publicada referente à Convenção em nível mundial[73].

Levando em consideração as dificuldades da revisão do tratado internacional, bem como as divergências encontradas na interpretação de suas normas pelos juízes e tribunais dos Estados contratantes, verifica-se uma tendência de elaboração de Leis-modelos, Guias Legislativos e de "Princípios" para aplicação em nível universal. Suas vantagens são a flexibilidade e a adaptabilidade. As Leis-modelos e Guias Legislativos são direcionados basicamente aos Estados, enquanto os "Princípios", também aos particulares, pessoas físicas e jurídicas, por exemplo, os

---

70. *Ibidem*, p. 23.

71. A Convenção foi ratificada por 95 Estados. No Brasil, ela foi promulgada mediante o Decreto n. 8.327, de 16-10-2014. Com relação ao seu texto, bibliografia e demais informações relevantes, cf. o Portal da Uncitral. Disponível em: https://uncitral.un.org/en/texts/salegoods/ conventions/sale_of_goods/cisg. Acesso em: 6-7-2023.

72. Cf., a respeito, Hein Koetz, Rechtsvereinheitlichung..., revista cit., p. 7. No comércio internacional de gêneros alimentícios, por exemplo, está controvertida na jurisprudência internacional se com relação às normas de saúde pública são relevantes aquelas vigentes no país do vendedor ou do comprador no momento da entrega da mercadoria ao comprador. *V. Juristenzeitung (JZ)*, 60:844-8, 2005.

73. De suma relevância prática em particular são os bancos de dados disponíveis na internet, por exemplo, em: https://uncitral.un.org/en/case_law. Acesso em: 6-7-2023: https://www. unilex.info. Acesso em: 6-7-2023.

"Princípios relativos aos Contratos Comerciais Internacionais" do UNI-DROIT[74].

As diversas organizações internacionais, públicas e privadas, são as promotoras do direito uniforme substantivo ou material[75].

Cabe destacar, nesse sentido, a Organização das Nações Unidas (ONU), com suas organizações especiais e autônomas. Importantes, entre outras, são a International Maritime Organization (IMO), em Londres[76], a World Intellectual Property Organization (WIPO ou OMPI), em Genebra[77], o International Monetary Fund (IMF ou FMI), em Washington[78], a International Labour Organization (ILO ou IAO), em Genebra[79], e a United Nations Commission on International Trade Law (UNCITRAL ou CNUDCI), com sede em Nova Iorque[80].

Nesse âmbito, também, a Organização Mundial do Comércio (OMC), com sede em Genebra, desenvolve papel decisivo com relação ao comércio internacional[81].

Outra organização internacional de direito público que trabalha permanentemente pela unificação do direito privado, embora não constitua uma organização especial da ONU, é o Institut International pour l'Unification du Droit Privé (UNIDROIT), com sede em Roma[82].

Existem, ainda, várias organizações internacionais que não são entidades públicas com atuação relevante em relação ao desenvolvimento do direito uniforme. Entre essas organizações, cumpre

---

74. Cf., Jürgen Basedow, Internationales Einheitsprivatrecht im Zeitalter der Globalisierung, *RabelsZ*, *81*:16-9, 2017.

75. Von Bar, *Internationales Privatrecht*, cit., p. 41.

76. *V.*, a seu respeito, o seu Portal. Disponível em: https://www.imo.org.

77. *V.*, a seu respeito, o seu Portal. Disponível em: https://www.wipo.int.

78. *V.*, a seu respeito, o seu Portal. Disponível em: https://www.imf.org, e, no Brasil, Luiz Ricardo de Miranda, A institucionalização da cooperação internacional: uma breve análise da evolução histórica do sistema monetário internacional, *Revista de Direito Mercantil (RDM)*, *149/150*:265-92, 2008.

79. *V.*, a seu respeito, o seu Portal. Disponível em: https://www.ilo.org.

80. *V.*, a seu respeito, o seu Portal. Disponível em: https://www.uncitral.un.org.

81. *V.*, a seu respeito, o seu Portal: Disponível em: https://www.wto.org.

82. Sobre o seu histórico, a sua organização e as suas atividades, v. o Portal do Unidroit. Disponível em: https://www.unidroit.org.

mencionar a *International Air Transport Association* (IATA), em Montreal[83]; o Comité Maritime International (CMI), em Antuérpia[84]; a International Law Association (ILA), em Londres[85]; e a Câmara de Comércio Internacional de Paris (ICC ou CCI)[86]. Essas organizações não públicas são responsáveis, principalmente, pela evolução da *Lex Mercatoria*, que é o direito uniforme de comércio internacional, desenvolvida, basicamente, pelos próprios agentes do comércio internacional[87].

C. Direito Internacional Privado e Direito Comunitário

A União Europeia (UE)[88] destaca-se como organização internacional peculiar perante todas as outras organizações desse tipo. Atende não só aos requisitos de uma organização internacional constituída, basicamente, por um tratado internacional entre Estados, com personalidade jurídica própria, objetivos, órgãos, sede privativa e integrada por Estados soberanos[89], mas também àqueles de uma organização supranacional.

A organização supranacional diferencia-se da organização internacional notadamente pelo fato de o direito supranacional, isto é, as normas concebidas pela própria organização supranacional, ser capaz de vincular, jurídica e diretamente, residentes nos Estados-membros da organização, sem um ato específico do legislador nacional que transforme e incorpore esse direito ao direito interno[90]. A União Europeia, até a presente data, é a única organização supranacional existente no mundo, e sua ordem

---

83. *V.*, a seu respeito, o seu Portal. Disponível em: https:/www.iata.org.

84. *V.*, a seu respeito, o seu Portal. Disponível em: https://comitemaritime.org.

85. *V.*, a seu respeito, o seu Portal. Disponível em: https://www.ila-hq.org.

86. Cf., com relação a esta entidade, o seu Portal. Disponível em: https://iccwbo.org.

87. Referente à *Lex Mercatoria*, cf. p. 78-89, adiante.

88. Com relação à história da União Europeia, os seus objetivos, as suas instituições e órgãos, os seus Estados-membros, bem como o seu direito, *v.* o seu Portal. Disponível em: https://europa.eu/european-union/index_pt.

89. *V.*, entre outros, a respeito, Valerio de Oliveira Mazzuoli, *Curso de direito internacional público*, cit., p. 620 (consulta do acervo digital da AASP).

90. Cf. o seu Portal. Disponível em: https://e-justice.europa.eu/3/PT/eu_law. Acesso em: 6-7-2023.

jurídica privativa constitui um sistema jurídico autônomo, denominado direito comunitário[91].

O fato de a União Europeia ter acumulado, desde suas origens, um grande acervo do direito comunitário faz com que seja caracterizada, também, como comunidade de direito (*Rechtsgemeinschaft*).

O direito comunitário da União Europeia está representado pelos direitos comunitários primário e derivado. O primeiro é constituído pelos tratados básicos da União, concluídos entre seus Estados-membros. O segundo é composto principalmente de regulamentos (*regulation, règlement, Verordnung*), diretivas (*directive, directive, Richtlinie*), decisões (*decision, décision, Beschluss*), recomendações (*recommendation, recommandation, Empfehlung*) e opiniões (*opinion, avis, Stellungnahme*)[92]. Os regulamentos e as diretivas constituem tão só normas gerais e abstratas[93].

Os regulamentos são aplicáveis diretamente aos Estados-membros da União Europeia, vinculando juridicamente e de imediato seus cidadãos, e isso sem que seja necessária sua transformação e incorporação ao direito interno, mediante a intervenção de um órgão do poder legislativo estatal. Os regulamentos, destarte, caracterizam-se como direito uniforme dentro da União Europeia[94].

As diretivas são destinadas aos Estados-membros da União Europeia, que são obrigados a transformá-las e incorporá-las ao direito interno dentro de um prazo preestabelecido. Como as diretivas estabelecem para os Estados-membros da União Europeia metas a serem cumpridas pela sua legislação interna, os direitos dos Estados-membros não são uniformizados por diretivas, mas apenas harmonizados (*Rechtsangleichung*)[95].

Por vezes, no passado, os Estados-membros da União Europeia optaram, entre si, ainda, pelo caminho tradicional de celebrar tratados

---

91. No Brasil, cf. sobre o conceito do direito comunitário, entre outros, Wagner Menezes, Direito comunitário, RT, 778:733-52, 2000.

92. Cf., entre outros, Matthias Herdegen, *Europarecht*, 19. ed., München, C. H. Beck, 2017, p. 191-205.

93. *Ibidem*, p. 190.

94. *Ibidem*, p. 190.

95. *Ibidem*, p. 190-202.

multilaterais convencionais. Os tratados entraram em vigor, em regra, após a ratificação por todos os Estados-membros.

O direito comunitário é abrangente, tangenciando toda atividade econômica exercida dentro do território dos Estados-membros da União Europeia, tanto direta quanto indiretamente[96].

Rege-se, ademais, por princípios gerais de direito, cujo conteúdo foi definido particularmente pelo Tribunal de Justiça da União Europeia (TJUE). Inclui, ainda, os direitos fundamentais, reunidos na Carta dos Direitos Fundamentais, reconhecendo um conjunto de direitos pessoais, civis, políticos, econômicos e sociais dos cidadãos e residentes na União Europeia, incorporando-os no direito comunitário. Com a entrada em vigor do Tratado de Lisboa, em 1º de dezembro de 2009, à Carta foi atribuído efeito jurídico vinculativo[97].

Qual é a relação entre o direito comunitário da União Europeia e o direito internacional privado?

O direito comunitário é, em grande parte, direito público. Este não se choca com a nossa disciplina e, de qualquer forma, prevalece sempre sobre o direito nacional dos Estados-membros da União Europeia, reprimindo-o quando em desarmonia.

Do ponto de vista do direito privado, o direito comunitário regula diversas de suas questões relevantes, mas grande parte ainda é disciplinada pelos ordenamentos jurídicos dos Estados-membros da União Europeia[98].

A União Europeia empenha-se, outrossim, em uniformizar o direito internacional privado dos seus Estados-membros. Atualmente, isso ocorre basicamente mediante o regulamento, diretamente aplicável nos seus Estados-membros.

No passado, no entanto, costumava-se escolher o tratado multilateral convencional. O tratado multilateral mais importante, nesse

---

96. Cf., referente ao conteúdo do direito uniformizado e harmonizado da União Europeia, o seu Portal. Disponível em: https://europa.eu/european-union/topics.pt – A UE por temas. Acesso em: 6-7-2023.

97. Matthias, Herdegen, *Europarecht*, cit., p. 167-90.

98. Thomas M. J. Möllers, Europäische Richtlinien zum Bürgerlichen Recht, *Juristenzeitung (JZ)*, 57:121-34, 2002; Jürgen Basedow, Grundlagen des europäischen Privatrechts, *Juristische Schulung (JuS)*, 44:89-96, 2004.

sentido, é a *Convenção de Roma*, de 19 de junho de 1980, sobre a Lei Aplicável às Obrigações Contratuais[99]. Essa convenção, no entanto, foi substituída pelo Regulamento (CE) n. 593 do Parlamento Europeu e do Conselho, de 17 de junho de 2008, sobre a lei aplicável às obrigações contratuais (Roma I). Anteriormente, o Parlamento Europeu e o Conselho da União Europeia já aprovaram o também mui significativo Regulamento (CE) n. 864, de 11 de julho de 2007, relativo à lei aplicável às obrigações extracontratuais (Roma II). Além disso, cumpre ressaltar nesse contexto o Regulamento (UE) n. 1.259, de 22 de dezembro de 2010, que cria uma cooperação reforçada no domínio da lei aplicável em matéria de divórcio e separação judicial (Roma III)[100]. De suma relevância são ainda o Regulamento (UE) n. 650, de 4 de julho de 2012, relativo à competência, à lei aplicável, ao reconhecimento e execução das decisões, e à aceitação e execução dos atos autênticos em matéria de sucessões e à criação de um Certificado Sucessório Europeu[101], o Regulamento (UE) n. 1.103, de 24 de junho de 2016, que implementa a cooperação reforçada no domínio da competência, da lei aplicável, do reconhecimento e da execução de decisões em matéria de regimes matrimoniais, e o Regulamento (UE) n. 1.104, de 24 de junho de 2016, que implementa a cooperação reforçada no domínio da competência, da lei aplicável, do reconhecimento e da execução de decisões em matéria de efeitos patrimoniais das parcerias registradas.

Na atualidade, grande parte do direito internacional privado dos Estados-membros da União Europeia está uniformizada[102]. Seus textos básicos, ademais, são disciplinados por regulamentos. Entretanto, apesar

---

99. Cf., entre muitos, Henry Lesguillons, A Convenção de Roma, in *Direito e comércio internacional*, cit., p. 165-209.

100. Note-se, nesse contexto, ademais, o Regulamento (CE) n. 4/2009 do Conselho, de 18-12-2008, relativo à competência, à lei aplicável, ao reconhecimento e à execução das decisões e à cooperação em matéria de obrigações alimentares.

101. *V.*, a seu respeito e com relação a possíveis correlações com o direito brasileiro em casos de sucessão internacional, Beat Walter Rechsteiner, *Sucessões transnacionais de conexão com o Brasil e os Estados-Membros da União Europeia: competência internacional, direito aplicável, reconhecimento e execução de decisões estrangeiras*, *RT, 1016*:139-164, 2020.

102. Cf., entre outros, Gisela Rühl e Jan von Hein, Towards a European Code on Private International Law?, *RabelsZ, 79*:701-51, 2015; Eckart Brödermann, *Paradigmenwechsel im Internationalen Privatrecht, Neue Juristische Wochenschrift (NJW)*, *63*:807-13, 2010.

dos significativos progressos da União Europeia no caminho para a uniformização do direito internacional privado dos seus Estados-membros, ainda se discutem na doutrina questões básicas em relação à sua competência e à necessidade para editar normas nesse âmbito[103].

O processo de uniformização de direito por regulamento iniciou-se já mais cedo com relação ao direito processual civil internacional. O diploma legal básico, a *Convenção Europeia sobre a Competência Judiciária e a Execução de Decisões Judiciárias em Matéria de Direito Civil e Comercial*, de 27 de setembro de 1968, denominada também *Convenção de Bruxelas*, vigorava até sua substituição pelo Regulamento (CE) n. 44/2001 do Conselho, de 22 de dezembro de 2000, relativo à competência judiciária, ao reconhecimento e à execução de decisões em matéria civil e comercial, que entrou em vigor em 1º de março de 2002. Este, por seu lado, foi revogado pelo Regulamento (UE) n. 1.215 do Parlamento Europeu e do Conselho, de 12 de dezembro de 2012, relativo à competência judiciária, ao reconhecimento e à execução de decisões em matéria civil e comercial.

Atualmente, o direito processual civil internacional basicamente é disciplinado por regulamentos, diretamente aplicáveis nos Estados-membros da União Europeia[104]. Essa tendência continua[105]. Também, em

---

103. Nesse sentido, entre outros, Isabelle Barrière Brousse, Le Traité de Lisbonne et le droit international privé, *Journal du Droit International (Clunet)*, 137:3-34, 2010.

104. *V.* Regulamento (UE) 2019/1.111 do Conselho, de 25-6-2019, relativo à competência, ao reconhecimento e à execução de decisões em matéria matrimonial e em matéria de responsabilidade parental e ao rapto internacional de crianças; Regulamento (CE) n. 1.393 do Parlamento Europeu e do Conselho, de 13-11-2007, relativo à citação e à notificação dos atos judiciais e extrajudiciais em matérias civil e comercial nos Estados-membros (citação e notificação de atos) e que revoga o Regulamento (CE) n. 1.348/2000 do Conselho. Ademais, *v.*, entre outros, Regulamento (UE) n. 2.421 do Parlamento Europeu e do Conselho, de 16-12-2015, que altera o Regulamento (CE) n. 861/2007, que, por sua vez, estabelece um processo europeu para ações de pequeno montante, e o Regulamento (CE) n. 1.896/2006, que cria um procedimento europeu de injunção de pagamento; Regulamento (UE) n. 655/2014 do Parlamento Europeu e do Conselho, de 15-5-2014, que estabelece um procedimento de decisão europeia de arresto de contas para facilitar a cobrança transfronteiriça de créditos em matéria civil e comercial; Regulamento (CE) n. 1.206 do Conselho, de 28-5-2001, relativo à cooperação entre os tribunais dos Estados-membros no domínio da obtenção de provas em matéria civil ou comercial; Regulamento (CE) n. 805 do Parlamento Europeu e do Conselho, de 21-4-2004, que cria o título executivo europeu para créditos não contestados.

105. Jürgen Basedow, The Communitarisation of Private International Law, *RabelsZ*, 73:455-60, 2009.

relação ao direito falimentar internacional, houve mudanças quanto ao processo de uniformizá-lo. Inicialmente, procurou-se uniformizar o direito falimentar internacional no âmbito da União Europeia por via de convenção[106]. Posteriormente, a matéria foi disciplinada por Regulamento, atualmente pelo Regulamento (UE) n. 2015/848 do Parlamento Europeu e do Conselho, de 20 de maio de 2015, relativo aos processos de insolvência[107].

Algumas tentativas de uniformizar o direito no âmbito da União Europeia não tiveram êxito ainda. Por exemplo, não vigoram normas escritas sobre o direito societário internacional na União Europeia. Por esse motivo, precisavam ser estabelecidas pelo Tribunal de Justiça da União Europeia (TJUE)[108].

Os princípios gerais de direito, oriundos do direito comunitário primário, constituem outras restrições relevantes aos direitos nacionais de direito internacional privado dos Estados-membros da União Europeia[109]. Nesse sentido, o princípio da não discriminação, por exemplo, tal como estatuído no direito comunitário primário, interfere, de imediato, nos seus ordenamentos jurídicos[110].

D. DIREITO INTERNACIONAL PRIVADO E *LEX MERCATORIA*

Com a crescente globalização do comércio internacional, fenômeno que se constatou particularmente após a Segunda Guerra Mundial, a

---

106. Manfred Balz, Das Übereinkommen der Europäischen Union über Insolvenzverfahren, *Zeitschrift fur Europäisches Privatrecht (ZEuP)*, 4:325-48, 1996.

107. O atual Regulamento revogou o anterior, a saber, o Regulamento (CE) n. 1.346/2000 do Conselho, de 29-5-2000, relativo aos processos de insolvência.

108. *V.*, entre outros, Eva-Maria Kieninger, Internationales Gesellschaftsrecht zwischen Polbud, Panama und Paradise, *Zeitschrift für Europäisches Privatrecht (ZEuP)*, 26:309-19, 2018.

109. Cf. Wulf-Henning Roth, Der Einfluss des Europäischen Gemeinschaftsrechts auf das Internationale Privatrecht, *RabelsZ*, 55:641-62, 1991; Von Bar, *Internationales Privatrecht*, cit., p. 154-61.

110. O Tribunal de Justiça da União Europeia (TJUE), por exemplo, decidiu que uma caução de processo imposta por um tribunal de um Estado-membro da União Europeia a um nacional com domicílio em outro, no qual exerce também a sua profissão, não é compatível com o direito comunitário por violar o princípio da não discriminação Cf., Tribunal de Justiça da União Europeia (TJUE), 6ª Câm., sentença de 1º-7-1993 – Rs. C-20/92, reproduzido em *Recht der Internationalen Wirtschaft (RIW)*, 39:855-7, 1993.

doutrina começou a estudar as práticas internacionais de comércio, procurando identificar e sistematizar regras do comércio que formassem um corpo constituído de verdadeiras normas jurídicas, aplicáveis às transações comerciais, decorrentes dos usos e costumes daqueles que participam no comércio internacional. Mas, embora se discuta há muito tempo na doutrina a *Lex Mercatoria*, não está à vista o fim das controvérsias jurídicas em torno da matéria[111].

Na realidade, o que ainda se discute são basicamente as fontes e o conteúdo, e, decorrente dessas questões basilares, a relação entre a *Lex Mercatoria* e os diferentes ordenamentos jurídicos estatais, bem como a aplicabilidade (*juridicité*), os mecanismos e as condições da aplicação da *Lex Mercatoria* pelos tribunais estatais e arbitrais[112].

---

111. Diante da vasta bibliografia, cf., quanto à doutrina brasileira, entre outras, as seguintes publicações: Irineu Strenger, La notion de *Lex Mercatoria* en droit de commerce international, *Recueil des Cours de l'Académie de Droit International*, 227:209-335, 1991-II; *Direito do comércio internacional e "Lex Mercatoria"*, São Paulo, LTr, 1996; Arnoldo Wald, Algumas aplicações da *Lex Mercatoria* aos contratos internacionais realizados com empresas brasileiras, in: *Direito e comércio internacional*, cit., p. 306-28; Rômulo Monteiro Garzillo, A relação entre a nova *lex mercatória* e a soberania dos estados nacionais: considerações sobre o fenômeno da globalização, *Revista de Direito Constitucional e Internacional, 116:*219-244, 2019; Hermes Marcelo Huck, *Lex Mercatoria*; horizonte e fronteira do comércio internacional, *Revista da Faculdade de Direito da USP*, São Paulo, 87:213-35, 1992; e *Sentença estrangeira e "Lex Mercatoria"*; horizontes e fronteiras do comércio internacional, São Paulo, Saraiva, 1994; José Carlos de Magalhães, *Lex Mercatoria*; evolução e posição atual, *RT, 709:*42-5, 1994. Com relação à doutrina estrangeira, cf., entre outros, Klaus Peter Berger, *Formalisierte oder "schleichende" Kodifizierung des transnationalen Wirtschaftsrechts: zu den methodischen und praktischen Grundlagen der "Lex Mercatoria"*, Berlin-New York, De Gruyter, 1996; Berthold Goldman, Nouvelles réflexions sur la *Lex Mercatoria*, in *Études de droit*, cit., p. 241-55; Felix Dasser, *Lex Mercatoria*: Werkzeug der Praktiker oder Spielzeug der Lehre?, *Schweizerische Zeitschrift für internationales und europäisches Recht (SZIER), 1:*299-323, 1991; Emmanuel Gaillard, Trente ans de *Lex Mercatoria* – pour une application sélective de la méthode des principes généraux du droit, *Journal du Droit International (JDI), 122:*5-30, 1995; Andreas Spickhoff, Internationales Handelsrecht vor Schiedsgerichten und staatlichen Gerichten, *RabelsZ*, 56:116-41, 1992; Uwe Blaurock, Übernationales Recht des Internationalen Handels, *Zeitschrift für Europäisches Privatrecht (ZEuP)*, 1. Jhg., 1993, p. 247-67; Vanessa L. O. Wilkinson, The New *Lex Mercatoria*, Reality or Academic Fantasy?, *Journal of International Arbitration, 12:*103-17,1995; Roy Goode, Rule, Practice, and Pragmatism in Transnational Commercial Law, *International and Comparative Law Quarterly (ICLQ)*, 54:539-62, 2005; Gilles Cuniberti, La *Lex Mercatoria* au XXIᵉ siècle – une analyse empirique et économique, *Journal du Droit International (JDI)*, 143:765-80, 2016.

112. Cf. Berthold Goldman, Nouvelles..., revista cit., p. 241-2.

Irineu Strenger, com referência às fontes da *Lex Mercatoria*, detecta, principalmente, três tendências na doutrina. De acordo com a primeira corrente doutrinária, a *Lex Mercatoria* constitui uma ordem jurídica autônoma, criada espontaneamente pelos agentes do comércio internacional, cuja existência independe dos ordenamentos jurídicos estatais, e cuja origem não decorre do direito internacional público[113]. A segunda vertente doutrinária vê na *Lex Mercatoria* uma alternativa para a ordem jurídica nacional aplicável, por constituir um corpo suficiente de regras jurídicas que permitem decidir um litígio entre agentes do comércio internacional. Outra tendência, finalmente, entende que a *Lex Mercatoria* destina-se a complementar o direito nacional aplicável, constituindo uma consolidação dos usos, costumes e de certas expectativas concernentes ao comércio internacional[114].

Examinando o conteúdo das regras formadas pela *Lex Mercatoria*, os autores, partidários de sua existência real, indicam potentes associações privadas do comércio internacional como as responsáveis pela edição de regras gerais, às quais atribuem força jurídica própria, sendo constituídas basicamente de contratos-tipo e usos e costumes comerciais compilados, que, para possuírem eficácia jurídica, é mister, conforme a mesma doutrina, sejam adotados e praticados de fato pelos integrantes do comércio internacional[115].

Dentre as organizações privadas comprometidas com a evolução das práticas uniformes do comércio internacional, cabe realçar a Câmara de Comércio Internacional de Paris[116].

A entidade atua mundialmente, e suas atividades dirigem-se aos agentes do comércio internacional na sua totalidade; desenvolveu vários instrumentos do comércio internacional, como, entre outros, os *International Commercial Terms* (Incoterms)[117] e as regras e usos uniformes rela-

---

113. *V.*, Felix Dasser, *Lex Mercatoria...*, revista cit., p. 301.

114. Irineu Strenger, *La notion de "Lex Mercatoria"*, cit., p. 275.

115. Cf. Irineu Strenger, *La notion de "Lex Mercatoria"*, cit., p. 260-1.

116. Em regra, utilizam-se os nomes em francês e inglês: *Chambre de Commerce International* (CCI) e *International Chamber of Commerce* (ICC). Sobre a entidade em geral e suas atividades, *v.* o seu Portal. Disponível em: https://iccwbo.org.

117. A versão mais atualizada é aquela do ano 2020. *V.*, o Portal da Câmara de Comércio Internacional de Paris. Disponível em: https://iccwbo.org/business-solutions/incoterms-rules/. Acesso em: 6-7-2023.

tivos aos créditos documentários[118], amplamente utilizados na prática do comércio internacional, tornando as transações mais estáveis e seguras.

Por outro lado, existe um grande número de organizações corporativas setoriais privadas do comércio internacional, igualmente identificadas pela doutrina como mentoras da *Lex Mercatoria*[119]. Essas entidades estão presentes em quase todos os setores da economia e exercem grande influência sobre seus membros[120].

Na doutrina, incluem-se, ainda, determinados princípios gerais de direito no âmbito da *Lex Mercatoria*, destinados a reger o comércio internacional, como, os princípios da boa-fé e do *pacta sunt servanda*, aplicáveis a qualquer contrato internacional de comércio[121], e consolidados pela jurisprudência dos tribunais arbitrais do comércio internacional[122].

A *Lex Mercatoria* está em processo de permanente evolução, e isso em virtude da própria estrutura do direito comercial, para o qual é inerente a tendência de constante renovação[123]. Conforme a doutrina da *Lex Mercatoria*, o Estado não consegue acompanhar tal ritmo, concluindo-se por sua inaptidão para legislar sobre o comércio internacional, pelo que se postula a autonomia da *Lex Mercatoria* das legislações nacionais

---

118. No Brasil, cf., referente a esse instrumento do comércio internacional, Luiz Olavo Baptista, Segurança e financiamento através dos créditos documentários, in: *Direito e comércio internacional*, cit., p. 25-41; Ricardo José Martins, Aspectos do crédito documentário, *Revista de Direito Mercantil (RDM)*, *110*:43-145, 1998. Quanto às regras e usos uniformes mais atualizados relativos aos créditos documentários *(UCP 600)* e o seu complemento *UCP*, versão 2.1, na sua forma digital, v. o Portal da Câmara de Comércio Internacional de Paris. Disponível em: https://iccwbo.org/news-publications/policies-reports/eucp-version-2-1-icc-uniform-customs-and-practice-for-documentary-credits/. Acesso em: 6-7-2023. .

119. Cf. a *London Corn Trade Association*, a *International General Produce Association*, a *American Spice Trade Association*, a *International Federation of Consulting Engineers* (FIDIC), entre outras entidades similares. Os contratos-tipo da FIDIC, por exemplo, têm vasta aplicação na construção de complexos industriais e projetos de construções similares em nível internacional. Cf., a seu respeito o seu Portal. Disponível em: https://fidic.org, e, Gustavo Scheffer da Silveira, Os novos contratos da FIDIC, edição de 2017, *Revista de Arbitragem e Mediação*, 57:35-56, 2018.

120. Irineu Strenger, *La notion de "Lex Mercatoria"*, cit., p. 260-1; Von Bar, *Internationales Privatrecht*, cit., p. 76-7.

121. Cf., detalhadamente, a respeito, Berthold Goldman, Nouvelles..., revista cit., p. 242-7.

122. Berthold Goldman, Nouvelles..., revista cit., p. 244-7; Irineu Strenger, *La notion de "Lex Mercatoria"*, cit., p. 265-9.

123. Irineu Strenger, *La notion de "Lex Mercatoria"*, cit., p. 243-4, 246, 339.

existentes. Argumenta-se, ainda, que os direitos comerciais nacionais enfocam, principalmente, as relações do comércio interno e se baseiam em ideias do século passado, quando então as condições econômicas e sociais eram bem diferentes comparadas com as da atualidade. Por tais razões, aos próprios agentes do comércio internacional caberia, em primeiro lugar, estabelecer as regras que deveriam valer entre si[124].

Os adeptos da *Lex Mercatoria* reconhecem, porém, que esta não constitui um corpo de regras jurídicas destinado a regulamentar o comércio internacional na sua totalidade, de modo a perfazer, destarte, o verdadeiro direito do comércio internacional[125]. Existe uma distância enorme entre a realidade e o ideal de um comércio internacional livre de empecilhos estatais; a *Lex Mercatoria*, como disciplina autônoma do comércio internacional, ainda está numa fase inicial[126].

O cenário internacional, favoreceu o processo contínuo na formação de regras uniformes de comércio internacional. Verificou-se no mundo inteiro uma certa tendência dos Estados em consolidar, adotar ou introduzir mecanismos da economia de mercado. Em nível mundial, a principal força propulsora dessa evolução é a Organização Mundial do Comércio (OMC), estabelecida desde 1º de janeiro de 1995 em Genebra, na Suíça, contando atualmente com a adesão de 164 países[127], e cuja meta principal é a liberalização gradual do comércio entre as nações. A América Latina, particularmente, seguiu esse rumo, abdicando da antiga política de substituição das importações para ceder lugar a uma nova, de maior abertura de mercado[128]. No Brasil, iniciou-se o mesmo processo[129].

Por outro lado, as tendências liberalizantes, concernentes ao comércio internacional, facilitam a adoção de regras uniformes pelos Estados nas suas legislações. Em proporções universais, organizações que não são entidades privadas favorecem esse processo, trabalhando para a unifi-

---

124. Irineu Strenger, *La notion de "Lex Mercatoria"*, cit., p. 243-4, 246, 249, 281-3.

125. *Ibidem*, p. 230, 233, 235, 243-4.

126. *Ibidem*, p. 229, 243-4.

127. Cf. o seu Portal. Disponível em: https://www.wto.org. Acesso em: 5-7-2023.

128. Cf., entre outros, Celso Lafer, Prefácio, in *Mercosul*, cit., p. 7-10.

129. Cf., a respeito da integração do Brasil ao Mercosul, Luiz Olavo Baptista, Impacto do Mercosul sobre o sistema legislativo brasileiro, in: *Mercosul*, cit., p. 11-25.

cação do direito do comércio internacional e para a harmonização dos diferentes direitos nacionais.

O Institut International pour l'Unification du Droit Privé (UNIDROIT) foi fundado em Roma, em 1926[130], com o objetivo de preparar, gradualmente, a adoção de uma legislação de direito privado uniforme pelos diversos Estados[131]. O Brasil depositou a carta de adesão referente ao estatuto orgânico do Instituto em 11 de janeiro de 1993[132].

Um papel extraordinário no mesmo sentido está sendo desempenhado pela Comissão das Nações Unidas para o Direito do Comércio Internacional (UNCITRAL – United Nations Commission on International Trade Law, ou CNUDCI – Commission des Nations Unies pour le Droit Commercial International), fundada em 1968.

Conforme a Resolução n. 2.205 (XXI) da Assembleia Geral da Organização das Nações Unidas, cabe à Comissão estimular a unificação do direito do comércio internacional, não só pelo fato de preparar e promover a adoção de novas convenções internacionais, leis modelos ou leis uniformes, como também por incentivar a codificação e ampla aceitação de termos, regras, usos, costumes e práticas do comércio internacional, em colaboração, quando conveniente, com as organizações atuantes na mesma área[133].

---

130. Sobre o seu histórico, o seu funcionamento, os seus objetivos, a sua organização, os seus membros e as suas atividades no âmbito jurídico, *v.* o seu Portal. Disponível em: https://www.unidroit.org.

131. Dentre outros de seus trabalhos destacam-se: "Os princípios relativos aos contratos comerciais internacionais". Sua versão mais atualizada é aquela do ano de 2016, sendo que a versão anterior de 2010 foi aprovada formalmente pelo Unidroit na sua sessão de 10 de maio de 2011. No grupo de trabalho da versão de 2010, participou do Brasil o professor Lauro Gama Jr., da PUC do Rio de Janeiro. A versão original dos princípios é de 1994. Existe outra versão mais recente de 2004. No grupo de trabalho que os elaborou, participou também o professor da Universidade de São Paulo (USP), Luiz Olavo Baptista, enquanto com relação à versão original de 1994 o Brasil foi representado pelo professor Vicente Marotta Rangel, também da Universidade de São Paulo (USP). Para obter mais informações com relação aos princípios consulte o Portal do Unidroit. Disponível em: https://www.unidroit.org/instruments/commercial-contracts/unidroit-principles-2016/. Acesso em: 6-7-2023.

132. O Congresso Nacional aprovou o estatuto, por meio do Decreto Legislativo n. 71, de 16-10-1992, e o Presidente da República o promulgou por meio do Decreto n. 884, de 2-8-1993.

133. "(p)reparing or promoting the adoption of new international conventions, model laws and uniform laws (...) promoting the codification and wider acceptance of international trade

Ambas as entidades, a UNCITRAL (ou CNUDCI) e o UNI-DROIT, exercem função relevante no processo de evolução das regras e práticas uniformes do comércio internacional.

Para os adeptos da *Lex Mercatoria*, as regras uniformes elaboradas por essas organizações compõem, igualmente, a *Lex Mercatoria*[134]. Os Estados que as reconhecem e as incorporam nas suas legislações internas estão diretamente vinculados juridicamente a elas. Quanto às outras regras uniformes, desenvolvidas principalmente pelos próprios agentes do comércio internacional, à primeira vista, parecem ter existência à margem das legislações estatais. Examinando-as mais de perto, porém, verifica-se que os diversos direitos estatais não excluem a aplicação das regras da *Lex Mercatoria* do seu âmbito, reconhecendo às partes ampla liberdade na formação de suas relações jurídicas, além de levar em consideração os usos e costumes comerciais, para lhes atribuir eficácia jurídica perante a ordem jurídica interna. Por essas razões, segundo nosso entendimento, a *Lex Mercatoria* não pode existir totalmente desvinculada do regime jurídico estatal, como aliás sustenta grande parte da doutrina. Ela está ligada, necessariamente e sempre, ao ordenamento jurídico de um determinado Estado que tutela os interesses de toda a coletividade, e não só ao dos integrantes de um grupo, tais como os agentes do comércio internacional[135].

Indiretamente, isso também é admitido pelos adeptos da *Lex Mercatoria*, já que reconhecem que o Estado não pode estar vinculado juridicamente a práticas do comércio internacional quando, perante esse mesmo Estado, tais práticas não se coadunam com os princípios fundamentais de sua ordem jurídica, ou seja, quando constituem uma violação da ordem pública[136].

---

terms, provisions, customs and practices, in collaboration, where appropriate, with the organizations operating in this field." Cf. The Establishment of Uncitral; General Assembly Resolution 2205 (XXI) of 17 December 1966, *Yearbook (United Nations Commission on International Trade Law) 1968-1971*, publicado em 1971, p. 65-6.

134. Berthold Goldman, Nouvelles..., revista cit., p. 242; Irineu Strenger, *La notion de "Lex Mercatoria"*, cit., p. 233.

135. No mesmo sentido, *v.*, entre outros, Andreas Spickhoff, Internationales Handelsrecht..., revista cit., p. 120-33; Antoine Kassis, *Théorie générale des usages du commerce*, Paris, LGDJ, 1984.

136. Cf. Irineu Strenger, *Direito internacional privado*, cit., p. 224, 329.

Na prática, são, principalmente, tribunais arbitrais os que já proferiram decisões baseadas na *Lex Mercatoria*, enquanto as de tribunais estatais são bem mais escassas[137].

Para explicar tal fato, vários são os argumentos. Estima-se que quase noventa por cento dos contratos internacionais de comércio contêm uma cláusula arbitral[138], reservando um espaço muito maior para a arbitragem internacional do que para a justiça estatal. Ademais, com a autorização das partes, tão somente o tribunal arbitral pode julgar por equidade, fora das regras e formas de direito[139], enquanto essa faculdade não é atribuída aos tribunais estatais[140]. Assinala-se entre outros argumentos, ainda, que os tribunais estatais, em geral, possuem uma cognição limitada para reexaminar os laudos arbitrais quanto à sua conformidade com a lei[141].

Quando são os tribunais estatais que julgam uma relação jurídica comercial com conexão internacional, parece predominar na doutrina ainda o entendimento de que uma decisão proferida diretamente com base na *Lex Mercatoria* seja contrária à lei, mesmo quando as partes a tenham escolhido como o direito aplicável. Concordamos com essa posição, já que um juiz estatal só pode aplicar o ordenamento jurídico do seu próprio Estado, estando ali incluídas as normas do direito internacional privado. A *Lex Mercatoria* pode influir no processo decisório do juiz, à medida que o direito aplicável leve em consideração as suas regras, o que normalmente ocorre de fato[142]. Entretanto, se detectam legislações que são mais flexíveis com relação à esta questão[143].

---

137. Cf., entre outros, Berthold Goldman, Nouvelles..., revista cit., p. 244-7.

138. Cf., nesse sentido, Klaus Peter Berger, Aufgaben und Grenzen..., revista cit., p. 12-3.

139. No direito brasileiro, cf. art. 2º, *caput*, da Lei n. 9.307, de 23-9-1996, que dispõe sobre a arbitragem (alterada pela Lei n. 13.129/2015).

140. Cf., entre outros, Andreas Spickhoff, Internationales Handelsrecht..., revista cit., p. 133.

141. Cf. Von Bar, *Internationales Privatrecht*, cit., p. 83, 85; Felix Dasser, *Lex Mercatoria*..., revista cit., p. 314-8.

142. V., com relação a vários expoentes da doutrina dominante, Alexander Hellgardt, Das Verbot der kollisionsrechtlichen Wahl nichtstaatlichen Rechts und das Unionsgrundrecht der Privatautonomie, *RabelsZ, 82*:660-1, 2018.

143. Cf., nesse sentido, por exemplo, art. 2.651 do Código Civil e Comercial da Nação da Argentina, Lei n. 26.994, de 7-10-2014, e, Diego P. Fernández Arroyo, Main Characteristics of the New Private International Law of the Argentinian Republic, cit., p. 146-8; art. 45 da "Ley general de derecho internacional privado", Lei n. 19.920, de 27-11-2020 (data da promulgação

Como já foi ressaltado, as partes podem autorizar o julgamento da lide por equidade quando esta for submetida a um tribunal arbitral. Nesse caso, aos árbitros é facultado levar em consideração a *Lex Mercatoria* na formação da sua decisão, por não estarem vinculados a determinado ordenamento jurídico. No Brasil, ademais, a Lei n. 9.307, de 23 de setembro de 1996, que dispõe sobre a arbitragem, autoriza expressamente às partes convencionarem que a arbitragem se realize com base nos princípios gerais de direito, nos usos e costumes e nas regras internacionais de comércio, ou seja, na *Lex Mercatoria*[144]. Um tribunal arbitral, no entanto, não pode aplicar diretamente a *Lex Mercatoria* sem essa autorização[145].

Com o apoio dessas reflexões, resta-nos, para finalizar, extrair as conclusões a fim de definir a relação entre direito internacional privado e *Lex Mercatoria*.

Entendemos que a *Lex Mercatoria* não tem existência real dissociada totalmente dos ordenamentos jurídicos nacionais. Por essa razão, pelo menos, o tribunal estatal é obrigado a aplicar sempre as normas do direito internacional privado da *lex fori*, ao julgar uma relação contratual de comércio internacional. Nesse âmbito, os direitos nacionais, basicamente, permitem às partes, escolher livremente o direito aplicável[146].

Assim, não existem restrições para escolher qualquer ordenamento jurídico nacional, presumindo-se que sempre exista certo vínculo entre o direito a ser aplicado e o negócio jurídico concreto a ser concluído. Entretanto, cumpre acrescentar que a doutrina ainda discute esta questão[147]. O debate maior, porém, gira à volta da questão de determinar se as partes podem escolher diretamente a *Lex Mercatoria* como o direito aplicável às suas relações jurídicas internacionais de comércio[148].

---

no Uruguai).

144. Cf. art. 2º, § 2º, da Lei n. 9.307, de 23-9-1996, que dispõe sobre a arbitragem (alterada pela Lei n. 13.129/2015).

145. Andreas Spickhoff, Internationales Handelsrecht..., revista cit., p. 134-8.

146. *V.*, especificamente a respeito, Maristela Basso, A autonomia da vontade nos contratos internacionais de comércio, in *Direito e comércio internacional*, cit., p. 42-54.

147. *Ibidem*, p. 54-5.

148. *Ibidem*, p. 55-6.

Conforme já assinalado, não existe para as partes a possibilidade de escolherem diretamente a *Lex Mercatoria* como direito aplicável às suas relações comerciais internacionais. Essa liberdade restringe-se à escolha de ordenamentos jurídicos nacionais[149].

Cabe salientar, nesse contexto, que a *Lex Mercatoria* postula ser um direito mundialmente uniformizado, regulando relações jurídicas internacionais do comércio, mediante normas substantivas ou materiais diretamente aplicáveis, embora seus próprios adeptos reconheçam ser ela ainda incompleta e extremamente lacunosa. Por outro lado, as leis nacionais de aplicação imediata[150] e a reserva da ordem pública[151] reprimem sempre a aplicação de regras jurídicas da *Lex Mercatoria*.

Se a *Lex Mercatoria* regulamentasse a totalidade das relações jurídicas do comércio internacional, as normas de direito internacional privado, de fato, tornar-se-iam supérfluas. Como, na realidade, isso não ocorre, essas normas permanecem indispensáveis para designar a ordem jurídica nacional, aplicável às questões jurídicas, na ausência de regras da *Lex Mercatoria*. Admitir o contrário significaria dizer que as partes não teriam, perante uma lide judicial, nenhuma previsão segura da ordem jurídica aplicável ao caso concreto.

É divulgada a crítica doutrinária de que as técnicas do direito internacional privado, para designar o direito aplicável a uma relação jurídica com conexão internacional, não são adaptadas às peculiaridades do comércio internacional[152]. Enquanto não existir um direito universal uniforme do comércio internacional, não será possível detectar qualquer alternativa válida, relacionada às técnicas tradicionais do

---

149. Essa, aliás, é a opinião dominante na doutrina. *V.*, com relação a vários de seus expoentes, Alexander Hellgardt, Das Verbot der kollisionsrechtlichen Wahl nichtstaatlichen Rechts und das Unionsgrundrecht der Privatautonomie, *RabelsZ*, 82:660-1, 2018.

150. Também os princípios que regem os contratos internacionais de comércio, elaborados pelo Unidroit, nas suas versões original de 1994 e revisadas, atualizadas e ampliadas de 2004, 2010 e 2016, preveem no seu art. 1.4 (Normas imperativas): "Nenhuma disposição dos presentes Princípios restringirá a aplicação de normas imperativas, tenham elas origem nacional, internacional ou supranacional, que serão aplicadas de acordo com as regras de direito internacional pertinentes" (tradução dos textos originais em inglês e francês conforme o Prof. Lauro Gama Jr.).

151. Cf., a respeito, detalhadamente, p. 175-81, adiante.

152. Cf., entre outros, Maristela Basso, A autonomia..., in *Direito e comércio internacional*, cit., p. 58-9, que resume essas críticas.

direito internacional privado, para resolver os conflitos de leis existentes no espaço.

No entanto, podem surgir situações peculiares quanto a contratos internacionais celebrados entre Estados e companhias de direito privado, que, muitas vezes, têm estrutura extremamente complexa, de tal modo que as partes do contrato por vezes acabam excluindo a aplicação de qualquer direito nacional a suas relações jurídicas, total ou pelo menos parcialmente[153]. Para esses casos específicos, a doutrina e a prática habitual de arbitragem internacional admitem a aplicação de normas do direito internacional público, se tal parece ser adequado ao caso concreto[154]. Concordamos com essa posição, uma vez que se trata, em relação ao direito internacional público, de uma verdadeira ordem jurídica[155], porém não admitimos o mesmo quanto à *Lex Mercatoria*.

Diante do exposto, a aplicação direta da *Lex Mercatoria*, a nosso ver, é lícita apenas quando o órgão jurisdicional é um tribunal arbitral, autorizado pelas partes para julgar a lide concreta com base nos princípios gerais de direito, nos usos e costumes e nas regras internacionais de comércio, ou seja, na própria *Lex Mercatoria*[156].

Em todos os outros casos, faz-se mister que as partes designem a ordem jurídica específica de determinado Estado ou, excepcionalmente, dentro dos seus limites permitidos, o direito internacional público, como o aplicável às suas relações contratuais. As partes, porém, têm a facul-

---

153. Cf. Andreas Bucher, *Die neue internationale Schiedsgerichtsbarkeit in der Schweiz*, Basel, Helbing & Lichtenhahn, 1989, p. 98-9, 101-5.

154. Andreas Bucher, *Die neue internationale*, cit., p. 98-9, 101-5. V., também, Hércules Booysen, Völkerrecht als Vertragsstatut internationaler privatrechtlicher Verträge, *RabelsZ*, 59:248-9, 1995.

155. Cf., entre outros, Valerio de Oliveira Mazzuoli, *Curso de direito internacional público*, cit., p. 40-3 (consulta do acervo digital da AASP).

156. Cf., nesse sentido, art. 2º, § 2º, da Lei n. 9.307, de 23-9-1996, que dispõe sobre a arbitragem (alterada pela Lei n. 13.129/2015). A regra deverá valer, aliás, também em relação aos princípios do Unidroit, aplicáveis aos contratos internacionais de comércio. Cf., nesse sentido, com mais detalhes, Johannes Christian Wichard, Die Anwendung der Unidroit – Prinzipien für internationale Handelsverträge durch Schiedsgerichte und staatliche Gerichte, *RabelsZ*, 60:269-302, 1996.

dade de estipular cláusulas contratuais decorrentes da *Lex Mercatoria*, vinculando-as de imediato, à medida que o direito aplicável permita levar em consideração as suas regras jurídicas.

E. Direito Internacional Privado e Direito do Trabalho

Diante do fato de que o mundo está cada vez mais globalizado, também o direito do trabalho atrai mais o interesse dos internacionalistas. Existe uma tendência mais moderna de situar o direito internacional do trabalho próximo do direito internacional público[157]. Visto sob essa perspectiva, o direito internacional do trabalho estabelece basicamente padrões e garantias internacionais mínimas em benefício dos trabalhadores e a sua implantação na prática. Destarte, situa-se no âmbito da proteção dos direitos humanos pelo direito internacional[158]. Porém, também a nossa disciplina, o direito internacional privado, possui laços com o direito do trabalho. Nosso estudo se concentra no exame dessa relação.

O direito do trabalho é considerado uma disciplina autônoma de direito. Em regra, é dividido pela doutrina em três partes distintas, ou seja, o direito individual do trabalho, o direito coletivo do trabalho e o

---

157. A Resolução do Instituto de Direito Internacional, aprovada entre 26-8- e 4-9-1997 em Estrasburgo, estabelece em seu anexo II que: "For Public International Law, the following subjects, among others, might be offered on an optional basis: (...) (ix) International labour law". V., com relação ao teor da Resolução o seu Portal. Disponível em: https://www.idi-iil. org. No Brasil, a doutrina adota a mesma posição. Cf., entre outros, Arnaldo Süssekind, Direito internacional do trabalho, in *Instituições de direito do trabalho*, coord. Arnaldo Sussekind e João de Lima Teixeira, 16. ed., São Paulo, LTr, 1996, v. 2, p. 1395-6; Haroldo Valladão, *Direito internacional privado*, Rio de Janeiro, Freitas Bastos, 1978, v. 3, p. 92.

158. Sobre o direito internacional do trabalho assim concebido, cf. no Brasil, entre outros, Arnaldo Süssekind, *Direito internacional do trabalho*, 3. ed., São Paulo, LTr, 2000; e para fins didáticos, entre outros, TST, RR-100039-03.2018.5.02.0046, 2ª T., rel. Min. Delaide Miranda Arantes, j. 11-11-2020, *DEJT*, 4-12-2020. Essa decisão trata da discriminação racial no âmbito das relações de trabalho. Nela, o tribunal se baseia em fontes legais decorrentes de origem interna e internacional, a saber, a Declaração Universal dos Direitos Humanos da ONU de 10-12-1948, a Convenção Internacional para a Eliminação de Todas as Formas de Discriminação Racial, de 21-12-1965, e a Convenção 111 da OIT sobre Discriminação em Matéria de Emprego e Ocupação, de 4-6-1958. Quanto à bibliografia estrangeira, *v.*, entre outros: Nicolas Valticos e Geraldo W. von Potobsky, *International labour law*, 2. ed., Deventer/Boston, Kluwer, 1995.

direito tutelar do trabalho[159]. Com o direito social, particularmente o da previdência social, o direito do trabalho tem estreitas relações[160].

Ao direito individual do trabalho, é inerente o contrato do trabalho e as cláusulas que lhe são incorporadas em virtude de lei, convenção ou acordo coletivo, decisão normativa e regulamento. O direito coletivo do trabalho está relacionado à organização sindical, à negociação coletiva, aos contratos, às convenções e aos acordos coletivos de trabalho, aos conflitos coletivos de trabalho e às soluções dos conflitos coletivos do trabalho. O direito tutelar do trabalho é composto de normas de ordem pública, tendo como objetivo principal assegurar a integridade psicossomática do trabalhador[161].

As normas do direito tutelar do trabalho são normas típicas de aplicação imediata[162], que não podem ser derrogadas pelas normas do direito internacional privado vigentes no país em que o trabalhador presta seus serviços. Elas se aplicam independentemente do direito aplicável designado pelas normas do direito internacional privado do Estado, em cujo território o empregado trabalha[163].

É, em grande parte, o direito tutelar do trabalho que está sendo harmonizado pela Organização Internacional do Trabalho (OIT), com sede em Genebra[164]. O Brasil ratificou considerável número de suas

---

159. Cf., entre outros, Sergio Pinto Martins, *Direito do trabalho*, 39. ed., São Paulo, Saraiva, 2023, p. 27, 29-32, 115-711 (direito individual do trabalho), 715-1022 (direito tutelar do trabalho), 1023-1276 (direito coletivo do trabalho).

160. Cf., no Brasil, entre outros, Arnaldo Süssekind, Terminologia e objeto, in *Instituições de direito do trabalho*, coord. Arnaldo Süssekind e João de Lima Teixeira Filho, 16. ed., São Paulo, LTr, 1996, v. 1, p. 111-5.

161. Cf., entre outros, Sergio Pinto Martins, *Direito do trabalho*, cit., p. 115-711 (direito individual do trabalho), 1023-1276 (direito coletivo do trabalho), 715-1022 (direito tutelar do trabalho).

162. Sobre o conceito da lei de aplicação imediata, *v.* p. 23-5, *retro*.

163. *V.*, nesse sentido, entre outros, Délio Maranhão, Campo de aplicação do direito do trabalho, in Arnaldo Süssekind e João de Lima Teixeira Filho (coords.), *Instituições de direito do trabalho*, cit., v. 1, p. 174; e TRT, 2ª Reg., RO 01204200207602006-SP, 2ª T., rel. Juíza Sônia Maria Forster do Amaral, j. 13-11-2003, p.m., *Bol. AASP*, n. 2405, 7 a 13-2-2005, p. 2374-6.

164. Sobre a OIT, cf. no Brasil, entre outros, Arnaldo Süssekind, *Direito internacional do trabalho*, cit., p. 119-313; e no exterior, Nicolas Valticos e Geraldo W. von Potobsky, *International labour law*, cit., p. 17-48. Cf., ademais, o seu Portal. Disponível em: https://www.ilo.org. Acesso em: 6-7-2023.

convenções[165]. Todas as convenções ratificadas pelo Brasil até o presente momento, com a respectiva data de ratificação e com vigência no País, ademais, são facilmente encontradas no Portal da OIT[166].

No Brasil, a jurisprudência se refere com frequência às convenções da OIT[167].

Já ressaltamos que as normas do direito tutelar do trabalho não podem ser derrogadas pelas normas do direito internacional privado em vigor no território do país em que se aplicam. Trata-se de normas de aplicação imediata, ou seja, diretamente aplicáveis no território do Estado que as editou, independentemente do direito aplicável designado pelas normas do direito internacional privado vigorando no mesmo Estado.

O direito coletivo do trabalho, por seu lado, está ancorado no princípio da territorialidade[168]. Destarte, as normas do direito internacional privado não interferem.

Pontos de contato detectamos entre o direito internacional privado e o direito individual do trabalho. Especificamente, o contrato de trabalho é objeto do direito internacional privado. Não só várias legislações nacionais contêm regras especiais de direito internacional privado para o contrato de trabalho[169], mas também por via de tratado internacional o mesmo

---

165. V., em particular, o Decreto n. 10.088, de 5-11-2019, que consolida atos normativos editados pelo Poder Executivo Federal que dispõem sobre a promulgação de convenções e recomendações da Organização Internacional do Trabalho (OIT) ratificadas pela República Federativa do Brasil. Sobre a sua incorporação no ordenamento jurídico interno cf., entre outros, Rúbia Zanotelli de Alvarenga, Vigência e integração das convenções e das recomendações internacionais do trabalho no direito interno brasileiro, *Revista de Direito do Trabalho*, 188:233-56, 2018.

166. Cf. o Portal. Disponível em: https://www.ilo.org. Acesso em: 6-7-2023.

167. V., entre muitas decisões, para fins didáticos, TST, RR-411-20.2017.5.13.0015, 8ª T., rel. Min. Marcio Eurico Vitral Amaro, j. 3-2-2021, *DEJT*, 5-2-2021 (*Convenção n. 186 OIT sobre Trabalho Marítimo – CTM, 2006*, firmada em Genebra, em 7-2-2006, e promulgada pelo Decreto n. 10.671, de 9-4-2021); TST, RR-100039-03.2018.5.02.0046, 2ª T., rel. Min. Delaide Miranda Arantes, j. 11-11-2020, *DEJT*, 4-12-2020 (Convenção n. 111 OIT sobre *Discriminação em Matéria de Emprego e Ocupação*, firmada em Genebra, em 4-6-1958, e promulgada pelo Decreto n. 62.150, de 19-1-1968).

168. No Brasil *v.*, nesse sentido, entre outros, José Alves de Paula, Dados básicos comparados nas relações de trabalho do Mercosul, *Revista LTr*, 59-09:1173, 1995.

169. Neste sentido, por exemplo, art. 50, da "Ley general de derecho internacional privado", Lei n. 19.920, de 27-11-2020 (data da promulgação no Uruguai): "F) Os contratos individuais

contrato já foi disciplinado[170]. Por vezes, as normas sobre o direito aplicável são completadas por normas processuais, em particular aquelas sobre a competência internacional no âmbito do direito do trabalho[171].

As normas de direito internacional privado normalmente levam em consideração o desequilíbrio estrutural e a natureza do contrato de trabalho como uma relação jurídica de subordinação entre empregado e empregador[172]. Em decorrência desse fato, a autonomia da vontade das partes em determinar livremente o direito aplicável[173] frequentemente não é aceita ou vem sendo limitada pelo legislador[174]. Ademais, é possível

---

de trabalho numa relação de dependência – exceto aqueles de trabalho remoto – são regidos pela lei do local onde o trabalho é prestado ou pela lei do domicílio do trabalhador ou pela lei do domicílio do empregador, à escolha do trabalhador. Porém, uma vez que seja determinada a mesma, ela governará todos os aspectos da relação laboral" (tradução do espanhol para o português do autor).

170. Cf. art. 6 da Convenção de Roma de 19-6-1980 sobre a lei aplicável às obrigações contratuais (versão consolidada): "Contrato individual de trabalho – 1. Sem prejuízo do disposto no artigo 3º, a escolha pelas partes da lei aplicável ao contrato de trabalho não pode ter como consequência privar o trabalhador da proteção que lhe garantem as disposições imperativas da lei que seria aplicável, na falta de escolha, por força do n. 2 do presente artigo. Não obstante o disposto no artigo 4º e na falta de escolha feita nos termos do artigo 3º, o contrato de trabalho é regulado: a) Pela lei do país em que o trabalhador, no cumprimento do contrato, presta habitualmente o seu trabalho, mesmo que tenha sido destacado temporariamente para outro país, ou b) Se o trabalhador não prestar habitualmente o seu trabalho no mesmo país, pela lei do país em que esteja situado o estabelecimento que contratou o trabalhador, a não ser que resulte do conjunto das circunstâncias que o contrato de trabalho apresenta uma conexão mais estreita com um outro país, sendo em tal caso aplicável a lei desse outro país". Note-se que a mencionada Convenção de Roma foi substituída pelo Regulamento (CE) n. 593/2008 do Parlamento Europeu e do Conselho, de 17-6-2008, sobre a lei aplicável às obrigações contratuais (Roma I).

171. Cf., por exemplo, art. 59 da "Ley general de derecho internacional privado", Lei n. 19.920, de 27-11-2020 (data da promulgação no Uruguai): "(Soluções especiais). Os tribunais da República, ademais, têm competência na esfera internacional: (...) E) Em matéria de contratos de trabalho, quando o reclamante é o trabalhador e é domiciliado na República" (tradução do espanhol para o português do autor).

172. No Brasil, o art. 3º, caput, da CLT destaca esta relação: "Considera-se empregado toda pessoa física que prestar serviços de natureza não eventual a empregador, sob a dependência deste e mediante salário".

173. Sobre a autonomia da vontade e o direito internacional privado em geral, v. p. 155-64, adiante.

174. Cf., por exemplo, art. 8º do Regulamento (CE) n. 593/2008, de 17-6-2008, sobre a lei aplicável às obrigações contratuais (Roma I): "Contratos individuais de trabalho – 1. O contrato individual de trabalho é regulado pela lei escolhida pelas partes nos termos do artigo 3º. Esta escolha da lei não pode, porém, ter como consequência privar o trabalhador da proteção

encontrar normas que restringem o direito de escolher o foro ou firmar uma convenção de arbitragem em contratos de trabalho com conexão internacional[175]. A razão para isso é que existe uma relação entre a eleição de um foro ou a arbitragem como forma alternativa de solucionar um litígio e o direito a ser aplicado pelo juiz ou tribunal numa reclamação trabalhista.

Também no direito brasileiro, é preciso distinguir a competência internacional da Justiça brasileira para julgar reclamações decorrentes do direito do trabalho e o direito aplicável em causas com conexão internacional, conforme as normas do direito internacional privado vigentes no País submetidas ao seu julgamento[176].

Quanto à competência internacional, o direito pátrio estabelece o princípio básico de que a Justiça brasileira tem jurisdição quando a localidade em que o empregado prestar serviços ao empregador está situada no território brasileiro, ainda que a contratação do empregado tenha ocorrido em outro local ou no estrangeiro[177]. Frequentes são reclamações trabalhistas relacionadas à prestação de serviços em navio marítimo. Ocorrendo a contratação no Brasil, a Justiça brasileira é internacionalmente competente, ainda que os serviços tenham sido prestados em navios cuja navegação abarque águas brasileiras e estrangeiras[178]. Sem prejuízo disso, é assegurado ao empregado apresentar reclamação trabalhista nos foros da celebração do contrato ou da prestação dos respectivos serviços[179]. Além disso, a competência internacional da Justiça brasileira

---

que lhe proporcionam as disposições não derrogáveis por acordo, ao abrigo da lei que, na falta de escolha, seria aplicável nos termos dos ns. 2, 3 e 4 do presente artigo".

175. Cf., por exemplo, art. 23º do Regulamento (UE) n. 1.215/2012 do Parlamento Europeu e do Conselho, de 12-12-2012, relativo à competência judiciária, ao reconhecimento e à execução de decisões em matéria civil e comercial.

176. V., para fins didáticos, com vasta referência à doutrina nacional, TST, RR-411-20.2017.5.13.0015, 8ª T., rel. Min. Márcio Eurico Vitral Amaro, j. 3-2-2021, *DEJT*, 5-2-2021.

177. Cf., o art. 651, *caput*, da CLT *in verbis*: "A competência das Juntas de Conciliação e Julgamento é determinada pela localidade onde o empregado, reclamante ou reclamado, prestar serviços ao empregador, ainda que tenha sido contratado noutro local ou no estrangeiro".

178. Neste sentido, TST, RR-411-20.2017.5.13.0015, 8ª T., rel. Min. Márcio Eurico Vitral Amaro, j. 3-2-2021, *DEJT*, 5-2-2021.

179. Art. 651, § 3º, CLT.

pode se fundamentar no domicílio ou na sede do empregador no Brasil[180], ou até no domicílio do empregado, desde que não reste inviabilizado o direito de defesa da parte reclamada[181]. A Justiça brasileira não se declara como internacionalmente incompetente pelo fato de o empregado haver laborado no Brasil e no exterior ou vice-versa, ainda que tenha firmado vários contratos com o empregador ou com empresas do mesmo grupo econômico, se a relação contratual se caracteriza como única *(unicidade contratual)*[182]. A lei, ademais, prevê que a jurisdição se estende "aos dissídios ocorridos em agência ou filial no estrangeiro, desde que o empregado seja brasileiro e não haja convenção internacional dispondo em contrário"[183]. É de ressaltar que quando a contratação e a prestação de serviços ocorrem no exterior, o beneficiado é apenas o empregado de nacionalidade brasileira[184]. Particularmente, nesses casos, a Justiça de mais de um Estado pode se declarar internacionalmente competente. Ao que parece a Justiça brasileira reconhece aqui a competência internacional concorrente de outra estrangeira. Para que uma sentença, proferida no exterior, possa ter eficácia no País, no entanto, previamente terá que ser homologada pelo Superior Tribunal de Justiça[185]. Por outro lado, a Justiça brasileira é internacionalmente incompetente para julgar uma ação de indenização proposta por reclamante brasileiro contra Estado estrangeiro com o argumento de que este teria violado seu dever de fiscalização com relação à observação da legislação trabalhista vigente

---

180. TST, RR-1086-74.2014.5.07.0008, 5ª T., rel. Min. João Pedro Silvestrin, j. 30-6-2021, *DEJT*, 2-7-2021.

181. Neste sentido, TST, RR-411-20.2017.5.13.0015, 8ª T., rel. Min. Márcio Eurico Vitral Amaro, j. 3-2-2021, *DEJT*, 5-2-2021.

182. Cf., entre outros, TST, AIRR-173-51.2014.5.04.0372, 5ª T., rel. Min. Emmanoel Pereira, j. 27-2-2019, *DEJT*, 1-3-2019, TST, AIRR-880-96.2011.5.02.0463, 1ª T., rel. Min. Luíz José Dezena, j. 13-3-2019, *DEJT*, 15-3-2019.

183. *V.* art. 651, § 2º, da CLT.

184. Cf., por exemplo, TST, Ag-AIRR-459-64.2015.5.10.0004, 7ª T., rel. Min. Cláudio Mascarenhas Brandão, j. 12-8-2020, *DEJT*, 21-8-2020.

185. Cf., nesse sentido, por exemplo, TST, RRAg-11285-89.2015.5.01.0008, 6ª T., rel. Min. Kátia Magalhães Arruda, j. 28-10-2020, *DEJT*, 27.11.2020; STJ, SEC 5.781-EX, CE, rel. Min. Eliana Calmon, j. 25-4-2013, *DJe*, 10-5-2013. Neste caso, o Tribunal reconheceu a competência internacional concorrente da Justiça estrangeira, homologando uma sentença trabalhista em relação à qual a parte reclamante possuía a nacionalidade brasileira.

naquele Estado por uma empresa privada em que o reclamante trabalhava no exterior[186].

Em relação ao direito aplicável, o direito brasileiro não contém normas expressas na lei, tendo em vista as relações contratuais entre empregado e empregador. A jurisprudência, no entanto, inicialmente consagrou o entendimento de que "a relação jurídica trabalhista é regida pelas leis vigentes no país da prestação de serviços e não por aquelas do local da contratação"[187]. Como fundamento legal, veio sendo invocado frequentemente o art. 198 do *Código Bustamante*, ou seja, a *Convenção de Direito Internacional Privado de Havana*, que foi promulgada no Brasil mediante o Decreto n. 18.871, de 13 de agosto de 1929[188]. Essa norma se caracteriza como regra especial em relação à regra geral contida na Lei de Introdução às Normas do Direito Brasileiro[189].

Note-se, todavia, que a Lei n. 7.064/82, com redação dada pelo art. 1º da Lei n. 11.962, de 3 de julho de 2009, limitou o campo de aplicação do princípio da *lex loci executionis* consideravelmente, quando um empregado foi contratado no Brasil ou transferido por seu empregador para prestar serviços temporariamente no exterior. Nesses casos, a jurisprudência iterativa se firmou no sentido de que o empregado contratado no Brasil e posteriormente transferido para prestar serviços no exterior não se submete necessariamente à legislação do respectivo país, e isso em virtude da aplicação do princípio da norma mais favorável ao empregado. Destarte, será aplicada aqui a norma jurídica mais favorável ao empre-

---

186. *V.*, nesse sentido, STJ, RO 37/RS, rel. Min. José Delgado, j. 19-4-2005, *Revista de Direito Renovar*, 36:220-7, 2006.

187. Note-se, nesse contexto, que a Súmula 207 do Tribunal Superior do Trabalho – Conflitos de leis trabalhistas no espaço. Princípio da *lex loci executionis* (mantida) – Res. 121/2003, *DJU*, 19, 20 e 21-11-2003 – Redação original: Res. 13/1985, *DJU* de 11-7-1985, foi cancelada pelo Pleno do Tribunal Superior do Trabalho em 16-4-2012, com publicação no *DEJT* de 19-4-2012.

188. Cf., entre outros, nesse sentido, TST, RRAG-11285-89.2015.5.01.0008, 6ª T., rel. Min. Kátia Magalhães Arruda, j. 28-10-2020, *DEJT*, 27-11-2020; TST, RR-878-26.2010.5.03.0143, 6ª T., rel. Min. Augusto César Leite de Carvalho, j. 7-12-2011, *DEJT*, 16-12-2011; TST, AIRR-878-26.2010.5.03.0143, 6ª T., rel. Min. Renato de Lacerda Paiva, j. 3-8-2011, *DEJT*, 12-8-2011.

189. O art. 9º do Decreto-Lei n. 4.657, de 4-9-1942 (LINDB), contém a regra geral sobre o direito aplicável às obrigações contratuais no direito brasileiro.

gado, ou seja, a brasileira ou a estrangeira, levando em consideração o conjunto das normas com relação a cada matéria, a ser examinado em juízo[190].

Quando o empregado presta serviços no Brasil, mas recebe parte de sua remuneração no exterior, o Fundo de Garantia por Tempo de Serviço (FGTS) e as contribuições sociais incidem sobre toda a remuneração. Conforme a jurisprudência predominante, a regra, inclusive, prevalece em relação ao empregado contratado para laborar no País apenas por tempo determinado, ainda que tenha celebrado mais que um contrato de trabalho com diferentes empresas do mesmo grupo econômico[191].

Questões jurídicas específicas suscitam a contratação de empregados locais por parte de repartições diplomáticas estrangeiras, ou seja, embaixadas e consulados, bem como organizações internacionais sediadas no País. Na prática forense, as controvérsias entre as partes envolvem regularmente a imunidade de jurisdição do Estado estrangeiro[192].

Regras especiais encontramos também em relação ao direito aplicável no direito marítimo. A regra tradicional é a aplicação da lei do pavilhão ou da bandeira, ou seja, a legislação do país em que está matriculado o navio, solução esta reconhecida no direito de origem

---

190. Nesse sentido, *v.* TST, Ag-RR - 1000285-83.2015.5.02.0255, 5ª T., rel. Min. Douglas Alencar Rodrigues, j. 20-6-2023, *DEJT*, 30-6-2023; TST, RR-19000-45.2009.5.10.0013, 7ª T., rel. Min. Cláudio Mascarenhas Brandão, j. 27-11-2019, *DEJT*, 21-8-2020; TST, ARR-866-65-2010.5.02.0005, 6ª T., rel. Min. Kátia Magalhães Arruda, j. 6-2-2019, *DEJT*, 6-12-2019; TST, AI-RR-131342-49.2015.5.13.0026, 6ª T., rel. Min. Aloysio Corrêa de Veiga, j. 30-8-2017, *DEJT*, 1º-9-2017; TST, ARR-175000-73.2008.5.02.0027, 8ª T., rel. Min. Márcio Vitral Amaro, j. 28-6-2017, *DEJT*, 30-6-2017; TST, ARR-157-68.2012.5.04.0372, 3ª T., rel. Min. Alberto Luiz Bresciani de Fontan Pereira, j. 10-8-2016, *DEJT*, 19-8-2016; TST, RR-845-76.2011.5.01.0007, 1ª T., rel. Min. Walmir Oliveira da Costa, j. 11-3-2015, *DEJT*, 13-3-2015; TST, AI-RR-1789-04.2011.5.02.0443, 3ª T., rel. Min. Mauricio Godinho Delgado, j. 10-12-2014, *DEJT*, 12-12-2014. Ademais, cf. nesse contexto, a OJ (Orientação Jurisprudencial) n. 232 da Seção de Dissídios I (SDI-I) do TST, de 20-6-2001: "FGTS. Incidência. Empregado transferido para o exterior. Remuneração. O FGTS incide sobre todas as parcelas de natureza salarial pagas ao empregado em virtude de prestação de serviços no exterior".

191. Cf., com relação a esta jurisprudência, por exemplo, TRT-2, RO 1002100-50.2017.5.02.0060, 3ª T., rel. Des. Nelson Nazar, publ. 9-4-2021; TRT-2, RO 0002234-59.2013.5.02.0020, 4ª T., rel. Des. Lycanthia Carolina Ramage, publ. 11-10-2017

192. *V.*, a respeito, com mais detalhes, p. 279-88, adiante.

internacional[193] e comparado[194]. Na jurisprudência brasileira, porém, está controvertido se deverá ser aplicada a legislação brasileira quando esta é a mais favorável para o empregado no caso concreto[195].

Ademais, destacamos aqui os contratos celebrados entre empregador e empregado quanto aos direitos de propriedade intelectual criados pelo segundo em decorrência de sua obrigação contratual. Neste contexto, aplicam-se as regras sobre a competência internacional e o direito aplicável vigorando para os contratos do trabalho em geral[196].

Além disso, a doutrina debate se empregados exercendo funções dirigentes numa empresa, principalmente quando se trata de uma multinacional, estão sujeitos estritamente às normas, disciplinando as relações empregatícias.

Levando em consideração as questões relacionadas à competência internacional e ao direito aplicável em geral, a jurisprudência dos tribunais brasileiros, até a presente data, é restritiva. Assim, não admite a

---

193. Nesse sentido, também a Convenção n. 186 da OIT sobre Trabalho Marítimo (CTM), 2006, firmada em Genebra, em 7-2-2006, e promulgada no Brasil pelo Decreto n. 10.671, de 9-4-2021. Cf., TST, Ag-RR - 1739-71.2017.5.06.0017, 4ª T., rel. Min. Alexandre Luiz Ramos, j. 12-6-2023, *DEJT*, 16-6-2023; TST, RR-411-20.2017.5.13.0015, 8ª T., rel. Min. Marcio Eurico Vitral Amaro, j. 3-2-2021, *DEJT*, 5-2-2021.

194. V., para fins didáticos, entre outros, TST, RR-411-20.2017.5.13.0015, 8ª T., rel. Min. Marcio Eurico Vitral Amaro, j. 3-2-2021, *DEJT*, 5-2-2021.

195. Cf., entre outros, TST, Ag-RR - 1000285-83.2015.5.02.0255, 5ª T., rel. Min. Douglas Alencar Rodrigues, j. 20-6-2023, *DEJT*, 30-6-2023; TST, ARR-896-65.2015.5.02.0445, 3ª T., rel. Min Alexandre de Souza Agra Belmonte, j. 30-6-2021, *DEJT*, 2-7-2021.

196. O direito brasileiro conhece normas especiais sobre a invenção e o modelo de utilidade realizado por empregado nos arts. 88 a 93, Cap. XIV, do Título I, e no art. 121 da Lei n. 9.279, de 14-5-1996, que regula direitos e obrigações relativos à propriedade industrial. Sobre o tema, cf., entre outros, TST, Ag-AIRR-495-51.2014.5.17.0003, 5ª T., rel. Min. Breno Medeiros, j. 17-6-2020, *DEJT*, 26-6-2020; TST, RR-136040-83.2006.5.01.0047, 6ª T., rel. Min. Augusto César Leite de Carvalho, j. 3-2-2016, *DEJT*, 12-2-2016; TST, AIRR-47441-58.2008.5.03.0042, 2ª T., rel. Min. Renato de Lacerda Paiva, j. 11-9-2013, *DEJT*, 20-9-2013; e Nuno T. P. Carvalho, Os inventos de empregados na nova lei de patentes, *Revista da ABPI*, n. 22, 1996, p. 3-33, e n. 23, p. 3-37; Júlio Emílio Abranches Mansur, A retribuição econômica devida ao empregado pela exploração de invenção mista. *Revista da ABPI (Associação Brasileira de Propriedade Intelectual)*, 82:12-24, maio/jun. 2006. Quanto à situação jurídica do empregado no âmbito da Lei n. 9.609, de 19-2-1998, que dispõe sobre a proteção da propriedade intelectual de programa de computador, sua comercialização no país, e dá outras providências, *v.*, em particular, o seu art. 4º, e, TST, ARR-145-92.2014.5.09.0130, 6ª T., rel. Min. Cilene Ferreira Amaro Santos, j. 27-2-2019, *DEJT*, 1-3-2019.

cláusula de eleição de foro para afastar a competência da Justiça do Trabalho no Brasil. Tampouco permite o compromisso arbitral, remetendo as partes a um tribunal arbitral com sede no exterior para julgar controvérsia decorrente de relação laboral[197]. Enquanto a legislação brasileira no passado proibiu a arbitragem em dissídios individuais trabalhistas completamente, atualmente a aceita com restrições desde que o tribunal arbitral tenha a sua sede no Brasil. Neste sentido dispõe: "Nos contratos individuais de trabalho cuja remuneração seja superior a duas vezes o limite máximo estabelecido para os benefícios do Regime Geral de Previdência Social, poderá ser pactuada cláusula compromissória de arbitragem, desde que por iniciativa do empregado ou mediante a sua concordância expressa, nos termos previstos na Lei n. 9.307, de 23 de setembro de 1996"[198]. Conforme o direito brasileiro, ademais, as partes não podem escolher o direito aplicável quando firmam contrato de trabalho com conexão internacional. O direito estrangeiro somente pode ser o aplicável no caso concreto se o trabalhador for contratado no Brasil ou transferido por seu empregador para prestar serviços no exterior. Nestas relações trabalhistas que transcendem a fronteira brasileira, o direito estrangeiro será aplicado desde que seja mais favorável ao empregado que o brasileiro[199].

Por último, cumpre ressaltar que o direito do trabalho conhece normas especiais se relacionando à condição do estrangeiro no país[200].

Entre essas normas se destacam aquelas do Capítulo II ("Da Nacionalização do Trabalho") do Título III ("Das Normas Especiais de Tutela do Trabalho") da CLT[201], que prescrevem basicamente a proporcionalidade de dois terços de empregados brasileiros em relação

---

197. Cf., TST, RR 282000 61.2001.5.02.0033, 5ª T., rel. Min. Kátia Magalhães Arruda, j. 30-9-2009, *DEJT*, 5-3-2010.

198. Art. 507-A da CLT, incluído pela Lei n. 13.467/2017. Cf., a seu respeito, entre outros, ainda, Joaquim de Paiva Muniz, Arbitragem no direito do trabalho, *Revista de Arbitragem e Mediação, 56*:179-87, 2018; Paulo Sergio João e Paulo Teixeira Manus, Formas alternativas de solução dos conflitos do trabalho, *Revista de Direito do Trabalho, 206*:45-65, 2019.

199. Cf., em particular, arts. 1º e 3º, II, da Lei n. 7.064, de 6-12-1982, com a redação determinada pela Lei n. 11.962/2009.

200. Sobre a condição do estrangeiro e o direito internacional privado em geral, cf. p. 35-40, *retro*.

201. Cf. arts. 352 a 371 da CLT.

aos de outras nacionalidades contratados numa empresa com sede no País. O conteúdo das normas sobre a nacionalização do trabalho da CLT é controvertido na doutrina. Inclusive, a sua constitucionalidade está sendo posta em dúvida[202].

A legislação federal estabelece os requisitos necessários para que um estrangeiro possa trabalhar regularmente no Brasil[203]. Conforme a jurisprudência, no entanto, mesmo o estrangeiro, em situação irregular no País, goza da proteção da lei. Ele pode pleitear com êxito o pagamento de verbas trabalhistas perante a Justiça do Trabalho quando efetivamente prestou serviços no País, pois, *in casu*, preponderam motivos de dignidade humana e de justiça, com amparo na própria Constituição brasileira[204].

Normas especiais vigoram nesse âmbito ainda em relação ao trabalhador fronteiriço. Com relação a este, trata-se de trabalhador que vive na região de fronteira de seu país e trabalha na região de fronteira do país vizinho e retorna à sua residência diariamente, ou no final de semana. Seus direitos não somente são regulados pelo direito de origem interna, mas também por tratados multi e bilaterais[205].

Restrições impostas ao estrangeiro para exercer determinadas atividades profissionais no país podem resultar de sua própria qualificação profissional. Várias profissões são regulamentadas por lei (por exemplo, as profissões de engenheiro, arquiteto, agrônomo, advogado, médico etc.).

---

202. Cf., com relação às normas sobre a nacionalização do trabalho no direito brasileiro, entre outros: Sergio Pinto Martins, *Direito do trabalho*, cit., p. 947-53; Ana Lúcia Rocha Leal, Nacionalização do trabalho, in *Curso de direito do trabalho, em homenagem ao prof. Arion Sayão Romita*, coord. Gustavo Adolpho Vogel Neto, Rio de Janeiro, Forense, 2000, p. 349-59; e Segadas Vianna, Nacionalização do trabalho, com atualização de João de Lima Teixeira Filho, in: *Instituições de direito do trabalho*, coord. Arnaldo Süssekind e João de Lima Teixeira Filho, 16. ed., São Paulo, LTr, 1996, v. 2, p. 922-33.

203. Cf., a seu respeito, o Portal de Imigração, Ministério da Justiça e Segurança Pública. Disponível em: https://portaldeimigracao.mj.gov.br/pt/resolucoes, e https://www.gov.br/pt-br/servicos/obter-autorizacao-de-residencia-para-fins-laborais-a-imigrantes. Acesso em: 6-7-2023.

204. V., nesse sentido, entre outros, TST, RR 49800-44.2003.5.04.0005, 1ª T., rel. Min. Vieira de Mello Filho, j. 3-11-2010, publ. 12-11-2010; TRT-2ª Reg., Notícia de 4-4-2023. Disponível em: https://ww2.trt2.jus.br/noticias/noticias/noticia/estrangeiro-em-situacao-irregular-nao-esta-impedido-de-ajuizar-acao-trabalhista. Acesso em: 28-4-2023.

205. Cf., em relação à situação jurídica do trabalhador fronteiriço no Brasil, Enoque Ribeiro dos Santos e Bernardo Cunha Farina, *Revista LTr, 75-04*:395-408, 2011.

O estrangeiro que não atende às exigências legais nacionais não está habilitado a exercer a respectiva profissão no Brasil[206].

Por outro lado, é possível que a condição do estrangeiro residente e admitido regularmente no país determine implicitamente sua situação jurídica de empregado em relação ao empregador. Assim, o estrangeiro portador de visto temporário firma um contrato de trabalho por tempo determinado em virtude de imposição legal, ensejando por conseguinte os efeitos jurídicos previstos na legislação trabalhista para esse tipo de contrato[207].

Além das já mencionadas normas da CLT sobre a nacionalização do trabalho, o direito brasileiro conhece outras normas especiais que determinam a situação jurídica do estrangeiro no âmbito do direito do trabalho. Assim, o direito brasileiro permite apenas ao brasileiro nato o exercício do cargo de presidente e dos demais cargos de administração e representação de associações profissionais a brasileiros[208].

F. DIREITO INTERNACIONAL PRIVADO E RELAÇÕES DE CONSUMO

O direito do consumidor protege como o direito do trabalho a parte da relação jurídica que é considerada estruturalmente mais fraca. No direito do trabalho, essa parte é o trabalhador; na relação de consumo, o consumidor[209].

Enquanto no âmbito do direito do trabalho já se detectava há muito tempo tendências de harmonizá-lo em nível mundial, com o fim

---

206. V., TRT-1ª Reg., RO 00468-2000-063-01-00-0 – 1ª T., rel. designado Des. Luiz Carlos Teixeira Bonfim, j. 11-7-2006, *Revista de Direito do Trabalho*, 126:272-5, 2007.

207. V., nesse sentido, TRT, 3ª Reg., RO 0001291-27.2013.5.03.0113, j. 5-4-2016, publ. 13-4-2016; TRT-1ª Reg., RO 11.261/94, Ac. 1ª T., 17-9-1996, reproduzido em *Revista LTr*, 61-01:86-7, 1997.

208. Título V, Capítulo I, Seção II, art. 515, al. *c*, da CLT.

209. O conceito de consumidor não é uniforme e pacífico no direito comparado e na doutrina internacional. Quanto ao Brasil, cf., STJ, Pesquisa pronta – Direito do consumidor – Aplicabilidade do Código de Defesa do Consumidor. Cf., o seu Portal. Disponível em: https://www.stj. ius.br. Acesso em: 7-7-2023; e, entre outros, Humberto Martins, Diretrizes jurisprudenciais do Superior Tribunal de Justiça relacionadas à proteção do consumidor, *Revista de Direito de Consumidor, 106*:17-36, 2016. Em relação ao Mercosul, cf. Luciane Klein Vieira, El derecho internacional privado del consumidor en el Mercosur: la influencia de las normativas europeas en su construcción, *Revista de Direito do Consumidor, 117*:422-4, 2018.

de assegurar garantias mínimas em favor do trabalhador[210], a proteção específica do consumidor pelo direito é um fenômeno mais novo. Dos Estados Unidos, nos anos 1960, espalhou-se para a Europa e depois também para a América do Sul[211], inclusive o Brasil[212]. No início, eram principalmente os legisladores nacionais que editavam leis em favor do consumidor[213].

Com o advento das legislações nacionais protecionistas do consumidor, também os efeitos jurídicos de relações de consumo com conexão internacional mereciam uma reavaliação sob a perspectiva da nossa disciplina, o direito internacional privado. Em consequência disso, na Europa, resultaram normas específicas em legislações nacionais e/ou convenções internacionais, tanto de natureza processual quanto relacionadas ao direito aplicável sobre a matéria indicada.

Até a sua substituição pelo Regulamento (CE) n. 44/2001 do Conselho, de 22 de dezembro de 2000, relativo à competência judiciária, ao reconhecimento e à execução de decisões em matéria civil e comercial, a Convenção de Bruxelas sobre a Competência Judiciária e a Execução de Decisões Judiciárias em Matéria de Direito Civil e Comercial, de 27 de setembro de 1968, era o diploma legal mais importante no âmbito do direito processual civil internacional na Europa.

Atualmente o é o Regulamento (UE) n. 1.215/2012 do Parlamento Europeu e do Conselho, de 12 de dezembro de 2012, relativo à competência judiciária, ao reconhecimento e à execução de decisões em matéria civil e comercial, contendo normas com relação à competência

---

210. Cf., entre outros, Nicolas Valticos e Geraldo W. von Potobsky, *International labour law*, cit., p. 17-30.

211. *V.*, entre outros, Abbo Junker, Vom Citoyen zum Consommateur – Entwicklungen des internationalen Verbraucherschutzrechts, *Praxis des Internationalen Privat-und Verfahrensrechts (IPRax) 18*:67, 1998.

212. Cf., arts. 5º, XXXII, e 170, V, da CF; art. 48 do ADCT, e sobre os trabalhos preparatórios legislativos do Código Brasileiro de Defesa do Consumidor, *v.*, entre outros, *Código brasileiro de defesa do consumidor*, comentado pelos autores do anteprojeto Ada Pellegrini Grinover, Antônio Herman de Vasconcellos e Benjamin, Daniel Roberto Fink, José Geraldo Brito Filomeno, Kazuo Watanabe, Nelson Nery Junior e Zelmo Denari, 7. ed., Rio de Janeiro, Forense Universitária, 2001, p. 1-11.

213. *V.*, entre outros, Claudia Lima Marques, *Contratos no Código de Defesa do Consumidor*, 3. ed., São Paulo, Revista dos Tribunais, 1998, p. 67.

"em matéria de contratos de consumo"[214]. Elas se destinam à proteção dos consumidores e, inclusive, limitam a possibilidade de eleger o foro em contratos celebrados por consumidores[215]. Além disso, não podem ser abusivas, ou seja, contrariar as normas da Diretiva n. 93/13/CEE do Conselho, de 5 de abril de 1993, relativas às cláusulas abusivas nos contratos celebrados com os consumidores[216].

Diante da determinação da competência judiciária, do reconhecimento e da execução de decisões em matéria civil e comercial, mediante Regulamento, outros diplomas legais relacionados ao direito processual civil internacional, seja de origem internacional ou nacional, com o intuito de proteger o consumidor, perderam relevância nos Estados-membros da União Europeia.

Na Europa, o consumidor não só está protegido pelo direito processual, mas também em relação ao direito aplicável quando uma relação de consumo tem conexão internacional. Em primeiro lugar, cumpre mencionar nesse contexto a Convenção de Roma, de 19 de junho de 1980, sobre a lei aplicável às obrigações contratuais.

É de ressaltar, no entanto, que a mencionada Convenção de Roma foi substituída pelo Regulamento (CE) n. 593/2008 do Parlamento Europeu e do Conselho, de 17 de junho de 2008, sobre a lei aplicável às obrigações contratuais (Roma I).

Esse Regulamento prevê para contratos celebrados com partes vulneráveis à sua proteção por meio de normas de conflitos de leis mais favoráveis aos seus interesses do que as normas gerais. Entre esses contratos constam também aqueles celebrados com consumidores. Por esse motivo, o Regulamento contém regulamentação específica a seu respeito[217]. E o direito das partes destes contratos, de escolher o direito aplicável, o Regulamento, inclusive, limita em proteção ao consumidor[218].

---

214. V. Seção 4, Competência em matéria de contratos de consumo, arts. 17º a 19º do Regulamento.

215. V. art. 19º do Regulamento.

216. Cf., entre outros, Stefan Leible, Gerichtsstandsklauseln und EG-Klauselrichtlinie, *Recht der Internationalen Wirtschaft (RIW)*, 47:422-31, 2001.

217. V., em particular, os itens 23 a 25 do Preâmbulo do Regulamento, bem como o seu art. 6º.

218. V., em particular, o art. 6º, 2, do Regulamento.

O Regulamento (CE) n. 593/2008 do Parlamento Europeu e do Conselho, de 17 de junho de 2008, sobre a lei aplicável às obrigações contratuais (Roma I), tornou-se o diploma legal mais importante na Europa quanto à resolução do direito aplicável em matéria de relações de consumo[219].

Em síntese, o consumidor atualmente está protegido nos Estados--membros da União Europeia nas relações de consumo com conexão internacional, tanto em nível processual quanto em nível do direito aplicável. Nesses casos, ele pode se socorrer do Poder Judiciário de seu domicílio, que aplicará o direito ali vigente. Além disso, cláusulas de eleição de foro e cláusulas em relação ao direito aplicável somente são válidas quando beneficiam o consumidor[220].

Cumpre salientar aqui, porém, que o direito harmonizado por diretivas se torna uma fonte jurídica cada vez mais relevante em comparação às normas de direito internacional privado em vigor na União Europeia no âmbito do direito do consumidor.

Já cedo, iniciou-se lá uma tendência de harmonizar esse direito[221]. Atualmente, existe uma legislação comunitária abrangente protegendo o consumidor[222]. O crescente volume de legislação harmonizada da União Europeia no âmbito do direito do consumidor teve os seus reflexos sobre a nossa disciplina, o direito internacional privado[223].

---

219. Com relação ao direito do consumidor na Europa, em geral, *v.* Peter Mankowski, Direito internacional europeu de proteção ao consumidor. Desenvolvimento e Estado: um panorama atual, *Revista de Direito do Consumidor*, 67:266-302, 2008.

220. Nesse sentido, Giesela Rühl, Die Richtlinie über alternative Streitbeilegung und die Verordnung über Online-Streitbeilegung, *Recht der Internationalen Wirtschaft (RIW)*, 59:738-9, 2013.

221. Tais princípios básicos são ancorados particularmente nos arts. 4º, 2. f e Tít. XV, A defesa dos consumidores, art. 169, da versão consolidada do Tratado sobre o Funcionamento da União Europeia. Cf. o seu Portal. Disponível em: https://eur-lex.europa.eu/legal-content/PT/TXT/?uri=CELEX:12016E/TXT. Acesso em: 7-7-2023.

222. Informações jurídicas atualizadas sobre a proteção do consumidor no âmbito da União Europeia estão disponíveis para o interessado em seu Portal. Disponível em: https://eur-lex.europa.eu/summary/chapter/09.html. – Consumidores. Acesso em: 7-7-2023.

223. Cf. sobre o tema, entre muitos, Abbo Junker, Vom Citoyen zum Consommateur – Entwicklungen des internationalen Verbraucherschutzrechts, *Praxis des Internationalen Privat- und Verfahrensrechts (IPRax)* 18:70-4, 1998.

Tendo em vista o direito brasileiro, interessa em nível regional, inicialmente, o exame da situação jurídica do consumidor no Mercosul. Este entendeu cedo que a harmonização legislativa deveria levar em consideração o consumidor, como agente econômico mais vulnerável, e que o Mercosul teria como um dos objetivos a busca da inserção competitiva dos Estados-membros no mercado mundial, sendo que a adoção de normas de defesa do consumidor compatíveis com os padrões internacionais contribuiria a esse propósito[224]. A ideia original era elaborar um Regulamento Comum de Defesa do Consumidor aplicável nos Estados integrantes do Mercosul. Um Protocolo nesse sentido com efeito no Brasil foi até assinado pelo Ministério da Justiça, em 29 de novembro de 1997, porém, em seguida, foi criticado por várias razões e por diversas entidades comprometidas com a proteção do consumidor. Inclusive, e principalmente, no Brasil, foi apontado também para o fato de que a proteção do consumidor no Mercosul seria mais fraca que a própria legislação no Brasil. O Código de Defesa do Consumidor, Lei n. 8.078/90, em vigor no País, não poderia ser revogado por um tratado internacional mais brando e menos eficaz, na forma de um protocolo, que, além disso, não corresponderia ao padrão internacional em matéria de proteção ao consumidor[225]. No contexto da elaboração de um Regulamento Comum de Defesa do Consumidor para o Mercosul, cumpre mencionar também o Protocolo de Santa Maria sobre jurisdição internacional em matéria de relações de consumo, de 22 de novembro de 1996[226]. Esse Regulamento se refere expressamente ao "Regulamento Comum Mercosul de Defesa do Consumidor", dispondo que a tramitação de aprovação terá início apenas após a aprovação do Regulamento[227]. Apesar de isso não ter ocorrido, houve posteriormente outras iniciativas

---

224. Nesse sentido a Resolução n. 126/94 do Grupo Mercado Comum. Cf. apud Claudia Lima Marques, Mercosul como legislador em matéria de direito do consumidor – crítica ao projeto de protocolo de defesa do consumidor, *Revista de Direito do Consumidor*, 26:53, nota de rodapé 2, 61, 1998.

225. Sobre o histórico da defesa do consumidor no Mercosul, o projeto de Protocolo de Defesa do Consumidor e a sua crítica, cf., em detalhes, Claudia Lima Marques, Mercosul como legislador em matéria de direito do consumidor – crítica ao projeto de protocolo de defesa do consumidor, *Revista de Direito do Consumidor*, 26:53-76, 1998.

226. *V.* Conselho do Mercado Comum, Decreto n. 10/96.

227. *V.* art. 18 do Protocolo de Santa Maria de 22-11-1996.

para implementá-lo que tampouco lograram êxito. Destarte, o destino de uma legislação comum para a proteção do consumidor no Mercosul ainda está sem solução. Atualmente, não estão em vigor no Mercosul nem normas sobre a competência internacional e o direito aplicável relacionadas ao consumidor[228]. O Acordo do Mercosul sobre o direito aplicável em matéria de contratos internacionais de consumo, firmado em Brasília na data de 21 de dezembro de 2017, não entrou em vigor ainda em qualquer dos seus Estados-membros[229]. Cumpre acrescentar nesse contexto que há tempo exigiu-se a elaboração de uma convenção interamericana sobre a lei aplicável relacionada à proteção do consumidor, sob a iniciativa da Organização dos Estados Americanos (OEA)[230], cujo projeto não foi levado adiante. À vista do quadro pouco promissor, verifica-se na América do Sul uma tendência de normatizar a competência internacional e o direito aplicável em matéria de relações de consumo na legislação de origem interna. Exemplos nesse sentido são o Uruguai[231] e a Argentina[232].

---

228. V., sobre o tema, entre outros, Alberto do Amaral Júnior e Luciane Klein Vieira, A proteção internacional do consumidor no Mercosul, *Revista de Direito do Consumidor, 106*:71-88, 2016; Luciane Klein Vieira, El derecho internacional privado del consumidor en el Mercosur: la influencia de las normativas europeas en su construcción. *Revista de Direito do Consumidor, 117*:397-440, 2018, e, El proyecto de acuerdo del Mercosur sobre derecho aplicable en materia de contratos internacionales de consumo, *Revista de Direito do Consumidor, 99*:159-81, 2015. Nesse contexto cumpre acrescentar ainda o art. 2, 6., do Protocolo de Buenos Aires de 5-8-1994 sobre Jurisdição Internacional em Matéria Contratual, vigorando no Brasil, que exclui de seu âmbito de aplicação expressamente os contratos de venda ao consumidor.

229. Cf., o Portal do Mercosul. Disponível em: https://www.mercosur.int/documentos-y-normativa/tratados/. Acesso em: 7-7-2023.

230. V. sobre o tema Claudia Lima Marques, La propuesta "Buenos Aires" de Brasil, Argentina y Paraguay: el más reciente avance en el marco de la CIDIP VII de protección de los consumidores, *Revista de Direito do Consumidor, 73*:224-65, 2010; e, A insuficiente proteção do consumidor nas normas de direito internacional privado – da necessidade de uma convenção interamericana (CIDIP) sobre a lei aplicável a alguns contratos e relações de consumo, *RT, 788*:11-56, 2001; Diego P. Fernández Arroyo, Current Approaches towards Harmonization of Consumer Private International Law in the Américas, *International and Comparative Law Quarterly (ICLQ), 58*:411-25, 2009.

231. Arts. 50, E) (direito aplicável) e 59, D) (competência internacional) da "Ley general de derecho internacional privado", Lei n. 19.920, de 27-11-2020 (data da promulgação).

232. Arts. 2.654 (competência internacional) e 2.655 (direito aplicável) do Código Civil e Comercial da Nação, Lei n. 26.994, de 7-10-2014.

Atualmente, existem esforços para tratar o tema da "proteção internacional do consumidor turista" na agenda da Conferência da Haia de Direito Internacional Privado[233]. A Convenção das Nações Unidas sobre Contratos para a Compra e Venda Internacional de Mercadorias, de 11 de abril de 1980 (Convenção de Viena), não inclui as relações de consumo no seu âmbito[234]. Isso, não entanto, não significa que o assunto não foi e não está sendo debatido por organizações, associações de consumidores e entidades científicas internacionais[235]. Além disso, cumpre acrescentar que no Brasil tem vigência convenções internacionais que estabelecem regras em relação ao transporte aéreo internacional. Em particular, a Convenção para a Unificação de Certas Regras relativas ao Transporte Aéreo Internacional, celebrada em Montreal, na data de 28 de maio de 1999[236], aplica-se "a todo transporte internacional de pessoas, bagagem ou carga, efetuado em aeronaves, mediante remuneração", bem como "igualmente ao transporte gratuito efetuado em aeronaves, por uma empresa de transporte aéreo"[237]. Em sede de repercussão geral, o Supremo Tribunal Federal deliberou que "as normas e os tratados internacionais limitadores da responsabilidade das transportadoras aéreas de passageiros, especialmente as Convenções de Varsóvia e Montreal, têm prevalência em relação ao Código de Defesa do Consumidor"[238]. A

---

233. Luciane Klein Vieira, Tatiana Cardoso Squeff, Victória Maria Frainer, A proteção internacional do consumidor turista na agenda da Conferência da Haia de Direito Internacional Privado e do Mercosul: avanços e retrocessos, *Revista de Direito do Consumidor, 130*:237-272, 2020, e sobre os trabalhos em curso no âmbito da Conferência da Haia de Direito Internacional Privado o seu Portal. Disponível em: https://www.hcch.net/fr/projects/legislative-projects/protection-of-tourists. Acesso em: 7-7-2023.

234. Cf. art. 2 (a) da Convenção: "Esta Convenção não se aplicará às vendas: (a) de mercadorias adquiridas para uso pessoal, familiar ou doméstico, salvo se o vendedor, antes ou no momento de conclusão do contrato, não souber, nem devesse saber, que as mercadorias são adquiridas para tal uso; (...)".

235. Héctor Valverde Santana, Globalização econômica e proteção do consumidor: o mundo entre crises e transformações, *Revista de Direito de Consumidor, 98*:131-51, 2015; Claudia Lima Marques, Texto das diretrizes de proteção do consumidor, revisão de 2015 pela Assembleia Geral da ONU em inglês e espanhol, *Revista de Direito do Consumidor, 104*:507-54, 2016.

236. A Convenção foi promulgada no Brasil pelo Decreto n. 5.910, de 27-9-2006.

237. Art. 1, 1., da Convenção. O art. 55, ademais, dispõe sobre a sua relação com os tratados internacionais precedentes sobre o transporte aéreo internacional.

238. STF, ARE 766.618-SP, TP, rel. Min. Roberto Barroso, j. 25-5-2017, publ. 13-11-2017, p.m.; STF, RE 636.331-RJ, TP, rel. Min. Gilmar Mendes, j. 25-5-2017, publ. 13-11-2017, p.m.

Suprema Corte fundamentou essa prevalência basicamente com o argumento que a Constituição Federal prescreve em norma especial expressamente o dever do País em respeitar e observar os tratados internacionais firmados no âmbito do transporte internacional[239].

No que diz respeito à situação em relação ao comércio eletrônico, cuja relevância está aumentando cada vez mais também no âmbito das relações de consumo[240], verificamos esforços de normatizá-lo em nível mundial[241], regional[242] e nacional. Para o Brasil, em relação ao Mercosul, cumpre mencionar a Resolução GMC n. 37/19, de 15 de julho de 2019, do Grupo Mercado Comum, que dispõe sobre a proteção dos consumidores nas operações de comércio eletrônico[243]. Além disso, cumpre destacar o Acordo sobre Comércio Eletrônico do Mercosur, de 29 de abril de 2021, que até a presente data, no entanto, não está ainda em vigor internacionalmente. Somente o Uruguai a ratificou[244]. O comércio eletrônico pela internet, ademais, está no País na pauta do Poder Legislativo[245].

---

239. Com relação ao seu teor, *v.*, o art. 178, *caput*, CF.

240. Sobre o assunto, cf., entre muitos, Claudia Lima Marques, Comércio eletrônico de consumo internacional: modelos de aplicação da lei mais favorável e do privilégio de foro. *AASP, 114*:31-54, 2011; Antonio Rulli Neto, David de Oliveira Rufalo, Emerson Marcelo da Silva, Renato Asamura Azevedo, O comércio eletrônico e as novas formas contratuais: *point and clik agreement* e *click and wrap agreement, Revista de Direito do Consumidor, 105*:65-78, 2016.

241. Note-se, no entanto, em particular, que a Convenção das Nações Unidas sobre utilização de comunicações eletrônicas nos contratos internacionais (*Convention des Nations Unies sur l'utilisation de communications électroniques dans les contrats internationaux*), adotada pela Assembleia Geral da ONU na sua 53ª sessão plenária em 23-11-2005, não se aplica, conforme o seu art. 1º, a contratos para fins pessoais, familiares ou domésticos (*Contrats conclus à des fins personnelles, familiales ou domestiques*). Segundo a nota explicativa, elaborada pelo Secretariado da Uncitral em relação à mencionada convenção, p. 16, 35-7, esta exclui os contratos celebrados com consumidores completamente de seu campo de aplicação. Quanto a outros trabalhos da Uncitral relacionados ao comércio eletrônico *v.* o seu Portal. Disponível em: https://uncitral.un.org/en/texts/ecommerce. Acesso em: 7 7 2023.

242. *V.*, com relação às tendências na União Europeia o seu Portal. Disponível em: https://digital-strategy.ec.europa.eu/pt/policies/e-commerce-rules-eu. Acesso em: 7-7-2023.

243. No Brasil, a Resolução GMC n. 37/19, de 15-7-2019, foi incorporada na legislação interna pelo Decreto n. 10.271, de 6-3-2020.

244. Cf. o Portal do Mercosur. Disponível em: https://www.mercosur.int/documentos-y-normativa/tratados/. Acesso em: 12-7-2023.

245. Por enquanto está em vigor o Decreto n. 7.962, de 15-3-2013, que regulamenta a Lei n. 8.078, de 11-9-1990, para dispor sobre a contratação no comércio eletrônico. Este, no en-

Conforme o Código de Processo Civil atual, compete à autoridade judiciária brasileira processar e julgar as ações decorrentes de relações de consumo, quando o consumidor tiver domicílio ou residência no Brasil[246]. A norma processual, constante no seu Título II, Capítulo I, que trata dos limites da jurisdição nacional[247], portanto, autoriza expressamente o juiz brasileiro a processar e julgar litígios de relações de consumo com conexão internacional em que são partes consumidores domiciliados ou residentes no País[248]. Sendo esse o caso, o juiz aplicará o Código de Defesa do Consumidor[249]. Existe a intenção de introduzir ao ordenamento jurídico pátrio uma norma expressa com relação ao direito aplicável aos contratos internacionais de consumo[250].

Embora o consumidor seja protegido pelo Código de Defesa do Consumidor em relações de consumo com conexão internacional quando uma autoridade judiciária ou equivalente no Brasil tratar a respeito, o mesmo não ocorre necessariamente caso uma autoridade estrangeira seja invocada por uma das partes. Nesse caso, a Justiça estrangeira concorre com a brasileira, porque o direito pátrio admite a jurisdição de

---

tanto, deverá ser examinado em conjunto com outros diplomas legais e normas especiais relacionados em vigor. Neste sentido, entre outros, Claudia Lima Marques e Bruno Miragem, Serviços simbióticos ou inteligentes e proteção do consumidor no novo mercado digital: homenagem aos 30 anos do Código de Defesa do Consumidor. In: 30 anos do Código de Defesa do Consumidor, *Revista do Advogado da AASP, 147*:14-29, 2020; Ana Paula Moraes Canto de Lima. O Código de Defesa do Consumidor e o Decreto e-Commerce: como estar em conformidade legal no ambiente digital. In: Marcelo Xavier de Freitas Crespo (Coord.). *Compliance no direito digital*. São Paulo, Thomson Reuters, 2020, v. 3, p. 301-6.

246. Cf. art. 22, II, CPC, e, Augusto Jaeger Junior; Nicole Rinaldi de Barcellos, Jurisdição internacional e tutela processual do consumidor: foro do domicílio do consumidor como critério de jurisdição protetora, *Revista de Direito do Consumidor, 131*:336-339, 2020.

247. Cf. arts. 21 a 25, CPC.

248. Com relação à situação jurídica durante a vigência do CPC/1973 *v*. Beat Walter Rechsteiner, *Direito internacional – teoria e prática*, 17. ed., São Paulo, Saraiva, 2015, p. 132-4.

249. Lei n. 8.078, de 11-9-1990.

250. Nádia de Araújo, A proteção do consumidor nos contratos internacionais: necessidade de regulamentação específica se torna realidade no Brasil e nos demais países do Mercosul, *Revista de Direito do Consumidor, 100*:451-71, 2015; Luciane Klein Vieira, Os 25 anos de vigência do CDC e as relações internacionais de consumo: desafios e perspectivas, *Revista de Direito do Consumidor, 103*:101-25, 2016.

outros Estados em relação a litígios internacionais decorrentes de relações de consumo[251].

Cumpre mencionar nesse contexto ainda que na doutrina se discute a possibilidade de eleger um foro estrangeiro quando se trata do caso concreto de relação de consumo[252]. Ela, no entanto, basicamente, chega à conclusão de que essa possibilidade não existe[253]. Em se tratando de cláusula exclusiva, em todo caso, a Justiça brasileira pode declará-la nula quando for abusiva[254].

Quanto à utilização da arbitragem nas relações de consumo, cumpre salientar ademais, que a Presidência da República vetou os seguintes artigos em relação à Lei de Arbitragem revisada de 26 de maio de 2015[255]: "Nos contratos de adesão, a cláusula compromissória só terá eficácia se for redigida em negrito ou em documento apartado". (...) "Na relação de consumo estabelecida por meio de contrato de adesão, a cláusula compromissória só terá eficácia se o aderente tomar a iniciativa de instituir a arbitragem ou concordar expressamente com a sua instituição"[256]. As razões do veto têm o seguinte teor: "Da forma prevista, os dispositivos alterariam as regras para arbitragem em contrato de adesão.

---

251. Cf. art. 22, II, CPC.

252. O art. 25 do CPC se refere expressamente à eleição de foro estrangeiro exclusivo. Com relação à situação jurídica nos países do Mercosul, cf. Alberto do Amaral Júnior e Luciane Klein Vieira, La elección de foro en los contratos internacionales con consumidores: la efectividad del acceso del consumidor a justicia en los Estados Partes del Mercosur, *Revista de Direito do Consumidor, 112*:229-48, 2017.

253. Nesse sentido, Claudia Lima Marques, Nota sobre a proteção do consumidor no Novo Código de Processo Civil (Lei n. 13.105/2015), *Revista de Direito do Consumidor, 104*:555-64, 2016.

254. Nesse sentido, STJ, REsp 1.797.109-SP, 3ª T., rel. Min. Ricardo Villas Bôas Cueva, j. 21-3-2023, *DJe*, 24-3-2023. A decisão aclarou: "Em contratos decorrentes de relação de consumo firmados fora do território nacional, a justiça brasileira pode declarar nulo o foro de eleição diante do prejuízo e da dificuldade de o consumidor acionar a autoridade judiciária estrangeira para fazer valer o seu direito".

255. Lei n. 13.129, de 26-5-2015, que altera a Lei n. 9.307, de 23-9-1996, e a Lei n. 6.404, de 15-12-1976, para ampliar o âmbito de aplicação da arbitragem e dispor sobre a escolha dos árbitros quando as partes recorrem a órgão arbitral, a interrupção da prescrição pela instituição da arbitragem, a concessão de tutelas cautelares e de urgência nos casos de arbitragem, a carta arbitral e a sentença arbitral, e revoga dispositivos da Lei n. 9.307, de 23-9-1996.

256. Presidência da República, Mensagem n. 162, de 26-5-2015.

Com isso, autorizariam, de forma ampla, a arbitragem nas relações de consumo, sem deixar claro que a manifestação de vontade do consumidor deva se dar também no momento posterior ao surgimento de eventual controvérsia, e não apenas no momento inicial da assinatura do contrato. Em decorrência das garantias próprias do direito do consumidor, tal ampliação do espaço da arbitragem, sem os devidos recortes, poderia significar um retrocesso e ofensa ao princípio norteador de proteção do consumidor"[257].

Se o produto ou o serviço transacionado for de pequeno valor, uma disputa judicial sobre os seus direitos, em geral, não compensa para o consumidor, tendo em vista as dificuldades processuais e os elevados custos, sendo o fornecedor sediado no exterior. Tais empecilhos prejudicam o consumidor principalmente em transações praticadas pelo comércio eletrônico.

Por esses motivos, o direito internacional privado nem sempre está apto a proteger o consumidor efetivamente quando a relação de consumo tiver conexão internacional. Também a aplicação do elemento de conexão da lei mais favorável ao consumidor, por si só, não está capaz de modificar essa realidade[258].

Diante dessa situação desconfortável para o consumidor, a jurisprudência dos tribunais pátrios está preocupada em lhe dar o maior amparo possível conforme a legislação em vigor[259]. Considerando este fato, o Superior Tribunal de Justiça já decidiu que o consumidor possui legitimidade a recorrer ao Judiciário com a possibilidade de invocar o Código de Defesa do Consumidor, ainda que tenha adquirido mercadoria com defeito no exterior, bastando, para isso, que se trate de fabricante do mesmo grupo societário, ou seja, de empresas vinculadas à mesma

---

257. Presidência da República, Mensagem n. 162, de 26-5-2015. Sobre os limites impostos pelo direito brasileiro vigente à arbitragem nas relações de consumo, STJ, REsp 1.785.783-GO, 3ª T., rel. Min. Nancy Andrighi, j. 5-11-2019, DJe, 7-11-2019.

258. Claudia Lima Marques, Comércio eletrônico de consumo internacional: modelos de aplicação da lei mais favorável ao consumidor e do privilégio de foro, revista, cit., p. 47.

259. Cf., a respeito, Eduardo Antônio Klausner, A proteção jurídica do consumidor de produtos e serviços estrangeiros, Revista de Direito do Consumidor, 59:40-61, 2006.

matriz, com a ressalva de que esta pelo menos mantenha filial no Brasil, bem como o produto defeituoso seja da mesma marca[260].

Apesar da situação jurídica não muito confortável do consumidor no âmbito internacional das relações de consumo, debate-se, inclusive, a viabilidade da resolução alternativa e extrajudicial de litígios a seu respeito[261]. Neste sentido a Resolução GMC n. 37/19, de 15 de julho de 2019, do Grupo Mercado Comum do Mercosul, que dispõe sobre a proteção dos consumidores nas operações de comércio eletrônico, avançou um pouco. De acordo com esse diploma, os Estados-Partes propiciarão que os fornecedores adotem mecanismos de resolução de controvérsias on-line ágeis, justos, transparentes, acessíveis e de baixo custo, a fim de que os consumidores possam obter satisfação às suas reclamações[262].

Além disso, a União Europeia adotou a Diretiva 2013/11/UE do Parlamento Europeu e do Conselho, de 21 de maio de 2013, sobre a resolução alternativa de litígios de consumo, que altera o Regulamento (CE) n. 2006/2004 e a Diretiva 2009/22/CE, bem como o Regulamento (UE) n. 524/2013 do Parlamento Europeu e do Conselho, de 21 de maio de 2013, sobre a resolução de litígios de consumo em linha, que altera o Regulamento (CE) n. 2006/2004 e a Diretiva 2009/22/CE (Regulamento RLL). Cumpre ressaltar, porém, que também os mencionados atos normativos são alvo de críticas por parte da doutrina especializada[263].

Sem prejuízo disso, constata-se no âmbito do comércio eletrônico cada vez mais a prática da composição amigável em ambiente virtual e extrajudicial. Essa modalidade de composição mais ágil, denominada resolução de disputa online *(Online Dispute Resolution – ODR)*,

---

260. STJ, REsp 63.981-SP, 4ª T., rel. Min. Aldir Passarinho Júnior, m. v., j. 11-4-2000, *DJU*, 20-11-2000, p. 296. Em sentido contrário, porém, STJ, REsp 1.571.616-MT, 3ª T., rel. Min. Marco Aurélio Bellizze, v. u., j. 5-4-2016, *DJe*, 11-4-2016.

261. Cf., entre outros, Dennis Verbicaro Soares, A arbitragem de consumo no direito comparado: um modelo possível para o Brasil? *Revista de Direito do Consumidor, 106*:445-84, 2016.

262. *V.* art. 8º do Decreto n. 10.271, de 6-3-2020.

263. Cf., nesse sentido, Giesela Rühl, Die Richtlinie über alternative Streitbeilegung und die Verordnung über Online-Streitbeilegung, *Recht der Internationalen Wirtschaft (RIW)*, 59:737-45, 2013.

promete em muitos casos bons resultados[264]. Essa é a perspectiva também para o Brasil[265].

---

264. *V.*, Colin Rule, *Trazendo a resolução de disputas para a internet: Online Dispute Resolution,* in: Bruno Feigelson, Daniel Becker, Giovani Ravagnani, *O fim dos advogados?* São Paulo, Thomson Reuters, Revista dos Tribunais, 2021, p. 63-76.

265. Cf., nesse sentido, Natália Paulino Bonnomi, Acesso à justiça do consumidor na resolução *online* de litígios: desafios e perspectivas para o Brasil, *Revista de Direito do Consumidor,* *146*:251-69, 2023; Magno Federici Gomes/Ana Luiza Novais Cabral/Sidiney Duarte Ribeiro, As plataformas de resoluções online de conflitos: novos paradigmas para a "desjudicialização" de litígios no Brasil, *Revista Magister de Direito Civil e Processual*, 103:136-51, 2021; Arthur Künzel Salomão/Cristina Stringari Pasqual, Os métodos alternativos de resolução de disputas por meio da tecnologia e a proteção do consumidor, *Revista Magister de Direito Civil e Processual*, 99:53-66, 2020.

| Capítulo 4 |

Fontes do Direito Internacional Privado

A. Lei

A lei é a fonte primária do direito internacional privado na maioria dos Estados. E é esta que, se existente, na prática, deve ser consultada em primeiro lugar diante de uma relação jurídica de direito privado com conexão internacional.

No século XIX, quando surgiram as primeiras codificações[1], estas, em regra, dedicaram poucas normas ao direito internacional privado[2].

Considerável número de Estados, particularmente na Europa, começou, a partir dos anos 1960, a revisar a legislação em vigor[3]. Também na América do Sul ocorreram mudanças legislativas nesse sentido[4].

---

1. Cf. Keller e Siehr, *Allgemeine Lehren*, cit., p. 72.

2. Jacob Dolinger, *Direito internacional privado*, cit., p. 61-2.

3. Portugal (1966), Espanha (1974), Jordânia (1976), Áustria (1978), Iêmen do Norte (1979), Iêmen do Sul (s.d.), Burundi (1980), Togo (1980), Turquia (1982), Grécia (1983), Sudão (1984), Emirados Árabes (1985), Suíça (1987), Burkina Faso (1989), Romênia (1992), Itália (1995), Principado de Liechtenstein (1996), Tunísia (1998), Alemanha (1986, 1997, 1999), Eslovênia (1999), Lituânia (2000), Rússia (2001), República da Coreia (2001), Bélgica (2004), Bulgária (2005), Japão (2006), Turquia (2007), República Popular da China (2010), Polônia (2011), Países Baixos (2011), República Tcheca (2012), Hungria (2017), Mônaco (2017), Croácia (2017).

4. Cf., Peru (1984), Paraguai (1985), El Salvador (1986), Costa Rica (1986), Cuba (1987), México (1988), Guatemala (1989), Venezuela (1998), República Dominicana (2014), Panamá (2015), Argentina (entrada em vigor em 1º-8-2015) e Uruguai (2020, *Ley general de derecho internacional privado*, Ley n. 19.920, promulgada em 27-11-2020). Com relação à lei argentina em particular, *v.* Diego P. Fernández Arroyo, Main Characteristics of the New Private International Law of the Argentinian Republic, *RabelsZ, 80*:130-50, 2016; Jürgen Samtleben, Neukodifikation des In-

Existem Estados que codificaram o direito internacional privado *lato sensu* numa lei própria, ou seja, junto com as normas do direito processual civil internacional[5]. Outros se limitaram nesse contexto às normas conflituais no espaço, ou seja, ao direito internacional privado *stricto sensu*. Por final, em vários Estados as normas relacionadas ao direito internacional privado são espalhadas em diversos diplomas legais[6].

No Brasil, as regras básicas do direito internacional privado *stricto sensu* estão disciplinadas na Lei de Introdução às Normas do Direito Brasileiro (LINDB), e isso de acordo com a Lei n. 12.376, de 30-12-2010, que alterou a ementa do Decreto-Lei n. 4.657, de 4-9-1942[7]. Antes de sua vigência, a denominação oficial desse diploma legal era Lei de Introdução ao Código Civil brasileiro (LICC) (Decreto-Lei n. 4.657, de 4-9-1942). Outros preceitos relevantes encontram-se em leis específicas, como na Lei n. 12.965, de 23 de abril de 2014, que estabelece princípios, garantias, direitos e deveres para o uso da internet no Brasil (*Marco Civil da Internet*[8]), e na Lei n. 13.709, de 14-8-2018, ou seja, a Lei Geral de Proteção de Dados Pessoais (LGPD)[9]. As normas do direito processual civil internacional, por seu lado, atualmente, constam em grande parte no Código de Processo Civil (Lei n. 13.105, de 16 de março de 2015) e não mais na Lei de Introdução às Normas do Direito Brasileiro (LINDB)[10].

---

ternationalen Privatrechts in Argentinien, *Praxis des Internationalen Privat- und Verfahrensrechts (IPRax)*, *36*:289-99, 2016, e daquela de Panamá, Jürgen Samtleben, Internationales Privatrecht in Panama – eine neue Kodifikation in Lateinamerika, *RabelsZ*, *82*:52-135, 2018.

5. Neste sentido, por exemplo, a "Ley general de derecho internacional privado", Lei n. 19.920, promulgada em 27-11-2020 no Uruguai.

6. Cf., entre outros, Jolanta Kren Kostkiewicz, *Schweizerisches Internationales Privatrecht*, cit., p. 110-11.

7. No entanto, já o art. 5º, XXXI, da Constituição Federal em vigor dispõe que a sucessão de bens de estrangeiros situados no País será regulada pela lei brasileira em benefício do cônjuge ou dos filhos brasileiros, sempre que não lhes seja mais favorável a lei pessoal do *"de cujus"*.

8. *V.*, em particular, art. 11, *caput*, § 1º e § 2º, da Lei.

9. *V.*, em particular, art. 3º, da Lei.

10. O CPC em vigor, ademais, derrogou as normas processuais constantes na LINDB, na medida em que a matéria regulada nos dois diplomas legais é a mesma.

A doutrina nacional parece ser unânime ao afirmar que as normas da Lei de Introdução às Normas do Direito Brasileiro (LINDB) em vigor não estão satisfazendo mais as exigências da crescente internacionalização do País[11]. Quanto a essas normas, trata-se, em particular, dos arts. 7º a 19 da LINDB.

Na realidade, já existiram várias tentativas de submeter a Lei de Introdução às Normas do Direito Brasileiro (LINDB) a uma revisão geral. Esses esforços louváveis, porém, não lograram sucesso[12]. Inclusive, com a vigência do Código Civil, a Lei n. 10.406, de 10 de janeiro de 2002, nada foi modificado.

B. TRATADO INTERNACIONAL

O tratado internacional é o instrumento para o direito internacional privado uniforme[13] e para o direito uniforme substantivo ou material[14]. Quanto à qualidade de fonte jurídica, nosso interesse específico é a sua relação com a ordem jurídica interna.

A celebração de tratados internacionais faz parte das relações internacionais do Estado. A expressão "tratado internacional" significa um acordo internacional, concluído por escrito entre Estados e regido pelo Direito Internacional, quer conste de um instrumento único, quer de dois ou mais instrumentos conexos, qualquer que seja sua denominação específica[15]. Cada Estado regula, individualmente, a incorporação do tratado

---

11. Cf. Maristela Basso, *Curso de direito internacional privado*, São Paulo, Atlas, 2009, p. 43-5; João Grandino Rodas, *Substituenda...*, revista cit., p. 243-5; Georgette N. Nazo, Lei geral..., revista cit., p. 32-43.

12. Cf. André de Carvalho Ramos, Direito internacional privado de matriz legal e sua evolução no Brasil, *Revista da Ajuris*, 42:89-113, 2015; João Grandino Rodas, *Substituenda...*, revista cit., p. 243-5; Georgette N. Nazo, Lei geral..., revista cit., p. 32-43; Haroldo Valladão, *Direito internacional privado*, cit., v. 1, p. 189-90; e v. 2, p. 241-82.

13. *V.* p. 55-66, *retro*.

14. *V.* p. 66-73 , *retro*.

15. Definição de acordo com a Convenção de Viena sobre o Direito dos Tratados, de 23-5-1969, art. 2º, inc. 1, letra *a*. O Brasil ratificou a Convenção em 25-9-2009. Ela foi aprovada pelo Congresso Nacional mediante o Decreto Legislativo n. 496, de 17-7-2009, e promulgada pelo Presidente da República mediante o Decreto n. 7.030, de 14-12-2009. A Convenção foi ratificada por 116 Estados. Cf. o Portal da ONU. Disponível em: https://www.un.org. Acesso em: 12-7-2023.

internacional ao sistema jurídico interno[16] e a sua ordem hierárquica dentro desse sistema[17]. Outra questão diferente é em que medida uma norma de um tratado internacional seja aplicável de imediato (*autoaplicável*). Assim, qualquer sujeito de direito pode invocá-la diretamente perante o Poder Judiciário ou outra autoridade incumbida de sua aplicação. Por outro lado, quando o legislador tem de concretizá-la para que possa ser aplicada pelo Poder Judiciário e/ou por outra autoridade com funções similares, a norma é aplicada apenas de forma mediata (não autoaplicável).

No Brasil, um tratado internacional, basicamente, não pode ferir a Constituição[18] e, inclusive, está sujeito ao controle de constitucionalidade[19]. No passado, esse princípio valia, conforme a jurisprudência do Supremo Tribunal Federal (STF), sem distinção, também, com relação a direitos e garantias fundamentais, decorrentes de tratados internacionais, sem previsão equivalente na própria Constituição[20]. Na prática, a Suprema Corte do País aplicava essa jurisprudência restritiva em particular à *Convenção Americana sobre Direitos Humanos (Pacto de São José)*, de 22 de novembro de 1969[21], e ao *Pacto Internacional sobre Direitos Civis e*

---

16. Cf., a respeito, entre outros, José Francisco Rezek, *Direito internacional público*, cit., p. 83-92, 103-4; Valerio de Oliveira Mazzuoli, O Poder Legislativo e os tratados internacionais: o *treaty-making power* na Constituição brasileira de 1988, *RF, 355*:119-42, 2001; Flávia Piovesan, *Temas de direitos humanos*, 11. ed., São Paulo, Saraiva, 2018, p. 167-79.

17. Cf., sobre o tema com destaque para o Brasil, entre outros, Valerio de Oliveira Mazzuoli, O estado da arte da aplicação do direito internacional público no Brasil no alvorecer do século XXI, *RT, 968*:291-321, 2016; José Francisco Rezek, *Direito internacional público*, cit., p. 104, 127-8; Flávia Piovesan, *Temas de direitos humanos*, cit., p. 171-9.

18. Cf., para fins didáticos, STF, Recurso em HC 79.785-RJ, (TP), rel. Min. Sepúlveda Pertence, j. 29-3-2000, *RTJ, 183*:1010-30, 2003; STF, ADI n. 1.480-DF (MC) (TP), rel. Min. Celso de Mello, j. 4-9-1997, *RTJ, 179*:493-563, 2002.

19. *V.*, art. 102, III, *b*, CF, que permite ao STF julgar mediante recurso extraordinário, as causas decididas em única ou última instância, quando a decisão recorrida declarar a inconstitucionalidade de tratado internacional.

20. Cf., entre outros, STF, RE 346.799-9-SP, 1ª T., rel. Min. Moreira Alves, j. 17-9-2002, *DJU,* 18-10-2002; STF, RE 282.644-8-RJ, 2ª T., rel. Min. Nelson Jobim, j. 13-2-2002, *DJU,* 20-9-2002; STF, RO em HC 80.035-1-SC, 2ª T., rel. Min. Celso de Mello, j. 21-11-2000,*DJU,* 17-8-2001; STF, HC 75.512-7/SP, 2ª T., rel. Min. Maurício Corrêa, j. 9-9-1997, *DJU,* 31-10-1997.

21. No Brasil, a Convenção foi promulgada mediante o Decreto n. 678, de 6-12-1992. Ademais, de acordo com o Decreto n. 4.463, de 8-11-2002, o Brasil reconhece como obrigatória, de pleno direito e por prazo indeterminado, a competência da Corte Interamericana de Direitos Humanos em todos os casos relativos à sua interpretação ou aplicação. Sobre o sistema interamericano de proteção dos direitos humanos cf., entre outros, Flávia Piovesan, *Temas de direitos humanos*, cit., p. 102-48.

Políticos, de 16 de dezembro de 1966[22], embora os dois tratados internacionais limitem, por exemplo, a prisão civil por dívida em maior grau[23] que a própria Constituição Federal em vigor.[24]

Após a entrada em vigor da Emenda Constitucional n. 45, de 8 de dezembro de 2004, publicada no *Diário Oficial da União* do dia 31 do mesmo mês, a jurisprudência do Supremo Tribunal Federal, no entanto, mudou[25], já que de acordo com o novo art. 5º, § 3º, da Constituição Federal, os tratados e as convenções internacionais sobre direitos humanos que forem aprovados, em cada Casa do Congresso Nacional, em dois turnos, por três quintos dos votos dos respectivos membros serão equivalentes às emendas constitucionais[26]. Até a presente data esse era o caso da *Convenção Internacional sobre os Direitos das Pessoas com Deficiência e seu Protocolo Facultativo*, assinados em Nova Iorque, em 30 de março de 2007[27].

Porém, o que se discute ademais, sobretudo na doutrina, de particular interesse para a nossa disciplina, é também a relação do direito

---

22. Este tratado internacional foi promulgado no País mediante o Decreto n. 592, de 6-7-1992.

23. *V.* art. 7º, § 7º, da Convenção Americana sobre Direitos Humanos de 22-11-1969: "Ninguém deve ser detido por dívidas. Este princípio não limita os mandados de autoridade judiciária competente expedidos em virtude de inadimplemento de obrigação alimentar", bem como o art. 11 do Pacto Internacional sobre Direitos Civis e Políticos de 16-12-1966: "Ninguém poderá ser preso apenas por não poder cumprir com uma obrigação contratual".

24. *V.* o teor do art. 5º, LXVII, CF: "não haverá prisão civil por dívida, salvo a do responsável pelo inadimplemento voluntário e inescusável de obrigação alimentícia e a do depositário infiel".

25. Atualmente, o STF atribui aos tratados internacionais de direitos humanos caráter "supralegal". Cf., nesse sentido, entre outros, STF, HC 94.013-7/SP, 1ª T., j. 10-2-2009, rel. Min. Carlos Ayres Britto, *RT, 885*:155-9, 2009. Dentro da Suprema Corte, porém, detecta-se também o entendimento, atribuindo-lhes expressamente caráter constitucional. *V.*, nesse sentido, STF, HC 96.772-8/SP, 2ª T., j. 9-6-2009, rel. Min. Celso de Mello, *DJe* n. 157, 21-8-2009. *V.*, nesse contexto, ainda a Súmula Vinculante n. 25 do STF, aprovada em sessão plenária de 16-12-2009, com o seguinte teor: "É ilícita a prisão civil de depositário infiel, qualquer que seja a modalidade do depósito". Cf., ademais, a Súmula 419 do STJ, de 3-3-2010: "Descabe a prisão civil do depositário judicial infiel".

26. Sobre a proteção dos direitos humanos no sistema constitucional brasileiro atual, *v.*, entre outros, Flávia Piovesan, *Temas de direitos humanos*, cit., p. 70-90, 169-74; Ingo Wolfgang Sarlet, O Supremo Tribunal Federal e o controle interno de convencionalidade na base dos tratados internacionais de direitos humanos, *RP 266*:23-51, 2017.

27. Cf., o Decreto n. 6.949, de 25-8-2009.

infraconstitucional com o tratado internacional que não dispõe sobre direitos humanos.

A jurisprudência, neste âmbito, do Supremo Tribunal Federal (STF) e do Superior Tribunal de Justiça (STJ) consagra, atualmente, a teoria da paridade entre o tratado internacional e a lei nacional. De acordo com essa teoria, o tratado prevalece sempre sobre as leis internas anteriores a sua promulgação. Mas, existindo conflito entre o tratado internacional e a lei posterior, prevalece a lei interna[28]. Essa posição, adotada pelos tribunais superiores do País, contrasta com o pensamento de grande parte da doutrina nacional, que defende a primazia dos compromissos externos sobre as leis federais ordinárias em geral. José Francisco Rezek enumera, entre os partidários do primado da norma convencional já os clássicos, Vicente Marotta Rangel, Pedro Lessa, Philadelpho Azevedo, Vicente Ráo, Hildebrando Accioly e Carlos Maximiliano[29], e Luiz Flávio Gomes cita, ainda, Haroldo Valladão e Arnaldo Süssekind[30]. Resta lembrar que também a jurisprudência brasileira referente ao tema vacilou no decorrer do tempo[31], ainda que se pareça firmado em nível do Supremo Tribunal Federal no sentido de que no ordenamento jurídico pátrio o tratado internacional se situa, no "mesmo plano de validade, de eficácia e de autoridade em que se posicionam as leis ordinárias, havendo, em consequência, entre estas e os atos de direito internacional público, mera relação de paridade normativa". Destarte, conforme a Corte Suprema, "a prevalência dos tratados ou convenções internacionais sobre as regras infraconstitucionais de direito interno somente se justificará quando a situação de antinomia com o ordenamento doméstico impuser, para a

---

28. Cf., entre outros, José Francisco Rezek, *Direito internacional público*, cit., p. 129-31; STF, Recurso em HC 79.785-RJ (TP), rel. Min. Sepúlveda Pertence, j. 29-3-2000, *RTJ, 183*:1010-30, 2003; STF, ADI n. 1.480-DF (MC) (TP), rel. Min. Celso de Mello, j. 4-9-1997, *RTJ, 179*: 493-563, 2002; STJ, REsp 1.705.222-SP, 4ª T., rel. Min. Luis Felipe Salomão, j. 16-11-2017, *DJe*, 1º-2-2018; STJ, REsp 1.721.711-RJ, 3ª T., rel. Min. Nancy Andrighi, j. 17-4-2018, *DJe*, 20-4-2018.

29. Cf. José Francisco Rezek, *Direito internacional público*, cit., p. 130.

30. Luiz Flávio Gomes, A questão da obrigatoriedade dos tratados e convenções no Brasil (particular enfoque da Convenção Americana sobre Direitos Humanos), *RT, 710*:24, 1994.

31. José Francisco Rezek, *Direito internacional público*, cit., p. 130-1; Jacob Dolinger, *Direito internacional privado*, cit., p. 88-103.

solução do conflito, a aplicação alternativa do critério cronológico (*lex posterior derogat priori*), ou, quando cabível, do critério da especialidade"[32].

Inobstante a jurisprudência atual da Corte mais alta do País, parece que um fim das controvérsias sobre a polêmica relação entre tratado internacional e lei nacional no Brasil ainda não está à vista.

A possibilidade de trazer mais segurança às relações jurídicas, diante das dúvidas existentes, é a de o próprio legislador estabelecer os critérios para definir a relação entre tratado internacional e legislação doméstica conflitante. Em parte, isso já ocorre no Brasil, no âmbito da legislação ordinária[33].

O legislador brasileiro terá a chance de implementar o princípio da primazia do tratado internacional sobre a legislação ordinária de origem interna do direito internacional privado por ocasião da revisão da Lei de Introdução às Normas do Direito Brasileiro (LINDB)[34], podendo isso ser feito diretamente no texto revisado. Essa manifestação expressa por parte do legislador evitaria discussões futuras sobre o tema dentro da nossa disciplina[35].

---

32. Cf., para fins didáticos, em particular, STF, RHC 79.785-RJ (TP), rel. Min. Sepúlveda Pertence, j. 29-3-2000, *RTJ*, *183*:1010-30, 2003; STF, ADI-MC 1.480-DF (TP), rel. Min. Celso de Mello, j. 4-9-1997, *RTJ*, *179*:493-563, 2002.

33. *V.*, por exemplo, art. 98 do Código Tributário Nacional (CTN), Lei n. 5.172, de 25-10-1966, com as alterações posteriores, que prescreve: "Os tratados e as convenções internacionais revogam ou modificam a legislação tributária interna, e serão observados pela que lhes sobrevenha". Sobre as opiniões divergentes na doutrina e dentro do STF em relação à interpretação da norma, contudo, STF, RE 460.320, TP, rel. Min. Gilmar Mendes, j. 5-8-2020, publ. 6-10-2020.

34. Cumpre ressaltar nesse contexto que em relação ao reconhecimento e à execução de sentenças arbitrais estrangeiras o art. 34, *caput*, da Lei n. 9.307, de 23-9-1996, alterado pela Lei n. 13.129/2015, que dispõe sobre a arbitragem, determina que "a sentença arbitral estrangeira será reconhecida ou executada no Brasil de conformidade com os tratados internacionais com eficácia no ordenamento interno e, na sua ausência, estritamente de acordo com os termos desta Lei". Ademais, com o mesmo intuito, cf. os arts. 13; 24, *caput*; 26; 30, *caput*; 31; 83, § 1º, I; 960, *caput*; 961, *caput*; todos do CPC e relacionados ao direito processual civil internacional.

35. A mesma solução já foi escolhida no direito comparado. Destarte, o art. 1 da "Ley de derecho internacional privado", Lei n. 19.920, promulgada em 27-11-2020 no Uruguai, dispõe: "(Normas nacionais e convencionais de direito internacional privado). As relações referentes a situações relacionadas com vários sistemas jurídicos serão reguladas por convenções internacionais e, na falta destas, pelas normas desta lei e outras normas de direito internacional privado de origem nacional". (...) (tradução do texto original em espanhol para o português realizada pelo autor).

Antes da sua vigência, no Brasil, o tratado internacional, em regra, é negociado, assinado, aprovado[36], ratificado, promulgado[37], registrado e publicado. Além disso, para poder vigorar no plano internacional, precisa obedecer aos critérios estabelecidos pelo próprio tratado internacional[38]. Internacionalmente, um Estado é juridicamente vinculado a um tratado internacional pela ratificação. Esta se caracteriza como ato pelo qual o chefe de Estado confirma o tratado perante a comunidade internacional, na medida em que deva vincular o Estado ratificante juridicamente[39]. A ratificação ocorre em geral após a sua aprovação pelo Congresso Nacional[40]. No entanto, os tratados internacionais dependem no Brasil ainda de promulgação e publicação para a sua vigência[41]. No País, publicam-se atualmente o decreto legislativo, que atesta a aprovação pelo Congresso Nacional, e o decreto do Poder Executivo, correspondendo ao ato de promulgação[42]. No Brasil o

---

36. A aprovação decorre por meio de Decreto Legislativo editado pelo Congresso Nacional.

37. A promulgação decorre por meio de Decreto do Poder Executivo. Cf. José Francisco Rezek, *Direito internacional público*, cit., p. 105. Parte da doutrina, no entanto, questiona a exigência da promulgação do tratado internacional, em particular daquele que dispõe sobre direitos humanos com aplicação imediata no ordenamento jurídico interno. *V.*, nesse sentido, entre outros, Flávia Piovesan, *Temas de direitos humanos*, cit., p. 171-4.

38. Veja-se, por exemplo, o art. 12 da Convenção da Unidroit sobre Bens Culturais Furtados ou Ilicitamente Exportados, concluída em Roma, em 24-6-1995, e promulgada no País pelo Decreto n. 3.166, de 14-9-1999: "1. A presente Convenção entra em vigor no primeiro dia do sexto mês seguinte à data do depósito do quinto instrumento de ratificação, aceitação, aprovação ou adesão. 2. Para qualquer Estado que ratifique, aceite ou aprove a presente Convenção, ou que a ela venha a aderir após o depósito do quinto instrumento de ratificação, aceitação, aprovação ou adesão, a Convenção entra em vigor com respeito a tal Estado no primeiro dia do sexto mês seguinte à data do depósito do instrumento de ratificação, aceitação, aprovação ou adesão".

39. Sobre a ratificação, cf., entre outros, José Francisco Rezek, *Direito internacional público*, cit., 74-83.

40. José Francisco Rezek, *Direito internacional público*, cit., p. 90-2; Flávia Piovesan, *Temas de direitos humanos*, cit., p. 169-70.

41. Cf. José Francisco Rezek, *Direito internacional público*, cit., p. 104-5; STF, AgRg em CR 8.279-4-República Argentina, Sessão Plenária, rel. Min. Celso de Mello, j. 17-6-1998, *DJU*, 10-8-2000, *RT*, 787:127-39, 2001.

42. O texto do tratado, porém, não é publicado desde logo no *Diário Oficial da União*, tratando-se da publicação do decreto legislativo aprovado pelo Congresso Nacional. Isso ocorre somente com o decreto de promulgação do tratado. Antes, o tratado está sendo publicado no *Diário do Congresso Nacional*, o que não é suficiente para lhe proporcionar a publicidade exigida pela Lei.

processo de incorporação dos tratados ao ordenamento jurídico interno costuma ser um processo lento[43].

Quanto aos tratados de direito internacional privado, é indispensável a aprovação pelo Congresso Nacional[44], seguida pela promulgação mediante decreto do Poder Executivo para que passem a ter força de lei.

O mesmo procedimento abrange as emendas e a revisão ou reforma de um tratado em vigor no País[45]. O Brasil pode excluir ou modificar o efeito jurídico de certas disposições do tratado mediante uma declaração unilateral, que é a reserva, se o próprio tratado a tolerar. Reservas, no entanto, só são possíveis em tratados multilaterais ou convenções, podendo ser feitas por ocasião do término das negociações de um tratado, quando o texto já é definitivo e está assinado pelos negociadores ou, ainda, durante o processo de aprovação legislativa[46].

A denúncia de um tratado, ou seja, a declaração de que um Estado não deseja ser mais vinculado juridicamente a ele, não pode ocorrer no Brasil mediante ato do Poder Executivo, sem a aprovação do Congresso Nacional. Nesse sentido, decidiu o Supremo Tribunal Federal, em 19 de junho de 2023, *in verbis*: "A denúncia pelo Presidente da República de tratados internacionais aprovados pelo Congresso Nacional, para que produza efeitos no ordenamento jurídico interno, não prescinde da sua aprovação pelo Congresso, entendimento que deverá ser aplicado a partir da publicação da ata do julgamento, mantendo-se a eficácia das denúncias realizadas até esse marco temporal[47].

Certos acordos internacionais, via de regra, não estão submetidos à aprovação do Congresso Nacional. São os chamados acordos executivos[48], possíveis quando o próprio Congresso autoriza acordos de

---

43. Cf., nesse sentido, Flávia Piovesan, *Temas de direitos humanos*, cit., p. 172-3; *Clipping* eletrônico AASP, 24-1-2014, "Brasil demora para incorporar tratados à legislação do país, diz pesquisa", e 30-9-2013, "Brasil tem fila de 237 tratados sem aval do Congresso".

44. Sobre o procedimento parlamentar no Brasil, cf. entre outros, José Francisco Rezek, *Direito internacional público*, cit., p. 90-2.

45. *Ibidem*, p. 118-9.

46. *Ibidem*, p. 92-5.

47. Cf., STF, ADC 39, TP, sessão virtual, rel. Min. José Antonio Dias Toffoli, j. 19-6-2023, p.m., publ. em 22-6-2023.

48. Cf. José Francisco Rezek, *Direito internacional público*, cit., p. 86-90.

especificação, de detalhamento, de suplementação, previstos no próprio texto de um tratado e deixados ao arbítrio dos governos pactuantes. A doutrina admite, ainda, o acordo executivo, entre outras hipóteses, quando se trata, meramente, de interpretar cláusulas de um tratado vigente[49]. Acordos internacionais com reflexos sobre a nossa disciplina são imagináveis nesse âmbito restrito.

Distinto do acordo executivo é o tratado internacional que depende de ratificação prévia de outro tratado básico, cuja natureza jurídica não é meramente executiva. Um exemplo desse tipo de tratado internacional é o *Protocolo Facultativo à Convenção contra a Tortura e Outros Tratamentos ou Penas Cruéis, Desumanos ou Degradantes*, de 18 de dezembro de 2002[50]. Essa Convenção pressupõe a prévia ratificação de outra, a *Convenção contra a Tortura e Outros Tratamentos ou Penas Cruéis, Desumanos ou Degradantes*, de 10 de dezembro de 1984[51].

O tratado internacional já é fonte jurídica significativa no direito internacional privado brasileiro. Em particular, o País ratificou várias convenções elaboradas pela Conferência Especializada Interamericana de Direito Internacional Privado e pela Conferência da Haia de Direito Internacional Privado[52].

O tratado internacional mais destacado de direito internacional privado ratificado pelo Brasil no século passado foi o *Código Bustamante*, de 20 de fevereiro de 1928, promulgado pelo Decreto n. 18.871, de 13 de agosto de 1929[53].

Após a fundação do Instituto Americano de Direito Internacional, no ano de 1912, o douto professor cubano Antonio Sánchez de Bustamante y Sirvén (1856-1951) recebeu o encargo, na terceira sessão, em Lima, em 1924, de codificar o direito internacional privado. O projeto, elaborado por Bustamante, foi aprovado na sexta Conferência

---

49. José Francisco Rezek, *Direito internacional público*, cit., p. 88.

50. O Brasil promulgou o Protocolo mediante o Decreto n. 6.085, de 19-4-2007.

51. O Brasil promulgou a Convenção mediante o Decreto n. 40, de 15-2-1991.

52. Veja-se, referente a essas convenções, p. 59, 62, *retro*.

53. Referente ao tratado, cf., entre outros, Anna Maria Villela, A unificação..., revista cit., p. 53-70; Jacob Dolinger, *Direito internacional privado*, cit., p. 71-4; Haroldo Valladão, *Direito internacional privado*, cit., v. 1, p. 198-200.

Pan-americana, em Havana, no dia 13 de fevereiro de 1928, e, em homenagem ao autor, foi chamado "Código Bustamante". Esse Código tem 437 artigos e trata de quase todas as questões de direito internacional privado e direito processual civil internacional. É a mais ampla codificação, no âmbito da nossa disciplina, que tem por base uma convenção internacional.

O *Código Bustamante* foi ratificado por quinze países sul-americanos. Vários países, entretanto, declararam reservas quanto à aplicação da convenção. Ademais, o art. 7º do Código permite aos países contratantes determinarem o estatuto pessoal da pessoa física com autonomia. Isso significa que aos países contratantes é facultado aderir livremente ao elemento de conexão do domicílio ou ao da nacionalidade. Bustamante declarou-se a favor do último; defendeu posição minoritária na América Latina; prevaleceu, porém, na maioria dos Estados a adoção do elemento de conexão do domicílio nas suas legislações[54]. Atualmente, na América do Sul, conforme o nosso conhecimento, apenas o Panamá, na sua Lei n. 61, de 7 de outubro de 2015, que adota o Código de Direito Internacional Privado, adere e privilegia ainda o elemento de conexão da nacionalidade[55].

Na época presente, o *Código Bustamante* tem pouca aplicação prática[56].

---

54. O art. 7º do Código Bustamante dispõe: "Cada Estado contratante aplicará como leis pessoais as do domicílio, as da nacionalidade ou as que tenha adotado ou adote no futuro a sua legislação interna".

55. *V.* em particular, o art. 23 da Lei: "El estado, capacidad y derecho de familia de los panameños se rigen por la ley panameña aun cuando residan en el extranjero. Se presume que el estatuto personal de los extranjeros se rige por su ley nacional, salvo que esta designe otro criterio de conexión. En tal sentido, el juez panameño aplicará la ley designada por la norma de conflicto de la ley nacional del extranjero". Em português: "O estado, a capacidade e o direito de família dos panamenhos são regidos pela legislação panamenha, mesmo que residam no exterior. Presume-se que o estatuto pessoal dos estrangeiros seja regido pela lei nacional, a menos que este designe outro critério de conexão. Neste sentido, o juiz panamenho aplicará a lei designada pela regra de conflito da lei nacional do estrangeiro" (Tradução realizada pelo autor)

56. Cf., todavia, com referência expressa ao Código Bustamente, STJ, REsp 1.705.222-SP, 4ª T., rel. Min. Luis Felipe Salomão, j. 16-11-2017, *DJe*, 1º-2-2018; TST, RR-411-20.2017.5.13.0015, 8ª T., rel. Min. Marcio Eurico Vitral Amaro, j. 3-2-2021, *DEJT*, 5-2-2021.

O tratado é muito abrangente; refere-se, inclusive, a matérias que não pertencem ao direito internacional privado propriamente dito, como o direito penal internacional e a extradição. Seu conteúdo é muitas vezes vago e, por isso, vários países declararam reservas quanto à sua aplicação. As regras contidas no tratado, em parte, não correspondem mais às tendências modernas do direito internacional privado.

Não produzindo efeitos jurídicos *erga omnes*, o *Código Bustamante* tem limitado, consideravelmente, o seu campo de aplicação.

As normas do direito internacional privado brasileiro *stricto sensu* concentram-se, principalmente, na Lei de Introdução às Normas do Direito Brasileiro[57]e aquelas sobre o direito processual civil internacional no Código de Processo Civil, de 16 de março de 2015. Essas leis são posteriores à promulgação do *Código Bustamante*, e uma parte da doutrina e a jurisprudência dominante entendem que a lei posterior derroga o tratado anterior quando em conflito com este[58]. Por fim, os juízes não conhecem suficientemente o *Código Bustamante* ou não querem aplicá-lo mais.

Não faltaram tentativas para revisar o *Código Bustamante*, levando em consideração, particularmente, o fato de o Brasil, em 1942, com a nova Lei de Introdução ao Código Civil, ter abandonado a sua posição anterior de adotar o princípio da nacionalidade, dando preferência àquele do domicílio quanto ao estatuto pessoal da pessoa física. A guinada do Brasil a favor do elemento de conexão do domicílio significava que quase todo o continente americano, inclusive os Estados Unidos, aplicaria o mesmo elemento de conexão, o que poderia ter facilitado uma reformulação do Código. Todos os esforços nesse sentido, contudo, não foram coroados de êxito[59]. Posteriormente, as Conferências Especializadas Interamericanas de Direito Internacional Privado foram os motores da evolução do direito internacional privado no Continente, limitando-se,

---

57. Decreto-Lei n. 4.657, de 4-9-1942, com as suas alterações posteriores.

58. Referente à ordem hierárquica do tratado internacional no sistema jurídico interno, cf., p. 118-9, *retro*.

59. Cf. Jacob Dolinger, *Direito internacional privado*, cit., p. 72-3.

porém, a uniformizar determinadas matérias específicas da nossa disciplina[60].

C. JURISPRUDÊNCIA

A jurisprudência é reconhecida, tradicionalmente, como fonte jurídica no direito internacional privado[61].

Existem países que não possuem, ainda, codificação própria de direito internacional privado. Ocorre frequentemente, e assim também no Brasil, que as normas escritas sobre a matéria sejam escassas. Nesses casos, as lacunas vêm sendo preenchidas pela jurisprudência.

Decisões de tribunais brasileiros resolvendo conflitos de leis no espaço, ou seja, determinando o direito aplicável, ainda não são tão frequentes, mas a tendência é de crescimento. A assertiva vale, inclusive, em relação aos tribunais superiores do País[62]. Já na Europa Continental, onde é típica a existência de grande número de relações jurídicas internacionais entre pessoas físicas e/ou jurídicas de direito privado, existe uma jurisprudência rica tendo em vista o direito internacional privado. Aos tribunais brasileiros é facultado levar em consideração essa jurisprudência quando a

---

60. Cf., a respeito, p. 60-3, *retro*.

61. Cf., entre outros, Jacob Dolinger, *Direito internacional privado*, cit., p. 64-6; Irineu Strenger, *Direito internacional privado*, cit., p. 87-90; Haroldo Valladão, *Direito internacional privado*, cit., v. 1, p. 94-6, 213-4.

62. O mesmo não ocorre, porém, com relação ao direito processual civil internacional, em particular, referente à homologação de decisões estrangeiras e à concessão do *exequatur* a cartas rogatórias advindas de tribunais estrangeiros. Nesses casos, de competência do Superior Tribunal de Justiça, a jurisprudência é rica e extensa. Com relação a casos práticos de direito internacional privado julgados por tribunais brasileiros, cf., por exemplo, para fins didáticos, STJ, REsp 963.852-PR, 4ª T., rel. Min. Antonio Carlos Ferreira, j. 21-8-2014, *DJe*, 6-10-2014 (*Contrato de financiamento internacional – direito aplicável*); STJ, REsp 973.553-MG, 4ª T., rel. Min. Raul Araújo, j. 18-8-2011, *DJe*, 8-9-2011 (*reconhecimento de união estável*); STJ, REsp 325.587-RJ, 4ª T., rel. Min. Hélio Quaglia Barbosa, j. 6-9-2007, *DJU*, 24-92007, p. 310 (*Distinção entre norma de direito internacional privado stricto sensu, art. 7º da LINDB, determinando o direito aplicável, nacional ou estrangeiro, e norma de competência internacional, determinando a extensão da jurisdição nacional, em face daquela dos outros Estados*); STJ, REsp 512.401-SP-Segredo de Justiça, 4ª T., rel. Min. Cesar Asfor Rocha, j. 14-10-2003, *RT*, *824*:182-6, 2004 (*processo de investigação de paternidade, sendo a autora da pretensão concebida e nascida no exterior, possuindo ainda nacionalidade estrangeira, mas domicílio em território nacional à época da propositura da ação. Aplicação do art. 7º da LINDB*).

relação jurídica *sub judice* não pode ser decidida somente com base na legislação, na doutrina e na jurisprudência pátrias. Por essa razão, o direito comparado desempenha papel importante em nossa disciplina.

Atribuir à jurisprudência a qualidade de fonte no direito internacional privado equivale a dizer que o juiz é apto a criar uma verdadeira norma jurídica diante de lacunas encontradas na legislação. Cumpre acrescentar que essa jurisprudência normativa foi utilizada, em vários países, como fundamento para uma posterior codificação do direito internacional privado. Esse é o caso, por exemplo, da Suíça, cuja legislação de 18 de dezembro de 1987 adotou, em parte, a jurisprudência do Supremo Tribunal Federal daquele país.

Ainda que seja controvertida no Brasil, se a jurisprudência pode ser considerada uma fonte jurídica[63], no âmbito do direito internacional privado não se detecta a existência de jurisprudência normativa.

Além dos tribunais estatais, existe um considerável número de tribunais internacionais. Sua jurisprudência exerce pouca influência para a evolução do direito internacional privado. Uma exceção a essa regra é representada pelo Tribunal de Justiça da União Europeia (TJUE), já que as decisões desse tribunal supranacional são capazes de influenciar o direito internacional privado dos Estados-membros da União Europeia[64].

D. DOUTRINA

A doutrina é outra fonte reconhecida de direito internacional privado, tendo muito influenciado a evolução da nossa disciplina em todas as partes do mundo[65]. Veja-se que os princípios fundamentais do direito internacional privado moderno repousam nas teorias doutrinárias desenvolvidas desde o século XIX[66].

---

63. Cf., a este respeito, Carlos Roberto Gonçalves, *Direito civil*, v. 1, cit., p. 50-1.

64. *V.*, a respeito da relação entre direito internacional privado e direito comunitário da União Europeia, p. 73-8, *retro*.

65. Cf., entre outros, Jacob Dolinger, *Direito internacional privado*, cit., p. 63-4; Irineu Strenger, *Direito internacional privado*, cit., p. 90-2; Haroldo Valladão, *Direito internacional privado*, cit., v. 1, p. 94-5; Gerhard Kegel, Allgemeines Kollisionsrecht, in *Conflits et harmonisation*, cit., p. 47-73.

66. Cf., também, a respeito, p. 204-10, adiante.

O grande mérito da doutrina é o de ter elaborado um sistema de regras jurídicas constitutivas da parte geral do direito internacional privado. Essas regras nem sempre se incorporam diretamente à legislação dos Estados. Se isso for o caso, a sua aplicação pelos tribunais baseia-se, de imediato, nas fontes doutrinárias.

Exemplo ilustrativo nesse sentido é fornecido, *v. g.*, pela teoria das qualificações, que foi desenvolvida por dois juristas, Etienne Bartin (1860-1948) e Franz Kahn (1861-1904)[67]. No caso, quando surgir qualquer dificuldade concernente à qualificação em relação a uma causa de direito privado com conexão internacional, o juiz tem como consultar diretamente as fontes doutrinárias.

Uma característica própria da doutrina é a sua visão global. Embora o direito internacional privado seja basicamente ainda direito interno, eventualmente uniformizado em algumas das suas partes[68], o objeto da disciplina que trata de relações jurídicas de direito privado com conexão transnacional é estritamente internacional. Por esse motivo, a doutrina que leva em consideração tal aspecto é fonte de consulta indispensável para o juiz.

Nesse campo, a fonte doutrinária de grande repercussão é representada pelos trabalhos dos institutos especializados na pesquisa do direito internacional privado e pelas convenções elaboradas nas conferências internacionais[69], mesmo quando ainda sem vigência em nível internacional ou nacional. Como essas convenções foram preparadas por especialistas de alto nível, o valor doutrinário dos documentos é elevado, devendo ser aproveitado pelos tribunais na aplicação do direito internacional privado. Há tempo, as convenções, elaboradas pela Conferência da Haia de Direito Internacional Privado vêm acompanhadas por um relatório explicativo, de autoria de renomados juristas. Tal é o caso, por exemplo do relatório explicativo da lavra de Alegría Borrás e Jennifer Degeling, com apoio de William Duncan e Philippe Lortie, com relação à Convenção da Haia sobre a Cobrança Internacional de Alimentos para Crianças e Outros Membros da Família, de 23 de novembro de 2007, com vigência também

---

67. Cf., a respeito da teoria das qualificações, detalhadamente, p. 140-4, adiante.

68. Cf., a respeito, p. 3-7, *retro*.

69. Cf., a respeito destas entidades especializadas, p. 56-65, *retro*.

no Brasil[70]. Os relatórios explicativos são complementados por outros documentos, inclusive, frequentemente também por manuais práticos, com a finalidade de apoiar o operador do direito, confrontado com a aplicação de determinada convenção no caso concreto[71].

E. DIREITO COSTUMEIRO

A doutrina reconhece, ainda, o direito costumeiro como fonte jurídica de direito internacional privado[72].

Nesse contexto, convém distinguir o direito costumeiro de origem interna do direito costumeiro internacional.

O valor atribuído ao direito costumeiro, como fonte jurídica de direito na ordem jurídica interna, varia nos Estados.

No vigente Código Civil brasileiro, o direito costumeiro só se aplica em caso de falta ou omissão da lei[73]. Nesse âmbito, são características básicas para a sua vigência o uso ou a prática reiterada de um comportamento e a convicção de sua obrigatoriedade[74].

No direito internacional privado brasileiro, porém, não se detecta a existência de direito costumeiro.

O direito costumeiro é fonte jurídica também no direito internacional público[75]. O direito costumeiro internacional, contudo, está perdendo, paulatinamente, a importância de outrora como fonte de direito,

---

70. O respectivo relatório explicativo também é disponível em português. Cf. o Portal do Ministério da Justiça e Segurança Pública. Disponível em: https://www.gov.br/pt-br/. Cooperação Jurídica Internacional – Cooperação Jurídica Internacional em Matéria Civil – Acordos Internacionais – Convenção da Haia sobre Alimentos – Relatório Explicativo. Acesso em: 12-7-2023.

71. Manuais práticos são disponíveis, por exemplo, em relação às Convenções da Haia sobre a Cobrança Internacional de Alimentos para Crianças e Outros Membros da Família, de 23-11-2007, e sobre a Liberação dos Instrumentos Públicos de Origem Estrangeira da Autenticação, de 5-10-1961, ambas com vigência no Brasil.

72. Cf., entre outros, Irineu Strenger, *Direito internacional privado*, cit., p. 81-7.

73. O art. 4º da LINDB estabelece: "Quando a lei for omissa, o juiz decidirá o caso de acordo com a analogia, os costumes e os princípios gerais de direito".

74. Cf., nesse sentido, Carlos Roberto Gonçalves, *Direito civil*, v. 1, cit., p. 74-5.

75. Cf., entre outros, José Francisco Rezek, *Direito internacional público*, cit., p. 156-70; Valerio de Oliveira Mazzuoli, Algumas questões jurídicas sobre a formação e aplicação do costume internacional, *RT, 921*:259-78, 2012.

embora desempenhe, ainda, um papel mais significativo que o direito costumeiro interno na maioria dos países[76].

O elemento essencial à formação de uma regra do direito costumeiro internacional é o uso prolongado e geral, que consiste na prática uniforme e reiterada de atos com efeitos jurídicos, culminando na convicção jurídica de se tratar de uma regra de direito (*opinio necessitatis*), isto é, a certeza da imprescindibilidade da norma. É mister seja suficientemente objetiva e clara, para ser reconhecida como regra de direito, exigindo, ainda, o respeito universal, já que se têm em vista relações jurídicas de direito privado com conexão internacional.

Para uma parte da doutrina, alguns princípios gerais, com origem no direito costumeiro internacional, integram o direito internacional privado[77].

Todos esses princípios gerais, apontados na doutrina como vigentes no direito internacional privado em virtude do direito costumeiro internacional, não preenchem, todavia, as condições necessárias à sua formação.

Quanto à regra *locus regit actum*, concernente à forma de um negócio jurídico, é controvertido determinar como se distingue a forma do conteúdo material dos negócios jurídicos em geral[78]. Devido a essa indefinição, não existe uma regra de direito, suficientemente objetiva e clara, que possa ser adotada universalmente conforme o princípio *locus regit actum*.

A regra da *lex rei sitae*[79] tem aceitação basicamente universal no direito imobiliário. Existem, no entanto, sistemas jurídicos, nos quais a transferência da propriedade decorre diretamente da celebração do

---

76. Cf., entre outros, José Francisco Rezek, *Direito internacional público*, cit., p. 163-70; Valerio de Oliveira Mazzuoli, revista, cit., p. 275.

77. No Brasil, o art. 4º LINDB distingue expressamente entre os costumes e os princípios gerais de direito como fontes jurídicas admitidas no direito interno. Cf.,, neste contexto, Carlos Roberto Gonçalves, *Direito civil*, v. 1, cit., p. 75-7.

78. Keller e Siehr, *Allgemeine Lehren*, cit., p. 213-4.

79. A regra da *lex rei sitae* expressa que no direito internacional privado é aplicável a lei do lugar onde está situado um bem móvel ou imóvel. Sobre tendências internacionais neste âmbito cf. Kurt Siehr, Internationales Sachenrecht, Rechtsvergleichendes zu seiner Vergangenheit, Gegenwart und Zukunft, *Zeitschrift für Vergleichende Rechtswissenschaft* (*ZvglRWiss*), 104:145-62, 2005.

contrato de compra e venda. Em outros sistemas, como no brasileiro, é necessária a transcrição do negócio jurídico num registro (registro de imóveis) para a aquisição da propriedade imóvel.

Levando em consideração o princípio da autonomia da vontade das partes, existem diferenças entre os Estados em que medida e em relação a quais contratos é permitido às partes a escolha do direito aplicável. Além disso, não existe uma definição aceita universalmente sobre o que é um contrato internacional[80].

A aplicação da *lex fori*, concernente a questões de direito processual civil, foi regra desenvolvida há longa data por Jacob Balduinus (1190-1235)[81]. A dificuldade, na prática, diz respeito à distinção e delimitação entre direito processual e direito material.

Em síntese, verifica-se que não existem regras universais de direito internacional privado constituídas pelo direito costumeiro internacional. Particularmente, não se detecta regras de direito suficientemente precisas e claras, capazes de serem aplicadas a um caso concreto.

---

80. No Brasil, o art. 7º, II, § 2º, da Lei n. 13.966, de 26-12-2019, que dispõe sobre o sistema de franquia empresarial, por exemplo, dispõe: "Para os fins desta Lei, entende-se como contrato internacional de franquia aquele que, pelos atos concernentes à sua conclusão ou execução, à situação das partes quanto a nacionalidade ou domicílio, ou à localização de seu objeto, tem liames com mais de um sistema jurídico". Diferentemente, o art. 1 da Convenção das Nações Unidas sobre contratos de compra e venda internacional de mercadorias, de 11-4-1980, com vigência também no Brasil, refere-se a contratos "entre as partes que tenham seus estabelecimentos em Estados distintos".

81. *V.*, a respeito do princípio da *lex fori*, vigente no direito processual civil internacional, p. 166, 236, adiante.

| Capítulo 5 |

Estrutura da Norma do
Direito Internacional Privado

A. Considerações Gerais

O direito aplicável a uma relação jurídica de direito privado com conexão internacional é sempre o nacional ou um determinado direito estrangeiro, conforme indicado pelas normas do direito internacional privado da lei do foro (*lex fori*). Essas normas, como já exposto, meramente indicam qual é o direito aplicável, e não solucionam a *quaestio iuris* propriamente dita. Para tanto, é mister conhecer o conteúdo do direito aplicável. Por esse motivo são denominadas normas indicativas ou indiretas.

Se, num processo de divórcio, em trâmite judicial perante a Justiça brasileira, por exemplo, as partes discordam em relação à partilha dos bens, e se estas, antes de contraírem núpcias, tiveram o seu domicílio na Suíça, o juiz e seus advogados precisam estar atentos a tal fato. Como a causa tem conexão internacional, incide, *in casu*, a norma do art. 7º, § 4º, da Lei de Introdução às Normas do Direito Brasileiro, que estabelece: "O regime de bens, legal ou convencional, obedece à lei do país em que tiverem os nubentes domicílio, e, se este for diverso, a do primeiro domicílio conjugal"[1]. Destarte, a norma brasileira de direito internacional

---

1. Com relação à interpretação dessa norma, cf. STJ, REsp 134.246-SP (1997/003781-8), 3ª T., rel. Min. Carlos Alberto Menezes Direito, j. 20-4-2004, *Revista de Direito Renovar* (RDR), 30:394-425, 2004; STJ, REsp 123.633-SP (1997/0018091-3), 4ª T., rel. Min. Aldir Passarinho Junior, j. 17-3-2009, *DJe*, 30-3-2009.

privado do regime de bens não esclarece como, num processo de divórcio, em trâmite perante um juiz brasileiro, devam ser partilhados os bens do casal, pois se limita a indicar o direito suíço a ser aplicado ao processo *sub judice*, uma vez que o primeiro domicílio conjugal, no caso, foi a Suíça. Mas apenas quando o juiz conhece o conteúdo desse direito é que pode decidir a causa materialmente.

O juiz realiza duas operações consecutivas para a aplicação do direito ao julgar uma causa de direito privado com conexão internacional. Primeiro, determina o direito aplicável conforme a norma de direito internacional privado vigente no seu país. Logo em seguida, aplica esse direito à causa *sub judice*.

Existem regras processuais específicas em cada Estado, determinando como o juiz deve aplicar o direito estrangeiro, se este for o aplicável. Essas regras, dependendo do seu teor, podem divergir entre si e influenciar, significativamente, a aplicação efetiva das normas do direito internacional privado na prática[2].

As normas indicativas ou indiretas são as principais normas do direito internacional privado. Isso deve ser visto no contexto de que o objeto do direito internacional privado é, basicamente, a resolução de conflitos de leis de direito privado no espaço, isto é, a determinação do direito aplicável a uma relação jurídica de direito privado com conexão internacional[3].

Paralelamente, um número restrito de normas do direito internacional privado desempenha funções auxiliares ou complementares daquelas que indicam o direito aplicável a uma relação jurídica de direito privado com conexão internacional. A doutrina deu-lhes a denominação de normas conceituais ou qualificadoras[4].

Essas normas não designam o direito aplicável; elas determinam, basicamente, como uma norma indicativa ou indireta de direito internacional privado deve ser interpretada e aplicada ao caso concreto.

---

2. Cf., a respeito, p. 247-54, adiante.

3. Veja-se, a respeito, p. 3-5, *retro*.

4. Cf. Jacob Dolinger, *Direito internacional privado*, cit., p. 51; Keller e Siehr, *Allgemeine Lehren*, cit., p. 249.

A parte geral do direito internacional privado cogita, em grande parte, da análise dessas normas conceituais ou qualificadoras. Nessa categoria de normas, destacam-se aquelas referentes à ordem pública e fraude à lei[5], qualificação[6], elementos de conexão[7], questão prévia[8], adaptação, substituição, institutos jurídicos desconhecidos[9], alteração de estatuto ou conflito móvel[10], reenvio[11] e direitos adquiridos[12].

Conforme a nossa concepção, o direito internacional privado abrange as normas do direito processual civil internacional em sentido amplo (*lato sensu*). Essas normas são, por exemplo, aquelas sobre a competência internacional dos tribunais domésticos e o reconhecimento de sentenças estrangeiras, sendo exclusivamente normas diretas, e a elas é aplicável o princípio da lei do foro (*lex fori*)[13]. Nesse âmbito, consequentemente, o juiz não precisa escolher entre a aplicação de direito interno e estrangeiro. Se, *e.g.*, dois estrangeiros de nacionalidade alemã com domicílio no Brasil e filhos menores comuns nascidos no exterior pretendem divorciar-se perante a Justiça brasileira, o juiz aplicará diretamente o direito brasileiro quanto à decisão sobre a competência internacional da justiça brasileira em julgar essa lide. O fato de, eventualmente, a Justiça alemã também poder declarar-se competente para julgar a mesma lide é irrelevante para o juiz brasileiro.

Os autores que incluem ainda a aquisição e a perda da nacionalidade e a condição jurídica do estrangeiro (*condition de l'étranger*) no objeto do direito internacional privado apontam também essas normas como exemplos de normas diretas do direito internacional privado[14].

---

5. Cf. p. 175-84, adiante.
6. Cf. p. 140-4, adiante.
7. Cf. p. 144-74, adiante.
8. Cf. p. 190-2, adiante.
9. Cf. p. 192-5, adiante.
10. Cf. p. 195-8, adiante.
11. Cf. p. 105-9, adiante.
12. Cf. p. 198-202, adiante.
13. Com relação a essas normas em geral, *v*. p. 40-6, *retro*.
14. Cf., a respeito, Jacob Dolinger, *Direito internacional privado*, cit., p. 49.

B. NORMA INDICATIVA OU INDIRETA DO DIREITO INTERNACIONAL PRIVADO

As normas indicativas ou indiretas, como já mencionado, limitam-se a indicar o direito aplicável a uma relação jurídica de direito privado com conexão internacional, não solucionando a questão jurídica propriamente dita. Caracterizam-se como as principais normas do direito internacional privado[15].

Essas normas são uni ou bilaterais. As primeiras declaram apenas uma única ordem jurídica como a aplicável; em regra, o direito doméstico. As bilaterais indicam como aplicáveis ou as normas do direito doméstico ou as do estrangeiro. As normas bilaterais constituem a regra perante a nossa disciplina[16].

Um exemplo de norma unilateral no direito brasileiro é a estabelecida no art. 11, *caput*, da Lei n. 12.965, de 23 de abril de 2014, que estabelece princípios, garantias, direitos e deveres para o uso da internet no Brasil (*Marco Civil da Internet*), cujo teor é o seguinte: "Em qualquer operação de coleta, armazenamento, guarda e tratamento de registros, de dados pessoais ou de comunicações por provedores de conexão e de aplicações de internet em que pelo menos um desses atos ocorra em território nacional, deverão ser obrigatoriamente respeitados a legislação brasileira e os direitos à privacidade, à proteção dos dados pessoais e ao sigilo das comunicações privadas e dos registros"[17]. Outro exemplo de norma unilateral se encontra na Lei n. 13.709, de 14 de agosto e 2018, a Lei Geral de Proteção de Dados Pessoais (LGPD): "Art. 3º Esta Lei aplica-se a qualquer operação de tratamento realizada por pessoa natural ou por pessoa jurídica de direito público ou privado, independentemente

---

15. Cf., na doutrina brasileira, entre outros, Jacob Dolinger, *Direito internacional privado*, cit., p. 47-9; Haroldo Valladão, *Direito internacional privado*, cit., v. 1, p. 217-25; Irineu Strenger, *Direito internacional privado*, cit., p. 93-126.

16. No Brasil, cf., entre outros, Jacob Dolinger, *Direito internacional privado*, cit., p. 52-60; Haroldo Valladão, *Direito internacional privado*, cit., v. 1, p. 218-9; Irineu Strenger, *Direito internacional privado*, cit., p. 111-2. Entre muitos diplomas legais que seguem a concepção das normas bilaterais, *v.*, para fins didáticos o Regulamento (CE) n. 593/2008 do Parlamento Europeu e do Conselho, de 17-6-2008, sobre a lei aplicável às obrigações contratuais (Roma I).

17. Nesse contexto, cf. ainda os §§ 1º e 2º da mesma norma e sobre sua interpretação, STJ, REsp 1.745.657, 3ª T., rel. Min. Nancy Andrighi, j. 3-11-2020, *DJe*, 19-11-2020.

do meio, do país de sua sede ou do país onde estejam localizados os dados, desde que: I – a operação de tratamento seja realizada no território nacional; II – a atividade de tratamento tenha por objetivo a oferta ou o fornecimento de bens ou serviços ou o tratamento de dados de indivíduos localizados no território nacional; ou III – os dados pessoais objeto do tratamento tenham sido coletados no território nacional" (...)[18].

Levando em consideração o direito das sucessões, o art. 10, § 1º, da Lei de Introdução às Normas do Direito Brasileiro, dispõe: "A sucessão de bens de estrangeiros, situados no País, será regulada pela lei brasileira em benefício do cônjuge ou dos filhos brasileiros, ou de quem os represente, sempre que não lhes seja mais favorável a lei pessoal do *de cujus*"[19]. A norma do *caput* do mesmo artigo, todavia, prescreve: "A sucessão por morte ou por ausência obedece à lei do país em que era domiciliado o defunto ou o desaparecido, qualquer que seja a natureza e a situação dos bens". Conforme o seu teor, esta última se apresenta como norma bilateral de direito internacional privado. De acordo com a consolidada jurisprudência dos tribunais superiores do País, porém, a norma não se aplica com relação a bens do *de cujus* situados no exterior em virtude da incompetência internacional da Justiça brasileira nesses casos[20]. Além disso, vigora norma especial em relação à sucessão de bens de estrangeiros situados no País que protege os herdeiros mais próximos de

---

18. A LGPD foi fortemente influenciada pelo Regulamento (UE) 2016/679, de 27-4-2016, que regula a matéria na União Europeia. A tendência predominante da doutrina especializada é considerar a norma correspondente no art. 3º, 2., do Regulamento, sobre o "âmbito de aplicação territorial" como norma unilateral de direito internacional privado. V., entre outros, Moritz Hennemann, Wettbewerb der Datenschutzrechtsordnungen – Zur Rezeption der Datenschutz-Grundverordnung, *RabelsZ, 84*:872,878-9, 2020.

19. V., também, art. 5º, XXXI, da CF que dispõe: "a sucessão de bens de estrangeiros situados no País será regulada pela lei brasileira em benefício do conjuge ou dos filhos brasileiros, sempre que não lhes seja mais favorável a lei pessoal do *de cujus*", e TJSP, AI 2146694-40.2019.8.26.0000, 10. Câm. Priv., rel. Des. J. B. Paula Lima, j. 27-8-2019, publ. 27-8-2019; TJRJ, AI 0070203-21.2019.8.19.0000, 18. Câm. Civ., rel. Des. Margaret de Olivaes Valle dos Santos, j. 9-12-2019, publ. 12-5-2019.

20. Nesse sentido, entre outros, STJ, AgInt no AREsp 1.297.819-SP, 3º T., rel. Min. Marco Aurélio Bellizze, j. 15-10-2018, *DJe*, 19-10-2018; STJ, REsp 1.362.400-SP, 3ª T., rel. Min. Marco Aurélio Bellizze, j. 28-4-2015, *DJe*, 5-6-2015; STF, RE 99.230-RS, 1ª T., j. 22-5-1984, publ. 29-6-1984, *RTJ, 110*:750-62, 1984, particularmente o voto do rel. Min. Rafael Mayer, p. 759-61.

nacionalidade brasileira do autor de herança[21]. Seu campo de aplicação na prática, portanto, é restrito.

No direito de família, a norma básica do direito internacional privado no Brasil consta no art. 7º, *caput*, da Lei de Introdução às Normas do Direito Brasileiro, e ordena: "A lei do país em que for domiciliada a pessoa determina as regras sobre o começo e o fim da personalidade, o nome[22], a capacidade e os direitos de família". Trata-se de norma bilateral de direito internacional privado.

Ao examinarmos a estrutura da norma indicativa ou indireta do direito internacional privado, a seguir, trataremos, exclusivamente, das normas bilaterais.

Toda norma indicativa ou indireta do direito internacional privado é composta necessariamente de duas partes, a saber, o objeto de conexão[23] e o elemento de conexão[24].

O objeto de conexão descreve a matéria à qual se refere uma norma indicativa ou indireta do direito internacional privado, abordando, dessa forma, sempre questões jurídicas vinculadas a fatos (*Tatsachen*) ou elementos de fatores sociais (*Lebenssachverhalte*) com conexão internacional. Assim, o objeto de conexão alude a conceitos jurídicos, como a

---

21. *V.*, art. 5º, XXXI, CF, art. 10, § 1º, LINDB.

22. Registra-se, no entanto, divergência jurisprudencial em relação à competência internacional da Justiça brasileira para retificação do registro civil das pessoas naturais com a finalidade de alterar o nome de pessoa com domicílio no Brasil quando o registro original com o seu nome foi lavrado no exterior e este posteriormente trasladado em registro no Brasil para produção de efeitos no território nacional, de acordo com a legislação em vigor. Cf., no sentido da afirmação da competência internacional, TJSP, Ap. 100072-35.2020.8.26.0002, 5. Câm. Civ., rel. Des. Moreira Viegas, j. 30-11-2020, publ. 30-11-2020, e em sentido contrário, TJSP, Ap. 1054425-53.2020-8.26.0100, 10. Câm. Civ., rel. Des. Jair de Souza, j. 18-12-2020, publ. 18-12-2020. A nosso ver, não se justifica denegar a competência internacional da Justiça brasileira com o argumento da existência de registro civil original no exterior. A pessoa natural deve ter o acesso à Justiça garantido para poder pleitear direito de personalidade, inclusive, relacionado ao seu nome.

23. Para definir o objeto de conexão, a doutrina estrangeira faz uso dos seguintes termos técnicos: *Anknüpfungsgegenstand, Verweisungsgegenstand, Verweisungsbegriff, operative facts, catégories*.

24. A doutrina estrangeira utiliza os seguintes termos técnicos para definir o elemento de conexão: *Anknüpfungsbegriff, Anknüpfungsmoment, Anknüpfungspunkt, connecting factors, éléments de rattachement, critério di collegamento*.

capacidade jurídica ou a forma de um testamento; a direitos, como o nome de uma pessoa física ou direitos reais referentes a um bem imóvel; pretensões jurídicas, como as decorrentes de um ato ilícito praticado ou de um acidente de carro, entre outros.

Existindo fatos (*Tatsachen*) ou elementos de fatores sociais (*Lebenssachverhalte*) com conexão internacional, a tarefa do juiz é verificar se é possível enquadrá-los no objeto de conexão de uma norma indicativa ou indireta do direito internacional privado da *lex fori*. Isso, por vezes, é complicado, pelo fato de o conteúdo do objeto de conexão de uma norma indicativa ou indireta ser aberto, de molde a tornar duvidosa a determinação da norma a ser aplicada ao caso concreto. A forma como o juiz enquadrará os fatos ou os elementos de fatores sociais com conexão internacional no objeto de conexão de uma norma indicativa ou indireta denomina-se, na doutrina, qualificação[25].

Ao lado do objeto de conexão, o elemento de conexão forma a outra parte indispensável da norma indicativa ou indireta do direito internacional privado; é a parte que torna possível a determinação do direito aplicável. Elementos de conexão são, entre outros, a nacionalidade (*lex patriae*), o domicílio e a residência habitual de uma pessoa física, a *lex rei sitae*, a *lex loci actus*, a *lex loci delicti commissi*, a autonomia da vontade das partes e a *lex fori*[26]. No Brasil, para designar o elemento de conexão, utilizam-se também expressões similares como regra de conexão ou elemento de conectividade[27].

É impossível determinar, porém, o direito aplicável a uma relação jurídica de direito privado com conexão internacional apenas mediante o elemento de conexão de uma norma indicativa ou indireta. É mister relacionar o elemento de conexão sempre ao objeto de conexão adequado e apropriado da norma indicativa ou indireta; caso contrário, não será possível localizar o direito aplicável.

Na prática, para determinar o direito aplicável a uma causa de direito privado com conexão internacional, o juiz deve proceder da seguinte

---

25. *V.*, a respeito, p. 140-4, adiante.
26. Sobre os diferentes elementos da conexão, cf., detalhadamente, p. 144-74, adiante.
27. Cf., por exemplo, nesse sentido, STJ, REsp 1.362.400-SP, 3ª T., rel. Min. Marco Aurélio Bellizze, j. 28-4-2015, *DJe*, 5-6-2015.

forma: primeiro, devem ser enquadrados os fatos (*Tatsachen*) e os elementos de fatores sociais (*Lebenssachverhalte*), com conexão internacional, alegados e provados, se controversos no processo, no objeto de conexão da norma indicativa ou indireta, adequada e apropriada ao caso concreto; ou seja, o juiz pratica o que se denomina na doutrina qualificação[28]. Quando este conhece a norma indicativa ou indireta aplicável ao caso, a norma, por si mesma, mediante o seu elemento de conexão, indicará o direito aplicável: o direito interno ou um determinado direito estrangeiro. O encontrado direito aplicável ao caso concreto é denominado pela doutrina *lex causae*, facultando ao juiz solucioná-lo materialmente.

Ao examinar, por exemplo, os arts. 7º, *caput*, § 4º, e 8º, § 1º, da Lei de Introdução às Normas do Direito Brasileiro, distinguimos o objeto de conexão do elemento de conexão dessas normas indicativas ou indiretas de direito internacional privado. Vejamos o texto desses artigos:

Art. 7º, *caput*: "A lei do país em que for domiciliada a pessoa" (elemento de conexão) "determina as regras sobre o começo e o fim da personalidade, o nome, a capacidade e os direitos de família" (objeto de conexão).

Art. 7º, § 4º: "O regime de bens, legal ou convencional" (objeto de conexão), "obedece à lei do país em que tiverem os nubentes domicílios" (elemento de conexão).

Art. 8º, § 1º: "Aplicar-se-á a lei do país em que for domiciliado o proprietário" (elemento de conexão), "quanto aos bens móveis que ele trouxer ou se destinarem a transporte para outros lugares" (objeto de conexão).

Como já realçado, toda norma indicativa ou indireta divide-se, necessariamente, nestas duas partes, o objeto de conexão e o elemento de conexão.

A doutrina analisou as normas indicativas ou indiretas de direito internacional privado, ainda, sob outros aspectos. Assim, são aplicáveis a todas as questões jurídicas vinculadas a determinados fatos (*Tatsachen*) ou fatores sociais (*Lebenssachverhalte*) com conexão internacional ou uma única ordem jurídica (*einheitliche Anknüpfung*) ou ordenamentos jurídicos diferentes.

---

28. *V.*, detalhadamente a respeito, p. 140-4, adiante.

A aplicação de uma única ordem jurídica a determinada relação de direito é o ideal. Na prática, porém, ocorre muitas vezes serem aplicáveis ordenamentos jurídicos de países diferentes, ou seja, existe uma divisão em relação ao direito aplicável, denominada, na doutrina internacional, *dépeçage*. O direito internacional privado brasileiro estabelece, por exemplo, com relação às obrigações contratuais, que o direito aplicável será aquele do país em que estas se constituírem, e que o lugar da sua constituição é aquele da residência do proponente[29]. Mas, à parte, a lei do lugar em que for domiciliada a pessoa vai determinar as regras sobre a sua capacidade jurídica de celebrar um contrato internacional[30].

Divisão semelhante, concernente ao direito aplicável, verifica-se no caso da interferência de uma norma de aplicação imediata a uma relação jurídica de direito privado com conexão internacional[31].

A doutrina distingue ainda um segundo critério: a norma indicativa ou indireta pode possuir um único elemento de conexão ou outros, tendo em vista o mesmo objeto de conexão.

Em regra, a uma norma indicativa ou indireta de direito internacional privado corresponde tão só um único elemento de conexão; porém, existem exceções a tal princípio, como é o caso, por exemplo, dos elementos de conexão alternativos, que permitem a aplicação de mais de um ordenamento jurídico a uma questão jurídica, principalmente com o objetivo de favorecer as partes participantes da relação jurídica de direito privado com conexão internacional. No direito internacional privado brasileiro, ainda, como ilustração, é aplicável, quanto à forma de um negócio jurídico, concomitantemente, a lei do lugar onde foi praticado um ato (*lex loci actus*)[32] e a lei aplicável ao negócio jurídico em si.

Os elementos de conexão subsidiários, por outro lado, destinam-se a garantir determinado direito a uma pessoa, como, por exemplo, o

---

29. Art. 9º, *caput* e § 2º, LINDB.

30. Art. 7º, *caput*, LINDB.

31. *V.*, a respeito, detalhadamente, p. 23-5, *retro*.

32. Quanto à aplicação da regra *lex loci actus* em relação ao cumprimento no Brasil de um testamento particular redigido no exterior, v., por exemplo, TJSP, Ap 0049378-08.2013.26.0506, 6ª Câm. Direito Privado, rel. Des. Francisco Loureiro, j. 28-4-2014; TJSP, Ap 0011347-36.2006.8.26.0223, 1ª Câm. Direito Privado, rel. Des. Elliot Akel, j. 29-1-2013; TJSP, AgIn 0201011-03.2011.8.26.0000, rel. Des. Miguel Brandi, 7ª Câm. Direito Privado, j. 8-2-2012.

direito à pensão alimentícia. Se o direito aplicável, conforme o elemento de conexão principal, não garantir esse direito, o direito indicado será um outro, subsidiariamente aplicável. O *Protocolo da Haia sobre a Lei Aplicável às Obrigações de Prestar Alimentos*, de 23 de novembro de 2007[33], é concebida dessa forma[34].

De grande relevância no direito internacional privado é, igualmente, a distinção entre elementos de conexão objetivos e subjetivos.

Quando é facultado às próprias partes de um negócio jurídico escolher o direito aplicável, estamos diante de um elemento de conexão subjetivo. Examinaremos esse gênero de elemento de conexão sob o aspecto da autonomia da vontade das partes no direito internacional privado[35].

Todavia, quando as partes de um negócio jurídico não estão autorizadas pela lei a escolher o direito aplicável, ou se tal restrição não existe, mas as partes não se valeram desta liberdade, o direito internacional privado da *lex fori* deve determinar os elementos de conexão de uma norma indicativa ou indireta mediante critérios objetivos.

A doutrina analisa a norma indicativa ou indireta de direito internacional privado ainda sob vários outros aspectos, ressaltando a sua função central e essencial perante a nossa disciplina[36].

C. QUALIFICAÇÃO

A teoria das qualificações foi desenvolvida pelos juristas Franz Kahn (1861-1904), na Alemanha, em 1891, e Etienne Bartin (1860--1948), na França, em 1897[37]. Desde então, a doutrina discute o problema; porém, o fim das controvérsias não está à vista. A intensidade

---

33. O Protocolo foi promulgado no Brasil mediante o Decreto n. 9.176, de 19-10-2017.

34. Cf., com relação ao Protocolo, Beat Walter Rechsteiner, O direito brasileiro e a pensão alimentícia familiar internacional – Competência internacional, direito aplicável, reconhecimento e execução de decisões estrangeiras, *RT, 1035*:195-9, 201-7, 2022.

35. Cf., a respeito, com detalhes, p. 155-64, adiante.

36. Cf., entre outros, Keller e Siehr, *Allgemeine Lehren*, cit., p. 262-97.

37. Cf., no Brasil, entre outros, Jacob Dolinger, *Direito internacional privado*, cit., p. 307-27; Irineu Strenger, *Direito internacional privado*, cit., p. 316-36; Haroldo Valladão, *Direito internacional privado*, cit., v. 1, p. 251-60.

com que a doutrina se debruçou sobre o tema talvez contraste com a sua relevância na prática[38].

A qualificação atinge a norma indicativa ou indireta do direito internacional privado, afetando apenas o seu objeto de conexão, nunca o seu elemento de conexão.

Tendo em vista o elemento de conexão, são aplicáveis, exclusivamente, as regras jurídicas de interpretação vigentes conforme a *lex fori*[39].

Entretanto, é questão controvertida na doutrina como deve ser interpretado, ou melhor, qualificado[40], o objeto de conexão de uma norma de direito internacional privado.

O problema da qualificação está ligado ao fato de o direito aplicável a uma relação jurídica de direito privado com conexão internacional poder ser o direito interno ou um determinado direito estrangeiro, isso dependendo do conteúdo da norma indicativa ou indireta de direito internacional privado da *lex fori* aplicável ao caso concreto[41]. O objeto de conexão dessa norma, assim, deve levar em consideração também relações jurídicas de direito privado com conexão internacional, baseando-se em institutos jurídicos desconhecidos pelo direito interno[42]. Como cabem institutos e figuras de direito desconhecidos pelo direito interno no objeto de conexão de uma norma indicativa ou indireta de direito

---

38. Nesse sentido, Keller e Siehr, *Allgemeine Lehren*, cit., p. 435.

39. Veja-se, entre outros, Keller e Siehr, *Allgemeine Lehren*, cit., p. 435-6.

40. Objeto da qualificação, na realidade, é a atribuição de um fato social a uma questão jurídica, que, por seu lado, tem de ser subsumida, ou, em outras palavras, enquadrada perante a parte da norma indicativa ou indireta de direito internacional privado que se refere ao seu objeto de conexão.

41. As normas bilaterais que determinam como direito aplicável o direito interno ou o direito estrangeiro são as dominantes no direito internacional privado. Dentro de um sistema jurídico que se limita a estabelecer normas unilaterais de direito internacional privado, ou seja, normas que dizem tão somente quando é aplicável o direito interno, o problema da qualificação não aparece.

42. Quanto ao *trust*, por exemplo, *v.*, no Brasil, Judith Martins-Costa, O *trust* e o direito brasileiro, *Revista de Direito Civil Contemporâneo (RDCC)*, *12*:165-208, 2017; Pythagoras Lopes de Carvalho Neto, Quem é dono do *trust*? Uma análise do *trust* à luz do direito civil brasileiro, *RT, 995*:351-81, 2018. Diante das dificuldades de sua qualificação no direito internacional privado, a Conferência da Haia de Direito Internacional Privado elaborou a Convenção sobre a Lei Aplicável ao *Trust* e a seu Reconhecimento, de 1º-7-1985.

internacional privado, o conteúdo dessa parte da norma muitas vezes é vago e aberto, carecendo de feições nitidamente definidas.

Tendo o objeto de conexão de uma norma indicativa ou indireta de direito internacional privado conteúdo vago e aberto, a subsunção de uma relação jurídica de direito privado com conexão internacional perante essa norma, eventualmente, pode causar dificuldades. Podem ocorrer dúvidas quanto a determinar se uma relação jurídica desse gênero deve ser subsumida a esta ou a outra norma indicativa ou indireta do direito internacional privado da *lex fori*. É justamente esse processo de subsunção a uma única norma indicativa ou indireta de direito internacional privado que caracteriza a qualificação[43].

Na doutrina, o direito aplicável à qualificação é assunto controvertido. Três teorias são defendidas, a saber, aquelas da qualificação pela *lex fori*, da qualificação pela *lex causae*, isto é, pelo direito aplicável a uma relação jurídica de direito privado com conexão internacional, e da qualificação por referência a conceitos autônomos e universais[44].

É princípio básico que o juiz sempre aplica as normas do direito internacional privado da *lex fori*. A qualificação focaliza de imediato o objeto de conexão de uma norma indicativa ou indireta de direito internacional privado. Por esse motivo, na realidade, a qualificação deve ser feita conforme a *lex fori*. A teoria da *lex causae* não leva em consideração o fato de que a qualificação precede, logicamente, à determinação do direito aplicável pelo juiz. Apenas quando a subsunção de uma relação jurídica de direito privado com conexão internacional perante a norma adequada de direito internacional privado já foi feita é que é possível designar o direito aplicável[45]. A qualificação mediante conceitos autônomos e universais, finalmente, falha, porque para o juiz, na prática, é quase impossível detectar elementos objetivos para esse fim. As diretrizes elementares para a qualificação são fornecidas pela própria *lex fori*[46]. Isso

---

43. Cf., a respeito dos três casos exemplares clássicos – da viúva maltesa, do testamento hológrafo de holandês e do casamento de grego ortodoxo –, Jacob Dolinger, *Direito internacional privado*, cit., p. 310-1; Irineu Strenger, *Direito internacional privado*, cit., p. 320-1.

44. Cf. Jacob Dolinger, *Direito internacional privado*, cit., p. 312-5.

45. No mesmo sentido, no Brasil, entre outros, Jacob Dolinger, *Direito internacional privado*, cit., p. 312-4.

46. *V.*, entre outros, Jacob Dolinger, *Direito internacional privado*, cit., p. 314-5.

não impede ao juiz de interpretar o objeto de conexão de uma norma indicativa ou indireta de direito internacional privado, com o intuito de levar em consideração institutos e figuras de direito desconhecidos pelo direito interno. O meio de auxílio para esse fim, para o juiz, é o direito comparado.

A qualificação não só é necessária em relação às normas de direito internacional privado de origem interna, que cada país edita individualmente. O mesmo pode ocorrer quando um tratado internacional é incorporado à ordem jurídica interna. Cabe lembrar, nesta ocasião, que principalmente as convenções mais recentes, elaboradas pela Conferência da Haia de Direito Internacional Privado, procuram definir com precisão o objeto de conexão de suas normas indicativas ou indiretas de direito internacional privado, a fim de evitar que seja necessário recorrer à qualificação[47].

De acordo com a lição de Jacob Dolinger, que seguimos, o direito brasileiro adota a teoria da *lex fori* em relação à qualificação[48], estabelecendo apenas duas exceções em benefício da *lex causae*, concernentes à qualificação dos bens e das obrigações elencadas na Lei de Introdução às Normas do Direito Brasileiro[49]. As regras expressas na legislação brasileira autônoma coadunam-se com aquelas do Código Bustamante, como aponta Jacob Dolinger[50].

Quando a qualificação tem por referência o objeto de conexão de uma norma indicativa ou indireta de direito internacional privado da *lex fori*, o que é a regra, costuma-se falar em qualificação de primeiro grau. Ocorre, porém, que em um número considerável de países, dos

---

47. Cf. Keller e Siehr, *Allgemeine Lehren*, cit., p. 447-9.

48. Cf. Jacob Dolinger, *Direito internacional privado*, cit., p. 315-8.

49. A Lei de Introdução às Normas do Direito Brasileiro dispõe no seu art. 8º, *caput*: "Para qualificar os bens e regular as relações a eles concernentes, aplicar-se-á a lei do país em que estiverem situados". O art. 9º, *caput*, da mesma lei, ordena: "Para qualificar e reger as obrigações, aplicar-se-á a lei do país em que se constituírem".

50. Cf. Jacob Dolinger, *Direito internacional privado*, cit., p. 316-7. O Código Bustamante estabelece a regra geral da *lex fori* no seu art. 6º: "Em todos os casos não previstos por este Código, cada um dos Estados contratantes aplicará a sua própria definição às instituições ou relações jurídicas que tiverem de corresponder aos grupos de leis mencionados no art. 3º". As exceções a favor da *lex causae* são formuladas nos seus arts. 112 e 113, para qualificar os bens, e no seu art. 164, para qualificar as obrigações.

quais o Brasil não faz parte, o direito aplicável estrangeiro, indicado pela norma do direito internacional privado, pode abranger não só o direito substantivo ou material, mas também as próprias normas do direito internacional privado[51].

A qualificação de segundo grau intervém, nesses casos somente, quando existem dúvidas como deve ser qualificada a norma aplicável conforme o direito internacional privado estrangeiro. A maneira como deve ser feita essa qualificação de segundo grau é controvertida na doutrina[52]. No Brasil, a questão é sem relevância prática, já que o direito estrangeiro aplicável, indicado em conformidade com as normas de direito internacional privado do País, é sempre o direito substantivo ou material, solucionando de imediato a questão jurídica. Nunca é uma norma indicativa ou indireta de direito internacional privado[53].

D. Elementos de Conexão

Os elementos de conexão, como parte da norma indicativa ou indireta do direito internacional privado, com a ajuda da qual é possível determinar o direito aplicável, diferenciam-se conforme o direito internacional privado de cada Estado. Todavia, o direito comparado denuncia que determinados elementos de conexão são idênticos ou similares entre si em um grande número de Estados. Por essa razão, examinaremos apenas os elementos de conexão mais utilizados no direito internacional privado, sempre levando em consideração a sua aplicação no direito internacional privado brasileiro[54].

Os elementos de conexão mais analisados e discutidos doutrinariamente de um lado, são aqueles da nacionalidade (*lex patriae*), e de outro, do domicílio e da residência habitual da pessoa física. Quando um

---

51. Cf., a respeito, também, p. 185-9, adiante.

52. Cf. Keller e Siehr, *Allgemeine Lehren*, cit., p. 440-1, 446-7.

53. O art. 16, LINDB, diz textualmente: "Quando, nos termos dos artigos precedentes, se houver de aplicar a lei estrangeira, ter-se-á em vista a disposição desta, sem se considerar qualquer remissão por ela feita a outra lei".

54. No direito brasileiro, cf., entre outros, Jacob Dolinger, *Direito internacional privado*, cit., p. 243-77; Irineu Strenger, *Direito internacional privado*, cit., p. 265-315; Haroldo Valladão, *Direito internacional privado*, cit., v. 1, p. 264-382.

Estado adota um desses elementos de conexão, o direito aplicável se determina de acordo com o elemento de conexão designado na sua legislação, O objeto de conexão correspondente, nesses casos, é o estatuto pessoal (*lex personalis*) da pessoa física.

O conceito do estatuto pessoal da pessoa física[55], na realidade, possui várias acepções[56]. No âmbito do direito internacional privado, o estatuto pessoal da pessoa física determina o direito aplicável às suas relações pessoais de direito privado com conexão internacional[57]. Por consequência, basicamente, diz respeito aos direitos da personalidade e da capacidade jurídica, de família e das sucessões. Nem sempre, porém, nas diversas legislações, as mesmas questões jurídicas são qualificadas como pertencentes às relações pessoais de uma pessoa física. Na falta de regras especiais decorrentes de tratados internacionais, o conceito deverá ser interpretado, então, conforme a legislação do direito internacional privado de cada Estado[58].

A adoção do elemento de conexão da nacionalidade no direito internacional privado foi postulada pelo jurista italiano Pasquale Stanislao Mancini, já no século XIX, espalhando-se, em seguida, por todas as partes do mundo[59].

Esse elemento de conexão, no entanto, perdeu a relevância de outrora[60]. Ademais, em virtude da crescente mobilização da população no

---

55. Quanto ao estatuto pessoal da pessoa jurídica, cf. p. 166-74, adiante.

56. Keller e Siehr, *Allgemeine Lehren*, cit., p. 302-3; Fritz Schwind, Gedanken zum Personalstatut im internationalen Privatrecht, *Études de droit*, cit., p. 191-7.

57. Nesse sentido, *v.*, Daniel Girsberger (Hrsg.), Andreas Furrer, Daniel Girsberger, Kurt Siehr, Dirk Trüten, Internationales Privatrecht, XI/2, cit., p. 21; Fritz Schwind, Gedanken..., in *Études de droit*, cit., p. 191-4.

58. No Brasil, por exemplo, o art. 7º, *caput*, LINDB, determina: "A lei do país em que for domiciliada a pessoa determina as regras sobre o começo e o fim da personalidade, o nome, a capacidade e os direitos de família". E o art. 10 do mesmo diploma legal, referindo-se ao direito das sucessões, dispõe: "A sucessão por morte ou por ausência obedece à lei do país em que era domiciliado o defunto ou o desaparecido, qualquer que seja a natureza e a situação dos bens. § 1º A sucessão de bens de estrangeiros, situados no País, será regulada pela lei brasileira em benefício do cônjuge ou dos filhos brasileiros, ou de quem os represente, sempre que não lhes seja mais favorável a lei pessoal do *de cujus*. § 2º A lei do domicílio do herdeiro ou legatário regula a capacidade para suceder".

59. Cf., a respeito, p. 31, 208-9, adiante.

60. Cf. p. 32-3, *retro*.

mundo inteiro, muitas pessoas possuem dupla ou plurinacionalidade[61]. Os países e os tratados internacionais que, de uma forma ou de outra, ainda fazem referência ao elemento de conexão da nacionalidade estabelecem para estes casos se aceitam todas ou privilegiam apenas uma das nacionalidades como elemento de conexão válido ou ainda dispõem em outros termos a seu respeito[62].

Na adoção do elemento de conexão da nacionalidade, deve ser observado sempre o princípio da igualdade entre homem e mulher que decorre diretamente da Constituição e de várias convenções internacionais[63]. O direito internacional privado proíbe aqui, por força de ordem constitucional e do direito internacional, privilegiar a nacionalidade do homem em detrimento daquela da mulher quando forem diversas. O respeito ao princípio é de suma relevância prática para os sujeitos de direito, particularmente, nos direitos de família e das sucessões.

Quando uma pessoa física não possui nacionalidade, isto é, quando é apátrida, ou quando tem o *status* jurídico de refugiado, aplica-se a lei do seu domicílio ou, na falta de domicílio, a lei da sua residência[64].

---

61. É princípio fundamental do direito internacional público que cada Estado defina, individualmente, quem é o seu nacional. Como os Estados adotam vários critérios, configurando a aquisição e a perda da nacionalidade, para uma pessoa é possível possuir mais do que uma nacionalidade. Quanto à proteção diplomática, concedida pelo Estado a uma pessoa física da sua nacionalidade contra violações do direito internacional público por parte de outro Estado, a Corte Internacional de Justiça da Haia decidiu, contudo, no caso "Nottebohm", que é necessário, sempre, um liame efetivo entre a pessoa física e o Estado, a fim de que a nacionalidade possa ser reconhecida por outro Estado. Cf., entre outros, Keller e Siehr, *Allgemeine Lehren*, cit., p. 306-7.

62. *V.*, como exemplo, o art. 4º, 4, do Protocolo da Haia sobre a Lei Aplicável às Obrigações de Prestar Alimentos, de 23-11-2007, com vigência no Brasil: "Se o credor não conseguir obter a prestação de alimentos do devedor em razão das leis a que se refere o artigo 3º e os parágrafos 2 e 3 do presente artigo, aplicar-se-á a lei do Estado da nacionalidade comum do credor e do devedor, se houver".

63. No Brasil, cf. o art. 5º da CF: "Todos são iguais perante a lei, sem distinção de qualquer natureza, garantindo-se aos brasileiros e aos estrangeiros residentes no País a inviolabilidade do direito à vida, à liberdade, à igualdade, à segurança e à propriedade, nos termos seguintes: I – homens e mulheres são iguais em direitos e obrigações, nos termos desta Constituição".

64. Cf., a respeito, o art. 12, inc. 1, da Convenção sobre o Estatuto dos Apátridas, de 28-9-1954, e o art. 12, inc. 1, da Convenção sobre o Estatuto dos Refugiados, de 28-7-1951, ambas em vigor no Brasil.

Um desafio específico para o direito internacional privado é a crescente migração global. Em alguns casos, os migrantes ficam em trânsito por anos ou permanecem temporariamente residentes em um país antes de retornar ao seu país de origem. Para essas situações, a doutrina considera apropriada a aplicação de vários elementos de conexão. Além da residência habitual, admite o elemento de conexão da nacionalidade, permite a escolha entre os elementos de conexão da residência habitual e da nacionalidade, ou de outro com maior proximidade, em conformidade com a melhor indicação no caso concreto[65].

O elemento de conexão do domicílio opõe-se àquele da nacionalidade. Na América do Sul, quase todos os países atualmente adotam o elemento de conexão do domicílio como o indicador do direito aplicável ao estatuto pessoal da pessoa física. Uma exceção, porém, é o Panamá. Sua Lei n. 61, de 7 de outubro de 2015, que adota o Código de Direito Internacional Privado, privilegia a nacionalidade como elemento de conexão, no que diz respeito ao estado e à capacidade jurídica da pessoa física, bem como a determinados aspectos do direito de família[66].

O conceito do domicílio no direito internacional privado tem várias acepções, e seu conteúdo deve ser interpretado conforme as normas do direito internacional privado da *lex fori*.

Nesse terreno, as definições do conceito, em tratados internacionais, não contribuíram significativamente para a harmonização dos direitos nacionais divergentes.

Note-se que, na América do Sul, vários tratados internacionais definem o domicílio no âmbito do direito internacional privado. Dentre

---

65. Cf., entre outros, Sabine Corneloup, Migrants in Transit or Under Temporary Protection – How Can Private International Law Deal with Provisional Presence? *RabelsZ, 87*:46-75, 2023

66. *V.*, em particular, o seu art. 23: "El estado, capacidad y derecho de familia de los panameños se rigen por la ley panameña aun cuando residan en el extranjero. Se presume que el estatuto personal de los extranjeros se rige por su ley nacional, salvo que esta designe otro criterio de conexión. En tal sentido, el juez panameño aplicará la ley designada por la norma de conflicto de la ley nacional del extranjero". Em português, o texto reza: "O estado, a capacidade e o direito de família dos panamenhos são regidos pela legislação panamenha, mesmo que residam no exterior. Presume-se que o estatuto pessoal dos estrangeiros seja regido pela lei nacional, a menos que este designe outro critério de conexão. Neste sentido, o juiz panamenho aplicará a lei designada pela regra de conflito da lei nacional do estrangeiro" (Tradução realizada pelo autor).

estes, a *Convenção Interamericana sobre o Domicílio das Pessoas Físicas no Direito Internacional Privado*, celebrada em Montevidéu em 8 de maio de 1979, trata apenas da conceituação do domicílio[67], determinando que o domicílio da pessoa física será fixado conforme as seguintes circunstâncias: *a*) pelo lugar da sua residência habitual; *b*) pelo lugar do centro principal dos seus negócios; *c*) na ausência dessas circunstâncias, o domicílio será aquele do lugar da sua residência simples; *d*) se não existir uma residência simples, será decisivo o lugar onde a pessoa física se encontra[68].

Além disso, também tratados internacionais já muito antigos, como aqueles de Direito Civil Internacional de 1889 e de 1940 de Montevidéu, ambos não ratificados pelo Brasil, contêm definições do domicílio[69]. Ademais, o Código Bustamante, com vigência no Brasil, pronuncia-se sobre o domicílio no direito internacional privado[70]. Mas, na doutrina brasileira, a interpretação das suas normas sobre o domicílio é controvertida[71] e o seu teor em parte ultrapassado. A definição mais atualizada do conceito encontra-se na *Convenção Interamericana sobre o Domicílio das Pessoas Físicas no Direito Internacional Privado*, de 8 de maio de 1979. No que diz respeito ao Brasil, é controvertido na doutrina se o conceito do domicílio no direito internacional privado é o mesmo do direito civil ou se deve ser aplicado um conceito próprio para a nossa disciplina[72].

Uma exceção à regra da aplicação da lei do domicílio é representada, no direito brasileiro, pelo direito aplicável referente à capacidade de uma pessoa física de comprometer-se por uma letra de câmbio, por uma nota promissória ou por um cheque. O direito aplicável, nesses casos, determinar-se-á conforme o elemento de conexão da nacionalidade.

---

67. Essa convenção entrou em vigor e foi ratificada pelo Equador, Guatemala, México, Paraguai, Peru e Uruguai. Cf. o Portal da Organização dos Estados Americanos. Disponível em: https://www.oas.org. Acesso em: 12-7-2023.

68. Cf., art. 2 da Convenção.

69. Cf., nesse sentido, o art. 5º de ambos os tratados internacionais.

70. As normas sobre o domicílio são aquelas constantes nos arts. 22 a 26 do Código Bustamante.

71. Cf., a respeito das diferentes correntes doutrinárias, Jacob Dolinger, *Direito internacional privado*, cit., p. 254-6.

72. Cf., com relação às diferentes correntes doutrinárias, Jacob Dolinger, *Direito internacional privado*, cit., p. 256-7; e a sua evolução histórica, Haroldo Valladão, Domicílio e residência no direito internacional privado, *RT, 807*:743-58, 2003 (artigo reimpresso na *RT, 732*:7-21, 1966).

A razão para tais regras específicas é a de que o Brasil ratificou as Convenções destinadas a regular certos Conflitos de Leis em Matéria de Letras de Câmbio e Notas Promissórias, de 7 de setembro de 1930, e em Matéria de Cheques, de 19 de março de 1931, e que foram promulgadas pelos Decretos n. 57.595, de 7 de janeiro de 1966 (Cheques), e n. 57.663, de 24 de janeiro de 1966 (Letras de Câmbio e Notas Promissórias)[73].

A partir da Segunda Guerra Mundial, as convenções, elaboradas pela Conferência da Haia de Direito Internacional Privado começaram a adotar o elemento de conexão da residência habitual[74] em substituição daquele do domicílio. Também em vários Estados a legislação de origem interna lhe faz referência. Na América do Sul, diversas convenções internacionais, elaboradas nas Conferências Especializadas Interamericanas de Direito Internacional Privado, prestigiam a residência habitual como elemento de conexão[75] nos seus textos.

A residência habitual configura-se quando cumpridos determinados requisitos objetivos. Destarte, caracteriza-se como sendo o centro da vida de uma pessoa, ou seja, o lugar em que habita ou tem o centro de suas ocupações. Entretanto, aspectos subjetivos, como ocorre com a definição de domicílio, basicamente, não são levados em consideração.

Na falta de uma residência habitual ou de um domicílio, o direito aplicável rege-se, em regra, de acordo com a lei do lugar da residência simples de uma pessoa[76].

Outro elemento de conexão de longa tradição no direito internacional privado é a *lex rei sitae*. Esta determina ser aplicável a lei do lugar onde está situada uma coisa. O objeto de conexão da *lex rei sitae* é o regime

---

73. Cf., a respeito, Jacob Dolinger, *Direito internacional privado*, cit., p. 274.

74. O art. 3º do Protocolo da Haia sobre a Lei Aplicável às Obrigações de Prestar Alimentos, de 23-11-2007, promulgada no Brasil mediante o Decreto n. 9.176, de 19-10-2017, por exemplo, dispõe: "Norma Geral sobre a lei aplicável – 1. As obrigações de prestar alimentos regular-se-ão pela lei do Estado de residência habitual do credor, salvo quando o presente Protocolo dispuser de outra forma. 2. Em caso de mudança de residência habitual do credor, a lei do Estado de nova residência habitual aplicar-se-á a partir do momento em que a mudança ocorra".

75. Cf., entre outros, o art. 1 da Convenção Interamericana sobre a Obrigação de Prestar Alimentos, de 15-7-1989.

76. No Brasil, o art. 7º, § 8º, LINDB, dispõe: "Quando a pessoa não tiver domicílio, considerar-se-á domiciliada no lugar de sua residência ou naquele em que se encontre".

jurídico geral dos bens. Assim, designa o direito aplicável quanto à aquisição, à transferência e a extinção dos direitos reais e a posse de tais bens, a sua natureza jurídica, o seu conteúdo e os seus efeitos jurídicos[77]. O conceito dos bens abrange os bens imóveis e bens móveis. Levando em consideração os bens móveis, a aplicação da *lex rei sitae* pode ser mais complexa, pois estes podem ser transportados para além das fronteiras nacionais. Várias legislações nacionais estão prevendo, por este motivo, aqui exceções do princípio da aplicação da *lex rei sitae*[78]. Frequentemente é prevista a aplicação da lei do lugar do destino quando se trata de bens em trânsito[79]. Quando, no entanto, já foram adquiridos validamente direitos no lugar de sua origem, estes direitos, em princípio, preservam-se[80]. No direito comparado, se detecta, ademais, outras regras especiais, com relação ao direito aplicável aos bens móveis, como os títulos de crédito, os navios e as aeronaves[81]. O princípio da aplicação da *lex rei sitae* em relação aos bens imóveis e móveis também tem vigência no direito internacional brasileiro[82]. Exceções ao princípio são previstas na legislação em relação aos bens móveis e ao penhor[83]. Na doutrina, a sua interpretação é controvertida[84]. Essa dificuldade de interpretação será demonstrada com um exemplo prático.

---

77. Cf., neste sentido, por exemplo, o art. 39 da "Ley general de derecho internacional privado", Lei n. 19.920, promulgada na data de 27-11-2020 no Uruguai.

78. Cf., por exemplo, o art. 2.670 do Código Civil e Comercial da Nação da Argentina, Lei n. 26.994, de 7-10-2014, em vigor desde 1º-8-2015: "Direitos reais sobre bens móveis que não tenham uma localização. Os direitos reais sobre os bens móveis que o proprietário leva sempre consigo ou aqueles que são de seu uso pessoal, esteja ele no seu domicílio ou não, bem como os bens móveis que se destinam a serem vendidos ou transportados para outro local, regem-se pela lei do domicílio do proprietário. Se a qualidade do proprietário for contestada ou desconhecida, aplica-se a lei do local de sua situação" (tradução do texto original em espanhol para o português realizada pelo autor).

79. Cf., nesse sentido, por exemplo, o art. 40 da "Ley general de derecho internacional privado", Lei n. 19.920, promulgada em 27-11-2020 no Uruguai.

80. Cf., por exemplo, o art. 41 da "Ley general de derecho internacional privado", Lei n. 19.920, promulgada em 27-11-2020 no Uruguai.

81. Cf., neste sentido, por exemplo, o art. 40 da "Ley general de derecho internacional privado", Lei n. 19.920, promulgada em 27-11-2020 no Uruguai.

82. Cf., art. 8º, *caput*, LINDB.

83. Cf., art. 8º, §§ 1º e 2º, LINDB.

84. Na doutrina brasileira, cf., entre outros, Maristela Basso, *Curso de direito internacional privado*, cit., p. 171-7; Jacob Dolinger, *Direito internacional privado*, cit., p. 245-6; Irineu

Na venda de mercadorias, as partes, frequentemente, celebram um pacto acessório com reserva de domínio, e isso, inclusive, no âmbito do comércio internacional. No Brasil, o instituto jurídico do pacto de reserva de domínio é disciplinado no Código Civil[85] e é encontrado também em muitos ordenamentos jurídicos estrangeiros, ainda que as suas modalidades, os requisitos legais de sua constituição, de sua validade e de seus efeitos jurídicos possam divergir do direito brasileiro. De acordo com este, "na venda de coisa móvel, pode o vendedor reservar para si a propriedade, até que o preço esteja integralmente pago"[86]. Ademais, "a cláusula de reserva de domínio será estipulada por escrito e depende de registro no domicílio do comprador para valer contra terceiros"[87]. Quando o pacto com reserva de domínio foi acordado no exterior, é preciso examinar a sua validade e os seus efeitos jurídicos no Brasil. Isso deverá ocorrer conforme as normas do direito internacional privado da *lex fori*. No Brasil, "aplicar-se-à a lei do país em que for domiciliado o proprietário, quanto aos bens móveis que ele trouxer ou se destinarem a transporte para outros lugares"[88]. Isso significa que, com relação ao pacto de reserva de domínio, basicamente, é aplicável o direito do país no qual foi constituído. No entanto, "para qualificar os bens e regular as relações a eles concernentes, aplicar-se-à a lei do país em que estiverem situados"[89]. Conforme o direito brasileiro, o crédito titularizado de proprietário em contrato de venda com reserva de domínio não se submete aos efeitos da recuperação judicial do comprador, prevalecendo os direitos de propriedade sobre a coisa e as condições contratuais[90]. Caso o direito estrangeiro preveja o contrário, é de se verificar se for aplicável este direito, ou seja, a lei do país no qual foi constituído o pacto de reserva de domínio, ou o

---

Strenger, *Direito internacional privado*, cit., p. 273-4; Haroldo Valladão, *Direito internacional privado*, cit., v. 2, p. 156-71; José Carlos de Magalhães, Breve análise sobre o direito aplicável a bens no direito internacional privado brasileiro: a caução de ações, *Revista de Direito Mercantil (RDM), 82*:24-9, 1991.

85. Arts. 521 a 528, CC.

86. Art. 521, CC.

87. Art. 522, CC.

88. Art. 8º, § 1º, LINDB.

89. Art. 8º, *caput*, LINDB.

90. STJ, REsp 1.829.641-SC, 3ª T., rel. Min. Nancy Andrighi, j. 3-9-2019, *DJe*, 5-9-2019; STJ, Resp 1.725.609-RJ, 3ª T., rel. Min. Nancy Andrighi, j. 20-8-2019, *DJe*, 22-8-2019.

brasileiro, ou seja, a lei do destino que regula as relações concernentes à respectiva coisa. Levando em consideração a qualificação da mercadoria vendida com pacto de reserva de domínio, como sendo um bem móvel ou não, aplica-se o direito brasileiro[91]. Enfim, para fins de publicidade, ou seja, para que a reserva de domínio seja oponível a terceiros, é indispensável o seu registro conforme a lei brasileira no domicílio do comprador no País[92], ainda que já exista outro no exterior. Trata-se do registro no Brasil de requisito formal para a sua validade perante terceiros, que regula as relações concernentes ao bem móvel, objeto do pacto de reserva de domínio[93]. Inversamente, se uma mercadoria com pacto acessório de reserva de domínio constituído no Brasil é vendida ao exterior, é o direito internacional privado do país de seu destino que determina sobre o seu reconhecimento naquele país.

A noção do bem não deve ser confundida com aquela do patrimônio, muito mais abrangente que a primeira[94]. Ao patrimônio atribui-se um regime jurídico específico, que difere daquele da *lex rei sitae*, como ocorre, no direito de família, por ocasião da dissolução da sociedade conjugal ou da união estável, e no direito das sucessões, quando falece uma pessoa. Questões jurídicas complexas, ademais, referem-se ao direito societário no âmbito da fusão, aquisição e alienação de empresas com características transnacionais. Em todos estes casos, os mencionados institutos de direito já podem surtir efeitos jurídicos imediatos concernentes aos bens imóveis e móveis relacionados. Há a possibilidade, no entanto, que o legislador interfira em favor da aplicação do princípio da *lex rei sitae*, particularmente, no que diz respeito aos bens imóveis[95].

Questões jurídicas específicas suscitam os bens digitais, aos quais pertencem, por exemplo, também as criptomoedas. Bens digitais são

---

91. Art. 8º, *caput*, LINDB.

92. Art. 522, CC.

93. Art. 8º, § 1º, LINDB.

94. Para o direito brasileiro, cf. neste contexto, o art. 91, CC, que dispõe: "Constitui universalidade de direito o complexo de relações jurídicas, de uma pessoa, dotadas de valor econômico".

95. Cf., entre outros, Jolanta Kren Kostkiewicz, *Schweizerisches Internationales Privatrecht*, cit., p. 466-7. Quanto ao Brasil, a influência do direito anglo-saxão é dominante. V., Silvia Fazio, Fusões e aquisições no contexto internacional – A prática brasileira nas operações transfronteiriças. In: Fusões & aquisições. *Revista do Advogado da AASP, 158*:181-8, 2023.

bens intangíveis que têm existência em forma digital. A doutrina não somente analisa o direito material, mas também o direito internacional privado referente aos bens digitais. Aqui, frequentemente, já a sua qualificação dentro de seu âmbito é complexa. Em particular, os bens digitais podem se situar no âmbito do direito das obrigações, do direito das coisas ou do direito da propriedade intelectual. Ainda, diversas leis de aplicação imediata podem intervir desde que a relação jurídica no caso concreto seja transnacional[96].

Os direitos da propriedade intelectual prescindem da aplicação da *lex rei sitae*. Direitos da propriedade intelectual de um lado, são o direito do autor e direitos conexos, e de outro, os direitos da propriedade industrial. Em particular, as patentes, as marcas, os desenhos e modelos e as indicações geográficas integram os direitos da propriedade industrial[97]. Ainda que o direito da propriedade intelectual seja regulamentado amplamente por tratados internacionais, cujo objetivo principal é a sua harmonização em nível universal ou regional, a matéria permanece fragmentada em virtude da existência de diferentes legislações nacionais, conservando, portanto, fortes elementos de territorialidade[98]. Diante do estreito liame com a territorialidade dos direitos da propriedade intelectual, a doutrina e várias legislações nacionais pertencentes à *Civil Law* preferem o princípio da aplicação do direito do Estado de proteção (*lex loci protectionis*) em relação ao mais tradicional da territorialidade[99] neste âmbito como o elemento de conexão básico[100]. Nesses Estados, aos

---

96. *V.*, entre outros, Christiane Wendehorst, Digitalguter im Internationalen Privatrecht, *Praxis des Internationalen Privat- und Verfahrensrechts (IPRax), 40*:490-9, 2020.

97. Para obter uma visão geral e abrangente do direito da propriedade intelectual, inclusive, dos tratados internacionais em vigor, bem como das legislações nacionais existentes, consulte o Portal da Organização Mundial da Propriedade Intelectual (OMPI). Disponível em: https://www.wipo.int. Acesso em: 13-7-2023.

98. *V.*, entre outros, nesse sentido, Alexander Peukert, Vereinheitlichung des Immaterialgüterrechts: Strukturen, Akteure, Zwecke, *RabelsZ, 81*:158-93, 2017; STJ, REsp 1.188.053-RJ, 3ª T., rel. Min. Paulo de Tarso Sanseverino, j. 13-4-2021, *DJe*, 15-4-2021.

99. Nesse sentido, STJ, REsp 1.188.053-RJ, 3ª T., rel. Min. Paulo de Tarso Sanseverino, j. 13-4-2021, *DJe*, 15-4-2021. Para esse tribunal o princípio da territorialidade dos direitos da propriedade intelectual delimita também a competência internacional da Justiça brasileira nesse âmbito.

100. Os Estados da *Common Law*, por outro lado, preferem o elemento de conexão da *lex loci delicti*. Cf., nesse sentido, Annabelle Bennett, M. Sam Granada, *Quand le droit international*

direitos da propriedade intelectual, portanto, basicamente é aplicável o direito do Estado no qual a sua proteção é requerida[101].

Outro elemento de conexão tradicional no direito internacional privado é a regra da *lex loci delicti commissi*, aplicando-se às obrigações extracontratuais que induzem à responsabilidade civil pela prática de atos ilícitos[102].

A *lex loci delicti commissi* corresponde à lei do lugar onde um ato ilícito foi cometido. Este pode ter sido praticado em vários lugares (*ato ilícito a distância*), seja dentro do território de um único país, seja em países diferentes. O lugar do ato propriamente dito não é idêntico ao do lugar onde o ato produz seus efeitos (na doutrina se considera, também, esse lugar como o local onde foi praticado o ato ilícito). Na prática, o campo de aplicação da *lex loci delicti commissi* é muito amplo. Os casos mais recentes de atos ilícitos com conexão internacional que ocorrem com maior frequência são aqueles causados por poluição ou outras emissões, de concorrência desleal e de violação dos direitos gerais da personalidade pela mídia.

Nas legislações mais modernas de direito internacional privado, a *lex loci delicti commissi* é substituída, muitas vezes, por elementos de conexão especiais que se referem a determinados tipos de atos ilícitos, como acidentes rodoviários com veículos, responsabilidade civil do produtor, concorrência desleal, danos causados ao meio ambiente, violação de

---

privé rencontre le droit de la proprieté intellectuelle – Guide à l'intention des juges. Organisation Mondiale de la Propriété Intellectuelle (OMPI) e Conférence de La Haye de droit international privé (HCCH), Genebra/Haia, 2019, p. 54-5. Nesta obra, aliás, são tratadas as questões jurídicas práticas mais relevantes na relação entre os direitos da propriedade intelectual e o direito internacional privado (*jurisdição internacional, direito aplicável, reconhecimento e execução de sentenças estrangeiras, cooperação administrativa ou jurídica internacional*).

101. Cf., nesse sentido, por exemplo, o art. 110, inciso 1, da Lei suíça de direito internacional privado, de 18-12-1987. No Brasil, os arts. 48 e 49 do anteprojeto de reforma da Lei de Introdução ao Código Civil de Haroldo Valladão, de 29-12-1963, já previam a "aplicação da lei do país em que sua proteção é pedida". O projeto de Código de Aplicação das Normas Jurídicas, de 3-8-1970, não mais levado adiante, adotou textualmente a sua redação.

102. Cf., no direito brasileiro, entre outros, Jacob Dolinger, *Direito internacional privado*, cit., p. 246; Irineu Strenger, *Direito internacional privado*, cit., p. 287-315; Haroldo Valladão, *Direito internacional privado*, cit., v. 2, p. 198-205.

direitos de propriedade intelectual, violação da vida privada e dos direitos de personalidade etc.[103]

Observe-se que o Brasil não adotou expressamente o princípio da *lex loci delicti commissi* na sua legislação. A doutrina, porém, afirma a existência desse elemento de conexão no direito brasileiro[104].

E. Autonomia da Vontade e Direito Internacional Privado

A autonomia da vontade das partes, na sua qualidade como elemento de conexão, vem sendo discutida amplamente pela doutrina do direito internacional privado. Dada a sua importância, dedicamos uma atenção especial a esse elemento de conexão[105].

---

103. V., em particular, o Regulamento (CE) n. 864/2007 do Parlamento Europeu e do Conselho da União Europeia, de 11-7-2007, relativo à lei aplicável às obrigações extracontratuais ("Roma II").

104. Irineu Strenger, *Direito internacional privado*, cit., p. 287-315. Além disso, para fins específicos da violação de direitos da personalidade na internet, *v.* Maristela Basso e Fabrício Polido, Jurisdição e lei aplicável na internet: adjudicando litígios de violação de direitos da personalidade e as redes de relacionamento social, in: Newton de Lucca e Adalberto Simão Filho, *Direito e Internet*, São Paulo, Quartier Latin, 2008, v. 2, p. 441-89.

105. Entre a rica bibliografia brasileira, cf., entre outros, Maristela Basso, A autonomia..., in *Direito e comércio internacional*, cit., p. 42-66; Eduardo Grebler, O contrato internacional no direito da empresa, *Revista de Direito Mercantil (RDM)*, 84:22-32, 1992; João Grandino Rodas, Elementos de conexão do direito internacional privado brasileiro relativamente às obrigações contratuais, in *Contratos internacionais*, cit., p. 9-49; Nádia de Araújo, O direito do comércio internacional e o Mercosul, in *Contratos internacionais*, cit., p. 279-303; O direito subjetivo e a teoria da autonomia da vontade no direito internacional privado, in *Contratos internacionais e o direito econômico no Mercosul após o término do período de transição*, coord. Paulo Borba Casella, com a colaboração de Nádia de Araújo, Umberto Celli Jr. e Ricardo T. da Cunha, São Paulo, LTr, 1996, p. 31-47; Juliano Cardoso Schaefer Martins, *Contratos internacionais, a autonomia da vontade na definição do direito material aplicável*, São Paulo, LTr, 2008; Jürgen Samtleben, Teixeira de Freitas e a autonomia das partes no direito internacional privado latino-americano, *Revista de Informação Legislativa*, Brasília, 85:257-76, 1985; Irineu Strenger, *Direito internacional privado*, cit., p. 275-82; Haroldo Valladão, *Direito internacional privado*, cit., v. 1, p. 359-70. Com referência à doutrina estrangeira, cf., entre muitos, Keller e Siehr, *Allgemeine Lehren*, cit., p. 365-88; Kropholler, *Internationales Privatrecht*, cit., p. 264-72; Kurt Siehr, Die Parteiautonomie im Internationalen Privatrecht, *Festschrift fur Max Keller zum 65. Geburtstag*, Zürich, Schulthess Polygraphischer Verlag, 1989, p. 485-510; Dorothee Einsele, Rechtswahlfreiheit im Internationalen Privatrecht, *RabelsZ*, 60:417-47, 1996; Catherine Kessedjian, Les dangers liés a un mauvais choix du droit applicable, *Revue Internationale de Droit Comparé (RIDC)*, 47:373-83, 1995; Friedrich K. Juenger, Contract Choice of Law in the Americas, *The American Journal of Comparative Law (AmJCompL)*, 45:195-208, 1997.

A autonomia da vontade das partes, no direito internacional privado, significa que as próprias partes podem escolher o direito aplicável. O elemento de conexão aqui é a própria vontade manifestada pelas partes, vinculada a um negócio jurídico de direito privado com conexão internacional[106].

O princípio da autonomia da vontade das partes não é, porém, fonte de direito original, desvinculada da ordem jurídica estatal. Também não é uma regra de direito costumeiro internacional, pois é sempre a *lex fori* de cada Estado que decide se e conforme for em que extensão admite a autonomia da vontade das partes como elemento de conexão.

É esse direito que determina os limites do princípio, conforme a regra básica de que os juízos e tribunais de cada Estado aplicam suas próprias normas de direito internacional privado.

À medida que um Estado admite a autonomia da vontade das partes como elemento de conexão, é aplicável a lei designada pelas próprias partes, levando em consideração a sua vontade subjetiva, e não a vontade objetiva do legislador. Este determina, subsidiariamente, o direito aplicável na ausência de escolha do direito aplicável pelas partes.

A autonomia da vontade das partes no direito internacional privado distingue-se, fundamentalmente, da autonomia privada que o direito substantivo ou material interno de um Estado lhes concede. A primeira (*autonomia da vontade das partes*) tolera nos seus limites, inclusive, a derrogação de normas cogentes da última (*direito substantivo ou material interno*), desde que a relação jurídica tenha uma conexão internacional. No direito suíço, por exemplo, estabeleceu-se que os nubentes ou os cônjuges estão autorizados a escolher, revogar ou modificar o seu regime de bens tão somente dentro dos limites da lei[107], ou seja, a lei permite apenas a adoção de um regime conhecido pela lei suíça (*numerus clausus*). O seu direito internacional privado[108], por seu turno, admite o princípio de que aos cônjuges é facultado escolher o direito aplicável concernente ao regime de bens. Vale dizer que os

---

106. Nesse sentido, também, STJ, REsp 1.362.400-SP, 3ª T., rel. Min. Marco Aurélio Bellizze, j. 28-4-2015, *DJe*, 5-6-2015.

107. Art. 182, inc. 2, do Código Civil suíço.

108. Arts. 52 e 53, da lei federal suíça de direito internacional privado, de 18-12-1987.

cônjuges podem escolher um regime desconhecido no direito suíço quando a relação jurídica entre eles for internacional, no sentido da lei[109]. O exemplo demonstra, mediante a escolha do direito aplicável, ser possível derrogar o direito substantivo ou material cogente interno, embora sempre nos limites traçados pela *lex fori*.

As primeiras legislações a admitir expressamente a autonomia da vontade das partes como elemento de conexão válido no direito internacional privado foram o ABGB austríaco[110], alguns Códigos Civis de cantões suíços[111], a Lei de Introdução ao Código Civil italiano[112] e o *Horei* japonês[113].

Na doutrina, a aceitação da autonomia da vontade das partes como elemento de conexão permaneceu controvertida durante bastante tempo, até que, finalmente, o princípio foi reconhecido quase universalmente[114].

O princípio da autonomia da vontade das partes aplica-se, principalmente, às obrigações contratuais. Assim, as leis modernas de direito internacional privado e vários tratados internacionais lhe fazem referência. Por fim, cumpre ressaltar neste contexto o Regulamento (CE) n. 593/2008 do Parlamento Europeu e do Conselho, de 17 de junho de 2008, sobre a lei aplicável às obrigações contratuais (Roma I), que reconhece o princípio expressamente[115].

---

109. Conforme o art. 52, inciso 2, da lei federal suíça de direito internacional privado, de 18-12-1987, os cônjuges podem escolher ou o direito de seu domicílio à época ou após o seu casamento, ou, ainda, o direito de sua nacionalidade.

110. §§ 36 e 37 do ABGB de 1811.

111. *V.*, por exemplo, o § 7º, letra *c* (posteriormente § 6º, letra *d*), do PGB do Cantão de Zurique, de 1853/1855.

112. *V.* art. 9º, al. 2, das *Disposizioni Preliminari* de 1865.

113. *V.* § 7º, al. 1, do *Horei* de 1898. Cf., a respeito de todas as legislações, com detalhes, Keller e Siehr, *Allgemeine Lehren*, cit., p. 367-8.

114. Cf., entre outros, Jürgen Basedow, 4ème Commission. *Droits de l'homme et droit international privé/Human Rights and Private International Law.* In: Institut de Droit International. Annuaire, Session de La Haye, 2019, Travaux préparatoires, Vl. 79, 2019, Paris, Editions A. Pedone, 2019, p. 39-41. Com relação à situação jurídica nos países do Oriene Médio e do Norte da África v. Mahmoud M. Moghrabi, Le principe de l'autonomie de la volonté dans le droit international privé des pays de la Zone Mena: entre immobilisme et renouveau, *Revue Internationale de Droit Comparé (RIDC)*, 74:267-286, 2022.

115. Cf., em particular, o art. 3º do Regulamento.

Ampliando a abrangência do princípio, algumas legislações e tratados internacionais facultam a autonomia da vontade com relação ao regime de bens e às sucessões, desde que a relação jurídica seja internacional. Essa liberdade, no entanto, está restrita[116]. Nesse sentido, por exemplo, o Regulamento (UE) n. 650 do Parlamento Europeu e do Conselho de 4 de julho de 2012, relativo à competência, à lei aplicável, ao reconhecimento e execução das decisões, e à aceitação e execução dos atos autênticos em matéria de sucessões e à criação de um Certificado Sucessório Europeu, somente admite a escolha da lei da nacionalidade do autor de uma disposição de última vontade no âmbito do direito sucessório (*professio iuris*)[117], sendo que a regra geral é a aplicação da lei do país onde o falecido tinha a sua residência habitual à época de sua morte[118].

Além disso, os Regulamentos (UE) 2016 n. 1.103 e n. 1.104, de 24 de junho de 2016, que implementam a cooperação reforçada no domínio da competência, da lei aplicável, do reconhecimento e da execução de decisões em matéria de regimes matrimoniais e em matéria de efeitos patrimoniais das parecerias registradas, respectivamente, admitem a autonomia da vontade das partes no seu âmbito dentro dos seus limites estabelecidos[119].

Em relação ao divórcio e à separação judicial, convém mencionar, em particular, o Regulamento (UE) n. 1.259, de 22 de dezembro de 2010, que cria uma cooperação reforçada no domínio da lei aplicável em matéria de divórcio e separação judicial. Este permite aos cônjuges a designação do direito aplicável ao divórcio e à separação judicial quando: a) escolhem a lei do país de sua residência habitual no momento da

---

116. O Brasil conhece no art. 7º, § 5º, LINDB o seguinte dispositivo legal interessante: "O estrangeiro casado, que se naturalizar brasileiro, pode, mediante expressa anuência de seu cônjuge, requerer ao juiz, no ato de entrega do decreto de naturalização, se apostile ao mesmo a adoção do regime de comunhão parcial de bens, respeitados os direitos de terceiros e dada esta adoção ao competente registro". Na medida em que a Lei admita esta opção pela escolha do direito brasileiro, a autonomia da vontade é reconhecida como elemento de conexão.

117. Cf. art. 22º do Regulamento. A *professio iuris* significa a escolha do direito aplicável por declaração de vontade unilateral. Ela não tem natureza contratual e quando for admitida, isso ocorre apenas com restrições como no direito das sucessões.

118. Cf. art. 21º do Regulamento.

119. Cf. art. 22º de ambos os Regulamentos.

celebração do respectivo acordo; b) escolhem a lei do país de sua última residência habitual, desde que um deles ainda aí resida no momento da celebração do respectivo acordo; c) escolhem a lei da nacionalidade de um dos cônjuges à data da celebração do respectivo acordo; d) escolhem a lei do foro[120].

No que diz respeito às obrigações alimentícias, o Brasil aderiu ao *Protocolo da Haia sobre o Direito Aplicável às Obrigações de Prestar Alimentos*, de 23 de novembro de 2007[121]. Esse permite com restrições a designação do direito aplicável no seu âmbito[122].

Com relação às obrigações *ex delicto*, verifica-se a tendência de admitir a autonomia da vontade das partes em maior extensão. Isso, por exemplo, é visível no Regulamento (CE) n. 864/2007 do Parlamento Europeu e do Conselho da União Europeia, de 11 de julho de 2007, relativo à lei aplicável às obrigações extracontratuais ("Roma II")[123].

A forma de as partes escolherem o direito aplicável a uma relação jurídica de direito privado com conexão internacional é sempre regida pela *lex fori*, segundo a regra geral de que o juiz aplicará as normas do direito internacional privado da *lex fori*. Todavia, em regra, as legislações admitem uma escolha expressa ou até tácita do direito aplicável, contanto que, neste último caso, a vontade das partes resulte claramente das

---

120. Cf. art. 5º do Regulamento.

121. O Protocolo foi promulgado no Brasil mediante o Decreto n. 9.176, de 19-10-2017.

122. Cf. arts. 7 e 8 do Protocolo.

123. O art. 14º do Regulamento dispõe a respeito: "Liberdade de escolha – 1. As partes podem acordar em subordinar obrigações extracontratuais à lei da sua escolha: a) Mediante convenção posterior ao fato que dê origem ao dano; ou b) Caso todas as partes desenvolvam atividades econômicas, também mediante uma convenção livremente negociada, anterior ao fato que dê origem ao dano. A escolha deve ser expressa ou decorrer, de modo razoavelmente certo, das circunstâncias do caso, e não prejudicar os direitos de terceiros. 2. Sempre que todos os elementos relevantes da situação se situem, no momento em que ocorre o fato que dá origem ao dano, num país que não seja o país da lei escolhida, a escolha das partes não prejudica a aplicação das disposições da lei desse país não derrogáveis por acordo. 3. Sempre que todos os elementos relevantes da situação se situem, no momento em que ocorre o fato que dá origem ao dano, num ou em vários Estados-Membros, a escolha, pelas partes, de uma lei aplicável que não a de um Estado-Membro, não prejudica a aplicação, se for esse o caso, das disposições de direito comunitário não derrogáveis por convenção, tal como aplicados pelo Estado-Membro do foro". Com relação a outros limites, *v.* ainda os arts. 16º (*normas de aplicação imediata*) e 26º (*ordem pública do foro*) do Regulamento.

circunstâncias. Embora a eleição de determinado foro pelas partes possa ser um forte indício da escolha da *lex fori* como a aplicável, deverão existir no caso concreto indícios adicionais para chegar a essa conclusão, na ausência de uma escolha expressa[124].

Por outro lado, quando a escolha feita pelas partes é juridicamente válida, conforme as normas do direito internacional privado da *lex fori*, o direito escolhido é o que rege as suas relações jurídicas.

Em regra, as partes escolhem o direito aplicável, por ocasião da celebração do contrato ou de outro negócio jurídico, perante o qual o direito internacional privado da *lex fori* admite a autonomia da vontade. Muitas legislações aceitam ainda a escolha do direito aplicável numa data posterior, inclusive durante o processo, desde que se trate de contratos internacionais. Ademais, é permitida a alteração da escolha do direito aplicável, já feita entre as partes, por várias legislações nos mesmos termos[125].

Na doutrina, contudo, é controvertido se as partes podem escolher qualquer direito como o aplicável ou se essa liberdade sofre certas restrições.

Quando a própria lei estabelece limites à autonomia da vontade das partes, estas tão somente podem escolher o direito aplicável em consonância com a lei. Uma escolha do direito aplicável que não respeite os limites da lei é juridicamente ineficaz, de modo que o direito aplicável será aquele consoante a vontade objetiva do legislador, subsidiariamente aplicável na ausência de escolha válida das partes[126]. Quando a lei não estabelecer restrições expressas, entendemos que as partes poderão escolher qualquer ordem jurídica como direito aplicável, tendo em vista que todos os direitos são equivalentes[127].

---

124. STJ, REsp 1.850.781-SP, 3ª T., rel. Min. Ricardo Villas Bôas Cueva, j. 28-9-2021, *DJe*, 1º-10-2021. No contrato de seguro saúde internacional examinado pelo STJ constou cláusula de eleição de foro estrangeiro e a escolha expressa da *lex fori* como a aplicável ao caso concreto.

125. Cf., como exemplo, o art. 45 da "Ley general de derecho internacional privado", Lei n. 19.920, promulgada em 27-11-2020 no Uruguai.

126. A autonomia da vontade das partes é limitada, por vezes, com o fim de proteger a parte estruturalmente mais fraca do contrato, como nos contratos de trabalho e naqueles que protegem o consumidor.

127. Fórmulas restritas, como a exigência de um interesse razoável das partes na aplicação de um determinado direito, parecem ser desnecessárias. As partes sabem escolher, na prática, qual deva ser o direito aplicável às suas relações jurídicas. Diferente, nesse sentido, porém, o direito dos Estados Unidos. Cf., Peter Hay, On the Road to a Third American Restatement of Conflicts

São aplicáveis, porém, sempre as regras gerais do direito internacional privado da *lex fori* aos casos em que este permite a autonomia da vontade das partes. Por conseguinte, a reserva da ordem pública interfere quando o direito escolhido pelas partes é um determinado direito estrangeiro que no caso concreto viola princípios fundamentais de direito da *lex fori*[128]. Igualmente, as leis de aplicação imediata da *lex fori* impedem seja aplicado *in casu* o direito estrangeiro escolhido pelas partes[129]. Por outro lado, se um Estado estrangeiro exigir a aplicação de seu direito público a uma relação jurídica de direito privado com conexão internacional, será exclusivamente o direito da *lex fori* que decidirá se o direito estrangeiro poderá ser levado em consideração[130].

Além disso, a autonomia da vontade das partes pode ser restrita por normas que tenham a sua origem no direito internacional público[131]. Particularmente, detecta-se nesse âmbito cada vez mais normas, fundamentadas nos direitos humanos[132]. A respectiva legislação está em permanente evolução. No Brasil, tem vigência atualmente o Decreto n. 9.571, de 21 de novembro de 2018, que estabelece as diretrizes nacionais sobre empresas e direitos humanos.

Law, *Praxis des Internationalen Privat- und Verfahrensrechts (IPRax)*, 42:215-7, 2022. Outra questão jurídica distinta é quanto à medida em que as partes possam determinar que o direito aplicável será sempre este em vigor na data da celebração de um contrato internacional, independentemente de eventuais alterações legais desse direito ocorridas posteriormente. A doutrina controverte sobre o assunto. Cf. Otto Sandrock, "Versteinerungsklauseln" in Rechtswahlvereinbarungen für internationale Handelsverträge, in *Ius Inter Nationes, Festschrift für Stefan Riesenfeld*, eds. Erik Jayme, Gerhard Kegel und Marcus Lutter, Heidelberg, C. F. Müller Juristischer Verlag, 1983, p. 211-36.

128. Cf., a respeito da ordem pública, p. 175-81, adiante.

129. Cf., a respeito das leis de aplicação imediata, p. 23-5, *retro*.

130. Cf., a respeito da aplicação do direito público pelo juiz da *lex fori*, p. 26-8, *retro*.

131. Cf., nesse sentido, por exemplo, sobre o regime jurídico do controle de exportações no direito internacional público, Walter Werner, Die neuen internationalen Grundlagen der Exportkontrolle, *Recht der Internationalen Wirtschaft (RIW)*, 44:179-86, 1998.

132. Cf., nesse sentido, entre outros, a proposta de Diretiva do Parlamento Europeu e do Conselho relativa ao dever de diligência das empresas em matéria de sustentabilidade e que altera a Diretiva (UE) 2019/1937, de 23-2-2022; Anton Vallélian e Sébastien Zulien, La protection des droits de l'homme dans les contrats internationaux, *Anwalts Revue de L'Avocat, 10*/2019, p. 425-30

Na América Latina, a resistência tradicional contra a admissão da autonomia da vontade como elemento de conexão válido no âmbito do direito internacional privado se dissipou. À exceção do Brasil, todos os Estados integrantes do Mercosul, atualmente, incorporaram este elemento de conexão nos seus ordenamentos jurídicos: Venezuela (atualmente membro suspenso)[133], Argentina[134], Uruguai[135] e Paraguai[136].

No Brasil, o elemento de conexão aplicável às obrigações ainda está regido pelo art. 9º da LINDB[137], que é omisso quanto à admissão da autonomia da vontade das partes como elemento de conexão[138]. A doutrina, por seu lado, está dividida e indecisa quanto à avaliação de se o direito brasileiro admite ou não, diante do texto da lei, a escolha do direito aplicável pelas partes[139].

Na prática, porém, muitos contratos internacionais de comércio, com participação de empresas brasileiras, contêm cláusula expressa

---

133. A Venezuela ratificou a Convenção Interamericana sobre o Direito Aplicável aos Contratos Internacionais, de 17-3-1994. Cf., nesse sentido, o Portal da OEA. Disponível em: http://www.oas.org.

134. Cf. art. 2.651 do Código Civil e Comercial da Nação, Lei n. 26.994, de 7-10-2014, em vigor desde 1º-8-2015.

135. Cf. art. 45 da "Ley general de derecho internacional privado", Lei n. 19.920, promulgada em 27-11-2020.

136. O Paraguai incorporou na sua legislação interna os Princípios da Haia relativos à escolha do direito aplicável aos contratos comerciais internacionais mediante a Lei n. 5.393, de 14-1-2015. Com relação ao texto integral dos Princípios da Haia e aos comentários publicados e seus trabalhos preparatórios, v. o Portal da Conferência da Haia de Direito Internacional Privado. Disponível em: https://www.hcch.net. Acesso em: 13-7-2023.

137. "Art. 9º Para qualificar e reger as obrigações, aplicar-se-á a lei do país em que se constituírem. § 1º Destinando-se a obrigação a ser executada no Brasil e dependendo de forma essencial, será esta observada, admitidas as peculiaridades da lei estrangeira quanto aos requisitos extrínsecos do ato. § 2º A obrigação resultante do contrato reputa-se constituída no lugar em que residir o proponente". Com relação ao termo *residente* deste dispositivo legal, *v.* STJ, REsp 1.923.716-DF, 3ª T., rel. Min. Nancy Andrighi, j. 24-8-2021, *DJe*, 30-8-2021.

138. A antiga Lei de Introdução ao Código Civil de 1916, no seu art. 13, *caput*, referia-se, entretanto, à autonomia da vontade das partes, estipulando: "Regulará, salvo estipulação em contrário, quanto à substância e aos efeitos das obrigações, a lei do lugar onde foram contraídas". A doutrina deduziu dessa redação do artigo que a lei tolerasse a autonomia da vontade das partes como elemento de conexão válido no direito brasileiro.

139. Cf., a respeito das opiniões doutrinárias existentes no Brasil, entre outros, Nádia de Araújo e Lauro Gama Jr., A escolha da lei aplicável aos contratos do comércio internacional: os futuros princípios da Haia e perspectivas para o Brasil, *RArb, 34*:36-8, 40, 2012.

determinando o direito aplicável ao contrato. A adoção dessa cláusula no contrato, aliás, está largamente divulgada no comércio internacional.

Nesse contexto cumpre ressaltar que está se firmando jurisprudência do Superior Tribunal de Justiça admitindo a escolha de determinado direito estrangeiro pelas partes no âmbito de um contrato internacional não somente por um tribunal arbitral, mas também por qualquer juiz ou tribunal estatal em território brasileiro[140].

Sem prejuízo disso, o Brasil deveria introduzir, *de lege ferenda*, o princípio da autonomia da vontade das partes na sua legislação e determinar também os seus limites, a fim de garantir segurança jurídica nesse tipo de relações jurídicas[141]. Nesse contexto, controverte-se em relação a contratos internacionais de comércio se as partes tão só podem escolher normas estatais como o direito aplicável ou também outras regras de direito, geralmente aceitas, como por exemplo, os princípios relativos aos contratos comerciais internacionais, do Instituto Internacional para a Unificação do Direito Privado (*UNIDROIT*), os princípios de direito contratual da América Latina[142], a *Lex Mercatoria*, ou as regras das Federações Esportivas Internacionais[143]. No Brasil, a Lei n. 9.307, de 23 de setembro de 1996, que dispõe sobre a arbitragem, adiantou-se neste ponto, determinando de forma expressa que as partes poderão escolher livremente as regras de direito a serem aplicadas na arbitragem. Assim abrange, inclusive, as não estatais, desde que não haja violação aos bons costumes e à ordem pública[144]. No Brasil, portanto, as partes são autorizadas a escolher o direito aplicável no âmbito da

---

140. Cf. STJ, AgInt no Resp 1.343.290-SP, 4ª T., rel. Min Luis Felipe Salomão, j. 20-8-2019, *DJe*, 23-8-2019; STJ, REsp 1.280.218-MG, 3ª T., rel. Min. Marco Aurélio Bellizze, p.m., j. 12-8-2016, *DJe*, 12-8-2016. Neste caso, o STJ, inclusive, admitiu a escolha do direito aplicável em relação à prescrição.

141. *V.*, como exemplo, nesse sentido, a "Ley general de derecho internacional privado", Lei n. 19.920, promulgada em 27-11-2020 no Uruguai, prevendo uma secção própria sobre as obrigações contratuais no seu Capítulo IX, Seção I, arts. 44 a 51.

142. Cf., Iñigo de la Maza Gazmuri/Álvaro Vidal Olivares, The Principles of Latin American Contract Law (PLACL) – A Presentation on the Essential Components, *Zeitschrift für Europäisches Privatrecht (ZEuP)*, 28:418-56, 2020.

143. O art. 3º dos Princípios da Haia relativos à escolha do direito aplicável aos contratos comerciais internacionais permite como princípio também normas de direito não estatais, mas ressalva o direito de cada Estado de dispor individualmente a seu respeito.

144. Cf. art. 2º, § 1º, da Lei n. 9.307, de 23-9-1996 (revisada pela Lei n. 13.129/2015), que dispõe sobre a arbitragem.

arbitragem amplamente[145]. A regra, ademais, vigora nos Estados-membros do Mercosul há tempo. *O Acordo sobre Arbitragem Comercial Internacional* dispõe textualmente: "As partes poderão eleger o direito que se aplicará para solucionar a controvérsia com base no direito internacional privado e seus princípios, assim como no direito de comércio internacional. Se as partes nada dispuserem sobre esta matéria, os árbitros decidirão conforme as mesmas fontes"[146].

Ainda, no plano internacional, a Conferência Especializada Interamericana de Direito Internacional Privado, que se realizou na Cidade do México, em 1994, adotou, em 17 de março, a Convenção Interamericana sobre o Direito Aplicável aos Contratos Internacionais[147]. Essa Convenção admite expressamente a autonomia da vontade das partes para a escolha do direito aplicável a um contrato internacional[148]. Além disso, o Acordo do Mercosul sobre Direito Aplicável em Matéria de Contratos Internacionais de Consumo, celebrado em Brasília na data de 21 de dezembro de 2017[149], prevê disposições sobre a escolha do direito aplicável no seu âmbito[150].

F.   *LEX FORI*

A *lex fori* tem várias acepções no direito internacional privado[151].

---

145. Sobre a convenção de arbitragem, cf. art. 3º da Lei n. 9.307, de 23-9-1996, que dispõe sobre a arbitragem, revisada pela Lei n. 13.129/2015.

146. Cf. art. 10 do Acordo, promulgado no Brasil pelo Decreto n. 4.719, de 4-6-2003.

147. Até a presente data, no entanto, apenas a Venezuela e o México ratificaram a Convenção. Cf. o Portal da OEA. Disponível em: http://www.oas.org. Acesso em: 13-7-2023.

148. Cf., a respeito do conteúdo da Convenção, com detalhes, Nádia de Araújo, O direito..., in *Contratos internacionais*, cit., p. 292-303; Antenor Pereira Madruga Filho, A CIDIP-V e o direito aplicável aos contratos internacionais, in *Contratos internacionais e direito econômico no Mercosul após o término do período de transição*, coord. Paulo Borba Casella, com a colaboração de Nádia de Araújo, Umberto Celli Jr. e Ricardo T. da Cunha, São Paulo, LTr, 1996, p. 407-57; Ronald Herbert, La Convención Interamericana sobre Derecho Aplicable a los Contratos Internacionales, *Revista Uruguaya de Derecho Internacional Privado*, 1:45-62, 1994.

149. Não temos conhecimento de que qualquer dos seus Estados-membros já tenha ratificado o Acordo. Cf., o Portal do Mercosul. Disponível em: https:// www.mercosur.int. Acesso em: 13-7-2023.

150. *V.* arts. 4 a 6 do Acordo.

151. Cf., entre outros, Haroldo Valladão, *Direito internacional privado*, cit., v. 1, p. 377-82.

Cada Estado possui normas próprias de direito internacional privado no seu ordenamento jurídico. Igualmente, tratados internacionais vigoram dentro de um Estado apenas quando da sua incorporação ao direito interno. A regra básica, portanto, é a de que o juiz aplica sempre as normas de direito internacional privado vigentes no lugar do foro, ou seja, a *lex fori*. Essas normas são, na maioria dos casos normas indicativas ou indiretas, designando meramente o direito aplicável a uma relação jurídica de direito privado com conexão internacional, mas não solucionando a causa *sub judice* materialmente. As normas de direito processual civil internacional, formando com as primeiras o direito internacional privado *lato sensu*, por outro lado, são normas diretas e pertencem ao direito público[152].

Por vezes, a *lex fori* exerce também a função de elemento de conexão, mais precisamente quando se trata de determinar a lei aplicável a uma relação jurídica de direito privado com conexão internacional[153]. Nesses casos, adota-se com frequência a regra de que o juiz, internacionalmente competente, aplica, como direito aplicável, a *lex fori*. Esse elo entre a competência internacional e o direito aplicável, que caracteriza esse elemento de conexão, é denominada pela doutrina "*lex fori in* foro próprio". Seu campo de aplicação é, principalmente, o direito de família (proteção de menores e adoção) e foi adotada, também, em convenções elaboradas pela Conferência da Haia de Direito Internacional Privado[154]. A grande vantagem da *lex fori in* foro próprio é a de que o juiz pode aplicar sempre o direito que lhe é familiar e, principalmente, quando necessária sua atuação mais rápida.

Se o direito aplicável a uma relação jurídica de direito privado com conexão internacional for o estrangeiro, pode ocorrer que a sua aplicação

---

152. Cf. p. 5, 40, 133, *retro*.

153. *V.*, como exemplo, art. 4º, 2., do Protocolo da Haia sobre a Lei Aplicável às Obrigações de Prestar Alimentos, de 23-11-2007. No Brasil, o Protocolo foi promulgado pelo Decreto n. 9.176, de 19-10-2017.

154. Cf., entre outros, Convenção da Haia relativa à Competência, à Lei Aplicável, ao Reconhecimento, à Execução e à Cooperação em Matéria de Responsabilidade Parental e de Medidas de Proteção das Crianças, de 19-10-1996; Convenção da Haia relativa à Proteção Internacional de Adultos, de 13-1-2000.

viole, *in casu*, a ordem pública. Se isso ocorrer, aplica-se a *lex fori* em substituição do direito estrangeiro[155].

Outrossim, quando uma norma de aplicação imediata interferir numa relação jurídica de direito privado com conexão internacional[156], a *lex fori* é o direito aplicável.

A *lex fori* emprega-se, ainda, quando for aplicável o direito estrangeiro conforme as normas do direito internacional privado; mas o seu conteúdo não é verificável pelo juiz ou pelas partes[157].

A *lex processualis fori*, por fim, estabelece a regra básica, tradicionalmente reconhecida, de que o direito processual civil se rege de acordo com a *lex fori*[158].

G. ESTATUTO PESSOAL DA PESSOA JURÍDICA NO DIREITO INTERNACIONAL PRIVADO

Ao estatuto pessoal da pessoa jurídica[159] no direito internacional privado[160] são aplicáveis regras jurídicas específicas.

O estatuto pessoal da pessoa jurídica determina a lei aplicável nas suas relações jurídicas internacionais de direito privado, e é denominado, pela doutrina, *lex societatis*. Assim, regula "a) o começo da personalidade jurídica; forma e modo de constituição, capacidade das pessoas que a compõem (comerciante ou não, entre cônjuges, com sócios menores etc.); b) o término da vida da pessoa jurídica (falência, dissolução etc.); c) o nome comercial; d) o objeto social; e) a sua administração, gestão e

---

155. Cf. p. 178, adiante.

156. Cf., também, p. 179, adiante.

157. Cf. p. 257, adiante.

158. Cf., também, p. 236, adiante.

159. Com relação às pessoas jurídicas no direito brasileiro em geral, cf. os arts. 40 a 69, CC.

160. Para o direito brasileiro, cf., entre outros, Luiz Olavo Baptista, *Contratos internacionais*, São Paulo, Lex Editora, 2010, p. 91-4; Jacob Dolinger, *Direito internacional privado*, cit., p. 411-37 Referente à doutrina estrangeira, cf., entre outros, Carsten Thomas Ebenroth e Ulrich Messer, Das Gesellschaftsrecht im neuen schweizerischen IPRG, *Zeitschrift für Schweizerisches Recht (ZSR)*, I:49-106, ano 108, 1989; Andreas Kley-Struller, Die Staatszugehörigkeit juristischer Personen, *Schweizerische Zeitschrift für internationales und europäisches Recht (SZIER)*, I:163-202, 1991; Eva-Maria Kieninger, The Law Applicable to Corporations in the EC, *RabelsZ*, 73:607-28, 2009, e Internationales Gesellschaftsrecht zwischen Polbud, Panama und Paradise, *Zeitschrift für Europäisches Privatrecht (ZEuP)*, 26:309-19, 2018.

funcionamento; f) a emissão de títulos e seu regime jurídico"[161], ou seja, em termos gerais, a sua existência e natureza jurídica, a sua capacidade jurídica de ser titular de direitos e obrigações, a sua representação em relação a terceiros, e a sua liquidação[162].

As legislações seguem, basicamente, duas teorias com o propósito de determinar o estatuto pessoal da pessoa jurídica, a saber: aquelas da incorporação e da sede social.

De acordo com a teoria da incorporação, é aplicável a lei do lugar da constituição da pessoa jurídica[163]. As regras jurídicas da constituição variam de Estado para Estado. Normalmente, existem ainda determinados requisitos com relação à publicidade e ao registro. Preenchidos todos os requisitos legais da constituição, a capacidade jurídica da pessoa jurídica é reconhecida, e o direito aplicável rege-se basicamente pelo direito do lugar da sua constituição[164]. Segundo a teoria da incorporação, os sócios fundadores possuem a faculdade de constituir a pessoa jurídica conforme o direito de sua escolha, ainda que esta não desenvolva as suas principais atividades no país da sua constituição. Decisiva é, portanto, a sede estatutária designada no contrato social da pessoa jurídica. A sede social ou efetiva, ou seja, aquela da sua administração real, não é relevante[165].

À teoria da incorporação opõe-se a da sede social. Esta determina como direito aplicável aquele do lugar da sede efetiva da pessoa jurídica, no qual se situa a sua administração real. A sede estatutária, designada no contrato social da pessoa jurídica, tem de coincidir, obrigatoriamente, com a sede efetiva. Somente nesta condição a sua capacidade jurídica será reconhecida por outro país que segue a teoria da sede social[166].

---

161. V., entre outros, Luiz Olavo Baptista, *Contratos internacionais*, cit., p. 91-2.

162. V., com exemplo, o art. 33 da "Ley general de derecho internacional privado", Lei n. 19.920, promulgada em 27-11-2020 no Uruguai.

163. Cf., nesse sentido, por exemplo, o art. 24 da Lei n. 61, de 7-10-2015, que adota o Código de Direito Internacional Privado do Panamá, de 8-10-2015.

164. Cf., nesse sentido, por exemplo, o art. 24 da Lei n. 61, de 7-10-2015, que adota o Código de Direito Internacional Privado do Panamá, de 8-10-2015.

165. Cf., entre outros, Eva-Maria Kieninger, The Law Applicable to Corporations in the EC, *RabelsZ*, 73:620-1, 2009.

166. A lei austríaca de direito internacional privado, de 15-6-1978, estabelece, no seu § 10: "O

Da análise das duas teorias, os adeptos da teoria da incorporação entendem que esta favorece a segurança jurídica. Argumentam que somente com a aplicação da teoria da incorporação se pode confiar na estabilidade da pessoa jurídica, o que traria segurança para os credores.

A adoção da teoria da sede social, em contrapartida, conduziria, com frequência, à existência de sociedades irregulares, posto que, em muitos casos, a sede estatutária, designada no contrato social da pessoa jurídica, não coincide de fato com a sua sede social ou efetiva, inclusive, quando uma sociedade resolve transferir a sua administração por determinadas razões, provisoriamente, para o estrangeiro.

A teoria da incorporação reflete, ainda, o interesse de um Estado em seguir uma prática liberal quando se trata de reconhecer pessoas jurídicas estrangeiras[167]. Evidentemente, elas terão que respeitar estritamente as suas leis quando praticarem atos em seu território. Nesse contexto, convém destacar ainda a crescente reivindicação internacional para impor diretrizes às empresas, em particular às transnacionais, com relação ao respeito dos direitos humanos, com pretensão de vigência universal[168]. Também o Brasil estabeleceu diretrizes neste sentido para empresas, incluídas as empresas multinacionais com atividades no País[169].

Os adeptos da teoria da sede social pregam, a seu favor, que ela deve ser aplicada para coibir a fraude à lei, porque a sede estatutária pode ser escolhida pelos sócios fundadores num país para evitar que sejam

---

estatuto pessoal de uma pessoa jurídica... é regido pelo direito do país, no qual tem a sede real da sua administração principal". No âmbito da União Europeia (EU), todavia, favorece-se a teoria da incorporação. V., entre outros, Eva-Maria Kieninger, The Law Applicable to Corporations in the EC, *RabelsZ*, 73:607-28, 2009.

167. Cf., nesse sentido, como exemplo, o art. 36 da "Ley general de derecho internacional privado", Lei n. 19.920, promulgada em 27-11-2020 no Uruguai: "(Reconhecimento das pessoas de direito privado). As pessoas jurídicas de direito privado constituídas conforme a lei do lugar da sua constituição serão reconhecidas de pleno direito na República. Poderão praticar atos essenciais ou acessórios referentes ao seu objeto, como estar em juízo, como também atos individuais de seu objeto social" (tradução do texto original em espanhol para o português realizada pelo autor).

168. Cf. no Brasil sobre o tópico empresas e direitos humanos, Flávia Piovesan, *Temas de direitos humanos*, cit., p. 233-61, e, Ana Amélia Mascarenhas Camargos/Paula Castro Collesi, Empresas e direitos humanos, *Revista do Advogado da AASP, 143*:132-42, 2019.

169. Quanto ao teor da legislação brasileira cf. o Decreto n. 9.571, de 21-11-2018, que estabelece diretrizes nacionais sobre empresas e direitos humanos.

aplicadas à sociedade determinadas normas do Estado onde se concentram suas atividades. A teoria da incorporação não levaria em consideração os interesses do Estado no qual uma pessoa jurídica está desenvolvendo efetivamente as suas atividades, desrespeitando, ademais, o princípio de que esta deveria dirigir suas atividades em sentido amplo (*lato sensu*), também, em benefício do interesse comum. A teoria da incorporação protegeria, além disso, a evasão indesejada de capitais para paraísos fiscais, como Ilhas Cayman, Ilhas Virgens Britânicas, Bahamas, Delaware (EUA) etc.[170]

Cumpre acrescentar que várias convenções internacionais se referem expressamente ao estatuto pessoal da pessoa jurídica no direito internacional privado. Na sua maioria, adotam a teoria da incorporação como princípio, mas admitem certas exceções em favor da teoria da sede social[171]. Nesse sentido, foram concebidas, por exemplo, as Convenções da Haia sobre o Reconhecimento de Sociedades Estrangeiras, de 1º de junho de 1956, e das Comunidades Europeias sobre o Reconhecimento Recíproco de Sociedades e de Pessoas Jurídicas, de 29 de fevereiro de 1968. Ambas, porém, não entraram em vigor internacionalmente até a presente data[172].

Na América Latina, foram elaboradas diversas convenções que tratam expressamente do estatuto pessoal da pessoa jurídica no direito internacional privado.

As *Convenções Interamericanas sobre Conflitos de Leis em Matéria de Sociedades Mercantis*, de 8 de maio de 1979[173], e sobre a *Personalidade e a*

---

170. Cf., entre outros, Carsten Thomas Ebenroth e Ulrich Messer, Das Gesellschaftsrecht..., revista cit., p. 52-5, 58-9.

171. Kropholler, *Internationales Privatrecht*, cit., p. 474.

172. Jacob Dolinger, *Direito internacional privado*, cit., p. 420-3.

173. Seus arts. 2 e 3 dispõem: "Art. 2. A existência, a capacidade, o funcionamento e a dissolução das sociedades mercantis regem-se pela lei do lugar da sua constituição. Entende-se por 'lei do lugar de sua constituição' a lei do Estado onde se cumpram os requisitos de forma e de fundo necessários para a criação de tais sociedades. Art. 3. As sociedades mercantis devidamente constituídas em um Estado serão reconhecidas de pleno direito nos demais Estados. O reconhecimento de pleno direito não exclui a faculdade do Estado de exigir comprovação da existência da sociedade de acordo com a lei do lugar de sua constituição. Em nenhum caso, a capacidade reconhecida às sociedades constituídas em um Estado poderá ser maior do que a capacidade que a lei do Estado do reconhecimento outorga às sociedades constituídas neste

Capacidade de Pessoas Jurídicas no Direito Internacional Privado, de 24 de maio de 1984[174], ambas vigentes no Brasil, adotam a teoria da incorporação para determinar o estatuto pessoal da pessoa jurídica no direito internacional privado[175].

O *Código Bustamante*, ratificado pelo Brasil, manifesta-se também com relação ao estatuto pessoal da pessoa jurídica, referindo-se a sua nacionalidade para designá-lo[176]. As disposições do Código Bustamante não são suficientemente claras, e o emprego do termo "nacionalidade" no contexto não foi feliz[177].

Os Tratados de Direito Comercial Internacional de 1889 e de Direito Comercial Terrestre Internacional de 1940, ambos celebrados em Montevidéu e ratificados pela Argentina, pelo Paraguai e pelo Uruguai, inclinam-se à teoria da incorporação, estabelecendo certas exceções ao princípio adotado[178].

A doutrina analisa, por vezes, a teoria do controle, comparando-a àquelas da incorporação e da sede social. A teoria, no entanto, quase não se aplica para determinar o estatuto pessoal da pessoa jurídica no direito internacional privado.

último Estado". Sobre o estado atual das ratificações cf. o Portal da Organização dos Estados Americanos. Disponível em: https://www.oas.org.

174. Os arts. 2 e 3 desta convenção dispõem: "Art. 2º A existência, a capacidade de ser titular de direitos e obrigações, o funcionamento, a dissolução e a fusão das pessoas jurídicas de caráter privado serão regidos pela lei do lugar de sua constituição". Entender-se-á por "lei do lugar de sua constituição" a do Estado-Parte em que forem cumpridos os requisitos da forma e fundo necessários à criação das referidas pessoas. "Art. 3º As pessoas jurídicas privadas devidamente constituídas num Estado-Parte serão reconhecidas de pleno direito nos demais Estados-Partes. O reconhecimento de pleno direito não exclui a faculdade do Estado-Parte de exigir comprovação de que a pessoa jurídica existe conforme a lei do lugar de sua constituição. Em caso algum, a capacidade reconhecida às pessoas jurídicas privadas constituídas num Estado-Parte poderá ser maior do que a capacidade que a lei do Estado-Parte que as reconheça outorgue às pessoas jurídicas constituídas neste último". Sobre o estado atual das ratificações, cf. o Portal da Organização dos Estados Americanos. Disponível em: https://www.oas.org.

175. Cf., Jacob Dolinger, *Direito internacional privado*, cit., p. 423.

176. *V.*, em particular, os arts. 16 a 21 do Código Bustamente.

177. A respeito da interpretação desta parte do Código Bustamante, cf. Jacob Dolinger, *Direito internacional privado*, cit., p. 419-20.

178. Cf., a respeito, Jacob Dolinger, *Direito internacional privado*, cit., p. 419.

A teoria do controle leva em consideração, principalmente, a nacionalidade das pessoas físicas e a composição das pessoas jurídicas que formam a pessoa jurídica. Estabelece com frequência, ainda, requisitos legais quanto a sua sede. Se uma pessoa jurídica estiver sediada em um país e for controlada por pessoas físicas nacionais desse país e/ou por pessoas jurídicas com sede no mesmo país, cujo controle é nacional, será considerada nacional. Se o controle for exercido por pessoas físicas de nacionalidade estrangeira, pessoas jurídicas com sede no exterior e/ou sede no país, mas com controle estrangeiro, a pessoa jurídica reputa-se estrangeira.

O controle pode referir-se apenas à administração e à gestão (controle moderado), ou ainda ao capital e ao direito de voto nas assembleias gerais da pessoa jurídica. Não existe um conceito jurídico geral para definir o controle de uma pessoa jurídica. A própria legislação que adota a teoria do controle, normalmente, estabelece os critérios para determinar quando uma pessoa jurídica é considerada nacional ou estrangeira[179].

A teoria do controle é aplicada, sobretudo, no direito público interno e no direito internacional público[180].

Quanto ao direito público interno, a teoria do controle é aplicada, por exemplo, no âmbito do direito econômico[181].

No direito internacional público, a teoria do controle é aplicada em vários Estados, para a proteção diplomática das pessoas jurídicas controladas por investidores nacionais contra violações do direito internacional público, como desapropriações e nacionalizações sem o pagamento de uma indenização apropriada, e cometidas por parte do Estado que tomou

---

179. A Lei n. 5.709, de 7-10-1971, que regula, no Brasil, a aquisição de imóvel rural por estrangeiro residente no País ou pessoa jurídica estrangeira autorizada a funcionar no Brasil, estabelece no seu art. 1º: "O estrangeiro residente no país e a pessoa jurídica estrangeira autorizada a funcionar no Brasil só poderão adquirir imóvel rural na forma prevista nesta lei. § 1º Fica, todavia, sujeita ao regime estabelecido por esta lei a pessoa jurídica brasileira da qual participem, a qualquer título, pessoas estrangeiras físicas ou jurídicas que tenham a maioria do seu capital social e residam ou tenham sede no exterior". O Decreto n. 74.965, de 26-11-1974, que regulamenta a mencionada Lei n. 5.709, de 7-10-1971, emprega os mesmos termos para definir o controle.

180. Cf., entre outros, Andreas Kley-Struller, *Die Staatszugehörigkeit*..., revista cit., p. 73-5.

181. Cf. Andreas Kley-Struller, *Die Staatszugehörigkeit*..., revista cit., p. 76; Keller e Siehr, *Allgemeine Lehren*, cit., p. 329.

essas medidas. A Corte Internacional de Justiça da Haia decidiu, contudo, no caso "Barcelona Traction, Light and Power Company Limited", que a adoção da teoria do controle não é reconhecida como princípio geral no direito internacional público quando se trata de definir a abrangência da proteção diplomática para uma pessoa jurídica[182].

A insegurança jurídica quanto à proteção diplomática clássica levou muitos Estados a protegerem os investimentos dos seus nacionais no estrangeiro por via de tratado internacional bilateral. A proteção de investimentos estrangeiros é objeto, também, de alguns tratados multilaterais[183].

Uma parte da doutrina usa por vezes o termo "nacionalidade" da pessoa jurídica para ressaltar a distinção entre a pessoa jurídica nacional e a estrangeira. A assertiva não está tecnicamente correta, pois o vínculo jurídico-político que caracteriza a nacionalidade[184] pode existir, tão somente, entre uma pessoa física e um determinado Estado, gerando em relação a estes direitos e deveres pessoais específicos que, já pela sua natureza, não são capazes de atingir a pessoa jurídica[185]. Melhor do que falar em "nacionalidade" da pessoa jurídica é afirmar que ela está juridicamente ligada ao direito de determinado Estado, conforme critérios preestabelecidos em lei, o que permite a distinção entre pessoa jurídica nacional e estrangeira[186].

---

182. Cf. Andreas Kley-Struller, *Die Staatszugehörigkeit...*, revista cit., p. 76-8.

183. Com relação ao Brasil, cf., entre outros, Giuliana Magalhães Rigoni, Tratados bilaterais de investimento: breve análise da posição brasileira. In: Leonardo Lemer Caldeira Brant, Délber Andrade Lage e Suzana Santi Cremasco. *Direito internacional contemporâneo*, Curitiba, Juruá, 2011, p. 841-51; Eugênia Zerbini, o Brasil a distância do direito internacional dos investimentos, *Revista de Direito Bancário e de Mercado de Capitais*, 35:11-8, 2007; Nádia de Araújo e Lauro da Gama de Souza Jr., Os acordos bilaterais de investimento com participação do Brasil e o direito interno – análise das questões jurídicas, in Paulo Borba Casella e Araminta de Azevedo Mercadante (Coord.), *Guerra comercial ou integração mundial pelo comércio? A OMC e o Brasil*, São Paulo, LTr, 1998, p. 460-96.

184. Cf., a respeito, Jacob Dolinger, *Direito internacional privado*, cit., p. 135.

185. Nesse sentido, entre outros, Andreas Kley-Struller, *Die Staatszugehörigkeit...*, revista cit., p. 75.

186. Na língua alemã, faz-se a distinção entre a *Staatsangehörigkeit der natürlichen Person* e a *Staatszugehörigkeit der juristischen Person.*

O reconhecimento da pessoa jurídica é outro conceito, suscitando dúvidas. Na realidade, está vinculado à parte do estatuto pessoal da pessoa jurídica no direito internacional privado que trata de sua existência jurídica e da extensão da sua capacidade de gozo ou de direito.

Antigamente, uma pessoa jurídica estrangeira, em regra, precisava de autorização específica do Estado para poder funcionar no país. Essa exigência está ultrapassada e em desuso na atualidade. O próprio estatuto pessoal da pessoa jurídica, implicitamente, já pressupõe o seu reconhecimento. A denegação da capacidade de gozo ou de direito, aliás, não é o meio adequado para proteger a economia nacional contra a concorrência estrangeira nem para controlar as atividades das empresas estrangeiras no país. O instrumento apropriado para atingir esse objetivo é a decretação de normas de natureza econômica que interferem no mercado[187].

No Brasil, o estatuto pessoal da pessoa jurídica está definido no art. 11, *caput*, da LINDB, da seguinte forma: "As organizações destinadas a fins de interesse coletivo, como as sociedades e as fundações, obedecem à lei do Estado em que se constituírem"[188]. O direito pátrio, portanto, consagra a teoria da incorporação, expressamente na lei.

Por outro lado, exige da pessoa jurídica estrangeira que queira se estabelecer no País mediante uma sucursal, filial, ou agência, uma autorização governamental específica para poder funcionar[189]. Pessoa jurídica estrangeira é aquela que foi constituída no exterior e tem a sua sede estatutária fora do território nacional[190]. Ela apenas necessita da prévia autorização governamental quando se estabelece no Brasil mediante a abertura de uma filial, ou seja, caracterizando-se como mera extensão da personalidade jurídica da matriz estrangeira, sem constituir no País uma

---

187. Cf., no mesmo sentido, entre outros, Andreas Kley-Struller, *Die Staatszugehörigkeit...*, revista cit., p. 71-3.

188. Decreto-Lei n. 4.657, de 4-9-1942, com as suas alterações posteriores.

189. Cf. nesse sentido em detalhes os arts. 1.134-1.141 do CC, e Modesto Carvalhosa, *Comentários ao Código Civil*, coord. Antônio Junqueira de Azevedo, arts. 1.052 a 1.195, São Paulo, Saraiva, 2003, v. 13, p. 587-613; Sylvio Alarcon, Sociedades empresárias estrangeiras: estudo à luz do direito de empresa, *Revista de Direito Privado*, 70:237-57, 2016.

190. Essa conclusão se depreende da interpretação do art. 1.134, § 1º, CC. Cf. também a EC n. 6, de 15 de agosto de 1995, que derrogou o texto do antigo art. 171 da CF.

subsidiária com personalidade jurídica própria[191]. Para poder ser acionista de sociedade anônima brasileira, a pessoa jurídica estrangeira não precisa de autorização governamental, ressalvados os casos expressos em lei[192]. Atualmente, a pessoa jurídica estrangeira que pretende se estabelecer no Brasil, em regra, precisa requerer autorização ao Departamento Nacional de Registro Empresarial e Integração (DREI) para poder funcionar no Brasil, bem como processar suas alterações estatutárias ou contratuais, nacionalização e cassação de autorização[193].

A Lei n. 6.404, de 15 de dezembro de 1976, que dispõe sobre as sociedades anônimas, contém outras normas do tipo que não pertencem ao direito internacional privado[194]. Trata-se de normas diretamente aplicáveis conforme o direito brasileiro, disciplinando a condição jurídica do estrangeiro no País.

---

191. Nesse sentido, *v.*, entre outros, Rubens Tarcisio Fernandes Vellozza, Anotações concernentes ao comando inserido no art. 1.134 do Código Civil, *Revista de Direito Bancário e do Mercado de Capitais, 56*:277-90, 2012.

192. Art. 1.134, *caput*, do CC; Erasmo Valladão A. e N. França e Marcelo Vieira von Adamek, Da livre participação, como regra, de sociedade estrangeira em sociedade brasileira de qualquer tipo, *Revista de Direito Mercantil (RDM), 147*:55-62, 2007.

193. Sobre todo o procedimento e regras especiais em relação a empresas de setores específicos, bem como toda legislação aplicável, *v.* o Portal do Departamento Nacional de Registro Empresarial e Integração (DREI). Disponível em: https://www.gov.br/economia/pt-br/assuntos/drei/empresas-estrangeiras. Acesso em: 13-7-2023.

194. *V.*, por exemplo, o art. 269, *caput* e inciso VII, da Lei n. 6.404, de 15-12-1976, que dispõe: "O grupo de sociedades será constituído por convenção aprovada pelas sociedades que o componham, a qual deverá conter: (...) VII – a declaração da nacionalidade do controle do grupo". E o parágrafo único do mesmo artigo diz textualmente: "Para os efeitos do n. VII, o grupo de sociedades considera-se sob controle brasileiro se a sua sociedade de comando está sob o controle de: *a*) pessoas naturais residentes ou domiciliadas no Brasil; *b*) pessoas jurídicas de direito público interno; ou *c*) sociedade ou sociedades brasileiras que, direta ou indiretamente, estejam sob controle das pessoas referidas nas alíneas *a* e *b*". Outra norma do mesmo diploma legal, o art. 119, pronuncia-se sobre a representação de acionista residente ou domiciliado no exterior, rezando: "O acionista residente ou domiciliado no exterior deverá manter, no País, representante com poderes para receber citação em ações contra ele, propostas com fundamento nos preceitos desta Lei. Parágrafo único. O exercício, no Brasil, de qualquer dos direitos de acionista, confere ao mandatário ou representante legal qualidade para receber citação judicial".

| Capítulo 6 |

Preceitos Básicos do Direito Internacional Privado

A. Ordem Pública

O juiz, ao julgar uma relação jurídica de direito privado com conexão internacional, aplica sempre as normas de direito internacional privado da lei do foro (*lex fori*). Essas normas resolvem, essencialmente, conflitos de leis no espaço, isto é, determinam qual o direito aplicável a uma relação jurídica de direito privado com conexão internacional. Se for aplicável o direito estrangeiro, o direito internacional privado da *lex fori*, em princípio, não leva em consideração o conteúdo desse direito. Em toda parte do mundo, porém, os juízes não aplicam o direito estrangeiro, embora sendo o aplicável, se este viola, *in casu*, a ordem pública[1]. No direito internacional privado brasileiro, a reserva da ordem

---

1. Na doutrina brasileira, cf., entre outros, Maristela Basso, *Curso de direito internacional privado*, cit., p. 261-302; Jacob Dolinger, *Direito internacional privado*, cit., p. 329-60, e A ordem pública internacional em seus diversos patamares, *RT, 828*:33-42, 2004; Cláudio Finkelstein, Arbitragem e ordem pública, *Revista de Direito Constitucional e Internacional, 131*:255-68, 2022; Haroldo Valladão, *Direito internacional privado*, cit., v. 1, p. 487-502; Júlio Onody Filho, A ordem pública nos países do Mercosul, in *Contratos internacionais e direito econômico no Mercosul após o término do período de transição*, coord. Paulo Borba Casella, com a colaboração de Nádia de Araújo, Umberto Celli Jr. e Ricardo Th. da Cunha, São Paulo, LTr, 1996, p. 555-74; Luís Roberto Barroso e Carmen Tiburcio, Homologação de sentença estrangeira: vedação à expropriação de marcas, *Revista da ABPI (Associação Brasileira de Propriedade Intelectual), 80*:3-20, jan./fev. 2006. Em relação à doutrina internacional, cf. por todos, Jürgen Basedow, 4ème Commission. *Droits de l´homme et droit international privé/Human Rights and Private International Law*. In: Institut de Droit International. Annuaire, Session de La Haye, 2019, Travaux préparatoires, Vl. 79, 2019, Paris, Editions A. Pedone, 2019, notadamente, p. 34-39, 61.

pública está expressa no art. 17 da Lei de Introdução às Normas do Direito Brasileiro (LINDB) conforme redação dada pela Lei n. 12.376, de 30 de dezembro de 2010, que reza: "As leis, atos e sentenças de outro país, bem como quaisquer declarações de vontade, não terão eficácia no Brasil, quando ofenderem a soberania nacional, a ordem pública e os bons costumes"[2].

A reserva da ordem pública é uma cláusula de exceção que se propõe a corrigir a aplicação do direito estrangeiro, quando este leva, no caso concreto, a um resultado incompatível com os princípios fundamentais da ordem jurídica interna.

Essa concepção da ordem pública é adotada também no direito brasileiro. Conforme a lição, já clássica, de Haroldo Valladão, "denega-se, no Brasil, efeito ao direito estrangeiro que choca concepções básicas do foro, que estabelece normas absolutamente incompatíveis com os princípios essenciais da ordem jurídica do foro, fundados nos conceitos de justiça, de moral, de religião, de economia e mesmo de política, que ali orientam a respectiva legislação. É uma noção fluida, relativíssima, que se amolda a cada sistema jurídico, em cada época, e fica entregue à jurisprudência em cada caso"[3].

---

2. Com relação à aplicação dessa norma, *v.*, por exemplo, STJ, SEC 9.412, CE, rel. p. acórdão Min. João Otávio de Noronha, j. 19-4-2017, p.m., *DJe*, 30-5-2017 (*Violação da ordem pública in casu, quando o árbitro que profere a sentença arbitral está impedido ou suspeito conforme a legislação brasileira*); STJ, SEC 5.493, CE, rel. Min. Felix Fischer, j. 21-9-2011, *DJe*, 16-10-2011. Neste caso, o STJ não detectou qualquer violação de ordem pública em relação a uma sentença estrangeira que alterou o nome civil de uma pessoa, levando em consideração ainda que o art. 7º, *caput*, da LINDB estabelece como elemento de conexão o domicílio, inclusive quanto ao nome da pessoa. Cf., ademais, STJ, SEC 5.726-EX, CE, rel. Min. Maria Thereza de Assis Moura, j. 29-8-2012, *DJe*, 13-9-2012 (*Modificação de registro de nascimento de menor. Acréscimo do nome de padrasto e exclusão do patronímico do pai biológico. Inexistência de violação da ordem pública in casu*).

3. Haroldo Valladão, *Direito internacional privado*, cit., v. 1, p. 496. Veja-se, como exemplo prático, a cobrança de dívida de jogo contraída no exterior. Conforme a jurisprudência atual do STJ, a sua cobrança no Brasil não ofende a ordem pública, ainda que o legislador pátrio tenha adotado solução diferente no direito interno (art. 814 do Código Civil, art. 50 da Lei de Contravenções Penais e Decreto-Lei 3.688/41). V. STJ, REsp 1.628.974-SP, 3ª T., rel. Min. Ricardo Villas Bôas Cueva, j. 13-6-2017, *DJe*, 25-8-2017.

No Brasil, a legislação refere-se expressamente à soberania nacional e aos bons costumes para caracterizar a ordem pública[4]. Esse conceito, entretanto, já abrange os casos de violação da soberania nacional e dos bons costumes pela aplicação do direito estrangeiro no País, o que torna juridicamente irrelevante a sua introdução na lei. Por outro lado, a aplicação do direito estrangeiro no caso concreto pode violar a ordem pública quando conflita com direitos fundamentais, consagrados na Constituição do País[5]. Aplicando direito estrangeiro, o juiz, ademais, deverá examinar a sua compatibilidade com a "ordem pública internacional", "ordem pública mundial" ou "verdadeiramente internacional". Isso significa que terá que se basear não só nos princípios básicos da ordem jurídica interna, mas também naqueles decorrentes do direito internacional, consubstanciados em tratados internacionais, no direito costumeiro internacional, em princípios gerais de direito e em outras fontes supranacionais que vinculam juridicamente um Estado[6]. De suma relevância é a conformidade do direito estrangeiro no caso concreto com os direitos humanos, particularmente com o princípio da não discriminação no direito internacional privado[7]. Portanto, é fundamental que o juiz tenha uma visão ampla da ordem pública ao julgar uma causa de direito privado que transcende as fronteiras nacionais. Isso, no entanto, não altera o fato de que a ordem pública constitui uma norma geral de direito internacional privado da *lex fori*. Por esse motivo, a interpretação do conceito da ordem pública de origem interna e internacional não é homogênea em todos os Estados. Aquilo que fere os princípios básicos da ordem jurídica de um Estado pode ser juridicamente válido em um

---

4. Cf. art. 17, LINDB.

5. Nesse sentido, já o art. 4º do Código Bustamante, de 20-2-1928, promulgado no Brasil pelo Decreto n. 18.871, de 13-8-1929, dispõe textualmente: "Os preceitos constitucionais são de ordem pública internacional". Cf., sobre a relação entre Constituição e ordem pública no direito internacional privado, Maristela Basso, *Curso de direito internacional privado*, cit., p. 23-4.

6. Nesse sentido, com detalhes, Jacob Dolinger, revista cit., p. 33-5 e 38-42; Mathias Forteau, L'ordre public "transnational" ou "réellement international", *Journal du Droit International (Clunet)*, 138:3-49, 2011.

7. Nesse sentido, expressamente, o art. 8º, da Resolução do Instituto de Direito Internacional sobre a Relação entre Direitos Humanos e Direito Internacional Privado, de 4-9-2021.

outro[8]. No Brasil, o Superior Tribunal de Justiça refere-se neste contexto frequentemente à "dignidade humana"[9].

Na realidade, a ordem pública é um conceito relativo com variações no tempo e no espaço. É também um conceito aberto que, necessariamente, precisa ser concretizado pelo juiz, quando este julga uma causa de direito privado com conexão internacional, à qual é aplicável o direito estrangeiro, conforme as normas do direito internacional privado da *lex fori*.

Quanto mais próxima e intimamente vinculada à *lex fori* estiver uma relação jurídica, embora aplicável o direito estrangeiro no caso concreto, tanto mais o juiz leva em consideração a compatibilidade desse direito com a ordem pública. A conexão mais próxima ou distante da relação jurídica concreta com a *lex fori*, que influi na aplicação da reserva da ordem pública pelo juiz, é denominada, pela doutrina alemã, *Binnenbeziehung*.

Se o direito estrangeiro não for o aplicável ao caso concreto por violar a ordem pública, a regra é a de que o juiz aplique a *lex fori*[10].

A doutrina distingue as reservas gerais das reservas especiais de ordem pública. As primeiras intervêm sempre que é aplicável o direito estrangeiro a uma relação jurídica de direito privado com conexão internacional[11].

---

8. O repúdio, o divórcio pela vontade de um só cônjuge, por exemplo, viola a ordem pública brasileira. O mesmo instituto jurídico, no entanto, é admitido em Estados de origem islâmica. Cf., a respeito, com detalhes, Negi Calixto, O "repúdio" das mulheres pelo marido no direito muçulmano, visto pelo Supremo Tribunal Federal, *Revista de Informação Legislativa*, 77:279-96, Brasília, 1983. V., neste contexto, ainda, Marc-Philippe Weller, Irene Hauber, Alix Schulz, Gleichstellung im Internationalen Scheidungsrecht – talaq und get im Licht des Art. 10 Rom III-VO, *Praxis des Internationalen Privat- und Verfahrensrechts (IPRax)*, 36:123-32, 2016.

9. Cf., entre outros, STJ, HDE 3.876-EX, CE, rel. Min. Og Fernandes, j. 1-8-2022, *DJe*, 18-8-2022, e, art. 216-F, RISTJ. V., sobre o conceito, ademais, André de Carvalho Ramos, Dignidade humana como obstáculo à homologação de sentença estrangeira, *RP*, 249:31-55, 2015.

10. Cf., entre outros, Jacob Dolinger, *Direito internacional privado*, cit., p. 344-5. No mesmo sentido, por exemplo, TJRJ, Ap. 18836/00, 13ª Câm., rel. Des. Nametala Jorge, j. 16-4-2001, *RT*, 794:381-2, 2001, e, expressamente, o art. 7º da Lei n. 61, de 7-10-2015, que adota o Código de Direito Internacional Privado do Panamá.

11. O art. 17, LINDB, por exemplo, constitui uma reserva geral da ordem pública.

Quando a reserva refere-se tão somente a determinada matéria de direito, costuma-se falar em reserva especial de ordem pública[12].

A doutrina diferencia, também, as reservas negativa e positiva de ordem pública. A primeira impede a aplicação do direito estrangeiro, aplicável conforme as normas do direito internacional privado da *lex fori*. O termo "ordem pública positiva" não é mais usado com tanta frequência. Modernamente, a doutrina refere-se às leis de aplicação imediata quando trata da matéria[13]. Quando uma norma de aplicação imediata intervém numa relação jurídica de direito privado com conexão internacional, não é necessário verificar o conteúdo do direito estrangeiro e examiná-lo em seguida sob o aspecto da violação da ordem pública. As normas da *lex fori* são aplicáveis de imediato, devido ao seu conteúdo imperativo e cogente, e isso, também, no plano internacional. Uma norma de aplicação imediata, todavia, sempre deverá coadunar-se com o compromisso de respeito aos direitos humanos, notadamente o princípio da não discriminação[14].

Os tratados internacionais preveem, regularmente, cláusulas de reserva da ordem pública nos seus textos, quando determinam o direito aplicável a uma relação jurídica de direito privado com conexão internacional. Essas cláusulas ressalvam o direito do juiz de aplicar a ordem pública da *lex fori* quando a aplicação do direito estrangeiro, no caso concreto, for manifestamente incompatível com os princípios fundamentais da ordem jurídica interna. As convenções elaboradas pela Conferência da Haia de Direito Internacional Privado utilizam a fórmula "manifestamente incompatível" (*manifestement incompatible, manifestly incompatible, offensichtlich unvereinbar*)[15], enquanto aquelas das

---

12. O art. 7º, § 6º, LINDB, alterado pela Lei n. 12.036, de 1º-10-2009, mas revogado pela EC n. 65 de 2010, por exemplo, contém reserva especial da ordem pública, cujo teor é o seguinte: "O divorcio realizado no estrangeiro, se um ou ambos os cônjuges forem brasileiros, só será reconhecido no Brasil depois de um ano da data da sentença salvo se houver sido antecedida de separação judicial por igual prazo, caso em que a homologação produzirá efeito imediato, obedecidas as condições estabelecidas para a eficácia das sentenças estrangeiras no país".

13. Cf., a respeito da noção das leis de aplicação imediata, p. 23-9, *retro*.

14. Nesse sentido, art. 8º, da Resolução do Instituto de Direito Internacional sobre a Relação entre Direitos Humanos e Direito Internacional Privado, de 4-9-2021.

15. *V.*, como exemplo, art. 13º do Protocolo sobre o Direito Aplicável às Obrigações de Prestar Alimentos, de 23-11-2007, promulgado no Brasil mediante o Decreto n. 9.176, de 19-10-2017:

Conferências Interamericanas Especializadas costumam utilizar a expressão "manifestamente contrária"[16], delimitando seu campo de aplicação referente à cláusula da ordem pública[17]. A *Convenção Interamericana sobre Normas Gerais de Direito Internacional Privado,* de 8 de maio de 1979, celebrada em Montevidéu, estabelece no seu art. 5º, em termos gerais, que "a lei declarada aplicável por uma convenção de direito internacional privado pode ser recusada no território de um Estado signatário que a considere manifestamente contrária aos princípios de sua ordem pública"[18]. As convenções pretendem salientar, com as fórmulas citadas, que a reserva de ordem pública é uma cláusula de exceção, aplicada, tão somente, em casos de extrema desarmonia com os princípios básicos da ordem jurídica interna.

A reserva da ordem pública pode intervir em relação a um processo judicial com conexão internacional em trâmite perante juiz ou tribunal quando *in casu* for aplicável o direito estrangeiro conforme as normas do direito internacional privado vigentes no País. Além disso, pode interferir no processo judicial que tem como finalidade o reconhecimento e a execução de decisões estrangeiras no País. Nesta última acepção, é designada pela doutrina "reserva da ordem pública processual"[19].

A ordem pública, por final, pode intervir também em relação ao reconhecimento de situações jurídicas constituídas no exterior, frequentemente denominadas direitos adquiridos no exterior[20]. Em relação a

---

"A aplicação da lei determinada de acordo com o Protocolo poderá ser recusada apenas na medida em que seus efeitos sejam manifestamente contrários à ordem pública do foro".

16. *V.*, como exemplo, art. 7º da Convenção sobre Conflitos de Leis em Matéria de Sociedades Mercantis, de 8-5-1979, promulgada no Brasil mediante o Decreto n. 2.400, de 21-11-1997: "A lei declarada aplicável por esta Convenção poderá não ser aplicada no território do Estado que a considere manifestamente contrária à sua ordem pública".

17. Cf., entre outros, Jacob Dolinger, *Direito internacional privado,* cit., p. 348-9.

18. A Convenção foi promulgada no Brasil mediante o Decreto n. 1.979, de 9-8-1996.

19. *V.*, com relação à homologação da decisão estrangeira no Brasil, em particular, arts. 963, VI, do CPC, e 216-F, do RISTJ. Cf., como exemplo, STJ, SEC 9.412, CE, rel. p. acórdão Min. João Otávio de Noronha, p.m., j. 19-4-2017, *DJe,* 30-5-2017 (violação da ordem pública processual, parcialidade de árbitro e violação do dever de revelação em procedimento arbitral realizado no exterior).

20. *V.*, como exemplo, o art. 9º da "Ley general de derecho internacional privado", Lei n. 19.920, promulgada em 27-11-2020, no Uruguai: "(Direitos adquiridos). Uma relação jurídica validamente constituída num Estado estrangeiro, nos termos da lei desse Estado, deve ser re-

esses direitos, trata-se, em particular, do estado civil de uma pessoa, como o seu casamento, o seu divórcio e a sua filiação, constituído no exterior, mas também de direitos que afetam a personalidade de uma pessoa, como o seu nome e a sua identidade.

No Brasil, "atos e declarações de vontade" não terão eficácia no País, quando "ofenderem a soberania nacional, a ordem pública e os bons constumes"[21]. Esta disposição deverá ser interpretada em harmonia com as tendências mais recentes do direito internacional privado. Por conseguinte, o Brasil deverá facilitar o reconhecimento de situações jurídicas constituídas ou direitos adquiridos no exterior em seu território. Para tanto, a sua validade deverá ser examinada exclusivamente em conformidade com o direito estrangeiro. Este, no entanto, deverá demonstrar uma proximidade real e suficiente com o Estado em que foi constituído o direito a ser reconhecido no País. Afora isso, o único impedimento para o seu reconhecimento é a violação da ordem pública nacional e internacional que, inclusive, requerem o compromisso com o respeito aos direitos humanos[22].

B. Fraude à Lei

A fraude à lei (*fraus legis*) constitui uma forma de abuso de direito, não sendo admitida perante o direito internacional privado[23].

Os pressupostos para caracterizar a fraude à lei no caso concreto são, em princípio, três. Em primeiro lugar, pretende-se evitar, basicamente, a aplicação de determinadas normas substantivas ou materiais do direito interno ou, excepcionalmente, também do direito estrangeiro,

---

conhecida na República desde que, no momento da sua constituição, tivesse uma ligação relevante com esse Estado e não seja contrária à ordem pública internacional da República" (tradução do texto original em espanhol para o português realizada pelo autor).

21. Art. 17, LINDB.

22. Similar é o teor do art. 9º, cit., supra, da "Ley general de derecho internacional privado", Lei n. 19.920, promulgada em 27-11-2020, no Uruguai.

23. Na doutrina brasileira, cf., entre outros, Jacob Dolinger, *Direito internacional privado*, cit., p. 361-76; Irineu Strenger, *Direito internacional privado*, cit., p. 358-61; Haroldo Valladão, *Direito internacional privado*, cit., v. 1, p. 503-14. Quanto à doutrina estrangeira, cf. entre outros, Keller e Siehr, *Allgemeine Lehren*, cit., p. 525-34; Kropholler, *Internationales Privatrecht*, cit., p. 141-6; von Bar, *Internationales Privatrecht*, cit., p. 493-9.

cujas consequências legais não são desejadas. Em segundo lugar, planeja-se uma manobra legal extraordinária a fim de obter o resultado desejado[24]. Por final, em geral, para alcançá-lo transfere-se atividades e pratica atos jurídicos para e no exterior. Além disso, pode ocorrer a escolha de um foro favorável no estrangeiro com a mesma intenção[25].

A fraude à lei, porém, deve ser admitida tão somente quando o objetivo seja evitar a aplicação de normas cogentes e imperativas no plano internacional. Nesse sentido, não está restrita às normas do direito interno, abrangendo, também, normas do direito estrangeiro, embora tais casos sejam raros na prática[26].

Qual seria a sanção da lei contra uma fraude à lei praticada, tendo em vista uma relação jurídica de direito privado com conexão internacional? A reação mais grave é a de que uma sentença, um negócio jurídico ou um outro ato jurídico obtido mediante a prática da *fraus legis*

---

24. Por exemplo, um negócio jurídico proibido no país de origem.

25. Um dos mais famosos na jurisprudência do direito internacional privado é o caso Bauffremont-Bibesco, dos anos setenta do século XIX. É, ao mesmo tempo, um caso clássico de fraude à lei no direito internacional privado. A condessa de Caraman Chimay, de nacionalidade belga, casou-se com o príncipe francês de Bauffremont. A belga adquiriu com o casamento a nacionalidade francesa e, posteriormente, o casal separou-se judicialmente na França. O divórcio não era possível, à época, naquele país. Pelo fato de o vínculo matrimonial não estar dissolvido totalmente, a separada não poderia casar-se novamente na França. Por essa razão, naturalizou-se na Saxônia-Altenburgo, que já conhecia o divórcio e, após o divórcio, voltou a se casar em Berlim, agora com o príncipe romeno Bibesco. Bauffremont, seu ex-marido, pediu, então, perante os tribunais franceses, a anulação do segundo casamento. A Corte deu razão ao príncipe, invocando, entre outras razões, a proibição da fraude à lei. Outro caso famoso, mais recente, é o do casamento entre Sophia Loren e Carlo Ponti. Ambos adquiriram a nacionalidade francesa, para que Carlo Ponti pudesse divorciar-se de sua primeira esposa e contrair núpcias com Sophia Loren. A Itália, país de origem de Carlo Ponti e de Sophia Loren, não permitia, à época, o divórcio, enquanto na França não existiam restrições nesse sentido. Cf. Keller e Siehr, *Allgemeine Lehren*, cit., p. 530.

26. Cf., no Brasil, Jacob Dolinger, *Direito internacional privado*, cit., p. 376, e Haroldo Valladão, *Direito internacional privado*, cit., v. 1, p. 514. *V.*, nesse contexto, por exemplo, ademais, o art. 2.598 do Código Civil e Comercial da Nação da Argentina, Lei n. 26.994, de 7-10-2014, em vigor desde 1º-8-2015, com o seguinte teor: "Fraude à lei. Para a determinação do direito aplicável em matérias que envolvam direitos indisponíveis para as partes, não são levados em consideração os fatos ou atos praticados com o único fim para burlar a aplicação do direito designado pelas normas de conflito" (tradução do texto espanhol para o português realizada pelo autor).

não será reconhecido pelo direito interno e, consequentemente, não surtirá quaisquer efeitos jurídicos no País. Entretanto, é tarefa do juiz ponderar os interesses conflitantes no caso concreto. Assim, a reação adequada contra a fraude à lei nem sempre será a simples desconsideração dos atos jurídicos praticados pela *lex fori*[27].

No direito internacional privado, tradicionalmente, ocorriam fraudes à lei, notadamente no campo de direito de família. Cônjuges procuravam obter um divórcio no exterior porque tal era proibido no seu país de origem. Esse divórcio, não permitido no país de origem, servia, em seguida, aos dois ou pelo menos a um dos cônjuges, para a celebração de um segundo casamento, vedado também pelo país de origem dos interessados. Atualmente, basicamente todos os países admitem o divórcio na sua legislação interna, e o reconhecem quando proferido por um tribunal estrangeiro. Por essa razão, os casos de fraude à lei concernentes ao divórcio e à celebração de casamentos deixaram de ser a grande ocupação para os tribunais.

No Brasil, o divórcio não foi admitido até o advento da Lei n. 6.515, de 26 de dezembro de 1977[28]. Durante o período em que essa nova lei não vigorava, a jurisprudência do Supremo Tribunal Federal, tranquila e uniformemente, recusava qualquer efeito a sentenças estrangeiras de divórcio de brasileiros, especialmente aquelas oriundas de certos Estados do México e de Nevada, nos Estados Unidos, por considerá-los inexistentes ou ineficazes no Brasil, já que obtidas em fraude à lei e com ofensa à ordem pública[29].

Dentre os casos mais frequentes de fraude à lei nos tempos atuais, pode ser citado, entre outros, o sequestro de crianças para o exterior, a fim de que seja aplicado o direito da residência habitual ou do domicílio do sequestrador, que lhe é mais favorável do que a lei da

---

27. Nesse sentido, por exemplo, o art. 7 da "Ley general de derecho internacional privado", Lei n. 19.920, promulgada em 27-11-2020 no Uruguai, com o seguinte teor: "(Fraude à lei). Não será aplicado o direito designado por uma regra de conflito quando os princípios fundamentais do ordenamento jurídico da República tenham sido evadidos artificialmente" (tradução do texto espanhol para o português realizada pelo autor).

28. Cf., a respeito, com detalhes, Yussef Said Cahali, *Divórcio e separação*, 7. ed., São Paulo, Revista dos Tribunais, 1994, t. 1, p. 41-5.

29. Cf. Haroldo Valladão, *Direito internacional privado*, cit., v. 1, p. 510-1.

residência habitual ou do domicílio anterior da criança. Os aspectos civis concernentes ao sequestro de crianças, são objeto de diversos tratados internacionais[30].

Veja-se, como outro exemplo de configuração de fraude à lei, a constituição de uma sociedade num paraíso fiscal, como nas Ilhas Cayman, Ilhas Virgens Britânicas, Bahamas ou Delaware (EUA), com a única finalidade de lesar o fisco no país onde, na realidade, desenvolve as suas atividades comerciais. Os países que adotam a teoria da sede social ou efetiva em relação ao estatuto pessoal da pessoa jurídica, no âmbito do direito internacional privado, não reconhecem a personalidade jurídica de tais sociedades em seu território. Para os países que aderem à teoria da incorporação, com o fim de determinar o seu estatuto pessoal, a fraude à lei, no entanto, serve como instrumento jurídico para denegar personalidade jurídica de sociedade estabelecida num paraíso fiscal com o único objetivo de burlar o fisco.

No direito internacional privado brasileiro, não existem normas escritas sobre a fraude à lei. A doutrina e a jurisprudência, porém, a reconhecem como princípio válido no ordenamento jurídico do País[31].

A *Convenção Interamericana sobre Normas Gerais de Direito Internacional Privado*, celebrada no dia 8 de maio de 1979 em Montevidéu e com vigência no Brasil, estabelece no seu art. 6º a seguinte regra geral sobre a *fraus legis*: "Não se aplicará como direito estrangeiro o direito de um Estado-Parte quando artificiosamente se tenham burlado os princípios fundamentais da lei de outro Estado-Parte. Ficará a juízo das autoridades competentes do Estado receptor determinar a intenção fraudulenta das partes interessadas". O seu texto foi criticado pela doutrina pela sua deficiência e imperfeição[32].

---

30. Cf., entre outras, as Convenções Interamericanas sobre a Restituição Internacional de Menores, de 15-7-1989, promulgada no Brasil pelo Decreto n. 1.212, de 3-8-1994, e sobre Tráfico Internacional de Menores, de 18-3-1994, promulgada no Brasil pelo Decreto n. 2.740, de 20-8-1998, bem como a Convenção da Haia sobre Aspectos Civis do Sequestro Internacional de Crianças, de 25-10-1980, promulgada no Brasil pelo Decreto n. 3.413, de 14-4-2000.

31. Cf. Haroldo Valladão, *Direito internacional privado*, cit., v. 1, p. 509-11.

32. Cf. Jacob Dolinger, *Direito internacional privado*, cit., p. 373-4.

C. Reenvio

As normas do direito internacional privado fazem parte da ordem jurídica nacional. Cada Estado possui as suas próprias normas de direito internacional privado. Este é internacional tão somente quanto ao seu objeto. Resolve conflitos de leis no espaço, ou seja, determina qual é o direito aplicável quando se trata de uma relação jurídica de direito privado com conexão internacional. O direito aplicável é sempre o direito nacional ou um determinado direito estrangeiro que as normas do direito internacional privado da *lex fori* indicarem.

Quando o direito estrangeiro é o aplicável, faz-se mister definir a extensão do seu conteúdo. Já foi por nós examinado em que medida o juiz pode levar em consideração o direito público estrangeiro, decidindo uma lide de direito privado com conexão internacional[33]. Resta esclarecer se o termo "direito estrangeiro" abrange apenas normas substantivas ou materiais, ou se são incluídas ali também as normas de direito internacional privado estrangeiro. Afirmada esta última questão, surge uma outra, concernente à aplicação do direito internacional privado estrangeiro pelo juiz nacional. Na doutrina se discutem, a respeito, principalmente os problemas do *renvoi* (*reenvio de primeiro grau, devolução, retorno*)[34] e do reenvio de segundo grau[35].

Comparando as diversas legislações de direito internacional privado, podemos verificar que os Estados adotam soluções diferentes. Existem países em que o termo "direito estrangeiro" abrange meramente o direito substantivo ou material, mas não as normas indicativas ou indiretas do direito internacional privado da ordem jurídica estrangeira[36]. Outros países defendem tradicionalmente o contrário, isto é, levam em consideração as normas do direito internacional privado estrangeiro, se

---

33. Cf. p. 26-9, *retro*.

34. A terminologia anglo-saxônica para *renvoi* é *remission*, e a alemã, *Rückverweisung*.

35. *Renvoi au second degré, Weiterverweisung, rinvio altrove, transmission*. Referente à doutrina brasileira, cf., entre outros, Jacob Dolinger, *Direito internacional privado*, cit., p. 279-306; Irineu Strenger, *Direito internacional privado*, cit., p. 365-79; Haroldo Valladão, *Direito internacional privado*, cit., v. 1, p. 226-42. Quanto à doutrina estrangeira, cf., entre outros, Keller e Siehr, *Allgemeine Lehren*, cit., p. 461-8; Kropholler, *Internationales Privatrecht*, cit., p. 147-64.

36. Por exemplo, a Inglaterra e os Estados Unidos.

a norma do direito internacional privado da *lex fori* designa como direito aplicável o estrangeiro[37]. Um terceiro grupo de países adota uma posição intermediária ou mista[38].

No direito brasileiro, as normas do direito internacional privado designam, como direito aplicável estrangeiro, tão só as normas substantivas ou materiais, excluindo assim as normas indicativas ou indiretas de direito internacional privado do seu âmbito[39]. Por esse motivo, o juiz brasileiro não precisa levar em consideração o conteúdo do direito internacional privado estrangeiro, conforme a legislação em vigor, quando julga uma causa de direito privado com conexão internacional[40].

Parte da doutrina brasileira critica a atual legislação pátria[41]. As tendências mundiais no direito internacional privado, contudo, revelam que os países preferem um conceito mais limitador do direito estrangeiro, que exclui do seu âmbito as normas indicativas ou indiretas do direito internacional privado, pelo menos parcialmente[42].

---

37. Por exemplo, a Alemanha e a Áustria.

38. *V.*, como exemplo, o art. 6º da Lei n. 61, de 7-10-2015, que adota o Código de Direito Internacional Privado do Panamá, com o seguinte teor: "Se reconhece o reenvio em matéria do estatuto pessoal e dos bens móveis quando perante a regra de conflito para decidir sobre uma relação jurídica de caráter internacional o juiz estabelece como direito aplicável o direito estrangeiro e este designa outro ordenamento jurídico como direito aplicável" (tradução do texto original em espanhol para o português realizada pelo autor).

39. O art. 16 da LINDB dispõe: "Quando, nos termos dos artigos precedentes, se houver de aplicar a lei estrangeira, ter-se-á em vista a disposição desta, sem considerar-se qualquer remissão por ela feita a outra lei".

40. Se, por exemplo, conforme o art. 7º, § 4º, LINDB, for aplicável a lei do primeiro domicílio conjugal, quanto ao regime de bens de um casal que contraiu núpcias no exterior, o juiz brasileiro aplica diretamente o direito substantivo ou material estrangeiro, ou seja, as normas do respectivo Código Civil sobre o regime de bens entre os cônjuges. Entretanto, se o direito internacional privado estrangeiro indica, por exemplo, como direito aplicável o domicílio conjugal, ou o direito da nacionalidade dos cônjuges, esse fato é irrelevante para o juiz.

41. Cf., entre outros, Jacob Dolinger, *Direito internacional privado*, cit., p. 300-6; Irineu Strenger, *Direito internacional privado*, cit., p. 366-8; Haroldo Valladão, *Direito internacional privado*, cit., v. 1, p. 226-42.

42. Cf., entre outros, Sabine Corneloup, Zum Bedeutungsverlust des Renvoi, *Praxis des Internationalen Privat- und Verfahrensrechts (IPRax)*, 37:147-52, 2017. Ademais, *v.* como exemplo o art. 7º da "Ley general de derecho internacional privado", Lei n. 19.920, promulgada em 27-11-2020 no Uruguai: "(Reenvio). Quando for aplicável a lei de um Estado estrangeiro, entende-se que é a lei substantiva desse Estado, com exclusão das suas regras de conflito. O disposto no inciso primeiro não prejudica o estabelecido no texto expresso por outras normas

Nos países em que as normas do direito internacional privado designam, como direito aplicável estrangeiro, não só as normas substantivas ou materiais, mas também as normas indicativas ou indiretas do direito internacional privado da ordem jurídica estrangeira, podem surgir as seguintes modalidades de aplicação de direito:

a) O direito internacional privado do país A designa o direito do país B como o aplicável. O direito internacional privado do país B, por seu lado, indica o direito substantivo ou material do país B como o aplicável. Neste caso, inexistem problemas para o juiz do país A na aplicação do direito. Aplicável é o direito substantivo ou material do país B.

b) O direito internacional privado do país A designa o direito do país B como o aplicável. O direito internacional privado do país B, por sua vez, indica o direito substantivo ou material do país A como o aplicável. Neste caso, inexistem problemas para o juiz do país A na aplicação do direito. Aplicável é o direito substantivo ou material do país A.

c) O direito internacional privado do país A designa o direito do país B como o aplicável. O direito internacional privado do país B, por seu lado, indica o direito internacional privado do país A como o aplicável. Neste caso, surge o problema do reenvio, porque a ordem jurídica designada, que é o direito internacional privado do país B, devolve a decisão e indica como aplicável o direito internacional privado do país A, exsurgindo desse fato o que a doutrina denomina *renvoi (reenvio de primeiro grau, devolução, retorno)*[43].

Como se resolve a questão do reenvio de primeiro grau na doutrina e na jurisprudência? A regra geral é a de que o país A aceite o reenvio

---

ou quando a aplicação da lei substantiva daquele Estado ao caso concreto se torne incompatível com o objetivo essencial da norma de conflito que a designa, de acordo com o disposto no artigo 11 desta lei e as normas sobre Direitos Humanos de que a República é parte. Em matéria contratual não haverá reenvio" (tradução do texto original em espanhol para o português realizada pelo autor).

43. O direito internacional privado do país A, por exemplo, determina como aplicável o direito da nacionalidade de X, quanto à sua capacidade jurídica. O direito internacional privado do país da nacionalidade de X, por seu lado, indica o direito internacional privado do país de domicílio de X como o direito aplicável, que no caso é o país A, isto é, devolve ou remete de volta a decisão sobre o direito aplicável ao país A.

(*devolução, retorno*) do país B e aplique a *lex fori*[44], isto é, a lei substantiva ou material do foro[45].

d) O direito internacional privado do país A designa o direito do país B como o aplicável. O direito internacional privado do país B, por seu lado, indica o direito internacional privado do país C como o aplicável (*reenvio de segundo grau*). A situação torna-se problemática nesses casos, quando também o direito do país C não se declara aplicável. Tais casos são raros na prática. Para resolvê-los, as diversas legislações e a doutrina defendem várias soluções[46].

Quanto às convenções internacionais, caso não tratem, excepcionalmente, da questão do *renvoi* em si[47], em regra designam o direito estrangeiro substantivo ou material, excluindo assim do seu âmbito o direito internacional privado da ordem jurídica estrangeira. De forma frequente, essa determinação consta expressamente nas convenções em termos como: "o termo 'lei' significa o direito em vigor em um Estado, com exceção de suas normas de conflito de leis"[48].

---

44. Nesse sentido, por exemplo, o direito argentino que aceita na sua legislação o reenvio. Cf., art. 2.596 do Código Civil e Comercial da Nação da Argentina, Lei n. 26.994, de 7-10-2014, em vigor desde 1º-8-2015, com o seguinte teor: "Reenvio. Quando uma lei estrangeira é aplicável a uma relação jurídica, o direito internacional privado desse país também é aplicável. Se a lei estrangeira aplicável faz remissão à lei argentina, são aplicáveis as normas do direito interno argentino" (...) (tradução do texto original em espanhol para o português realizada pelo autor).

45. Referente ao clássico caso "Forgo", perante o qual a Corte de Cassação francesa aceitou o reenvio, cf., entre outros, Jacob Dolinger, *Direito internacional privado*, cit., p. 282-3; Irineu Strenger, *Direito internacional privado*, cit., p. 369.

46. Cf., entre outros, Jacob Dolinger, *Direito internacional privado*, cit., p. 287-9; Keller e Siehr, *Allgemeine Lehren*, cit., p. 472-3.

47. Cf., a respeito, a Convenção da Haia, de 15-6-1955, relativa à solução de conflitos entre os direitos da nacionalidade e do domicílio. A Convenção, também denominada pela doutrina Convenção sobre o Reenvio, não entrou em vigor até a presente data. Trata, além do reenvio de primeiro grau, ainda daquele de segundo grau.

48. As convenções designam diretamente a lei interna substantiva ou material como a aplicável. Cf., por exemplo, art. 12º do Protocolo da Haia sobre a lei aplicável às obrigações de prestar alimentos, de 23-11-2007, promulgado no Brasil mediante o Decreto n. 9.176, de 19-10-2017. Excepcionalmente, o direito internacional privado é levado em consideração, mas isso apenas subsidiariamente, a fim de favorecer determinado resultado que a convenção idealiza. Cf., nesse sentido, art. 3º da Convenção da Haia de 5-10-1961, sobre os conflitos de leis quanto à forma de disposições testamentárias. Ademais, com relação ao campo

Na doutrina, escreveu-se muito a favor e contra o reenvio[49]. Entendemos que o argumento mais forte contra o reenvio é aquele desmentindo a afirmação de que a aceitação do reenvio no direito internacional privado favoreça a harmonia das decisões judiciais no plano internacional.

Na realidade, isso não acontece. A aludida harmonia só existe quando a ordem jurídica estrangeira indica como direito aplicável normas substantivas ou materiais. Se esse não for o caso, já que leva em consideração também as normas indicativas ou indiretas do direito internacional privado, cada uma das duas ordens jurídicas decide pela *lex fori* quando aceita o reenvio feito pela outra. O exemplo demonstra com clareza a desarmonia entre os dois sistemas jurídicos.

Se às próprias partes é facultado escolher o direito aplicável, entende-se que essa escolha refere-se sempre a um direito substantivo ou material, a não ser quando feita uma escolha expressa do direito internacional privado estrangeiro. Essa regra vale também nos países que, em princípio, admitem o reenvio nas suas legislações[50].

Outra exceção do mesmo tipo diz respeito à forma dos atos jurídicos. A regra de que a forma dos atos jurídicos se rege conforme a lei do lugar da sua realização (*lex loci actus*) não aceita, em princípio, o reenvio dessa lei para outra, porque o objetivo da regra é favorecer a validade do negócio jurídico (*favor negotii*)[51].

---

de aplicação do reenvio, *v.* o art. 34º, 2., do Regulamento (UE) n. 650/2012, de 4-7-2012, relativo à competência, à lei aplicável, ao reconhecimento e execução das decisões, e à aceitação e execução dos atos autênticos em matéria de sucessões e à criação de um Certificado Sucessório Europeu.

49. Sobre os argumentos favoráveis e contra o reenvio, cf., entre outros, Jacob Dolinger, *Direito internacional privado*, cit., p. 284-6; Keller e Siehr, *Allgemeine Lehren*, cit., p. 466-7, 474-5.

50. Cf., entre outros, Jacob Dolinger, *Direito internacional privado*, cit., p. 290-1. Cf., neste sentido, por exemplo, o art. 2.596 do Código Civil e Comercial da Nação da Argentina, Lei n. 26.994, de 7-10-2014, em vigor desde 1º-8-2015: "(...) Quando, numa relação jurídica, as partes escolhem o direito de um determinado país, entende-se escolhida o direito interno desse Estado, salvo menção expressa em contrário" (tradução do texto original em espanhol para o português realizada pelo autor).

51. Cf., entre outros, Jacob Dolinger, *Direito internacional privado*, cit., p. 291.

D. Questão Prévia

O problema da questão prévia[52], relacionado à parte geral do direito internacional privado, foi examinado, em primeiro lugar, pelos juristas alemães George Melchior (1932) e Wilhelm Wengler (1934)[53].

Questão prévia significa que o juiz não pode apreciar a questão jurídica principal sem se ter pronunciado anteriormente a respeito de outra, que, pela lógica, a precede. O julgamento da questão jurídica principal pelo juiz depende de sua decisão anterior, referente à questão prévia.

Se, por exemplo, o *de cujus* teve o seu último domicílio no Brasil e deixou um filho cuja qualidade como tal é juridicamente duvidosa, é necessário avaliar, em primeiro lugar, a sua capacidade para sucedê-lo. Tão somente quando definida a sua qualidade de filho nos termos da lei será possível ao juiz decidir a questão jurídica principal, que é a sucessão do *de cujus*.

A questão prévia, na prática, causa dificuldades, principalmente para o juiz, quando o direito estrangeiro for aplicável à questão jurídica principal, conforme as normas de direito internacional privado da *lex fori*.

Existem duas possibilidades para que o juiz determine o direito aplicável à questão prévia. Ou o juiz aplica o mesmo direito, que empregará na questão jurídica principal, também à questão prévia, caso em que o direito aplicável à questão prévia depende do aplicável à questão jurídica principal, ou ele determina o direito aplicável à questão prévia, independentemente da principal, reconhecendo assim a autonomia da questão prévia em face da questão jurídica principal.

Na lei, em regra, não se afigura como deve ser solucionado o problema da questão prévia no direito internacional privado. Igualmente, os tratados internacionais, de modo geral, não se posicionam em relação à questão. Inclusive, a *Convenção Interamericana sobre Normas Gerais de*

---

52. Em português, é chamada também questão incidente, preliminar ou prejudicial. No exterior, para designar o mesmo, usam-se os termos *incidental question, question préliminaire, Vorfrage*, entre outros.

53. No Brasil, cf., entre outros, Jacob Dolinger, *Direito internacional privado*, cit., p. 377-83; Haroldo Valladão, *Direito internacional privado*, cit., v. 1, p. 260-3. Referente à doutrina estrangeira, cf., entre outros, Keller e Siehr, *Allgemeine Lehren*, cit., p. 507-15; Kropholler, *Internationales Privatrecht*, cit., p. 199-207; Von Bar, *Internationales Privatrecht*, cit., p. 519-29.

Direito Internacional Privado, de 8 de maio de 1979, quando faz referência expressa à questão prévia, não priva o juiz da sua faculdade de apreciá-la livremente, pois a Convenção dispõe no seu art. 8º apenas: "As questões prévias, preliminares ou incidentais que podem surgir com relação a uma questão principal não devem resolver-se necessariamente de acordo com a lei que regula esta última".

O legislador, com frequência, determina expressamente o direito aplicável na lei referente a aspectos parciais de uma relação jurídica de direito privado com conexão internacional. Assim, estabelece, por exemplo, normas conflituais sobre a capacidade jurídica de uma pessoa física, sobre a forma de um negócio jurídico etc.[54]. Se uma dessas questões, regulamentadas expressamente pela lei, caracterizar-se como questão prévia, dentro de uma relação jurídica de direito privado com conexão internacional, o direito aplicável reger-se-á de acordo com a norma do direito internacional privado da *lex fori*, independentemente do direito aplicável à questão jurídica principal[55].

Aspectos parciais de relações jurídicas de direito privado com conexão internacional são, também, por vezes, objeto de convenções internacionais, como a da Haia sobre os Conflitos de Leis quanto à Forma de Disposições Testamentárias, de 5 de outubro de 1961, a qual o Brasil não ratificou[56].

Decisões das autoridades judiciárias ou administrativas nacionais referentes ao estado de uma pessoa física (*divórcio, adoção, reconhecimento de um filho*) têm plena eficácia jurídica perante o direito interno, ainda que o direito estrangeiro aplicável à questão jurídica principal não as reconheça[57]. A regra se aplica, também, a decisões estrangeiras do

---

54. O art. 7º, *caput*, da LINDB estabelece, entre outros, que a capacidade de uma pessoa se rege pela lei do seu domicílio. E o art. 10, § 2º, do mesmo diploma legal ordena que a lei do domicílio do herdeiro ou legatário regule a capacidade para suceder.

55. Se, por exemplo, for duvidoso se uma pessoa possui a capacidade jurídica de testar, não se aplica a norma conflitual sobre a sucessão, mas a regra que determina o direito aplicável referente à sua capacidade jurídica.

56. Sobre a Convenção cf. o Portal da Conferência da Haia de Direito Internacional Privado. Disponível em: https://www.hcch.net.

57. Keller e Siehr, *Allgemeine Lehren*, cit., p. 511; Kropholler, *Internationales Privatrecht*, cit., p. 206-7.

mesmo gênero, se os requisitos para o seu reconhecimento no país estiverem cumpridos[58].

Na falta de uma regra definida, ou seja, de que o direito aplicável à questão prévia se determine independentemente da questão jurídica principal, o juiz, antes de tomar uma decisão, deve ponderar os interesses envolvidos no caso concreto. A tendência do juiz, provavelmente, será a de aplicar à questão prévia o mesmo direito estrangeiro aplicado à questão jurídica principal, se a relação jurídica de direito privado, em si, tiver conexão claramente predominante com a ordem jurídica estrangeira. Se, por outro lado, os interesses da *lex fori* forem preponderantes quanto ao objeto da questão prévia, o juiz aplicar-lhe-á essa lei. Não existem, porém, regras mais precisas para determinar o direito aplicável à questão prévia[59].

E. ADAPTAÇÃO, SUBSTITUIÇÃO, INSTITUTOS JURÍDICOS DESCONHECIDOS

A adaptação ou aproximação (*adaptation, adattamento, Anpassung, Angleichung*) é um problema que tem a sua raiz nas normas indicativas ou indiretas do direito internacional privado da *lex fori*[60].

Quando o juiz julga uma causa de direito privado com conexão internacional, pode ocorrer que seja aplicável a esta mais que uma norma indicativa ou indireta de direito internacional privado da *lex fori*. Nesses casos, é possível que as normas substantivas ou materiais designadas pelas normas do direito internacional privado levem a um resultado indesejado pelo legislador, quando aplicadas ao caso concreto.

A acumulação de normas (*Normenhäufung*) é caracterizada pelo fato de duas ou mais normas indicativas ou indiretas de direito internacional privado da *lex fori* designarem ordenamentos jurídicos diversos, cujas normas de direito substantivo ou material aplicável se contradizem[61]. Pode

---

58. Kropholler, *Internationales Privatrecht*, cit., p. 207.

59. Cf., Keller e Siehr, *Allgemeine Lehren*, cit., p. 513-4.

60. No direito brasileiro, cf., entre outros, Jacob Dolinger, *Direito internacional privado*, cit., p. 241-2, 385-8; Haroldo Valladão, *Direito internacional privado*, cit., v. 1, p. 476-8. Quanto à doutrina estrangeira, cf., entre outros, Susanne Lilian Gössl, Anpassung im EU-Kollisionsrecht, *RabelsZ*, 82:619-24, 2018.

61. Cf. Susanne Lilian Gössl, *RabelsZ*, 82:623-4, 2018.

ocorrer também o contrário, ou seja, a falta de normas (*Normenmangel*). Nesses casos, duas ou mais normas indicativas ou indiretas de direito internacional privado da *lex fori* são lacunosas. Não apontam normas substantivas ou materiais para a solução do caso concreto[62].

Esses impasses encontrados podem ser contornados com o instrumento jurídico da adaptação. Às vezes, consta expressamente na lei, como o juiz deverá atuar quando for necessário recorrer ao instrumento jurídico da adaptação no caso concreto[63].

A substituição, por seu lado, refere-se de imediato, particularmente, à aplicação do direito substantivo ou material estrangeiro, designada por uma única norma indicativa ou indireta do direito internacional privado. Pode ocorrer que o direito estrangeiro indicado empregue conceitos ou disponha sobre institutos jurídicos cuja equivalência com os correspondentes no ordenamento jurídico da *lex fori* seja duvidosa. Esses casos são mais frequentes no âmbito dos direitos de família e das sucessões. Assim, *e.g.*, o direito do Irã conhece o casamento com duração limitada e prazo final preestabelecido[64] e existem Estados que admitem a adoção simples com efeitos jurídicos restritos em comparação com a adoção plena. Nesses casos, indaga-se quais efeitos jurídicos devem ser atribuídos no País aos institutos de origem estrangeira que não equivalem aos correspondentes do ordenamento jurídico nacional[65].

---

62. *Ibidem*, p. 623-4.

63. Cf., o art. 11 da "Ley general de derecho internacional privado", Lei n. 19.920, promulgada em 27-11-2020, no Uruguai: "(Aplicação harmônica). As normas competentes para regular os diferentes aspectos de uma determinada situação devem ser aplicadas de forma harmônica, levando em consideração a finalidade perseguida por cada um dos respectivos direitos. As eventuais dificuldades que possam surgir serão resolvidas levando-se em consideração a equidade no caso concreto". V., ademais, como exemplo, o art. 2.595, c) do Código Civil e Comercial da Nação da Argentina, Lei n. 26.994, de 7-10-2014, em vigor desde 1º-8-2015: "Se diversos direitos são aplicáveis a diversos aspectos de uma mesma situação jurídica ou a diferentes relações jurídicas incluídas no mesmo processo, esses direitos devem ser harmonizados, procurando fazer as adaptações necessárias para respeitar os objetivos perseguidos por cada um deles" (tradução dos textos originais em espanhol para o português realizada pelo autor).

64. V., a respeito, Jolanta Kren Kostkiewicz, Schweizerisches Internationales Privatrecht, cit., p. 201.

65. Se, por exemplo, um casal domiciliado no exterior ali adota uma criança e se radica posteriormente no Brasil, essa adoção deve ser equivalente a uma adoção plena conforme o direito brasileiro, para que a criança adotada possa ser considerada um descendente no sentido do art. 1.829, I, CC, na ocasião da sucessão dos seus falecidos pais adotivos. Nesse sentido, STJ, SEC 11.142-EX, CE, rel. Min. João Otávio de Noronha, j. 17-8-2016, *DJe*, 30-8-2016.

Quando o juiz, no âmbito do direito internacional privado, aplica direito estrangeiro, pode defrontar-se não só com institutos jurídicos que correspondem ao direito interno, mas também com outros, desconhecidos por ele. Nesses casos, cumpre-lhe, inicialmente, qualificar o instituto jurídico desconhecido pelo direito interno. Isso significa atribuí-lo à norma aplicável conforme o direito internacional privado da *lex fori*[66]. Em seguida, terá que decidir como deverá solucionar o caso concreto. Às vezes, consta expressamente na lei como o juiz deverá proceder[67]. Além disso, a *Convenção Interamericana sobre Normas Gerais de Direito Internacional Privado*, de 8 de maio de 1979, celebrada em Montevidéu, que vigora também no Brasil, se refere expressamente ao instituto jurídico desconhecido no direito interno. Seu art. 3º tem o seguinte teor: "Quando a lei de um Estado-Parte previr instituições ou procedimentos essenciais para a sua aplicação adequada e que não sejam previstos na legislação de outro Estado-Parte, este poderá negar-se a aplicar a referida lei, desde que não tenha instituições ou procedimentos análogos".

Um instrumento jurídico, muito comentado pela doutrina, é o *trust*[68]. Também no Brasil, este instituto jurídico com origem na

---

66. V., como exemplo, o art. 5 da Lei n. 61, de 7-10-2015, que adota o Código de Direito Internacional Privado do Panamá: "Qualificação de caráter internacional – O juiz previamente qualificará a natureza internacional de uma relação ou de um negócio jurídico, com fundamento no tratado que regula a matéria, se for o caso, ou no direito interno. Por outro lado, vale-se da qualificação estrangeira quando o instituto jurídico não está previsto na lei panamenha. A existência de uma instituição não regulada no ordenamento jurídico interno não impede o juiz de pronunciar-se sobre a sua natureza jurídica" (tradução do texto original em espanhol para o português realizada pelo autor).

67. Cf., por exemplo, o art. 8 da "Ley general de derecho internacional privado", Lei n. 19.920, promulgada em 27-11-2020, no Uruguai: "(Instituição desconhecida). Quando a lei estrangeira contiver instituições ou procedimentos essenciais para a sua aplicação e essas instituições ou procedimentos não estiverem previstos na legislação da República, os tribunais ou autoridades competentes poderão aplicar esse direito, desde que existam instituições ou procedimentos semelhantes. Em nenhum caso haverá negação de justiça" (tradução do texto original em espanhol para o português realizada pelo autor).

68. V., a seu respeito no Brasil, entre outros, Judith Martins-Costa, O *trust* e o direito brasileiro, *Revista de Direito Civil Contemporâneo (RDCC)*, *12*:165-208, 2017; Pythagoras Lopes de Carvalho Neto, Quem é dono do *trust*? Uma análise do *trust* à luz do direito civil brasileiro, *RT*, *995*:351-81, 2018.

Common Law, não está regulamentado ainda no seu ordenamento jurídico[69]. Levando em consideração as dificuldades para qualificar o *trust* e delimitá-lo em relação a outros institutos jurídicos mais próximos, a Conferência da Haia de Direito Internacional Privado adotou a Convenção sobre a Lei Aplicável ao *Trust* e a seu Reconhecimento na sua 15ª sessão, concluída na data de 1º de julho de 1985[70]. A Convenção está em vigor em 14 Estados[71], mas serve também para outros não signatários como o Brasil, para diretriz quando se trata de questões jurídicas de direito privado relacionadas ao *trust* nos seus aspectos transnacionais[72].

F. ALTERAÇÃO DE ESTATUTO OU CONFLITO MÓVEL

O termo "alteração de estatuto" significa, em sentido amplo, toda alteração do direito aplicável a uma relação jurídica de direito privado com conexão internacional[73]. O "estatuto", por seu lado, indica a matéria à qual se refere o direito aplicável: estatuto pessoal, das sucessões, da família, do contrato, da responsabilidade civil etc.

---

69. Na Câmara dos Deputados tramita atualmente o Projeto de Lei (PL) n. 4.758/2020 com o propósito de regulamentar o *trust* no Brasil.

70. Sobre o texto da Convenção e o seu relatório explicativo cf. o Portal da Conferência da Haia de Direito Internacional Privado. Disponível em: https://www.hcch.net. Acesso em: 13-7-2023.

71. Cf. o Portal da Conferência da Haia de Direito Internacional Privado. Disponível em: https://www.hcch.net. Acesso em: 13-7-2023.

72. Um brasileiro, domiciliado outrora nos Estados Unidos, em Nova Iorque, fez um *testamentary trust* de acordo com a legislação daquele país. Posteriormente, voltou ao Brasil e faleceu. Quanto à forma desse negócio jurídico, é aplicável a regra *locus regit actum*. O *testamentary trust* foi instituído nos Estados Unidos, e por esse motivo é aplicável a lei americana quanto à forma. O problema é a transposição desse *testamentary trust* para o direito brasileiro como sendo o direito aplicável, tendo em vista o conteúdo material do negócio jurídico. Enquadrá-lo no direito brasileiro é complicado, porque este desconhece ainda a sua figura. De qualquer forma, devem ser examinadas a real intenção do testador na época da redação do *testamentary trust* e a significação teleológica e sistemática desse negócio jurídico na ordem jurídica estrangeira, para que possa ocorrer a sua transposição para as normas substantivas e materiais adequadas do direito brasileiro. Sendo qualificado como negócio jurídico *causa mortis*, é aplicável o art. 10, LINDB.

73. Cf., a respeito, Keller e Siehr, *Allgemeine Lehren*, cit., p. 407; Kropholler, *Internationales Privatrecht*, cit., p. 168-70.

Em sentido estrito, o termo "alteração de estatuto" expressa que se alteram os fatos mediante os quais se determina o elemento de conexão no caso concreto e, por esse motivo, não se considera mais decisivo o estatuto antigo, mas um estatuto novo. Uma pessoa, por exemplo, muda o seu domicílio para o exterior. Se este for o elemento de conexão que deva ser levado em consideração *in casu*, a norma do direito internacional privado não muda, mas sim o direito aplicável, em virtude da mudança do domicílio.

O jurista alemão Ernst Zitelmann (1852-1923) foi quem criou o termo "alteração de estatuto" (*Statutenwechsel*). Em vários Estados, usa-se a expressão *conflit mobile* ou *conflitto mobile* para explicar a mesma situação; na Inglaterra e em parte nos Estados Unidos, o termo técnico é *time factor*[74]; no Brasil, é divulgada a expressão *conflito móvel*[75].

A alteração do estatuto é possível, tão somente, nos casos em que a alteração dos fatos mediante os quais se determina o elemento de conexão no caso concreto[76] provoca automaticamente uma alteração do direito aplicável[77]. Nunca ocorre quando o elemento de conexão é fixo. No direito internacional brasileiro, "o regime de bens, legal ou convencional, obedece à lei do país em que tiverem os nubentes domicílio, e, se este for diverso, a do primeiro domicílio conjugal"[78]. Ademais, conforme o mesmo diploma legal, "a obrigação resultante do contrato reputa-se constituída no lugar em que residir o proponente"[79]. Ambos os casos demonstram a irrelevância de uma mudança do domicílio ou da residência das partes após o casamento e a formação do contrato. Não há alteração de estatuto ou conflito móvel aqui, pois o direito internacional privado brasileiro estabeleceu para esses casos um elemento de conexão fixo.

---

74. Keller e Siehr, *Allgemeine Lehren*, cit., p. 406.

75. Jacob Dolinger, *Direito internacional privado*, cit., p. 262-4; Haroldo Valladão, *Direito internacional privado*, cit., v. 1, p. 269-70.

76. Por exemplo, a mudança do domicílio, da residência habitual, da nacionalidade de uma pessoa física, ou da situação de um bem móvel.

77. No direito brasileiro, cf., sobre a alteração de estatuto ou o conflito móvel, entre outros, Jacob Dolinger, *Direito internacional privado*, cit., p. 262-4; Haroldo Valladão, *Direito internacional privado*, cit., v. 1, p. 269-70.

78. Art. 7º, § 4º, da LINDB.

79. Art. 9º, § 2º, da LINDB.

A situação, no entanto, é diferente quando o direito aplicável é aquele do domicílio, o que ocorre com relação "às regras sobre o começo e o fim da personalidade, ao nome, à capacidade e aos direitos de família"[80]. Aqui uma mudança do domicílio resulta numa alteração de estatuto ou num conflito móvel sob a perspectiva do direito internacional privado brasileiro. Cumpre acrescentar nesse contexto que a mudança do domicílio para o exterior frequentemente implicará na competência internacional de autoridade judiciária ou equivalente estrangeira para conhecer e julgar um litígio decorrente desse tipo de relação jurídica de direito privado. Com exceção dos casos em que a Justiça brasileira se declara internacionalmente competente com exclusividade, o direito brasileiro reconhece a competência internacional concorrente da autoridade estrangeira. Esta aplica sempre as suas próprias normas de direito internacional privado, ou seja, aquelas da *lex fori*.

A doutrina internacional debate a alteração de estatuto ou o conflito móvel, em particular, no âmbito do direito das coisas quando se trata de bens móveis, mas também dos direitos de família e da personalidade. É indispensável, porém, que o elemento de conexão aplicável em relação às mencionadas matérias seja móvel. Tal ocorre, por exemplo, com o domicílio, a residência habitual ou a situação de um bem móvel. A doutrina diferencia ainda a alteração de estatuto ou o conflito móvel de entrada daquela de saída. No primeiro, o direito anterior era um direito estrangeiro e o direito novo é o direito substantivo ou material interno. No segundo, vale o contrário[81].

Levando em consideração o caso concreto, o operador do direito deverá examinar, em primeiro lugar, as fontes escritas do direito internacional privado da *lex fori*, ou seja, a legislação de origem interna e internacional. Em sua ausência, deverá buscar apoio na jurisprudência e na doutrina.

A doutrina tentou aperfeiçoar as regras sobre a alteração de estatuto ou o conflito móvel. Haroldo Valladão, na sua análise crítica do instituto, conclui que é possível definir algumas diretrizes gerais, mas estas não são absolutas. Na realidade, cada relação jurídica deve ser

---

80. Art. 7º, *caput*, da LINDB.
81. V., entre outros, Jolanta Kren Kostkiewicz, *Schweizerisches Internationales Privatrecht,* cit., p. 174-8.

examinada individualmente, tendo em vista o elemento de conexão a que está ligada[82].

G. Direitos Adquiridos

No âmbito do direito internacional privado, é preciso distinguir, de um lado, entre o reconhecimento de decisões judiciais e arbitrais estrangeiras e, de outro, o reconhecimento de situações jurídicas, constituídas no exterior, pelo ordenamento jurídico doméstico, quando não fundadas em ato decisório emanado por autoridade vinculada ao Poder Judiciário ou por tribunal arbitral[83].

Levando em consideração o reconhecimento de situações jurídicas constituídas no exterior, a doutrina e os dispositivos legais, frequentemente, referem-se aos direitos adquiridos no exterior[84]. No direito internacional privado, o termo[85] significa, em síntese, a proteção e o reconhecimento de direitos validamente adquiridos no exterior pela ordem jurídica interna. Em relação a esses direitos, trata-se, em particular, do estado civil de uma pessoa, como o seu casamento, o seu divórcio e a sua filiação, constituído no exterior, mas também de direitos que afetam a personalidade de uma pessoa, como o seu nome e a sua identidade. A finalidade de sua proteção, basicamente, são o interesse da continuidade e a garantia da segurança jurídica.

A teoria dos direitos adquiridos tem os seus primórdios na escola estatutária holandesa e foi desenvolvida por Ulricus Huber (1636-1696). Das teorias que surgiram posteriormente, destacam-se, em particular,

---

82. Haroldo Valladão, *Direito internacional privado*, cit., v. 1, p. 269.

83. Cf., a respeito, em particular, Pierre Mayer, Les méthodes de la reconnaissance en droit international privé: esprit et méthodes. In: *Mélanges en l'honneur de Paul Lagarde*, Paris, Dalloz, 2005, p. 547-73.

84. V., como exemplo, o art. 9º da "Ley general de derecho internacional privado", Lei n. 19.920, promulgada em 27-11-2020, no Uruguai: "(Direitos adquiridos). Uma relação jurídica validamente constituída num Estado estrangeiro, nos termos da lei desse Estado, deve ser reconhecida na República desde que, no momento da sua constituição, tivesse uma ligação relevante com esse Estado e não seja contrária à ordem pública internacional da República" (tradução do texto original em espanhol para o português realizada pelo autor).

85. No exterior, para designar os direitos adquiridos, são utilizados os termos *droits acquis, diritti acquisti, vested rights, wohlerworbene Rechte*.

aquelas desenvolvidas por Antoine Pillet (1857-1926), Jean-Paulin Niboyet (1886-1952), Eduard Maurits Meijers (1880-1954) e Phocion Francescakis (1910-1992), bem como, com relação à *Common Law*, Albert Venn Dicey (1835-1922) e Joseph Henry Beale (1861-1943)[86]. Todas essas teorias, no entanto, de uma forma ou de outra, permanecem atadas às regras conflituais do direito internacional privado da *lex fori*[87]. Isso significa que, no fundo, cada Estado regula, individualmente, as circunstâncias em que os direitos obtidos no exterior são considerados adquiridos e sob quais condições devem ser reconhecidos pela ordem jurídica interna. Essa realidade, enfim, explica a inconsistência das teorias tradicionais sobre os direitos adquiridos.

Atualmente, verifica-se a tendência de reconhecer situações jurídicas constituídas no exterior, sem a necessidade de recorrer previamente às regras conflituais do direito internacional privado da *lex fori*[88]. Sua validade depende, assim, exclusivamente do direito estrangeiro. Este, no entanto, deve demonstrar uma proximidade real e suficiente com o Estado em que foi constituído o direito a ser reconhecido em outro. O direito adquirido no exterior somente não será reconhecido na medida em que viola a ordem pública nacional e internacional[89].

A ordem pública internacional, em particular, é violada quando no caso concreto houver desrespeito aos direitos humanos. Este é o caso, por exemplo, dos casamentos forçados, ou seja, de casamentos celebrados

---

86. Quanto à doutrina brasileira, cf., entre outros, Jacob Dolinger, *Direito internacional privado*, cit., p. 389-409; Irineu Strenger, *Direito internacional privado*, cit., p. 23-4; Haroldo Valladão, *Direito internacional privado*, cit., v. 1, p. 479-86; e Carlos Eduardo de Abreu Boucault, *Direitos adquiridos no direito internacional privado*, Porto Alegre, Sergio A. Fabris, Editor, 1996. Referente à doutrina estrangeira, cf., entre outros, Paul Lagarde, La méthode de la reconnaissance est-elle l'avenir du droit international privé? Cours général de droit international privé. In: *Académie de Droit International, Recueil des Cours*, 2014, t. 371, Leiden/Boston, Martinus Nijhoff Publishers, 2015, p. 21-6; Kropholler, *Internationales Privatrecht*, cit., p. 129-33; Von Bar, *Internationales Privatrecht*, cit., p. 235-42, 452.

87. V., Paul Lagarde, *La méthode de la reconnaissance est-elle l'avenir du droit international privé?*, cit., p. 21-5.

88. Nesse sentido, como exemplo, o art. 9º da "Ley general de derecho internacional privado", do Uruguai, cit.

89. *Ibidem*, p. 27-38; Dagmar Coester-Waltjen, Anerkennung im Internationalen Personen-, Familien- und Erbrecht und das Europäische Kollisionsrecht, *Praxis des Internationalen Privat- und Verfahrensrechts (IPRax)*, 26:392-400, 2006.

sem o mútuo consentimento de ambos os nubentes[90]. Além disso, casamentos entre crianças não devem ser reconhecidos[91]. A proteção dos direitos humanos, alcança, ademais, a identidade e o nome[92] de uma pessoa, ainda que relacionadas a situações jurídicas constituídas no exterior.

Também o direito internacional privado brasileiro reconhece a existência de direitos validamente adquiridos no exterior[93], conforme lição da doutrina nacional[94]. Como consequência disso, por exemplo, casamentos de brasileiros em segundas núpcias, celebrados no exterior, deveriam ser reconhecidos no País, sem que seja necessária a prévia homologação da sentença estrangeira de divórcio pelo Superior Tribunal de Justiça, quando estes tiveram a sua residência e o seu domicílio em país estrangeiro à época do divórcio e do segundo casamento.

São competentes as repartições consulares brasileiras para o registro de casamentos entre pessoas de nacionalidade brasileira e de pessoas de nacionalidade brasileira e estrangeira, quando celebrados perante autoridade estrangeira no exterior[95]. O traslado de seu assento no competente registro civil no Brasil depende do prévio registro consular[96]. Para divorciados no exterior, o registro de segundas núpcias na competente repartição consular brasileira, porém, somente é possível após a homologação da respectiva sentença estrangeira de seu divórcio perante o Superior Tribunal de Justiça. Essa exigência refere-se às pessoas de

---

90. Cf., art. 13º, 1. e 2, da Resolução do Instituto de Direito Internacional sobre a Relação entre Direitos Humanos e Direito Internacional Privado, de 4-9-2021. Disponível em: https://www.idi-iil.org/app/uploads/2021/09/2021_online_04_fr.pdf. Acesso em: 13-7-2023.

91. Cf., art. 13º, 2., da Resolução, cit.

92. Nesse sentido, arts. 11º e 12º, da Resolução, cit.

93. Já a própria Constituição brasileira, de 5-10-1988, estabelece no seu art. 5º, XXXVI: "A lei não prejudicará o direito adquirido, o ato jurídico perfeito e a coisa julgada". Ademais, o art. 17º, LINDB, dispõe: "As leis, atos e sentenças de outro país, bem como quaisquer declarações de vontade, não terão eficácia no Brasil, quando ofenderem a soberania nacional, a ordem pública e os bons costumes". Conforme a doutrina, esse artigo serve de base para a aceitação de direitos adquiridos no direito internacional privado brasileiro.

94. V., a respeito dessa doutrina, Jacob Dolinger, *Direito internacional privado*, cit., p. 397-8, 404-8.

95. Art. 18, *caput*, LINDB.

96. Art. 32, da Lei dos Registros Públicos, art. 1.544, CC.

nacionalidade brasileira, mas também aos estrangeiros que pretendem realizar o seu segundo casamento com pessoa de nacionalidade brasileira[97].

Várias convenções latino-americanas, ainda, manifestam-se, expressamente, com relação aos direitos adquiridos no direito internacional privado[98]. De acordo com a doutrina autorizada, todas elas não conseguiram contribuir para uma compreensão satisfatória desse instituto jurídico[99].

No Brasil, "atos e declarações de vontade" não terão eficácia no País, quando "ofenderem a soberania nacional, a ordem pública e os bons constumes"[100]. Essa disposição deve ser interpretada em harmonia com as tendências mais recentes do direito internacional privado. Por conseguinte, o Brasil deveria facilitar o reconhecimento de direitos adquiridos ou situações jurídicas constituídas no exterior em seu território. Para tanto, a sua validade teria que ser examinada exclusivamente em conformidade com o direito estrangeiro. Este, no entanto, deveria demonstrar uma proximidade real e suficiente com o Estado em que foi constituído o direito a ser reconhecido no País. Afora isso, o único impedimento para o seu reconhecimento é a violação da ordem pública nacional e internacional que, inclusive, não aceitam o desrespeito aos direitos humanos[101].

---

97. Cf., entre outros, o Portal do Consulado do Brasil em Frankfurt. Disponível em: https://www.gov.br/mre/pt-br/consulado-frankfurt/servicos-consulares/registro-civil. Acesso em: 14-7-2023 – palavras-chave – "Registro de Casamento" e "Divórcio". Por outro lado, a existência de casamento realizado no exterior, registrado na competente repartição consular brasileira, independe do traslado do respectivo assento no competente registro civil no Brasil. O cumprimento da exigência apenas é de rigor quando se pretende que o casamento estrangeiro produza efeitos no País. Cf., nesse sentido, STJ, SEC 2.576, CE, rel. Min. Hamilton Carvalhido, j. 3-12-2008, *DJe*, 5-2-2009. Além disso, o descumprimento do prazo nos termos do art. 1.544, CC, não pode afetar o seu reconhecimento no Brasil quando foi registrado perante a competente repartição consular brasileira no exterior. V., nesse sentido, TJSP, Ap. 1023490-19.2019.8.26.0309, 1ª Cam. Dir. Priv., rel. Des. Rui Cascaldi, j. 6-7-2021, publ. 7-7-2021.

98. Cf., nesse sentido, o art. 8º do Código Bustamante, e o art. 7º da Convenção Interamericana sobre Normas Gerais de Direito Internacional Privado, de 8-5-1979, ambos com vigência no Brasil. Por final, os Tratados de Direito Civil Internacional de Montevidéu de 1899 e de 1940, sem vigência no Brasil, admitem o princípio dos direitos adquiridos, nos seus arts. 30 e 34, respectivamente, tendo em vista a situação jurídica dos bens móveis

99. Cf. Jacob Dolinger, *Direito internacional privado*, cit., p. 398 e 400.

100. Art. 17º, LINDB.

101. *V.*, com relação à ordem pública internacional, entre outros, expressamente, art. 8º, da

E, por fim, é de ser realçada a estreita ligação entre o reconhecimento de decisões judiciais estrangeiras, de um lado, e, de outro, o reconhecimento de situações jurídicas, constituídas no exterior, pelo ordenamento jurídico doméstico. Em vários Estados, a adoção, por exemplo, baseia-se em decisões, proferidas por autoridades administrativas. No Brasil, porém, precisam ser homologadas pelo Superior Tribunal de Justiça para ter eficácia jurídica no País, já que aqui uma respectiva decisão somente poderia ter sido proferida pelo Poder Judiciário[102]. Com relação à alteração do nome de uma pessoa, ademais, pode ser suficiente um ato administrativo ou ser preciso uma intervenção judicial, conforme o caso[103].

O Brasil não exige reciprocidade por parte do Estado estrangeiro em relação ao reconhecimento de suas decisões no País[104]. Outrossim, o Superior Tribunal de Justiça adota o sistema de delibação na homologação de decisões estrangeiras. Isso significa que controla apenas a sua compatibilidade com a ordem pública e o cumprimento de requisitos processuais básicos no procedimento estrangeiro[105]. Não examina o mérito, a não ser que a decisão no caso concreto ofenda manifestamente a ordem pública[106]. O reconhecimento de situações jurídicas, constituídas no exterior, deveria ser coerente com o reconhecimento das decisões estrangeiras no País, ou seja, sem obstáculos desnecessários.

Resolução, cit.

102. Cf., nesse sentido, art. 961, § 1º, CPC; art. 216-A, § 1º, RISTJ, e, entre outros, STJ, HDE 2.662-EX, CE, rel. Min. João Otávio de Noronha, j. 21-9-2022, *DJe*, 28-9-2022 (*adoção de maior de idade*).

103. Com relação ao direito brasileiro, em particular, arts. 55º a 57º, da Lei dos Registros Públicos, na sua redação atual. Sobre a alteração do sobrenome de brasileiro com domicílio no exterior e o seu reconhecimento no Brasil, cf., STJ, AgInt na HDE 3.471-EX, CE, rel. Min. Humberto Martins, j. 25-5-2021, *DJe*, 27-5-2021.

104. Art. 26º, V, § 2º, CPC.

105. Art. 963, CPC, arts. 15º e 17º, LINDB, arts. 216-D e F, RISTJ.

106. Cf., entre muitos, STJ, AgInt na HDE 6.217-EX, CE, rel. Min. Maria Thereza de Assis Moura, j. 13-12-2022, *DJe*, 16-12-2022 (*violação da ordem pública brasileira quando o novo apelido escolhido aleatoriamente não guarda qualquer relação com o anterior, com exclusão de todos os patronímicos*); STJ, AgInt na HDE 3.105-EX, CE, rel. Min. Maria Isabel Gallotti, j. 27-9-2022, *DJe*, 03-10-2022; STJ, HDE 3.171-EX, CE, rel. Min. Jorge Mussi, j. 5-10-2022, *DJe*, 7-11-2022.

| CAPÍTULO 7 |

HISTÓRIA MODERNA DO DIREITO INTERNACIONAL PRIVADO

A. HISTÓRIA MODERNA NO PLANO INTERNACIONAL

No final desta primeira parte do livro, trataremos da história moderna do direito internacional privado, cujo começo está situado na primeira metade do século XIX.

Conhecimentos da história do direito internacional privado facilitam consideravelmente a compreensão da nossa disciplina, uma vez que os princípios gerais e a parte geral do direito internacional privado foram esboçados pela doutrina, no passado.

A parte histórica, neste livro, ficará restrita ao básico, visto que, além do risco de ser subjetivo, um estudo aprofundado da história do direito internacional privado deveria incluir diretamente também as fontes históricas de direito[1], o que escapa ao nosso objetivo.

---

1. Na doutrina brasileira, cf., quanto à história moderna da nossa disciplina, entre outros, Maristela Basso, *Curso de direito internacional privado*, cit., p. 101-43; Jacob Dolinger, *Direito internacional privado*, cit., p. 120-31; Irineu Strenger, *Direito internacional privado*, cit., p. 174-93; Haroldo Valladão, *Direito internacional privado*, cit., v. 1, p. 119-72. Sobre a unificação do direito internacional privado na América Latina, cf., particularmente, Haroldo Valladão, *Direito internacional privado*, cit., v. 1, p. 191-203, e Anna Maria Villela, A unificação..., revista cit., p. 53-70. Referente à doutrina estrangeira, cf., entre outros, Andreas Bucher, La dimension sociale du droit international privé, Cours général, in: Académie de Droit International, *Recueil des Cours, 2009*, t. 341, Leiden/Boston, Martinus Nijhoff Publishers, 2010, p. 41-61; Peter Hay, On the Road to a Third American Restatement of Conflicts Law, *Praxis des Internationalen Privat- und Verfahrensrechts (IPRax)*, 42:205-19, 2022; Gerhard Kegel,

Por outro lado, a nossa tarefa ficaria ainda mais difícil se tivéssemos de discorrer sobre a história da nossa disciplina, anteriormente à época clássica em que tiveram início as mudanças no rumo do direito internacional privado a caminho da modernidade[2].

Abordando de imediato o tema, verificamos que o início do direito internacional privado moderno está vinculado, basicamente, a três nomes: o do americano Joseph Story (1779-1845), cujo *magnum opus* é o *Commentaries on the Conflict of Laws, Foreign and Domestic, in Regard to Contracts Rights and Remedies, and Especially in Regard to Marriages, Divorces, Wills, Sucessions and Judgments (Comentários sobre o conflito de leis, estrangeiras e domésticas, no que diz respeito aos direitos e reparações contratuais, e especialmente no que diz respeito a casamentos, divórcios, testamentos, sucessões e sentenças)*, de 1834; o do alemão Friedrich Carl von Savigny (1779-1861), autor da famosa obra *System des heutigen Römischen Rechts (Sistema do direito romano atual)*, v. 8, de 1849; e o do italiano Pasquale Stanislao Mancini (1817-1888), cuja aula inaugural proferida na Universidade de Turim no dia 22 de janeiro de 1851, sob o título "Della nazionalità come fondamento del diritto delle genti" (*Da nacionalidade como fundamento do direito das gentes*), teve repercussão duradoura na doutrina do direito internacional privado.

As personalidades mencionadas são símbolos para os três pilares básicos do direito internacional privado, com vistas a sua evolução histórica, assim, a territorialidade do direito (*Joseph Story*), a personalidade do direito (*Pasquale Stanislao Mancini*) e a universalidade das normas de conflitos de leis no espaço (*Friedrich Carl von Savigny*).

Joseph Story foi juiz na Suprema Corte dos Estados Unidos, e professor na *Harvard Law School*. Procurando reunir a prática e a teoria

---

Wohnsitz und Belegenheit bei Story und Savigny, *RabelsZ*, 52:431-64, 1988; Keller e Siehr, *Allgemeine Lehren*, cit., p. 52-126; Von Bar, *Internationales Privatrecht*, cit., p. 384-438.

2. Sobre essa época, cf., na doutrina brasileira, entre outros, Jacob Dolinger, *Direito internacional privado*, cit., p. 107-20; Irineu Strenger, *Direito internacional privado*, cit., p. 149-73; Haroldo Valladão, *Direito internacional privado*, cit., v. 1, p. 91-118. Referente à doutrina estrangeira, cf., entre outros, Nikitas E. Hatzimihail, *Preclassical Conflict of Laws*, Cambridge, Cambridge University Press, 2021.

em seus trabalhos sobre o direito internacional privado, colecionou, para esse fim, a jurisprudência existente, classificando-a sistematicamente[3].

Para Story, o direito internacional privado era, na realidade, direito nacional. Resulta desse fato, necessariamente, que também a aplicação do direito estrangeiro dentro do País dependeria, exclusivamente, da vontade do legislador pátrio.

A soberania territorial do Estado, assim, seria a base dogmática para reflexões sobre o conflito de leis. Story foi influenciado, nesse aspecto, pela escola holandesa da *Comitas* do século XVII, cujo representante mais notável foi Ulricus Huber (1636-1694)[4].

A teoria de Huber acentuava a territorialidade do direito, mas admitia a aplicação do direito estrangeiro como ato de cortesia, o que era, particularmente, o caso dos direitos adquiridos no estrangeiro[5].

O objetivo de Story não foi desenvolver uma teoria totalmente nova, mas sim construir e desenvolver algo perante o já existente, e, embora a sua doutrina se destinasse à evolução da *Common Law* dos Estados Unidos[6], repercutiu perante o mundo inteiro.

As ideias básicas de Story podem ser transmitidas por suas próprias palavras:

"The first and most general maxim or proposition is..., that every nation possesses an exclusive sovereignty and jurisdiction within its own territory. The direct consequence of this rule is that the laws of every state affect, and bind directly all property, whether real or personal, within its territory; and all persons, who are resident within it, whether natural born subjects, or aliens; and also all contracts made, and acts done within it. (...) Another maxim, or proposition, is that no state or nation can, by its laws, directly affect, or bind property out of its own territory, or

---

3. Story classificou a jurisprudência em matérias, como: *Domicile, Capacity, Marriage, Foreign Divorces and Contracts, Personal and Real Property, Wills and Testaments* etc. Cf. Von Bar, *Internationales Privatrecht*, cit., p. 391.

4. Cf., detalhadamente, a respeito da teoria da *comitas gentium*, cuja origem é holandesa, Jacob Dolinger, *Direito internacional privado*, cit., p. 118-20; Keller e Siehr, *Allgemeine Lehren*, cit., p. 41-51; Von Bar, *Internationales Privatrecht*, cit., p. 136-9, 385-93.

5. Cf. Von Bar, *Internationales Privatrecht*, cit., p. 387-9.

6. *Ibidem*, p. 391.

persons not resident therein, whether they are natural born subjects, or others. This is a natural consequence of the first proposition; for it would be wholly incompatible with the equality and exclusiveness of the sovereignty of any nation, that other nations should be at liberty to regulate either persons or things within its territories. (...) From these two maxims or propositions, there flows a third, and that is, that, whatever force and obligation the laws of one country have in another, depends solely upon the laws, and municipal regulations of the latter, that is to say, upon its own proper jurisprudence and polity, and upon its own express or tacit consent"[7].

Já Friedrich Carl von Savigny foi um dos membros fundadores da Universidade de Berlim e, posteriormente, seu reitor, como também ministro do Estado da Prússia, além de romanista, historiador do direito e um dos grandes mestres clássicos do direito internacional privado. Aos seus setenta anos, Savigny publicou, no ano de 1849, o famoso oitavo volume do seu *System des heutigen Römischen Rechts (Sistema do direito romano atual)*.

A doutrina de Savigny abriu, decisivamente, as portas para uma nova compreensão da nossa disciplina. É verdade já terem existido precursores, dentre os quais figurava o próprio Joseph Story, que, com as suas ideias, chegou próximo a Savigny. Foi, porém, Savigny quem se

---

7. Cf. Joseph Story, *General maximes of international jurisprudence*, § 18, § 20, § 23, *apud* Von Bar, *Internationales Privatrecht*, cit., p. 392. A tradução do texto original inglês para o português é a seguinte: "A primeira e mais geral máxima ou proposta é..., que cada nação possua uma soberania e jurisdição exclusivas dentro do seu próprio território. A consequência direta desta regra é que as leis de cada Estado afetam e vinculam diretamente todos os bens, reais ou pessoais, dentro do seu território; e todas as pessoas, que nele residem, sejam súditos naturais, ou estrangeiros; e também todos os contratos feitos, e atos feitos dentro dele. (...) Outra máxima, ou proposta, é que nenhum Estado ou nação pode, pelas suas leis, afetar diretamente, ou vincular bens fora do seu próprio território, ou pessoas não residentes no mesmo, quer sejam súditos naturais, quer sejam outros. Esta é uma consequência natural da primeira proposta; pois seria totalmente incompatível com a igualdade e exclusividade da soberania de qualquer nação, que outras nações deveriam ter a liberdade de regular pessoas ou coisas dentro dos seus territórios. (...) Destas duas máximas ou proposições, decorre uma terceira, ou seja, que, qualquer que seja a força e a obrigação que as leis de um país tenham num outro, depende unicamente das leis, e dos regulamentos municipais deste último, ou seja, da sua própria jurisprudência e política, e do seu próprio consentimento, seja expresso ou tácito" (tradução realizada pelo autor).

dissociou, definitivamente, dos vínculos doutrinários e modelos de pensamento até ali vigentes[8].

O mérito da doutrina de Savigny para o direito internacional privado manifesta-se sob vários aspectos. Assim, o ponto de partida para a avaliação de uma relação jurídica com conexão internacional é basicamente esta e não uma lei ou um outro tipo de norma. Nesse ponto, a teoria de Savigny distingue-se fundamentalmente das teorias estatutárias, defendidas anteriormente nas suas diferentes variações, para as quais o estatuto, que se equivalia à lei, era essencialmente a origem para as cogitações dos doutrinadores[9].

Com esse teor, cada relação jurídica possui a sua própria sede (*Sitz des Rechtsverhältnisses*), à qual pertence, segundo a sua própria natureza[10].

Essa situação enseja, também, a aplicação do direito estrangeiro, que deve ser equiparado, em princípio, ao direito interno, com exceção daquelas normas de natureza rigorosamente positiva e cogente (*Gesetze von streng positiver, zwingender Natur*)[11].

Segundo o pensamento de Savigny, o objetivo do direito internacional privado deve ser a harmonia internacional das decisões (*internationale Entscheidungsharmonie*), por ser irrelevante se uma sentença é proferida pelo juiz de um ou de um outro país[12]. Por essa razão, a

---

8. Cf., entre outros, Von Bar, *Internationales Privatrecht*, cit., p. 402-3.

9. Keller e Siehr, *Allgemeine Lehren*, cit., p. 57; Kropholler, *Internationales Privatrecht*, cit., p. 13; Von Bar, *Internationales Privatrecht*, cit., p. 402-3.

10. "Dass bei jedem Rechtsverhältniß dasjenige Rechtsgebiet aufgesucht werde, welchem dieses Rechtsverhältniß seiner eigenthümlichen Natur nach angehört oder unterworfen ist." Cf. *System des heutigen Römischen Rechts*, v. 8, p. 28 e 108, *apud* Von Bar, *Internationales Privatrecht*, cit., p. 402.

11. Keller e Siehr, *Allgemeine Lehren*, cit., p. 57; Von Bar, *Internationales Privatrecht*, cit., p. 402. "Man kann diese Gleichstellung, im Gegensatz des oben erwähnten strengen Rechts, als freundliche Zulassung unter souveränen Staaten bezeichnen, nämlich als Zulassung ursprünglich fremder Gesetze unter die Quellen, aus welchen die einheimischen Gerichte die Beurtheilung mancher Rechtsverhältnisse zu schöpfen haben. Nur darf diese Zulassung nicht gedacht werden als Ausfluß bloßer Großmuth oder Willkür, die zugleich als zufällig wechselnd und vorübergehend zu denken wäre. Vielmehr ist darin eine eigenthümliche und fortschreitende Rechtsentwicklung zu erkennen, gleichen Schritt haltend mit der Behandlung der Collisionen unter den Particularrechten desselben Staates." Cf. *System des heutigen Römischen Rechts*, cit., p. 28, *apud* Von Bar, *Internationales Privatrecht*, cit., p. 404.

12. Keller e Siehr, *Allgemeine Lehren*, cit., p. 403. "... die Rechtsverhältnisse, in Fällen einer

disciplina não deve ser vista tão somente sob um ângulo nacional, mas orientar-se conforme as exigências da comunidade dos povos (*völker-rechtliche Gemeinschaft*).

Para Savigny, a aproximação dos diferentes direitos nacionais melhor poderia ser atingida pelo trabalho científico da doutrina internacional e pela prática dos tribunais. Ademais, acreditava que o mesmo fim poderia ser alcançado por uma lei comum universal sobre o direito aplicável[13]. A doutrina reporta-se, nesse contexto, ao caráter universal da teoria de Savigny.

Por último, cumpre destacar a obra de Pasquale Stanislao Mancini (1817-1888), que desenvolveu, dentre outras atividades, aquelas de advogado, professor universitário e Ministro de Educação, da Justiça e das Relações Exteriores[14]. A Lei de Introdução ao Código Civil italiano (*Codice Civile italiano*), que entrou em vigor no dia 1º de janeiro de 1866, com o título "Disposizioni sulla publicazione, interpretazione e applicazione delle leggi in generale" (*Disposições sobre a publicação, interpretação e aplicação das leis em geral*), foi basicamente de sua autoria. Nessas normas, introdutórias ao Código Civil italiano, reflete-se a doutrina de Mancini sobre o direito internacional privado[15].

A doutrina de Mancini repousa em três pilares: nacionalidade, liberdade e soberania[16]. A razão do primeiro princípio é o elemento de conexão da nacionalidade, que é o elemento de conexão dominante na doutrina de Mancini. O princípio da liberdade se refere ao direito das partes de escolherem livremente o direito aplicável dentro dos limites traçados pela lei (*princípio da autonomia da vontade das partes*). Todavia, se, conforme os dois princípios supramencionados, for aplicável o direito estrangeiro, este não será aplicado quando ofender a ordem pública, ou seja, contrariar interesses da soberania do Estado[17].

Collision der Gesetze, dieselbe Beurtheilung zu erwarten haben, ohne Unterschied, ob in diesem oder jenem Staate das Urtheil gesprochen werde." Cf. *System des heutigen Römischen Rechts*, cit., p. 27, *apud* Von Bar, *Internationales Privatrecht*, cit., p. 403.

13. Von Bar, *Internationales Privatrecht*, cit., p. 404.

14. Keller e Siehr, *Allgemeine Lehren*, cit., p. 65; Von Bar, *Internationales Privatrecht*, cit., p. 405.

15. Von Bar, *Internationales Privatrecht*, cit., p. 407.

16. Keller e Siehr, *Allgemeine Lehren*, cit., p. 64; Von Bar, *Internationales Privatrecht*, cit., p. 406.

17. Keller e Siehr, *Allgemeine Lehren*, cit., p. 64; Von Bar, *Internationales Privatrecht*, cit., p. 406-7.

Para Mancini, os princípios básicos do direito internacional privado estão consubstanciados no direito internacional público, e por este motivo têm validade universal.

Assim, a aplicação do direito estrangeiro é obrigatória para os juízes em todos os Estados e decorre do direito internacional público[18].

O elemento de conexão principal, para Mancini, é a nacionalidade no direito internacional privado. Nesse ponto, divergiu de Savigny, que preferiu o elemento de conexão do domicílio àquele da nacionalidade.

Mancini defendeu a aplicação ampla do elemento de conexão da nacionalidade no direito internacional privado, formulando, assim, a sua doutrina: "L'état et la capacité de la personne, les rapports de famille, et les droits et obligations qui en découlent, doivent être jugés en appliquant les lois de la patrie, c'est-à-dire de la nation dont elle fait partie. Ils sont régis subsidiairement par les lois du domicile, lorsque différentes législations civiles coexistent dans un même État, ou s'il s'agit de personnes sans aucune nationalité ou qui ont double nationalité"[19].

A doutrina de Mancini teve repercussão extraordinária e foi adotada por muitas legislações nacionais, bem como pelas primeiras convenções internacionais, elaboradas nas Conferências da Haia de Direito Internacional Privado. Posteriormente, porém, o elemento de conexão da nacionalidade começou a perder a sua hegemonia, sendo contínuo o seu declínio na atualidade[20].

É possível afirmar que Joseph Story, Friedrich Carl von Savigny e Pasquale Stanislao Mancini foram os juristas de maior prestígio no

---

18. Keller e Siehr, *Allgemeine Lehren*, cit., p. 64.

19. Cf. Pasquale Stanislao Mancini, De l'utilité de rendre obligatoires pour tous les États, sous la forme d'un ou de plusieurs traités internationaux, un certain nombre des règles générales du Droit international privé pour assurer la décision uniforme des conflits entre les différentes législations civiles et criminelles, *Clunet*, 1:304, 1874, *apud* Keller e Siehr, *Allgemeine Lehren*, cit., p. 64. A tradução do texto original francês para o português é a seguinte: "O estatuto e a capacidade da pessoa, as relações familiares, e os direitos e obrigações delas decorrentes, devem ser julgados através da aplicação das leis do país de origem, ou seja, da nação a que ela pertence. Regem-se subsidiariamente pelas leis do domicílio, quando coexistem diferentes legislações civis no mesmo Estado, ou quando dizem respeito a pessoas sem nacionalidade ou que têm dupla nacionalidade" (tradução realizada pelo autor).

20. Cf., também, p. 31-4, 145-7, *retro*.

início da história moderna do direito internacional privado. Mas, além desses nomes, surgiram outros, em todas as partes do mundo, tendo contribuído com as suas pesquisas doutrinárias para a evolução do direito internacional privado[21]. A doutrina, aliás, é considerada na nossa disciplina uma verdadeira fonte de direito[22]. Os trabalhos dos mais conceituados juristas do direito internacional privado influenciaram a evolução da nossa disciplina até os nossos dias, tanto pela jurisprudência dos tribunais quanto mediante os trabalhos preparatórios de convenções internacionais e de legislações novas de direito internacional privado nos diversos Estados.

No século XIX, era típica a formação de Estados soberanos novos. Naquela época, intensificou-se a discussão entre os juristas quanto a determinar se uma nação deveria codificar o seu direito, e principalmente o seu direito privado. A tese vencedora, no entanto, foi a da codificação.

As primeiras codificações europeias, entre as quais figuravam o Código Civil da Grécia de 1856, o Código Civil da Itália de 1865[23] e o Código Civil alemão de 1896, podendo já se basear nas doutrinas modernas de Story, Mancini e Savigny, conheceram no seu texto ainda poucas normas de direito internacional privado[24]. Também na América Latina surgiram as primeiras codificações naquela época, dentre as quais já em 1855 o Código Civil do Chile e o Código Civil da Argentina de 1871. Suas normas sobre o direito internacional privado, em geral, têm uma tendência territorialista, ou seja, preferem elementos de conexão que favoreçam a aplicação da *lex fori*, excluindo, assim, em maior ou menor escala a aplicação do direito estrangeiro. Uma exceção às tendências territorialistas na América Latina era o Brasil, pela Lei de

---

21. No Brasil, cf., entre outros, Jacob Dolinger, *Direito internacional privado*, cit., p. 128-31; Irineu Strenger, *Direito internacional privado*, cit., p. 174-93; no exterior, Keller e Siehr, *Allgemeine Lehren*, cit., p. 52-70, 105-24; Von Bar, *Internationales Privatrecht*, cit., p. 398-438.

22. Cf., detalhadamente, p. 126-8, *retro*.

23. *V.*, a respeito da grande influência de Pasquale Stanislao Mancini na elaboração das normas de direito internacional privado perante o Código Civil italiano de 1865, com mais detalhes, p. 208-9, *retro*.

24. *V.* Keller e Siehr, *Allgemeine Lehren*, cit., p. 72-3.

Introdução ao Código Civil de 1916, adotar o elemento de conexão da nacionalidade em relação ao estatuto pessoal da pessoa física[25].

Até os anos 1960, as normas escritas de direito internacional privado permaneceram isoladas dentro dos Códigos Civis dos diferentes países. Apenas a partir daí essa situação começou a mudar significativamente, quando, principalmente na Europa, iniciou-se uma onda de codificações das regras jurídicas existentes de direito internacional privado em um considerável número de países. Em escala menor, o mesmo fenômeno ocorreu e ainda está ocorrendo na América Latina[26]. Diga-se, portanto, que esse processo parece ainda não estar concluído.

O papel do direito uniforme sempre foi e é ainda muito importante para a nossa disciplina. Por essa razão, convém abordar esse tema também no seu contexto histórico.

Já com Friedrich Carl von Savigny se exigia a solução uniforme das questões relativas aos conflitos de leis no espaço. O ideal de criar regras jurídicas desse tipo, com vigência universal, porém, não se realizou, embora já no século XIX tivessem sido fundadas as primeiras entidades de projeção internacional, trabalhando ativamente na elaboração de tratados internacionais com regras jurídicas de direito internacional privado uniforme. O início dessa cooperação internacional e a sua evolução contínua até os nossos dias já foram extensamente tratados por nós neste livro[27]. Também nos referimos, nesse contexto, não só às tendências de uniformizar as normas sobre o direito internacional privado, mas também àquelas do direito substantivo ou material aplicável diretamente a relações jurídicas de direito privado com conexão internacional, sem a interferência de normas conflituais de direito internacional privado[28].

No que diz respeito à América Latina, as Conferências Especializadas Interamericanas de Direito Internacional Privado, organizadas sob

---

25. Em relação à doutrina do territorialismo no direito internacional privado da América Latina, cf. Leonel Pereznieto Castro, La tradition territorialiste en droit international privé d'Amérique Latine, *Recueil des Cours de l'Académie de Droit International, 190*:271-400, 1985-I.

26. Cf., entre outras, a "Ley General de Derecho Internacional Privado", promulgada em 16-12-2020 no Uruguai.

27. Cf., detalhadamente, p. 55-66, *retro*.

28. Cf., detalhadamente, p. 66-73, *retro*.

o patrocínio da Organização dos Estados Americanos (OEA), desempenharam papel importante, tendo em vista a evolução do direito uniforme no continente[29].

O tratado internacional mais significativo, que cuida de quase todas as questões de direito internacional privado, no passado era o *Código Bustamante*, de 13 de fevereiro de 1928, ratificado por quinze Estados da América Latina, embora com pouca aplicação na prática. Note-se que esse tratado não foi fruto de trabalhos realizados dentro da Organização dos Estados Americanos (OEA), que na época nem existia[30].

Com relação à cooperação internacional na América Latina na nossa disciplina, cumpre-nos ainda mencionar, por razões históricas, o Tratado de Lima, de 9 de novembro de 1878, não ratificado, contudo, por nenhum Estado sul-americano[31], e as convenções de Montevidéu de 1889, ou seja, os Tratados sobre Direito Processual (11-1-1889), Marca de Fábrica e Comércio (16-1-1889), Direito Penal Internacional (12-2-1889), Direito Civil Internacional (12-2-1889), Direito Comercial Internacional (12-2-1889), a Convenção sobre o Exercício de Profissões Liberais (14-2-1889) e o Protocolo Adicional sobre Aplicação das Leis Estrangeiras (13-2-1889). Todas essas convenções entraram em vigor[32].

Em 1939-1940, realizou-se outro congresso latino-americano referente ao direito internacional privado, em Montevidéu. Nessa ocasião, os antigos contratos foram revisados[33]. O Brasil, no entanto, não está vinculado juridicamente a qualquer dos tratados mencionados.

Atualmente, tanto na Europa quanto na América Latina, o método aplicado para a resolução dos conflitos de leis no espaço, na sua essência, ainda é o clássico de quando do início da história moderna do direito internacional privado. Isso, no entanto, não quer dizer que não

---

29. Cf., a respeito, p. 60-3, *retro*.

30. Cf., em relação ao Código Bustamante, com detalhes, p. 122-4, *retro*.

31. *V.*, a respeito, com mais detalhes, Jacob Dolinger, *Direito internacional privado*, cit., p. 69-70; Irineu Strenger, *Direito internacional privado*, cit., p. 137; Haroldo Valladão, *Direito internacional privado*, cit., v. 1, p. 129-95.

32. *V.*, a respeito, com mais detalhes, Jacob Dolinger, *Direito internacional privado*, cit., p. 70-1; Irineu Strenger, *Direito internacional privado*, cit., p. 137-8 e 141-2; Haroldo Valladão, *Direito internacional privado*, cit., p. 195-8.

33. Jacob Dolinger, *Direito internacional privado*, cit., p. 70-1; Irineu Strenger, *Direito internacional privado*, cit., p. 141; Haroldo Valladão, *Direito internacional privado*, cit., p. 200.

tenha havido críticas substanciais contra o método tradicional no decorrer do tempo. Tal era o caso principalmente dos Estados Unidos, após a Segunda Guerra Mundial.

O sistema jurídico nos Estados Unidos, tradicionalmente vinculado à *Common Law*, é alheio a regras abstratas codificadas no estilo da *Civil Law*, como as adotadas geralmente na Europa e na América Latina[34]. Ademais, o direito privado, na sua essência, não é regulado pelo direito federal. A competência, nesse âmbito, basicamente, pertence ao distrito federal de Colúmbia com a capital Washington, D.C., a cada um dos seus Estados-membros e de seus territórios ultramarinos. Esse também é o caso com relação às regras sobre o conflito de leis no espaço. Nos Estados Unidos, portanto, tem destaque o direito interlocal ao lado do direito internacional privado (*Conflict of Laws*). De suma relevância prática em todo território dos Estados Unidos, contudo, são os "Restatements". Estes identificam regras jurídicas (rules) que refletem os direitos dos diversos estados, inclusive, a jurisprudência dos seus tribunais (*case law*). Os "Restatements" vêm sendo elaborados pelo American Law Institute (ALI), uma organização não governamental, fundada em 1923, e composta por juízes, acadêmicos, e advogados em exercício nos Estados Unidos e no exterior. Referem-se à várias áreas de direito, entre as quais o direito internacional privado (*Conflict of Laws*). Os "Restatements" não têm força de lei, mas exercem considerável influência nas decisões judiciais, proferidas por juízes e tribunais em todo país. Até a presente data, o ALI elaborou dois "Restatements" no âmbito do direito internacional privado (*Conflict of Laws*), e isso em 1934 e 1971, respectivamente. Desde 2014 está em estudo um terceiro, que deverá substituir o atual de 1971, ou seja, o "Restatement (*Second*) of Conflict of Laws"[35].

Na Europa, o direito privado, desde o início do século XX, passou por mutações significativas. A influência do direito público aumentou consideravelmente dentro do direito privado. Destarte, teve de satisfazer

---

34. Sobre o direito dos Estados Unidos e o seu direito internacional privado em geral, cf. Guido Fernando Silva Soares, *"Common law": introdução ao direito dos EUA*, São Paulo, Revista dos Tribunais, 2. ed., 2000, p. 58-180.

35. Cf., Peter Hay, *On the Road to a Third American Restatement of Conflicts Law*, cit., p. 205-19.

os crescentes interesses coletivos e contribuir para a realização da justiça social. Isso é evidente, por exemplo, nas leis cuja finalidade é a proteção do consumidor, do inquilino ou do trabalhador.

Por esses motivos, surgiram críticas igualmente na Europa, no sentido de que as "regras inflexíveis" e formais do direito internacional privado não levariam suficientemente em consideração o aspecto da justiça material[36].

O método tradicional do direito internacional privado de solucionar conflitos de leis no espaço mediante a designação do direito aplicável a fatos ou fatores sociais, por via de normas indicativas ou indiretas ao caso concreto, todavia foi questionado, de forma mais radical nos Estados Unidos[37].

Entre os doutrinadores críticos norte-americanos mais notáveis, devemos mencionar Brainerd Currie (1912-1965), David F. Cavers (1902-1988), Robert A. Leflar (1901-1997) e Albert A. Ehrenzweig (1906-1974).

Segundo o pensamento de Brainerd Currie, normas indicativas ou indiretas de direito internacional privado são dispensáveis: "We would be better off without choice-of-law rules"[38]. Ademais, afirmou que tais regras tradicionais e fixas deveriam ser substituídas pelo *governmental-interest approach*, ou seja, caso fosse invocada a aplicação do direito estrangeiro perante o Estado do foro, o juiz ou tribunal deveria examinar o interesse desse Estado em aplicar a sua lei (*lex fori*). Apenas inexistindo tal interesse o juiz poderia aplicar o direito estrangeiro, desde que o Estado estrangeiro possuísse um interesse legítimo na aplicação do seu direito ao caso concreto. Na teoria de Brainerd Currie, prevalece claramente a aplicação da *lex fori*, e a razão para isso é o próprio interesse do Estado em aplicar essa lei[39].

---

36. *V.*, a respeito, entre outros, Von Bar, *Internationales Privatrecht*, cit., p. 423-4.

37. Com relação à evolução, à prática e às tendências do direito internacional privado nos Estados Unidos, cf. *Peter Hay, On the Road to a Third American Restatement of Conflicts Law*, cit., p. 205-19; Symeon C. Symeonides, The American Choice-of-Law Revolution in the Courts: Today and Tomorrow, *Recueil des Cours, 298*:9-448, 2003.

38. Traduzido para o português: "Estaríamos melhor sem regras sobre o direito aplicável".

39. Cf., a respeito da doutrina de Brainerd Currie, com detalhes, *Peter Hay, On the Road to a Third American Restatement of Conflicts Law*, cit., p. 207-9; Symeon C. Symeonides, The American Choice-of-Law Revolution in the Courts: Today and Tomorrow, cit., p. 38-50; Andreas Bucher, La dimension sociale du droit international privé, cit., p. 56-7.

Já David F. Cavers não foi tão radical quanto Brainerd Currie. A sua doutrina foi denominada *result* ou *rule-selecting approach*. Cavers não pretendeu renunciar totalmente às normas indicativas ou indiretas do direito internacional privado. Selecionou-as, porém, em princípios de preferência (*principles of preference*), tendo em vista, basicamente, o direito da responsabilidade civil[40].

Robert A. Leflar, por seu lado, proclamou a teoria do *better-law approach*. Consoante esse princípio, deve ser aplicado o direito mais favorável ou melhor ao caso concreto com conexão internacional. Na prática, esse direito dá ampla preferência à *lex fori*. Leflar rejeitou o método tradicional da resolução dos conflitos de leis no espaço perante a nossa disciplina[41].

Por fim, Albert Ehrenzweig, que reconhece a existência de normas básicas do direito internacional privado (*choice-of-law rules*). No entanto, sustenta que, se a norma do direito substantivo ou material da *lex fori* pode ser substituída por outra de direito estrangeiro, deve ser examinada com a ajuda da primeira. Assim, tende a acentuar os aspectos da justiça material em relação a nossa disciplina[42].

Particularmente, as teorias de Brainerd Currie e Albert A. Ehrenzweig repercutiram na redação do "Restatement (*Second*) of Conflict of Laws", de 1971[43]. Dessa forma, prefere amplamente as normas unilaterais em detrimento das bilaterais. Na avaliação da norma unilateral, a questão básica é se o Estado do foro possui um interesse na aplicação de seu direito, o que, em regra, vem sendo deduzido das normas de caráter substantivo ou material, potencialmente aplicáveis ao caso concreto. A isso se soma a ampla jurisdição dos tribunais dos Estados Unidos em causas com conexão internacional[44].

---

40. V. Symeon C. Symeonides, *The American Choice-of-Law Revolution in the Courts:* Today and Tomorrow, cit., p. 35-8; Andreas Bucher, La dimension sociale du droit international privé, cit., p. 56.

41. Symeon C. *Symeonides, The American Choice-of-Law Revolution in the Courts:* Today and Tomorrow, cit., p. 51-5.

42. Andreas Bucher, *La dimension sociale du droit international privé*, cit. p. 55-6; Von Bar, *Internationales Privatrecht*, cit., p. 430-2.

43. Cf., Peter Hay, *On the Road to a Third American Restatement of Conflicts Law*, cit., p. 206-10.

44. V., nesse sentido, Frank Vischer, Der Trend zum Unilateralismus in American Conflict of

Na realidade, a qualificação de um direito como sendo melhor que um outro (*better-law approach*) é relativa, bem como parece problemática a aplicação do direito privado ancorado em interesses do próprio Estado do foro (*governmental-interest approach*).

A preferência quase absoluta pela *lex fori* não aparenta ser a solução mais adequada quando uma relação jurídica de direito privado está mais intimamente conectada a um ou mais ordenamentos jurídicos estrangeiros do que ao direito pátrio. A suposta justiça material, no caso concreto, é difícil de ser atingida mediante a aplicação das teorias norte-americanas, já que normalmente não existem normas específicas de direito substantivo ou material dentro do ordenamento jurídico interno aplicáveis diretamente a causas com conexão internacional.

As teorias norte-americanas negligenciam, ainda, o aspecto da segurança jurídica, não permitindo às partes preverem como o direito será aplicado ao caso concreto. Além disso, a aplicação exacerbada da *lex fori* poderá conduzir a decisões judiciais contraditórias no plano internacional, o que não é desejável[45]. Atualmente, nos próprios Estados Unidos, a situação jurídica existente é considerada insatisfatória[46]. Por este motivo, o American Law Institute está trabalhando desde 2014 na elaboração do "Restatement (Third) of Conflict of Laws", que deverá substituir o atual, ou seja, o "Restatement (Second) of Conflict of Laws" de 1971[47].

As teorias norte-americanas foram discutidas também pela doutrina europeia, mas não foram recepcionadas por nenhum país em sua legislação interna. Igualmente, na América Latina, a repercussão dessas teorias foi modesta[48].

Laws. Bemerkungen zum Sammelband: "American Conflicts Law at the Dawn of the 21st Century", *Schweizerische Zeitschrift für internationales und europäisches Recht (SZIER)*, 13:55-66, 2003.

45. Cf., sobre visões críticas com relação às doutrinas norte-americanas, entre outros, Von Bar, *Internationales Privatrecht*, cit., p. 432-48; Klaus Schurig, Interessenjurisprudenz contra Interessenjurisprudenz im IPR, *RabelsZ*, 59:229-44, 1995.

46. V., entre outros, Peter Hay, *On the Road to a Third American Restatement of Conflicts Law*, cit., p. 206, 210-1, 217-8.

47. *Ibidem*, p. 206, 211-9.

48. Von Bar, *Internationales Privatrecht*, cit., p. 432-3.

Porém, também na Europa surgiram, no decorrer do tempo, várias críticas em relação ao método clássico de solucionar conflitos de leis no espaço. Entretanto, foram mais modestas do que nos Estados Unidos. Basicamente, foi questionada a pouca flexibilidade do método clássico. Além disso, este não levaria suficientemente em consideração o conteúdo do direito substantivo ou material a ser aplicado ao caso concreto. Esse seria apenas o caso nos limites da violação da ordem pública e das leis de aplicação imediata.

Entre os críticos mais destacados, Paul Lagarde, no ano de 1986, na época professor na Universidade de Paris I (Panthéon-Sorbonne), apresentou como método alternativo para o direito internacional privado contemporâneo o princípio da proximidade (*le principe de proximité*). De acordo com essa regra, uma relação jurídica é regida pela lei do país com a qual está mais estreitamente ligada (*lien le plus étroit*). A sua finalidade principal é assegurar maior flexibilidade ao direito internacional privado. A regra compreende todo o direito internacional privado, ou seja, as disposições sobre o conflito de leis no espaço e aquelas relacionadas ao direito processual civil internacional, especificamente, a competência internacional direta e o reconhecimento de decisões estrangeiras. No ano de 2014, Paul Lagarde, ademais, expôs o método do reconhecimento de situações constituídas no exterior pela *lex fori*, ou seja, pelo país, no qual se invoca o seu reconhecimento. Quanto a essas situações se trata, em particular, do estado civil de uma pessoa, como o seu casamento, o seu divórcio e a sua filiação, constituída no exterior, mas também de direitos que afetam a personalidade de uma pessoa, como o seu nome e a sua identidade. Na visão de Paul Lagarde, as normas sobre o conflito de leis da *lex fori* não têm como intervir nestes casos. Para o seu reconhecimento basta examinar a validade da situação de acordo com o direito do país de sua constituição, a prova da ausência de vínculo de proximidade com esse país quando for manifestado por uma das partes, e a conformidade com a ordem pública nacional e internacional[49]. Nesse

---

49. Cf., por inteiro, Paul Lagarde, Le principe de proximité dans le droit international privé contemporain. Cours général de droit international privé. In: *Académie de Droit International, Recueil des Cours*, 1986, t. 196, Dordrecht/Boston/Lancaster, Martinus Nijhoff Publishers, 1987, p. 9-238; e, *La méthode de la reconnaissance est-elle l'avenir du droit international privé?* Cours

espectro, a ordem pública nacional abrange também o respeito aos direitos fundamentais, consagrados, principalmente, nas Constituições dos Estados[50], enquanto a ordem pública internacional requer a observação das regras decorrentes do direito internacional, em particular, dos direitos humanos[51].

Vários autores referem-se, em particular, à "materialização" do direito internacional privado, ou seja, a necessidade de levar em consideração também o direito material, concebido no interesse geral da sociedade e do Estado[52]. Com efeito, verifica-se nos textos legais contemporâneos que o direito internacional privado protege a parte estruturalmente mais fraca, como nas relações de consumo e de trabalho. A proteção não se refere apenas à designação do direito aplicável, mas também às regras vigentes no processo civil. Outra forma de flexibilização é a admissão de elementos de conexão alternativos ou de cláusulas escapatórias (*escape clauses*) para beneficiar a parte vulnerável, como, por exemplo, o alimentando.

Jürgen Basedow, antigo diretor do Instituto Max Planck de Direito Comparado e Direito Internacional Privado, de Hamburgo, aponta para o aumento significativo e contínuo das relações privadas internacionais a partir do fim da Segunda Guerra Mundial. Nesse cenário, as pessoas físicas e corporações privadas aparecem como os atores principais. Conforme o seu entendimento, o direito internacional privado reconheceu essa nova realidade. Em particular, concedeu-lhes maior autonomia na designação do direito aplicável às suas relações privadas, e em algumas áreas também da jurisdição internacional de seu interesse. Por outro lado, o Estado, nos limites do direito internacional, resguarda os seus

---

général de droit international privé. In: Académie de Droit International, Recueil des Cours, 2014, t. 371, Leiden/Boston, Martinus Nijhoff Publishers, 2015, p. 9-42.

50. Cf., entre outros, Jürgen Basedow, 4ème Commission. Droits de l'homme et droit international privé/Human Rights and Private International Law. In: Institut de Droit International. *Annuaire, Session de Hyderabad,* 2017, Vl. 77-I, 2016-2017, Travaux préparatoires, Paris, Editions A. Pedone, 2016, p. 401-2.

51. V., em particular, o inteiro teor da Resolução do Instituto de Direito Internacional sobre a Relação entre Direitos Humanos e Direito Internacional Privado, de 4-9-2021.

52. V., entre outros, Pascal Grolimund, *Materialisierung von Kollisionsrecht, in Festschrift für Anton K. Schnyder zum 65. Geburtstag. Pascal Grolimund,* Alfred Koller, Leander D. Loacker, Wolfgang Portmann (Eds.). Zürich, Schulthess, 2018, p. 145-55.

interesses já ao nível do direito internacional privado mediante a promulgação de leis de aplicação imediata. A consequência dessa evolução é a relevância cada vez maior da norma unilateral em detrimento da tradicional bilateral no âmbito do direito internacional privado[53].

Para Erik Jayme, professor titular emérito de direito civil, direito internacional privado e direito comparado da Universidade de Heidelberg, o direito internacional privado, de um lado, preserva uma estrutura tradicional, mas de outro, ao mesmo tempo, está aberto para a agregação de novos valores. Na visão de Erik Jayme, estes caracterizam o direito internacional privado pós-moderno, tendo como base o pluralismo, a comunicação, as normas narrativas que expressam valores, mas não possuem força jurídica imediata, e o retorno aos sentimentos. O direito internacional privado da pós-modernidade, destarte, está fundamentado no respeito à identidade cultural. Sua expressão externa são a língua, a religião, a moral, a nacionalidade e outras tradições da comunidade às quais um indivíduo está vinculado e com relação às quais existe um forte sentimento de lealdade e afiliação. Conforme o entendimento de Erik Jayme, o respeito à identidade cultural significa também tolerância e o reconhecimento imediato dos direitos humanos no âmbito do direito internacional privado. A doutrina de Erik Jayme teve enorme repercussão no direito brasileiro, inclusive no âmbito do direito internacional privado[54].

Atualmente, a doutrina, em geral, reconhece que o direito internacional privado clássico vem sendo complementado por novos métodos. Nesse sentido, o direito internacional privado contemporâneo admite o pluralismo de métodos[55].

---

53. Cf., por inteiro, Jürgen Basedow, The Law of Open Societies – Private Ordering and Public Regulation of International Relations. General Course on Private International Law. In: Académie de Droit International. *Recueil des Cours, 2012,* t. 360, Leiden/Boston, Martinus Nijhoff Publishers, 2013, p. 9-516.

54. Cf., em particular, Erik Jayme, Identité culturelle et intégration: le droit international privé postmoderne. Cours général de droit international privé. In: Académie de Droit International, *Recueil des Cours,* 1995, t. 251, Haia/Boston, Londres Martinus Nijhoff Publishers, 1996, p. 9-286.

55. Cf., entre outros, Andreas Bucher, *La dimension sociale du droit international privé*, cit., p. 41,78.

Nas últimas décadas verificou-se uma inclinação mais firme do direito internacional privado para a sua "materialização". Por exemplo, levou-se em consideração o melhor interesse da criança e os interesses da parte estrutural mais fraca, como nas relações de consumo e do trabalho. Ademais, são mais frequentes a promulgação de leis de aplicação imediata que representam interesses públicos do Estado. O direito aplicável às relações pessoais da pessoa física rege-se, cada vez, mais conforme o direito vigente na sua residência habitual. Com isso, favorece-se a aplicação da *lex fori*. Por outro lado, facilita-se também o reconhecimento de direitos da pessoa humana, referentes à sua identidade e ao seu estado civil, adquiridos no exterior[56].

Na Europa, verifica-se a influência crescente da União Europeia (UE) sobre a evolução do direito internacional privado no continente. São perceptíveis nos seus regulamentos a afirmação da existência do pluralismo de métodos no âmbito do direito internacional privado. Nesse sentido, de um lado, favorece a escolha do direito aplicável. Esse é o caso com relação aos contratos internacionais, mas com limites para a proteção dos consumidores e empregados[57], entre outros. Ademais, permite com restrições a autonomia da vontade das partes nas relações extracontratuais[58], no direito das sucessões[59], bem como no divórcio, na designação do regime de bens dos cônjuges e companheiros, e das obrigações alimentares[60]. Além disso, conhece elementos de conexão

---

56. Sobre tendências mais recentes do direito internacional privado em geral, cf., entre outros, Marc-Philippe Weller, Vom Staat zum Menschen: Die Methodentrias des Internationalen Privatrechts, *RabelsZ, 81*:747-80, 2017.

57. V., em particular, arts. 3º, 6º, e, 8º do Regulamento n. 593/2008, de 17-6-2008, sobre a lei aplicável às obrigações contratuais (*Roma I*).

58. Art. 14º, do Regulamento n. 864/2007, de 11-7-2007, relativo à lei aplicável às obrigações extracontratuais (*Roma II*).

59. Art. 22º, do Regulamento n. 650/2012, de 4-7-2012, relativo à competência, à lei aplicável, ao reconhecimento e execução das decisões, à aceitação e execução dos atos autênticos em matéria de sucessões e à criação de um Certificado Sucessório Europeu (*Roma IV*).

60. Art. 5º, do Regulamento n. 1259/2010, de 20-12-2010, que cria uma cooperação reforçada no domínio da lei aplicável em matéria de divórcio e separação judicial (*Roma III*); arts. 22º, dos Regulamentos, de 24-6-2016, que implementam a cooperação reforçada no domínio da competência, da lei aplicável, do reconhecimento e da execução de decisões em matéria de regimes matrimoniais, e, em matéria de efeitos patrimoniais das parcerias registradas, respectivamente; art. 15º, do Regulamento n. 4/2009, de 18-12-2009, relativo à competência, à lei

alternativos e subsidiários[61] e cláusulas escapatórias com relação à regra geral sobre o direito aplicável[62]. Por derradeiro, prevê o respeito às leis de aplicação imediata[63] e à ordem pública nacional e internacional, levando em consideração os direitos consagrados nas Constituições dos Estados e os direitos humanos[64].

A América Latina está no mesmo caminho. Nesse sentido, basta examinar as legislações nacionais editadas mais recentemente, como aquelas do Panamá[65], da Argentina[66] e do Uruguai[67]. Nesse sentido, as normas vigentes sobre o direito internacional privado no Uruguai, por exemplo, prescrevem que o direito estrangeiro no caso concreto não será aplicado quando violar a ordem pública internacional[68]. Nas relações jurídicas privadas internacionais, ademais, deverão ser aplicadas as normas de aplicação imediata vigentes no País. Quando o tribunal julgar pertinente, poderá aplicar ainda disposições legais imperativas de um terceiro Estado com o qual o caso concreto possui vínculos relevantes[69]. Além disso, direitos adquiridos serão reconhecidos no País se uma relação jurídica foi validamente constituída num Estado estrangeiro em conformidade com a lei desse Estado, desde que, no momento da sua constituição, tenha um vínculo relevante com esse Estado e não seja contrária à ordem pública internacional[70]. As partes, em geral, são

---

aplicável e à execução das decisões e à cooperação em matéria de obrigações alimentares, em conjunto com os arts. 7º - 8º do Protocolo da Haia, de 23-11-2007, sobre a lei aplicável às obrigações alimentares (Protocolo da Haia de 2007).

61. Arts. 3º a 6º do (Protocolo da Haia de 2007), cit.

62. Entre outras, art. 4º, 3. e 4., do Regulamento (*Roma I*), cit.; art. 4º, 3., do Regulamento (*Roma II*), cit.; art. 21º, 2., do Regulamento (*Roma IV*), cit.

63. Art. 9º, do Regulamento (*Roma I*), cit.; art. 14º, do Regulamento (*Roma II*), cit.; art. 30º, do Regulamento (*Roma IV*), cit.; art. 30º do Regulamento em matéria de regimes matrimoniais, cit.

64. V., Angelika Nussberger, Die Europäische Menschenrechtskonvention und das Privatrecht, RabelsZ, 80: 817-50, 2016.

65. Código de Direito Internacional Privado, Lei n. 61, de 7-10-2015.

66. Código Civil e Comercial da Nação, Lei n. 26.994, de 7-1-2014, Livro sexto, Título IV, arts. 2.594-2.671.

67. Lei Geral de Direito Internacional Privado, Lei n. 19.920, de 16-12-2020.

68. Art. 5º, da Lei n. 19.920, de 16-12-2020.

69. Art. 6º, da Lei n. 19.920, de 16-12-2020.

70. Art. 9º, da Lei n. 19.920, de 16-12-2020.

autorizadas de escolher o direito a ser aplicado nas suas relações contratuais internacionais[71]. No entanto, existem diversas restrições, dentre as quais para proteção do consumidor[72] e do trabalhador[73]. Tampouco a autonomia da vontade das partes é admitida nas relações de família e das sucessões, por exemplo[74]. Em se tratando de obrigações alimentares, todavia, o seu credor tem a escolha entre o direito vigente na sua residência habitual e do devedor, a seu critério[75].

Chegando ao fim de nossas breves considerações sobre a história moderna do direito internacional privado, resta-nos resumir algumas das características básicas da evolução do direito internacional privado até os dias atuais.

1) Conforme o direito internacional privado moderno, devem ser examinados, em primeiro lugar, a relação jurídica concreta ou, mais precisamente, os fatos e fatores sociais (*Lebenssachverhalte*) com conexão internacional, a fim de determinar em seguida o direito aplicável, que será sempre o direito interno ou determinado direito estrangeiro, consoante as respectivas normas indicativas ou indiretas do direito internacional privado da *lex fori*.

O direito internacional privado moderno rompeu definitivamente com a antiga tradição dos estatutos, reinante até os meados do século XIX.

2) No final do século XIX, acreditava-se ser ainda possível elaborar normas de direito internacional privado com vigência universal. Essa visão, porém, não se tornou realidade. O almejado universalismo das normas do direito internacional privado cedeu lugar a uma desejável coordenação de sistemas jurídicos nacionais. No mesmo século, no qual era típico o processo contínuo de formação de Estados soberanos, pôde-se constatar um número modesto de normas escritas sobre o direito internacional privado nas legislações nacionais. Essa situação, todavia, começou a mudar, principalmente nos últimos sessenta anos. Nesse espaço de

---

71. Art. 45º, da Lei n. 19.920, de 16-12-2020.

72. Arts. 50º, E), e, 59º, D), da Lei n. 19.920, de 16-12-2020.

73. Art. 50º, F), e, 59, E), da Lei n. 19.920, de 16-12-2020.

74. Art. 50º, B), da Lei n. 19.920, de 16-12-2020.

75. Art. 29º, da Lei n. 19.920, de 16-12-2020.

tempo, um considerável número de Estados elaborou leis sistemáticas de direito internacional privado.

Embora não tivesse atingido o ideal de um direito internacional privado universal, o direito internacional privado foi de fato uniformizado em vários dos seus ramos, mediante o instrumento jurídico do tratado internacional, principalmente na Europa. Na América Latina, houve esforços consideráveis no mesmo sentido.

3) As convenções internacionais costumam ser preparadas no âmbito de diversas organizações internacionais. Estas, contudo, não se limitam a elaborar normas de direito internacional privado uniforme. A preocupação delas é, cada vez mais, a uniformização do direito substantivo ou material, aplicável diretamente a relações jurídicas com conexão internacional, sem que seja mais necessária a interferência de normas de direito internacional privado. Esse tipo de direito uniformizado, porém, está espalhado em muitos diplomas legais diferentes, não sendo regulamentado, ainda, de forma sistemática. Mais recentemente constata-se uma tendência de elaboração de Leis-modelos, Guias Legislativos e de "Princípios" para aplicação em nível universal. As suas vantagens são a flexibilidade e a adaptabilidade quando houver necessidade de uma atualização.

4) O direito internacional privado é e sempre foi muito influenciado pela doutrina, principalmente quanto à evolução da sua parte geral. Nesse contexto, podemos mencionar como exemplos a questão prévia, a qualificação, o reenvio e as leis de aplicação imediata, todas questões básicas descobertas e analisadas sistematicamente pela doutrina. Os problemas jurídicos mais recentes que preocupam a doutrina são, entre outros, a influência do direito público estrangeiro, principalmente o direito econômico, sobre as relações jurídicas de direito privado com conexão internacional; a relação entre a *Lex Mercatoria* e o direito internacional privado; a influência dos direitos humanos sobre o direito internacional privado[76]; o conflito e a harmonização das diferentes

---

76. Cf., em relação a esse tópico, a Resolução do Instituto de Direito Internacional sobre a relação entre direitos humanos e direito internacional privado (*Droits de la personne humaine et droit international privé*), de 4-9-2021. Disponível em seu Portal: https://www.idi-iil.org/app/uploads/2021/09/2021_online_04_fr.pdf. Acesso em: 17-7-2023.

convenções existentes do direito internacional privado entre si; e o direito falimentar internacional. Outro grande desafio atual para a doutrina são as questões jurídicas ligadas à internet, particularmente no que diz respeito ao *e-commerce*, à proteção dos dados pessoais[77], aos atos ilícitos cometidos pelos seus usuários no ciberespaço[78] e às novas tecnologias em geral.

Após a Segunda Guerra Mundial, o método clássico da resolução dos conflitos de leis no espaço foi radicalmente questionado, principalmente nos Estados Unidos. A doutrina desenvolveu diversas teorias alternativas, com o intuito de encontrar soluções mais próximas do direito substantivo ou material em conformidade com os interesses da *lex fori*. As teorias norte-americanas, porém, não prosperaram, quer na Europa, quer na América Latina. E, mesmo nos Estados Unidos, as teorias não receberam a aceitação geral pela doutrina, estando sujeitas ao exame crítico permanente.

5) Note-se, porém, que o direito europeu contemporâneo se tornou mais flexível em comparação com o direito internacional privado clássico. Inclusive, reserva à autonomia da vontade das pessoas um amplo espaço, com suporte adicional do direito processual civil. Por outro lado, leva em consideração cada vez mais aspectos de direito substantivo ou material, especialmente quando se trata de proteger a parte estruturalmente mais fraca. Além disso, os direitos fundamentais, consagrados pela Constituição, e os direitos humanos, devem ser sempre respeitados e levados em consideração. As leis de aplicação imediata, ainda, prevalecem sempre sobre o direito estrangeiro, quando este for o aplicável conforme as regras de conflito de leis no espaço da *lex fori* no caso concreto. Em

---

77. Cf., entre outros, Moritz Hennemann, Wettbewerb der Datenschutzrechtsordnungen – Zur Rezeption der Datenschutz-Grundverordnung, *RabelsZ*, 84:864-95, 2020.

78. Quanto à competência internacional da Justiça brasileira em casos de violação do direito da personalidade de pessoa física com domicílio no Brasil por meio da internet, *v.* STJ, REsp 1.168.547-RJ, 4ª T., rel. Min. Luís Felipe Salomão, j. 11-5-2010, *DJe*, 7-2-2011; STJ, REsp 1.745.657, 3ª T., rel. Min. Nancy Andrighi, j. 3-11-2020, *DJe*, 19-11-2020. Nesse contexto, v., ademais, a Resolução do Instituto de Direito Internacional de 31-8-2019 sobre as violações dos direitos da personalidade pela utilização da internet: competência, direito aplicável e reconhecimento de decisões estrangeiras. Disponível em seu Portal: https://www.idi-iil.org. Résolutions. Acesso em: 17-7-2023.

casos específicos, até a legislação de aplicação imediata de terceiros Estados pode ser levada em consideração e aplicada.

6) Na América Latina, podem ser observadas tendências semelhantes às da Europa. Essas são particularmente visíveis na jurisprudência e na legislação recente de vários Estados da região. É dado particular destaque com vistas à conformidade do direito internacional privado com os direitos fundamentais, consagrados na Constituição, e com os direitos humanos.

B. DIREITO INTERNACIONAL PRIVADO NO BRASIL

A história moderna do direito internacional privado brasileiro é muito rica[79]. Por esse motivo, a constatação de Irineu Strenger foi acertada quando afirmou que tanto esta quanto as obras e ideias dos seus expoentes mais notáveis mereceriam uma atenção maior por parte dos estudiosos[80].

Dois grandes nomes destacam-se na nossa disciplina: Augusto Teixeira de Freitas (1816-1883), logo no início da história moderna do direito internacional privado no Brasil, e Haroldo Valladão (1901-1987)[81], que foi descrito por Irineu Strenger como o maior internacionalista das Américas, "colocando-se em esfera universal do lado dos mais eminentes, não só pela sua devoção ao direito internacional privado, como pela sua viva participação em todos os embates que envolvem problemas de nossa disciplina, além de sua gigantesca produção, compreendendo estudos, artigos, monografias, conferências, livros e projetos legislativos"[82].

Augusto Teixeira de Freitas foi quem introduziu no Brasil a doutrina do direito internacional privado moderno. Seus ensinamentos

---

79. Referente à história moderna do direito internacional privado brasileiro, cf., entre outros, Clóvis Beviláqua, *Código Civil dos Estados Unidos do Brasil*, 2. ed., Rio de Janeiro, Francisco Alves, 1921, v. 1, p. 11-5, 89-159; Jürgen Samtleben, Teixeira de Freitas..., revista cit., p. 257-76; Irineu Strenger, *Direito internacional privado*, cit., p. 194-261; Haroldo Valladão, *Direito internacional privado*, cit., v. 1, p. 173-90; André de Carvalho Ramos, Direito internacional privado de matriz legal e sua evolução no Brasil, *Revista da Ajuris, 42*:89-113, 2015.

80. Cf. Irineu Strenger, *Direito internacional privado*, cit., p. 194.

81. Fonte: Ministério Público Federal.

82. Irineu Strenger, *Direito internacional privado*, cit., p. 248.

inovadores tiveram enorme respaldo em toda a América Latina e também na Europa, e o seu prestígio, ainda nos dias atuais, é muito elevado.

Teixeira de Freitas esteve familiarizado com todas as correntes doutrinárias modernas de sua época, e estas influíram sua obra principal, *Esboço do Código Civil do Império do Brasil*, publicada entre os anos de 1860 e 1865. Essa obra sucedeu àquela da *Consolidação das Leis Civis*, publicada em 1857, e é considerada o primeiro projeto orgânico, elaborado com base científica, de legislação de direito internacional privado do Brasil e das Américas.

Analisando o conteúdo do *Esboço*, verifica-se que ali é abordado um grande número de temas básicos, debatidos e comentados pelos doutrinadores ainda hoje.

O grande mérito de Augusto Teixeira de Freitas é o de que a sua obra constitui um verdadeiro corpo legislativo sistemático, formando a pedra angular do direito internacional privado brasileiro e de sua doutrina, que orientou, principalmente, as gerações de juristas que lhe sucederam. Esse brilhante jurista brasileiro foi um precursor do seu tempo, com as suas ideias inovadoras. Apesar disso, bem como o que ocorreu à época da publicação de sua obra, a saber, entre 1860 e 1865, suas teorias não obtiveram ainda a devida repercussão no País.

Na obra de Teixeira de Freitas, percebe-se forte influência da doutrina de Savigny[83], sendo que, para o doutrinador brasileiro, cada relação jurídica, destarte, tem sua sede própria, e "os dados, que podem servir para determinar a sede de cada um desses objetos a que as leis se aplicam, vêm a ser: domicílio das pessoas, situação das coisas, lugar dos fatos e lugar da autoridade ou tribunal que toma conhecimento da questão. Da escolha entre essas causas determinantes depende a solução do problema"[84]. Ademais, a doutrina denuncia que Teixeira de Freitas já admitia a autonomia da vontade das partes no âmbito dos contratos internacionais[85].

---

83. Cf., a respeito da doutrina de Savigny, p. 206-8, *retro*.

84. *V.*, a respeito dessas regras formuladas por Augusto Teixeira de Freitas, o Capítulo I do Título Preliminar, art. 3º c/c o art. 4º, n. 1, do seu *Esboço*, *apud* Haroldo Valladão, *Direito internacional privado*, cit., v. 1, p. 180.

85. *V.* Jürgen Samtleben, Teixeira de Freitas..., revista cit., p. 262-8.

Por seu conteúdo singular, o *Esboço* merece, ainda hoje, a devida atenção dos estudiosos, visto que sua doutrina permanece perfeitamente inteligível para a nova geração de juristas[86].

Na época em que foi publicado o *Esboço*, surgiu no Brasil a primeira obra doutrinária sobre a nossa disciplina, sob o título *Direito internacional privado e aplicação de seus princípios com referência às leis particulares do Brasil*, da autoria de José Antonio Pimenta Bueno. Com essa obra, seu autor não teve a intenção de elaborar um corpo sistemático de regras jurídicas; a finalidade foi puramente doutrinária.

Pimenta Bueno revelou estar bem familiarizado com a doutrina estrangeira da época, principalmente a francesa, e na sua obra procurou amoldar e adaptar essa doutrina à realidade brasileira. Embora não se encontre ali a criatividade e genialidade de Teixeira de Freitas, concordamos com a opinião do eminente Professor Irineu Strenger, para quem "ignorar Pimenta Bueno, como fonte doutrinária do direito internacional privado no Brasil, é falha imperdoável daqueles que referem a história de nossa disciplina no processo nacional, com essa lacuna"[87].

Outro jurista pátrio, de altíssimo prestígio e saber jurídico, que contribuiu de forma marcante e criativa para a evolução da nossa disciplina no Brasil foi Clóvis Beviláqua (1859-1944). Segundo a lição de Irineu Strenger, este "foi um dos maiores juristas que a América produziu nos últimos tempos, não só pela extensão de seu saber, que compreende uma vastíssima cultura universal, que vai desde as preocupações literárias e filosóficas até o domínio da técnica e da ciência do Direito, mas também pela sua incansável capacidade de escritor, que influenciou fortemente os doutrinadores e juristas brasileiros por mais de meio século, persistindo até nossos dias o valor de suas obras que se tornaram clássicas"[88].

Clóvis Beviláqua não só elaborou obra doutrinária expressiva, como aquela sob o título *Princípios elementares de direito internacional privado*,

---

86. Cf., referente à obra de Augusto Teixeira de Freitas, detalhadamente, Irineu Strenger, *Direito internacional privado*, p. 196-209; Haroldo Valladão, *Direito internacional privado*, cit., v. 1, p. 173-85.

87. *V.*, a respeito da obra do jurista José Antonio Pimenta Bueno, com detalhes, Irineu Strenger, *Direito internacional privado*, cit., p. 209-21.

88. *Ibidem*, p. 221.

publicada em 1906, como também foi autor do projeto de Código Civil de 1899, em que, conforme nos diz Haroldo Valladão, tratou na Lei de Introdução "do conflito de leis de forma integral, científica, consagrando o princípio da nacionalidade em alguns textos", embora admitindo que a adoção desse princípio não era algo básico[89]. A doutrina e o projeto de Clóvis Beviláqua tiveram grande influência sobre a Lei de Introdução ao Código Civil de 1916, que antecedeu à de 1942, ainda em vigor[90].

Outro nome que não pode faltar no rol dos juristas brasileiros mais primorosos no estudo da história moderna do direito internacional privado brasileiro é Eduardo Espínola. Em 1925, Espínola publicou seus *Elementos de direito internacional privado* e, em 1931, as *Modificações do direito interno brasileiro decorrentes da adoção do Código Bustamante* (esta última obra foi escrita em colaboração com o seu filho, Eduardo Espínola Filho[91]).

A contribuição de Eduardo Espínola para a evolução do direito internacional privado brasileiro foi igualmente considerável não só por seus trabalhos doutrinários, mas, ainda, por sua colaboração ativa na subcomissão legislativa, encarregada, à época, da revisão do Código Civil pátrio[92].

Cumpre salientar, outrossim, os valiosos trabalhos dos juristas Rodrigo Octávio e Lafayette Rodrigues Pereira.

Rodrigo Octávio publicou um grande número de trabalhos científicos. Como uma parte considerável dos seus trabalhos foi publicada em revistas estrangeiras conceituadas, o jurista contribuiu em muito para a divulgação da doutrina e do direito pátrio no exterior. As publicações tiveram lugar entre os anos de 1910 e 1933. Neste último ano, Rodrigo Octávio publicou ainda o *Dicionário de direito internacional privado*, obra singular dentro da nossa disciplina[93].

---

89. V. Haroldo Valladão, *Direito internacional privado*, cit., v. 1, p. 187-8.

90. V., a respeito da doutrina de Clóvis Beviláqua, com detalhes, Irineu Strenger, *Direito internacional privado*, cit., p. 221-8; Haroldo Valladão, *Direito internacional privado*, cit., v. 1, p. 187-228.

91. V. Irineu Strenger, *Direito internacional privado*, cit., p. 228.

92. V., a respeito da obra de Eduardo Espínola, detalhadamente, Irineu Strenger, *Direito internacional privado*, cit., p. 228-44.

93. V., a respeito da obra de Rodrigo Octávio, detalhadamente, Irineu Strenger, *Direito internacional privado*, cit., p. 244-6.

Lafayette Rodrigues Pereira, por seu lado, tornou-se conhecido no meio jurídico nacional e estrangeiro principalmente por seu projeto de "Código de Direito Internacional Privado", elaborado em 1911 e publicado oficialmente em 1927[94].

Um desempenho extraordinário e fascinante na nossa disciplina foi desenvolvido pelo saudoso jurista e professor Haroldo Valladão.

Conforme relata Irineu Strenger, "a bibliografia de Haroldo Valladão sobre o direito internacional privado é imensa, compreendendo obras gerais, livros, monografias, anteprojetos e projetos de leis e códigos, além de emendas sobre direito internacional privado. Acrescentem-se ainda os artigos, conferências, relatórios, pareceres em caráter profissional e pareceres na Consultoria Geral da República nessa especialidade no período de 1947 a 1950, trabalhos no Institut de Droit International entre 1950 e 1967, trabalhos na International Law Association, pareceres no exercício novamente de Procuradoria-Geral da República em 1967, pareceres na Consultoria Jurídica do Ministério das Relações Exteriores, desde 1961, e os últimos trabalhos no período de 1970", até a sua morte[95].

A autoridade de Haroldo Valladão dentro da nossa disciplina é incontestável e reconhecida tanto no Brasil quanto no exterior, onde participava ativamente, com os seus colegas da área, de conferências, congressos e sessões das entidades mais renomadas, sempre preocupadas com a evolução do direito internacional privado. Irineu Strenger reservou-lhe, "sem favor, a condição de *primo inter pares* no campo do direito internacional privado e a sua imortalidade na história dessa disciplina no Brasil"[96].

Na relação dos juristas pátrios mais destacados da nossa disciplina, Irineu Strenger inclui, ainda, os nomes de Amílcar de Castro, Oscar Tenório e Pontes de Miranda[97].

---

94. Irineu Strenger, *Direito internacional privado*, cit., p. 247-8; Hélcio Maciel França Madeira, A latinidade e o humanismo de Lafayette Rodrigues Pereira, *RT, 873*:48-54, 2008.

95. Irineu Strenger, *Direito internacional privado*, cit., p. 248-9. Sobre a lista dos mais importantes trabalhos de Haroldo Valladão, cf., ainda, Irineu Strenger, *Direito internacional privado*, cit., p. 249-51.

96. *Ibidem*, p. 251.

97. *Ibidem*, p. 252-4.

Amílcar de Castro foi presidente do Tribunal de Justiça e Professor emérito da Faculdade de Direito da Universidade Federal de Minas Gerais, tendo publicado uma obra sobre o direito internacional privado, em dois volumes, cuja primeira edição foi lançada em 1956. A doutrina desse venerável jurista é singular, o que permitiu o seu reconhecimento e divulgação no País.

Oscar Tenório, também com experiência na magistratura no Estado do Rio de Janeiro, foi autor de um considerável número de publicações, dentre as quais *Direito internacional privado*, em dois volumes e com várias edições. A obra desse renomado jurista recebeu igualmente grande aceitação entre os estudiosos da nossa disciplina.

Pontes de Miranda, jurista pátrio de elevadíssima reputação, dedicou-se também ao direito internacional privado nos seus trabalhos. Em 1935, publicou o *Tratado de direito internacional privado*, em dois volumes. Apresentou, em 1938, um projeto a Francisco Campos e escreveu, ademais, um trabalho em francês com o título "La conception de droit international privé d'après la doctrine et la pratique au Brésil", que teve repercussão internacional.

Irineu Strenger refere-se, por derradeiro, a numerosos outros juristas que contribuíram com valiosos trabalhos para a divulgação e evolução do direito internacional privado no Brasil[98]. Não resta dúvida de que uma apreciação adequada de cada jurista no presente estudo não é possível. Contudo, é importante salientar a existência de uma doutrina pátria muito rica dentro da nossa disciplina, capaz de inspirar a nossa e as futuras gerações de juristas brasileiros nas suas pesquisas doutrinárias.

Para finalizar nossas breves considerações sobre a história moderna do direito internacional privado brasileiro, cumpre-nos, ainda, tecer algumas observações relativas à evolução legislativa no Brasil. Nesse contexto, merecem destaque, principalmente, a Lei de Introdução ao Código Civil de 1916, a Lei n. 3.071[99], do mesmo ano, que entrou em

---

98. *Ibidem*, p. 254-7.

99. Sobre as esparsas regras do direito internacional privado em vigor antes da vigência da Lei de Introdução ao Código Civil, de 1º de janeiro de 1916, Lei n. 3.071, *v.* Irineu Strenger, *Direito internacional privado*, cit., p. 258; Haroldo Valladão, *Direito internacional privado*, cit., v. 1, p. 185-6.

vigor em 1917[100], e a Lei de Introdução ao Código Civil de 1942 (Decreto-Lei n. 4.657), com denominação oficial atual de Lei de Introdução às Normas do Direito Brasileiro (LINDB), conforme redação dada pela Lei n. 12.376, de 30-12-2010, a qual, sucessora da primeira, entrou em vigor em 24 de outubro de 1942, constituindo, ainda hoje, importante fonte legislativa do direito internacional privado brasileiro em vigor[101]. Outros preceitos relevantes encontram-se em leis específicas, como na Lei n. 12.965, de 23 de abril de 2014, que estabelece princípios, garantias, direitos e deveres para o uso da internet no Brasil (*Marco Civil da Internet*[102]), e na Lei n. 13.709, de 14-8-2018, ou seja, a Lei Geral de Proteção de Dados Pessoais (LGPD)[103]. As normas do direito processual civil internacional, por seu lado, atualmente, constam em grande parte no Código de Processo Civil (Lei n. 13.105, de 16 de março de 2015) e não mais na Lei de Introdução às Normas do Direito Brasileiro[104]. Tentativas de revisar essa legislação não lograram sucesso até a presente data. Inclusive, com a vigência do Código Civil, a Lei n. 10.406, de 10 de janeiro de 2002, nada foi modificado.

Tanto a Lei de Introdução de 1916 quanto a de 1942 dedicam poucos artigos a nossa disciplina[105]. O teor de ambos os diplomas legais, porém, distingue-se consideravelmente em algumas de suas partes.

Cumpre notar que até 1942 o direito internacional privado brasileiro aclamava o elemento de conexão da nacionalidade, tendo em vista o estatuto pessoal da pessoa física[106]. A nova Lei de Introdução ao

---

100. V., a respeito, detalhadamente, os comentários de Clóvis Beviláqua, *Código*, cit., p. 89-159.

101. O CPC em vigor, ademais, derrogou as normas processuais constantes na LINDB, na medida em que a matéria regulada nos dois diplomas legais é a mesma.

102. V., em particular, art. 11, *caput*, § 1º e § 2º, da Lei.

103. V., em particular, art. 3º, da Lei.

104. O CPC em vigor, ademais, derrogou as normas processuais constantes na LINDB, na medida em que a matéria regulada nos dois diplomas legais é a mesma.

105. A Lei de Introdução ao Código Civil de 1916, nos arts. 8º a 21, e a de 1942, nos arts. 7º a 19.

106. O art. 8º da Lei de Introdução de 1916 dispunha textualmente: "A lei nacional da pessoa determina a capacidade civil, os direitos de família, as relações pessoais dos cônjuges, e o regime dos bens no casamento, sendo lícito, quanto a este, a opção pela lei brasileira". Referente ao conteúdo desse artigo, *v.*, Clóvis Beviláqua, *Código*, cit., p. 111-24.

Código Civil rompeu com a antiga tradição, substituindo o elemento de conexão da nacionalidade por aquele do domicílio[107].

Outra distinção marcante entre as duas legislações foi a posição adotada em relação ao princípio da autonomia da vontade das partes[108]. A Lei de Introdução ao Código Civil de 1916 admitia, expressamente, a escolha do direito aplicável pelas partes a um contrato internacional dentro dos limites traçados pela lei[109]. A legislação vigente, por sua vez, é omissa quanto à mesma questão[110].

No mais, voltando nossa atenção para os tratados internacionais ratificados pelo Brasil, verificamos que o País, no passado, mostrou-se cauteloso em aderir a convenções que disciplinam questões de direito internacional privado. Ratificou, todavia, o Código Bustamante, embora essa convenção, atualmente, tenha pouca aplicação na prática.

Para o Brasil, no plano internacional, as Conferências Especializadas Interamericanas de Direito Internacional Privado, das quais o País regularmente participou, exerceram influência maior para a evolução do direito internacional privado. Em relação à ratificação de convenções elaboradas nessas conferências, o Brasil, durante muito tempo, adotou uma postura de reserva, a qual, porém, abandonou posteriormente. A mesma tendência mais aberta se verifica em relação às convenções elaboradas no âmbito da Conferência da Haia de Direito Internacional Privado.

---

107. *V.* arts. 7º a 10 da Lei de Introdução de 1942.

108. *V.*, a respeito, com detalhes, p. 155-64, *retro*.

109. O art. 13 dessa lei diz textualmente: "Regulará, salvo estipulação em contrário, quanto à substância e aos efeitos das obrigações, a lei do lugar, onde foram contraídas. Parágrafo único. Mas sempre se regerão pela lei brasileira: I – Os contratos ajustados em países estrangeiros, quando exequíveis no Brasil. II – As obrigações contraídas entre brasileiros, em país estrangeiro. III – Os atos relativos a imóveis situados no Brasil. IV – Os atos relativos ao regime hipotecário brasileiro". *V.*, a respeito do seu conteúdo, Clóvis Beviláqua, *Código*, cit., p. 131-5.

110. O art. 9º da LINDB estabelece: "Para qualificar e reger as obrigações, aplicar-se-á a lei do país em que se constituírem. § 1º Destinando-se a obrigação a ser executada no Brasil e dependendo de forma essencial, será esta observada, admitidas as peculiaridades da lei estrangeira quanto aos requisitos extrínsecos do ato. § 2º A obrigação resultante do contrato reputa-se constituída no lugar em que residir o proponente".

No plano interno, na ausência da existência de alterações na legislação do direito internacional privado, a sua evolução ocorre basicamente por meio da jurisprudência dos tribunais superiores do País, na atualidade notadamente do Superior Tribunal de Justiça[111].

---

111. Cf., a esse respeito, a crítica de Jacob Dolinger, Provincianismo no direito internacional privado brasileiro. Dignidade humana e soberania nacional: inversão dos princípios, *RT*, *880*:33-60, 2009.

TÍTULO II

PRINCÍPIOS GERAIS DE DIREITO PROCESSUAL CIVIL INTERNACIONAL

| CAPÍTULO 1 |

NOÇÕES BÁSICAS DO DIREITO PROCESSUAL CIVIL INTERNACIONAL

As normas do direito internacional privado indicam, na sua essência, o direito aplicável a uma relação jurídica de direito privado com conexão internacional, dependendo sempre de uma autoridade judiciária ou de um órgão, com funções equivalentes, que seja internacionalmente competente para aplicá-las. A ausência desse requisito processual impede o juiz, tribunal ou outro órgão, equiparado ao Poder Judiciário de conhecer e pronunciar-se com relação ao mérito da causa *sub judice*[1].

Mas não só normas da competência internacional influenciam a aplicação do direito internacional privado no processo civil. Outras

---

1. Quando um juiz ou tribunal decide uma causa com conexão internacional, deverá examinar em primeiro lugar se é internacionalmente competente. Se for esse o caso, pode determinar o direito aplicável, que é o direito interno ou o direito estrangeiro, designado conforme as normas de direito internacional privado da *lex fori*. Conhecido o direito materialmente aplicável à causa *sub judice*, é possível, em seguida, decidi-la. Para fins didáticos, cf. STJ, REsp 973.553-MG, Segredo de Justiça, 4ª T., rel. Min. Raul Araújo, j. 18-8-2011, *DJe*, 8-9-2011 (*Reconhecimento e dissolução de união estável iniciada no estrangeiro – conviventes domiciliados no Brasil – bens situados no Brasil*); STJ, REsp 512.401-SP, Segredo de Justiça, 4ª T., rel. Min. Cesar Asfor Rocha, j. 14-3-2003, *RT, 824*:182-6, 2004.

regras processuais fundamentais, igualmente, intervêm diretamente em nossa disciplina e estão ligadas tão estritamente a ela que, necessariamente, devem ser levadas em consideração para a solução prática de cada causa de direito privado com conexão internacional.

O conjunto das normas processuais inter-relacionadas diretamente com a nossa disciplina concentra-se no direito processual civil internacional. Em virtude desse vínculo estreito, a doutrina mais moderna inclui essas normas dentro do objeto do direito internacional privado, assim concebida a disciplina em *lato sensu*, enquanto as normas de direito internacional privado, as quais designam o direito aplicável, são consideradas *stricto sensu*[2].

É princípio fundamental que às normas de direito processual civil internacional, basicamente, é aplicável a *lex fori*[3], ou seja, a lei do lugar, no qual se desenvolve o processo. Essa regra já foi estabelecida de longa data[4], e, tanto na doutrina quanto na jurisprudência, é reconhecida como o princípio básico do processo. Exceções a esse princípio, no entanto, podem constituir normas específicas constantes em tratados internacionais[5].

Em regra, não existem dificuldades para distinguir as normas do

---

2. *V.*, a respeito, com mais detalhes, p. 5-6, 40-6, *retro*.

3. Cf. art. 13 CPC e, por todos, Haroldo Valladão, *Direito internacional privado*, cit., v. 3, p. 123; Cândido Rangel Dinamarco, *Instituições de Direito Processual Civil*, v. I, 4. ed., São Paulo, Malheiros, 2004, p. 35; STJ, AgInt na HDE 3.919-EX, CE, rel. Min. Jorge Mussi, j. 28-4-2021, *DJe*, 30-4-2021 (*decretação da revelia*), STJ, SEC 6.499/EX, CE, rel. Min. Humberto Martins, j. 25-4-2013, *DJe*, 10-5-2013, (*aplicação da lex fori à citação realizada no exterior, inclusive quanto ao requisito da pessoalidade*); STJ, SEC 7.137-EX, CE, rel. Min. Laurita Vaz, j. 14-6-2012, *DJe*, 29-6-2012 (*aplicação da lex fori à representação da parte no processo*); STJ, HDE 3.518-EX, CE, rel. Min. Laurita Vaz, j. 22-4-2021, *DJe*, 4-5-2021 (*estrutura formal da sentença e rito procedimental adotado*).

4. Jacobus Balduinus, aprox. 1190-1235, foi o primeiro a diferenciar entre questões que pertencem ao direito processual (*ordinaria litis*) e questões de mérito (*decisoria litis*), às quais, segundo o doutrinador, não é necessariamente aplicável a *lex fori. V.*, a respeito, Keller e Siehr, *Allgemeine Lehren*, cit., p. 396 e 586.

5. Quanto ao Brasil, cf. art. 13 CPC: "A jurisdição civil será regida pelas normas processuais brasileiras, ressalvadas as disposições específicas previstas em tratados, convenções ou acordos internacionais de que o Brasil seja parte".

direito processual civil internacional daquelas que determinam o direito aplicável a uma causa de direito privado com conexão internacional[6].

Por vezes, porém, não está claro se uma regra jurídica é uma norma processual ou uma norma substantiva ou material[7]. No primeiro caso, consoante o princípio geral já realçado, é geralmente aplicável a *lex fori*. Tratando-se de uma norma substantiva ou material, é mister determinar o direito aplicável à relação jurídica de direito privado com conexão internacional, a qual pode, destarte, indicar tanto o direito interno quanto o direito estrangeiro. Em todas as situações em que é duvidoso determinar se uma norma pertence a uma das duas categorias, é indispensável a sua qualificação, que, por seu lado, ocorre exclusivamente conforme a *lex fori*[8].

Em relação às normas do direito processual civil internacional, prevalecem conforme a sua origem, ainda as normas de direito interno. Principalmente nos Estados-membros da União Europeia, porém, esse direito foi uniformizado em diversas das suas partes[9].

A Conferência da Haia de Direito Internacional Privado, no passado, teve maior êxito na Europa, com suas tentativas de uniformizar o direito processual civil internacional[10]. Posteriormente, suas convenções

---

6. V., nesse sentido, por exemplo, STJ, SEC 5.268-EX, CE, rel. Min. Castro Meira, j. 7-11-2012, *DJe*, 19-11-2012 (*aplicação da lex fori à citação por ser instituto de direito processual*).

7. O direito processual civil disciplina, basicamente, as regras referentes à atuação do juiz e das partes, ou até de terceiros perante o Judiciário e da organização da Justiça em geral, regras que estão ligadas a um processo civil e seu procedimento. O direito substantivo ou material regula a constituição, a modificação e a extinção dos direitos subjetivos, e as relações jurídicas de direito privado, bem como o seu conteúdo em geral.

8. Dependendo da ordem jurídica do país, a prescrição é qualificada juridicamente como instituto de direito processual ou de direito material. No Brasil, trata-se de instituto de direito material. Cf., nesse sentido, Cristiano Chaves de Farias/Nelson Rosenvald, *Curso de direito civil: parte geral e LINDB*, 20. ed., Salvador, JusPodivm, 2022, vl. 1, p. 817-20. Note-se, no entanto, que, conforme o art. 487, II, CPC, a prescrição é examinada de ofício pelo juiz. A compensação é outro instituto a ser examinado regularmente sob os aspectos do direito material e do direito processual civil, levando em consideração a nossa disciplina, o direito internacional privado. No direito brasileiro, a compensação está disciplinada nos arts. 368 a 380 CC, fazendo parte do direito material.

9. Com relação à farta legislação cf. o Portal da União Europeia. Disponível em: https://eur-lex. europa.eu/ – Palavras-chave: Justiça, liberdade e segurança – Cooperação judiciária em matéria civil – Matéria civil e comercial – Direito da família e direito sucessório – Cooperação entre os países da UE em matéria de justiça civil. Acesso em: 15-7-2023.

10. V., entre outros, Haimo Schack, Hundert Jahre Haager Konferenz für IPR. Ihre Bedeutung

ganharam maior relevância também em outras partes do mundo, como na América Latina.

Inclusive, o Brasil já aderiu a várias de suas convenções, como *Convenção relativa à Proteção das Crianças e à Cooperação em Matéria de Adoção Internacional*, de 29 de maio de 1993[11]; *Convenção sobre os Aspectos Civis do Sequestro Internacional de Crianças*, de 25 de outubro de 1980[12]; *Convenção sobre a Cobrança Internacional de Alimentos para Crianças e Outros Membros da Família*, de 23 de novembro de 2007[13]; *Convenção sobre o Acesso Internacional à Justiça*, de 25 de outubro de 1980[14]; *Convenção sobre a Obtenção de Provas no Estrangeiro em Matéria Civil ou Comercial*, de 18 de março de 1970[15]; e *Convenção Relativa à Citação, Intimação e Notificação no Estrangeiro de Documentos Judiciais e Extrajudiciais em Matéria Civil e Comercial*, de 15 de novembro de 1965[16].

Um dos maiores desafios para a Conferência foi a elaboração de convenções sobre a competência internacional, bem como o reconhecimento e a execução de sentenças estrangeiras em matéria de direito civil e comercial com aplicação em nível mundial. A Convenção sobre Acordos de Eleição de Foro (*Convention sur les accords d'élection de for*), de 30 de junho de 2005, atualmente está internacionalmente em vigor[17]. Isso, no entanto, não ocorreu ainda com relação à Convenção sobre o Reconhecimento e a Execução de Sentenças Estrangeiras em Matéria Civil e Comercial, de 2 de julho de 2019[18].

---

für die Vereinheitlichung des Internationalen Zivilverfahrensrechts, *RabelsZ*, 57:224-62, 1993; Dagmar Coester-Waltjen, Die Anerkennung gerichtlicher Entscheidungen in den Haager Übereinkommen, *RabelsZ*, 57:263-302, 1993.

11. O Brasil promulgou a convenção mediante o Decreto n. 3.087, de 21-6-1999.

12. O Brasil promulgou a convenção mediante o Decreto n. 3.413, de 14-4-2000.

13. O Brasil promulgou a convenção mediante o Decreto n. 9.176, de 19-10-2017.

14. O Brasil promulgou a convenção mediante o Decreto n. 8.343, de 13-11-2014.

15. O Brasil promulgou a convenção mediante o Decreto n. 9.039, de 27-4-2017.

16. O Brasil promulgou a convenção mediante o Decreto n. 9.734, de 20-3-2019.

17. Cf., com relação à Convenção, o Portal da Conferência da Haia de Direito Internacional Privado. Disponível em: https://www.hcch.net. Acesso em: 15-7-2023.

18. Cf., com relação à Convenção, o Portal da Conferência da Haia de Direito Internacional Privado. Disponível em: https://www.hcch.net. Acesso em: 15-7-2023. Ela entrará em vigor em 1-9-2023 por causa das adesões da União Europeia e de seus Estados-membros, bem como da Ucrânia.

Além disso, por iniciativa da Organização das Nações Unidas (ONU), foram elaboradas convenções internacionais muito significativas, vinculando juridicamente um número expressivo de Estados, com reflexos diretos sobre o direito processual civil internacional[19].

Ademais, cumpre salientar a UNCITRAL que contribui com suas atividades para a evolução do direito processual civil internacional em nível universal[20].

Também cumpre referenciar o UNIDROIT (Instituto para a Unificação do Direito Privado) e o American Law Institute (Instituto de Direito Americano), que, no 2º semestre do ano de 2004, aprovaram os princípios do processo civil transnacional (*Principles of Transnational Civil Procedure*), após a sua elaboração em conjunto. Os princípios têm como escopos básicos a harmonização e aproximação das normas nacionais fundamentais sobre o processo civil internacional[21]. Por último, merece destaque nesse contexto a *Resolução do Instituto de Direito Internacional sobre a relação entre Direitos Humanos e Direito Internacional Privado*, de 4 de setembro de 2021. Em várias de suas disposições, especifica os direitos de acesso à Justiça e ao devido processo legal ou processo justo (*procès équitable/fair hearing*) no âmbito do direito processual civil internacional e o vincula, dessa forma, aos direitos humanos[22].

Tendo em vista a União Europeia, cumpre mencionar, inicialmente, a Convenção Europeia sobre a Jurisdição e a Execução de Sentenças

---

19. Cf., nesse sentido, notadamente, a Convenção sobre o Estatuto dos Refugiados, de 28-7-1951; a Convenção sobre o Estatuto dos Apátridas, de 28-9-1954; a Convenção sobre a Prestação de Alimentos no Estrangeiro, de 20-6-1956; a Convenção sobre o Reconhecimento e a Execução de Sentenças Arbitrais Estrangeiras, de 10-6-1958; a Convenção sobre Relações Diplomáticas, de 18-4-1961; e a Convenção sobre Relações Consulares, de 24-4-1963. No Brasil, atualmente, estão em vigor todas as Convenções.

20. *V.*, nesse sentido, notadamente, no âmbito da arbitragem e conciliação comercial internacional, bem como do direito falimentar internacional, o seu Portal. Disponível em: https://www.uncitral.un.org. Acesso em: 15-7-2023.

21. Sobre os princípios, *v.*, entre outros, Rolf Stürner, The Principles of Transnational Civil Procedure, *RabelsZ*, 69:201-54, 2005, bem como, no Brasil, Cassio Scarpinella Bueno, Os princípios do processo civil transnacional e o Código de Processo Civil brasileiro, *RP*, 122:167-86, 2005.

22. Cf., com relação ao seu teor o Portal do Instituto de Direito Internacional. Disponível em: https://www.idi-iil.org/fr/. Acesso em: 15-7-2023.

em Matéria de Direito Civil e Comercial, de 27 de setembro de 1968[23]. Convenção paralela a essa foi firmada em 16 de setembro de 1988, em Lugano, pelos Estados-membros da União Europeia e os da Associação Europeia do Livre Comércio (EFTA). A Convenção de Bruxelas, de 27 de setembro de 1968, foi substituída pelo Regulamento (CE) n. 44/2001 do Conselho da União Europeia, de 22 de dezembro de 2000, relativo à competência judiciária, ao reconhecimento e à execução de decisões em matéria civil e comercial. Este, por seu lado, foi revogado pelo Regulamento (UE) n. 1215/2012 do Parlamento Europeu e do Conselho, de 12 de dezembro de 2012, relativo à competência judiciária, ao reconhecimento e à execução de decisões em matéria civil e comercial. A Convenção de Lugano, ademais, foi substituída pela Convenção relativa à competência judiciária, ao reconhecimento e à execução de decisões em matéria civil e comercial, de 27 de novembro de 2008[24]. No decorrer do tempo, o direito processual civil internacional na União Europeia fortaleceu-se amplamente e continua atualmente em permanente evolução[25].

Ao examinar a situação na América Latina, em nível regional, deve ser mencionado, em primeiro lugar, o *Código Bustamante*[26], que estabelece normas sobre o direito processual no seu Livro IV, arts. 314 a 437[27].

Posteriormente, a maior influência para a evolução do direito processual civil internacional na América Latina exerceu a Conferência Especializada Interamericana de Direito Internacional Privado[28]. Suas convenções, em geral, foram ratificadas por um considerável número de Estados. O Brasil, inicialmente mostrou reservas em aderir a tais

---

23. Cf., a respeito, entre outros, Haimo Schack, *Internationales*, cit., p. 30-47.

24. *V.*, Decisão do Conselho, de 27 de novembro de 2008, relativa à celebração da Convenção relativa à competência judiciária, ao reconhecimento e à execução de decisões em matéria civil e comercial, *Jornal Oficial da UE* n. 147 L, 10-6-2009, p. 1 e ss.

25. Com relação à sua farta legislação cf. o Portal da União Europeia. Disponível em: https:// eur-lex.europa.eu/ – Palavras-chave: Justiça, liberdade e segurança – Cooperação judiciária em matéria civil – Matéria civil e comercial – Direito da família e direito sucessório – Cooperação entre os países da UE em matéria de justiça civil. Acesso em: 15-7-2023.

26. *V.*, a respeito, com maiores detalhes, p. 122-4, *retro*.

27. Nesse contexto, cumpre mencionar que o Código se refere não só ao direito processual civil internacional, mas também ao direito processual penal internacional e à extradição, bem como à falência e à concordata.

28. *V.*, a respeito da Conferência Especializada Interamericana de Direito Internacional Privado, detalhadamente, p. 60-3, *retro*.

convenções[29], mas começou a mudar a sua posição nos anos 1990. Desde então já ratificou várias importantes convenções, como a *Convenção Interamericana sobre Arbitragem Comercial Internacional*, de 30 de janeiro de 1975[30]; a *Convenção Interamericana sobre Cartas Rogatórias*, de 30 de janeiro de 1975[31]; o *Protocolo Adicional à Convenção Interamericana sobre Cartas Rogatórias*, de 8 de maio de 1979[32]; a *Convenção Interamericana sobre Prova e Informação acerca do Direito Estrangeiro*, de 8 de maio de 1979[33]; e a *Convenção Interamericana sobre Eficácia Extraterritorial das Sentenças e Laudos Arbitrais Estrangeiros*, de 8 de maio de 1979[34].

Relevantes para os Estados integrantes do Mercosul são ainda os Protocolos elaborados pela Reunião dos seus ministros de Justiça, cujo objetivo foi desenvolver um marco comum para a cooperação jurídica dentro do bloco[35]. Todos os Protocolos desse tipo foram incorporados pelo Brasil na sua legislação interna. Esses Protocolos serão tratados num capítulo separado neste livro, levando em consideração o direito processual civil internacional no Mercosul[36].

Ainda no âmbito do Mercosul, cumpre anotar nesse contexto o *Acordo sobre Arbitragem Comercial Internacional*[37].

Por final, cumpre mencionar o *Acordo de Cooperação e Assistência Jurisdicional em Matéria Civil, Comercial, Trabalhista e Administrativa entre os Estados-Partes do Mercosul, a República da Bolívia e a República do Chile*, de 5 de julho de 2002[38].

---

29. *V.*, a respeito, com detalhes, Jürgen Samtleben, *Neuc...*, revista cit., p. 1-115 e 142-75.

30. A convenção foi promulgada no País pelo Decreto n. 1.902, de 9-5-1996.

31. A convenção foi promulgada no País pelo Decreto n. 1.900, de 20-5-1996.

32. O protocolo foi promulgado no País pelo Decreto n. 2.022, de 7-10-1996.

33. A convenção foi promulgada no País pelo Decreto n. 1.925, de 10-6-1996.

34. A convenção foi promulgada no País pelo Decreto n. 2.411, de 2-12-1997.

35. Cf., com relação a esse propósito e sua evolução na prática, em detalhes, Eduardo Tellechea Bergman, Un instrumento para la integración jurídica regional – el Protocolo de Cooperación y Asistencia Jurisdiccional en Materia Civil, Comercial, Laboral y Administrativa entre los Estados-Partes del Mercosur Aprobado en Las Leñas, República Argentina, el 27 de junio de 1992, in *Estudios multidisciplinarios sobre el Mercosur*, Montevideo, Facultad de Derecho, Fundación de Cultura Universitaria, 1995, p. 139-40.

36. Cf., em detalhes, p. 361-84, adiante.

37. O acordo foi promulgado no Brasil pelo Decreto n. 4.719, de 4-6-2003.

38. O acordo foi promulgado no Brasil pelo Decreto n. 6.891, de 2-7-2009.

Além dos tratados multilaterais, estão divulgados tratados bilaterais sobre o direito processual civil internacional, notadamente quando referentes ao reconhecimento e à execução de sentenças estrangeiras[39].

O Brasil celebrou vários tratados bilaterais com outros Estados, principalmente no campo da cooperação jurídica em matéria civil e comercial e, às vezes, também no âmbito trabalhista. Destarte, concluiu tratados com Costa Rica[40], China[41], Líbano[42], com a Espanha[43], Itália[44] e França[45].

De suma relevância, cada vez mais, são as relações entre o direito processual civil internacional, de um lado, e o direito constitucional e o direito internacional público, em particular, no âmbito dos direitos humanos, de outro[46]. As questões, nesse contexto, basicamente, estão relacionadas aos direitos de toda pessoa ter acesso à Justiça e ao devido processo legal ou processo justo *(procès équitable/fair hearing)*.

No Brasil, esses direitos fazem parte dos direitos fundamentais, consagrados na sua Constituição[47]. São direitos processuais básicos que se desdobram em outros direitos fundamentais, igualmente destacados na Carta Magna do País. São esses basicamente a garantia do direito ao juiz natural, ao juiz competente, de ampla defesa e ao contraditório[48], da

---

39. Cf., a respeito, entre outros, Haimo Schack, *Internationales*, cit., p. 25-6.

40. Cf. o Tratado sobre Cooperação Jurídica Internacional em Matéria Civil, de 4-4-2011, com a Costa Rica, promulgado no Brasil mediante o Decreto n. 9.724, de 12-3-2019.

41. Cf. o Tratado sobre Auxílio Judicial em Matéria Civil e Comercial com a China, de 19-5-2009, promulgado no Brasil mediante o Decreto n. 8.430, de 9-4-2015.

42. V. o Acordo sobre Cooperação Judiciária em Matéria Civil com o Líbano de 4-10-2002, promulgado no Brasil mediante o Decreto n. 7.934, de 19-2-2013.

43. Cf. o Convênio de Cooperação Judiciária em Matéria Civil com a Espanha, de 13-4-1989, promulgado no Brasil mediante o Decreto n. 166, de 3-7-1991.

44. Cf. o Tratado relativo à Cooperação Judiciária e ao Reconhecimento e Execução de Sentenças em Matéria Civil com a Itália, de 17-10-1989, promulgado no Brasil mediante o Decreto n. 1.476, de 2-5-1995.

45. Cf. o Acordo de Cooperação em Matéria Civil com a França, de 28-5-1996, promulgado no Brasil pelo Decreto n. 3.598, de 12-9-2000.

46. *V.*, no Brasil, entre outros, Flávia Piovesan, *Temas de direitos humanos*, cit., p. 644-59; André de Carvalho Ramos e Marcus Vinicius Ribeiro, Direitos humanos, inclusão jurídica e o papel da assistência jurídica no século XXI, *RF, 409*:27-61, 2010.

47. Arts. 5º, XXXV, e, LIV, CF.

48. Arts. 5º, XXXVII; 5º, LIII; 5º, LV, CF.

inadmissibilidade no processo de provas obtidas por meios ilícitos, à razoável duração do processo e aos meios que garantem a celeridade de sua tramitação, ao princípio da publicidade dos atos processuais e da fundamentação das decisões judiciais[49]. Além disso, o Código de Processo Civil em vigor[50] proclama expressamente a constitucionalização do processo civil[51]. Consolida, ainda, o direito de acesso à Justiça[52], o direito à duração razoável do processo[53], o princípio da boa-fé objetiva[54], o direito à paridade de tratamento e ao efetivo contraditório[55], e o direito à fundamentação das decisões[56]. São todos direitos processuais básicos do jurisdicionado, também aplicáveis em processos civis que transcendem as fronteiras nacionais, como quando as partes têm o seu domicílio ou a sua sede em Estados diferentes. Nesse seguimento, o Código de Ritos salienta, ademais, as disposições específicas constantes em tratados internacionais com vigência no Brasil[57]. Por fim, no âmbito da cooperação jurídica internacional, enfatiza *"o respeito às garantias do devido processo legal"*, *"a igualdade de tratamento entre nacionais e estrangeiros, residentes ou não no Brasil, em relação ao acesso à justiça e à tramitação dos processos, assegurando-se assistência judiciária aos necessitados"*, e o princípio da publicidade processual[58].

No plano internacional, o *Pacto Internacional sobre Direitos Civis e Políticos*, aprovado pela Assembleia Geral das Nações Unidas, em 16 de dezembro de 1966[59], proclama: *"Todas as pessoas são iguais perante os*

---

49. Arts. 5º, LVI; 5º, LXXVIII; 5º, LX; 93, IX, CF.

50. Lei n. 13.105, de 16-3-2015.

51. Cf., o teor do art. 1º, CPC: "O processo civil será ordenado, disciplinado e interpretado conforme os valores e as normas fundamentais estabelecidos na Constituição da República Federativa do Brasil , observando-se as disposições deste Código".

52. Art. 3º, CPC.

53. Art. 4º, CPC.

54. Art. 5º, CPC.

55. Arts. 7º e 9º, CPC.

56. Art. 11º, CPC.

57. Cf., o teor do art. 13, CPC: "A jurisdição civil será regida pelas normas processuais brasileiras, ressalvadas as disposições específicas previstas em tratados, convenções ou acordos internacionais de que o Brasil seja parte".

58. Art. 26º, I, II, III, CPC.

59. O Pacto foi ratificado pelo Brasil em 24-1-1992 e promulgado em 6-7-1992 pelo Decreto

tribunais e as cortes de justiça. Toda pessoa terá o direito de ser ouvida publicamente e com as devidas garantias por um tribunal competente, independente e imparcial, estabelecido por Lei, (...) ou na determinação de seus direitos e obrigações de caráter civil. (...); entretanto, qualquer sentença proferida em matéria penal ou civil deverá tornar-se pública, a menos que o interesse de menores exija procedimento oposto, ou o processo diga respeito a controvérsias matrimoniais ou à tutela de menores[60]. Em nível regional, ademais, o Brasil está vinculado juridicamente à *Convenção Americana sobre Direitos Humanos (Pacto de São José)*, de 22 de novembro de 1969[61]. Ela ratifica a existência de garantias judiciais mínimas a favor de todo ser humano, sem qualquer distinção, ou seja: *"Toda pessoa tem direito a ser ouvida com as devidas garantias e dentro de um prazo razoável, por um juiz ou tribunal competente, independente e imparcial, estabelecido anteriormente por lei, na apuração de qualquer acusação penal formulada contra ela, ou para que se determinem seus direitos e obrigações de natureza civil, trabalhista, fiscal ou de qualquer outra natureza"*[62]. Além disso, prescreve: *"Toda pessoa tem direito a um recurso simples e rápido ou a qualquer outro recurso efetivo, perante os juízes ou tribunais competentes, que a proteja contra atos que violem seus direitos fundamentais reconhecidos pela constituição, pela lei ou pela presente Convenção, mesmo quando tal violação seja cometida por pessoas que estejam atuando no exercício de suas funções oficiais"*[63].

Os direitos de acesso à Justiça e ao devido processo legal *(procès équitable/fair hearing)*, portanto, não somente se caracterizam como direitos fundamentais, consagrados na Constituição, mas também decorrem do direito internacional público. Reivindicam aplicação universal em relação a todo jurisdicionado, sem distinção. Trata-se de direitos processuais básicos que fazem parte dos direitos humanos. O Sistema Interamericano de Direitos Humanos, ademais, prescreve o controle da

---

n. 592. 173 Estados ratificaram o Pacto (Posição em 15-7-2023).

60. Cf., art. 14, 1, do Pacto.

61. O Brasil depositou a Carta de adesão à Convenção em 25-9-1992 e a promulgou em 6-11-1992 pelo Decreto n. 678. A Convenção, porém, não tem vigência em todos os Estados-membros da OEA. Sobre as adesões *v.* o Portal da OEA. Disponível em: https://www.corteidh.or.cr/que_es_la_corte.cfm?lang=pt. Acesso em: 15-7-2023.

62. Art. 8º, 1, da Convenção.

63. Art. 25º, 1, da Convenção.

convencionalidade das normas de origem interna com referência à Convenção Americana sobre Direitos Humanos. O controle supranacional, exercida pela Comissão Interamericana (CIDH) e pela Corte Interamericana (IDH) de Direitos Humanos, é coadjuvante ou complementar em relação àquele oferecido pelo direito dos Estados americanos[64].

Nesse contexto, cumpre realçar, por final, a Resolução do Instituto de Direito Internacional sobre a relação entre Direitos Humanos e Direito Internacional Privado, de 4 de setembro de 2021[65]. A Resolução trata do direito processual civil internacional em várias de suas disposições[66], ressaltando, destarte, o seu vínculo com os direitos humanos. Nessa sequência, especifica os direitos de acesso à Justiça e ao devido processo legal ou processo justo *(procès équitable/fair hearing)*[67]. Em particular, a Resolução posiciona-se com relação a questões jurídicas relacionadas à jurisdição internacional[68], a cooperação jurídica internacional[69], e ao reconhecimento e à execução de sentenças estrangeiras[70].

---

64. Sobre o Sistema Interamericano de Direitos Humanos e a Corte Interamericana dos Direitos Humanos, em particular, *v.*, o seu Portal. Disponível em: https://www.corteidh.or.cr/que_es_la_corte.cfm?lang-pt. Acesso em. 15-7-2023.

65. Cf., com relação ao seu texto em inglês "Human Rights and Private International Law" e, em francês, "Droits de la personne humaine et droit international privé", o Portal do Instituto de Direito Internacional. Disponível em: https://www.idi-iil.org. Acesso em: 15-7-2023.

66. Cf., em particular, arts. 3º, 4º, 5º, 6º, 15, 17, 20, da Resolução.

67. Art. 6º, da Resolução.

68. *V.*, em particular, arts. 3º a 6º, da Resolução.

69. *V.*, em particular, arts. 15 a 17, da Resolução.

70. *V.*, em particular, art. 20, da Resolução.

| Capítulo 2 |

Verificação do Conteúdo e Aplicação do
Direito Estrangeiro no Processo

A. Aplicação das Normas de Direito Internacional Privado

Quando o juiz exerce jurisdição, vale o antigo princípio *iura novit curia*, o qual significa que o juiz aplica o direito de ofício, ou seja, sem estar vinculado à argumentação jurídica das partes e autorizado a aplicar normas jurídicas não invocadas por elas no processo civil[1].

Tratando-se de normas indicativas ou indiretas de direito internacional privado, as quais designam, exclusivamente, o direito aplicável, mas não solucionam a *questio iuris* propriamente dita (normas de direito internacional privado *stricto sensu*), a doutrina anglo-americana tradicional e uma parte minoritária da doutrina francesa e alemã, particularmente, entendem que o juiz não está obrigado a aplicar essas normas de ofício. Em apoio da tese, alegam-se razões de ordem processual ou se argumenta que a natureza jurídica das normas é facultativa[2]. Na realidade, porém, todas as normas de direito internacional privado fazem

---

1. No Brasil, o princípio decorre do art. 140, *caput*, CPC, que dispõe: "O juiz não se exime de decidir sob a alegação de lacuna ou obscuridade do ordenamento jurídico". Conforme o art. 10 do CPC, o direito ao contraditório é garantido também neste âmbito *in verbis*: "O juiz não pode decidir, em grau algum de jurisdição, com base em fundamento a respeito do qual não se tenha dado às partes oportunidade de se manifestar, ainda que se trate de matéria sobre a qual deva decidir de ofício".

2. Cf., entre outros, Keller e Siehr, *Allgemeine Lehren*, cit., p. 496-7; Haimo Schack, *Internationales*, cit., p. 265-6.

parte integrante da ordem jurídica interna, inclusive aquelas decorrentes de um tratado internacional, incorporadas ao ordenamento jurídico interno. Como não está visível qualquer dificuldade particular para averiguar o conteúdo dessas normas ou aplicá-las corretamente, não parece certo denegar o seu caráter imperativo. Por essas mesmas razões, a doutrina e a jurisprudência internacional predominantes salientam o dever do juiz de aplicar *ex officio* as normas que designam o direito aplicável a uma causa de direito privado com conexão internacional[3].

No Brasil, de acordo com o texto legal em vigor, é incontroverso ser o juiz obrigado a aplicar tais normas, de ofício[4].

Por vezes, o direito internacional privado da *lex fori* faculta às partes escolherem o direito aplicável às suas relações contratuais com conexão internacional, ainda na pendência de um processo civil[5]. Sendo essa escolha juridicamente válida, o juiz deve respeitar a vontade das partes, considerando ser esta o próprio elemento de conexão, mediante o qual é determinado o direito aplicável à causa *sub judice*[6].

B.   APLICAÇÃO DO DIREITO ESTRANGEIRO NO PROCESSO

As normas de direito internacional privado integram a ordem jurídica interna de cada país e devem ser aplicadas pelo juiz de ofício. Na

---

3. Cf., entre outros, Keller e Siehr, *Allgemeine Lehren*, cit., p. 496-7. Note-se, porém, que, na França, por exemplo, a jurisprudência da Corte de Cassação sufraga o entendimento de que o juiz está obrigado apenas a aplicar as normas indicativas ou indiretas de direito internacional privado de ofício quando pelo menos uma das partes as invoca no processo e na medida em que se trate *in casu* de direitos com relação aos quais as partes não podem dispor livremente, ou resultem de tratado internacional. Mas uma vez aplicada a norma indicativa ou indireta ao caso *sub judice*, incumbe ao juiz, conforme o direito francês, verificar o conteúdo do direito estrangeiro *ex officio*, caso este seja o direito aplicável. Cf., com relação à evolução da jurisprudência e doutrina francesas, Jean-Pierre Ancel. L'invocation d'un droit étranger et le contrôle de la Cour de Cassation, in: *Liber Amicorum Hélène Gaudemet-Tallon*. Vers de nouveaux équilibres entre ordres juridiques, Paris, Dalloz, 2008, p. 3-10; Sabine Corneloup, Rechtsermittlung im Internationalen Privatrecht der EU: Überlegungen aus Frankreich, *RabelsZ*, 78:844-51, 2014.

4. Nesse sentido, *v.* Haroldo Valladão, *Direito internacional privado*, cit., v. 1, p. 224 e 464; STJ, REsp 1.729.549-SP, 4ª T., rel. Min. Luis Felipe Salomão, j. 9-3-2021, *DJe*, 28-4-2021.

5. O art. 3º, 2, do Regulamento (CE) n. 593/2008 do Parlamento Europeu e do Conselho, de 17-06-2008, sobre a lei aplicável às obrigações contratuais (Roma I), por exemplo, prevê esta possibilidade.

6. Cf., também, p. 160, *retro*.

sua essência, designam o direito aplicável a relações jurídicas de direito privado com conexão internacional. Este sempre será ou o direito interno ou um determinado direito estrangeiro. Quanto à aplicação do direito interno, não há dúvida de que o juiz o aplique de ofício. No entanto, é assunto controvertido na doutrina como o juiz deve aplicar o direito estrangeiro no processo[7].

Existem, basicamente, três tendências gerais nos diferentes sistemas jurídicos nacionais. Conforme a primeira, cumpre ao juiz aplicar o direito estrangeiro de ofício[8]. A adoção desse princípio, entretanto, não significa que o juiz não possa exigir das partes a colaboração na pesquisa do direito estrangeiro, sendo-lhe facultado determinar diligências para apuração do teor, da vigência e da interpretação de tal direito[9].

Para a corrente oposta àquela que admite a aplicação do direito estrangeiro pelo juiz *ex officio*, cabe unicamente às partes do processo

---

7. Pela doutrina brasileira, cf., entre outros, Antônio Carlos de Araújo Cintra, Prova do direito estrangeiro, *RT, 485*:16-29, 1976; Luiz Olavo Baptista, Aplicação do direito estrangeiro pelo juiz nacional, *RT, 764*:33-45, 1999; Jacob Dolinger, *Direito internacional privado*, cit., p. 227-42, e Aplicação do direito estrangeiro – ônus da prova – sentença – escolha da lei aplicável pelas partes – papel do magistrado – apreciação pelo tribunal, *RF, 344*:269-79, 1998; José Carlos Barbosa Moreira, Le juge brésilien et le droit étranger, in *Beiträge zum internationalen Verfahrensrecht und zur Schiedsgerichtsbarkeit: FS für Heinrich Nagel zum 75. Geburtstag*, Münster, ed. Walther J. Habscheid u. Karl Heinz Schwab, 1987, p. 14-25, e Garantia constitucional do direito à jurisdição – competência internacional da justiça brasileira – prova do direito estrangeiro, *RF, 343*:275-91, 1998; Luís Cezar Ramos Pereira, A prova do direito estrangeiro e sua aplicabilidade, *RP, 39*:276-84, 1985; Beat Walter Rechsteiner, *Aplicação do direito estrangeiro*, p. 14-36; Haroldo Valladão, *Direito internacional privado*, cit., v. 1, p. 464-76; e Marco Aurélio Fernandes Garcia e José Augusto Fontoura Costa, Contraditório e aplicação de ofício do direito estrangeiro no CPC, *RP, 286*:159-84, 2018.

8. Essa corrente é seguida na América Latina, por exemplo, pela Argentina e pelo Uruguai. Cf. art. 2.595 a) do Código Civil e Comercial da Nação, Lei n. 26.994, de 7-10-2014, em vigor na Argentina desde 1º-8-2015. V., ademais, art. 3, "Ley general de derecho internacional privado", Lei n. 19.920, de 27-11-2020 (data da promulgação no Uruguai). Entre as convenções internacionais, o Código Bustamante, no seu art. 408, prevê a mesma solução, estabelecendo que "os juízes e tribunais de cada Estado contratante aplicarão de ofício, quando for o caso, as leis dos demais, sem prejuízo dos meios probatórios a que este capítulo se refere".

9. Cf., nesse sentido, art. 2.595 a) do Código Civil e Comercial da Nação, Lei n. 26.994, de 7-10-2014, em vigor na Argentina desde 1º-8-2015; art. 3, "Ley general de derecho internacional privado", Lei n. 19.920, de 27-11-2020 (data da promulgação no Uruguai).

alegar e provar o direito estrangeiro. Nesse sentido, não incumbe ao juiz tomar a iniciativa[10].

Outros países não seguem qualquer dos dois princípios *in extremis*. Deixam, de início, a critério do juiz decidir em que medida deve atuar por iniciativa própria, para que seja aplicado o direito estrangeiro ao processo[11]. Mas também, dentro desse âmbito, detectam-se diferenças entre os ordenamentos jurídicos nacionais.

O direito brasileiro regula, expressamente, como o juiz deve aplicar o direito estrangeiro[12]. A sua interpretação, contudo, é controvertida na doutrina. Embora o teor da lei não seja muito claro, Haroldo Valladão chega à conclusão de que a lei estrangeira deve ser conhecida por todos, e o juiz deve aplicá-la, em princípio, de ofício[13]. Jacob Dolinger também é inclinado à mesma tese[14].

De acordo com os ensinamentos de José Carlos Barbosa Moreira, cabe ao juiz, em primeiro lugar, verificar o conteúdo do direito estrangeiro. Tal será, porém, a tarefa das partes quando elas mesmas tomarem a iniciativa de invocar o direito estrangeiro no processo[15].

Para Antônio Carlos de Araújo Cintra, o direito brasileiro evoluiu no sentido de fortalecer a posição do juiz, quando se trata de verificar e

---

10. A Inglaterra, por exemplo, é um dos países que assumem essa posição. *V.* J. H. C. Morris, David McClean, Verónica Ruiz Abou-Nigm, The Conflict of Laws, 9. ed., Londres, Sweet&Maxwell/Thomson Reuters, 2016, p. 8-11. Também nos Estados Unidos, como na *Common Law* em geral, considera-se o direito estrangeiro como fato. *V.* Peter Hay, On the Road to a Third American Restatement of Conflicts Law, *Praxis des Internationalen Privat- und Verfahrensrechts (IPRax), 42*:210, 2022.

11. Conforme o direito suíço, embora este adote a aplicação do direito estrangeiro *ex officio* como princípio geral, existe exceção relevante a essa regra, quando se trata de litígios que versam sobre direitos patrimoniais. Nesse sentido, cf. o art. 16, I, da lei federal suíça de direito internacional privado, de 18-12-1987.

12. O art. 376 CPC prescreve. "A parte, que alegar direito municipal, estadual, estrangeiro ou consuetudinário, provar-lhe-á o teor e a vigência, se assim o determinar o juiz". Cf., nesse contexto, ainda o conteúdo do art. 14, LINDB: "Não conhecendo a lei estrangeira, poderá o juiz exigir de quem a invoca prova do texto e da vigência".

13. Haroldo Valladão, *Direito internacional privado*, cit., v. 1, p. 465-6.

14. *V.* Jacob Dolinger, *Direito internacional privado*, cit., p. 231-3.

15. José Carlos Barbosa Moreira, Le juge brésilien, in *Beiträge*, cit., p. 15-8. O STJ, no REsp 254.544-MG, 3ª T., rel. Min. Eduardo Ribeiro, j. 18-5-2000, baseou-se na posição defendida pelo eminente processualista carioca.

pesquisar o conteúdo do direito estrangeiro. Nessa missão, as partes do processo devem colaborar com o juiz, particularmente se este assim o determinar[16]. Analisando o texto da lei, Luís Cezar Ramos Pereira chega à conclusão de que o juiz poderá, *ex officio*, aplicar a lei estrangeira, mesmo quando as partes não a invocarem no processo. Portanto, se o magistrado não proceder de tal maneira, a parte que invocar lei estrangeira deverá provar o seu teor e vigência[17].

A nosso ver, o juiz brasileiro deve, *de lege lata*, em princípio, aplicar o direito estrangeiro de ofício. Com efeito, se não for adotada tal regra no processo, as normas de direito internacional privado designativas do direito aplicável qualificar-se-iam como imperfeitas, o que, na realidade, não é o caso[18]. O próprio direito internacional privado não faz restrições à aplicação do direito estrangeiro e não o discrimina em relação ao direito interno. Se o juiz não for obrigado a aplicar o direito estrangeiro de ofício, torna-se incerto se o direito designado pelas normas do direito internacional privado será de fato o aplicado no processo. Não existe qualquer garantia, nesse caso, de que a norma do direito internacional privado será aplicada como ela mesma ordena, razão pela qual incumbe ao próprio juiz tomar a iniciativa de aplicar o direito estrangeiro ao processo[19].

Como já realçado, aplicar o direito estrangeiro de ofício não significa que o juiz não tenha a faculdade de requerer a colaboração das partes e determinar-lhes diligências para apuração do teor, da vigência e da interpretação do direito estrangeiro. De fato, nenhum juiz conhece tão bem qualquer ordenamento jurídico estrangeiro quanto o direito pátrio que lhe é familiar. Por essa razão, justifica-se a necessidade da participação ativa das partes no processo quando inexistir, por parte do juiz, conhecimento certo do direito estrangeiro aplicável a uma causa com conexão internacional[20].

---

16. Antônio Carlos de Araújo Cintra, *Prova...*, revista cit., p. 18-20.

17. Luís Cezar Ramos Pereira, *A prova...*, revista cit., p. 282.

18. *V.*, também, p. 246-7, *retro*.

19. Com relação a toda a problemática, *v.*, mais profundamente, Beat Walter Rechsteiner, *Aplicação do direito estrangeiro*, cit., p. 26-8.

20. *V.*, como exemplo, nesse sentido, TJRS, AC 0300593-53.2017.8.21.7000, 8. Câm. Civ., rel. Des. Ricardo Moreira Lins Pastl, j. 14-12-2017, publ. 22-1-2018.

Nesse contexto, cumpre mencionar que o Superior Tribunal de Justiça já entendeu que o direito estrangeiro tenha que ser aplicado em consonância com o princípio *iura novit curia*[21]. Destarte, a parte não está obrigada a demonstrar o conteúdo e a vigência do direito estrangeiro no processo se o juiz não o determinar[22]. Em sendo esse o caso, porém, de acordo com a legislação vigente, o juiz deverá dar oportunidade às partes para se manifestar sobre a aplicação do direito estrangeiro antes de proferir a sua decisão[23]. Para o juiz, a obrigação do conhecimento geral da lei com presunção *jure et de jure* apenas se refere à brasileira, mas nunca à estrangeira. Somente com relação à lei brasileira o julgador está desobrigado a informar previamente às partes sobre as normas que pretende aplicar à causa *sub judice*[24]. Levando em consideração o direito estrangeiro, a lei autoriza o juiz a requerer a participação ativa das partes na apuração deste direito[25]. Ainda que o próprio juiz tenha a faculdade de conferir o teor do direito estrangeiro individualmente, deverá ouvir as partes sobre sua aplicação antes de decidir o caso concreto.

Na prática, e isso já perante os juizados de primeira instância, aconselha-se às partes tomar a devida precaução, demonstrando ao juiz o conteúdo do direito estrangeiro aplicável à lide *sub judice*, de forma voluntária e por iniciativa própria. A atuação das partes nesse sentido não deve ser confundida com o seu ônus de provar fatos controversos no processo. As regras ordinárias do processo sobre a prova não são aplicáveis quando se trata de averiguar o conteúdo do direito estrangeiro aplicável[26]; afinal, o direito estrangeiro é direito e não fato, estando superada, assim, a antiga controvérsia doutrinária[27].

---

21. STJ, REsp 1.729.549-SP, 4. T., rel. Min. Luis Felipe Salomão, j. 9-3-2021, *DJe*, 28-4-2021.

22. *V.*, STJ, AgRg no REsp 1.139.800/SC, 2ª T., rel. Min. Humberto Martins, j. 17-2-2009, *DJe*, 19-2-2010, e, *RT, 896*:168-72, 2010.

23. *V.*, art. 10º, CPC: "O juiz não pode decidir, em grau algum de jurisdição, com base em fundamento a respeito do qual não se tenha dado às partes oportunidade de se manifestar, ainda que se trate de matéria sobre a qual deva decidir de ofício".

24. Sobre a interpretação do princípio da não surpresa nos termos do art. 10º do CPC, cf., STJ, REsp 1.755.266-SC, 4ª T., rel. Min. Luis Felipe Salomão, j. 18-10-2018, *DJe*, 20-11-2018.

25. Art. 376 do CPC.

26. Cf., entre outros, Haimo Schack, *Internationales*, cit., p. 266 e p. 272.

27. Cf., entre outros, Jacob Dolinger, *Direito internacional privado*, cit., p. 227-33; Beat Walter Rechsteiner, *Aplicação do direito estrangeiro*, cit., p. 14-8; Haroldo Valladão, *Direito internacional privado*, cit., v. 1, p. 465.

Para fundamentar que a aplicação do direito estrangeiro deve obedecer a regras processuais próprias, distintas daquelas que se referem à aplicação do direito interno, não há necessidade de configurá-lo como fato, socorrendo-se do meio artificial da ficção jurídica[28].

Existem países nos quais os juízes e tribunais aplicam o direito estrangeiro *ex officio*, mas, por outro lado, não admitem todos os recursos processuais cabíveis em seus ordenamentos jurídicos quando se trata de reformar uma sentença na qual o direito estrangeiro não foi aplicado corretamente ao caso concreto[29].

Não existe, no Brasil, esse tipo de discriminação com relação ao direito estrangeiro[30].

Independentemente das questões, se o juiz aplica o direito estrangeiro *ex officio*, e como os tribunais superiores reexaminam a aplicação correta do direito estrangeiro, resta demonstrar como deve ser feita a interpretação do direito estrangeiro pelo juiz pátrio. Nesse aspecto, a doutrina e a jurisprudência são tranquilas em afirmar que o juiz deve aplicar o direito de acordo com as regras que o próprio juiz estrangeiro observaria em conformidade com o ordenamento jurídico vigente em seu país, e isso no interesse da concordância da decisão com o sistema jurídico alienígena[31].

---

28. Imre Zajtay, L'application du droit étranger: science et fictions, *Revue Internationale de Droit Comparé (RIDC)*, 23:49-61, 1971.

29. A Alemanha é um país no qual esta questão é controvertida na doutrina e na jurisprudência. Cf., BGH, decisão de 4-7-2013, V ZB 197/12, *Recht der Internationalen Wirtschaft (RIW)*, 59:793-6, 2013.

30. Nesse sentido, STJ, REsp 1.729.549-SP, 4. T., rel. Min. Luis Felipe Salomão, j. 9-3-2021, *DJe*, 28-4-2021, STF, RE 93.131-MG, 2. T., rel. Min. Moreira Alves, j. 17-12-1981, *RTJ*, 101:1149-84. V., ademais, o art. 412 do Código Bustamente com o seguinte teor: "Em todo Estado contratante onde existir o recurso de cassação, ou instituição correspondente, poderá ele interpor-se por infração, interpretação errônea ou aplicação indevida de uma lei de outro Estado contratante, nas mesmas condições e casos em que o possa quanto ao direito nacional". Cf., finalmente, o art. 4 da Convenção Interamericana sobre Normas Gerais de Direito Internacional Privado, de 8-5-1979, que dispõe: "Todos os recursos previstos na lei processual do lugar do processo serão igualmente admitidos para os casos de aplicação da lei de qualquer dos outros Estados-Partes que seja aplicável". A convenção foi promulgada no Brasil pelo Decreto n. 1.979, de 9-8-1996.

31. Haroldo Valladão, *Direito internacional privado*, cit., v. 1, p. 475-6; Beat Walter Rechsteiner, *Aplicação do direito estrangeiro*, cit., p. 33-4. No mesmo sentido, cf. ainda art. 2 da Convenção

Controverte-se na doutrina apenas em que medida o juiz doméstico pode examinar a constitucionalidade de uma norma estrangeira quando esta for aplicável em virtude das regras de direito internacional privado da *lex fori*[32]. Obviamente, está em discussão apenas o controle judicial da constitucionalidade de norma jurídica, suscitado por via incidental em processo civil, de forma difusa, realizado por qualquer juiz, sendo fora de cogitação o controle por via principal ou ação direta, de forma concentrada e abstrata, em que o próprio objeto do processo é a discussão de constitucionalidade de determinado texto normativo que se refere tão somente às normas do ordenamento jurídico nacional[33].

Direitos fundamentais, tutelados pela Constituição, como o direito de equiparação entre homem e mulher[34], o direito de herança[35], o direito à proteção da propriedade privada[36], entre outros, com efeito, podem estar em conflito não só com normas substantivas ou materiais de direito privado, editadas pelo Poder Legislativo nacional, mas também com determinado direito estrangeiro, aplicável, no caso, conforme o direito internacional privado da *lex fori*. Quanto a ele, porém, deve ser examinado se a norma de origem estrangeira viola a ordem pública[37].

Outra questão diferente ainda diz respeito a poder um juiz ou tribunal examinar a constitucionalidade de uma norma de origem estrangeira, aplicável *in casu* conforme o direito internacional privado da *lex fori*, sob a perspectiva da Lei Suprema em vigor no país, cujo direito

---

Interamericana sobre Normas Gerais de Direito Internacional Privado, de 8-5-1979: "Os juízes e as autoridades dos Estados-Partes ficarão obrigados a aplicar o direito estrangeiro tal como o fariam os juízes do Estado cujo direito seja aplicável, sem prejuízo de que as partes possam alegar e provar a existência e o conteúdo da lei estrangeira invocada".

32. Cf., entre outros, Haroldo Valladão, *Direito internacional privado*, cit., v. 1, p. 475.

33. Com relação ao controle judicial da constitucionalidade de norma jurídica *incidenter tantum* em processo civil no direito brasileiro, *v.*, entre outros, Gilmar Ferreira Mendes, *Curso de direito constitucional (Série IDP)*, cit., p. 625-50; Luiz Guilherme Marinoni, Sérgio Cruz Arenhart, Daniel Mitidiero, *Curso de processo civil*, v. 1, 2. ed., São Paulo, RT, 2016, p. 67-74, e, em particular, com relação ao incidente de arguição de inconstitucionalidade, Ravi Peixoto, O incidente de arguição de inconstitucionalidade e o CPC/2015, *RP*, 287:23-44, 2019.

34. *V.* art. 5º, I, CF.

35. Cf. art. 5º, XXX, CF.

36. Cf. art. 5º, XXII, CF.

37. *V., retro*, p. 13, 176-7.

está sendo aplicado no processo civil em curso. Acreditamos que em tese essa possibilidade exista, na medida em que também o ordenamento jurídico do país estrangeiro admita o exame de sua constitucionalidade incidentalmente no processo civil. A questão suscitada, porém, não possui relevância na prática forense brasileira.

C. Verificação do Conteúdo do Direito Estrangeiro no Processo

Como o juiz e as partes geralmente não estão familiarizados com o direito estrangeiro aplicável a uma causa com conexão internacional, é mister conhecer os meios adequados para ter acesso a esse direito, a fim de poderem averiguar o seu conteúdo.

Para obter uma visão geral, consulta-se muitas vezes, inicialmente, a literatura disponível relacionada ao direito estrangeiro aplicável. No Brasil, as melhores universidades do país, como a Universidade de São Paulo (USP), dispõem de grande repertório de monografias e revistas que discorrem sobre o direito comparado e o direito estrangeiro em particular.

Na prática, porém, quase sempre se recorre também a outros meios de conhecimento para verificar o conteúdo do direito estrangeiro aplicável. No exterior, como na Suíça[38] e na Alemanha[39], por exemplo, frequentemente são consultados institutos de direito especializados, que oferecem os seus serviços e emitem pareceres escritos sob a sua responsabilidade. Por vezes, os interessados procuram repartições diplomáticas e consulares estrangeiras para esclarecer dúvidas quanto ao direito estrangeiro e, eventualmente, também outras entidades públicas podem fazer o mesmo[40]. Divulgada, outrossim, é a solicitação de pareceres escritos, elaborados por juristas renomados, nacionais ou estrangeiros[41].

---

38. A instituição mais conhecida é o Instituto Suíço de Direito Comparado, em Lausanne-Dorigny.

39. Mundialmente conhecido é o Instituto Max-Planck de Direito Estrangeiro e de Direito Internacional Privado, em Hamburgo.

40. A Convenção Europeia, de 7-6-1968, no Âmbito da Informação sobre o Direito Estrangeiro, estabelece regras sobre a troca de informações quanto ao direito estrangeiro entre os Poderes Judiciários dos Estados que a ratificaram. A Convenção Interamericana sobre Prova e Informação acerca do Direito Estrangeiro, de 8-5-1979, promulgada no Brasil pelo Decreto n. 1.925, de 10-6-1996, trata da mesma matéria. Sobre o estado das ratificações cf. o Portal da Organização dos Estados Americanos (OAS). Disponível em: http://www.oas.org.

41. Cf., entre outros, Haroldo Valladão, *Direito internacional privado*, cit., v. 1, p. 470-1; Beat

No Brasil, a praxe é utilizar todos os meios de conhecimento disponíveis que conduzam à averiguação certa do direito estrangeiro aplicável, enquanto os institutos de direito especializados são menos requisitados[42].

Atualmente, o Código de Processo Civil, ademais, inclui a prestação de informações com relação ao direito estrangeiro, dentro do objeto da cooperação jurídica internacional[43].

Conforme a *Convenção Interamericana sobre Prova e Informação acerca do Direito Estrangeiro*, de 8 de maio de 1979, as autoridades judiciárias ou eventualmente também outras autoridades de um Estado contratante[44] são autorizadas a solicitar, perante a autoridade central de outro Estado contratante[45], informações sobre texto, vigência, sentido e alcance legal do seu direito[46]. A Convenção descreve os requisitos formais para a redação da solicitação[47]. O Estado que prestar as informações não será responsável pelas opiniões emitidas nem ficará obrigado a aplicar ou fazer aplicar o direito segundo o conteúdo da resposta dada. Por outro lado, o Estado que receber as informações não ficará obrigado a aplicar ou fazer aplicar o direito segundo o conteúdo da resposta recebida. Cada Estado, porém, ficará obrigado a responder às consultas dos demais Estados contratantes da Convenção[48].

Walter Rechsteiner, *Aplicação do direito estrangeiro*, cit., p. 50-3.

42. V., notadamente, Haroldo Valladão, *Direito internacional privado*, cit., v. 1, p. 470-1. Regras específicas se acham nos arts. 409 a 411 do Código Bustamante, segundo os quais "a parte que invoque a aplicação do direito de qualquer Estado contratante em um dos outros, ou dela divirja, poderá justificar o texto legal, sua vigência e sentido mediante certidão, devidamente legalizada, de dois advogados em exercício no país de cuja legislação se trate" (art. 409). "Na falta de prova ou se, por qualquer motivo, o juiz ou o tribunal a julgar insuficiente, um ou outro poderá solicitar de ofício pela via diplomática, antes de decidir, que o Estado, de cuja legislação se trate, forneça um relatório sobre o texto, vigência e sentido do direito aplicável" (art. 410). "Cada Estado contratante se obriga a ministrar aos outros, no mais breve prazo possível, a informação a que o artigo anterior se refere e que deverá proceder de seu mais alto tribunal ou de qualquer de suas câmaras ou seções, ou da procuradoria-geral ou da Secretaria ou Ministério da Justiça" (art. 411).

43. Art. 30, I, CPC.

44. Cf., a respeito, art. 4 da Convenção.

45. Com relação à autoridade central cf., notadamente, art. 9 da Convenção.

46. Cf. art. 2 da Convenção.

47. Cf. arts. 5 e 7 da Convenção.

48. Cf. art. 6 da Convenção.

Além disso, o *Acordo de Cooperação e Assistência Jurisdicional em Matéria Civil, Comercial, Trabalhista e Administrativa entre os Estados-Partes do Mercosul, a República da Bolívia e a República do Chile*, de 5 de julho de 2002, dispõe sobre o fornecimento de informações do direito estrangeiro[49].

Por final, o Brasil se comprometeu nesse âmbito ainda em relação a outros Estados em tratados internacionais bilaterais[50].

Na avaliação dos diversos meios de conhecimento do direito estrangeiro aplicável, devem sempre ser levadas em consideração as particularidades de cada caso concreto. Por vezes, é suficiente a demonstração do teor e da vigência da lei mediante simples cópia autêntica de publicação oficial do texto legal. Em outras ocasiões, as causas são bem mais complexas, razão pela qual são necessárias pesquisas abrangentes do direito estrangeiro.

Hoje, com o auxílio da Internet, frequentemente é possível obter rapidamente informações úteis com relação ao teor, à vigência e à interpretação do direito estrangeiro. Particularmente em casos de menor complexidade, a pesquisa via internet pode trazer resultados positivos, em especial quando o interessado domina a língua do ordenamento jurídico pesquisado[51]. Às vezes, as informações procuradas são disponíveis também em outras línguas, acessíveis a um grande público, como o inglês, o espanhol e o francês[52].

---

49. Cf. arts. 28 a 30 do Protocolo. No Brasil, foi promulgado pelo Decreto n. 6.891, de 2-7-2009. Sobre as ratificações e as adesões de Equador e Peru ao Protocolo cf. o Portal do Mercosul. Disponível em: https://www.mercosur.int. Acesso em: 15-7-2023.

50. Cf., nesse sentido, por exemplo, o art. 3º, do Acordo sobre Cooperação Judiciária em Matéria Civil entre o Brasil e o Líbano, de 4-10-2002, com o seguinte teor: "As autoridades centrais comunicarão uma a outra, quando solicitadas, todas as informações sobre a legislação e a jurisprudência em vigor em seus Estados, assim como as decisões judiciárias expedidas pelos tribunais".

51. São cada vez mais relevantes para a pesquisa também os bancos de dados jurídicos, revistas especializadas e bibliotecas virtuais, todos acessíveis on-line.

52. No Brasil, por exemplo, é possível consultar em relação à legislação o Portal do Governo do Brasil. Disponível em: https://www.gov.br/planalto/pt-br - Palavra-chave: Legislação, e em relação à jurisprudência, do Supremo Tribunal Federal e do Superior Tribunal de Justiça os seus Portais. Disponíveis em: https://portal.stf.jus.br/ e <https://www.stj.jus.br>. Acesso em: 15-7-2023.

Ainda assim, pode ocorrer, raramente, que o direito estrangeiro aplicável a uma causa com conexão internacional não seja identificável para o juiz e as partes. Nesses casos, aplica-se, geralmente, o direito da *lex fori*, substituindo o direito estrangeiro desconhecido[53].

Na doutrina, debatem-se soluções alternativas que evitam a aplicação da *lex fori*, dada a impossibilidade de conhecer o conteúdo exato do direito estrangeiro. Porém, a melhor doutrina parece ser mesmo aquela que dá preferência à *lex fori*, visto que os casos de impossibilidade de conhecimento da lei estrangeira, na realidade, são raros, além do fato de argumentos de ordem prática levarem a essa conclusão. Para as partes do processo, a regra, ademais, é previsível e gera segurança jurídica[54].

---

53. Nesse sentido, por exemplo, STJ, REsp 254.544-MG, 3ª T., rel. Min. Eduardo Ribeiro, j. 18-5-2000; art. 2.595 a) do Código Civil e Comercial da Nação, Lei n. 26.994, de 7-10-2014, em vigor na Argentina desde 1º-8-2015.

54. Cf., mais detalhadamente, Beat Walter Rechsteiner, *Aplicação do direito estrangeiro*, cit., p. 61-3.

| Capítulo 3 |

Competência Internacional e Imunidade de Jurisdição

A. Conceito e Princípios Básicos

A competência internacional de um juiz, de um tribunal ou de outra autoridade, equiparada ao Poder Judiciário, exercendo regularmente jurisdição, é um dos pressupostos básicos que, de fato, possibilita, no processo, a aplicação das normas de direito internacional privado, cuja função é, essencialmente, a designação do direito aplicável a uma causa de direito privado com conexão internacional.

A doutrina não é pacífica quanto à conceituação e classificação da competência dos órgãos jurisdicionais na matéria cível[1]. O Código de Processo Civil atual[2], por seu lado, nos seus arts. 21 a 25, trata dos limites da jurisdição nacional[3], e nos seus arts. 42 a 69, disciplina a competência interna.

Entre os estudiosos, ademais, são controvertidas as noções da jurisdição e de competência no contexto internacional. Aderimos em nossa obra à tradição continental europeia que situa o conceito de jurisdição em primeiro lugar próximo do direito internacional público. Destarte o

---

1. Cf., entre outros, Luiz Guilherme Marinoni; Sérgio Cruz Arenhart; Daniel Mitidiero, *Curso de processo civil*, 2. ed., São Paulo, Revista dos Tribunais, 2016, v. 2, p. 60-74.

2. Lei n. 13.105, de 16 de março de 2015; legislação anterior: Lei n. 5.869, de 11 de janeiro de 1973.

3. O art. 24 CPC, na realidade, trata da litispendência internacional.

Estado não é totalmente livre na sua decisão de exercer jurisdição no seu território. A lide em relação à qual reivindica jurisdição tem de ter pelo menos certa ligação com ele, embora os limites da extensão de jurisdição estatal, prescritos no direito internacional público, não sejam ainda claramente delineados pela doutrina internacional. No mesmo sentido, a Resolução do Instituto de Direito Internacional sobre a Relação entre Direitos Humanos e Direito Internacional Privado, de 4 de setembro de 2021, apenas esclarece que "a competência judiciária internacional direta deva basear-se numa conexão substancial com o litígio ou com as partes, levando em consideração o direito fundamental das partes de acesso à Justiça"[4].

Além dos limites gerais, decorrem limites específicos de jurisdição do direito internacional público e impostos ao Estado soberano. Um exemplo importante disso é a imunidade de jurisdição do Estado estrangeiro, abordada mais adiante neste livro.

Ao contrário do conceito de jurisdição no contexto internacional, aquele da jurisdição nacional ou competência internacional tem o seu fundamento no direito interno. Por consequência disso, determina apenas em que medida um Estado pretenda exercer o seu poder de jurisdição em consonância com o direito internacional público no seu território quando existe uma conexão internacional de uma lide submetida ao julgamento de um juízo nacional[5].

Por esse motivo, as normas sobre a jurisdição nacional ou competência internacional determinam a extensão da jurisdição nacional, em face daquela dos outros Estados, basicamente conforme o ordenamento jurídico interno[6], sempre que o juiz ou um tribunal tenha de decidir

---

4. Cf. o exato teor original do art. 3º, da Resolução em francês: "Compétence judiciaire internationale 1. Les critères de compétence judiciaire internationale doivent se fonder sur des rattachements substantiels avec le litige ou avec les parties à celui-ci, en tenant compte du droit fondamental des parties d'accès à la justice".

5. Sobre os conceitos da jurisdição e da competência internacional em geral, *v.* Walther J. Habscheid, Jurisdiction, Gerichtsbarkeit und Zuständigkeiten im internationalen Kontext, in *Festschrift für Hans Friedhelm Gaul zum 70. Geburtstag*, coord. Eberhard Schilken, Ekkehard Becker-Eberhard e Walter Gerhardt, Bielefeld, Verlag Ernst und Werner Gieseking, 1997, p. 295-304.

6. Também é possível que a competência internacional possa ser regulada por tratado internacional.

uma causa com conexão internacional. Elas estabelecem quando incumbe a um juiz ou tribunal doméstico conhecer e julgar uma causa com conexão internacional. As normas da competência interna, por seu lado, são aplicáveis, tão somente, se o juiz ou o tribunal for competente internacionalmente, ou seja, quando atua dentro dos limites da jurisdição nacional. Na aplicação dessas normas, o juiz deve examinar, em primeiro lugar, se a causa com conexão internacional enquadra-se nos limites que determinam a extensão da jurisdição nacional, para depois verificar se, tendo competência internacional, a causa incluir-se-á entre as que lhe tocam em virtude das regras da competência interna[7].

Nos limites do direito internacional público, as normas sobre a jurisdição nacional ou competência internacional se amparam na soberania de cada Estado, fundado no seu direito de determinar, individualmente, a extensão da jurisdição doméstica. Assim, são possíveis conflitos positivos de competência, situações em que, com relação a uma causa com conexão internacional, segundo o direito de mais de um país, os tribunais domésticos são internacionalmente competentes. Entretanto, é possível também que segundo o direito interno de qualquer país nenhum juiz ou tribunal seja internacionalmente competente para decidir uma causa. Nesse contexto, fala-se em conflito negativo de competência internacional[8].

Podendo o autor de uma ação escolher, dentre os vários foros competentes, em países diferentes, aquele que lhe parece mais favorável, usa-se a expressão *forum shopping*[9].

---

7. *V.*, entre outros, José Ignácio Botelho de Mesquita, Da competência internacional e dos princípios que a informam, *RP*, *50*:53, 1988. Cf. no mesmo sentido: 1º TACivil, 3ª Câm., AgIn 723.421-1-SP, rel. Juiz Carvalho Viana, j. 16-12-1997, v.u., reproduzido em *AASP*, n. 2.191, 25 a 31-12-2000, p. 1661-3.

8. Para esses casos indesejáveis de denegação de justiça no âmbito internacional, diversos ordenamentos jurídicos nacionais e tratados internacionais preveem uma competência internacional subsidiária, denominada emergencial ou "forum necessitatis". Cf., nesse sentido, também, o art. 4º da Resolução do Instituto de Direito Internacional sobre a Relação entre Direitos Humanos e Direito Internacional Privado, de 4-9-2021, nesses termos: "Forum necessitatis" – "Se as regras de competência podem levar a uma denegação de justiça, num determinado caso, o direito de acesso à Justiça tem como admitir excepcionalmente que um tribunal exerça jurisdição caso não exista conexão mais estreita com outro Estado que disponibilizará o acesso à Justiça" (tradução livre do texto original em francês pelo autor).

9. *V.*, entre outros, mais detalhadamente, Haimo Schack, *Internationales*, cit., p. 97-101.

Em particular, países da *Common Law* permitem que o juiz ou tribunal proíba a uma das partes de processo litigar perante o Poder Judiciário de outro Estado ou perante tribunal arbitral com sede no exterior quando forem cumpridos determinados requisitos legais *in casu* para decretar essa medida, denominada em geral *anti-suit injunction*. Na prática, é aplicada, basicamente, com o intuito de forçar a execução de cláusulas compromissórias ou cláusulas de eleição de foro, para impedir a instauração ou continuação de processo judicial em país que não respeita direitos processuais básicos, constitucionalmente garantidos às partes pela *lex fori*, bem como para combater abusos na procura de um foro no exterior, ou seja, o *forum shopping* abusivo[10]. Verifica-se, na prática, que também empresas brasileiras podem ser afetadas por *anti-suit injunctions* de origem estrangeira[11]. No Brasil não se detectam muitas decisões judiciais que admitem a *anti-suit injunction*. Aqui, sua finalidade, no contexto da arbitragem privada internacional, na prática e frequentemente, é tentar impedir a instauração ou o prosseguimento de procedimento arbitral no exterior através de medidas judiciais adequadas propostas perante o Poder Judiciário[12].

O termo *forum non conveniens*, por outro lado, significa que um juiz, em princípio, é internacionalmente competente para julgar uma lide, conforme as normas vigentes da *lex fori*. No caso, porém, é-lhe facultado recusar o julgamento da lide concreta, por entender ser mais conveniente que a justiça de um determinado país estrangeiro julgue a mesma causa. A doutrina do *forum non conveniens*, no entanto, é controvertida[13].

---

10. Cf. Christian Schmidt, Anti-suit injunctions im Wettbewerb der Rechtssysteme, *Recht der Internationalen Wirtschaft (RIW)*, 52:492-8, 2006; Peter Schlosser, Anti-suit injunctions zur Unterstützung von internationalen Schiedsverfahren, *Recht der Internationalen Wirtschaft (RIW)*, 52:486-92, 2006.

11. *V.*, nesse sentido, John Fellas, The Enjoining of Brazilian Lawsuits by U.S. Courts, *Revista de Arbitragem e Mediação*, 3:155-64, 2006; STJ, SEC 12.781-EX, CE, rel. Min. João Otávio de Noronha, j. 7-6-2017, *DJe*, 18-8-2017.

12. *V.*, nesse sentido, por exemplo, STJ, AgInt no AgInt na SEC 853-EX, CE, rel. Min. Jorge Mussi, j. 25-5-2021, *DJe*, 27-5-2021, STJ, REsp 1.602.076-SP, 3ª T., rel. Min. Nancy Andrighi, j. 15-9-2016, *DJe*, 30-9-2016; TJSP, AI 0304979-49.2011.8.26.0000, 6ª Câm. Dir. Priv., j. 19-4-2012, p.m.

13. *V.*, a respeito, entre outros, Dagmar Coester-Waltjen, Himmel und Hölle: Einige Überlegungen zur internationalen Zuständigkeit, *RabelsZ*, 79:471-520, 2015; Michael L. Ultsch, Die *Forum-non-conveniens*-Lehre im Recht der USA (*insbesondere Floridas*), *Recht der Internationalen Wirtschaft (RIW)*, 43:26-31, 1997, e no Brasil, Ravi Peixoto, O *forum non conveniens* e o processo civil brasileiro: limites e possibilidade. *RP*, 279:381-415, 2018.

Ela tem a sua origem no direito escocês do século XVIII. Atualmente, é divulgada, particularmente, em países vinculados ao sistema jurídico da *Common Law*, como a Inglaterra e os Estados Unidos. Para caracterizar o *forum non conveniens*, a doutrina desenvolveu vários critérios delimitadores. Em primeiro lugar deve existir um foro diferente daquele onde foi instaurado o processo, sendo igualmente competente para julgar toda a lide. Esse foro deve ser o mais conveniente para as partes. Para avaliar o critério da conveniência, são analisados no caso concreto os seus interesses privados (*private interests*) na lide. São levados em consideração, entre outros, como interesses privados relevantes das partes: o acesso aos meios de prova, principalmente bens imóveis, bem como a residência das testemunhas, a exequibilidade da sentença e as despesas processuais. Não são relevantes, por outro lado, a aplicação de um direito mais favorável para uma das partes e o fato de outro sistema jurídico não se equiparar àquele do foro, desde que sejam garantidos os direitos fundamentais no processo para as partes, previstas também no ordenamento jurídico doméstico. Se não prevalecerem interesses privados por parte do autor ou do réu, o tribunal examinará em seguida a doutrina do *forum non conveniens* sob a perspectiva do interesse público envolvido. Nesse contexto, o tribunal possui um interesse legítimo de não dever julgar lides sem vínculo específico com o foro. Assim, pode ser considerado também que o tribunal não está familiarizado com o direito aplicável à causa a ser julgada. Finalmente, o foro mais conveniente (*forum conveniens*) deve tutelar a pretensão requerida no seu sistema jurídico com uma sanção adequada que seja comparável àquela existente no foro para que não exista a possibilidade de denegação de justiça para o autor da ação perante o foro alienígena. A doutrina do *forum non conveniens* se justifica no sistema jurídico anglo-americano porque ali a competência internacional dos juízes e dos tribunais costuma ser muito abrangente. Ela é um instrumento eficaz para evitar uma atração exorbitante de competência dos tribunais no âmbito internacional. Nos países que seguem o sistema da *Civil Law*, porém, a mesma doutrina, em princípio, deve ser rejeitada. Assim também no Brasil, que delimita a jurisdição dos seus tribunais expressamente em lei, ou seja, basicamente dentro do Código de Processo Civil[14]. Uma

---

14. *V.*, a respeito, os arts. 21 a 23 e 25 CPC.

aplicação dessa teoria no direito brasileiro poderá conflitar com o princípio constitucional do livre acesso à Justiça[15]. Ademais, poderá gerar insegurança jurídica e perda de tempo para as partes[16].

Considerando-se que as normas relacionados aos limites da jurisdição nacional estão fora do alcance da livre disposição das partes, não podem elas ser modificadas por contrato[17]. O juiz deve conhecer de ofício a sua competência internacional para julgar a lide *sub judice*[18].

As fontes de direito, nas quais se encontram as normas sobre os limites da jurisdição nacional ou a competência internacional, são, principalmente, os códigos de direito processual civil, as codificações nacionais de direito internacional privado (quando existirem) e normas isoladas referentes à competência internacional distribuídas em leis específicas. Estão em vigor, ainda, tratados internacionais referentes à matéria. Nesse contexto destacam-se, entre outras, as Convenções da Haia relativas à Competência, à Lei Aplicável, ao Reconhecimento, à Execução e à Cooperação em Matéria de Responsabilidade dos Pais e de Medidas de Proteção de Crianças, de 19 de outubro de 1996, e aquela sobre a Proteção Internacional das Pessoas Maiores, de 13 de janeiro de 2000, ambas ainda não ratificadas pelo Brasil. Seguem basicamente o princípio da *lex fori* em foro próprio, ou seja, determinam a competência internacional, estipulando que o tribunal competente aplique seu

---

15. Veja-se o inciso XXXV do art. 5º CF: "a lei não excluirá da apreciação do Poder Judiciário lesão ou ameaça a direito;...". Cf., ademais, Nelson Nery Junior, Competência no processo civil norte-americano: o instituto do *forum (non) conveniens*, RT, 781:30, 2000; STJ, REsp 1.633.275-SC, 3ª T., rel. Min. Ricardo Villas Bôas Cueva, j. 8-11-2016, *DJe*, 14-11-2016.

16. Cf., com relação à problemática em geral, também Michael L. Ultsch, Die *Forum-non-conveniens*-Lehre..., revista cit., p. 29-30; e quanto a um caso concreto, atinente à jurisdição internacional brasileira, Ives Gandra da Silva Martins, Jurisdição internacional. Ajuizamento de ação no Brasil por força da aplicação da teoria do *forum non conveniens* por parte da Justiça americana. Hipótese que não se enquadra nos arts. 88 e 89 do CPC. Inexistência de jurisdição no Brasil. Indeferimento de inicial. Inocorrência de citação e de composição da lide. Falta de legítimo interesse dos pretensos réus para recorrer, RT, 855:57-76, 2007.

17. *V.*, nesse sentido, José Ignácio Botelho de Mesquita, *Da competência*..., revista cit., p. 53.

18. Cf., nesse sentido, por exemplo, STJ, RO 19-BA, 4ª T., rel. Min. Cesar Asfor Rocha, j. 21-8-2003, *RT*, 823:154-6, 2004. Em se tratando de matéria a ser conhecida de ofício pelo juiz, a parte interessada pode se manifestar com relação à competência internacional em qualquer tempo e grau de jurisdição, enquanto não ocorrer o trânsito em julgado. Cf., nesse sentido, art. 485, § 3º, CPC.

próprio direito, a saber, o da *lex fori*. Destaques merecem, ademais, nesse contexto os seguintes Regulamentos com vigência no âmbito dos Estados-membros da União Europeia: a) o Regulamento (UE) n. 1.215 do Parlamento Europeu e do Conselho, de 12 de dezembro de 2012, relativo à competência judiciária, ao reconhecimento e à execução de decisões em matéria civil e comercial; b) Regulamento (UE) 2019/1111 do Conselho, de 25 de junho de 2019, relativo à competência, ao reconhecimento e à execução de decisões em matéria matrimonial e em matéria de responsabilidade parental e ao rapto internacional de crianças; c) Regulamento (CE) n. 4/2009 do Conselho, de 18 de dezembro de 2008, relativo à competência, à lei aplicável, ao reconhecimento e à execução das decisões e à cooperação em matéria de obrigações alimentares; d) Regulamento (UE) n. 650 do Parlamento Europeu e do Conselho, de 4 de julho de 2012, relativo à competência, à lei aplicável, ao reconhecimento e execução das decisões, e à aceitação e execução dos atos autênticos em matéria de sucessões e à criação de um Certificado Sucessório. Em relação ao Brasil, convém ressaltar o *Protocolo de Buenos Aires sobre Jurisdição Internacional em Matéria Contratual*, celebrado entre os países integrantes do Mercosul em 5 de agosto de 1994, e que entrou em vigor internacionalmente no dia 6 de agosto de 1996[19].

B. Classificação de Competência Internacional

Distinguem-se normas diretas e normas indiretas de competência internacional. As primeiras definem de forma direta quando os tribunais domésticos são competentes internacionalmente perante um processo com conexão internacional instaurado no próprio país. No Brasil, principalmente os arts. 21 a 23 e 25 do Código de Processo Civil tratam das normas diretas da competência internacional. Por outro lado, as normas indiretas de competência internacional estão relacionadas sempre a causas com conexão internacional anteriormente submetidas à apreciação de um juiz ou tribunal estrangeiro. A competência internacional indireta será examinada pelo juiz ou pelos tribunais domésticos, por ocasião

---

19. No Brasil foi promulgado pelo Decreto n. 2.095, de 17 de dezembro de 1996. Cf., com relação à sua aplicação, STJ, REsp 1.633.275-SC, 3ª T., rel. Min. Ricardo Villas Bôas Cueva, j. 8-11-2016, *DJe*, 14-11-2016.

do processo de reconhecimento de uma decisão proferida por autoridade judiciária estrangeira no país. No Brasil, somente o Superior Tribunal de Justiça é competente para homologar sentenças estrangeiras[20]. Constitui requisito indispensável à homologação de sentença estrangeira que seja proferida por juiz competente, ou seja, durante o processo de homologação, o Superior Tribunal de Justiça sempre examina a competência internacional indireta da autoridade judiciária estrangeira[21].

Outra classificação distingue entre as competências geral e especial admitidas pela lei. Os Estados, em regra, reconhecem como foro geral, no plano internacional, aquele do domicílio do réu, assim, ocorrendo também no Brasil[22]. Os foros admitidos pela lei, além do foro geral do domicílio do réu, como, por exemplo, o foro da eleição, são chamados foros especiais[23].

A lei pode admitir a possibilidade de a justiça de outro Estado também ser internacionalmente competente para processar e julgar uma causa idêntica entre as mesmas partes. Nesse contexto, costuma-se falar em competência concorrente[24]. Se a lei, contudo, determina que tão somente a justiça doméstica é internacionalmente competente, com exclusão de qualquer outra, para julgar uma lide, usa-se o termo "competência exclusiva". Isso significa que, para os processos indicados, a *lex fori* reconhece como internacionalmente competentes apenas os seus juízes e tribunais, não admitindo o exercício de jurisdição concorrente por qualquer juiz ou tribunal estrangeiro[25].

Costuma-se fazer referência a foros exorbitantes quando é suficiente, para fixar a competência internacional, uma conexão mínima dos

---

20. Cf. art. 105, I, *i*, CF, introduzido pela EC n. 45, de 8-12-2004.

21. Cf. art. 963, I, CPC; art. 216-D, I, RISTJ. Nesse contexto, cumpre mencionar, ainda, a Convenção Interamericana sobre a Competência Internacional Indireta para a Eficácia Extraterritorial das Sentenças Estrangeiras, de 24-5-1984, assinada pelo Brasil, mas ratificada apenas pelo México e pelo Uruguai (posição em 15-7-2023).

22. Cf. art. 21, I, CPC. A regra, aliás, está expressa pelo termo: *actor sequitur forum rei*.

23. Quanto à possibilidade de eleição de foro exclusivo estrangeiro em contrato internacional no direito brasileiro atual, *v*. art. 25 CPC.

24. No Brasil, cf. a seu respeito os arts. 21 a 22 CPC.

25. No Brasil, cf. a seu respeito art. 23 CPC.

fatos com a *lex fori*, ampliando, assim, a jurisdição dos juízes e tribunais de um país extraordinariamente[26].

O princípio da *perpetuatio fori* ou *perpetuatio iurisdictionis* é aplicável, em geral, também, com relação aos processos com conexão internacional. Basicamente, significa que, uma vez determinada a competência, são irrelevantes as modificações do estado de fato ou de direito ocorridas posteriormente[27].

C. NORMAS DE COMPETÊNCIA INTERNACIONAL NO DIREITO BRASILEIRO

O Código de Processo Civil (Lei n. 13.105, de 16-3-2015) refere-se aos limites da jurisdição nacional para delimitar a sua extensão em relação àquela dos outros Estados. O Código de Ritos em vigor regulamenta a matéria nos seus arts. 21 a 23 e 25. Desse modo, não faz mais menção expressa à competência internacional como ocorreu no anterior[28]. O autor, no entanto, continua a utilizar o termo "competência internacional" quando se refere à extensão da jurisdição nacional dos juízes e tribunais brasileiros na sua obra.

No seu Livro II, Título II, Dos limites da jurisdição nacional e da cooperação internacional, Capítulo I, dispõe o Código:

"Art. 21. Compete à autoridade judiciária brasileira processar e julgar as ações em que:

I – o réu, qualquer que seja a sua nacionalidade, estiver domiciliado no Brasil[29];

---

26. Sobre a relação da lide com o foro quanto à determinação da competência internacional em geral e no direito comparado, cf. Haimo Schack, Internationale Zuständigkeit und Inlandsbeziehung, in *Festschrift für Hideo Nakamura zum 70. Geburtstag am 2. März 1996*, Andreas Heldrich e Takeyoshi Uchida (eds.), Tokyo, 1996, p. 491-514.

27. *V.*, entre outros, Keller e Siehr, Allgemeine Lehren, cit., p. 584-5; Haimo Schack, Internationales, cit., p. 175-7. No direito brasileiro, cf. o art. 43 CPC.

28. Cf. cap. II, arts. 88 a 89, CPC/1973.

29. No mesmo sentido, o art. 12, *caput*, LINDB, dispõe: "É competente a autoridade judiciária brasileira, quando for o réu domiciliado no Brasil (...)". Essa norma, no entanto, já tinha sido revogada pelo CPC/1973. Cf., nesse sentido, STJ, REsp 1308686/SP, 3ª T., rel. Min. Ricardo Villas Bôas Cueva, j. 11-4-2013, *DJe*, 17-4-2013; José Ignácio Botelho de Mesquita, *Da competência internacional*, revista cit., p. 69; José Carlos Barbosa Moreira, Relações entre processos instaurados, sobre a mesma lide civil, no Brasil e em país estrangeiro, *RF*, 252:51, 1975.

II – no Brasil tiver de ser cumprida a obrigação[30];

III – o fundamento seja fato ocorrido ou ato praticado no Brasil.

Parágrafo único. Para o fim do disposto no inciso I, considera-se domiciliada no Brasil a pessoa jurídica estrangeira que nele tiver agência, filial, ou sucursal.

Art. 22. Compete, ainda, à autoridade judiciária brasileira processar e julgar as ações:

I – de alimentos, quando:

a) o credor tiver domicílio ou residência no Brasil;

b) o réu mantiver vínculos no Brasil, tais como posse ou propriedade de bens, recebimento de renda ou obtenção de benefícios econômicos;

II – decorrentes de relações de consumo, quando o consumidor tiver domicílio ou residência no Brasil;

III – em que as partes, expressa ou tacitamente, se submeterem à jurisdição nacional.

Art. 23. Compete à autoridade judiciária brasileira, com exclusão de qualquer outra:

I – conhecer de ações relativas a imóveis situados no Brasil[31];

II – em matéria de sucessão hereditária, proceder à confirmação de testamento particular e ao inventário e à partilha de bens situados no Brasil, ainda que o autor da herança seja de nacionalidade estrangeira ou tenha domicílio fora do território nacional;

---

30. Também o art. 12, *caput*, LINDB, dispõe: "É competente a autoridade judiciária brasileira, quando for o réu domiciliado no Brasil ou aqui tiver de ser cumprida a obrigação". Essa norma, no entanto, já tinha sido revogada pelo CPC/1973. Cf., nesse sentido, STJ, REsp 1308686/SP, 3ª T., rel. Min. Ricardo Villas Bôas Cueva, j. 11-4-2013, *DJe*, 17-4-2013; José Ignácio Botelho de Mesquita, *Da competência internacional*, revista cit., p. 69; José Carlos Barbosa Moreira, *Relações entre processos instaurados*, revista cit., p. 51.

31. Do mesmo modo o art. 12, § 1º, LINDB, dispõe: "Só à autoridade judiciária brasileira compete conhecer das ações relativas a imóveis situados no Brasil". Essa norma, no entanto, já tinha sido revogada pelo CPC/1973. Cf., nesse sentido, STJ, REsp 1308686/SP, 3ª T., rel. Min. Ricardo Villas Bôas Cueva, j. 11-4-2013, *DJe*, 17-4-2013; José Ignácio Botelho de Mesquita, Da competência internacional, revista cit., p. 69; José Carlos Barbosa Moreira, *Relações entre processos instaurados*, revista cit., p. 51.

III – em divórcio, separação judicial ou dissolução de união estável, proceder à partilha de bens situados no Brasil, ainda que o titular seja de nacionalidade estrangeira ou tenha domicílio fora do território nacional.

(...)

Art. 25. Não compete à autoridade judiciária brasileira o processamento e o julgamento da ação quando houver cláusula de eleição de foro exclusivo estrangeiro em contrato internacional, arguida pelo réu na contestação.

§ 1º Não se aplica o disposto no *caput* às hipóteses de competência internacional exclusiva previstas neste Capítulo.

§ 2º Aplica-se à hipótese do *caput* o art. 63, §§ 1º a 4º".

Nos casos previstos nos arts. 21 e 22 do Código de Processo Civil, o direito brasileiro admite a possibilidade de a justiça de outro Estado ser igualmente competente para julgar uma ação. Trata-se, pois, de competência internacional concorrente. O art. 23 do Código de Processo Civil, pelo contrário, estabelece foros exclusivos, tendo em vista a competência internacional.

Quando a lei[32] se refere ao domicílio do réu, o conceito coincide com aquele do Código Civil brasileiro[33]. Consoante esse diploma legal, o domicílio da pessoa natural é o lugar onde ela estabelece a sua residência com ânimo definitivo[34]. Se tiver diversas residências onde alternadamente viva, considerar-se-á seu domicílio qualquer desses ou aquelas[35]. Ademais, é reputado domicílio da pessoa natural o lugar onde exerce a sua profissão, levando em consideração as relações jurídicas a ela vinculadas. Quando a pessoa exercitar ainda a sua profissão em lugares diversos, cada um deles constituirá domicílio para as relações que lhe corresponderem[36].

---

32. *V.* art. 21, I, CPC.

33. Lei n. 10.406, de 10-1-2002. Sobre o conceito do domicílio no direito brasileiro vigente, cf., entre outros, Carlos Roberto Gonçalves, *Direito civil*, v. 1, cit., p. 172-9; Guilherme Calmon Nogueira da Gama e Andréa Leite Ribeiro de Oliveira, Domicílio no Código Civil de 2002, *RF*, *388*:79-91, 2006.

34. Art. 70 CC.

35. Art. 71 CC.

36. Art. 72 CC.

Caso a competência internacional basear-se no domicílio da pessoa física, e esta tiver, além do domicílio no estrangeiro, também domicílio no Brasil conforme as regras do Código Civil, tal fato constitui a competência internacional da justiça brasileira.

Sendo pessoa jurídica de direito privado, seu "domicílio" é "o lugar onde funcionarem as respectivas diretorias e administrações, ou onde elegerem domicílio especial no seu estatuto ou atos constitutivos"[37]. Tendo ela diversos estabelecimentos em lugares diferentes, cada um será considerado domicílio para os atos nele praticados[38]. Acrescenta-se ainda: "Se a administração, ou diretoria, tiver a sede no estrangeiro, haver-se-á por domicílio da pessoa jurídica, no tocante às obrigações contraídas por cada uma das suas agências, o lugar do estabelecimento, sito no Brasil, a que ela corresponder"[39].

Reputa-se domiciliada no Brasil pessoa jurídica estrangeira que tiver aqui agência, filial ou sucursal[40]. A doutrina entende, e com razão, que para firmar a competência internacional da Justiça brasileira, nesses casos, é necessário que as ações sejam oriundas de atos próprios das agências, filiais ou sucursais localizadas no território brasileiro[41]. A lei, no entanto, deixa claro que o gerente da filial ou agência presume-se autorizado, pela pessoa jurídica estrangeira, a receber a citação para qualquer processo[42].

Além dos foros internacionalmente competentes tradicionais no direito brasileiro, a saber, do domicílio do réu, do lugar de cumprimento da obrigação e do fato ocorrido ou ato praticado no Brasil[43], o Código de Processo Civil atual adicionou outros em relação a ações de alimentos

---

37. Art. 75, IV, CC.

38. Art. 75, § 1º, CC.

39. Art. 75, § 2º, CC.

40. Art. 21, parágrafo único, CPC.

41. José Carlos Barbosa Moreira, *Problemas...*, revista cit., p. 146-7. Note-se ainda que em relação a causas com conexão nacional, o STF proferiu a Súmula 363, com o seguinte teor: "A pessoa jurídica de direito privado pode ser demandada no domicílio da agência, ou estabelecimento, em que se praticou o ato".

42. Art. 75, X, e § 3º, CPC.

43. Cf. o art. 21 CPC.

e de relações de consumo[44], bem como dispõe que "compete, ainda, à autoridade judiciária brasileira processar e julgar as ações em que as partes, expressa ou tacitamente, se submeterem à jurisdição nacional"[45].

Tendo em vista os foros internacionalmente exclusivos, o Código de Processo Civil refere-se expressamente a imóveis situados no Brasil[46] e bens situados no Brasil, e isso não somente em relação à "sucessão hereditária"[47], mas também em relação "ao divórcio, à separação judicial ou à dissolução de união estável"[48].

No que diz respeito à competência da autoridade brasileira, com exclusão de qualquer outra, para conhecer de ações relativas a imóveis situados no Brasil[49], parece ser correto que a lei abranja todas as ações fundadas em direito pessoal e real que versem sobre estes bens[50].

Levando em consideração a sucessão *causa mortis*, o Código de Processo Civil faz expressamente referência a "bens situados no Brasil"[51]. Nesse caso, a competência internacional da autoridade judiciária brasileira é sempre exclusiva quando procede ao inventário e à partilha, ainda que o autor da herança seja de nacionalidade estrangeira ou tenha domicílio fora do território nacional. Essa já era a jurisprudência pacífica e consolidada do Superior Tribunal de Justiça em relação ao direito anterior[52].

O Código de Processo Civil atual, como também já o era o anterior, não se pronuncia em relação à competência da autoridade judiciária brasileira para proceder ao inventário e à partilha de bens situados fora

---

44. Art. 22, I e II, CPC.

45. Art. 22, III, CPC.

46. Art. 23, I, CPC.

47. Art. 23, II, CPC.

48. Art. 23, III, CPC.

49. Art. 23, I, CPC.

50. *V.* José Carlos Barbosa Moreira, *Problemas...*, revista cit., p. 147, 159 e 160, referindo-se ainda ao CPC/1973.

51. Art. 23, II, CPC.

52. Em relação ao art. 89, II, do CPC/1973. Cf., nesse sentido, entre outros, STJ, SEC 9.531-EX, CE, rel. Min. Mauro Campbell Marques, j. 19-11-2014, *DJe*, 11-12-2014, STJ, AgRg na SE 8.502-EX,CE, rel. Min. Felix Fischer, j. 16-10-2013, *DJe*, 23-10-2013,STJ, AgRg nos EDcl na CR 2.894,CE, rel. Min. Barros Monteiro, j. 13-3-2008, *DJe*, 3-4-2008, STJ, SEC 1.032,CE, rel. Min. Arnaldo Esteves Lima, j. 19-12-2007, *DJe*, 13-3-2008.

do território nacional. A jurisprudência dos Tribunais Superiores do País, todavia, nestes casos, conclui pela incompetência da Justiça brasileira[53]. Reconhecendo a incompetência da Justiça brasileira, ademais, não é viável o requerimento para solicitação de cooperação jurídica internacional com o objetivo de receber informações a respeito de eventuais depósitos bancários no exterior[54], quando a respectiva ordem judicial for direcionada à partilha desses bens, sendo que o ordenamento jurídico pátrio adotou o princípio da pluralidade de juízos sucessórios em nível internacional[55]. Sem prejuízo desse princípio, o Superior Tribunal de Justiça já se pronunciou no sentido de admitir a solicitação de cooperação jurídica internacional em processos de inventário e de partilha com bens situados no exterior quando presente motivo de ordem pública. A Alta Corte entendeu ser individualizável nestes processos um pedido do tipo nessa condição[56].

Em se tratando de sucessão testamentária, o Código de Processo Civil atual dispõe ainda que compete à autoridade judiciária brasileira, com exclusão de qualquer outra, a confirmação de testamento particular quando o autor da herança deixou bens situados no Brasil[57]. Registra-se, no entanto, jurisprudência do Superior Tribunal de Justiça, deferindo a homologação de sentença estrangeira se esta se refere à validade de disposição de última vontade de origem externa. Nesses casos, contudo, a sentença pode produzir no País apenas efeito declaratório, levando em consideração a existência de herdeiros testamentários no exterior. De acordo com o entendimento da Corte, o juízo de inventário e de partilha

---

53. Cf., nesse sentido, entre outros, STJ, AgInt no AREsp 1.297.819-SP, 3ªT., rel. Min. Marco Aurélio Bellizze, j. 15-10-2018, *DJe*, 19-10-2018; STJ, REsp 1.362.400-SP, 3ª T., rel. Min. Marco Aurélio Bellizze, j. 28-4-2015, *DJe*, 5-6-2015; STF, RE 99.230-RS, 1ª T., j. 22-5-1984, publ. 29-6-1984, *RTJ*, *110*:750-62, 1984, particularmente o voto do Rel. Min. Rafael Mayer, p. 759-61.

54. Cf. STJ, AgInt no AREsp 1.297.819-SP, 3ª T., rel. Min. Marco Aurélio Bellizze, j. 15-10-2018, *DJe*, 19-10-2018; STJ, REsp 397.769-SP, 3ª T., rel. Min. Nancy Andrighi, j. 29-11-2002, *RSTJ*, *168*:327-31, 2002.

55. *V.* Beat Walter Rechsteiner, Algumas questões jurídicas relacionadas à sucessão testamentária com conexão internacional, *RT*, *786*:106-7, 2001. No mesmo sentido, entre outros, STJ, REsp 1.362.400-SP, 3ª T., rel. Min. Marco Aurélio Bellizze, j. 28-4-2015, *DJe*, 5-6-2015.

56. Nesse sentido, STJ, REsp 698.526-SP, 3ª T., rel. Min. Nancy Andrighi, j. 18-5-2006, *DJU*, 20-11-2006, p. 302.

57. Art. 23, II, CPC. É de se concluir que a mesma obrigação se refere também a outros tipos de disposição de última vontade.

no Brasil, desse modo, conserva a sua competência em julgar com plena cognição a sucessão e a deliberar com relação aos bens do autor da herança situados no território nacional[58]. Ainda se detecta algumas decisões monocráticas do mesmo Tribunal, deferindo a homologação de sentença estrangeira relacionada à confirmação de testamento de origem externa, junto com a partilha amigável homologada judicialmente no exterior, inclusive, com relação a bens situados no Brasil, quando todos os herdeiros concordaram com a homologação[59].

O Código de Processo Civil atual inovou ainda quando determina que "compete à autoridade judiciária brasileira, com exclusão de qualquer outra em divórcio, separação judicial ou dissolução de união estável, proceder à partilha de bens situados no Brasil, ainda que o titular seja de nacionalidade estrangeira ou tenha domicílio fora do território nacional"[60].

Note-se, nesse contexto, que o Superior Tribunal de Justiça homologava sob a vigência do direito anterior sentenças estrangeiras de divórcio quando relacionadas à partilha consensual de imóveis situados no Brasil[61]. O Superior Tribunal de Justiça atualmente continua com essa jurisprudência mais flexível apesar do texto aparentemente resoluto constante no Código de Ritos[62].

---

58. Nesse sentido, STJ, HDE 966-EX, CE, rel. Min. Nancy Andrighi, j. 7-10-2020, *DJe*, 16-10-2020.

59. Cf., nesse sentido, as seguintes decisões monocráticas, rel. Min. Pres. João Otávio de Noronha: STJ, HDE 2.412, j. 26-9-2019, *DJe*, 30-9-2019, STJ, HDE 2.101, j. 6-9-2019, *DJe*, 11-9-2019, STJ, SE 15.461, j. 9-4-2019, *DJe*, 11-4-2019.

60. Art. 23, III, CPC; STJ, HDE 907-EX, CE, rel. Min. Benedito Gonçalves, j. 16-5-2018, *DJe*, 1º-6-2018.

61. Cf., entre outras decisões do STJ, admitindo a homologação referente ao acordo das partes sobre imóvel situado no Brasil, homologado pela Justiça alienígena, STJ, HDE 3.243-EX, CE, rel. Min. Raul Araújo, j. 11-11-2021, *DJe*, 17-11-2021, STJ, SEC 6.344-EX,CE, rel. Min. Benedito Gonçalves, j. 3-6-2015, *DJe*, 12-6-2015, STJ, SEC 1.320-EX,CE, rel. Min. Humberto Martins, j. 1º-10-2014, *DJe*, 16-10-2014, STJ, SEC 6.894-EX,CE, rel. Min. Castro Meira, j. 20-2-2013, *DJe*, 4-3-2013, STJ, SEC 4.913-EX,CE, rel. Min. João Otávio de Noronha, j. 7-5-2012, *DJe*, 22-5-2012. Não admitindo, porém, a possibilidade de homologação quando se tratar de imóveis situados no país e não houve consenso entre as partes sobre a sua partilha, STJ, SEC 9.272-EX,CE, rel. Min. Luis Felipe Salomão, j. 6-5-2015, *DJe*, 25-5-2015, STJ, SEC 5.270-EX,CE, rel. Min. Felix Fischer, j. 12-5-2011, *DJe*, 14-6-2011, STJ, SEC 2.547-EX,CE, rel. Min. Hamilton Carvalhido, j. 12-4-2010, *DJe*, 12-5-2010, STJ, SEC 2.222,CE, rel. Min. José Delgado, j. 5-12-2007, *DJU*, 11-2-2008, p. 52.

62. Art. 23, III, CPC; STJ, HDE 3.243-EX, CE, rel. Min. Raul Araújo, j. 11-11-2021, *DJe*, 17-11-

Nesse contexto, é de ponderar também que a própria Justiça pátria leva em consideração em ações de divórcio, propostas no Brasil por cônjuges residentes e domiciliados no País e que se casaram aqui, bens situados no exterior quanto à partilha de seu patrimônio[63].

Todos os casos de jurisdição nacional previstos na lei constituem, por si só, a competência internacional da Justiça brasileira, o que a obriga a prestar a devida tutela jurisdicional às partes interessadas em relação à lide *sub judice*. É dispensável que os requisitos legais sejam cumpridos, cumulativamente, no caso concreto. Por outro lado, a enumeração constante da lei não é taxativa. Podem, na prática, advir casos não normatizados na lei, perante os quais a Justiça se declare competente internacionalmente[64]. Uma importante corrente da doutrina entende que nesses casos omissos são aplicáveis, como normas supletivas, aquelas da competência territorial interna[65].

Segundo o nosso entendimento, os critérios adotados para a fixação da competência territorial interna não se conciliam, necessariamente, com aqueles estabelecidos para a delimitação da jurisdição nacional.

José Ignácio Botelho de Mesquita segue nessa direção. Esse autor desenvolveu a teoria do "princípio da efetividade", prelecionando que o Estado deveria tão só julgar causas com conexão internacional nas quais estivesse juridicamente interessado[66].

Cumpre ressaltar nesse contexto que o Superior Tribunal de Justiça já teve oportunidade de se pronunciar com relação à teoria desenvolvida pelo eminente processualista e professor universitário paulista.

2021, STJ, SEC 14.822-EX, CE, rel. Min. Francisco Falcão, j. 5-9-2018, *DJe*, 13-9-2018, STJ, SEC 15.639-EX, CE, rel. Min. Og Fernandes, j. 4-10-2017, *DJe*, 9-10-2017.

63. Nesse sentido, STJ, REsp 1.912.255-SP, 3ª T., rel. Min. Nancy Andrighi, j. 24-5-2022, *DJe*, 30-5-2022, STJ, REsp 1.552.913-RJ, 4ª T., rel. Min. Maria Isabel Gallotti, j. 8-11-2016, *DJe*, 2-2-2017, STJ, REsp 1.410.958-RS, 3ª T., rel. Min. Paulo de Tarso Sanseverino, j. 22-4-2014, *DJe*, 27-5-2014, STJ, REsp 1.164.887-RS, 3ª T., rel. Min. Villas Bôas Cueva, j. 24-4-2014, *DJe*, 29-4-2014.

64. Nesse sentido, REsp 1.366.642-SP, 4ª T., rel. Min. Luis Felipe Salomão, j. 11-10-2016, *DJe*, 7-11-2016, STJ, RO 64/SP, 3ª T., rel. Min. Nancy Andrighi, j. 13-5-2008, *DJe*, 23-6-2008.

65. Assim, José Carlos Barbosa Moreira, *Problemas...*, revista cit., p. 148; Haroldo Valladão, *Direito internacional privado*, cit., v. 3, p. 137.

66. José Ignácio Botelho de Mesquita, *Da competência...*, revista cit., p. 58-63.

Segundo o Egrégio Tribunal, a autoridade judiciária brasileira, de fato, terá que encontrar um interesse para conhecer e julgar a causa *sub judice* com conexão internacional[67].

Esse interesse da Justiça brasileira, por exemplo, foi reconhecido em relação a um pedido de divórcio consensual de cônjuges residentes no exterior, mas com casamento realizado no Brasil[68]. Ademais, quando o menor e o detentor de sua guarda tiverem o seu domicílio no Brasil, basicamente, detecta-se o mesmo interesse da Justiça brasileira para decidir sobre a guarda e o direito de visitação com relação ao menor[69].

De elevado interesse na atualidade é a extensão da jurisdição estatal no âmbito da rede mundial dos computadores, das redes eletrônicas (*cyberspace*). Registra-se jurisprudência do Superior Tribunal de Justiça que a autoridade judiciária brasileira é internacionalmente competente quando se trata de atividade ilícita, cometida na internet, e esta pode ser reputada como tendo sido praticada no Brasil[70]. Isso é o caso quando o autor da ação tem domicílio no Brasil e no País houve acesso na rede ao sítio eletrônico veiculado no exterior, por meio do qual foi praticado o ato ilícito, sem prejuízo da existência de foro eleito pelas partes no exterior[71].

Nesse contexto, cumpre salientar, ademais, a Resolução do Instituto de Direito Internacional, de 31 de agosto de 2019, sobre as *Violações dos Direitos da Personalidade pela Utilização da Internet*. Ela trata da competência internacional, do direito aplicável e do reconhecimento de decisões estrangeiras nesse âmbito[72]. Basicamente prevê vários

---

67. STJ, REsp 1.366.642-SP, 4ª T., rel. Min. Luis Felipe Salomão, j. 11-10-2016, *DJe*, 7-11-2016, STJ, RO 64-SP, 3ª T., rel. Min. Nancy Andrighi, j. 13-5-2008, *DJe*, 23-6-2008. O STJ aplica a regra também ao procedimento de homologação de sentença estrangeira. Cf., nesse sentido, STJ, SEC 8.542-EX, CE, rel. Min. Luis Felipe Salomão, j. 29-11-2017, *DJe*, 15-3-2018.

68. *V.*, nesse sentido, STJ, REsp 978.655/MG, 4ª T., rel. Min. João Otávio de Noronha, j. 23-2-2010, *DJe*, 8-3-2010.

69. *V.*, STJ, REsp 1.164.547-PE, rel. Min. Maria Isabel Gallotti, j. 7-1-2010, *DJe*, 12-11-2010, STJ, SEC 4.789-EX/CE, rel. Min. Felix Fischer, j. 12-4-2010, *DJe*, 27-5-2010.

70. Trata-se de ato praticado nos termos do art. 21, III, CPC. Nesse sentido, já em relação ao CPC/73, STJ, REsp 1.648.547, 4ª T., rel. Min. Luis Felipe Salomão, j. 11-5-2010, *DJe*, 7-2-2011.

71. Cf., STJ, REsp 1.648.547, 4ª T., rel. Min. Luis Felipe Salomão, j. 11-5-2010, *DJe*, 7-2-2011, STJ, REsp 1.745.657, 3ª T., rel. Min. Nancy Andrighi, j. 3-11-2020, *DJe*, 19-11-2020.

72. Disponível em seu Portal: https://www.idi-iil.org – Résolutions. Acesso em: 17-7-2023.

foros concorrentes em nível internacional: a) do Estado da residência da pessoa a ser responsabilizada, sendo que o termo "residência" está definido para a pessoa física e jurídica; b) do Estado, no qual o ato foi praticado; c) do Estado, no qual os efeitos do ato praticado foram produzidos ou poderiam se produzir na sua maior extensão; d) do Estado da residência da pessoa que sofreu ou poderia sofrer um dano, se o conteúdo constante na internet for acessível nesse Estado ou ela sofreu um dano em seu território[73]. Por fim, a Resolução admite a cláusula de eleição de foro quando forem respeitados determinados limites no caso concreto[74].

O tópico da possibilidade de submissão voluntária de ambas as partes ou de pelo menos uma delas em lides com conexão transnacional a um determinado foro no Brasil ou no exterior, é de suma relevância prática.

No que diz respeito ao direito brasileiro, ao contrário da legislação anterior[75], o Código de Processo Civil atual se refere expressamente à questão[76].

A submissão terá que ser voluntária e pode ser expressa ou tácita. Nesse sentido, o Código de Processo Civil dispõe que "compete à autoridade judiciária brasileira processar e julgar ações em que as partes, expressa ou tacitamente, se submeterem à jurisdição nacional"[77].

Sendo expressa, é feita mediante cláusula eletiva de foro, ou seja, as partes determinam a competência territorial ou de foro, mediante contrato, indicando o foro de eleição antes de proporem uma ação[78]. Em regra, a cláusula de eleição de foro faz parte do próprio instrumento que abrange todas as outras cláusulas, quando vinculado a um contrato internacional celebrado entre as partes[79].

---

73. Cf., art. 5º da Resolução.

74. Cf., art. 6º da Resolução.

75. Lei n. 5.689, de 11-1-1973.

76. Arts. 22, III, e 25 CPC.

77. Art. 22, III, CPC.

78. Quanto à competência interna, *v.*, entre outros, Antonio Carlos Marcato, Prorrogação da competência, *RP*, *65*:10-2, 1992.

79. *V.*, entre outros, Luiz Olavo Baptista, *Contratos internacionais*, São Paulo, Lex Editora, 2010, p. 179-80.

Quanto aos efeitos jurídicos da cláusula de eleição do foro, distingue-se, na sua dimensão internacional, entre derrogação e prorrogação do foro. Fala-se em derrogação quando as partes elegem um foro no estrangeiro, para dirimir suas controvérsias, que não seria internacionalmente competente, conforme a *lex fori*, se as partes não tivessem celebrado o acordo sobre a sua eleição. A questão, nesse caso, é determinar se o foro nacional, que segundo a lei é competente, foi validamente excluído ou derrogado mediante a cláusula de eleição do foro, ou se a lei não atribui essa força a tal cláusula[80]. Diz-se prorrogação quando as partes elegem um foro que, segundo a *lex fori*, não seria o internacionalmente competente se as partes não tivessem celebrado o acordo sobre a eleição do foro. A questão nesse caso é se a *lex fori* aceita a prorrogação[81].

Enquanto a submissão voluntária expressa pressupõe um foro eleito pelas partes, antes que uma delas inicie um processo judicial, a submissão voluntária tácita resulta do fato de que o réu não arguiu a exceção declinatória de foro na forma e nos prazos previstos na lei, em face de um processo já instaurado no fórum[82].

Examinando a validade da submissão voluntária no âmbito internacional, sob a ótica do direito brasileiro, é necessário distinguir as duas modalidades descritas, a saber: a submissão voluntária expressa e a tácita.

No que diz respeito à cláusula de eleição de foro, que consta principalmente nos contratos internacionais, o Brasil, nos dias atuais, a reconhece amplamente[83]. A liberdade das partes, entretanto, não é absoluta. A cláusula de eleição de foro tão somente pode surtir efeitos jurídicos "quando constar de instrumento escrito e aludir expressamente a determinado negócio jurídico"[84]. Também não é permitido que se incluam pretensões sobre as quais, pela lei, as partes não poderiam livremente dispor, e que esta exclua, nesses casos, expressa ou tacitamente, a eleição do foro pelas partes ou determine que um foro seja exclusivo, ou

---

80. *V.*, entre outros, nesse sentido, Keller e Siehr, *Allgemeine Lehren*, cit., p. 571-2; Haimo Schack, *Internationales*, cit., p. 199-202.

81. Cf. Keller e Siehr, *Allgemeine Lehren*, cit., p. 571-2; Haimo Schack, *Internationales*, cit., p. 195-8.

82. *V.*, por todos, Haroldo Valladão, *Direito internacional privado*, cit., v. 3, p. 137; e, quanto à competência interna, Antonio Carlos Marcato, *Prorrogação...*, revista cit., p. 12-3.

83. *V.*, entre outros, Luiz Olavo Baptista, *Contratos internacionais*, cit., p. 179.

84. Arts. 25, § 2º, e 63, § 1º, CPC.

seja, inderrogável[85]. Além disso, a legislação pode prever outras restrições[86]. O direito brasileiro, ademais, não aceita cláusulas de eleição de foro abusivas[87]. Por fim, a manifesta ofensa à ordem pública, no caso concreto, afeta qualquer cláusula de eleição de foro[88]. Ocorre frequentemente na prática que a cláusula de eleição de foro constante num contrato internacional beneficie apenas uma das partes contratantes. Assim, por exemplo, uma delas possui o direito de escolher entre vários foros, enquanto a outra está autorizada a propor uma ação apenas perante um único foro, conforme determinado por ambas[89]. Os tribunais superiores brasileiros, conforme o nosso conhecimento, ainda não tiveram oportunidade de se pronunciar sobre a validade de cláusulas de eleição de foro desse tipo. Em conformidade com a *Resolução do Instituto de*

---

85. *V.*, Haroldo Valladão, *Direito internacional privado*, cit., v. 3, p. 137-40.

86. Conforme o art. 7º, § 3º, da Lei n. 13.366, de 26-12-2019, que dispõe sobre o sistema de franquia empresarial, as partes de um contrato de franquia internacional, o franqueador e o franqueado, podem escolher apenas o foro de um dos países de seu domicílio ou sua sede. O art. 7º, § 3º, da mesma lei, ainda, admite expressamente a eleição de um juízo arbitral com a liberdade das partes de escolher livremente a sede do tribunal arbitral.

87. Arts. 25, § 2º, e 63, §§ 3º e 4º, CPC. O STJ reconhece que *"a cláusula de eleição de foro prevista em contrato de adesão pode ser afastada, quando comprovada a hipossuficiência da parte e a dificuldade de acesso à Justiça, como forma de manter o equilíbrio contratual"* ou *"que a cláusula de eleição de foro somente deve ser afastada quando reconhecida a sua abusividade ou quando resultar na inviabilidade, ou em especial dificuldade, de acesso ao Poder Judiciário"*. *V.*, entre muitos, STJ, AgInt no AREsp 2.250.384-BA, 4ª T., rel. Min. Raul Araújo, j. 29-5-2023, *DJe*, 6-7-2023, STJ, AgInt no AREsp 2.246.368-MG, 3ª T., rel. Min. Ricardo Villas Bôas Cueva, j. 15-5-2023, *DJe*, 19-5-2023. Essa jurisprudência se aplica também a contratos com conexão transnacional. Cf., STJ, REsp 242.383/SP, 3ª T., rel. Min. Humberto Gomes de Barros, j. 3-2-2005, *DJU*, 21-3-2005, p. 360, e STJ, REsp 1.177.915-RJ, 3ª T., rel. Min. Vasco della Giustina, j. 13-4-2010, *DJe*, 24-8-2010. Ela se aplica, inclusive, no âmbito da arbitragem, sendo que o Poder Judiciário tem como anular uma convenção de arbitragem a qualquer tempo quando o vício for detectável *"à primeira vista"*. Cf. STJ, REsp 1.602.076-SP, 3ª T., rel. Min. Nancy Andrighi, j. 15-9-2016, *DJe*, 30-9-2016. Sobre a situação peculiar de ação regressiva de seguradora referente a contrato de transporte marítimo internacional com cláusula compromissória, bem como a consideração, *in casu*, que *"A circunstância de o contrato ser materializado por formulário e a existência de cláusulas padronizadas não implica a necessária conclusão de se tratar de contrato de adesão"*, *v.* STJ, REsp 1.988.894-SP, 4 T., rel. Min. Maria Isabel Gallotti, j. 9-5-2023, *DJe*, 15-5-2023.

88. Haroldo Valladão, *Direito internacional privado*, cit., v. 3, p. 140-1; Luiz Olavo Baptista, *Contratos internacionais*, cit., p. 183.

89. Cf., a respeito, entre outros, Hannes Wais, Einseitige Gerichtsstandsvereinbarungen und die Schranken der Parteiautonomie, *RabelsZ*, *81*:816-24, 2017.

Direito Internacional sobre a Relação entre Direitos Humanos e Direito Internacional Privado, de 4 de setembro de 2021, no entanto, qualquer cláusula de eleição de foro não pode ser incompatível com o direito de acesso à Justiça. Em particular, são cláusulas que conduzem à denegação de justiça aquelas, impondo unilateralmente a competência exclusiva a um juízo ou tribunal arbitral, bem como estipulando determinadas cláusulas assimétricas em relação à parte estruturalmente mais fraca[90].

A validade da submissão das partes à jurisdição doméstica é regida pela *lex fori*, ou seja, pela lei brasileira[91]. Outra questão distinta é se outras jurisdições estrangeiras com interesse em processar e julgar uma idêntica ação entre as partes reconheçam esta submissão.

Diferentemente do direito anterior[92], o Código de Processo Civil atual aceita basicamente a submissão das partes à jurisdição estrangeira quando ambas se comprometeram por uma cláusula de eleição de foro exclusiva num contrato internacional[93]. Sob a perspectiva do direito brasileiro, esta submissão apenas não será reconhecida se a escolha do foro estrangeiro for abusiva ou este conflitar com foro internacionalmente exclusivo de acordo com a legislação nacional[94], e quando se trata de ato ilícito praticado na internet em relação à parte contratual domiciliada no Brasil[95]. Com ressalva a essas exceções, ela impede o acesso a um foro internacionalmente concorrente no Brasil[96]. A admissão da

---

90. Cf., o teor do art. 5º da Resolução.

91. Arts. 13 e 22, III, CPC.

92. Cf., a esse respeito, Beat Walter Rechsteiner, *Direito internacional privado*: teoria e prática. 17. ed., São Paulo, Saraiva, 2015, p. 291.

93. Art. 25 CPC; STJ, AgInt no AREsp 2.008.580-PA, 4ª T., rel. Min. Raul Araújo, j. 9-5-2022, *DJe*, 10-5-2022.

94. Art. 25, §§ 1º e 2º, CPC. Com relação à abusividade da cláusula de eleição de foro, *v.* Gustavo Tepedino e Milena Donato Oliva, Controle de abusividade da cláusula de eleição de foro, *Revista de Direito do Consumidor, 109*:187-205, 2017. *V.*, entre outros, ademais, STJ, REsp 1.797.109-SP, 3ª T., rel. Min. Ricardo Villas Bôas Cueva, j. 21-3-2023, *DJe*, 24-3-2023. A decisão aclarou: "Em contratos decorrentes de relação de consumo firmados fora do território nacional, a justiça brasileira pode declarar nulo o foro de eleição diante do prejuízo e da dificuldade de o consumidor acionar a autoridade judiciária estrangeira para fazer valer o seu direito".

95. Cf., STJ, REsp 1.648.547, 4ª T., rel. Min. Luis Felipe Salomão, j. 11-5-2010, *DJe*, 7-2-2011, STJ, REsp 1.745.657, 3ª T., rel. Min. Nancy Andrighi, j. 3-11-2020, *DJe*, 19-11-2020.

96. Art. 25 CPC.

cláusula de eleição de foro exclusivo em contratos internacionais corresponde a uma tendência verificada há tempo no exterior[97].

D. Imunidades de Jurisdição do Estado Estrangeiro

A possibilidade de ser parte de uma relação jurídica de direito privado com conexão internacional não está restrita aos particulares. O Estado também pode participar, à medida que sua lei interna admita essa atuação, e, se tal for o caso, não viole a legislação de outro Estado a cujo território a relação jurídica é vinculada[98]. Nesses casos, indaga-se se o Estado estrangeiro pode ser acionado perante a justiça de outro Estado soberano[99] e seu patrimônio, situado no território deste, judicialmente executado, baseado em decisão que lhe seja desfavorável. Se não for possível demandá-lo, resultará a sua imunidade de jurisdição, isto é, não estará sujeito à jurisdição de outro Estado soberano, não obstante a justiça desse país, em princípio, ser internacionalmente competente para conhecer e julgar a relação jurídica objeto da disputa judicial[100].

No início do século XX, os Estados, em geral, gozavam ainda de imunidade absoluta perante a justiça de outro Estado. Hoje, porém, reina na doutrina internacional e na jurisprudência dos diferentes países,

---

97. V., nesse sentido, por exemplo, art. 17 (1) da Convenção Europeia sobre a Jurisdição e a Execução de Sentenças em Matéria de Direito Civil e Comercial, de 27-9-1968.

98. Como exemplo, cf. art. 11, §§ 2º e 3º, da LINDB, e o Decreto n. 6.355, de 17-1-2008, que promulga o Acordo, por troca de Notas, entre os governos do Brasil e dos Estados Unidos da América, com as finalidades de facilitar a transferência da titularidade de imóveis diplomáticos e consulares, inclusive residenciais, de propriedade do governo dos Estados Unidos da América no território brasileiro, e de estabelecer procedimentos para instalação e funcionamento em território norte-americano de Repartições diplomáticas e consulares brasileiras, celebrado em Brasília, em 1º de junho de 2007. No mencionado acordo, consta, entre outras disposições, que "o governo do Brasil e o governo dos Estados Unidos da América concederão, conforme a legislação interna aplicável de cada país, a aprovação necessária para aquisição, venda ou outra forma de disposição de imóveis diplomáticos e consulares, inclusive residenciais, em seus respectivos territórios".

99. O chefe de repartição consular, por exemplo, aluga, em nome de Estado estrangeiro, imóvel situado no Brasil, ou uma repartição diplomática ou consular de Estado estrangeiro no país contrata funcionários locais.

100. V., entre outros, Keller e Siehr, *Allgemeine Lehren*, cit., p. 560; Haimo Schack, *Internationales*, cit., p. 70-4

inclusive no Brasil, a tese da imunidade relativa ou limitada de jurisdição do Estado estrangeiro[101].

A tese da imunidade relativa ou limitada de jurisdição do Estado estrangeiro significa que ele não gozará automaticamente desse privilégio como Estado soberano. Apenas quando atuar *iure imperii*, ou seja, em caráter oficial e em inter-relação direta com o Estado local, poderá invocar com êxito o privilégio[102], a não ser que tenha validamente renunciado a seu respeito[103]. Se o Estado estrangeiro, porém, pratica um ato *iure gestionis*, ou seja, de gestão ou negocial, como se fosse um particular, está sujeito, como qualquer outro estrangeiro, à jurisdição local[104]. Em particular, afasta-se a imunidade jurisdicional do Estado estrangeiro, caso a lide *sub judice* seja de natureza civil, comercial ou trabalhista, ou de qualquer forma se enquadre no âmbito do direito privado[105].

Ademais, conforme a jurisprudência atual do Supremo Tribunal Federal e do Superior Tribunal de Justiça, o Estado estrangeiro não pode beneficiar-se da imunidade de jurisdição *iure imperii* quando praticou atos ilícitos, violando direitos humanos dentro do território nacional.

---

101. *V.*, em relação à evolução do tema na doutrina, no direito comparado e na jurisprudência do STF, entre outros, STF, AgR no RE 222.368, 2ª T., rel. Min. Celso de Mello, j. 30-4-2002, *DJU*, 14-2-2003.

102. *V.*, a respeito, entre outros, José Francisco Rezek, *Direito internacional público*, cit., p. 215-20. A imunidade de jurisdição foi reconhecida ao Estado estrangeiro, por exemplo, nos seguintes casos: STF, ACO 740 AgR/SP, 1ª T., rel. Min. Roberto Barroso, j. 9-4-2014, *DJe*, 26-9-2014 (*execução fiscal movida pela Fazenda Federal contra o Estado estrangeiro*); STJ, RO 126/SP, 2ª T., rel. Min. Humberto Martins, j. 2-8-2012, *DJe*, 8-8-2012 (*irresignação de brasileiro em relação a ato denegatório de concessão de visto, praticado por Consulado estrangeiro*); STJ, REsp 436.711/RS, 3ª T., rel. Min. Humberto Gomes de Barros, j. 25-4-2006, *DJU*, 22-5-2006, p. 191 (*deportação de turista brasileiro de país estrangeiro*).

103. Segundo a jurisprudência do STF e STJ, ademais, a inércia ou o silêncio do Estado estrangeiro diante de uma ação judicial na qual figure como parte ré não implica renúncia a sua imunidade de jurisdição. A renúncia terá de ser expressa. Cf., entre outros, STF, ACO 522 (AgRg)-SP, TP, rel. Min. Ilmar Galvão, j. 16-9-1998, publ. 23-10-1998, *RTJ, 167*:761; STJ, RO 179/RJ – 1ª T., rel. Min. Sérgio Kukina, j. 21-8-2018, *DJe*, 28-8-2018.

104. *V.*, a respeito, entre outros, José Francisco Rezek, *Direito internacional público*, cit., p. 215-20.

105. *V.*, nesse sentido, entre outros, STJ, RO 87/DF, decisão monocrática, rel. Min. Luís Felipe Salomão, j. 2-2-2012, *DJe*, 3-2-2012, e *RT, 922*:818-25, 2012; STJ, RO 42/RJ, 3ª T., rel. Min. Carlos Alberto Menezes Direito, j. 7-12-2006, *RT, 863*:160-3, 2007.

Nesse sentido, reconhece-se a imprescritibilidade, inclusive em favor dos sucessores de pessoa residente no Brasil, vítima dos atos ilícitos, levando em consideração a sua "pretensão de reparação de grave ofensa à dignidade da pessoa humana causada em virtude de conduta – omissiva ou comissiva – praticada a mando ou no interesse de detentores de poder estatal"[106].

Com efeito, a distinção entre imunidade absoluta e relativa ou limitada pode ser difícil no caso concreto[107]. Por esse motivo, vários Estados estabeleceram regras sobre as imunidades do Estado estrangeiro em sua legislação interna, ou mesmo buscaram a harmonização dessas regras mediante adesão a um tratado internacional[108]. Convém lembrar nesse contexto que também a Assembleia Geral das Nações Unidas, em sua sexagésima quinta sessão plena, em 2 de dezembro de 2004, por meio da Resolução n. 59/38, aprovou a *Convenção com relação às Imunidades de Jurisdição dos Estados e de seus Bens* (*Convention des Nations Unies sur les immunités juridictionnelles des États et de leurs biens*). Ainda que ela não tenha entrado em vigor ainda internacionalmente[109], exerce influência na prática dos Estados em virtude de seu caráter universal. A Convenção distingue os limites da imunidade de jurisdição do Estado estrangeiro nos processos de conhecimento e de execução[110]. Conforme o seu teor, a imunidade de jurisdição do Estado estrangeiro no processo de execução é mais abrangente, visto que esse princípio vem sendo reconhecido também pelos tribunais superiores no Brasil, ainda que se note divergência jurisprudencial a respeito de seus exatos limites[111].

---

106. Cf., STF, ARE 954.858, TP, rel. Min. Edson Fachin, p.m., j. 23-8-2021, publ. 24-9-2021, Repercussão Geral – Mérito (Tema 944); STJ, RO 76/RJ, 4ª T., rel. Min. Luis Felipe Salomão, j. 7-6-2022, *DJe*, 17-6-2022, STJ, RO 109/RJ, 4ª T., rel. Min. Luis Felipe Salomão, j. 7-6-2022, *DJe*, 17-6-2022.

107. *V*., entre outros, STF, ARE 954.858, TP, rel. Min. Edson Fachin, p.m., j. 23-8-2021, publ. 24-9-2021, Repercussão Geral – Mérito (Tema 944); STJ, RO 39/MG, 4ª T., rel. Min. Jorge Scartezzini, j. 6-10-2005, *DJU*, 6-3-2006, p. 387; STJ, RO 64-SP, 3ª T., rel. Min. Nancy Andrighi, j. 13-5-2008, *DJe*, 23-6-2008.

108. *V*., a respeito, entre outros, José Francisco Rezek, *Direito internacional público*, cit., p. 215-20.

109. A Convenção dispõe no seu art. 30 a partir de que data entrará em vigor internacionalmente. Por enquanto, 28 Estados assinaram e 23 a ratificaram. Cf. o Portal da ONU. Disponível em: https://www.un.org. Acesso em: 17-7-2023.

110. *V*, em particular, arts. 10 a 17 e 18 a 21 da Convenção.

111. *V*., entre outros, STF, ACO 709/SP, rel. Min. Celso de Mello, j. 26-8-2013, *DJe*, 30-8-2013;

Diante do exposto, os Estados estrangeiros não gozam automaticamente de imunidade de jurisdição, sendo esse privilégio restrito a atos praticados *iure imperii*. Mesmo nesses casos, porém, o Estado estrangeiro será comunicado em relação a uma ação proposta, para que possa se manifestar a respeito, em particular, referente ao seu direito de imunidade jurisdicional, ao qual lhe é sempre possível renunciar no caso concreto[112].

Mas como é visto o Estado estrangeiro e por quem é representado?

Conforme o direito costumeiro internacional, o governo de um Estado estrangeiro e o seu presidente, como o seu representante, não estão sujeitos à jurisdição dos outros Estados, se agindo *iure imperii*. Uma decisão da Corte Internacional de Justiça de Haia, proferida em 14 de fevereiro de 2002[113], confirmou expressamente este princípio, impondo-lhe, porém, determinados limites. Destarte, o representante de um Estado estrangeiro está sujeito ao direito vigente no seu país de origem. Além disso, ao Estado é facultado renunciar a sua imunidade em relação ao Estado que pretende acionar o seu representante. Ademais, a imunidade deste termina quando deixa o seu cargo, levando em consideração os seus atos particulares. Quanto aos atos praticados *iure imperii*, todavia, a sua imunidade prevalece em todo caso também após o exercício de seu cargo[114]. A regra se aplica apenas em relação a tribunais de um Estado. A mesma restrição não vincula juridicamente Cortes Internacionais de

---

STJ, RO 41/RJ, 2ª T., rel. Min. Eliana Calmon, j. 3-2-2005, *DJU*, 28-2-2005, p. 255.

112. Com relação à necessidade, à forma da comunicação e à sua natureza jurídica, STJ, RO 87/DF, 4ª T., decisão monocrática, rel. Min. Luís Felipe Salomão, j. 2-2-2012, *RT*, *922*:818-25, 2012; STJ, AgIn 1.118.724-RS, 3ª T., rel. Min. Nancy Andrighi, j. 16-9-2010, *DJe*, 2-3-2011; STJ, RO 85/RS, 4ª T., rel. Min. João Otávio de Noronha, j. 4-9-2009, *DJe*, 17-6-2009; STJ, RO 62/RJ, 3ª T., rel. Min. Ari Pargendler, j. 24-6-2008, *DJe*, 3-11-2008.

113. Com relação a informações oficiais sobre a Corte Internacional de Justiça, cf. o seu Portal. Disponível em: https://www.icj-cij.org.

114. Na doutrina internacional, porém, é fortemente controvertida a questão sobre em que medida a imunidade de jurisdição do Estado estrangeiro prevaleça quando este pratica violações de direitos humanos fundamentais em seu território. Cf. Brigitte Stern, Immunités et doctrine de l'Act of State, *Journal du Droit International* (Clunet), *133*:65-87, 2006, e, no Brasil, entre outros, Leandro de Oliveira Moll, Imunidade de jurisdição do Estado e denegação de justiça em violações de direitos humanos fundamentais: o caso Al-Adsani v. Reino Unido, *RF*, *370*:77-101, 2003.

Justiça[115]. Assim, por exemplo, uma ação proposta perante o Tribunal Penal Internacional de Haia[116] contra um representante de um Estado é cabível. Nos termos de seu Estatuto, o Tribunal tem competência para julgar os crimes de genocídio, contra a humanidade, de guerra e de agressão[117].

Das imunidades de jurisdição do Estado estrangeiro e de seu governo e seu presidente, convém distinguir aquelas dos diplomatas e cônsules, à medida que estão protegidos pelas *Convenções de Viena sobre Relações Diplomáticas*, de 18 de abril de 1961, e *sobre Relações Consulares*, de 24 de abril de 1963[118], ambas vigentes no Brasil[119].

Organizações internacionais também podem gozar de imunidade de jurisdição no país da sua sede[120]. Sua extensão, porém, é controvertida na doutrina internacional, e a aplicação prática pelos tribunais estatais e arbitrais não é uniforme[121].

---

115. Sobre a decisão da Corte Internacional de Justiça, *v.*, entre outros, Marc Henzelin, L'immunité pénale des ministres selon la Cour Internationale de Justice, *Revue Pénale Suisse (RPS)*, *120*:249-64, 2002; Wolfgang Weiss, Völkerstrafrecht zwischen Weltprinzip und Immunität, *Juristenzeitung (JZ)*, 57:696-704, 2002.

116. O Estatuto de Roma do Tribunal Penal Internacional de 17-7-1998 entrou em vigor internacionalmente em 1-7-2002, após ter sido ratificado por 60 Estados conforme o art. 126, al. 1, do Estatuto. Este vigora também no Brasil. Aqui foi promulgado mediante o Decreto n. 4.388, de 25-9-2002. Nesse contexto, *v.*, ademais, Flávia Piovesan e Daniela Ribeiro Ikawa, O Tribunal Penal Internacional e o direito brasileiro, in: Flávia Piovesan, *Temas de direitos humanos*, 11. ed., São Paulo, Saraiva, 2018, p. 313-51.

117. Cf. art. 5º, Estatuto.

118. *V.*, a respeito das Convenções de Viena, entre outros, José Francisco Rezek, *Direito internacional público*, cit., p. 207-14.

119. No Brasil, a Convenção de Viena sobre Relações Diplomáticas, de 18-4-1961, foi promulgada pelo Decreto n. 56.435, de 8-6-1965. A Convenção de Viena sobre Relações Consulares, de 24-4-1963, foi promulgada pelo Decreto n. 61.078, de 26-6-1967. Quanto à imunidade penal de um cônsul estrangeiro no Brasil, *v.* STJ, HC 149.481-DF, 6ª T., rel. Min. Haroldo Rodrigues, j. 19-10-2010, *DJe*, 16-11-2010. Em relação à situação jurídica do cônsul honorário, escolhido dentre nacionais do Estado-Receptor, nesse âmbito, cf. STJ, HC 129.189-MA, 5ª T., rel. Min. Laurita Vaz, j. 4-10-2011, *DJe*, 13-10-2011.

120. *V.*, por exemplo, o Acordo de Sede entre o Governo da República Federativa do Brasil e a Associação dos Países Produtores de Estanho, celebrado em Brasília, em 27-5-1999, promulgado no Brasil mediante o Decreto n. 3.379, de 13-3-2000.

121. Cf. Emmanuel Gaillard e Isabelle Pingel-Lenuzza, International Organisations and Immunity from Jurisdiction: to Restrict or to Bypass, *International & Comparative Law Quarterly (ICLQ)*, *51*:1-15, 2002; Christian Dominicé, L'arbitrage et les immunités des organisations internationales, in *Études de droit*, cit., p. 482-97.

A firme tendência no Brasil, entretanto, é reconhecer a imunidade absoluta de jurisdição da organização internacional[122].

Se forem cumpridos determinados requisitos, ainda empresas estatais pertencentes a um Estado estrangeiro podem gozar do mesmo privilégio[123].

Como regra geral, as causas entre Estado estrangeiro ou organismo internacional e Município ou pessoa domiciliada ou residente no País, no Brasil, são processadas pela Justiça Federal[124]. Tratando-se de litígio entre Estado estrangeiro ou organismo internacional e a União, o Estado, o Distrito Federal ou o Território, é competente para processá-lo e julgá-lo originariamente o Supremo Tribunal Federal[125]. Quanto a litígios de natureza trabalhista, a competência é da Justiça do Trabalho[126].

---

122. Cf., nesse sentido, STF, RE 1.034.840 RG/DF, TP, rel. Min. Luis Fux, j. 1º-6-2017, *DJe*, 30-6-2017; STJ, RO 159/SP, 1ª T., rel. Min. Regina Helena Costa, j. 15-5-2018, *DJe*, 18-5-2018; e a Orientação Jurisprudencial n. 416 do TST, SDI-I, *DEJT* 14, 15, 16-2-2012: "Imunidade de jurisdição. Organização ou organismo internacional. As organizações ou organismos internacionais gozam de imunidade absoluta de jurisdição quando amparados por norma internacional incorporada ao ordenamento jurídico brasileiro, não se lhes aplicando a regra do Direito Consuetudinário relativa à natureza dos atos praticados. Excepcionalmente, prevalecerá a jurisdição brasileira na hipótese de renúncia expressa à cláusula de imunidade jurisdicional". Nesse sentido, entre outros, TST, ReeNec e RO-3523-70.2015.5.10.0000, SDI-II, rel. Min. Delaíde Alves Miranda Arantes, j. 10-12-2019, *DEJT*, 13-12-2019; TST, TP, E-RR-61600-41.2003.5.23.0005, rel. Min. Philippe Vieira de Mello Filho, j. 23-5-2016, *DEJT*, 16-6-2016; TST, SDI-1, E-RR-61699-41.2003.5.23.0005, rel. Min. Cláudio Mascarenhas Brandão, j. 22-9-2016, *DEJT*, 30-9-2016.

123. Cf. F. A. Mann, Staatsunternehmen in internationalen Handelsbeziehungen, *Recht der Internationalen Wirtschaft (RIW)*, *33*:186-93, 1987; e art. 10, 3, *b*, da Convenção das Nações Unidas com relação às imunidades de jurisdição dos Estados e de seus bens, de 2-12-2004, regulando as situações em que uma empresa estatal não pode invocar o privilégio da imunidade de jurisdição.

124. Cf. art. 109, II, CF: "Aos juízes federais compete processar e julgar: (...) II – as causas entre Estado estrangeiro ou organismo internacional e Município ou pessoa domiciliada ou residente no País; (...)"; STJ, AgInt REsp 1.598.073-PA, 3ª T., rel. Min. Nancy Andrighi, j. 22-5-2018, *DJe*, 28-5-2018. Em grau de recurso, a competência é do STJ, tendo essa Corte competência para julgar não só o recurso ordinário contra a sentença (*apelação*) como também o recurso interposto das decisões interlocutórias nos termos da legislação em vigor (*agravo*). V. art. 105, II, *c*, CF; art. 13, III, RISTJ; art. 1.027, II, *b*, e § 1º, CPC; e, entre outros, STJ, AgIn 1.433.756-DF, 2ª T., rel. Min. Og Fernandes, j. 3-4-2018, *DJe*, 9-4-2018; STJ, RO 126/SP, 2ª T., rel. Min. Humberto Martins, j. 2-8-2012, *DJe*, 8-8-2012.

125. Art. 102, I, *e*, CF, e STF, ACO-AgRg 633/SP, TP, rel. Min. Ellen Gracie, j. 11-4-2007, m. v., *DJU*, 22-6-2007, p. 16.

126. *V.* art. 114, I, CF, com redação dada pela EC n. 45, de 8-12-2004; TST, RRAG-11285-89.2015.5.01.0008, 6ª T., rel. Min. Kátia Magalhães Arruda, j. 28-10-2020, *DEJT*, 27-11-2020.

Levando em consideração os prazos a serem observados no processo, o Estado estrangeiro, quando é parte, não está equiparado ao brasileiro e, por esse motivo, não pode invocar as prerrogativas estabelecidas no Código de Processo Civil para ele[127].

Na prática forense são frequentes reclamações trabalhistas propostas por funcionários brasileiros com domicílio no País contra Estados estrangeiros. Esses funcionários, em geral, prestam serviços a uma repartição diplomática ou consular de Estado estrangeiro situada no país. Ademais, registra-se, entre outras ações[128], considerável número de execuções fiscais movidas contra Estados estrangeiros no Brasil.

Atualmente, é pacífico na jurisprudência dos tribunais do País que o Estado estrangeiro não goza de imunidade de jurisdição com relação a reclamações trabalhistas durante o processo de conhecimento[129]. Porém – suscita dúvidas ainda –, em que medida o seu patrimônio situado no território brasileiro está imune e, portanto, não sujeito à constrição judicial na fase do cumprimento da sentença em relação à qual foi condenado, quando se recusa a cumpri-la.

Diante da aparente injustiça em não cumprir sentenças proferidas no âmbito da Justiça do Trabalho, detectam-se decisões de juízes da primeira instância que admitem a execução contra o Estado estrangeiro quase

---

127. *V.* STF, Rcl 10.920-MC/PR, rel. Min. Celso de Mello, j. 1º-9-2011, *DJe*, 8-9-2011. Com relação à prerrogativa do prazo para a União, os Estados, os Municípios e suas respectivas autarquias e fundações de direito público, cf. art. 183 CPC.

128. Cf., por exemplo, STJ, RO 39/MG, 4ª T., rel. Min. Jorge Scartezzini, j. 6-10-2005, *DJU*, 6-3-2006, p. 387.

129. Cf., entre muitos, TST, RRAG-11285-89.2015.5.01.0008, 6ª T., rel. Min. Kátia Magalhães Arruda, j. 28-10-2020, *DEJT*, 27-11-2020; TST, AIRR 1774641-98.2003.5.09.0007, 7ª T., rel. Min. Douglas Alencar Rodrigues, j. 28-6-2017, *DEJT*, 30-6-2017; TST, ED-AIRR-475 -43.2012.5.01.0046, 3ª T., rel. Min. Mauricio Godinho Delgado, j. 8-2-2017, *DEJT*, 17-2-2017; TST, AIRR 475-43.2021.5.01.0046, 3ª T., rel. Min. Mauricio Godinho Delgado, j. 16-11-2016, *DEJT*, 18-11-2016. Distinta, porém, é a situação jurídica do Cônsul honorário, nomeado por Estado estrangeiro. Dele não se trata de empregado, nos termos da CLT. *V.*, nesse sentido, TRT-2ª Reg., RO 00825.2004.444.02.00-2, j. 14-2-2006, *DJE*, 2-6-2006, p. 14. Também quando se trata de funcionário local, mas de nacionalidade do país, para o qual prestou serviços em repartição diplomática ou consular no Brasil, o STJ já homologou sentença estrangeira proferida naquele país relacionada à reclamação trabalhista desta relação contratual. Cf., nesse sentido, STJ, SEC 2.958-EX, CE, rel. Min. Maria Thereza de Assis Moura, j. 21-9-2011, *DJe*, 14-10-2011.

sem restrições[130]. Esse, todavia, não é o entendimento dos tribunais superiores, que respeitam nas suas decisões basicamente a imunidade do Estado estrangeiro na fase do cumprimento da sentença[131]. Com efeito, devem ser respeitadas sempre as normas das *Convenções de Viena sobre Relações Diplomáticas*, de 18 de abril de 1961, e *Consulares*, de 24 de abril de 1963, que prescrevem ser fisicamente invioláveis os locais da missão diplomática, com todos os bens ali situados, assim como os locais residenciais utilizados pelos quadros diplomático, administrativo e técnico[132]. Esses imóveis e os valores mobiliários não podem ser objeto de busca, requisição, penhora ou qualquer outra medida de execução, sendo os arquivos e documentos da missão diplomática invioláveis[133]. Ademais, a imunidade do Estado estrangeiro abrange os créditos em contas bancárias destinadas a cobrir despesas com as suas missões diplomáticas e consulares, e de suas missões perante as organizações internacionais, bem como de suas delegações em órgãos de organizações internacionais e conferências internacionais[134], além de outros bens patrimoniais específicos, destinados a ser utilizados pelo Estado estrangeiro para fins de serviço público e não apenas para fins comerciais, quando forem situados no Estado do foro[135].

---

130. Cf., nesse sentido, Leonardo P. Meirelles Quintella, A imunidade de execução do Estado estrangeiro na Justiça do Trabalho, *Revista de Direito Renovar*, 28:139-49, 2004.

131. V., nesse sentido, entre outros, TST, AIRR 47400-07.2002.5.02.0051, 2ª T., rel. Min. Maria Helena Mallmann, j. 23-9-2020, *DEJT*, 25-9-2020; TST, AIRR 142400-61.2008.5.02.0071, 8ª T., rel. Min. Dora Maria da Costa, j. 26-4-2017, *DEJT*, 28-4-2017.

132. Cf. art. 22 do Decreto n. 56.435, de 8-6-1965 (*Convenção de Viena sobre Relações Diplomáticas*), e art. 31 do Decreto n. 61.078, de 26-6-1967 (*Convenção de Viena sobre Relações Consulares*).

133. Cf., entre outros, José Francisco Rezek, *Direito internacional público*, cit., p. 210-1; TST, AIRR-47400-07.2002.5.02.0051, 2ª T., rel. Min. Maria Mallmann, j. 23-9-2020, *DEJT*, 25-9-2020; TST, RO-188.04.2014.5.10.0000, SDI-2, rel. Min. Douglas Alencar Rodrigues, j. 29-9-2015, *DEJT*, 2-10-2015. Quando um imóvel, no entanto, não é utilizado mais como residência do quadro diplomático do Estado estrangeiro, já foi admitida a sua penhora em processo de execução trabalhista. Cf., nesse sentido, TST, AIRR 18641-08.2005.5.10.0018, 4ª T., rel. Min. Fernando Eizo Ono, j. 25-9-2013, *DEJT*, 18-10-2013.

134. V., nesse sentido, art. 21, 1, *a*, da Convenção das Nações Unidas com relação às imunidades de jurisdição dos Estados e de seus bens, de 2-12-2004, e TST – Órgão Especial, AgRg em RC n. 188, 034/2007.000.00.00, rel. Min. João Oreste Dalazen, j. 10-4-2008, *Bol. AASP* n. 2.590, 25 a 31-8-2008, p. 533.

135. V., nesse sentido, art. 21 da Convenção das Nações Unidas com relação às imunidades de jurisdição dos Estados e de seus bens, de 2-12-2004. No RR 1.301/1991-003-10-40.6, publ. no *DOU* de 23-6-2006, p. 957, o TST não reconheceu a imunidade de execução do Estado estran-

As mesmas regras são aplicáveis, *mutatis mutandis*, em relação às execuções fiscais movidas contra o Estado estrangeiro no País. Além disso, as mencionadas Convenções de Viena sobre Relações Diplomáticas e Consulares prescrevem expressamente que o Estado acreditante e o chefe da missão estão isentos de todos os impostos e taxas nacionais, regionais ou municipais sobre os locais da missão de que sejam proprietários ou inquilinos, excetuados os que representem o pagamento de serviços específicos que lhes sejam prestados (*Convenção de Viena sobre Relações Diplomáticas*)[136], e que os locais consulares e a residência do chefe da repartição consular de carreira de que for proprietário ou locatário o Estado que enviou a pessoa que atue em seu nome, estarão isentos de quaisquer impostos e taxas nacionais, regionais e municipais, excetuadas as taxas cobradas em pagamento de serviços específicos prestados (*Convenção de Viena sobre Relações Consulares*)[137]. Essas regras, decorrentes do direito internacional, nem sempre vêm sendo observadas pelos juízos das instâncias inferiores. Conforme a jurisprudência consolidada dos tribunais superiores, porém, nestes casos a imunidade de jurisdição do Estado estrangeiro é absoluta, salvo se houver renúncia expressa a ela no caso concreto[138].

O princípio da imunidade do Estado estrangeiro percorreu uma longa evolução histórica. Foi reconhecido desde Bartolus de Sassoferato (1314-1357) como princípio válido no direito internacional, usando a fórmula *par in parem non habet imperium* para expressá-lo[139]. No decorrer

---

geiro em face de uma reclamação trabalhista, no que diz respeito aos seus bens, "estranhos, quanto à sua destinação ou utilização, às legações diplomáticas ou representações consulares, situados no Brasil". Conforme a maioria dos ministros do STF, no entanto, ainda é absoluta a imunidade do Estado estrangeiro em relação à jurisdição executória, salvo quando renuncia a este privilégio. Cf., nesse sentido, STF, ARE 739.032/DF, rel. Min. Cármen Lúcia, j. 1º-4-2014, *DJe* n. 67, de 4-4-2014; STF, ACO 709-SP, rel. Min. Celso de Mello, j. 26-8-2013, *DJe* n. 170, de 30-8-2013; e no mesmo sentido, j. 25 2 2014, *DJe* n. 44, de 6 3 2014.

136. Cf. art. 23 do Decreto n. 56.435, de 8-6-1965.

137. Cf. art. 32 do Decreto n. 61.078, de 26-6-1967.

138. Cf., entre outros, STF, ACO 623 AgR, 1ª T., rel. Min. Edson Fachin, j. 10-11-2015, *DJe*, 24-11-2015; STJ, RO 179/RJ, 1ª T., rel. Min. Sérgio Kukina, j. 21-8-2018, *DJe*, 30-8-2018; STJ, RO 185/RJ, 2ª T., rel. Min. Herman Benjamin, j. 24-10-2017, *DJe*, 19-12-2017; STJ, RO 142/RJ, 1ª T., rel. Min. Benedito Gonçalves, j. 10-11-2016, *DJe*, 24-11-2016; STJ, AgRg no RO 105/RJ, 1ª T., rel. Min. Hamilton Carvalhido, j. 18-11-2010, *DJe*, 16-12-2010.

139. Keller e Siehr, *Allgemeine Lehren*, cit., p. 560; Haimo Schack, *Internationales*, cit., p. 70.

do tempo, o princípio da imunidade de jurisdição do Estado estrangeiro confirmou-se na prática da vida internacional, transformando-se na acepção que hoje se atribui ao conceito[140].

---

140. *V.*, com relação à evolução histórica da imunidade do Estado estrangeiro, Guido Fernando Silva Soares, As imunidades de jurisdição na justiça trabalhista brasileira, *Revista da Faculdade de Direito da USP*, 88:520-6, 1993. Quanto à existência e à abrangência do direito costumeiro internacional atinente à imunidade do Estado estrangeiro no início deste século, cf. a decisão da Corte Internacional de Justiça, proferida em 3-2-2012, em particular os seus parágrafos 52-108, no caso "Immunités juridictionelles de l'État (Allemagne c. Italie; Gréce (intervenant)", disponível para consulta em https://www.icj-cij.org.

| CAPÍTULO 4 |

HOMOLOGAÇÃO DE SENTENÇA ESTRANGEIRA

A. CONCEITOS E PRINCÍPIOS BÁSICOS

Conforme o direito costumeiro internacional clássico[1], nenhum Estado está obrigado a reconhecer no seu território uma sentença proferida por juiz ou tribunal estrangeiro[2].

Os Estados, em regra, reconhecem sentenças estrangeiras, desde que cumpridos os requisitos vigentes na sua legislação[3]. Em determinados Estados, é requisito para isso a vigência de um tratado internacional. Outros Estados exigem reciprocidade. Em alguns, ademais, é permitida a revisão do mérito da decisão estrangeira. Além disso, encontram-se ordenamentos jurídicos que estabelecem como requisito a aplicação das regras do direito internacional privado do foro no qual vem sendo requerido o seu reconhecimento e a sua execução. Por fim, existem Estados que se limitam a examinar o procedimento que teve tramitação no exterior apenas com relação ao cumprimento de requisitos processuais básicos, assegurando ao jurisdicionado os direitos de acesso à Justiça e ao devido processo legal. Em todos os Estados, decisões estrangeiras não serão reconhecidas quando violarem no caso concreto a ordem pública

---

1. Referente ao conceito do direito costumeiro internacional, *v.* p. 128-9, *retro*.

2. Cf., entre outros, Keller e Siehr, *Allgemeine Lehren*, cit., p. 616; Haimo Schack, *Internationales*, cit., p. 325.

3. Referente aos diferentes sistemas vigentes no direito comparado, cf., entre outros, José Carlos Barbosa Moreira, *Comentários ao Código de Processo Civil*; arts. 476 a 565, 5. ed., Rio de Janeiro, Forense, v. 5, 1985, p. 55-9.

da *lex fori*[4]. No plano internacional, a Conferência da Haia de Direito Internacional Privado aprovou na data de 2 de julho 2019 a Convenção sobre o Reconhecimento e a Execução de Sentenças Estrangeiras em Matéria Civil e Comercial[5]. O seu êxito, até a presente data, é modesto[6]. Ao contrário o que se verifica em relação a sentenças, proferidas por tribunais estatais, muitos Estados são mais favoráveis quanto ao reconhecimento e à execução de sentenças arbitrais. Referente à arbitragem privada internacional, atualmente, o padrão mundial é representado pela Convenção de Nova Iorque sobre o Reconhecimento e a Execução de Sentenças Arbitrais Estrangeiras, de 10 de junho de 1958, ratificada por 172 Estados[7].

O Brasil pertence aos Estados, os quais, como princípio, não reexaminam o mérito ou o fundo da sentença estrangeira[8]. Por isso, a aplicação correta do direito pelo juiz alienígena nesses Estados não é objeto de cognição da autoridade judiciária interna. A sentença estrangeira não será reconhecida apenas quando ferir a ordem pública, violando princípios fundamentais da ordem jurídica interna ou internacional, em particular, os direitos humanos, notadamente o princípio da não discriminação[9].

---

4. Jürgen Basedow, 4ème Commission. *Droits de l'homme et droit international privé/Human Rights and Private International Law*. In: Institut de Droit International. Annuaire, Session de La Haye, 2019, Travaux préparatoires, Vl. 79, 2019, Paris, Editions A. Pedone, 2019, p. 61.

5. Com relação à Convenção, cf. o Portal da Conferência da Haia de Direito Internacional Privado. Disponível em: https://www.hcch.net. Acesso em: 17-7-2023.

6. Ela entrará em vigor em 1-9-2023 por causa das adesões da União Europeia e de seus Estados-membros, bem como da Ucrânia. Disponível em: https://www.hcch.net. Acesso em: 17-7-2023.

7. Cf. o Portal da UNCITRAL. Disponível em: https://www.uncitral.un.org. Acesso em: 17-7-2023. No Brasil, ela foi promulgada pelo Decreto n. 4.311, de 23-7-2002.

8. Tecnicamente, usa-se também o termo *révision au fond*.

9. Nesse sentido, expressamente, o art. 8º, da Resolução do Instituto de Direito Internacional sobre a Relação entre Direitos Humanos e Direito Internacional Privado, de 4-9-2021. Cf., nesse contexto, ademais, o teor do art. 216-F, RISTJ: "Não será homologada a decisão estrangeira que ofender a soberania nacional, a dignidade da pessoa humana e/ou a ordem pública" (Redação dada pela Emenda Regimental n. 24, de 2016), e, entre muitos, STJ, HDE 710/EX, CE, rel. Min. Laurita Vaz, j. 4-12-2019, *DJe*, 17-12-2019. Com enfoque na América Latina, *v.* Ricardo Perlingeiro Mendes da Silva, A jurisdição internacional na América Latina: competência internacional, reconhecimento e execução de decisão judicial estrangeira em matéria civil, *RP*, 197:299-337, 2011.

No Brasil, inclusive, a homologação e o cumprimento de decisões, bem como a concessão de medidas judiciais de urgência estrangeiras, são considerados como partes integrantes da cooperação jurídica internacional[10]. O País, porém, não exige reciprocidade de tratamento por parte do Estado estrangeiro nesse âmbito[11].

Uma sentença estrangeira apenas pode ter os efeitos jurídicos dentro do território nacional que lhe concede o país de origem[12]. Mas esses efeitos jurídicos jamais podem ir além daqueles que um país admite para as sentenças proferidas pelos juízes, com base na *lex fori*[13]. Dessa forma, a sentença estrangeira, após o seu reconhecimento, estará, no máximo, apta a produzir os mesmos efeitos jurídicos de uma sentença nacional. Tendo em vista o Brasil, os motivos e a fundamentação não integram o dispositivo da decisão judicial. Portanto, não fazem coisa julgada[14]. Ademais, se conforme a legislação estrangeira a questão prejudicial fizer coisa julgada, é de levar em consideração até que ponto a sentença estrangeira é apta para surtir os efeitos da coisa julgada no Brasil[15].

Neste capítulo, examinaremos o reconhecimento das sentenças estrangeiras.

O termo possui afinidades com aquele da execução de sentenças estrangeiras, porém não devem ser confundidos. Quando o reconhecimento de uma sentença estrangeira for impossível, o mesmo ocorrerá com a sua execução. Por outro lado, apenas as sentenças condenatórias[16] são exequíveis[17]. Uma vez reconhecida a sentença condenatória es-

---

10. Nesse sentido, art. 27, III e IV, CPC.

11. Cf., nesse sentido, art. 26, § 2º, CPC.

12. No Brasil, cf. nesse sentido, entre outros, STJ, SEC 9.034-EX/CE, rel. Min. João Otávio de Noronha, j. 4-3-2015, *DJe*, 19-3-2015, STJ, SEC 4.127-US, CE, rel. Min. Nancy Andrighi, j. 29-8-2012, *DJe*, 27-9-2012.

13. *V.*, entre outros, Haimo Schack, *Internationales*, cit., p. 330-2.

14. Art. 504, I, CPC; STJ, SEC 10.639, CE, rel. Min. Raul Araújo, j. 2-2-2022, *DJe*, 4-3-2022.

15. Quanto à situação jurídica no direito brasileiro, cf. art. 503, §§ 1º e 2º, CPC; Teresa Arruda Alvim Wambier, O que é abrangido pela coisa julgada no direito processual civil brasileiro: a norma vigente e as perspectivas de mudança, *RP, 230*:75-89-2014.

16. Cf., a respeito do conceito, entre outros, Luiz Guilherme Marinoni, Sérgio Cruz Arenhart, Daniel Mitidiero, 2. ed. *Curso de processo civil*. São Paulo, Revista dos Tribunais, 2016. v. 2, p. 475-8.

17. Cf., entre outros, Gerhard Walter, *Internationales*, cit., p. 314-5.

trangeira, existe a possibilidade de executá-la. No Brasil, a sentença estrangeira homologada pelo Superior Tribunal de Justiça constitui título executivo judicial[18], fazendo-se o seu cumprimento com cópia autenticada da decisão homologatória, conforme as normas estabelecidas para o cumprimento da sentença nacional[19]. A competência para o cumprimento é da Justiça Federal comum de primeiro grau[20].

Com a finalidade de assegurar o reconhecimento e a execução mútua das decisões dos seus tribunais, muitos Estados ratificaram tratados internacionais[21]. Também o Brasil aderiu a um considerável número deles e os incorporou no seu ordenamento jurídico[22]. Em relação às Convenções multilaterais universais se destacam aquelas de *Nova Iorque sobre o Reconhecimento e a Execução de Sentenças Arbitrais Estrangeiras*, de 10 de junho de 1958[23], e da *Haia sobre a Cobrança Internacional de Alimentos para Crianças e Outros Membros da Família*, de 23 de novembro de 2007[24]. Quanto à América Latina, convém ressaltar o *Acordo de Buenos Aires de Cooperação e Assistência Jurisdicional em Matéria Civil, Comercial, Trabalhista e Administrativa entre os Estados--Partes do Mercosul, a Bolívia e o Chile*, de 5 de julho de 2002[25]; a *Convenção Interamericana sobre Eficácia Extraterritorial das Sentenças e Laudos Arbitrais Estrangeiros*, de 8 de maio de 1979[26]; e a *Convenção Interamericana sobre Obrigação Alimentar*, de 15-7-1989[27]; e no âmbito do Mercosul,

---

18. Cf. art. 515, VIII, CPC.

19. Cf. os arts. 515, § 1º, 516, III, e 965, CPC; art. 216-N, RISTJ.

20. Cf. art. 109, X, CF; art. 965, *caput*, CPC; art. 216-N, RISTJ.

21. Cf., entre outros, Keller e Siehr, *Allgemeine Lehren*, cit., p. 628-33.

22. Com relação à referência no Código de Processo Civil, cf., em particular, art. 960, *caput* e § 2º, do CPC.

23. A Convenção foi promulgada no Brasil pelo Decreto n. 4.311, de 23-7-2002.

24. As regras sobre o reconhecimento e a execução se encontram nos Capítulos V e VI, arts. 19-35. Cf., ademais, Beat Walter Rechsteiner, O direito brasileiro e a pensão alimentícia familiar internacional – Competência internacional, direito aplicável, reconhecimento e execução de decisões estrangeiras, *RT, 1035*:207-9, 2022. A Convenção foi promulgada no Brasil pelo Decreto n. 9.176, de 17-10-2017.

25. O reconhecimento e a execução de sentenças e laudos arbitrais são regulamentados no Capítulo V, arts. 18-24. O Protocolo foi promulgado no Brasil pelo Decreto n. 6.891, de 2-7-2009.

26. A Convenção foi promulgada no Brasil pelo Decreto n. 2.411, de 2-12-1997.

27. *V.* arts. 11-18. A Convenção foi promulgada no Brasil pelo Decreto n. 2.428, de 15-7-1989.

o *Protocolo de Medidas Cautelares de Ouro Preto*, de 16 de dezembro de 1994[28]. Além disso, o Brasil firmou alguns tratados internacionais bilaterais, nos quais também constam normas sobre o reconhecimento e a execução da sentença estrangeira[29].

Pode ocorrer, eventualmente, que os pressupostos do reconhecimento de uma sentença estrangeira, conforme um tratado internacional, sejam mais rígidos em relação àqueles da legislação de origem interna. Nesses casos, postula-se a aplicação da legislação mais liberal[30]. O Brasil não exige reciprocidade por parte do Estado estrangeiro com relação ao reconhecimento de sentenças proferidas em seu território[31]. Por isso, não existe qualquer obstáculo a seguir a interpretação mais flexível no País[32].

Na ausência de vigência de tratado internacional, é de se aplicar o direito de origem interna[33]. No Brasil, basicamente, é preciso o pronunciamento do Judiciário sobre o reconhecimento de qualquer sentença estrangeira no País. Com exceção da sentença estrangeira de divórcio

---

28. O Protocolo foi promulgado no Brasil pelo Decreto n. 2.626, de 15-6-1998.

29. Cf. o Acordo de Cooperação em Matéria Civil com a França, de 28-5-1996, promulgado no Brasil pelo Decreto n. 3.598, de 12-9-2000; o Tratado sobre Cooperação Jurídica Internacional em Matéria Civil com a Costa Rica, de 4-4-2011, promulgado no Brasil pelo o Decreto n. 9.724, de 12-3-2019; o Tratado sobre Auxílio Judicial em Matéria Civil e Comercial com a China, de 19-5-2009, promulgado no Brasil pelo Decreto n. 8.430, de 9-4-2015; o Acordo sobre Cooperação Judiciária em Matéria Civil com o Líbano, de 4-10-2002, promulgado no Brasil pelo Decreto n. 7.934, de 19-2-2013; o Tratado relativo à Cooperação Judiciária e ao Reconhecimento e Execução de Sentenças em Matéria Civil, com a Itália, de 17-10-1989, promulgado no Brasil pelo Decreto n. 1.476, de 2-5-1995; o Convênio de Cooperação Judiciária em Matéria Civil com a Espanha, de 13-4-1989, promulgado no Brasil pelo Decreto n. 166, de 3-7-1991.

30. Cf., entre outros, Haimo Schack, *Internationales*, cit., p. 335-6.

31. Cf. art. 26, § 2º, CPC.

32. *V.*, como exemplo, o art. 17, *b*, do Acordo sobre Cooperação Judiciária em Matéria Civil, firmado entre o Brasil e a República Libanesa, de 4-10-2002, que dispõe: "(...) serão reconhecidas (...) se reunirem as seguintes condições: (...) a lei aplicada ao litígio deverá ser a lei do Estado requerido referente à solução de conflito de leis. Se produzir o mesmo resultado, a lei aplicada poderá ser diferente da lei do Estado requerido sobre solução de conflito de leis". A legislação brasileira de origem interna não conhece este requisito para reconhecimento de uma sentença estrangeira.

33. Art. 961, *caput*, CPC. Com relação à decisão parcial de mérito *v.* André Luiz Nelson dos Santos Cavalcanti da Rocha/Marco Bruno Miranda Clementino, Cumprimento de decisão estrangeira de julgamento parcial de mérito, *RP, 324*:99-124, 2022.

consensual[34], esta função é atribuída ao Superior Tribunal de Justiça[35]. Tradicionalmente e nos termos da legislação em vigor, está sendo empregado no Brasil o termo "homologação"[36] para designar a atividade jurisdicional do reconhecimento de sentenças estrangeiras pelo Superior Tribunal de Justiça. Atualmente, é passível de homologação por essa Corte "a decisão judicial definitiva, bem como a decisão não judicial que, pela lei brasileira, teria natureza jurisdicional"[37].

Como já mencionado, diferente do direito anterior, e de acordo com o Código de Processo Civil atual (Lei n. 13.105, de 16-3-2015), a sentença de divórcio consensual produz efeitos jurídicos no Brasil, independentemente de homologação pelo Superior Tribunal de Justiça[38]. Tal, no entanto, não impede o acesso da parte interessada ao Poder Judiciário quando pretende contestar o seu reconhecimento no País. Nesse caso, competirá a qualquer juiz examinar a validade da decisão, seja em caráter principal ou incidental, quando essa questão for suscitada em processo de sua competência[39].

Outra novidade significativa em relação ao direito anterior é a competência do Superior Tribunal de Justiça de conceder *exequatur* à decisão interlocutória estrangeira, inclusive à medida de urgência em cumprimento de cartas rogatórias passivas, oriundas do exterior, nos termos da legislação em vigor[40]. Em consequência disso, trata-se de título executivo judicial da decisão interlocutória estrangeira, após a

---

34. Art. 961, § 5º, CPC.

35. Segundo o art. 105, I, *i*, CF, introduzido pela EC n. 45, de 8-12-2004, compete ao Superior Tribunal de Justiça processar e julgar originariamente a homologação de sentenças estrangeiras e a concessão de *exequatur* às cartas rogatórias.

36. A respeito da evolução histórica do direito brasileiro em relação ao reconhecimento das sentenças estrangeiras no País, cf. José Carlos Barbosa Moreira, *Comentários*, cit., p. 59-65 e 78-86; e Carmen Tiburcio, As inovações da EC 45/2004 em matéria de homologação de sentenças estrangeiras, *RP*, *132*:123-39, 2006.

37. Art. 961, § 1º, CPC.

38. Art. 961, § 5º, CPC

39. Art. 961, § 6º, CPC.

40. Arts. 36, 960, § 1º, 961, *caput*, 962, 963, 964 e 965 CPC. Sobre o procedimento da concessão de *exequatur* a cartas rogatórias perante o Superior Tribunal de Justiça, cf. Título VII-A, Capítulo II, arts. 216-O a 216-X, RISTJ. Disponível em: https://www.stj.jus.br. Acesso em: 18-7-2023.

concessão do *exequatur*[41] à carta rogatória pelo Superior Tribunal de Justiça[42].

Até o advento da Emenda Constitucional n. 45, de 8 de dezembro de 2004, publicada no *Diário Oficial da União* do dia 31 do mesmo mês, a competência exclusiva para a homologação da sentença estrangeira era do Supremo Tribunal Federal. Na época, o texto constitucional referia-se ainda à "homologação das sentenças estrangeiras"[43].

O texto constitucional em vigor, que atribui a competência no mesmo âmbito ao Superior Tribunal de Justiça, não mais faz menção à "homologação das sentenças estrangeiras", mas tão somente à "homologação de sentenças estrangeiras"[44].

Essa alteração do texto constitucional possibilitou a flexibilização, bem como a liberalização do regime jurídico da homologação das sentenças estrangeiras, conforme concebido atualmente no Código de Processo Civil.

B. Homologação da Sentença Estrangeira no Direito Brasileiro

Atualmente, normas sobre a homologação de sentenças estrangeiras se situam na Constituição Federal[45], no Código de Processo Civil[46], na Lei

---

41. De origem latina, a expressão *exequatur* significa "execute-se", "cumpre-se".

42. Art. 515, IX, CPC.

43. O art. 102, I, *h*, CF tinha o seguinte teor: "Compete ao Supremo Tribunal Federal, precipuamente, a guarda da Constituição, cabendo-lhe: (...) a homologação das sentenças estrangeiras e a concessão do *exequatur* às cartas rogatórias, que podem ser conferidas pelo regimento interno a seu presidente". Em relação à evolução histórica do reconhecimento das sentenças estrangeiras no Brasil, cf. José Carlos Barbosa Moreira, *Comentários*, cit., p. 59-65 e 78-86; Haroldo Valladão, *Direito internacional privado*, cit., v. 3, p. 180-221; e Carmen Tiburcio, As inovações da EC 45/2004 em matéria de homologação de sentenças estrangeiras, *RP*, *132*:123-39, 2006.

44. Segundo o art. 105, I, *i*, CF, introduzido pela EC n. 45, de 8-12-2004, compete ao Superior Tribunal de Justiça processar e julgar originariamente a homologação de sentenças estrangeiras e a concessão de *exequatur* às cartas rogatórias.

45. Segundo o art. 105, I, *i*, CF, introduzido pela EC n. 45, de 8-12-2004, compete ao Superior Tribunal de Justiça processar e julgar originariamente a homologação de sentenças estrangeiras e a concessão de *exequatur* às cartas rogatórias.

46. Arts. 960 a 965 CPC.

de Introdução às Normas do Direito Brasileiro (LINDB)[47], no Regimento Interno do Superior Tribunal de Justiça[48] e na Lei de Arbitragem[49].

Ainda que modificações mais recentes a seu respeito tenham intercorrido apenas em nível infraconstitucional por meio do Código de Processo Civil atual[50], estas foram capazes de alterar substancialmente o regime jurídico em vigor anteriormente[51].

As inovações principais referem-se à competência para a homologação de sentenças estrangeiras e ao conceito das decisões de procedência estrangeira, sujeitas ao processo de homologação.

Não obstante o Superior Tribunal de Justiça continue a processar e julgar originariamente a homologação de sentenças estrangeiras[52], existem exceções a esse princípio quando há disposição especial em tratado internacional[53] ou no âmbito da própria legislação de origem interna[54].

Quanto às sentenças estrangeiras, são homologáveis pelo Superior Tribunal de Justiça "decisões judiciais definitivas, bem como decisões não judiciais, que, pela lei brasileira, teriam natureza jurisdicional"[55]. A legislação não distingue a seu respeito entre sentenças constitutivas, condenatórias ou declaratórias[56].

---

47. Art. 15 LINDB.

48. Cf., Tít. VII-A, Cap. I, arts. 216-A a 216-N, RISTJ. Disponível em: https://www.stj.jus.br. Acesso em: 18-7-2023.

49. Cf. Lei n. 9.307, de 23-9-1996, Capítulo VI – Do reconhecimento e execução de sentenças estrangeiras, arts. 34 a 40, alterada pela Lei n. 13.129/2015.

50. Lei n. 13.105, de 16-3-2015.

51. Lei n. 5.869, de 11-1-1973.

52. Art. 105, I, *i*, CF.

53. Art. 961, *caput*, CPC.

54. Art. 961, *caput*, CPC.

55. Art. 961, § 1º, CPC; art. 216-A, § 1º, RISTJ. Cf., entre outros, STJ, SEC 11.962-EX, CE, rel. Min. Felix Fischer, j. 4-11-2015, *DJe*, 25-11-2015 (*anulação de casamento religioso*); STJ, SEC 7.312-DE, CE, rel. Min. Humberto Martins, j. 5-9-2012, *DJe*, 18-9-2012 (*ato administrativo estrangeiro referente à alteração de nome*).

56. Nesse sentido, já em relação ao CPC/1973, José Carlos Barbosa Moreira, Notas sobre reconhecimento e execução de sentença estrangeira, *RP, 124*:19-27, 2005.

Nesse contexto, cumpre salientar que a sentença arbitral está sujeita à homologação pelo Superior Tribunal de Justiça[57], bem como também a sentença estrangeira com efeitos civis de uma condenação penal[58], ao contrário da sentença estrangeira de divórcio consensual, já apta a produzir efeitos jurídicos no País sem a homologação por esta Corte[59].

Entre as decisões homologáveis, a legislação inclui ainda expressamente aquelas "para fins de execução fiscal quando prevista em tratado ou em promessa de reciprocidade apresentada à autoridade brasileira"[60].

Não mais homologáveis como no direito anterior[61], mas exequíveis no Brasil por meio de carta rogatória, são as decisões interlocutórias de procedência estrangeira[62]. A concessão do *exequatur* às cartas rogatórias é da competência originária do Superior Tribunal de Justiça[63], a não ser quando for previsto outro regime jurídico mais liberal ainda em tratado internacional ou na própria legislação de origem interna[64].

Existe definição legal da decisão interlocutória[65] que se distingue de um lado da sentença[66], e, de outro, do despacho[67]. Nesse sentido,

---

57. Art. 960, § 3º, CPC. V., ademais, STJ, Jurisprudência – Pesquisa pronta – Processo nos tribunais – Homologação de decisão estrangeira. Sentença arbitral. Requisitos. Disponível em: https://www.stj.jus.br. Acesso em: 18-7-2023, e, STJ, HDE 7.227/EX, CE, rel. Min. Francisco Falcão, j. 3-5-2023, *DJe*, 8-5-2023. Conforme o seu entendimento, não cabe a essa Corte o exame da validade da convenção de arbitragem, ainda que inserida em contrato de adesão, quando a própria sentença arbitral a considerou válida.

58. Cf., STJ, AgInt na SEC 10.250-EX, CE, rel. Min. Felipe Salomão, j. 15-5-2019, *DJe*, 23-5-2019.

59. Art. 961, §§ 5º e 6º, CPC.

60. Art. 961, § 4º, CPC.

61. Cf., a esse respeito, Beat Walter Rechsteiner, *Direito internacional privado:* teoria e prática, 17. ed., São Paulo, Saraiva, p. 310-3.

62. Art. 960, § 1º, CPC.

63. Art. 105, I, *i*, CF; arts. 36 e 515, IX, CPC; Tít. VII-A, Cap. II, arts. 216-O a 216-X, RISTJ. Disponível em: https://www.stj.jus.br. Acesso em: 18-7-2023.

64. Art. 961, *caput*, CPC.

65. Art. 203, § 2º, CPC.

66. Art. 203, § 1º, CPC.

67. Art. 203, § 3º, CPC.

trata-se da decisão interlocutória de todo pronunciamento judicial de natureza decisória proferida no decorrer do processo sem concluí-lo[68].

Por final, tampouco os títulos executivos extrajudiciais procedentes de país estrangeiro dependem de homologação para serem executados no Brasil[69].

Quando a legislação prescreve a homologação da sentença estrangeira, esta terá eficácia no País somente após a sua homologação pelo Superior Tribunal de Justiça[70]. A eficácia, no sentido da lei, abrange toda a eficácia jurídica da sentença como ato decisório, possibilitando, destarte, a sua execução no Brasil[71].

Anteriormente à homologação, a sentença estrangeira pode produzir efeitos jurídicos no território nacional meramente para fins probatórios como documento[72].

O Superior Tribunal de Justiça é o órgão competente para homologar sentença estrangeira no Brasil[73]. A concentração dessa competência originária perante um único órgão jurisdicional favorece a produção de uma jurisprudência uniforme e assim, também, a segurança de direito (*securité de droit, Rechtssicherheit*).

A natureza do processo de homologação da sentença estrangeira é jurisdicional, e aquele que provoca a atividade jurisdicional propõe uma verdadeira ação, a ação homologatória com rito especial perante o Superior Tribunal de Justiça[74]. O processamento desta ação é eletrônico.

---

68. Art. 203, *caput* e § 2º, CPC.

69. Art. 784, §§ 2º e 3º, CPC; TJSP, Ap. Cív., 1041136-53.2020.8.26.0100, 19ª Câm. Dir. Priv., rel. Des. João Camillo de Almeida Prado Costa, j. 12-6-2023, publ. 27-6-2023.

70. Art. 105, I, *i*, da CF; art. 961, *caput*, CPC.

71. Nesse sentido, STJ, SEC 14.408, CE, rel. Min. Luis Felipe Salomão, j. 21-6-2017, *DJe*, 31-8-2017.

72. Nesse sentido, já em relação ao CPC/1973, José Carlos Barbosa Moreira, *Comentários*, cit., p. 82-3. Entendendo, contudo, que a sentença estrangeira não homologada pelo STJ "carece de qualquer valor jurídico, e, assim, não é hábil para provar os fatos": como também não se enquadra dentre "os meios legais" admissíveis "para provar a verdade dos fatos". STJ, REsp 1.176.092-DF, rel. Min. Maria Isabel Gallotti, decisão monocrática, j. 24-5-2021, *DJe*, 1-6-2021.

73. Cf. art. 105, I, *i*, CF, de acordo com a EC n. 45, de 8-12-2004.

74. Nesse sentido expressamente o art. 960, *caput*, CPC: "A homologação (...) será requerida por ação de homologação de decisão estrangeira (...)". Sobre o procedimento cf. Título VII-A, Capítulo I, arts. 216-A a 216-N, RISTJ. Disponível em: https://www.stj.jus.br. Acesso em: 18-7-2023.

O envio de petição por meio eletrônico e com assinatura digital dispensa a apresentação posterior dos originais ou de fotocópias. Suspeitando de falsidade de documento nos autos do processo eletrônico, a parte interessada deverá arguir tal fato em incidente próprio nos termos da legislação em vigor[75].

Trata-se, ademais, de ação de caráter constitutivo[76], na qual é aplicado o princípio da sucumbência, com observância dos critérios estabelecidos no Código de Processo Civil, para efeito de fixação dos honorários advocatícios devidos à parte vencedora[77]. A parte domiciliada no exterior que ingressa com pedido de homologação de sentença estrangeira perante o Superior Tribunal de Justiça não está obrigada a prestar caução de processo (*cautio judicatum solvi*)[78].

No âmbito do processo de homologação de sentença estrangeira, admite-se a tutela de urgência e a realização de atos de execução provisória quando for deferido pedido da parte interessada nesse sentido[79]. Quando preenchidos os requisitos legais no caso concreto, são cabíveis embargos de declaração[80], o agravo interno[81] a ação rescisória[82], a

---

75. V., entre outros, STJ, SEC 9.853-CE, rel. Min. Luis Felipe Salomão, j. 1º-10-2014, *DJe*, 28-10-2014, STJ, SEC 7.811-EX/CE, rel. Min. Eliana Calmon, j. 7-8-2013, *DJe*, 15-8-2013.

76. V., entre outros, STF, SEC 4.738-2, TP, rel. Min. Celso de Mello, j. 24-11-1994, *DJU*, 7-4-1995, *RT*, *716*:324-38, 1995; STJ, SEC 14.408, CE, rel. Min. Luis Felipe Salomão, j. 21-6-2017, *DJe*, 31-8-2017.

77. Nesse sentido, os honorários deverão ser fixados por apreciação equitativa nos termos do art. 85, § 8º, CPC. Cf., entre outros, STJ, AgInt nos EDcl na SEC 14.073-EX, CE, rel. Min. Luis Felipe Salomão, j. 19-5-2021, *DJe*, 14-6-2021, STJ, HDE 3.960-EX, CE, rel. Min. Raul Araújo, j. 5-5-2021, *DJe*, 14-6-2021, STJ, HDE 1.809-EX, CE, rel. Min. Raul Araújo, j. 22-4-2021, *DJe*, 14-6-2021.

78. Nesse sentido, *v.*, entre outros, STF, SEC 5.378-1, República Francesa, TP, rel. Min. Maurício Corrêa. j. 3-2-2000, *DJU*, 25-2-2000, *RT*, *778*:193-6, 2000; SEC 5.847, Reino Unido da Grã-Bretanha e da Irlanda do Norte, TP, *RTJ*, *172*:868-82; STJ, SEC 1.035-US, CE, rel. Min. Eliana Calmon, j. 19-12-2007, *DJU*, 21-2-2008, p. 29; STJ, SEC 307-GB, CE, rel. Min. Gilson Dipp, j. 18-10-2006, *DJU*, 13-11-2006, p. 204.

79. V., art. 961, § 3º, CPC, e, entre outras decisões, STJ, AgInt na HDE 6.563-EX, CE, rel. Min. Maria Thereza de Assis Moura, j. 22-11-2022, *DJe*, 29-11-2022; STJ, AgInt na HDE 1.733-EX, CE, rel. Min. Mauro Campbell Marques, j. 25-10-2022, *DJe*, 4-11-2022; STJ, HDE 1.809-EX, CE, rel. Min. Raul Araújo, j. 22-4-2021, *DJe*, 14-6-2021.

80. Cf., entre outros, STJ, EDcl na HDE 4.071/EX, CE, rel. Min. João Otávio de Noronha, j. 13-12-2022, *DJe*, 16-12-2022, STJ, EDcl na HDE 7.417, rel. Min. Pres. Maria Thereza de Assis Moura, j. 14-2-2023, publ. 14-2-2023.

reclamação[83] e o recurso extraordinário[84] no âmbito do processo de homologação de sentença ou decisão estrangeira.

Legitimada é, para propor a ação homologatória, a parte interessada[85]. Esta será qualquer pessoa perante a qual a sentença homologada possa surtir efeitos jurídicos no Brasil[86]. Além das partes no processo estrangeiro ou seus sucessores, também o terceiro, porventura atingido juridicamente pela sentença proferida por juiz ou tribunal estrangeiro, pode ter esse mesmo interesse[87].

A homologação da sentença estrangeira, todavia, não pode "abranger e nem se estender a tópicos, acordos ou cláusulas que não se achem formalmente incorporados ao texto da decisão a ser homologada"[88]. De acordo com essa jurisprudência, o cessionário de contrato de cessão firmado com o cedente, empresa vencedora de lide arbitral, não possui legitimidade ativa para requerer a homologação da sentença arbitral estrangeira, pois não foi parte ou terceiro interessado no respectivo processo arbitral[89].

---

81. Cf., entre outros, STJ, AgInt na HDE 5.141-EX, CE, rel. Min. Laurita Vaz, j. 7-3-2023, *DJe*, 15-3-2023.

82. Cf., STJ, AR 6.258-DF, CE, rel. Min. Raul Araújo, revisor rel. Min. Paulo de Tarso Sanseverino, j. 15-12-2021, *DJe*, 18-2-2022.

83. V., STJ, AgInt na Rcl 39.863-MG, CE, rel. Min. Francisco Falcão, j. 9-11-2021, *DJe*, 11-11-2021.

84. STF, RE 598.770, TP, rel. Min. Marco Aurélio, rel. de acórdão, rel. Min. Luís Roberto Barroso, j. 12-2-2014, publ. 12-6-2014, STF, RE 936.714 AgR, 1ª T., rel. Min. Roberto Barroso, j. 13-12-2019, publ. 18-2-2020.

85. *V.*, expressamente, art. 3º da Resolução n. 9, de 4-5-2005, do STJ, revogado pelo art. 3º do RISTJ (Emenda Regimental n. 18, de 17-12-2014), art. 17 e art. 485, VI, CPC. Nesse sentido, há interesse processual na homologação de uma sentença condenatória estrangeira quando as obrigações já vencidas foram devidamente adimplidas, mas a prestação principal não foi cumprida ainda na sua íntegra. Cf., STJ, HDE 3.876-EX, CE, rel. Min. Og Fernandes, j. 1-8-2022, *DJe*, 18-8-2022.

86. STJ, SEC 10.639, CE, rel. Min. Raul Araújo, j. 2-2-2022, *DJe*, 4-3-2022.

87. Nesse sentido, entre outros, STJ, HDE 710-EX, CE, rel. Min. Laurita Vaz, j. 4-8-2019, *DJe*, 17-12-2019; STJ, SEC 14.069-EX, CE, rel. Min. Raul Araújo, j. 7-8-2019, *DJe*, 16-8-2019; STJ, SEC 8.847-EX,CE, rel. João Otávio de Noronha, j. 20-11-2013, *DJe*, 28-11-2013.

88. Nesse sentido, entre outros, STJ, HDE 4.273-EX, CE, rel. Min. Francisco Falcão, j. 17-11-2021, *DJe*, 23-11-2021; STJ, SEC 11.795-EX, CE, rel. Min. Raul Araújo, j. 7-8-2019, *DJe*, 16-8-2019; STJ, SEC 6.988-EX,-CE, rel. Min. Humberto Martins, j. 5-11-2014, *DJe*, 17-11-2014; STJ, SEC 7.241,CE, rel. Min. Felix Fischer, 29-3-2012, *DJe*, 17-4-2012.

89. *V.* STJ, SEC 968,CE, rel. Min. Felix Fischer, j. 30-6-2006, *DJU*, 25-9-2006, p. 197.

A parte legitimada, conforme o seu interesse peculiar, pode requerer a homologação total ou parcial da sentença estrangeira[90] em face da parte adversa que possui legitimidade passiva nesse processo[91].

A sentença proferida por juiz ou tribunal estrangeiro a ser homologada pelo Superior Tribunal de Justiça, no entanto, apenas pode ter, no Brasil, a eficácia jurídica que lhe atribua o ordenamento jurídico de origem[92].

Se o pedido homologatório for indeferido, nada impede à parte interessada renová-lo e com ele apresentar os requisitos legais necessários à homologação[93]. A sentença que indeferiu a homologação, nesse caso, somente é apta a produzir os efeitos da coisa julgada formal, mas não material, o que possibilita para o interessado formular outro pedido de homologação[94].

A função judiciária do Superior Tribunal de Justiça no processo de homologação limita-se a observar se o julgado proferido no estrangeiro concilia-se com os princípios fundamentais de direito vigentes no Brasil. Nesse contexto, não é relevante se a parte requerente está cumprindo as obrigações decorrentes da sentença estrangeira a ser homologada pelo Superior Tribunal de Justiça ou se a parte requerida no processo homologatório alega que ela foi modificada por sentença superveniente ou invoca prescrição[95]. Destarte, o processo homologatório faz instaurar

---

90. Art. 961, § 2º, CPC; art. 216-A, § 2º, RISTJ.

91. Esse é o caso com relação ao ex-titular de uma Empresa Individual de Responsabilidade Ltda. (EIRELI) com sede no Brasil que encerrou as suas atividades, mas foi devidamente citada numa ação judicial proposta no exterior em seu desfavor antes de sua extinção. Cf., nesse sentido, STJ, HDE 4.071-EX, CE, rel. Min. João Otávio de Noronha, j. 16-3-2022, *DJe*, 22-3-2022.

92. Cf., entre outros, STJ, HDE 2.891-EX, CE, rel. Min. Francisco Falcão, j. 15-3-2023, *DJe*, 22-3-2023.

93. Nesse sentido, já em relação ao CPC/1973, entre outros, STF, SEC 4.269, Japão, TP, *RTJ*, *137*:618-20; STF, SEC 5.378, República Francesa, TP, *RTJ*, *172*:465-9.

94. Nesse sentido, já em relação ao CPC/1973, STJ, SEC 3.035, CE, rel. Min. Fernando Gonçalves, j. 19-8-2009, *DJe*, 31-8-2009.

95. Nesse sentido, já em relação ao CPC/1973, STJ, SEC 3.688, CE, rel. Min. Laurita Vaz, j. 15-12-2010, *DJe*, 16-2-2011; STJ, SEC 3.535,CE, rel. Min. Laurita Vaz, j. 15-12-2010, *DJe*, 16-2-2011; STJ, SEC 5.889-EX,CE, rel. Min. Humberto Martins, j. 15-10-2014, *DJe*, 28-10-2014; STJ, SEC 11.430-EX,CE, rel. Min. Napoleão Nunes Maia Filho, j. 17-12-2014, *DJe*, 19-12-2014.

apenas uma situação de contenciosidade limitada[96]. E, por tal razão, como princípio, não é permitido discutir o mérito da sentença estrangeira para o fim de sua homologação[97].

No Brasil, portanto, não será homologada uma sentença estrangeira apenas quando contém "manifesta ofensa à ordem pública"[98]. Esta considera-se ferida caso o conteúdo da decisão proferida pelo juiz ou tribunal estrangeiro, ou o procedimento judicial que deu ensejo à prolação da sentença, for incompatível com os princípios fundamentais da ordem jurídica pátria. Assim, devem ser diferenciados, no processo de homologação, os requisitos materiais dos processuais, necessários para que a sentença estrangeira possa ter eficácia jurídica no Brasil. Uma ofensa à ordem pública, porém, somente poderá ser admitida no caso concreto quando for manifesta[99].

A legislação exemplifica os requisitos processuais para a homologação da sentença estrangeira[100], porém, qualquer outra manifesta violação da ordem pública, inclusive decorrente do direito internacional, conduz, inarredavelmente, ao indeferimento do pedido homologatório pelo Superior Tribunal de Justiça.

Na sua jurisprudência, são poucos os casos em que a Corte indefere o pedido homologatório, por considerar violada a ordem pública por motivos de direito material[101].

---

96. Nesse sentido, já em relação ao CPC/1973, STF, SE 5.040-República Oriental do Uruguai, TP, *RTJ, 163*:104, com referência à doutrina nacional; STF, SEC 4.738-2, TP, rel. Min. Celso de Mello, j. 24-11-1994, *DJU*, 7-4-1995, *RT, 716*:324-38, 1995; STF, SEC 5.093-Estados Unidos da América, TP, *RTJ, 164*:919-25; SEC 3.654-República Federal da Alemanha, TP, *RTJ, 170*:467-9.

97. Nesse sentido, entre muitos, STJ, HDE 710-EX, CE, rel. Min. Laurita Vaz, j. 4-8-2019, *DJe*, 17-12-2019; STJ, HDE 1914-EX, CE, rel. Min. Benedito Gonçalves, j. 5-6-2019, *DJe*, 11-6-2019; STJ, SEC 7.109-EX, CE, rel. Min. Francisco Falcão, j. 15-8-2018, *DJe*, 28-8-2018.

98. Art. 963, VI, CPC.

99. Nesse sentido, expressamente, o art. 963, VI, CPC.

100. Arts. 963 e 964, *caput*, CPC, 15 LINDB, 216-D e 216-F, RISTJ.

101. Cf., por exemplo, STJ, AgInt na HDE 6.217-EX, CE, rel. Min. Maria Thereza de Assis Moura, j. 13-12-2022, *DJe*, 16-12-2022 (*o novo apelido escolhido aleatoriamente não guarda qualquer relação com o anterior, com exclusão de todos os patronímicos*); STJ, SEC 15.832-EX, CE, rel. Min. Maria Thereza de Assis Moura, j. 7-6-2017, *DJe*, 14-6-2017 (*ausência do direito de visita do pai referente ao seu filho menor*); STJ, SEC 10.411-EX,CE, rel. Min. Og Fernandes, j. 5-11-2014, *DJe*, 16-12-2014 (*guarda unilateral da mãe em relação a filho menor, possuindo ela própria o direito de determinar a seu critério o direito do pai para visitar o seu filho*); STJ, SEC

Em quase todos os casos da denegação da homologação da sentença estrangeira, esta não atende a requisitos processuais cuja observância no processo são indispensáveis, segundo o direito brasileiro[102].

Constitui requisito básico à homologação da sentença estrangeira a competência internacional da justiça estrangeira[103]. Trata-se de competência indireta, já que do seu exame pelo Superior Tribunal de Justiça dependerá a homologação da sentença estrangeira no País, sendo denegada quando a Justiça brasileira, de acordo com a legislação interna em vigor, seja internacionalmente competente, com exclusão de qualquer outra autoridade judiciária no exterior[104].

De suma relevância na prática é a citação regular ou ter sido legalmente verificada a revelia da parte domiciliada no Brasil, num processo instaurado no estrangeiro[105]. Esse requisito legal da homologação se refere ao ato pelo qual se chama alguém a juízo, com a intenção de que venha integrar a relação processual conforme o pedido constante na inicial[106].

2.410-EX,CE, rel. Min. Francisco Falcão, j. 18-12-2013, *DJe*, 19-2-2014 (*cumulação de correção monetária com variação cambial sobre o débito principal viola a ordem pública*); STJ, SEC 8.440,CE, rel. Min. Sidnei Beneti, j. 16-10-2013, *DJe*, 4-11-2013 (*não aplicação de tratado internacional vigente no Brasil, relevante para o julgamento, in casu, violou a ordem pública*).

102. Cf., entre outros, STJ, AgInt na SEC 15.273-EX, CE, rel. Min. Luis Felipe Salomão, j. 25-8-2020, *DJe*, 2-9-2020.

103. Arts. 963, I, CPC, 15, *a*, LINDB e 216-D, I, RISTJ. O Superior Tribunal de Justiça examina somente a competência internacional da justiça estrangeira. Para efeitos da homologação, a competência interna, regida pela legislação estrangeira, não está sendo levada em consideração. *V.* STJ, SEC 14.297-EX, CE, rel. Min. Napoleão Nunes Maia Filho, j. 5-9-2018, *DJe*, 18-9-2018; STJ, SEC 15.989-EX, CE, rel. Min. Og Fernandes, j. 7-6-2017, *DJe*, 14-6-2017.

104. Art. 964, *caput*, CPC; STJ, AgInt, SEC 12.300-EX, CE, rel. Min. Mauro Campbell Marques, j. 5-9-2018, *DJe*, 11-9-2018.

105. Arts. 963, II, CPC, e, 216-D, II, RISTF. Com relação à revelia no direito comparado, que é basicamente a inatividade do réu em não contestar a petição inicial do autor na forma e prazo legais, *v.* Renato Luís Benucci, Os efeitos da revelia na América Latina e nos países da *Common Law*, *RP*, *106*:165-177, 2002; e STJ, SEC 4.464-CE, rel. Min. Francisco Falcão, j. 2-2-2011, *DJe*, 28-2-2011.

106. Por esse motivo, não é exigida comprovação das intimações ocorridas no decorrer do processo julgado no estrangeiro, inclusive em relação ao teor da sentença. *V.* STJ, SEC 6.551-EX, CE, rel. Min. Eliana Calmon, j. 17-12-2012, *DJe*, 20-2-2013; STJ, SEC 1.185-EX, CE, rel. Min. Laurita Vaz, j. 12-5-2011, *DJe*, 10-6-2011. Tampouco se exige que o ato citatório venha acompanhado de todos os documentos mencionados na petição inicial. Cf., nesse sentido, STJ, AgRg na CR 1.589, CE, rel. Min. Barros Monteiro, j. 16-5-2007, *DJU*, 6-8-2007, p. 383.

O Código de Processo Civil estabelece expressamente que a citação se situa no âmbito da cooperação jurídica internacional[107].

Na vigência do direito anterior[108], o direito brasileiro basicamente só admitia a citação mediante carta rogatória com *exequatur* concedido pelo Superior Tribunal de Justiça, e outra não podia ser a forma processual aplicável quando o réu teve domicílio no Brasil e este era certo e sabido. Era considerado requisito indispensável para a homologação. Não sendo cumprido no caso concreto, o pedido de homologação foi denegado pelo Superior Tribunal de Justiça por violar a ordem pública brasileira[109].

Note-se que o art. 35 do Código de Processo Civil atual foi vetado pela Presidência da República[110]. Seu texto era do seguinte teor: "Dar-se-á por meio de carta rogatória o pedido de cooperação entre órgão jurisdicional brasileiro e órgão jurisdicional estrangeiro para prática de ato de citação, intimação, notificação judicial, colheita de provas, obtenção de informações e de cumprimento de decisão interlocutória, sempre que o ato estrangeiro constituir decisão a ser executada no Brasil".

Como razões do veto, foram aduzidas: "Consultados o Ministério Público Federal e o Superior Tribunal de Justiça, entendeu-se que o dispositivo impõe que determinados atos sejam praticados exclusivamente por meio de carta rogatória, o que afetaria a celeridade e efetividade da cooperação jurídica internacional que, nesses casos, poderia ser processada pela via de auxílio direto".

O Superior Tribunal de Justiça, porém, como princípio, continua a considerar indispensável o cumprimento do requisito da citação por carta rogatória da pessoa domiciliada no Brasil à época da instauração de processo civil no exterior[111]. Para isso, basta a solicitação de auxílio

---

107. Art. 27, I, CPC.

108. Lei n. 5.869, de 11-1-1973.

109. Em relação à situação jurídica durante a vigência do CPC/1973, *v*. Beat Walter Rechsteiner, *Direito internacional privado*: teoria e prática, 17. ed., São Paulo, Saraiva, 2015, p. 320-2.

110. Mensagem n. 56, de 16-3-2015.

111. Cf., entre outros, STJ, AgInt na HDE 5.141-EX, CE, rel. Min. Laurita Vaz, j. 7-3-2023, *DJe*, 15-3-2023; STJ, HDE 1.260-EX, CE, rel. Min. Francisco Falcão, j. 6-11-2019, *DJe*, 12-11-2019; STJ, HDE 278-EX, CE, rel. Min. Nancy Andrighi, j. 7-3-2018, *DJe*, 23-3-2018; STJ, SEC 14.851-EX, CE, rel. Min. Og Fernandes, j. 5-4-2017, *DJe*, 19-4-2017.

direto pelo órgão estrangeiro interessado à autoridade central brasileira[112]. Na ausência de designação específica, o Ministério da Justiça, atualmente Ministério da Justiça e Segurança Pública, exerce essa função no País[113].

Independentemente desse regime jurídico, é possível que o Superior Tribunal de Justiça venha a admitir no futuro também outras formas de citação, como a citação por via postal, por intermédio dos advogados do autor, e por repartição consular ou diplomática no Brasil, quando assim for previsto na legislação estrangeira e for provado que o seu destinatário a recebeu pessoalmente[114]. Nesse sentido, o Supremo Tribunal Federal confirmou decisão homologatória do Superior Tribunal de Justiça que admitiu a citação por via postal[115]. No caso concreto, duas empresas, uma brasileira e uma estrangeira, firmaram cláusula em contrato internacional, autorizando o competente juízo no exterior para ordenar a citação da parte ré por via postal. As Cortes brasileiras consideraram a citação válida pelo motivo de ambos os ordenamentos jurídicos envolvidos conhecerem a citação por via postal. Fato relevante adicional nesse contexto foi que no direito brasileiro é lícita a celebração de negócio jurídico processual entre as partes[116]. Em outra decisão, o Superior Tribunal de Justiça admitiu a citação da parte brasileira, pessoa jurídica com sede no País, em processo judicial com tramitação na Inglaterra, mediante um representante, domiciliado naquele país. No contrato internacional, firmado entre as partes, constava essa modalidade de citação, prevista pela *lex fori*[117]. A mesma Corte, ademais, admite a citação da parte ré, domiciliada no Brasil, em processo judicial instaurado no exterior, quando

---

112. Art. 29 CPC.

113. Art. 26, § 4º, CPC.

114. Nesse exato sentido, aliás, já STJ, HDE 896-EX, CE, rel. Min. Maria Thereza de Assis Moura, j. 16-5-2018, *DJe*, 23-5-2018; STJ, SEC 89-EX, CE, rel. Min. Maria Thereza de Assis Moura, j. 18-10-2017, *DJe*, 31-10-2017; STJ, SEC 10.370-EX, CE, rel. Min. João Otávio de Noronha, j. 17-8-2016, *DJe*, 30-8-2016, em se tratando de casos concretos de citação por via postal de pessoas domiciliadas no País.

115. Cf., STF, AgReg no RE com Ag 1.137.224, 2ª T., rel. Min. Celso de Mello, j. 25-9/2-10-2020, *DJe*, 9-10-2020.

116. Art. 190 CPC.

117. Cf., STJ, AgInt nos EDcl na HDE 3.383-EX, CE, rel. Min. Paulo de Tarso Sanseverino, j. 26-10-2021, *DJe*, 4-11-2021.

firmou acordo com advogado para receber citação em seu nome em conformidade com as leis locais[118].

Nada mudou em relação à citação em processos arbitrais instaurados no exterior, em comparação ao direito anterior. É permitida em arbitragens internacionais, tradicionalmente, a citação por via postal[119]. O Superior Triubunal de Justiça, ademais, admite aqui "a citação por qualquer meio de comunicação cuja veracidade possa ser atestada, desde que haja prova inequívoca do recebimento da informação atinente à existência do processo arbitral"[120].

Um regime jurídico mais liberal que aquele conforme a legislação de origem interna permite o tratado internacional[121]. Em sendo a citação judicial e extrajudicial objeto da cooperação jurídica internacional, o direito brasileiro admite, como meio alternativo em relação ao tratado internacional, a sua realização ainda com base em reciprocidade, manifestada por via diplomática[122].

Verifica-se que o direito de origem internacional tem relevância no Brasil. Em particular, o País incorporou a *Convenção da Haia*, de 15 de novembro de 1965, *relativa à Citação, Intimação e Notificação no Estrangeiro de Documentos Judiciais e Extrajudiciais em Matéria Civil e Comercial, no seu ordenamento jurídico*[123]. No Brasil, a transmissão dos

---

118. *V.*, STJ, AgInt na HDE 5.141-EX, CE, rel. Min. Laurita Vaz, j. 7-3-2023, *DJe*, 15-3-2023.

119. Cf. art. 39, parágrafo único, da Lei n. 9.307, de 23-9-1996, alterada pela Lei n. 13.129/2015, que dispõe sobre arbitragem: "Não será considerada ofensa à ordem pública nacional a efetivação da citação da parte residente ou domiciliada no Brasil, nos moldes da convenção de arbitragem ou da lei processual do país onde se realizou a arbitragem, admitindo-se, inclusive, a citação postal com prova inequívoca de recebimento, desde que assegure à parte brasileira tempo hábil para o exercício do direito de defesa", e, entre outros, STJ, AgInt na HDE 4.174/EX, CE, rel. Min. Herman Benjamin, j. 7-3-2023, *DJe*, 4-4-2023.

120. Cf., STJ, Jurisprudência em Teses, edição n. 122, 5-4-2019, 9).

121. Art. 26, *caput*, CPC.

122. Art. 26, § 1º, CPC.

123. O Brasil promulgou a Convenção mediante o Decreto n. 9.734, de 20-3-2019. O País, no entanto, formulou reservas em relação aos seus arts. 8º e 9º, que não são aplicáveis em seu território. Ademais, formulou diversas declarações, especificadas no art. 2º do Decreto n. 9.734, de 20-3-2019. Oitenta e dois Estados ratificaram a Convenção. Sobre mais informações a seu respeito, *v.* os Portais da Conferência da Haia de Direito Internacional Privado. Disponível em: https://www.hcch.net, e do Ministério da Justiça e Segurança Pública. Disponível em: https://

documentos ocorre exclusivamente através do Ministério da Justiça e Segurança Pública[124]. A Convenção dispensa do tradicional e moroso caminho da carta rogatória pela via diplomática. Uma tramitação adicional pelo Ministério das Relações Exteriores não é necessária. Possíveis outras formas de transmissão, porém, o País não permite. Nesse sentido, transmissões de documentos diretamente por meio de autoridades diplomáticas ou consulares, bem como agentes do Judiciário, autoridades ou outras pessoas estrangeiras, e pela via postal, sem a intervenção do Ministério da Justiça e Segurança Pública, não são possíveis[125]. Uma exceção existe apenas em relação ao cidadão do Estado de origem do documento. Neste caso, seus representantes diplomáticos ou consulares no Estado de seu destino são autorizados para a transmissão[126].

Dispensa-se a comprovação da citação válida quando é a própria parte ré domiciliada no Brasil que requer a homologação da sentença estrangeira[127]. O mesmo ocorrerá se o réu aceitou como eficaz a sentença proferida por juiz estrangeiro ou manifestou a sua concordância a seu respeito[128]. A jurisprudência admite, ainda, que o comparecimento espontâneo do réu em processo do qual provenha a sentença estrangeira afaste eventuais irregularidades[129].

Outro requisito indispensável à homologação da sentença estrangeira é que ela seja eficaz no país em que foi proferida[130]. O termo "eficaz"

---

www.gov.br/mj/pt-br – Cooperação Jurídica em Matéria Civil – Acordos Internacionais – Citação. Acesso em: 18-7-2023.

124. Art. 2º, § 1º, do Decreto n. 9.734, de 20-3-2019.

125. O Brasil formulou reservas em relação aos arts. 8º e 10 da Convenção. *V.*, art. 1º do Decreto n. 9.734, de 20-3-2019.

126. Art. 8º da Convenção.

127. Nesse sentido, já em relação ao CPC/1973, entre outros, STJ, SEC 11.356-EX, CE, rel. Min. Raul Araújo, j. 19-8-2015, *DJe*, 11-9-2015; STJ, SEC 5.736-EX, CE, rel. Min. Teori Albino Zavascki, j. 24-11-2011, *DJe*, 19-12-2011.

128. Cf., entre outros, STJ, HDE 2.591-EX, CE, rel. Min. Francisco Falcão, j. 17-6-2020, *DJe*, 29-6-2020; STJ, HDE 1.963-EX, CE, rel. Min. Raul Araújo, j. 23-9-2019, *DJe*, 4-10-2019.

129. Nesse sentido, entre outros, STJ, HDE 6.257-EX, CE, rel. Min. Francisco Falcão, j. 21-6-2023, *DJe*, 26-6-2023; STJ, AgInt na SEC 8.812-EX, CE, rel. Min. Jorge Mussi, j. 1-6-2022, *DJe*, 3-6-2022; STJ, HDE 1.250-EX, CE, rel. Min. Francisco Falcão, j. 19-2-2020, *DJe*, 26-2-2020; STJ, SEC 13.113-EX, CE, rel. Min. Napoleão Nunes Maia Filho, j. 6-9-2017, *DJe*, 13-9-2017.

130. Art. 963, III, CPC, e, entre outros, STJ, HDE 3.243-EX, CE, rel. Min. Raul Araújo, j. 11-

é mais amplo que aquele do "trânsito em julgado". Nesse sentido, abrange toda eficácia jurídica da sentença como ato decisório, não se limitando apenas ao seu efeito da execução[131].

De acordo com o Código de Processo Civil atual, o Superior Tribunal de Justiça poderá deferir pedidos de urgência e realizar atos de execução provisória no processo de homologação da sentença estrangeira[132].

Tampouco é homologável a sentença estrangeira que ofende a coisa julgada brasileira[133].

Outro requisito imprescindível à homologação é a sentença estrangeira estar acompanhada de tradução oficial ou juramentada, a não ser que exista disposição inversa em tratado internacional[134]. Uma tradução feita por qualquer outro que não seja tradutor juramentado no Brasil não satisfaz as exigências legais.

O Código de Processo Civil não dispõe sobre a necessidade de autenticação da sentença estrangeira. A sua legalização consular[135], no entanto, é dispensada em relação aos Estados que aderiram como o Brasil[136] à *Convenção da Haia sobre a Liberação dos Instrumentos Públicos de Origem Estrangeira da Autenticação*, de 5 de outubro de 1961 (Convenção da Apostila)[137]. O cumprimento desse requisito formal deverá ser desconsiderado quando previsto em tratado internacional[138].

11-2021, *DJe*, 17-11-2021; STJ, HDE 1.940-EX, CE, rel. Min. Napoleão Nunes Maia Filho, j. 5-2-2020, *DJe*, 17-2-2020.

131. STJ, SEC 14.812-EX, CE, rel. Min. Nancy Andrighi, j. 16-5-2018, *DJe*, 23-5-2018.

132. Arts. 961, § 3º, CPC, 216-G, RISTJ, e, entre outras decisões monocráticas, STJ, HDE-EX 4.897, j. 8-2-2021, *DJe*, 10-2-2021, rel. Min. Pres. Humberto Martins; STJ, HDE-EX, 4.643-EX, j. 4-1-2021, *DJe*, 5-1-2021, rel. Min. Pres. Humberto Martins.

133. Art. 963, IV, CPC. Com relação à coisa julgada no direito brasileiro, *v.* arts. 502 a 508, CPC.

134. Art. 963, V, CPC. A tradução oficial é desnecessária se a decisão estrangeira tem origem em estado cujo idioma oficial é o português. *V.*, entre outros, STJ, HDE 2.891-EX, CE, rel. Min. Francisco Falcão, j. 15-3-2023, *DJe*, 22-3-2023.

135. Nesse sentido, art. 216-C, RISTJ.

136. No Brasil, a Convenção foi promulgada pelo Decreto n. 8.660, de 29-1-2016. Ela tem vigência em 125 Estados. Fonte, Portal da Conferência da Haia de Direito Internacional Privado. Disponível em: https://www.hcch.net. Acesso em: 18-7-2023.

137. *V.*, entre outros, STJ, HDE 2.835-EX, CE, rel. Min. Francisco Falcão, j. 16-12-2020, *DJe*, 18-12-2020; STJ, HDE 1.940-EX, CE, rel. Min. Napoleão Nunes Maia Filho, j. 5-2-2020, *DJe*, 17-2-2020; STJ, AgInt nos EDcl, SEC 15.883-EX, CE, rel. Min. Benedito Gonçalves, j. 7-8-2019, *DJe*, 13-8-2019.

138. Por exemplo, em relação à Espanha. *V.*, STJ, HDE 6.527-EX, CE, rel. Min. Francisco Falcão,

De modo geral, deverá ser garantido às partes, no processo perante o juízo estrangeiro, o direito ao contraditório e à ampla defesa[139]. No entanto, não fere a ordem pública brasileira quando o ordenamento jurídico estrangeiro não prescreve a representação das partes por advogados no processo judicial[140]. Um pedido de homologação somente pode ser indeferido quando a sentença estrangeira "contém manifesta ofensa à ordem pública"[141]. Sua violação, portanto, deverá ser evidente e óbvia, para que justifique a denegação de sua homologação.

Além dos requisitos gerais, existem no direito brasileiro regras específicas para a homologação da sentença estrangeira de divórcio, bem como da sentença arbitral estrangeira.

Conforme o Código de Processo Civil, a sentença estrangeira de divórcio consensual produz efeitos no Brasil, independentemente de sua homologação pelo Superior Tribunal de Justiça[142]. O Conselho Nacional de Justiça (CNJ) determinou[143] que a dispensa da homologação e/ou de prévia manifestação de qualquer outra autoridade judicial brasileira refere-se, tão somente, ao divórcio consensual "simples" ou "puro"[144]. Nesse caso, a averbação no registro civil das pessoas naturais é direta, sendo desnecessária a assistência de advogado ou defensor público[145]. Tratando-se *in casu* de divórcio consensual "simples" ou "puro", o Superior Tribunal de Justiça extingue o processo homologatório, sem julgamento de mérito, por falta de interesse processual[146]. Além disso, é facultado às partes averbar o seu divórcio consensual de imediato no registro civil das pessoas naturais, sem necessidade de sua prévia

---

j. 21-6-2023, *DJe*, 26-6-2023.

139. Cf., entre outros, STJ, SEC 14.385-EX, CE, rel. Min. Nancy Andrighi, j. 15-8-2018, *DJe*, 21-8-2018; STJ, SEC 10.076/EX, CE, rel. Min. Og Fernandes, j. 20-5-2015; *DJe*, 2-6-2015.

140. Nesse sentido, STJ, SEC 7.137-EX, CE, rel. Min. Laurita Vaz, j. 14-6-2012, *DJe*, 29-6-2012.

141. Art. 963, VI, CPC.

142. Art. 961, § 5º, CPC.

143. Provimento n. 53, de 16-5-2016, do Conselho Nacional de Justiça (CNJ).

144. Art. 1º, *caput*, do Provimento.

145. Art. 1º, §§ 1º e 2º, do Provimento; STJ, HDE 7.448, j. 30-6-2023, *DJe*, 4-7-2023, STJ, HDE 6.410, j. 29-6-2023, *DJe*, 3-7-2023, decisões monocráticas proferidas pela rel. Min. Pres. Maria Thereza de Assis Moura.

146. Nesse sentido, cf., entre outros, STJ, HDE 7.448, j. 30-6-2023, *DJe*, 4-7-2023, decisão monocrática proferida pela rel. Min. Pres. Maria Thereza de Assis Moura.

homologação pelo Superior Tribunal de Justiça, quando o seu interesse se limita apenas a isso, sem prejuízo de constarem na sentença de divórcio outras disposições, como relativas à guarda e/ou alimentos de menores e/ou partilha de seus bens[147]. Por outro lado, a averbação da sentença estrangeira de divórcio consensual "qualificado", que, além da dissolução do matrimônio, delibera também sobre a guarda de filhos, alimentos e/ou partilha de bens, continua a ser sujeita a prévia homologação pelo Superior Tribunal de Justiça para poder ter eficácia jurídica no Brasil, caso o interesse das partes inclua a homologação desse tipo de disposição[148]. Em todos os casos de divórcio consensual "simples" ou "puro", porém, competirá a qualquer juiz examinar a validade da decisão de procedência estrangeira, em caráter principal ou incidental, quando essa questão for suscitada em processo de sua competência[149].

Quando, no entanto, houve litigiosidade entre as partes até o trânsito em julgado da sentença estrangeira de divórcio, a competência é do Superior Tribunal de Justiça para a sua homologação. Nesses casos, não é condição para a sua homologação que o casamento tenha sido realizado no Brasil ou registrado na competente repartição diplomática no exterior[150]. Ademais, quando o processo no exterior ocorreu à revelia da parte requerida, mas esta concordou com a homologação da sentença de divórcio pelo Superior Tribunal de Justiça no Brasil, a homologação será deferida caso sejam atendidos os demais requisitos legais no caso concreto para essa finalidade[151].

Independentemente do regime jurídico da homologação de sentenças estrangeiras de divórcio, cumpre ressaltar que compete exclu-

---

147. Nesse sentido, cf. entre outros, STJ, HDE 6.410, j. 29-6-2023, *DJe*, 3-7-2023; STJ, HDE 8.556, j. 19-6-2023, *DJe*, 21-6-2023, ambas decisões monocráticas proferidas pela rel. Min. Pres. Maria Thereza de Assis Moura.

148. Art. 961, *caput*, CPC; art. 1º, § 3º, do Provimento; STJ, SEC 11.643-EX, CE, rel. Min. Napoleão Nunes Maia Filho, j. 20-6-2018, *DJe*, 27-6-2018; STJ, SEC 14.525-EX, CE, rel. Min. Benedito Gonçalves, j. 7-6-2017; *DJe*, 14-6-.2017.

149. Art. 961, § 6º, CPC.

150. Nesse sentido, já em relação ao CPC/1973, entre outros, STJ, SEC 5.835-EX,-CE, rel. Min. Humberto Martins, j. 20-2-2013, *DJe*, 4-3-2013.

151. Cf., nesse sentido, STJ, SEC 13.498-EX, CE, rel. Min. Raul Araújo, j. 15-5-2019, *DJe*, 27-5-2019.

sivamente à autoridade judiciária brasileira proceder em divórcio, separação judicial ou dissolução de união estável à partilha de bens situados no Brasil, ainda que o titular seja de nacionalidade estrangeira ou tenha domicílio fora do território nacional[152]. Verifica-se, a seu respeito, portanto, a competência internacional exclusiva da Justiça brasileira, o que impede a homologação ou o reconhecimento da sentença estrangeira nesta parte[153].

A questão que se põe neste contexto é se a competência internacional é exclusiva em todos os casos de partilha de bens situados no Brasil, ou apenas quando a partilha destes bens é litigiosa entre as partes do processo. Verifica-se que o Superior Tribunal de Justiça atualmente segue a jurisprudência mais liberal já praticada antes do advento do Código de Processo Civil atual, admitindo a homologação da partilha amigável de bens situados no País[154].

De qualquer modo, cumpre salientar que a Justiça brasileira possui competência internacional direta e concorrente para a decretação do divórcio se o casamento foi celebrado em território nacional, ainda que os cônjuges tenham residência no exterior no momento do requerimento do divórcio no Brasil[155].

Levando em consideração a união estável, o Brasil faculta aos conviventes o seu registro no registro civil das pessoas naturais[156]. Essa possibilidade existe também para uniões estáveis transnacionais, ainda que estabelecidos no exterior, desde que um dos conviventes possua a nacionalidade brasileira e fossem cumpridos no caso concreto os requisitos legais para o seu reconhecimento no País[157].

---

152. Art. 23, III, CPC.

153. Art. 964, *caput*, CPC.

154. No sentido mais liberal após a vigência do CPC, STJ, SEC 11.795-EX, CE, rel. Min. Raul Araújo, j. 7-8-2019, *DJe*, 16-8-2019; STJ, SEC 14.822-EX, CE, rel. Min. Francisco Falcão, j. 5-9-2018, *DJe*, 13-9-2018; STJ, SEC 15.639-EX, CE, rel. Min. Og Fernandes, j. 4-10-2017, *DJe*, 9-10-2017.

155. Nesse sentido, já em relação ao CPC/1973, STJ, REsp 978.655-MG, 4ª T., rel. Min. João Otávio de Noronha, j. 23-2-2010, *DJe*, 8-3-2010.

156. Art. 94-A da Lei de Registros Públicos (LRP), incluído pela Lei n. 14.382, de 2022.

157. *V.*, em particular, art. 94-A, § 2º e § 3º, da Lei de Registros Públicos (LRP); art. 2º, IV, do Provimento n. 141, do CNJ, de 16-3-2023, que altera o Provimento n. 37, de 7 de julho de 2014,

Normas especiais, ademais, vigoram no Brasil em relação à homologação da sentença arbitral estrangeira, denominada também laudo arbitral estrangeiro.

Como o reconhecimento e a execução da sentença arbitral estrangeira são amplamente regulamentados por tratados internacionais, a legislação de origem interna privilegia a aplicação destes com vigência no País e da legislação especial brasileira sobre arbitragem[158].

Considera-se sentença arbitral estrangeira aquela proferida fora do território nacional[159]. Conforme a jurisprudência do Superior Tribunal de Justiça, o Brasil adotou na sua legislação interna o princípio da territorialidade para determinar a nacionalidade da sentença arbitral. Descartou, assim, expressamente a sede do tribunal arbitral como fator determinante para essa finalidade[160].

Por isso, apenas quando for proferida fora do território do Brasil, a sentença arbitral está sujeita ao processo homologatório perante o Superior Tribunal de Justiça, para poder surtir efeitos jurídicos no País.

As normas brasileiras de origem interna[161] são influenciadas fortemente pela Convenção Interamericana sobre Arbitragem Comercial Internacional, de 30 de janeiro de 1975[162], que, por sua vez, adotou em grande parte as regras da Convenção de Nova Iorque, de 10 de junho de 1958, sobre o Reconhecimento e a Execução de Sentenças Arbitrais Estrangeiras[163].

---

para atualizá-lo à luz da Lei n. 14.382, de 27 de junho de 2022, para tratar do termo declaratório de reconhecimento e dissolução de união estável perante o registro civil das pessoas naturais e dispor sobre a alteração de regime de bens na união estável e a sua conversão extrajudicial em casamento; art. 9º-A. (...) § 3º, do Provimento n. 146, do CNJ, de 26-6-2023 que altera o Provimento n. 37, de 7-7-2014, para esclarecer os limites do termo declaratório formalizado perante o o registro civil das pessoas naturais e para exigir o registro de documento público estrangeiro.

158. Art. 960, § 3º, CPC, art. 34, *caput*, LAB; STJ, SEC 5.782-EX, CE, rel. Min. Jorge Mussi, j. 2-12-2015, *DJe*, 10-12-2015.

159. Cf. art. 34, parágrafo único, da Lei n. 9.307/96.

160. Cf. STJ, REsp 1.231.554/RJ, 3ª T., rel. Min. Nancy Andrighi, j. 24-5-2011, *DJe*, 1º-6-2011.

161. Cf. arts. 37 a 40 da Lei n. 9.307/96, alterada pela Lei n. 13.129, de 26-5-2015.

162. Referida convenção foi promulgada no Brasil pelo Decreto n. 1.902, de 9-5-1996.

163. O Congresso Nacional aprovou o texto da Convenção por meio do Decreto Legislativo n. 52, de 25-4-2002, e o presidente da República a promulgou mediante Decreto n. 4.311,

de 23-7-2002. A Convenção, que foi elaborada sob o patrocínio das Nações Unidas (ONU), entrou em vigor internacionalmente em 7 de junho de 1959. As suas normas representam atualmente o padrão mundial no âmbito da arbitragem privada internacional. Atualmente, conta com a adesão de 172 Estados. Disponível em: https://www.uncitral.un.org. Acesso em: 19-7-2023.

| Capítulo 5 |

Cooperação Jurídica Internacional e Regime das Provas nos Processos com Conexão Internacional

A. Cooperação Jurídica Internacional

Segundo o direito internacional público clássico, os tribunais e outras autoridades estatais desempenham suas funções somente dentro dos limites do território do próprio Estado, salvo quando autorizados, expressamente, por outro Estado para atuar no território alheio[1]. Em consequência disso, as autoridades jurídicas dependem basicamente da cooperação das autoridades estrangeiras, se forem necessárias providências e diligências fora do território nacional. O desrespeito à regra constitui violação da soberania do Estado estrangeiro.

Nos textos oficiais, emprega-se atualmente o termo "cooperação jurídica internacional no Brasil"[2], enquanto o autor se referia em edições mais antigas de seu livro, desde a sua primeira em 1996, ainda à "cooperação judiciária internacional" para tratar da cooperação entre os Estados no âmbito do direito civil. Com efeito, em vários tratados internacionais firmados pelo Brasil encontramos expressamente esse termo[3]. Além

---

1. Cf., entre outros, Keller e Siehr, *Allgemeine Lehren*, cit., p. 155 e 603.

2. Cf., nesse sentido, o Portal do Ministério da Justiça e Segurança Pública – Cooperação Jurídica Internacional. Disponível em: https://www.gov.br/mj/pt-br. Acesso em: 19-7-2023.

3. Cf., nesse sentido, por exemplo, o Acordo sobre Cooperação Judiciária em Matéria Civil, firmado com o Líbano em 4-10-2002, promulgado no Brasil pelo Decreto n. 7.934, de 19-2-2013.

disso, o País é signatário de tratados multilaterais que tratam da "cooperação interjurisdicional"[4]. Levando em consideração que o termo oficial utilizado pelas autoridades governamentais brasileiras na atualidade é "cooperação jurídica internacional", aderimos a este termo, considerando que parece ser mais abrangente em relação àquele da "cooperação judiciária internacional".

A cooperação jurídica internacional não se limita ao direito civil, abrangendo também o direito comercial, bem como os direitos penal, econômico, administrativo, da previdência social e tributário ou fiscal[5]. Nos dias atuais, ela se torna cada vez mais importante diante da crescente circulação de pessoas e bens entre os países. Existe a tendência internacional de facilitá-la, o que se verifica inclusive no Brasil[6].

Objeto de nosso exame, neste livro, será a cooperação jurídica internacional cível, se restringindo ao processo civil[7].

Os Estados prestam a cooperação jurídica internacional voluntariamente, fundada na legislação de origem interna ou em virtude de obrigações assumidas em tratados internacionais.

O Código de Processo Civil dedica um capítulo inteiro à "cooperação internacional"[8]. Salienta, inicialmente, os tratados internacionais vigentes no Brasil como fonte de direito principal nesse âmbito. Ademais, indica os princípios que o País segue na prestação de cooperação jurídica internacional.

---

4. Cf., com relação a esses tratados, Secretaria Nacional de Justiça, Departamento de Recuperação de Ativos e Cooperação Jurídica Internacional, *Manual de cooperação jurídica internacional e recuperação de ativos*: cooperação em matéria civil, 5. ed., Brasília, Ministério da Justiça, 2014, p. 389-401.

5. Cf., entre outros, Keller e Siehr, *Allgemeine Lehren*, cit., p. 608.

6. Cf., Flávia Pereira Hill, A cooperação jurídica internacional no Projeto de novo Código de Processo Civil: o alinhamento do Brasil aos modernos contornos do direito processual, *RP*, *205*:347-76, 2012.

7. O Portal do Ministério da Justiça e da Segurança Pública se refere nesse âmbito também à cooperação jurídica internacional em matéria civil, comercial, trabalhista e administrativa. Disponível em: https:// www.gov.br/mj/pt-br. "Roteiro de Tramitação". Acesso em: 19-7-2023.

8. Livro II, Título II, Capítulo II, arts. 26 a 41, CPC.

Nesse sentido observará: "I – o respeito às garantias do devido processo legal no Estado requerente; II – a igualdade de tratamento entre nacionais e estrangeiros, residentes ou não no Brasil, em relação ao acesso à justiça e à tramitação dos processos, assegurando-se a assistência judiciária aos necessitados; III – a publicidade processual, exceto nas hipóteses de sigilo previstas na legislação brasileira ou na do Estado requerente; IV – a existência de autoridade central para recepção e transmissão dos pedidos de cooperação; V – a espontaneidade na transmissão de informações a autoridades estrangeiras"[9].

Na ausência do tratado internacional, o Brasil poderá se comprometer a prestar cooperação jurídica internacional também em matéria civil "com base em reciprocidade, manifestada por via diplomática"[10]. Nesse contexto, cumpre acrescentar que o Superior Tribunal de Justiça também já aceitou como válida a declaração de reciprocidade emitida pelo próprio Juízo rogante nos seguintes termos: "Este Tribunal manifesta a sua sincera disposição para fornecer semelhante assistência aos tribunais do Brasil, se futuras circunstâncias assim exigirem"[11].

Na cooperação jurídica internacional, porém, "não será admitida a prática de atos que contrariem ou que produzem resultados incompatíveis com as normas fundamentais que regem o Estado brasileiro"[12].

O País aderiu a vários tratados internacionais multi e bilaterais relevantes no âmbito da cooperação jurídica internacional em matéria civil. Nesse sentido, destacam-se as *Convenções da Haia sobre a Liberação dos Instrumentos Públicos de Origem Estrangeira da Autenticação*, de 5 de outubro de 1961[13]; relativa à *Citação, Intimação e Notificação no Estrangeiro de Documentos Judiciais e Extrajudiciais em Matéria Civil e*

---

9. Art. 26, I a V, CPC.

10. Art. 26, § 1º, CPC. Esta regra não se aplica à homologação da sentença estrangeira, art. 26, § 2º, CPC, com exceção àquela para fins de execução fiscal (art. 961, § 4º, CPC).

11. Nesse sentido, entre outros, STJ, AgInt na CR 13.192-EX, CR, rel. Min. João Otávio de Noronha, j. 13-8-2019, *DJe*, 16-8-2019.

12. Art. 26, § 3º, CPC.

13. A Convenção foi promulgada no Brasil pelo Decreto n. 8.660, de 29-1-2016, *V.*, a seu respeito, em geral, o Portal da Conferência da Haia de Direito Internacional Privado. Disponível em: https://www.hcch.net. Acesso em: 19-7-2023.

Comercial, de 15 de novembro de 1965[14]; e sobre a *Obtenção de Provas no Estrangeiro em Matérias de Direito Civil e Comercial*, de 18 de março de 1970[15]. O Brasil, ademais, aderiu a várias Convenções da Haia no âmbito do direito de família. Trata-se das *Convenções sobre Aspectos Civis de Sequestros Internacionais de Crianças*, de 25 de outubro de 1980[16]; *relativa à Proteção das Crianças e à Cooperação em Matéria de Adoção Internacional*, de 29 de maio de 1993[17]; e *sobre a Cobrança Internacional de Alimentos para Crianças e Outros Membros da Família*, de 23 de novembro de 2007[18]. Cabe mencionar, neste contexto, ainda a *Convenção*

---

14. Essa convenção foi promulgada no Brasil pelo Decreto n. 9.734, de 20-3-2019, com reserva aos seus arts. 8º e 10, e com a apresentação de várias declarações em relação aos seus arts. 2º, 5º, 6º e 7º. Foi designado no Brasil como Autoridade Central o Ministério da Justiça e Segurança Pública. V., a seu respeito, em geral, o Portal da Conferência da Haia de Direito Internacional Privado. Disponível em: https://www.hcch.net. Acesso em: 19-7-2023.

15. A Convenção foi promulgada no Brasil pelo Decreto n. 9.039, de 27-4-2017, com reserva ao § 2º do art. 4º e ao Capítulo II, nos termos do art. 33, e com as declarações previstas nos arts. 8º e 23. V., a seu respeito, em geral, o Portal da Conferência da Haia de Direito Internacional Privado. Disponível em: https://www.hcch.net. Acesso em: 19-7-2023.

16. A Convenção foi promulgada no Brasil pelo Decreto n. 3.413, de 14-4-2000. V., a seu respeito, em geral, o Portal da Conferência da Haia de Direito Internacional Privado. Disponível em: https://www.hcch.net. Acesso em: 19-7-2023. V., nesse contexto, ademais, a Resolução n. 449 do CNJ, de 30-3-2022, que dispõe sobre a tramitação das ações judiciais fundadas na Convenção da Haia sobre os aspectos civis do sequestro internacional de crianças (1980), em execução por força do Decreto n. 3.413, de 14 de abril de 2000. Disponível em: https://atos.cnj.jus.br/atos/detalhar/4458. Acesso em: 14-6-2023, e o Manual de aplicação da Convenção da Haia de 1980, Coord., Mônica Sifuentes, Guilherme Calmon Nogueira da Gama, Brasília, Conselho da Justiça Federal, Centro de Estudos Judiciários, Centro de Cooperação Jurídica Internacional, 2021. Disponível em: https://www.cjf.jus.br/cjf/corregedoria-da-justica-federal/centro-de-estudos-judiciarios-1/publicacoes-1/outras-publicacoes/manual-haia. Acesso em: 15-6-2023.

17. A Convenção foi promulgada no Brasil pelo Decreto n. 3.087, de 21-6-1999. V., a seu respeito, em geral, o Portal da Conferência da Haia de Direito Internacional Privado. Disponível em: https://www.hcch.net. Acesso em: 19-7-2023.

18. A Convenção foi promulgada no Brasil pelo Decreto n. 9.176, de 19-10-2017. Cf., a seu respeito, o Relatório Explicativo, de Alegría Borrás e Jennifer Degeling, com o auxílio de William Duncan e Philippe Lortie, editado pelo Escritório Permanente da Conferência, em português, bem como o Manual Prático para Analistas de Casos sobre a Convenção de Prestação de Alimentos para Crianças de 2007 – Conferência da Haia de Direito Internacional Privado – Haia. Versão em português brasileiro: Brasília, Ministério da Justiça e Segurança Pública, Secretaria Nacional de Justiça, 2018. Disponível em: https://www.gov.br/mj/pt-br. Convenção da Haia sobre Alimentos – Manual Prático para Analistas de Casos – Relatório Explicativo. Acesso em: 19-7-2023.

de Nova Iorque, de 20 de junho de 1956, patrocinada pela ONU, sobre a *Prestação de Alimentos no Estrangeiro*[19]. Além disso, de interesse particular para a América Latina são as *Convenções Interamericanas sobre a Restituição Internacional de Menores*, de 15 de julho de 1989, bem como *sobre Cartas Rogatórias*, de 30 de janeiro de 1975, e o seu *Protocolo Adicional*, de 8 de maio de 1979[20].

De relevância para o Brasil, ademais, é o *Acordo de Cooperação e Assistência Jurisdicional em Matéria Civil, Comercial, Trabalhista e Administrativa entre os Estados-partes do Mercosul, a Bolívia e o Chile*, firmado em Buenos Aires em 5 de julho de 2002[21].

Por final, o Brasil firmou acordos bilaterais com outros Estados sobre a cooperação jurídica internacional, a saber, o *Tratado sobre Cooperação Jurídica Internacional em Matéria Civil com a Costa Rica*, de 4 de abril de 2011; o *Tratado sobre Auxílio Judicial em Matéria Civil e Comercial com a China*, de 19 de maio de 2009; o *Acordo sobre Cooperação Judiciária em Matéria Civil com o Líbano*, de 4 de outubro de 2002; o *Acordo de Cooperação em Matéria Civil com a França*, de 28 de maio de 1996; o *Convênio de Cooperação Judiciária em Matéria Civil com a Espanha*, de 13 de abril de 1989; e o *Tratado Relativo à Cooperação Judiciária e ao Reconhecimento e Execução de Sentenças em Matéria Civil com a Itália*, de 17 de outubro de 1989.

As autoridades governamentais no Brasil são conscientes de que o operador do direito precisa enfrentar vários obstáculos referentes à cooperação jurídica internacional quando atua em casos com conexão transnacional. As exigências formais e burocráticas são grandes, ainda que com relação a sua complexidade variem de país para país. Sob este aspecto, os tratados multi e bilaterais em vigor no Brasil não lograram sucesso, até a presente data, em simplificar consideravelmente a cooperação jurídica internacional. Esses tratados se distinguem conforme o seu

---

19. No Brasil, a Convenção foi promulgada pelo Decreto n. 56.826, de 2-9-1965.

20. A Convenção Interamericana sobre Cartas Rogatórias foi promulgada no Brasil pelo Decreto n. 1.900, de 20-4-1996, e o seu Protocolo Adicional pelo Decreto n. 2.022, de 7-10-1996. Aquela sobre a Restituição Internacional de Menores foi promulgada pelo Decreto n. 1.212, de 3-8-1994.

21. No Brasil, o Acordo foi promulgado pelo Decreto n. 6.891, de 2-7-2009.

conteúdo e como deve ser prestada a cooperação jurídica internacional no caso concreto. Seu campo de aplicação abrange apenas dois Estados nos tratados bilaterais e nos contratos multilaterais podem existir poucos Estados contratantes. Nesta última categoria de tratado internacional, ademais, frequentemente é facultada ao Estado aderente declarar reservas. Com a ajuda delas fica dispensado de aplicar o tratado internacional no âmbito da reserva formulada.

Diante dessa situação difícil em que o operador do direito se encontra, o governo brasileiro se empenha em ajudá-lo no que for possível. O Portal do Ministério da Justiça e da Segurança Pública na Internet[22] faz referência expressa à cooperação internacional. No tópico "Cooperação Jurídica Internacional em Matéria Civil" trata de forma abrangente das questões práticas que interessam ao operador do direito.

Quanto à cooperação jurídica internacional em matéria civil (*civil, comercial, trabalhista e administrativa*), ali constam informações detalhadas sobre o "roteiro de tramitação", os "acordos internacionais" em vigor no Brasil, "orientações por diligência", "pedido de cooperação jurídica internacional", "acesso internacional à justiça", "subtração internacional de crianças e adolescentes", "adoção internacional", "formulários e modelos" e "publicações". Muito úteis são ainda as "orientações por país" que esclarecem a situação jurídica em relação a cada país em separado.

O Ministério da Justiça e Segurança Pública (MJSP), ademais, através do Departamento de Recuperação de Ativos e Cooperação Jurídica Internacional (DRCI), da Secretaria Nacional de Justiça (SENAJUS), no Brasil, basicamente exerce o papel de Autoridade Central para a cooperação jurídica internacional em matéria civil. Cumpre a esse, em particular, coordenar a sua execução no País[23].

Em relação à *Convenção sobre Prestação de Alimentos no Estrangeiro, de Nova Iorque*, de 20 de junho de 1956, a Autoridade Central é a Procuradoria-Geral da República[24].

---

22. Disponível em: https://www.gov.br/mi/pt-br.
23. *V.* art. 26, § 4º, CPC; Portal do MJSP. Disponível em: https://www.gov.br/mj/pt-br/assuntos/sua-protecao/cooperacao-internacional/cooperacao-juridica-internacional-em-materia-civil. Acesso em: 19-7-2023.
24. *V.* art. 26 da Lei n. 5.478, de 25-7-1968 (*Lei de Alimentos*).

A maior parte dos pedidos de cooperação jurídica em matéria civil no Brasil refere-se ao direito de família, como pensões alimentícias (50%) e demais questões relacionadas, entre outras, investigação de paternidade e divórcio (20%). Em cerca de 80% de todos os pedidos de cooperação jurídica em matéria civil, trata-se de pedidos provenientes do Brasil a serem encaminhados para o exterior. O Departamento de Recuperação de Ativos e Cooperação Jurídica Internacional (DRCI) examina aproximadamente 1200 pedidos por mês[25].

Tradicionalmente, o objeto da cooperação jurídica internacional compreende os atos de comunicação e diligências de instrução dos processos em curso, como citações, notificações, intimações, vistorias, avaliações, exames de livros, interrogatórios, inquirições etc.[26].

O Código de Processo Civil amplia o seu objeto, determinando que a cooperação jurídica abrange: "I – citação, intimação e notificação judicial e extrajudicial; II – colheita de provas e obtenção de informações; III – homologação e cumprimento de decisão; IV – concessão de medida judicial de urgência; V – assistência jurídica internacional; VI – qualquer outra medida judicial ou extrajudicial não proibida pela lei brasileira"[27].

O meio clássico para obter a cooperação jurídica internacional de uma autoridade estrangeira é a carta rogatória[28], instrumento que contém o pedido de auxílio feito pela autoridade judiciária de um Estado a outro Estado estrangeiro, tradicionalmente com o seu trânsito pela via diplomática[29]. Atualmente, no entanto, ocorre a sua transmissão cada vez mais diretamente entre as autoridades centrais dos Estados envolvidos[30].

---

25. *V.*, o Portal do MJSP. Disponível em: https://www.gov.br/mj/pt-br/assuntos/sua-protecao/cooperacao-internacional/cooperacao-juridica-internacional-em-materia-civil; e https://www.gov.br/mj/pt-br/assuntos/sua-protecao/cooperacao-internacional/estatisticas/. Acesso em: 19-7-2023.

26. Cf., por todos, Haroldo Valladão, *Direito internacional privado*, cit., v. 3, p. 176.

27. Art. 27 CPC.

28. Quanto ao seu histórico no direito brasileiro, *v.*, entre outros, Haroldo Valladão, *Direito internacional privado*, cit., v. 3, p. 172-9, e André Luiz Nelson dos Santos Cavalcanti da Rocha/Marco Bruno Miranda Clementino, Cumprimento de decisão estrangeira de julgamento parcial de mérito, *RP, 324*:110-4, 2022.

29. *V.* Haroldo Valladão, *Direito internacional privado*, cit., v. 3, p. 172.

30. Cf., como exemplo, art. 2º da Convenção sobre a Obtenção de Provas no Estrangeiro em Matéria Civil ou Comercial, de 18-3-1970, com vigência também no Brasil: "Cada Estado Con-

No Brasil, usa-se também a expressão "comissão rogatória" para a carta rogatória, enquanto no exterior são utilizados os termos *exhortos* ou "cartas rogatórias", *commissions rogatoires* ou *lettres rogatoires, letters rogatory* ou *letter of request, Rechtshilfeersuchen* e nomes similares[31].

A carta rogatória, de modo geral, precisa ser redigida na língua da justiça rogada[32]. Esse princípio conhece exceções quando permitido por convenções ou tratados internacionais[33].

A transmissão e o cumprimento da carta rogatória são simplificados pelas convenções e pelos tratados internacionais, cuja finalidade é a cooperação jurídica internacional. Inclusive, utilizam-se, cada vez mais, meios eletrônicos de transmissão[34]. Eventualmente, permite-se até um contato direto entre as autoridades judiciárias de vários Estados[35]. Entretanto, controverte-se na doutrina se atos processuais praticados em audiência virtual por videoconferência violam a soberania do Estado

---

tratante designará uma Autoridade Central que se encarregará de receber as Cartas Rogatórias procedentes de uma autoridade judiciária de outro Estado Contratante e de transmiti-las à autoridade competente para cumprimento. A Autoridade Central é organizada de acordo com a legislação prevista por cada Estado. As Cartas Rogatórias serão remetidas à Autoridade Central do Estado requerido, sem intervenção de qualquer outra autoridade deste Estado".

31. *V.* Haroldo Valladão, *Direito internacional privado*, cit., v. 3, p. 172, e art. 1 da Convenção Interamericana sobre Cartas Rogatórias, de 30-1-1975: "Para os efeitos desta Convenção as expressões 'exhortos' ou 'cartas rogatórias' são empregadas como sinônimos no texto em espanhol. As expressões 'cartas rogatórias', 'commissions rogatoires' e 'letters rogatory', empregadas nos textos em português, francês e inglês, respectivamente, compreendem tanto os 'exhortos' como as 'cartas rogatórias'".

32. Cf., entre outros, Keller e Siehr, *Allgemeine Lehren*, cit., p. 609-10.

33. Cf., nesse sentido, por exemplo, art. 4º, al. 2, da Convenção da Haia sobre a Obtenção de Provas no Estrangeiro em Matérias de Direito Civil e Comercial, de 18-3-1970.

34. Cf., "Synthèse des réponses reçus aux questionnaires sur l'utilisation des technologies de l'information dans le fonctionnement des Conventions HCCH Notification et Preuves". Cf. o Portal da Conferência da Haia de Direito Internacional Privado. Disponível em: https://assets.hcch.net/docs/944f29d3-7abe-4941-8268-dd1a3747e38c.pdf. Acesso em: 12-12-2022.

35. *V.*, nesse sentido, os arts. 4 e 7 da Convenção Interamericana sobre Cartas Rogatórias, de 30-1-1975: Art. 4 – "As cartas rogatórias poderão ser transmitidas às autoridades requeridas pelas próprias partes interessadas, por via judicial, por intermédio de funcionários consulares ou agentes diplomáticos ou pela autoridade central do Estado requerente ou requerido, conforme o caso". Art. 7. "As autoridades judiciárias das zonas fronteiriças dos Estados-Partes poderão dar cumprimento, de forma direta, sem necessidade de legalização, às cartas rogatórias previstas nesta Convenção".

estrangeiro quando relativos a pessoas residentes e domiciliadas lá[36]. A questão é se o juízo do Estado no qual está tramitando o processo judicial está autorizado, por exemplo, a ouvir o depoimento pessoal da parte ou uma testemunha, residentes e domiciliadas no exterior, sem a concordância do Estado estrangeiro.

A autoridade judiciária rogada aplica a lei processual da *lex fori*, ou seja, a sua própria lei quanto ao cumprimento das diligências solicitadas pela justiça rogante. Esse princípio não só decorre do direito interno autônomo do Estado rogado como geralmente também consta nas convenções e tratados internacionais[37]. Exceções a essa regra podem ser concedidas pela justiça rogada, quando a justiça rogante tenha feito anteriormente a respectiva solicitação[38].

Se um Estado não está comprometido por tratado internacional ou pelo princípio da reciprocidade, é livre para recusar-se a prestar cooperação jurídica internacional, a não ser que a legislação de origem interna o obrigue a agir em sentido contrário[39].

No Brasil, o Código de Processo Civil estabelece que a cooperação jurídica internacional será prestada pelo País a outro Estado com fundamento em tratado internacional e no princípio da reciprocidade, manifestada por via diplomática[40], à exceção para a homologação da sentença estrangeira com relação à qual o cumprimento deste último requisito é dispensado[41].

Dentro do âmbito da cooperação jurídica internacional, o Código de Ritos distingue quanto ao seu modo o auxílio direto[42] da carta rogatória[43].

---

36. Cf., entre outros, Adrian Hemler, Virtuelle Verfahrensteilnahme aus dem Ausland und Souveränität des fremden Aufenthaltsstaats, *RabelsZ, 86*:905-34, 2022.

37. Cf., por exemplo, art. 9º, al. 1, da Convenção da Haia sobre a Obtenção de Provas no Estrangeiro em Matérias de Direito Civil e Comercial, de 18-3-1970.

38. V., nesse sentido, como exemplo, o art. 12 do Acordo de Cooperação e Assistência Jurisdicional em Matéria Civil, Comercial, Trabalhista e Administrativa entre os Estados-partes do Mercosul, a Bolívia e o Chile, de 5-7-2009.

39. Keller e Siehr, *Allgemeine Lehren*, cit., p. 607 e 611.

40. Art. 26, § 1º, CPC.

41. Art. 26, § 2º, CPC.

42. Arts. 28 a 34, 37 a 39, CPC.

43. Cf., particularmente, arts. 36 e 40 CPC.

Nos termos do Código de Processo Civil, o auxílio é direto quando um pedido nesse sentido é encaminhado diretamente à Autoridade Central no Brasil pela autoridade solicitante estrangeira, para que dê prosseguimento ao mesmo ou, quando for cabível, tome de imediato as providências solicitadas, ou se a autoridade brasileira solicitante encaminha o seu pedido de auxílio à Autoridade Central, para que o remeta à competente autoridade estrangeira com a finalidade de essa dar prosseguimento ao pedido ou, quando for cabível, tome de imediato as providências solicitadas.

A Autoridade Central no Brasil é o Ministério da Justiça e Segurança Pública na ausência de designação específica[44].

O auxílio direto sempre é o modo apropriado quando for previsto em tratado internacional. Além disso, tem como objeto conforme determinação legal expressa: "I – obtenção e prestação de informações sobre o ordenamento jurídico e sobre processos administrativos ou jurisdicionais findos ou em curso; II – colheita de provas, salvo se a medida for adotada em processo, em curso no estrangeiro, de competência exclusiva de autoridade judiciária brasileira; III – qualquer outra medida judicial ou extrajudicial não proibida pela lei brasileira"[45].

"Cabe auxílio direto quando a medida não decorrer diretamente de decisão de autoridade jurisdicional estrangeira a ser submetida a juízo de delibação no Brasil"[46]. Nesse sentido, auxílio direto significa que há um pedido de assistência de Estado estrangeiro diretamente ao Brasil, para que o País "preste as informações solicitadas ou provoque a Justiça Federal para julgar a providência requerida"[47]. Como a solicitação de

---

44. Art. 26, § 4º, CPC.

45. Art. 30 CPC.

46. Art. 28 CPC; e, entre outras, STJ, AgRg na Recl 39.223-DF, CE, rel. Min. João Otávio de Noronha, j. 25-8-2020, *DJe*, 31-8-2020, STJ, CR 10.958-BO, *DJe*, 30-8-2016, STJ, CR 10.960-AR, *DJe*, 24-6-2016, ambas decisões monocráticas, proferidas pelo rel. Min. Francisco Falcão, objetivando a localização de endereço residencial e a obtenção de certidão de óbito. O Exmo. Ministro fundamentou as suas decisões exclusivamente no art. 216-O, § 2º, RISTJ, cujo teor é o seguinte: "Os pedidos de cooperação jurídica internacional que tiverem por objeto atos que não ensejem juízo deliberatório do Superior Tribunal de Justiça, ainda que denominados de carta rogatória, serão encaminhados ou devolvidos ao Ministério da Justiça para as providências necessárias ao cumprimento por auxílio direto".

47. Cf., STJ, RHC 97.334-RJ, 6ª T., rel. Min. Laurita Vaz, j. 12-5-2020, *DJe*, 22-5-2020; STJ, RHC, 102.322-RJ, 6ª T., rel. Min. Laurita Vaz, j. 12-5-2020, *DJe*, 22-5-2020.

cooperação jurídica se origina no caso concreto do exterior, se trata de auxílio direto passivo. Quando, no entanto, há decisão de autoridade jurisdicional estrangeira a ser executada e cumprida no Brasil mediante carta rogatória, é indispensável a intervenção do Superior Tribunal de Justiça no caso concreto[48]. É da competência originária deste tribunal a concessão de *exequatur* a cartas rogatórias passivas nos termos do seu Regimento Interno. A expressão *exequatur* tem origem no latim e significa "execute-se", "cumpra-se". É uma ordem para que se efetive, no Brasil, a diligência solicitada, em carta rogatória, por autoridade judiciária estrangeira[49]. Estas cartas rogatórias podem se caracterizar como atos decisórios ou não decisórios[50]. No entanto, a intervenção judicial do Superior Tribunal de Justiça apenas é imprescindível quando a carta rogatória está sujeita ao "juízo de delibação" desta Corte[51]. Nesses casos, o procedimento segue as suas regras próprias[52]. O termo "juízo de delibação" significa que o pedido formulado pelo Estado rogante vem sendo examinado apenas com cognição limitada pelo Superior Tribunal de Justiça. Como princípio, o mérito ou o fundo do pedido não pode ser objeto do exame. Este pode ser indeferido apenas sob a perspectiva de manifesta ofensa à ordem pública, tanto por motivo decorrente de direito material como processual[53].

---

48. Arts. 105, I, i, CF, 36 e 40, CPC, 216-O a 216-X, RISTJ.

49. Haroldo Valladão, *Direito internacional privado*, cit., v. 3, p. 175 e 177.

50. Art. 216-O, § 1º, RISTJ, e, entre outros, STJ, AgInt na CR 16.908-EX, CE, rel. Min. Maria Thereza de Assis Moura, j. 21-3-2023, *DJe*, 24-3-2023, sendo objeto da carta rogatória neste caso mero ato de comunicação processual, a saber, a citação da parte domiciliada no Brasil. Para a concessão do exequatur, ademais, a carta rogatória não precisa estar acompanhada de todos os documentos indicados na petição inicial e de detalhes do processo em curso. Basta a remessa das peças suficientes para a compreensão da controvérsia. V., entre outros, STJ, AgInt na CR 17.944-EX, CE, rel. Min. Maria Thereza de Assis Moura, j. 21-3-2023, *DJe*, 24-3-2023.

51. Os arts. 28, CPC, e 216-O, RISTJ, referem-se expressamtente ao "juízo de delibação" e "juízo deliberatório", respectivamente.

52. Cf., Título VII-A, Capítulo II, Da Concessão de *Exequatur* a Cartas Rogatórias, arts. 216-O a 216-X, RISTJ.

53. V., Arts. 39, CPC, 216-P, RISTJ, e, entre outros, STJ, AgInt nos EDcl na CR 16.613-EX, CE, rel. Min. Humberto Martins, j. 12-4-2022, *DJe*, 19-4-2022, STJ, AgInt nos EDcl na CR 16.676-EX, CE, rel. Min. Humberto Martins, j. 7-6-2022, *DJe*, 10-6-2022.

A solicitação por auxílio direto no âmbito da cooperação jurídica internacional pode partir de autoridade judiciária estrangeira e brasileira[54]. Nesse sentido, trata-se de pedido passivo e ativo[55].

O pedido de auxílio direto passivo será encaminhado pelo órgão estrangeiro interessado à Autoridade Central brasileira, cabendo ao Estado requerente assegurar sua autenticidade e clareza[56]. Considera-se autêntico o documento que instruir o pedido de cooperação jurídica internacional, inclusive a tradução para a língua portuguesa, quando encaminhado ao Estado brasileiro por meio de autoridade central ou por via diplomática, dispensando-se a juramentação, autenticação ou qualquer procedimento de legalização nesse caso[57]. Isso, no entanto, não impede, quando necessária, a aplicação do princípio da reciprocidade de tratamento pelo Brasil[58].

A Autoridade Central brasileira comunicar-se-á diretamente com seus congêneres e, se necessário, com outros órgãos estrangeiros responsáveis pela tramitação e pela execução de pedidos de cooperação enviados e recebidos pelo Estado brasileiro. Na vigência de tratado internacional, são aplicáveis as suas disposições[59].

O pedido de auxílio direto passivo pode se referir à prática de atos que, segundo a lei brasileira, dispensem ou necessitem de prestação jurisdicional para o seu cumprimento.

No primeiro caso, a própria Autoridade Central adotará as providências necessárias para o cumprimento do pedido[60].

---

54. Arts. 28 a 34 e 37 a 41, CPC.

55. Os arts. 33, *caput*, 34 e 39 do CPC referem-se expressamente ao pedido de auxílio direto passivo.

56. Art. 29 CPC.

57. Art. 41, *caput*, CPC; STJ, AgInt na CR 17.893-EX, CE, rel. Min. Maria Thereza de Assis Moura, j. 13-12-2022, *DJe*, 16-12-2022.

58. Art. 41, parágrafo único, CPC.

59. Art. 31 CPC.

60. Art. 32 CPC.

Quando, no entanto, houver necessidade de intervenção judicial, compete ao juízo federal do lugar em que deva ser executada a medida apreciar o pedido de auxílio direto passivo[61].

Nesse caso, a Advocacia-Geral da União requererá em juízo a medida solicitada, após ter recebido o pedido de auxílio direto passivo pela Autoridade Central[62].

O pedido de cooperação jurídica internacional, proveniente de autoridade judiciária brasileira, ou seja, quando se trata de pedido de auxílio direto ativo, por seu lado, será encaminhado à Autoridade Central a fim de posterior remessa ao Estado requerido para que este lhe dê prosseguimento[63]. O pedido será acompanhado dos documentos que o instruam, bem como de tradução para a língua oficial do Estado requerido[64].

Conforme a legislação em vigor, a cooperação jurídica internacional prestada mediante auxílio direto requer a intervenção da Autoridade Central governamental competente[65], prescindindo-se dessa forma o tramite pela via diplomática que costuma ser extremamente moroso. Regras mais liberais podem ser convencionadas por tratado internacional. O regime mais eficaz e mais célere é o auxílio direto na cooperação jurídica internacional entre juízos de diferentes países sem intermediação de Autoridades Centrais governamentais.

---

61. Art. 34 CPC. Contudo, "Dispensa-se a remessa da carta rogatória à Justiça Federal após a concessão do exequatur quando a parte interessada é considerada citada em razão do comparecimento aos autos para apresentar impugnação" ou "Considera-se consumada a diligência requerida pela Justiça rogante quando a parte interessada, devidamente intimada, apõe sua assinatura atestando o recebimento da carta. É desnecessária, portanto, a remessa dos autos à Justiça Federal, devendo a comissão ser devolvida à Justiça rogante por intermédio da autoridade central competente", STJ, AgInt na CR 17.247-EX, CE, rel. Min. Maria Thereza de Assis Moura, j. 11-10-2022, *DJe*, 14-10-2022; STJ, AgInt na CR 16.908-EX, CE, rel. Min. Humberto Martins, j. 23-3-2022, *DJe*, 24-3-2022. Caso a parte interessada queira impugnar a concessão do *exequatur*, terá que proceder dentro do prazo legal através de advogado devidamente constituído e habilitado no Brasil. *V.*, STJ, CR 18.378, rel. Min. Pres. Maria Thereza de Assis Moura, decisão monocrática, j. 15-12-2022, *DJe*, 20-12-2022.

62. Art. 33, *caput*, CPC. Quando o Ministério Público Federal for Autoridade Central, ela própria requererá em juízo a medida solicitada. Cf. art. 33, parágrafo único, CPC.

63. Art. 37 CPC.

64. Arts. 38 e 260, 261, CPC.

65. Arts. 29, 31, 37, CPC.

Esse regime mais eficaz e mais célere, pode ser previsto também na legislação de origem interna de um país. No Brasil, tal é o caso conforme a lei que regula a recuperação judicial, a extrajudicial e a falência do empresário e da sociedade empresária[66]. Ela prevê a cooperação direta entre juízes e outras autoridades competentes no Brasil e autoridades estrangeiras em casos de insolvência transnacional[67].

Um meio eficaz para facilitar a cooperação jurídica internacional é a utilização de ferramentas tecnológicas modernas. Os Estados estão percebendo cada vez mais as suas vantagens, como redução de custos e incentivo à celeridade processual[68]. Destaque-se a possibilidade da citação e notificação de pessoas residentes, domiciliadas ou com sede no exterior via e-mail ou WhatsApp e a sua audição como partes e oitiva como testemunhas em audiência virtual por videoconferência. Quais ferramentas tecnológicas e em que que medida são permitidas pelo direito em casos que transcendem as fronteiras nacionais, porém, ainda é fortemente controvertido na doutrina internacional. Também o exame do direito comparado revela diferenças consideráveis neste âmbito[69]. O ponto central do debate é o possível conflito com a soberania do Estado afetado pela utilização da tecnologia em relação às pessoas residentes, domiciliadas ou com sede em seu território. Em favor de sua utilização vale-se do argumento da autonomia da vontade das partes no âmbito das suas relações de direito privado. Levando em consideração as relações de direito privado que transcendem as fronteiras nacionais, ressalta-se, particularmente, as relações privadas de natureza comercial, ainda que com limites, decorrentes, por exemplo, da necessidade de proteção dos

---

66. Lei n. 11.101, de 9-2-2005, alterada pela Lei n. 14.112, de 24-12-2020.

67. Cf., em particular, arts. 167-A, I, 167-P e 167-Q, da Lei.

68. No Brasil, com a edição da Resolução CJF n. 531/2019, o Conselho da Justiça Federal passou a ter, em sua estrutura organizacional, o Centro de Cooperação Jurídica Internacional (CECINT) com o objetivo de incentivar a cooperação jurídica internacional no âmbito da Justiça Federal, por meio do apoio técnico especializado, da gestão e promoção do conhecimento relativo ao tema e do relacionamento interinstitucional com parceiros nacionais, estrangeiros e internacionais. Neste sentido, o CECINT disponibilizou aos juízes federais o sistema Coopera, que tem como objetivo viabilizar o trâmite eletrônico dos pedidos de cooperação jurídica internacional ativa na Justiça Federal.

69. Cf., em particular, Zheng Sophia Tang, Smart Courts in Cross-Border Litigation, *RabelsZ*, 87:119-37, 2023.

dados pessoais e segredos comerciais das partes e de terceiros no processo judicial[70]. Quanto ao Brasil, é de ressaltar a Resolução n. 449 do CNJ, de 30 de março de 2022, que dispõe sobre a tramitação das ações judiciais fundadas na Convenção da Haia sobre os aspectos civis do sequestro internacional de crianças (1980), em execução por força do Decreto n. 3.413, de 14 de abril de 2000. A Resolução permite que *"à pessoa interessada será assegurada a participação na audiência, podendo utilizar meios eletrônicos de comunicação a distância"*[71]. De acordo com o seu teor, ademais, *"as testemunhas que não se encontrarem no Brasil serão apresentadas pela parte requerente independentemente de intimação, facultada a utilização de videoconferência"*[72].

B. REGIME DAS PROVAS NOS PROCESSOS COM CONEXÃO INTERNACIONAL

O regime das provas nos processos com conexão internacional é objeto de várias convenções internacionais. A sua finalidade é facilitar a obtenção de provas no estrangeiro, como documentos, oitiva de testemunhas ou de depoimento pessoal da parte, perícia judicial.

Nesse âmbito, o Brasil aderiu à *Convenção da Haia sobre a Obtenção de Provas no Estrangeiro em Matérias de Direito Civil e Comercial*, de 18 de março de 1970[73]. Ela vigora no ordenamento jurídico interno, porém, com as reservas e declarações permitidas pela própria Convenção[74].

---

70. Nesse sentido, Zheng Sophia Tang, Smart Courts in Cross-Border Litigation, cit., p. 137-42.

71. Cf., art. 13, § 1º, da Resolução, se referindo à audiência de mediação.

72. Cf., art. 14, § 2º, da Resolução. Com uma visão crítica da utilização de meios eletrônicos de comunicação a distância nos âmbitos da Resolução e da cooperação jurídica internacional, em geral, dispensando o meio tradicional da carta rogatória, Nádia de Araújo; Caio Gomes de Freitas, A dispensa do rito formal de tramitação e cumprimento dos pedidos de cooperação jurídica internacional no Brasil: uma análise do caso da obtenção de provas no exterior. *RP, 335*: 69-84, 2023.

73. Ela foi ratificada por 66 Estados e se aplica apenas inter partes, ou seja, entre os Estados contratantes. Com relação à Convenção *v.* o Portal da Conferência da Haia de Direito Internacional Privado. Disponível em: https://www.hcch.net. Acesso em: 19-7-2023.

74. A Convenção foi promulgada no Brasil pelo Decreto n. 9.039, de 27-4-2017, com reserva ao § 2º do art. 4º e ao Cap. II, nos termos do art. 33, e com as declarações previstas nos art. 8º e art. 23. Com relação à sua aplicação pelo Brasil, cf. o Portal do Ministério da Justiça e Segu-

Nesse sentido, o Brasil não permite a obtenção de provas por representantes diplomáticos, agentes consulares ou comissários. Destarte, em relação ao País, a cooperação jurídica internacional procede no âmbito da Convenção exclusivamente entre autoridades centrais dos Estados contratantes por via de carta rogatória. Seu envio ao Brasil deverá ser acompanhado de tradução para o português. Autoridades judiciárias estrangeiras poderão assistir ao cumprimento da carta rogatória no Brasil, caso tenha sido concedida autorização prévia pela autoridade competente no País. O Brasil, ademais, não cumprirá cartas rogatórias que se destinam ao "pre-trial discovery of documents"[75]. Esse procedimento, divulgado nos países da Common Law, se situa entre o período após a propositura da ação e a realização da audiência perante o Juízo competente. Nesse período, cada parte se compromete em relação à outra adversa a fornecer todas as informações relevantes referente à lide. Nessa fase, o Poder Judiciário apenas interfere se uma das partes não coopera com a outra adversa no que for necessário[76].

O Brasil propicia cooperação jurídica internacional para a obtenção de provas no exterior ainda fundado em outros tratados internacionais e com base em promessa de reciprocidade pela via diplomática[77].

Com efeito, além da *Convenção da Haia sobre a Obtenção de Provas no Estrangeiro em Matérias de Direito Civil e Comercial*, de 18 de março de 1970, o Brasil firmou vários outros tratados multi e bilaterais, contendo normas referentes à obtenção de provas no exterior no âmbito da cooperação jurídica internacional[78].

---

rança. Disponível em: https://www.gov.br/mj/pt-br. Convenção da Haia sobre Provas. Acesso em: 20-7-2023.

75. Cf., em relação à delimitação da cooperação jurídica internacional permitida e vedada nesse âmbito, STJ, AgInt na CR 14.548-EX, CE, rel. Min. João Otávio de Noronha, j. 7-4-2020, *DJe*, 16-4-2020, STJ, AgInt na CR 13.193-EX, CE, rel. Min. João Otávio de Noronha, j. 26-11-2019, *DJe*, 29-11-2019, STJ, AgInt na CR 13.559-EX, CE, rel. Min. João Otávio de Noronha, j. 19-6-2019, *DJe*, 20-6-2019.

76. Cf. sobre o "pre-trial discovery of documents", entre outros, Jolanta Kren Kostkiewicz, *Schweizerisches Internationales Privatrecht*, 2. ed., Bern, Stämpfli Verlag, 2018, p. 48.

77. Arts. 26, § 1º, e 27, II, CPC.

78. Cf. o Portal do Ministério da Justiça e Segurança. Disponível em: https://www.gov.br/mj/pt-br. Acordos internacionais aplicáveis a pedidos de provas no exterior em matéria civil. Acesso em: 20-7-2023.

De suma relevância na prática forense, atualmente, é a questão da admissibilidade de colher provas em audiência virtual com auxílio por videoconferência quando as partes ou testemunhas de um processo judicial estão residentes e domiciliadas no exterior. No mundo inteiro, a utilização de ferramentas tecnológicas está se tornando cada vez mais comum no processo judicial[79]. Particularmente, em casos que transcendem as fronteiras nacionais, a aplicação de meios tecnológicos pode contribuir para uma prestação jurisdicional mais rápida. Assim, a tecnologia serve como instrumento para cumprir o propósito "da razoável duração do processo"[80].

Nos casos em que uma das partes ou uma ou mais das testemunhas estão residentes e domiciliadas no exterior, o seu depoimento pessoal ou a oitiva de testemunha, tradicionalmente, vêm sendo requeridas por carta rogatória pelo juízo do Estado no qual está tramitando o processo judicial[81]. Conforme o direito internacional público, sem autorização expressa, não lhe é lícito praticar atos judiciais no território de Estado estrangeiro[82]. Controverte-se na doutrina se a colheita de provas em audiência virtual por videoconferência viola a soberania do Estado estrangeiro em processos judiciais com uma das partes ou uma ou mais testemunhas residentes e domiciliadas lá[83]. Enquanto os Estados da *Common Law* não parecem considerar a utilização dessa tecnologia como uma violação de sua soberania nesses casos, a posição dos Estados da *Civil Law* ainda é bem mais reservada com relação à essa questão[84].

---

79. Com relação ao Brasil, v., entre outros, Anselmo Prieto Alvarez/Norberto Oya, Audiência virtual com auxílio da videoconferência, *Revista PGE/MS – Procuradoria-Geral do Estado de Mato Grosso do Sul,* 17:199-212, 2021 (versão on-line). Disponível em: https://www.pge.ms.gov.br. Acesso em: 10-12-2022.

80. Para o Brasil, cf., em particular, art. 5º, LXXVIII, CF; art. 8º, 1, da Convenção Americana sobre Direitos Humanos (Pacto São José da Costa Rica), de 22-11-1969.

81. Cf., nesse sentido, ainda, Cap. I, arts. 1º a 14, da Convenção da Haia sobre a Obtenção de Provas no Estrangeiro em Matéria Civil ou Comercial, de 18-3-1970.

82. Cf., nesse sentido, Cap II, arts. 16 a 22, da Convenção da Haia sobre a Obtenção de Provas no Estrangeiro em Matéria Civil ou Comercial, de 18-3-1970.

83. Cf., entre outros, Adrian Hemler, Virtuelle Verfahrensteilnahme aus dem Ausland und Souveränität des fremden Aufenthaltsstaats, *RabelsZ,* 86:905-34, 2022.

84. Cf., o Portal da Conferência da Haia de Direito Internacional Privado. Palavras-chave – Obtention des preuves por liaison vidéo. Disponível em: https://www.hcch.net/fr/instruments/specialised-sections/evidence. Acesso em: 12-12-2022. *V.,* ademais, Adrian Hemler, Virtuelle

No Brasil, o Código de Processo Civil dispõe que a oitiva de testemunha[85] e o depoimento pessoal da parte[86] que residirem "em comarca, seção ou subseção judiciária diversa daquela onde tramita o processo" poderão ser colhidos "por meio de videoconferência ou outro recurso tecnológico de transmissão de sons e imagens em tempo real, o que poderá ocorrer, inclusive, durante a realização da audiência de instrução e julgamento". A legislação pátria, portanto, implicitamente prescinde da expedição de carta rogatória em casos da realização de audiências virtuais por videoconferência. No entanto, a fim de que possa ser reconhecida a sua regularidade, é preciso respeitar estritamente o devido processo legal com a aplicação das normas vigentes para a audiência presencial[87]. Nesse sentido deverá ser aplicada, *e.g.*, também a Resolução n. 449 do CNJ, de 30 de março de 2022, que dispõe sobre a tramitação das ações judiciais fundadas na Convenção da Haia sobre os aspectos civis do sequestro internacional de crianças (1980), em execução por força do Decreto n. 3.141, de 14 de abril de 2000[88]. É possível que a resistência contra a admissibilidade da audiência virtual por videoconferência em casos com dimensões internacionais reduzir-se-á gradualmente no futuro, uma vez que a influência das novas tecnologias no âmbito do Poder Judiciário não pode mais ser revertida. Contudo, devido à situação jurídica que continua incerta, é aconselhável solicitar esclarecimentos do Estado estrangeiro em que medida concorda com a realização de uma audiência virtual por videoconferência.

Quando os fatos controvertidos ocorreram no Brasil, pode ser discutível se a cooperação jurídica internacional para a obtenção de provas no exterior no caso concreto é necessária. Relevante é a questão, em

---

Verfahrensteilnahme aus dem Ausland und Souveränität des fremden Aufenthaltsstaats, cit., p. 932.

85. Art. 453, I, § 1º, CPC.

86. Art. 385, § 3º, CPC.

87. Cf., Anselmo Prieto Alvarez/Norberto Oya, *Audiência virtual com auxílio da videoconferência*, cit., p. 205-10.

88. A Resolução permite expressamente no seu âmbito a utilização de meios eletrônicos de comunicação a distância, como a videoconferência. Cf., em particular, os seus arts. 1, 13, § 2º, 14, § 2º.

particular, com relação a empresas que prestam serviços de aplicações de internet em território nacional, ainda que não possuírem qualquer estabelecimento comercial no Brasil. Cumpre frisar que o Superior Tribunal de Justiça já decidiu pela prescindibilidade da cooperação jurídica internacional nesses casos[89]. Para tanto, socorreu-se do art. 11, *caput*, da Lei n. 12.965/2014 (*Marco Civil da Internet*)[90].

Enquanto na prática a colheita de provas no estrangeiro acarreta, sobremaneira, uma dificuldade fática para a parte interessada, é de relevância, em termos jurídicos, a delimitação entre o direito processual e o direito substantivo ou material, quando a tarefa é definir as regras sobre o regime de provas em processos com conexão internacional[91].

Uma norma probatória, pertencente ao direito processual, sempre é aplicável em conformidade com a regra geral da *lex fori*[92]. Incluindo-a, porém, no direito substantivo ou material, aplicar-se-á a *lex causae*, isto é, o direito aplicável a uma relação jurídica com conexão internacional, em consonância com as normas indicativas ou indiretas do direito internacional privado, designando ou o direito interno ou o direito estrangeiro[93].

A doutrina reconhece, quanto ao regime de provas, a dificuldade de traçar os limites entre o direito processual e o direito substantivo ou material[94]. De modo geral, porém, o regime jurídico das provas é qualificado como parte integrante do direito processual civil[95].

---

89. Cf., STJ, RMS 66.392-RS, rel. Min. João Otávio de Noronha, j. 16-8-2022, *DJe*, 19-8-2022.

90. O art. 10, *caput*, do Marco Civil da Internet dispõe: "Em qualquer operação de coleta, armazenamento, guarda e tratamento de registros, de dados pessoais ou de comunicações por provedores de conexão e de aplicações de internet em que pelo menos um desses atos ocorra em território nacional, deverão ser obrigatoriamente respeitados a legislação brasileira e os direitos à privacidade, à proteção dos dados pessoais e ao sigilo das comunicações privadas e dos registros". Sobre a produção da prova digital no direito brasileiro, em geral, *v.*, ainda, João Paulo Lordelo Guimarães Tavares, O regime jurídico das provas digitais no direito brasileiro, *RP, 316*:373-87, 2021.

91. Nesse sentido, *v.*, Keller e Siehr, *Allgemeine Lehren*, cit., p. 598; Haimo Schack, *Internationales*, cit., p. 279-80.

92. *V.*, a respeito, no Brasil, art. 13 CPC.

93. Cf., entre outros, Keller e Siehr, *Allgemeine Lehren*, cit., p. 559-60; Haimo Schack, *Internationales*, cit., p. 279; Gerhard Walter, *Internationales*, cit., p. 253-9.

94. No Brasil, cf. Clóvis V. do Couto e Silva, Direito material e processual em tema de prova, *RP, 13*:135-46, 1979; e Haroldo Valladão, *Direito internacional privado*, cit., v. 3, p. 169.

95. Cf., entre outros, Haroldo Valladão, *Direito internacional privado*, cit., v. 3, p. 171.

Destarte, é aplicável a *lex fori* quando esta estabelece: *a*) quais são os meios probatórios admitidos pela lei[96]; *b*) qual é a sua força probante[97]; *c*) de que forma as provas devem ser produzidas[98]; *d*) se a produção de provas é determinada pelo juiz de ofício ou a requerimento da parte[99]; *e*) quando um fato é considerado como provado ou incontroverso no processo[100]; e *f*) como o juiz apreciará as provas produzidas[101]. Um breve exame do direito comparado confirma essas regras[102].

A situação, porém, é outra quando se refere à determinação dos fatos que dependem de prova, desde que controversos no processo.

É o direito substantivo ou material que indica, com exclusividade, quais são os fatos para que a pretensão do autor de uma demanda possa ser acolhida pelo juiz. Provados os pressupostos fáticos com base no direito substantivo ou material, a pretensão requerida será tutelada jurisdicionalmente[103]. Já a qualificação do ônus da prova[104] e das presunções legais é juridicamente mais complicada[105].

---

96. No direito brasileiro, *v.*, particularmente, arts. 212 CC e 369 CPC.

97. Em relação à força probante dos documentos, *v.*, no direito brasileiro, particularmente os arts. 215 a 226 CC e 405 a 429 do CPC. Nesse âmbito, podem, ademais, intervir normas de tratados internacionais. Cf., por exemplo, art. 25 do Acordo de Cooperação e Assistência Jurisdicional em Matéria Civil, Comercial, Trabalhista e Administrativa entre os Estados Partes do Mercosul, a República da Bolívia e a República do Chile, de 5-7-2002: "Os instrumentos públicos emanados de um Estado Parte terão nos outros a mesma força probatória que seus próprios instrumentos públicos".

98. Cf., no direito brasileiro, basicamente os arts. 357, II e III, e 358 a 368 CPC.

99. *V.*, no direito brasileiro, art. 370 CPC.

100. *V.*, no direito brasileiro, art. 374 CPC.

101. *V.*, no direito brasileiro, arts. 371 e 372 CPC.

102. Cf. Paul Volken, Rechtshilfe und andere besondere Fragen innerhalb des Erkenntnisverfahrens, in *Die allgemeinen Bestimmungen des BG über das Internationale Privatrecht*, Veröffentlichungen des Schweizerischen Institutes für Verwaltungskurse, St. Gallen, Ed. Yvo Hangartner, 1987, v. 29, p. 136-7. Segundo esse autor, o direito anglo-saxônico, o direito escandinavo, o direito dos países do Leste Europeu, o direito austríaco, o direito alemão e o direito suíço adotam os mesmos critérios de qualificação.

103. Cf., nesse sentido, Haimo Schack, *Internationales*, cit., p. 280; Gerhard Walter, *Internationales*, cit., p. 253-4.

104. No direito brasileiro, cf., particularmente, o art. 373 CPC. *V.*, também, a Lei n. 8.078, de 11-9-1990, dispondo sobre a proteção do consumidor, arts. 6º, VIII, 38 e 51, VI, que invertem o ônus da prova em favor do consumidor.

105. No direito brasileiro, cf., entre outros, Carlos Roberto Gonçalves, *Direito civil*, cit., v. 1, p. 544-5.

As regras sobre o ônus da prova obrigam o juiz a decidir contra a parte incumbida de provar um fato juridicamente relevante e controverso no processo caso existam falhas na produção da prova de tal fato[106].

A presunção legal é a ilação que se extrai de um fato conhecido para chegar à demonstração de outro desconhecido, sendo o fato presumido estabelecido por lei[107]. Subdivide-se em presunções *juris et de jure* e presunções *juris tantum*. Estas pressupõem que do fato conhecido e verdadeiro se induz a veracidade de outro, enquanto não se demonstre o contrário[108]. Aquelas dizem respeito à presunção de verdade que a própria lei atribui a certos fatos, não comportando prova em contrário, caracterizando-se como verdade indiscutível[109].

Na realidade, o regime jurídico do ônus da prova e as presunções legais estão vinculadas estreitamente ao direito substantivo ou material[110], sendo que considerável parte da doutrina internacional as qualifica de direito substantivo ou material[111]. Se for assim, é mister a aplicação da *lex causae*, ou seja, do direito aplicável a uma relação jurídica com conexão internacional, conforme as normas do direito internacional privado[112].

Se a *lex causae* coincidir com a *lex fori*, obviamente não surge nenhum conflito. Isso ocorre apenas se o direito aplicável é o estrangeiro. Nesse

---

106. V., no direito brasileiro, entre outros, Luiz Guilherme Marinoni; Sérgio Cruz Arenhart; Daniel Mitidiero, 2. ed., *Curso de processo civil*, São Paulo, Revista dos Tribunais, 2016, v. 2, p. 267-70.

107. Cf., entre outros, Carlos Roberto Gonçalves, *Direito civil*, cit., v. 1, p. 544.

108. Cf., entre outros, Carlos Roberto Gonçalves, *Direito civil*, cit., v. 1, p. 545. No direito positivo brasileiro, cf., por exemplo, arts. 8º, 219, 322, 323, 324 e 1.597 CC.

109. Cf., entre outros, Carlos Roberto Gonçalves, *Direito civil*, cit., v. 1, p. 545. No direito positivo brasileiro, cf. entre outros o art. 3º LINDB.

110. O direito processual também conhece presunções legais, levando em consideração o comportamento das partes durante o processo. Essas normas não são vinculadas diretamente ao direito substantivo ou material. Aplica-se aqui sempre a *lex fori*. No direito brasileiro, *v.*, por exemplo, a respeito, os arts. 341, *caput*, e 455, § 2º, CPC.

111. V., entre outros, Haimo Schack, *Internationales*, cit., p. 281 e 284. Nesse sentido, por exemplo, ainda, art. 18, 1, do Regulamento (CE) n. 593/2008 do Parlamento Europeu e do Conselho, de 17-6-2008, sobre a lei aplicável às obrigações contratuais (Roma I), com o seguinte teor: "A lei que regula a obrigação contratual, por força do presente regulamento, aplica-se na medida em que, em matéria de obrigações contratuais, contenha regras que estabeleçam presunções legais ou repartam o ônus da prova".

112. Cf., entre outros, Keller e Siehr, *Allgemeine Lehren*, cit., p. 559-60.

caso, a aplicação correta desse direito só parecerá garantida se as regras sobre o ônus da prova e as presunções legais se determinarem de acordo com esse mesmo direito.

Levando em consideração, no entanto, exclusivamente o direito brasileiro, é de se concluir que o regime jurídico sobre o ônus da prova e as presunções legais são tratadas como normas processuais, com aplicação da *lex fori*[113].

Outra dificuldade encontrada, na prática, está na distinção entre a regra jurídica que se qualifica como norma, estabelecendo os requisitos da forma extrínseca de um negócio jurídico, e a norma processual, referindo-se à força probante de um meio de prova.

Qualificando-se como norma processual, aplica-se sempre a *lex fori*[114].

Tratando-se, porém, de norma destinada a definir os requisitos da forma extrínseca de um negócio jurídico, intervêm as regras do direito internacional privado, desde que a causa em questão tenha conexão internacional. Em quase todos os países, inclusive no Brasil, aceita-se, no direito internacional privado, a regra *locus regit actum*, concernente à forma extrínseca de um negócio jurídico, isto é, quanto a sua forma extrínseca, é aplicável a lei do lugar em que foi realizado[115]. Mesmo quando for aplicável a determinado negócio jurídico um direito que não corresponde àquele do lugar em que foi realizado, admite-se, alternativamente, a aplicação do princípio geral do *locus regit actum*, a fim de garantir a validade formal do negócio jurídico[116].

Examinando o direito positivo brasileiro, concernente ao regime de provas no direito processual internacional, tem-se que somente a Lei de

---

113. Cf., nesse sentido, quanto ao ônus da prova, STJ, EREsp 422.778-SP, 2ª Seção, rel. Min. João Otávio de Noronha, J. 29-2-2012, *DJe*, 21-6-2012. O acórdão faz referência expressa ao ônus da prova como regra de direito processual. Controvertido foi, *in casu*, se com relação à inversão do ônus da prova prevista no art. 6º, inc. VIII, CDC, se trata de regra de julgamento ou de instrução.

114. Keller e Siehr, *Allgemeine Lehren*, cit., p. 599; Haimo Schack, *Internationales*, cit., p. 286; Gerhard Walter, *Internationales*, cit., p. 258-9.

115. *V.*, referente ao direito brasileiro, em particular, Haroldo Valladão, *Direito internacional privado*, cit., v. 2, p. 29-31.

116. *V.*, a respeito, com mais detalhes, p. 16, 129, 139, *retro*.

Introdução às Normas do Direito Brasileiro manifesta-se sobre a matéria[117] e, assim mesmo, de forma escassa.

O Código Bustamante dedica alguns artigos à mesma matéria[118], mas Haroldo Valladão critica essa legislação, acoimando-a de ser em grande parte ultrapassada[119].

A Lei Geral de Aplicação das Normas Jurídicas, anteprojeto oficial de reforma da Lei de Introdução ao Código Civil, de autoria de Haroldo Valladão, publicado no *Diário Oficial*, de 15 de maio de 1964[120], e o Projeto de Código de Aplicação das Normas Jurídicas, de 3 de agosto de 1970[121], buscaram modernizar a legislação em vigor. Para a época, os dois textos eram diplomas legais avançados e sofisticados. *De lege ferenda*, merecem ainda a devida consideração.

---

117. O art. 13 LINDB dispõe: "A prova dos fatos ocorridos em país estrangeiro rege-se pela lei que nele vigorar, quanto ao ônus e aos meios de produzir-se, não admitindo os tribunais brasileiros provas que a lei brasileira desconheça". V., ademais, a seu respeito, STJ, Ag Rg REsp 1.660.712-P, 5ª T., rel. Min. Felix Fischer, j. 1º-5-2018, *DJe*, 23-5-2018; STJ, REsp 1.923.716-DF, 3ª T., rel. Min. Nancy Andrighi, j. 24-8-2021, *DJe*, 30-8-2021.

118. V. Título VII – Da prova, Capítulo I – Disposições gerais sobre a prova, arts. 398 a 407.

119. Cf. Haroldo Valladão, *Direito internacional privado*, cit., v. 3, p. 170-1.

120. Cf. o art. 69 deste projeto, estabelecendo que "a produção e a apreciação da prova regem-se segundo a lei do foro (art. 66). § 1º A admissibilidade dos meios de prova, a sua força probante, as presunções legais dependem da lei reguladora do negócio jurídico em causa. § 2º Os atos públicos ou particulares provam-se com a lei reguladora da respectiva forma (arts. 22, 29 e 30)".

121. Cf. o art. 70 deste projeto, reproduzido na obra de Haroldo Valladão, *Direito internacional privado*, cit., v. 3, p. 348-9, que reza: "A produção e a apreciação judiciais da prova regem-se segundo a lei do foro (art. 67). § 1º A admissibilidade dos meios da prova, a sua força probante, as presunções legais dependem da lei reguladora do negócio jurídico em causa. § 2º Os atos públicos ou particulares provam-se de acordo com a lei reguladora da respectiva forma (arts. 23, 30, 31)".

| Capítulo 6 |

Outros Temas Específicos Relacionados ao Direito Processual Civil Internacional

A. Litispendência Internacional

As regras sobre a competência internacional regem-se pela *lex fori*. Assim, é possível que a justiça de mais de um país se declare internacionalmente competente para conhecer da mesma causa entre as mesmas partes. Nessa hipótese, costuma-se falar em competência concorrente, porque as partes, quando resolvem recorrer ao Judiciário para dirimir as suas controvérsias, podem escolher entre foros de vários países.

Se, nesses casos, cada uma das partes acionar a outra num foro diferente, e se tratar de ações idênticas entre as mesmas partes, deverá ser examinada, na espécie, a relevância, para o juiz pátrio, do processo instaurado no exterior. Particularmente, deverá ser levado em consideração quando esse processo teve início antes daquele com tramitação no País, pois a prioridade da instância é requisito essencial para a configuração da litispendência.

Em se cuidando de processos pendentes em foros no território nacional, pode o réu arguir a litispendência, caso o juiz não a conheça de ofício[1]. Porém, não é pacífico serem aplicáveis os mesmos princípios em relação a processos pendentes em foros de países diferentes.

---

1. Em relação ao direito brasileiro, cf. os arts. 240, *caput*, 337, VI e §§ 1º, 3º e 5º, e 485, V e § 3º, CPC. Conforme a jurisprudência do STJ, a litispendência é matéria de ordem pública, devendo ser reconhecida *ex officio*, independentemente de provocação da parte contrária. Nesse sentido,

É regra geral do direito processual civil internacional que as normas sobre a litispendência internacional se regulem pela *lex fori*[2], como o seu conceito, a admissão de exceção no processo, a faculdade do juiz de a conhecer de ofício ou não no processo, a determinação do momento em que surgem os seus efeitos jurídicos, o conceito de causa idêntica etc.

Assim, há países, como a Argentina e o Uruguai, que admitem basicamente a exceção da litispendência internacional no processo[3]. Em outros países, conforme a legislação de origem interna, é basicamente irrelevante para o juiz o fato de já estar pendente uma ação no exterior. Nesses países, aos quais pertence também o Brasil, regras especiais em contrário são reconhecidas apenas quando constantes em tratados bi e multilaterais, particularmente naqueles que se referem à cooperação jurídica internacional civil[4]. E, no âmbito da União Europeia, cumpre salientar ainda o Regulamento (UE) n. 1.215 do Parlamento Europeu e do Conselho, de 12 de dezembro de 2012, relativo à competência judiciária, ao reconhecimento e à execução de decisões em matéria civil e comercial, que contém disposições sobre a litispendência internacional[5].

O motivo principal para atribuir eficácia jurídica à litispendência internacional é o de evitar julgados contraditórios em países diferentes, favorecendo assim a segurança jurídica. Ademais, o seu reconhecimento em nível internacional contribui para a realização da economia

---

STJ, REsp 1.268.590-PR, 4ª T., rel. Min. Luis Felipe Salomão, j. 10-3-2015, *DJe*, 25-5-2015; STJ, EDcl no AgRg no CComp 34.298-DF, 2ª Seção, rel. Min. Ari Pargendler, j. 25-9-2002, *DJU*, 18 nov. 2002, *RT*, *812*:162-4, 2003.

2. *V.* art. 13 CPC e, por todos, Haroldo Valladão, *Direito internacional privado*, cit., v. 3, p. 141.

3. Cf. art. 2.604 do Código Civil e Comercial da Nação, Lei n. 26.994, de 7-10-2014, em vigor desde 1º-8-2015; art. 58 da "Ley General de Derecho Internacional Privado", Lei n. 19.920, com promulgação em 27-11-2020: "(*Litispendencia*). Cuando un juicio iniciado previamente con el mismo objeto y causa se encuentre pendiente entre las mismas partes en un Estado extranjero, los tribunales de la República podrán suspender el juicio en que están conociendo, si es previsible que la jurisdicción extranjera dicte una decisión que pueda ser reconocida en la República".

4. No Brasil, o art. 24, *caput*, CPC dispõe: "A ação proposta perante tribunal estrangeiro não induz litispendência e não obsta a que a autoridade judiciária brasileira conheça da mesma causa e das que lhes são conexas, ressalvadas as disposições em contrário de tratados internacionais e acordos bilaterais em vigor no Brasil".

5. Cf. Seção 9, Litispendência e conexão, arts. 29 a 34 do Regulamento.

processual. Porém, os países que aceitam a exceção de litispendência internacional não o fazem sem quaisquer restrições. Se o reconhecimento de uma sentença estrangeira for impossível por não cumprir os requisitos legais no caso concreto, a litispendência internacional não terá efeitos jurídicos para um processo pendente perante um juízo nacional[6].

É esse o caso, por exemplo, quando o direito pátrio não reconhece jurisdição alienígena concorrente, por atribuir ao foro nacional caráter exclusivo[7].

Além de presumida violação da ordem pública, a admissão da litispendência no âmbito internacional pode depender ainda de outros requisitos.

Assim, como ilustração, o direito suíço em vigor admite a litispendência internacional tão somente quando existam expectativas de que o juiz estrangeiro profira a sua decisão dentro de um prazo razoável[8]. Outro requisito adicional, no que tange ao reconhecimento da litispendência internacional, vem a ser, por vezes, a reciprocidade por parte do país estrangeiro[9].

No direito brasileiro atual, o Código de Processo Civil cuida da matéria, deliberando que "a ação proposta perante tribunal estrangeiro não induz litispendência e não obsta a que a autoridade judiciária brasileira conheça da mesma causa e das que lhe são conexas, ressalvadas as disposições em contrário de tratados internacionais e acordos bilaterais em vigor no Brasil"[10]. Essa posição mais conservadora já foi criticada por Haroldo Valladão[11], podendo este autor clássico invocar em seu favor, inclusive, o *Código Bustamante*[12].

---

6. Cf., nesse sentido, art. 2.604 do Código Civil e Comercial da Nação, Lei n. 26.994, de 7-10-2014, em vigor desde 1º-8-2015.

7. Cf., entre outros, Haroldo Valladão, *Direito internacional privado,* cit., v. 3, p. 143.

8. Cf. art. 9º, alínea 1, da lei federal suíça de direito internacional privado, de 18 de dezembro de 1987, na sua redação atual.

9. Cf., nesse sentido, Arruda Alvim, Competência internacional, *RP,* 7-8:35, 1977.

10. Art. 24, *caput,* do CPC. V. também STJ, REsp 1.449.560-RJ, 4ª T., rel. Min. Marco Buzzi, j. 19-8-2014, *DJe,* 14-10-2014, demonstrando a posição desta Corte em relação ao direito anterior, não diferente do atual no seu espírito restritivo.

11. Haroldo Valladão, *Direito internacional privado,* cit., p. 143.

12. Cf. o seu art. 394: "A litispendência, por motivo de pleito em outro Estado contratante, poderá ser alegada em matéria cível, quando a sentença, proferida em um deles, deva produzir no outro os efeitos de coisa julgada".

Apesar do regime jurídico restritivo adotado pelo direito brasileiro atual, este não se aplica quando a sua invocação por uma das partes no processo no caso concreto viola o princípio da boa-fé[13].

Ademais, embora de acordo com a mencionada orientação seja basicamente irrelevante para o juiz pátrio a pendência de um processo no exterior, não é impossível que uma sentença, proferida por um juiz estrangeiro, no mesmo processo, possa ter eficácia jurídica no Brasil. Nada obsta, no caso, serem as partes as mesmas e idêntica a lide nos processos instaurados no exterior e no Brasil.

Nesse sentido, o Código de Processo Civil determina que "a pendência de causa perante a jurisdição brasileira não impede a homologação de sentença judicial estrangeira quando exigida para produzir efeitos no Brasil"[14].

No Brasil, uma sentença estrangeira é apta a ser homologada pelo Superior Tribunal de Justiça. A parte interessada pode ingressar perante essa Corte com uma ação homologatória, que será acolhida se os respectivos requisitos legais forem cumpridos. Transitada a decisão homologatória em julgado, a sentença estrangeira faz coisa julgada como uma sentença nacional[15].

Por esse motivo, se entre as mesmas partes foram instaurados processos idênticos no Brasil e no exterior, e o juiz estrangeiro, em seguida, proferiu uma sentença transitada em julgado, que, ademais, foi homologada pelo Superior Tribunal de Justiça enquanto o processo no Brasil ainda estava pendente, o direito brasileiro admite a arguição da coisa julgada[16], bastando, para isso, a decisão homologatória ter transitado em

---

13. V., nesse sentido, STJ, REsp 1.090.720-RJ, 4ª T., rel. Min. Antonio Carlos Ferreira, j. 14-6-2016, *DJe*, 23-8-2016; STJ, MC 15.398-RJ, 3ª T., rel. Min. Nancy Andrighi, j. 2-4-2009, *DJe*, 23-4-2009.

14. Art. 24, parágrafo único, CPC; STJ, SEC 14.304-EX, CE, rel. Francisco Falcão, j. 18-10-2017, *DJe*, 27-10-2017.

15. Nesse sentido, STJ, AgInt no REsp 1.176.092-DF, rel. Min. Maria Isabel Gallotti, 4ª T., j. 12-12-2012, *DJe*, 16-12-2022.

16. José Carlos Barbosa Moreira, *Relações...*, revista cit., p. 35; STJ, AgRg no REsp 1.316.522/RJ, 4ª T., rel. Maria Isabel Gallotti, j. 19-5-2016, *DJe*, 30-5-2016; STJ, SEC 4.127-EUA, CE, rel. Min. Nancy Andrighi, j. 29-8-2012, *DJe*, 27-9-2012. A mencionada jurisprudência em relação ao CPC/1973 aplica-se também ao CPC/2015.

julgado. E quanto a esta arguição, não importa se a ação foi proposta no exterior antes ou depois daquela no Brasil[17]. Nesse caso, o juiz pátrio conhece da coisa julgada de ofício ou por arguição da parte, e isso em qualquer tempo e grau de jurisdição, enquanto não proferida a sentença de mérito em relação ao processo instaurado no Brasil[18]. A esse respeito, inclusive, o direito brasileiro não distingue entre uma sentença proferida pelo Poder Judiciário ou por um tribunal arbitral[19]. Constituem, no entanto, exceções a essa jurisprudência os seguintes casos: a) a sentença estrangeira conflita com foro internacionalmente exclusivo conforme o direito brasileiro; b) um tratado internacional dispõe em sentido contrário[20]. Peculiar é a situação jurídica das sentenças estrangeiras que dispõem sobre a guarda e visitação de menor ou de alimentos, sendo essas sentenças sujeitas à revisão em caso de modificação de fato quando for invocada a Justiça brasileira pela parte interessada[21]. Cumpre acrescentar nesse contexto que o Brasil aderiu à *Convenção da Haia sobre a Cobrança Internacional de Alimentos para Crianças e Outros Membros da Família,*

---

17. José Carlos Barbosa Moreira, *Relações*..., revista cit., p. 36; STJ, SEC 3.932-CE, rel. Felix Fischer, j. 6-4-2011, *DJe*, 11-4-2011.

18. Arts. 337, VII, §§ 1º, 4º e 5º, e 485, V e § 3º, CPC.

19. *V.*, nesse sentido, entre outros, STJ, AgRg REsp 1.316.522/RJ, 4ª T., rel. Maria Isabel Gallotti, j. 19-5-2016, *DJe*, 30-5-2016; STJ, SEC 9.714-EX, CE, rel. Min. Maria Thereza Assis Moura, j. 21-5-2014, *DJe*, 27-5-2014; STJ, REsp 1.203.430-PR, 3ª T., rel. Min. Paulo de Tarso Sanseverino, j. 20-9-2012, *DJe*, 1º-10-2012.

20. Art. 24, parágrafo único, CPC. *V.*, por exemplo, art. 18, *f*, i, do Acordo de Cooperação em Matéria Civil com a França, celebrado em 28-5-1996: "1. As decisões proferidas pelos tribunais de um dos dois Estados serão reconhecidas e poderão ser declaradas executórias no território do outro Estado, se reunirem as seguintes condições: (...) *f*) que um litígio entre as mesmas partes, fundado sobre os mesmos fatos e tendo o mesmo objeto que aquele no território do Estado onde a decisão foi proferida: i) não esteja pendente perante um tribunal do Estado requerido, ao qual se tenha recorrido em primeiro lugar (...)".

21. "As sentenças estrangeiras que dispõem sobre alimentos e guarda são passíveis de homologação, mesmo que penda, na Justiça brasileira ação com idêntico objeto. (...) A existência de decisão da Justiça brasileira sobre alimentos e guarda, ainda que provisória, no entanto, impossibilita a homologação da sentença estrangeira acerca do tema." Cf., nesse sentido, STJ, *Jurisprudência em Teses*, ed. n. 65, alimentos, Brasília, 6-9-2016, teses 20 e 21. *V.*, ademais, sintetizando e especificando, STJ, AgInt na SEC 6.363-EX, CE, rel. Min. Jorge Mussi, j. 1-6-2022, *DJe*, 3-6-2022; STJ, HDE 1.396-EX, CE, rel. Min. Nancy Andrighi, j. 23-9-2019, *DJe*, 26-9-2019; STJ, AgInt SEC 15.022-EX, CE, rel. Min. Francisco Falcão, j. 4-4-2018, *DJe*, 9-4-2018. Em caso de indícios de má-fé da parte que ajuizou a ação no Brasil, esta, porém, não prevalece. Cf., STJ, AgInt na HDE 4.959-EX, CE, rel. Min. Nancy Andrighi, j. 5-10-2022, *DJe*, 10-10-2022.

firmada em 23 de novembro de 2007[22]. Essa convenção dispõe sobre normas específicas com relação ao reconhecimento e à execução, bem como à execução de decisões pelo Estado requerido no seu âmbito[23]. Além disso, são aplicáveis regras jurídicas específicas quando tramitam, concomitantemente, ações fundadas na *Convenção da Haia sobre os aspectos civis do sequestro internacional de crianças*, de 25 de outubro de 1980[24], perante a Justiça Federal, e ações relativas à guarda de crianças na Justiça Estadual[25].

Conforme a regra geral do direito de origem interna, porém, enquanto não for homologada a sentença estrangeira pelo Superior Tribunal de Justiça, esta não poderá produzir efeitos jurídicos no Brasil, não havendo repercussões dessa sentença em relação a um processo pendente no Brasil. Assim, se no decurso do processo de homologação transitar em julgado a sentença proferida sobre a lide perante o juiz brasileiro, no Superior Tribunal de Justiça, aquele processo já não poderá prosseguir mais. Uma vez verificada a coisa julgada da sentença proferida pelo juiz brasileiro, o Superior Tribunal de Justiça deverá extinguir o processo de homologação, sem julgamento de mérito[26]. A existência de sentença brasileira, transitada em julgado, impede a homologação da sentença estrangeira pelo Superior Tribunal de Justiça em todo caso[27].

---

22. *V.* Decreto n. 9.176, de 19-10-2017.

23. Cf. Capítulo V, reconhecimento e execução, arts. 19 a 31, e VI, execução pelo Estado requerido, arts. 32 a 35.

24. A Convenção foi promulgada no Brasil pelo Decreto n. 3.413, de 14-4-2000.

25. Cf., "Das ações de guarda na jurisdição brasileira", arts. 21 a 22, da Resolução n. 449, do CNJ, de 30-3-2022, que dispõe sobre a tramitação das ações judiciais fundadas na Convenção da Haia sobre os aspectos civis do sequestro internacional de crianças (1980), em execução por força do Decreto n. 3.141, de 14 de abril de 2000.

26. Art. 963, IV, CPC. Com relação à situação jurídica durante a vigência do CPC/1973 já José Carlos Barbosa Moreira, *Relações...*, revista cit., p. 37-8. Em sentido contrário, porém, STJ, SEC 854/EX, CE, rel. Min. Massami Uyeda, rel. para acórdão, Min. Sidnei Beneti, j. 16-10-2013, *DJe*, 7-11-2013, p.m. Nesse caso, julgado pelo STJ antes da vigência do CPC/2015, a Corte considerou a data do trânsito em julgado da sentença arbitral estrangeira no exterior como decisiva.

27. STJ, HDE 6.714-EX, CE, rel. Min. Francisco Falcão, j. 17-5-2023, *DJe*, 24-5-2023, STJ, SEC 8903-EX, CE, rel. Min. Napoleão Nunes Maia, j. 20-6-2018, *DJe*, 27-6-2018, STJ, SEC 1.271-EX--CE, rel. Min. Castro Meira, j. 9-6-2011, *DJe*, 24-6-2011.

B. Caução de Processo (*Cautio Judicatum Solvi*)

A caução de processo (*cautio judicatum solvi*) é uma garantia do demandante residente no exterior para cobrir as custas e despesas decorrentes de um processo civil, inclusive os honorários advocatícios da parte contrária eventualmente devidos no seu final[28]. Examinando o direito comparado, verifica-se que, via de regra, o ônus para prestar caução no processo incumbe ao autor de uma demanda ou ao reconvinte[29]. A caução, como garantia, tem a finalidade de proteger o Estado, além do próprio réu, perante a possibilidade de que o demandante (autor ou reconvinte) não possa ou não queira assumir as custas de processo de sua responsabilidade.

Nesse contexto, é de interesse particular o tipo de caução a que estão sujeitos os demandantes de nacionalidade estrangeira e/ou os domiciliados ou residentes no exterior. Sendo difundida em muitos países, é dirigida sobremaneira aos domiciliados no exterior, não se distinguindo, destarte, a nacionalidade do demandante[30]. Em se tratando de pessoa jurídica, é decisivo o lugar de sua constituição, de seu registro ou sede no exterior.

Com a intenção de facilitar e simplificar o acesso das pessoas domiciliadas no exterior à justiça local, procurou-se eliminar o ônus de prestar caução em tratados internacionais, sejam multi ou bilaterais[31].

O direito brasileiro reconhece expressamente que não pode ser exigida caução quando houver dispensa prevista "em acordo ou tratado internacional"[32]. Nesse âmbito, o Brasil aderiu à *Convenção da Haia sobre o Acesso Internacional à Justiça*, de 25 de outubro de 1980[33]. Ela exonera da prestação de caução todas as pessoas físicas e jurídicas que tenham

---

28. Cf., entre outros, STJ, REsp 1.286.878-SP, 4ª T., rel. Min. Luis Felipe Salomão, j. 21 6 2016, *DJe*, 1º-8-2016.

29. *V.*, entre outros, Walther J. Habscheid, *Schweizerisches*, cit., p. 210, nota 581.

30. Keller e Siehr, *Allgemeine Lehren*, cit., p. 597.

31. Haimo Schack, *Internationales*, cit., p. 240-1; Gerhard Walter, *Internationales*, cit., p. 237-8.

32. Art. 83, § 1º, I, CPC.

33. *V.*, a respeito da Convenção, vigente em 28 Estados, o Portal da Conferência da Haia de Direito Internacional Privado. Disponível em: https://www.hcch.net. Acesso em: 20-7-2023. O Brasil promulgou a Convenção mediante o Decreto n. 8.343, de 13-11-2014.

residência habitual dentro do território de um dos Estados contratantes[34]. Em compensação, declara que a decisão sobre custas e despesas processuais são títulos exequíveis em todos os Estados contratantes em desfavor da parte exonerada de prestar caução[35].

No Brasil, ademais, tem vigência o *Acordo de Cooperação e Assistência Jurisdicional em Matéria Civil, Comercial, Trabalhista e Administrativa entre os Estados-partes do Mercosul, República da Bolívia e a República do Chile*, celebrado em Buenos Aires, em 5 de julho de 2002[36]. O Acordo beneficia tanto pessoas físicas quanto pessoas jurídicas[37].

Por final, vários tratados internacionais bilaterais, firmados pelo Brasil, dispensam todos os residentes habituais, ou pelo menos os nacionais ou cidadãos residentes no exterior da prestação de caução em processos civis. Os Estados contratantes integram a Costa Rica, a China, o Líbano, a França, a Itália e a Espanha[38]. Também nos tratados internacionais bilaterais pode ser previsto que as decisões sobre as custas e

---

34. Cf. art. 14 da Convenção com o seguinte teor: "Não será exigido nenhum tipo de garantia, caução ou depósito judicial de pessoas (inclusive pessoas jurídicas) habitualmente residentes em um Estado Contratante que sejam autores ou partes intervenientes de um processo perante juízos de outro Estado Contratante, exclusivamente pelo fato de serem estrangeiras ou de não serem domiciliadas ou residentes no Estado onde o processo foi instaurado. A mesma regra aplicar-se-á a qualquer pagamento exigido do autor ou das partes intervenientes como garantia das custas processuais".

35. Art. 15 da Convenção.

36. Sobre as ratificações e as adesões de Equador e Peru ao Protocolo cf. o Portal do Mercosul. Disponível em: https://www.mercosur.int. Acesso em: 20-7-2023. No Brasil, o Acordo foi promulgado pelo Decreto n. 6.891, de 2-7-2009.

37. *V*. art. 4 do Protocolo com o seguinte teor: "Nenhuma caução ou depósito, qualquer que seja sua denominação, poderá ser imposta em razão da qualidade de nacional, cidadão ou residente permanente ou habitual de outro Estado Parte. O parágrafo precedente aplicar-se-á às pessoas jurídicas constituídas, autorizadas ou registradas conforme as leis de qualquer dos Estados Partes". O Protocolo, interpretado sistematicamente, porém, somente beneficia pessoas, residentes nos territórios de quaisquer dos Estados-partes, independentemente de sua nacionalidade. Nesse sentido, STJ, REsp 1.991.994-SP, 4ª T., rel. Min. Raul Araújo, j. 7-6-2022, *DJe*, 20-6-2022.

38. Entre os tratados bilaterais firmados pelo Brasil, os Tratados com a Costa Rica, de 4-4-2011, art. 11º, e com a China, de 19-5-2009, art. 3º; os Acordos com o Líbano, de 4-10-2002, arts. 4º a 5º; com a França, de 28-5-1996, art. 5º; com a Itália, de 17-10-1989, arts. 9º e 19; e com a Espanha, de 13-4-1989, art. 35, contêm dispositivos neste sentido.

despesas do processo contra a parte exonerada de prestar caução podem gozar de execução privilegiada nos Estados contratantes [39].

Apesar da crescente relevância do tratado internacional na prática, no Brasil, o direito de origem interna deve ser o aplicável ainda na maioria dos casos.

De acordo com essa legislação, o autor, brasileiro ou estrangeiro, que residir fora do Brasil ou deixar de residir no país ao longo da tramitação de processo, prestará caução suficiente ao pagamento das custas e dos honorários de advogado da parte contrária nas ações que propuser, se não tiver no Brasil bens imóveis que lhes assegurem o pagamento[40]. Porém, não se exigirá caução na execução fundada em título extrajudicial e judicial[41], bem como no cumprimento de sentença nem na reconvenção[42]. Também a parte domiciliada no exterior que ingressa com um pedido de homologação de sentença estrangeira perante o Superior Tribunal de Justiça não está obrigada a prestar caução de processo (*cautio judicatum solvi*)[43].

---

39. Cf., por exemplo, o teor do art. 9 do Acordo de Cooperação em Matéria Civil, celebrado com a França em 28-5-1996: "As condenações às custas e despesas do processo, pronunciadas em um dos dois Estados contra o requerente ou o interveniente dispensado de caução ou de depósito sob qualquer denominação que seja, serão, a pedido da autoridade central deste Estado, dirigidas à autoridade central do outro Estado, e declaradas gratuitamente executórias neste último".

40. *V.* art. 83, *caput*, CPC; TJSP, AI 2043498-15.2023.8.26.0000, 6ª Cam. Dir. Priv., rel. Des. Marcus Vinicius Rios Gonçalves, j. 15-6-2023, publ. 15-6-2023; TJSP, AI 2294209-11.2021. 8.26.000,16ª Câm. Dir. Priv., rel. Des. Mauro Conti Machado, j. 29-3-2022, publ. 1-4-2022. Com relação à evolução histórica do instituto da *cautio judicatum solvi* no direito brasileiro, cf., C. A. Álvaro de Oliveira e Galeno Lacerda, *Comentários ao Código de Processo Civil*; arts. 813 a 889, 2. ed., Rio de Janeiro, Forense, 1991, v. 8, t. 2, p. 131-7. Quanto à falência, cf., ademais, a norma especial do art. 97, § 2º, da Lei n. 11.101, de 9-2-2005, que regula a recuperação judicial, a extrajudicial e a falência do empresário e da sociedade empresária.

41. Cf., nesse sentido, STJ, REsp 1.286.878-SP, 4ª T., rel. Min. Luis Felipe Salomão, j. 21-6-2016, *DJe*, 1º-8-2016.

42. Art. 83, § 1º, II e III, CPC.

43. *V.*, entre outros, STJ, SEC 1.035/US, CE, rel. Min. Eliana Calmon, j. 19-12-2007, *DJU*, 21-2-2008, p. 29; STJ, SEC 880/IT, CE, rel. Min. Fernando Gonçalves, j. 18-10-2006, *DJU*, 6-11-2006, p. 287; STJ, SEC 507/GB, CE, rel. Min. Gilson Dipp, j. 18-10-2006, *DJU*, 13-11-2006, p. 204.

A atual legislação brasileira não adotou o critério da nacionalidade, mas sim o da residência no exterior, para ordenar o pagamento da caução. Esta também é devida se, durante a tramitação do processo, o autor da demanda deixa de residir no Brasil. Quem deve pagar a caução é tão somente o autor. O reconvinte é expressamente dispensado desse ônus por lei[44]. Além da pessoa física não residente no País, também a pessoa jurídica com sede no exterior está obrigada a pagar caução[45].

Quanto à última esta regra, todavia, vem sendo mitigada pelos tribunais. Por conseguinte, tendo a pessoa jurídica com sede no exterior subsidiária, filial ou sucursal no País, a caução nesses casos não pode ser exigida[46]. Além disso, a mesma regra vem sendo aplicada também em relação aos Estados contratantes da *Convenção de Paris para Proteção da Propriedade Industrial*, de 7 de julho de 1883, e das revisões posteriores em vigor no Brasil, desde que a ação judicial proposta se refira a direitos decorrentes da Convenção[47] e quando se trata de demandantes portugueses[48].

Não sendo dispensada a parte autora, porém, de pagar caução, esta é exigível mesmo que ela, pessoa física ou pessoa jurídica, tenha um patrimônio mobiliário expressivo no Brasil[49]. Tampouco é suficiente uma simples representação no Brasil para eximir-se do pagamento da caução[50].

A lei permite que a garantia prestada seja de natureza real ou pessoal[51].

---

44. Art. 83, § 1º, III, CPC.

45. *V.* C. A. Álvaro de Oliveira e Galeno Lacerda, *Comentários*, cit., p. 136.

46. Cf., STJ, REsp 1.584.441-SP, 3ª T., rel. Min. Moura Ribeiro, j. 21-8-2018, *DJe*, 31-8-2018; STJ, REsp 1.027.165-ES, 3ª T., rel. Min. Sidnei Beneti, j. 7-6-2011, *DJe*, 14-6-2011; STJ, AgRg na Medida Cautelar 17.995-SP, 4ª T., rel. Min. Raul Araújo, j. 7-6-2011, *DJe*, 1º-8-2011. Conforme o art. 21, parágrafo único, CPC, considera-se domiciliada no Brasil a pessoa jurídica estrangeira que nele tiver agência, filial ou sucursal.

47. Cf., entre outros, TJSP, 1ª Câm. Reservada de Direito Empresarial, AI 2247835-97.2022.8.26.0000, rel. Des. Alexandre Lazzarini, j. 12-6-2023, publ. 27-6-2023.

48. Cf., entre outros, TJSP, 1ª Câm. Reservada de Direito Empresarial, AI 2191912-86.2022.8.26.0000, rel. Des. Alexandre Lazzarini, j. 6-9-2022, publ. 28-9-2022.

49. *V.* C. A. Álvaro de Oliveira e Galeno Lacerda, *Comentários*, cit., p. 134.

50. TJSP, AI 2178923-48.2022.8.26.0000, 33ª Câm. Dir. Priv., rel. Des. Sá Duarte, j. 5-8-2022, data de registro, 5-8-2022.

Outrossim, não impede a garantia por terceiro não participante da relação jurídica processual[52].

O texto do diploma legal refere-se expressamente às custas do processo e aos honorários do advogado da parte contrária[53].

Como no direito brasileiro o juiz pode fixar esses honorários em patamares elevados[54], valores que podem ser proibitivos para o autor, aventou-se na doutrina a controvérsia da constitucionalidade do novo diploma legal.

De fato, a Carta Magna assegura o direito de ação e o acesso à tutela jurisdicional com as garantias constitucionais inerentes[55].

Na realidade, a norma, em si mesma, não é atingida pelo vício da inconstitucionalidade; apenas obriga o juiz a interpretá-la, no caso concreto, de acordo com a Constituição[56]. Este fixará para a caução, destarte, um valor correspondente à capacidade econômica do autor residente fora do Brasil, levando em consideração a sua disponibilidade de verbas, como também estipulará prazo suficiente para o cumprimento do ônus.

Conforme a legislação em vigor, o juiz determinará a caução nos próprios autos de ação de conhecimento[57]. Trata-se de pressuposto de constituição e desenvolvimento válido do processo[58]. Por esse motivo, é

---

51. TJSP, AI 2149216-98.2023.8.26.0000, 36ª Câm. Dir. Priv., rel. Des. Walter Exner, j. 20-7-2023, publ. 20-7-2023; TJSP, AgIn 2084457-96.2021.26.0000, 33. Câm. Priv., rel. Des. Sá Moreira de Oliveira, j. 21-6-2021, publ. 23-6-2021. Conforme o art. 83, *caput*, CPC, a caução deverá ser "suficiente" ao pagamento das custas e dos honorários de advogado da parte contrária.

52. TJSP, AgIn 2047901-42.2014.8.26.0000, 1ª Câm., rel. Des. Teixeira Leite, j. 24-4-2014. Nesse sentido, o Código de Processo Civil em vigor não alterou nada em relação ao CPC/1973, ainda que seja omisso em relação à questão, ao contrário do último.

53. Art. 83, *caput*, CPC; TJSP, Ap 1015039-32.2016.8.26.0625, 6. Câm. Priv., rel. Des. Ana Maria Baldy, j. 2-6-2021, publ. 2-6-2021.

54. Cf., em particular art. 85, §§ 1º e 2º, CPC.

55. Art. 5º, XXXV, LIV e LV, da CF; e, com relação à controvérsia na doutrina, C. A. Álvaro de Oliveira e Galeno Lacerda, *Comentários*, cit., p. 132-3.

56. Cf., entre outros, TJSP, AgIn 2056101-72.2013.8.26.0000, 31ª Câm. de Direito Privado, rel. Des. Francisco Casconi, j. 1º-4-2014; TJSP, AgIn 0134079-62.2013.8.26.0000, 23ª Câm. de Direito Privado, rel. Des. J. B. Franco de Godoi, j. 7-8-2013.

57. V., entre outros, TJSP, AgIn 2020393-58.2013.8.26.0000, 1ª Câm. de Direito Empresarial, rel. Des. Teixeira Leite, j. 6-2-2014. Nesse sentido, o Código de Processo Civil em vigor não alterou nada em relação ao CPC/1973.

58. Cf., entre outros, TJSP AI 2043498-15.2023.8.26.0000, 6ª Câm. Dir. Priv., rel. Des. Marcus Vinicius Rios Gonçalves, j. 15-6-2023, publ. 15-6-2023.

fixada pelo juiz de ofício, não dependendo de requerimento do réu, o que dispensa a sua citação se a caução não for prestada pelo autor[59]. O juiz, no entanto, determinará que o autor a preste no prazo de 15 dias após a verificação da petição inicial[60]. Inobstante, incumbe ao réu, antes de discutir o mérito, invocar a falta de caução como preliminar de sua contestação[61]. O juiz, todavia, conhecerá de ofício da matéria em qualquer tempo e grau de jurisdição, enquanto não ocorrer o trânsito em julgado[62]. Se a caução for prestada apenas no decorrer do processo, este não é nulo quando não resultar prejuízo para a parte adversa *in casu*[63]. Sendo necessário o reforço da caução no decorrer do processo, a parte interessada pode requerê-la nos seus próprios autos[64]. Quando a caução não for prestada nos termos da legislação em vigor, o juiz extinguirá o processo sem resolução do mérito[65].

C. CAPACIDADE PROCESSUAL DA PARTE

Na doutrina, a capacidade jurídica é definida como aptidão para ser sujeito de direitos e obrigações e exercer, por si ou por outrem, atos da vida civil[66]. A capacidade jurídica desdobra-se, destarte, em capacidade de gozo ou de direito e em capacidade de exercício, de ação, ou de fato[67].

No direito brasileiro, como em todos os sistemas jurídicos modernos, todo homem é pessoa, isto é, capaz de direitos e obrigações[68]. A norma é de ordem pública e não sofre restrições advindas do direito

---

59. Cf. art. 337, *caput*, XII, e, § 5º, CPC.

60. Art. 321, *caput*, CPC; TJSP, Ap 1015039-32.2016.8.26.0625, 6. Câm. Priv., rel. Des. Ana Maria Baldy, j. 2-6-2021, publ. 2-6-2021.

61. Art. 337, *caput*, XII, CPC.

62. Art. 485, § 3º, CPC.

63. Cf., nesse sentido, STJ, REsp 1.027.165-ES, 3ª T., rel. Min. Sidnei Beneti, j. 7-6-2011, *DJe*, 14-6-2011.

64. Art. 83, § 2º, CPC.

65. Art. 485, IV, CPC; TJSP, Ap 1015039-32.2016.8.26.0625, 6. Câm. Priv., rel. Des. Ana Maria Baldy, j. 2-6-2021, publ. 2-6-2021.

66. Carlos Roberto Gonçalves, *Direito civil*, cit., v. 1, p. 95-6.

67. *Ibidem*, p. 95-6.

68. Cf. art. 1º CC: "Toda pessoa é capaz de direitos e deveres na ordem civil".

estrangeiro, notadamente quanto à capacidade de ser parte num processo civil[69].

A capacidade de exercício, de ação, ou de fato do direito civil equivale àquela de estar em juízo do direito processual civil (*Prozessfähigkeit*)[70].

Nesse sentido, o Código de Processo Civil dispõe que toda pessoa que se encontre no exercício de seus direitos tem capacidade para estar em juízo[71].

Quanto a esta, no entanto, é de levar-se em consideração que no Brasil, em regra, cada parte deve ser representada em juízo por advogado legalmente habilitado[72]. O direito de postular em juízo (*ius postulandi*), como matéria típica de processo, rege-se pela *lex fori*[73].

Na doutrina pretende-se aplicar um tratamento diferente à capacidade da própria parte de estar em juízo. Opina-se que seja aplicável a esta a lei reguladora da capacidade de exercício, de ação, ou de fato, e isso de acordo com as normas do direito internacional privado da *lex fori*, designativas do direito aplicável[74].

A aplicação dessa regra, na realidade, constituiria uma exceção à regra geral, que diz ser aplicável ao direito processual civil a *lex fori*. Transpondo o preceito ao direito brasileiro, à capacidade processual de estar em juízo seria aplicável a lei do país em que fosse domiciliada a pessoa[75].

Analisando, porém, as normas do Código de Processo Civil sobre a capacidade processual[76], parece-nos ser mais oportuno aplicar indistintamente a *lex fori*, ou seja, o direito brasileiro, por harmonizar-se melhor com

---

69. Cf., por todos, Haroldo Valladão, *Direito internacional privado*, cit., v. 3, p. 165.

70. *Ibidem*, p. 165.

71. Art. 70 CPC.

72. Art. 103 CPC; Renato Beneduzi. In: *Comentários ao Código de Processo Civil,* v. II (arts. 70 a 187), Luiz Guilherme Marinoni, Sérgio Cruz Arenhart, Daniel Mitidiero (coords.), São Paulo, RT, 2017, p. 171-3.

73. Por todos, Haroldo Valladão, *Direito internacional privado*, cit., v. 3, p. 165.

74. No direito brasileiro, Haroldo Valladão sustenta essa argumentação. Cf. sua obra *Direito internacional privado*, cit., v. 3, p. 165.

75. Art. 7º, *caput*, LINDB; *Ibidem*, v. 3, p. 165.

76. Arts. 70 a 76 CPC.

o texto da lei. Assim, para que o cônjuge possa propor no Brasil ações que versem sobre direitos reais imobiliários, será sempre necessário o consentimento do outro, salvo quando casados sob o regime de separação absoluta de bens, e isso independente do domicílio dos cônjuges[77].

Nesse contexto, cumpre tecer ainda algumas observações com relação às pessoas jurídicas sediadas no estrangeiro. Estas se reputam juridicamente capazes, conforme o ordenamento jurídico pátrio, quando formadas validamente em consonância com a legislação no lugar de sua constituição. Assim, tal fato ensejará automaticamente a capacidade de ser parte num processo civil. Nesse ponto, a situação é similar àquela referente ao estatuto pessoal da pessoa jurídica no direito internacional privado brasileiro[78]. Na mesma esteira, o próprio Código de Processo Civil em vigor estabelece que a pessoa jurídica estrangeira será representada em juízo ativa e passivamente pelo gerente, representante ou administrador de sua filial, agência ou sucursal aberta ou instalada no Brasil[79], e em particular o gerente da filial ou agência presume-se autorizado, pela pessoa jurídica estrangeira, a receber citação para qualquer processo[80]. Sem prejuízo disso, é cabível a citação do seu procurador constituído com domicílio no País com "poderes específicos para receber notificações judiciais ou extrajudiciais e/ou citações, para quaisquer procedimentos judiciais"[81].

Se a pessoa jurídica estrangeira não possuir tal estabelecimento no Brasil, será representada por quem os respectivos estatutos designarem, ou,

---

77. Art. 73, *caput*, do CPC.

78. Nesse sentido, o art. 11, *caput*, LINDB dispõe: "As organizações destinadas a fins de interesse coletivo, como as sociedades e as fundações, obedecem à lei do Estado em que se constituírem".

79. Cf. art. 75, X, CPC. O Superior Tribunal de Justiça adota interpretação extensiva desta norma na sua jurisprudência. V., entre outros, STJ, AgRg no REsp 1.982.698, DF, 5ª T., rel. Min. Reynaldo da Fonseca, j. 15-3-2022, *DJe*, 18-3-2022, STJ, HDE 1.692-EX, CE, rel. Min. Francisco Falcão, j. 16-12-2020, *DJe*, 18-12-2020, STJ, HDE 410-EX, CE, rel. Min. Benedito Gonçalves, j. 20-11-2019, *DJe*, 26-11-2019, STJ, REsp 1.168.547-RJ, 4ª T., rel. Min. Luís Felipe Salomão, j. 11-5-2010, *DJe*, 7-2-2011.

80. Art. 75, § 3º, CPC. Em relação à situação jurídica do agente marítimo, cf., entre outros, TJSP, 12ª Câm. Dir. Priv., Ap 1033437-22.2016.8.26.0562, rel. Des. Jacob Valente, j. 4-7-2018.

81. STJ, REsp 198.707-SP, 3ª T., rel. Min. Ricardo Villas Bôas Cueva, j. 18-10-2022, *DJe*, 24-10-2022.

não os designando, por seus diretores[82]. A legislação em vigor pressupõe, e implicitamente atribui à pessoa jurídica estrangeira, a capacidade de ser parte num processo civil. Ao ingressar em juízo, incumbe à pessoa jurídica estrangeira demonstrar sua personalidade jurídica mediante a prova de sua constituição no exterior e a sua representação legal regular[83].

Por final, cumpre acrescentar que as normas sobre a representação legal no Brasil de pessoas com domicílio no exterior não se encontram apenas no Código de Processo Civil.

Quanto às sociedades por ações, vigora regra específica no sentido de que o acionista residente ou domiciliado no exterior deverá manter, no País, representante com poderes para receber citação em ações contra ele propostas, com fundamento na Lei n. 6.404, de 15 de dezembro de 1976, que dispõe sobre as sociedades por ações[84]. A regra descrita vale igualmente para as demais empresas, nas quais participam pessoas físicas, brasileiras ou estrangeiras, residentes e domiciliadas no exterior e pessoas jurídicas com sede no exterior[85]. Em consequência disso, os acionistas e sócios destas empresas com domicílio ou sede no exterior podem ser citados em processos judiciais iniciados no País nas pessoas dos seus representantes legais, ainda que não possuam poderes específicos expressos para isso[86].

---

82. Cf. art. 75, VIII, CPC; e, entre outros, STJ, REsp 1.845.712, 3ª T., rel. Min. Marco Aurélio Bellizze, j. 24-11-2020, *DJe*, 3-12-2020; STJ, REsp 1.682.665, 3ª T., rel. Min. Paulo de Tarso Sanseverino, j. 3-11-2020, *DJe*, 17-11-2020.

83. Cf., com relação aos requisitos a serem cumpridos em se tratando de pessoa jurídica estrangeira, STJ, REsp 1.845.712, 3ª T., rel. Min. Marco Aurélio Bellizze, j. 24-11-2020, *DJe*, 3-12-2020; STJ, REsp 1.682.665, 3ª T., rel. Min. Paulo de Tarso Sanseverino, j. 3-11-2020, *DJe*, 17-11-2020; STJ, AgInt nos EDcl, SEC 15.883-EX, CE, rel. Min. Benedito Gonçalves, j. 7-8-2019, *DJe*, 13-8-2019.

84. Cf. art. 119, *caput*, da lei. Seu parágrafo único estabelece ainda que "o exercício, no Brasil, de qualquer dos direitos de acionista, confere ao mandatário ou representante legal qualidade para receber citação judicial".

85. *V.*, nesse sentido, em particular, art. 12 da Instrução Normativa DREI (Departamento de Registro Empresarial e Integração) n. 81, de 10-6-2020, que dispõe sobre as normas e diretrizes gerais do Registro Público de Empresas, bem como regulamenta as disposições do Decreto n. 1.800, de 30 de janeiro de 1996, na sua redação atual.

86. Cf., TJSP, 23. Câm. Dir. Priv., AgIn 2125390-48.2020.8.26.0000, rel. Des. Hélio Nogueira, j. 10-8-2020; TJSP, 2ª Câm. Dir. Empresarial, AgIn 2241184-25.2017.8.26.0000, rel. Des. Ricardo Negrão, j. 19-6-2018; TJSP, 11ª Câm. Dir. Priv., AgIn 0140775-51.2012.8.26.0000, rel. Des. Moura Ribeiro, j. 13-9-2012; TJSP, 1ª Câm. Dir. Empresarial, AgIn 0029263.63.2012.8.26.000, rel. Des. Teixeira Leite, j. 8-5-2012.

Ademais, a Lei n. 9.279, de 14 de maio de 1996, que regula direitos e obrigações relativos à propriedade industrial, prevê que a pessoa domiciliada no exterior deverá constituir e manter procurador devidamente qualificado e domiciliado no País, com poderes para representá-la administrativa e judicialmente, inclusive para receber citações[87].

D. ASSISTÊNCIA JUDICIÁRIA GRATUITA

Tratando-se de pessoas físicas e jurídicas de nacionalidade estrangeira e/ou com domicílio ou residência habitual, respectivamente, com sede no exterior, a assistência judiciária gratuita se situa no âmbito da assistência jurídica internacional. E esta, por seu lado, o direito pátrio inclui dentro do objeto da cooperação jurídica internacional[88].

Em sendo matéria de processo, à assistência judiciária gratuita é aplicável a *lex fori*[89].

No Brasil, nos termos da lei, "a pessoa natural ou jurídica, brasileira ou estrangeira, com insuficiência de recursos para pagar as custas, as despesas processuais e os honorários advocatícios tem direito à gratuidade da justiça"[90].

A legislação vigente, portanto, não distingue mais entre pessoas físicas e jurídicas com domicílio e sede no exterior e no Brasil. Todas as pessoas, independentemente de seu domicílio, de sua sede ou de sua nacionalidade, possuem o mesmo direito à gratuidade da justiça[91].

Na realidade, a equiparação jurídica não se limita à gratuidade da justiça, ou justiça gratuita, que dispensa do pagamento das despesas

---

87. Cf. art. 217 da lei.

88. Arts. 26, *caput*, II, e 27, V, CPC.

89. Cf., por todos, Haroldo Valladão, *Direito internacional privado*, cit., v. 3, p. 166.

90. Art. 98, *caput*, CPC. Seu art. 1.072, III, revogou os arts. 2º, 3º, 4º, 6º, 7º, 11, 12 e 17 da Lei n. 1.060, de 5-2-1950 (*Lei de Assistência Judiciária*). Sobre o tema, em geral, *v.*, Renato Beneduzi. In: *Comentários ao Código de Processo Civil*, cit., p. 157-170.

91. Com relação à pessoa física, entre outros, STJ, REsp 1.225.854-RS, 4ª T., rel. Min. Marco Buzzi, j. 25-10-2016, *DJe*, 4-11-2016. Inclusive, em sendo obrigada a pagar caução nos termos do art. 83, *caput*, CPC, pode ter esse direito, desde que sejam cumpridos os requisitos legais no caso concreto para essa finalidade. *V.*, entre outros, TJSP, AI 2149216-98.2023.8.26.0000, 36ª Câm. Dir. Priv., rel. Des. Walter Exner, j. 20-7-2023, publ. 20-7-2023.

judiciais. Abrange também a assistência jurídica com relação à orientação e à defesa em juízo das pessoas necessitadas.

Ademais, não somente a pessoa, representada por funcionário do serviço organizado de assistência judiciária, ou seja, de "advogado dativo", mas também a pessoa necessitada, representada por advogado particular no processo, possui o direito de requerer os benefícios da justiça gratuita perante o Poder Judiciário[92].

Quando a pessoa física requer a gratuidade de justiça em juízo por não possuir recursos suficientes para enfrentar os custos financeiros do processo[93], a legislação brasileira presume como verdadeira esta alegação[94]. A pessoa jurídica com ou sem fins lucrativos, no entanto, terá que demonstrar sua impossibilidade de arcar com os encargos processuais, para fazer jus ao benefício da justiça gratuita[95]. A regra se aplica também à pessoa jurídica em regime de liquidação extrajudicial, em processo de recuperação judicial ou de falência[96].

O Brasil firmou tratados internacionais multi e bilaterais com diferentes países, estabelecendo normas para a concessão de assistência judiciária gratuita aos necessitados[97].

Das convenções multilaterais ratificadas mais recentemente pelo Brasil, o *Acordo sobre o Benefício da Justiça Gratuita e a Assistência Jurídica Gratuita entre os Estados-partes do Mercosul, a República da Bolívia e a República do Chile*, assinado em Florianópolis, em 15 de dezembro de 2000, garante estes direitos às pessoas físicas, beneficiadas por este diploma legal[98]. A *Convenção da Haia*, de 25 de outubro de 1980, *sobre o*

---

92. *V.* art. 99, § 4º, CPC.

93. Com relação à abrangência da gratuidade de justiça no direito brasileiro cf. art. 98, § 1º, CPC.

94. Art. 99, § 3º, CPC.

95. Súmula 481 do STJ, e, entre outros, STJ, AgInt no AREsp 1.765.701, 4. T., rel. Min. Antonio Carlos Ferreira, j. 24-5-2021, *DJe*, 28-5-2021.

96. Cf., entre outros, STJ, AgInt nos EDcl no AREsp 1.682.273, 4. T., rel. Min. Marco Buzzi, j. 24-5-2021, *DJe*, 28-5-2021, STJ, AgInt no AREsp 1.730.785, 4. T., rel. Min. Maria Isabel Gallotti, j. 19-4-2021, *DJe*, 23-4-2021.

97. *V.*, a respeito, o Portal do Ministério da Justiça e Segurança Pública – Cooperação Jurídica Internacional (em Matéria Civil) – Acesso Internacional à Justiça – Acordos Internacionais. Como solicitar Assistência Internacional. Disponível em: https://www.gov.br/mj/pt-br. Acesso em: 21-7-2023.

98. No Brasil, o Acordo foi promulgado por meio do Decreto n. 6.679, de 8-12-2008.

Acesso Internacional à Justiça, ademais, beneficia todas as pessoas físicas residentes habitualmente no território de um dos Estados contratantes, e todos os seus nacionais, quando pretendem recorrer ao Poder Judiciário dentro do território de um destes Estados[99].

Com relação às pessoas jurídicas, cumpre registrar que o *Acordo de Cooperação e Assistência Jurisdicional em Matéria Civil, Comercial, Trabalhista e Administrativa entre os Estados-partes do Mercosul, a República da Bolívia e a República do Chile*, de 5 de julho de 2002[100], está garantindo o livre acesso à jurisdição nos outros Estados-partes para as pessoas jurídicas constituídas, autorizadas ou registradas conforme as leis de qualquer dos Estados-partes[101].

E. REGIME JURÍDICO DOS DOCUMENTOS DE PROCEDÊNCIA ESTRANGEIRA

Para que os documentos de procedência estrangeira produzam efeitos jurídicos no País, devem submeter-se a regras especiais estabelecidas pela legislação brasileira.

A lei determina que todos os documentos de procedência estrangeira, acompanhados das respectivas traduções, estão sujeitos a registro, no Registro de Títulos e Documentos, para produzirem efeitos com relação a terceiros em repartições da União, dos Estados, do Distrito Federal, dos Territórios e dos Municípios, ou em qualquer instância, juízo ou tribunal[102]. A lei especifica, ainda, que o documento redigido em língua estrangeira somente poderá ser juntado aos autos do processo quando acompanhado de versão para a língua portuguesa tramitada por via diplomática ou pela autoridade central, ou firmada por tradutor juramentado[103]. A regra vale, inclusive, para documentos escritos na língua

---

99. Com relação à Convenção cf. o Portal da Conferência da Haia de Direito Internacional Privado. Disponível em: https://www.hcch.net. Acesso em: 21-7-2023. No Brasil, a Convenção foi promulgada pelo Decreto n. 8.343, de 13-11-2014.

100. O Acordo foi promulgado no Brasil pelo Decreto n. 6.891, de 2-7-2009.

101. Cf. o art. 3 do Acordo.

102. Arts. 129, § 6º, e 148 da Lei n. 6.015, de 31-12-1973, que dispõe sobre os registros públicos e dá outras providências; *v.*, nesse contexto, ainda, art. 224 CC.

103. Art. 192, parágrafo único, CPC.

espanhola[104], mas não se aplica em relação a documentos redigidos em português[105]. Entretanto, registra-se jurisprudência que admite o exame de documento redigido em língua estrangeira e desacompanhado de tradução se, diante das circunstâncias do caso concreto, contiver informações relevantes e de fácil compreensão[106]. O documento, ademais, pode servir como prova quando a sua validade não é contestada e a sua tradução não é indispensável para a sua compreensão[107]. Porém, se o juiz considerar necessária a tradução do documento, deverá dar oportunidade à parte interessada para sanar a irregularidade antes de desentranhar o documento juntado aos autos desacompanhado da devida tradução[108].

Quando o documento é apenas parcialmente traduzido, mas o seu conteúdo indivisível, e assim se requer a sua tradução integral para a sua compreensão, a parte interessada terá de juntar a tradução completa do documento aos autos do processo[109]. Existindo dúvidas com relação ao conteúdo do documento traduzido, o juiz poderá nomear intérprete com a finalidade de encontrar o seu real teor[110].

A tradução oficial constitui, portanto, o primeiro requisito para atribuir eficácia jurídica aos documentos redigidos em língua estrangeira no País. Os documentos devem ser convertidos para o português, por

---

104. STJ, AgRg no AgIn 663439/SP, 3ª T., rel. Min. Nancy Andrighi, j. 23-11-2005, *DJU*, 12-12-2005, p. 374; STJ, REsp 606.393/RJ, 3ª T., rel. Min. Humberto Gomes de Barros, j. 19-5-2005, *DJU*, 1º-8-2005, p. 444; contra, STJ, REsp 151.079/SP, 4ª T., rel. Min. Barros Monteiro, j. 24-8-2004, *DJU*, 1º-8-2005, p. 341; STJ, REsp 616.103/SC, 1ª T., rel. Min. Teori Albino Zavascki, j. 14-9-2004, *DJU*, 27-9-2004, p. 255.

105. Nesse sentido, a recomendação do CNJ de 30-8-2016 aos tribunais, dispensando a tradução de documentos oriundos dos países membros da Comunidade dos Países de Língua Portuguesa. *Clipping* eletrônico AASP, 5-9-2016. Quanto ao procedimento de homologação de decisão estrangeira, cf., entre outros, STJ, HDE-278/EX, CE, rel. Min. Nancy Andrighi, j. 7-3-2018, *DJe*, 23-3-2018.

106. V., STJ, AgRg AREsp 489.426-RS, 3ª T., rel. Min. Ricardo Villas Bôas Cueva, j. 6-10-2015, *DJe*, 14-10-2015.

107. STJ, AgInt no REsp 1.328.809-DF, 1ª T., rel. Min. Sérgio Kukina, j. 25-4-2017, *DJe*, 5-5-2017.

108. Cf., nesse sentido, em particular, arts. 321 e 352, CPC; STJ, REsp 1.231.152-PR, 3ª T., rel. Min. Nancy Andrighi, j. 20-8-2013, *DJe*, 18-10-2013.

109. Nesse sentido, STJ, REsp 1.227.053/SP, 3ª T., rel. Min. Paulo de Tarso Sanseverino, j. 22-5-2012, *DJe*, 29-5-2012.

110. Art. 162, I, CPC.

tradutor devidamente habilitado, no Brasil, os seja, por tradutor oficial ou juramentado. O ofício de tradutor só pode ser exercido por brasileiro ou estrangeiro residente no País[111]. Inovadora com relação à tradução de documentos estrangeiros, entretanto, é a Resolução n. 449 do CNJ, de 30 de março de 2022, que dispõe sobre a tramitação das ações judiciais fundadas na Convenção da Haia sobre os aspectos civis do sequestro internacional de crianças (1980), em execução por força do Decreto n. 3.141, de 14 de abril de 2000. Ela dispõe *in verbis*: "Poderão ser utilizados quaisquer recursos para a compreensão de documentos em língua estrangeira, inclusive tradutores automáticos, se o documento for produzido por pessoa que goza do benefício da assistência judiciária gratuita ou a versão juramentada puder atrasar a tramitação processual"[112].

O segundo requisito é o registro do documento no Registro de Títulos e Documentos[113]. Todo documento redigido em língua estrangeira está sujeito a registro, independentemente do lugar de sua confecção[114]. Haroldo Valladão considera essa exigência desnecessária, por ser meramente burocrática[115]. No entanto, não se exige o registro de documento para que tenha validade entre as próprias partes[116], como também será dispensado se o documento estiver autenticado por autoridade consular brasileira no estrangeiro ou atualmente, ainda, mediante a aposição da apostila conforme a Convenção da Haia sobre a Liberação dos Instrumentos Públicos de Origem Estrangeira da Autenticação, de 5 de outubro de 1961 (*Convenção da Apostila*) e destinar-se, tão somente, a produzir efeito em juízo, não sendo utilizado por outras repartições públicas[117].

---

111. Art. 22, III, da Lei n. 14.195, de 26-8-2021 V., em geral, ademais, Capítulo VII, Da profissão de tradutor e intérprete público, arts. 22-34 da mencionada lei, e, Ana Rita Carneiro Baptista Barreto Santiago, O tradutor público e intérprete comercial e sua contribuição ao Judiciário, *RP, 194*:415-30, 2011.

112. V., art. 17 da Resolução.

113. Arts. 127 a 166 LRP.

114. Walter Ceneviva, *Lei dos Registros Públicos comentada*, 9. ed., São Paulo, Saraiva, 1994, p. 237, n. 317.

115. Haroldo Valladão, *Direito internacional privado*, cit., v. 2, p. 33-4.

116. Os arts. 129, *caput*, e 148 da LRP referem-se apenas a terceiros.

117. A Súmula 259 do STF tem o seguinte teor: "Para produzir efeito em juízo não é necessária a inscrição, no registro público, de documentos de procedência estrangeira, autenticados por

Outro aspecto relevante a ser examinado nesse contexto é a autenticação dos documentos de procedência estrangeira.

Sendo de origem interna, considera-se o documento particular autêntico quando o tabelião reconhece a firma do signatário; a autoria estiver identificada por qualquer outro meio legal de certificação, inclusive eletrônico, nos termos da lei; e não houver impugnação da parte contra quem foi produzido o documento[118]. Em consequência disso, o documento particular de cuja autenticidade não se duvida prova que o seu autor fez a declaração que lhe é atribuída[119].

Tratando-se de procuração para o foro em geral, com ou sem poderes especiais, como para receber citação, basta para a sua validade a outorga por instrumento particular, sem que haja necessidade do reconhecimento da firma[120]. Conforme a legislação em vigor a procuração ainda pode ser assinada digitalmente, na forma prescrita[121]. Existe a possibilidade que também procurações assinadas dessa forma, por pessoas domiciliadas no exterior, possam ser aceitas em juízo, desde que se trate de assinatura digital e eletrônica em conformidade com a legislação brasileira.

Porém, levando em consideração o documento de procedência estrangeira em que a legislação em vigor exige o reconhecimento da firma[122], para que a sua validade seja reconhecida no Brasil, é preciso ainda a aposição da apostila, conforme a *Convenção da Haia sobre a Liberação dos Instrumentos Públicos de Origem Estrangeira da Autenticação*, de 5 de outubro de 1961 (*Convenção da Apostila*), quando couber,

---

via consular". A súmula foi confirmada pelo Supremo Tribunal Federal após a data de entrada em vigor, em 1º de janeiro de 1976, da Lei dos Registros Públicos (*RTJ, 113*:845-9).

118. Art. 411 CPC.

119. Art. 412, *caput*, CPC. O documento particular admitido expressa ou tacitamente, ademais, é indivisível, sendo vedado à parte que pretende utilizar-se dele aceitar os fatos que lhe são favoráveis e recusar os que são contrários ao seu interesse, salvo se provar que estes não ocorreram. *V.*, nesse sentido, art. 412, parágrafo único, CPC.

120. *V.* art. 105, *caput*, CPC.

121. Art. 105, § 1º, CPC.

122. Um exemplo que dispensa expressamente o reconhecimento da firma é a Lei n. 9.279, de 14-5-1996, que regula direitos e obrigações relativos à propriedade industrial. Cf., nesse sentido, o seu art. 216, § 1º.

e, nos demais casos, a legalização consular desses documentos[123], a não ser se intervém outro tratado bilateral ou multilateral a seu respeito[124].

Uma simplificação considerável com relação ao regime do reconhecimento de documentos de procedência estrangeira significa para o Brasil a sua adesão à *Convenção da Haia sobre a Liberação dos Instrumentos Públicos de Origem Estrangeira da Autenticação*, de 5 de outubro de 1961 (*Convenção da Apostila*)[125].

A finalidade da Convenção é a supressão da exigência da legalização diplomática ou consular dos atos públicos estrangeiros[126]. Ela não se aplica, portanto, a atos particulares.

Conforme a Convenção, são atos públicos: a) os documentos provenientes de uma autoridade ou de um agente público vinculados a qualquer jurisdição do Estado, inclusive os documentos provenientes do Ministério Público, de escrivão judiciário ou de oficial de justiça; b) os documentos administrativos; c) os atos notariais; d) as declarações oficiais apostas em documentos de natureza privada, como certidões que comprovem o registro de um documento ou a sua existência em determinada data, e reconhecimentos de assinatura. Porém, não se aplica: a) aos documentos emitidos por agentes diplomáticos ou consulares; b) aos documentos administrativos diretamente relacionados a operações comerciais ou aduaneiras[127].

A única formalidade no âmbito da Convenção que poderá ser exigida para atestar a autenticidade da assinatura, a função ou cargo

---

123. Conforme a jurisprudência do STF, o ato da chancela consular destina-se a conferir a autenticidade do documento de procedência estrangeira. V. STF, SEC 4.738, TP, rel. Min. Celso de Mello, j. 24-11-1994, publ. 7-4-1995.

124. Conforme o art. 5º do Decreto n. 8.742, de 4-5-2016, ficam dispensados de legalização consular os documentos expedidos por países com os quais o Brasil tenha firmado acordos bilaterais ou multilaterais de simplificação ou dispensa do processo de legalização. Nesse sentido, como exemplo, cf. o art. 41 da Convenção da Haia sobre a Cobrança Internacional de Alimentos para Crianças e Outros Membros da Família, de 3-11-2007, com vigência também no Brasil.

125. A Convenção foi aprovada no Congresso Nacional pelo Decreto Legislativo n. 148, de 6-7-2015, e foi promulgada pelo Decreto n. 8.660, de 29-1-2016, pela Presidência da República. O governo brasileiro a ratificou na data de 2-2-2015.

126. STJ, HDE 598-EX, CE, rel. Min. Francisco Falcão, j. 7-4-2021, *DJe*, 16-4-2021.

127. Art. 1º da Convenção.

exercido pelo signatário do documento e, quando cabível, a autenticidade do selo ou carimbo aposto no documento, consiste na aposição de uma apostila, emitida pela autoridade competente do Estado no qual o documento é originado[128].

A apostila será aposta no próprio documento ou em folha a ele apensa e deverá estar em conformidade com o modelo anexo à Convenção[129].

No Brasil, o Conselho Nacional de Justiça (CNJ) uniformizou a sua aplicação no País[130]. Cumpre salientar nesse contexto que os documentos de origem estrangeira legalizados antes da entrada em vigor da Convenção da Apostila da Haia no Brasil preservam a sua validade[131].

A Convenção da Apostila atualmente já tem vigência em 125 Estados[132].

Exigências formais idênticas e menos burocráticas quanto ao reconhecimento de documentos de procedência estrangeira, independentemente do país de sua origem, facilitam consideravelmente o trabalho para os operadores do direito[133].

De acordo com as *Convenções de Viena sobre as Relações Diplomáticas e Consulares*, ambas com vigência no Brasil, as representações diplomáticas e consulares no exterior, dentro dos limites permitidos pelo

---

128. Art. 3º da Convenção; STJ, HDE 1.940-EX, CE, rel. Min. Napoleão Nunes Maia Filho, j. 5-2-2020, *DJe*, 17-2-2020, STJ, SEC 14.385-EX, CE, rel. Min. Nancy Andrighi, j. 15-8-2018, *DJe*, 21-8-2018.

129. Art. 4º da Convenção.

130. V., a respeito, a sua Resolução n. 228, de 22-6-2016. Com relação a mais informações sobre a Convenção de interesse para o operador do direito, cf. o Portal do Conselho Nacional de Justiça (CNJ), Apostila da Haia. Disponível em: https://www.cnj.jus.br/poder-judiciario/relacoes-internacionais/apostila-da-haia/. Acesso em: 21-7-2023.

131. Com esse entendimento, o Plenário do CNJ julgou procedente recurso administrativo no Pedido de Providências 000126-67.2017.2.00.000, que requeria a revogação do art. 20 de sua Resolução n. 228/2016. O julgamento ocorreu na 25ª Sessão Virtual, iniciada em 15-9-2017. Disponível em: CNJ, Notícias, 26-9-2017.

132. Portal da Conferência da Haia de Direito Internacional Privado. Disponível em: https://www.hcch.net. Acesso em: 17-7-2023.

133. Mais liberal que a Convenção da Apostila é o Regulamento (UE) 2016/1191 do Parlamento Europeu e do Conselho, de 6-7-2016, relativo à promoção da livre circulação dos cidadãos através da simplificação dos requisitos para a apresentação de certos documentos públicos na União Europeia e que altera o Regulamento (UE) n. 1.024/2012. Dispensa dentro do seu âmbito não somente a legalização consular, mas também o apostilamento do documento.

direito internacional e respeitadas as normas internas do Estado estrangeiro, estão autorizadas a exercer funções de notário e oficial de registro civil e outras similares, além das de caráter administrativo[134].

Para a legislação interna, em se tratando de brasileiros, serão competentes as autoridades consulares brasileiras para celebrar o casamento e demais atos do registro civil ou de tabelionato, inclusive o registro do nascimento e do óbito de filhos de brasileiro ou de brasileira nascidos no país da sede do consulado[135]. Esses atos, praticados por autoridades consulares brasileiras, têm validade em todo o território nacional[136]. Mas, se o Estado estrangeiro não permite que as repartições diplomáticas e consulares pratiquem atos de notário e oficial de registro civil, a Autoridade Consular brasileira no exterior terá que respeitar as regras impostas pelo Estado receptor[137].

---

134. Art. 3º, 2, da Convenção de Viena sobre Relações Diplomáticas, de 18-4-1961, promulgada no Brasil pelo Decreto n. 56.435, de 8-6-1965, e art. 5, *f*, da Convenção de Viena sobre Relações Consulares, de 24-4-1963, promulgada no Brasil pelo Decreto n. 61.078, de 26-7-1967.
135. *V.* art. 18 LINDB. Com relação à interpretação dessa norma, cf. Maristela Basso, *Curso de direito internacional privado*, cit., p. 305-11. Por fim, consulte nesse contexto, também, a Resolução n. 155 do Conselho Nacional de Justiça (CNJ) de 16-7-2012, na sua redação atual, que dispõe sobre traslado de certidões de registro civil de pessoas naturais emitidas no exterior.
136. Cf. o Decreto n. 8.742, de 4-5-2016, que dispõe sobre os atos notariais e de registro civil do serviço consular brasileiro e da dispensa de legalização no Brasil das assinaturas e atos emanados das autoridades consulares brasileiras.
137. A proibição pode incluir, por exemplo, a prática de atos referentes a separações e divórcios consulares. No Brasil, a Lei n. 12.874, de 29-10-2013, que alterou o art. 18 do Decreto-Lei n. 4.657, de 4-9-1942, autoriza as autoridades consulares brasileiras a celebrarem a separação e o divórcio consensuais de brasileiros no exterior quando forem cumpridos *in casu* os requisitos legais para essa finalidade.

| Capítulo 7 |

Direito Processual Civil Internacional no Mercosul

A. Considerações Gerais

O Mercosul (*Mercado Comum do Sul*) é uma organização internacional com personalidade jurídica própria, órgãos, sede própria, objetivos específicos e integrada por Estados soberanos[1].

Nasceu com o advento do Tratado de Assunção de 26 de março de 1991[2], e sua estrutura institucional foi estabelecida pelo Protocolo de Ouro Preto, de 17 de dezembro de 1994[3].

Apesar da contínua evolução de integração, o Mercosul, até a presente data, não se caracteriza como organização supranacional, porque não é composto por órgãos comunitários com a competência de legislar com autonomia em relação aos Estados-membros do Mercosul[4].

---

1. Argentina, Brasil, Paraguai, Uruguai, Venezuela (membro suspenso) e Bolívia (em processo de adesão ao Mercosul). Além disso, o Mercosul conta com países associados. Com relação ao Mercosul, cf. o seu Portal. Disponível em: https://www.mercosur.int. Acesso em: 21-7-2023.

2. O Tratado de Assunção foi aprovado no Brasil pelo Congresso Nacional em 25-9-1991, e promulgado pelo Decreto n. 350, publicado no *Diário Oficial* de 22-11-1991. Entrou em vigor, internacionalmente, em 29-11-1991, com o depósito das ratificações necessárias.

3. V., sobre o regime jurídico e a estrutura institucional do Mercosul, o seu Portal. Disponível em: https://www.mercosur.int. Acesso em: 21-7-2023.

4. Cf., o Portal do Mercosul. Disponível em: https://www.mercosur.int. Acesso em: 21-7-2023.

Há tempo, debate-se a viabilidade de criar órgãos comunitários dentro do Mercosul com essa competência. Porém, enquanto nem todas as Constituições dos Estados-membros do Mercosul permitem a transferência de uma parte da sua soberania para órgãos comunitários, não parece oportuno alterar o sistema atual do Mercosul, que pressupõe um ato do legislador nacional para que os acordos no Mercosul se transformem em normas aplicáveis nos seus Estados-membros[5].

Independentemente, o Mercosul elaborou um considerável acervo normativo[6]. É interessante verificar que desde o início o Mercosul se preocupava com a harmonização do direito processual civil internacional. Nesse sentido, Eduardo Tellechea Bergman chegou a afirmar que em breve mister se fará concretizar um verdadeiro Código regulador de direito processual civil internacional no Mercosul, assegurando a efetiva realização da justiça na região, agregada à dimensão econômica da integração, e que apenas a previsibilidade, a certeza e a equidade de direito reúnem as condições para assegurar o desenvolvimento das relações internacionais privadas no bloco[7].

Na realidade, já o próprio Tratado de Assunção, no seu art. 1º, parte final, prevê expressamente: "Este Mercado Comum implica: (...) O compromisso dos Estados-Partes de harmonizar suas legislações, nas áreas pertinentes, para lograr o fortalecimento do processo de integração".

De fato, no âmbito do Mercosul houve progresso em relação à harmonização do direito processual civil internacional. Nesse contexto, cumpre mencionar o *Protocolo de Cooperação e Assistência Jurisdicional em Matéria Civil, Comercial, Trabalhista e Administrativa de Las Leñas*, de

---

5. Com relação à incorporação das normas do Mercosul no direito brasileiro, *v.* Luiz Olavo Baptista, Inserção das normas do Mercosul no direito brasileiro, in Luiz Olavo Baptista e José Roberto Franco da Fonseca (coord.), *Estudos em homenagem ao prof. Vicente Marotta Rangel, o direito internacional no terceiro milênio*, São Paulo, LTr, 1998, p. 390-404. Cf., ademais, STF, AgRg CR 8.279, TP, rel. Min. Celso de Mello, j. 17-6-1998, publ. 10-8-2000.

6. Cf., a seu respeito, o seu Portal. Disponível em: https://www.mercosur.int. Acesso em: 21-7-2023.

7. Cf. Eduardo Tellechea Bergman, Un marco jurídico al servicio de la integración – las regulaciones del Mercosur sobre jurisdicción internacional, in *Contratos internacionais e direito econômico no Mercosul*, p. 69.

27 de junho de 1992. Ademais, foram elaborados o *Protocolo de Buenos Aires*, de 5 de agosto de 1994, *sobre Jurisdição Internacional em Matéria Contratual*, o *Protocolo de Ouro Preto*, de 16 de dezembro de 1994, *de Medidas Cautelares*, e o *Protocolo de San Luis*, de 25 de junho de 1996, *sobre Matéria de Responsabilidade Civil Emergente de Acidentes de Trânsito entre os Estados-Partes do Mercosul*[8].

Parece ser fundamental que os Protocolos com vigência no direito interno dos Estados-membros do Mercosul sejam efetivamente aplicados pelo Poder Judiciário e invocados pelas partes em processos civis, quando cabíveis.

É de notar que os Protocolos apenas são inovadores em parte. Muitas vezes se adotaram normas de tratados internacionais já existentes, principalmente elaboradas pela Conferência Especializada Interamericana de Direito Internacional Privado[9].

---

8. Referente à bibliografia, cf., entre outros: Nádia de Araújo, Carlos Alberto de Salles e Ricardo R. Almeida, Medidas de cooperação interjurisdicional no Mercosul, *RP*, *123*:77-113, 2005, e Cooperação interjurisdicional no Mercosul – cartas rogatórias, homologação de sentenças e laudos arbitrais e informações do direito estrangeiro, *in* Maristela Basso (org.), *Mercosul: seus efeitos jurídicos, econômicos e políticos nos Estados-membros*, Porto Alegre, Livr. do Advogado Ed., 1995, p. 339-69; Carlos Alberto de Salles, A cooperação interjurisdicional no Mercosul, in Paulo Borba Casella (coord.), *Contratos internacionais e direito econômico no Mercosul após o término do período de transição*, com a colaboração de Nádia de Araújo, Umberto Celli Jr. e Ricardo Th. da Cunha, São Paulo, LTr, 1996, p. 721-37; Eduardo Tellechea Bergman, Un instrumento para la integración jurídica regional el Protocolo de Cooperación y Asistencia Jurisdiccional en Materia Civil, Comercial, Laboral y Administrativa entre los Estados Partes del Mercosur Aprobado en Las Leñas, República Argentina el 27 de junio de 1992, in *Estudios multidisciplinarios sobre el Mercosur*, Montevidéu, Universidad de la República, Facultad de Derecho, Fundación de Cultura Universitaria, 1995, p. 135-72; La cooperación jurídica internacional en el Mercosur – el Protocolo de Las Leñas sobre Cooperación y Asistencia Jurisdiccional en Materia Civil, Comercial, Laboral y Administrativa, in *Mercosur – balance y perspectivas*, cit., p. 111-34; Un marco jurídico al servicio de la integración internacional: las regulaciones del Mercosur sobre jurisdicción internacional, in Paulo Borba Casella (coord.), *Contratos internacionais e direito econômico no Mercosul após o término del período de transição*, cit., p. 48-74; Jürgen Samtleben, Das Internationale Prozess-und Privatrecht des Mercosur, *RabelsZ*, *63*:1-69, 1999, e Die Entwicklung des Internationalen Privat-und Prozessrechts im MERCOSUR, *Praxis des Internationalen Privat-und Verfahrensrechts (IPRax)*, *25*:376-83, 2005.

9. Cf., a respeito da Conferência, com mais detalhes, p. 76-9, *retro*.

B. Princípios Básicos da Cooperação e Assistência Jurídica

O *Protocolo de Las Leñas sobre Cooperação e Assistência Jurisdicional em Matéria Civil, Comercial, Trabalhista e Administrativa*, de 27 de junho de 1992, é o documento básico de cooperação e assistência jurisdicional entre os Estados integrantes do Mercosul[10]. Ele foi complementado pelo *Acordo de Cooperação e Assistência Jurisdicional em Matéria Civil, Comercial, Trabalhista e Administrativa entre os Estados-partes do Mercosul, República da Bolívia e República do Chile*, firmado em Buenos Aires, na data de 5 de julho de 2002[11]. Seu texto é quase idêntico com o primeiro, mas não completamente. A jurisprudência do Superior Tribunal de Justiça se refere na atualidade basicamente apenas ao *Acordo de Buenos Aires* e não mais ao *Protocolo de Las Lenãs*.

O *Protocolo de Las Leñas* revela fortes influências de várias convenções internacionais, elaboradas pela Conferência Especializada Interamericana de Direito Internacional Privado, todas elas ratificadas pelo Brasil. Trata-se especificamente das *Convenções Interamericanas sobre Cartas Rogatórias*, de 30 de janeiro de 1975[12], e seu *Protocolo Adicional*, de 8 de maio de 1979[13], bem como da *Convenção Interamericana sobre Prova e Informação acerca do Direito Estrangeiro*, de 8 de maio de 1979[14], e da *Convenção Interamericana sobre Eficácia Extraterritorial das Sentenças e Laudos Arbitrais Estrangeiros*, de 8 de maio de 1979[15].

O campo de aplicação do *Protocolo de Las Leñas* é a cooperação e assistência jurisdicional em matéria civil, comercial, trabalhista e administrativa entre os Estados integrantes do Mercosul. A assistência jurisdicional se estende aos procedimentos administrativos em que se

---

10. Veja-se, entre outros, Eduardo Tellechea Bergman, La cooperación jurídica internacional en el Mercosur, in *Contratos internacionais*, cit., p. 114-6. No Brasil, o Protocolo foi promulgado pelo Decreto n. 2.067, de 12-11-1996.

11. No Brasil, o Protocolo foi promulgado pelo Decreto n. 6.891, de 2-7-2009. Em relação ao estado de suas ratificações, cf. o Portal do Mercosul. Disponível em: https://www.mercosur.int.

12. No Brasil, a Convenção foi promulgada pelo Decreto n. 1.900, de 20-5-1996.

13. No Brasil, o Protocolo foi promulgado pelo Decreto n. 2.022, de 7-10-1996.

14. No Brasil, a Convenção foi promulgada pelo Decreto n. 1.925, de 10-6-1996.

15. No Brasil, a Convenção foi promulgada pelo Decreto n. 2.411, de 2-12-1997.

admitam recursos perante os tribunais, ou seja, o contencioso administrativo[16]. São abrangidas pelo Protocolo também sentenças em matéria de reparação de danos e restituição de bens proferidas na esfera penal quando do seu reconhecimento e da sua execução em outro Estado-parte do Mercosul[17].

Conforme o seu conteúdo, o Protocolo inclui no Capítulo IV a cooperação em atividades de simples trâmite e probatórias[18], no Capítulo V o reconhecimento e a execução de sentenças e laudos arbitrais[19] e no Capítulo VII a informação do direito estrangeiro[20]. Outrossim, o Protocolo trata de questões jurídicas gerais do direito processual civil internacional, a saber, da igualdade no tratamento processual[21] e dos instrumentos públicos e outros documentos[22].

A preocupação básica do *Protocolo de Las Leñas* é o tratamento processual equitativo dos cidadãos e residentes permanentes no Mercosul, garantindo-lhes o livre acesso à Justiça, com o fim de poderem defender os seus direitos e interesses de forma adequada. A uniformização de regras processuais deverá contribuir para a consolidação da segurança jurídica no Mercosul, com o resguardo, no entanto, da soberania nacional de cada um dos seus Estados-membros[23].

No seu Capítulo III[24], estabelece garantias processuais para os cidadãos e residentes nos Estados-membros do Mercosul.

Destarte, garante o livre acesso à Justiça, incluindo as pessoas jurídicas constituídas regularmente em qualquer dos Estados-membros do Mercosul[25].

---

16. Cf. art. 1 do Protocolo.

17. Cf. art. 18, *in fine*, do Protocolo.

18. Cf. arts. 5 a 17 do Protocolo.

19. Cf. arts. 18 a 24 do Protocolo.

20. Cf. arts. 28 a 30 do Protocolo.

21. Capítulo III do Protocolo, arts. 3 e 4.

22. Capítulo VI do Protocolo, arts. 25 e 27.

23. Veja-se, nesse sentido, em detalhes, o Preâmbulo do Protocolo.

24. Arts. 3 e 4 do Protocolo.

25. Art. 3 do Protocolo: "Os cidadãos e os residentes permanentes de um dos Estados-Partes gozarão, nas mesmas condições dos cidadãos e residentes permanentes do outro Estado-Parte, do livre acesso à jurisdição desse Estado para a defesa de seus direitos e interesses. O parágra-

Nesse aspecto não inovou em relação ao Brasil. Em nosso país, já o art. 5º, XXXV, LIV e LV, da Constituição em vigor garante o livre acesso à Justiça para as mencionadas pessoas com o fim de obterem a prestação jurisdicional perante os tribunais brasileiros. Ademais, no âmbito mundial, os mesmos direitos são garantidos pelo *Pacto Internacional sobre Direitos Civis e Políticos*, aprovado pela Organização das Nações Unidas, em Nova Iorque, no dia 16 de dezembro de 1966[26], e pela *Convenção Americana de Direitos Humanos* de San José da Costa Rica, de 22 de novembro de 1969[27].

Por outro lado, ao vedar a possibilidade de qualquer "caução ou depósito, qualquer que seja a sua denominação"[28], contém norma especial em relação ao direito de origem interna no âmbito do Mercosul[29]. Significa para os litigantes procedentes ou residentes em qualquer dos Estados-membros do Mercosul que são liberados da obrigatoriedade de prestar caução suficiente às custas e honorários do advogado da parte contrária. Esse benefício não só se refere às pessoas físicas, mas também expressamente às pessoas jurídicas constituídas, autorizadas ou registradas conforme as leis de qualquer dos Estados-partes[30].

---

fo anterior aplicar-se-á às pessoas jurídicas constituídas, autorizadas ou registradas conforme as leis de qualquer dos Estados-partes".

26. Cf., em particular, seus arts. 14 e 26. No Brasil o Pacto foi promulgado pelo Decreto n. 592, de 6-12-1992.

27. Cf., particularmente, o seu art. 8, § 1º: "Toda pessoa tem direito a ser ouvida com as devidas garantias e dentro de um prazo razoável, por um juiz ou tribunal competente, independente e imparcial, estabelecido anteriormente por lei, na apuração de qualquer acusação penal formulada contra ela, ou para que se determinem seus direitos ou obrigações de natureza civil, trabalhista, fiscal ou de qualquer outra natureza". No Brasil, a Convenção foi promulgada pelo Decreto n. 678, de 6-11-1992.

28. Cf. art. 4 do Protocolo: "Nenhuma caução ou depósito, qualquer que seja sua denominação, poderá ser imposto em razão da qualidade de cidadão ou residente permanente de outro Estado-Parte. O parágrafo precedente aplicar-se-á às pessoas jurídicas constituídas, autorizadas ou registradas conforme as leis de qualquer dos Estados-partes".

29. Cf. art. 83, *caput* e § 1º, I, CPC: "O autor, brasileiro ou estrangeiro, que residir fora do Brasil ou deixar de residir no país ao longo da tramitação de processo prestará caução suficiente ao pagamento das custas e dos honorários de advogado da parte contrária nas ações que propuser, se não tiver no Brasil bens imóveis que lhes assegurem o pagamento. (...) Não se exigirá a caução de que trata o *caput*: I – quando houver dispensa prevista em acordo ou tratado internacional de que o Brasil faz parte; (...)".

30. O Protocolo, interpretado sistematicamente, contudo, somente beneficia pessoas, residentes nos territórios de quaisquer dos Estados-partes, independentemente de sua nacionalidade.

No seu Capítulo IV o *Protocolo de Las Leñas* regulamenta a cooperação jurídica internacional em atividades de simples trâmite e probatórias[31].

Cumpre mencionar aqui que todos os Estados-membros do Mercosul também são signatários da *Convenção Interamericana sobre Cartas Rogatórias*, de 30 de janeiro de 1975.

Na aplicação ao caso concreto, portanto, faz-se mister confrontar as normas da *Convenção Interamericana sobre Cartas Rogatórias*, de 30 de janeiro de 1975, com as respectivas normas do *Protocolo de Las Leñas*.

Este prevê a designação de autoridade central pelos Estados-membros do Mercosul. A ela cumpre receber e transmitir as cartas rogatórias provenientes de autoridades judiciárias estrangeiras no âmbito do Protocolo. De acordo com o seu texto, as autoridades centrais comunicar-se-ão diretamente entre si, permitindo, todavia, a intervenção de outras autoridades competentes sempre que tal seja necessário[32]. A autoridade central no Brasil é o Ministério da Justiça (*atualmente denominado Ministério da Justiça e Segurança Pública*)[33].

A carta rogatória é o meio pelo qual se processa a cooperação e a assistência jurídica internacional conforme o *Protocolo de Las Leñas*. Este

---

Nesse sentido, STJ, REsp 1.991.994-SP, 4ª T., rel. Min. Raul Araújo, j. 7-6-2022, *DJe*, 20-6-2022. V., ademais, entre outros, TJSP, Ap. Cív. 1016956-73.2020.8.26.0002, 13. Câm. Priv., rel. Des. Francisco Giaquinto, j. 20-4-2021, publ. 20-4-2021, TJSP, Ap. Cív. 1010984-91.2020.26.0562, 37. Câm. Priv., rel. Des. José Tarciso Beraldo, j. 13-4-2021, publ. 13-4-2021, TJSP, Ap. Cív. 1016598-11.2020.8.26.0002, 11. Câm. Priv., rel. Des. Gilberto Santos, j. 9-2-2021, publ. 9-2-2021.

31. Arts. 5 a 17 do Protocolo.

32. Cf., em detalhes, Capítulo II, Autoridades Centrais, art. 2: "Para os efeitos do presente Protocolo, cada Estado-Parte indicará uma Autoridade Central encarregada de receber e dar andamento às petições de assistência jurisdicional em matéria civil, comercial, trabalhista e administrativa. Para tanto, as Autoridades Centrais se comunicarão diretamente entre si, permitindo a intervenção de outras autoridades respectivamente competentes, sempre que seja necessário. Os Estados-Partes, ao depositarem os instrumentos de ratificação do presente Protocolo, comunicarão essa providência ao Governo depositário, o qual dela dará conhecimento aos demais Estados-Partes. A Autoridade Central poderá ser substituída em qualquer momento, devendo o Estado-Parte comunicar o fato, no mais breve prazo possível, ao Governo depositário do presente Protocolo, para que dê conhecimento aos demais Estados-Partes da substituição efetuada".

33. V. art. 26, § 4º, CPC. Cf., o seu Portal. Disponível em: https://www.gov.br/mj/pt-br. Acesso em: 22-7-2023.

determina detalhadamente os seus requisitos formais[34]. A cooperação e a assistência jurídica internacional sempre deverão ocorrer entre autoridades jurisdicionais[35], sendo que cada Estado-membro, em princípio, determina o conteúdo desse conceito.

A cooperação e a assistência jurídica internacional, basicamente, abrangem diligências de simples trâmite, como citações, intimações, citações com prazo definido, notificações ou outras semelhantes, bem como o recebimento ou a obtenção de provas[36].

A autoridade jurisdicional competente do Estado rogado cumprirá a carta rogatória de ofício[37]. Apenas poderá negar-se a fazê-lo quando a medida rogada, no caso concreto, violar a sua ordem pública. O cumprimento da carta rogatória, no entanto, não implicará o reconhecimento da competência internacional do juiz rogante[38]. A finalidade do Protocolo é facilitar a cooperação e a assistência jurídica internacional. A carta rogatória, todavia, não deverá ser cumprida quando a competência internacional do Estado rogado for exclusiva, pelo fato de que nesse caso existirá a violação da ordem pública.

A autoridade jurisdicional rogada terá competência para conhecer das questões que sejam suscitadas quando do cumprimento da diligência rogada. Caso a autoridade jurisdicional rogada se declare incompetente para proceder à tramitação da carta rogatória, remeterá de ofício os

---

34. Cf. arts. 6, 7 e 10 do Protocolo. Existe precedente do STF no sentido que seja necessária apenas a tradução da cópia da petição inicial que origina a solicitação rogatória ao português, sendo dispensável a tradução de toda documentação em língua estrangeira. Cf., STF, CR 11.338, rel. Min. Pres., Nelson Jobim, j. 22-11-2004, *DJ*, 7-12-2004.

35. Veja-se art. 5 do Protocolo: "Cada Estado-Parte deverá enviar às autoridades jurisdicionais do outro Estado,..."; e art. 6 do Protocolo: "As cartas rogatórias deverão conter: a) denominação e domicílio do órgão jurisdicional requerente; (...)".

36. Cf., em detalhes, art. 5 do Protocolo; e, entre outros, STJ, EDcl na CR 18.517, rel. Min. Pres. Maria Thereza de Assis Moura, decisão monocrática, j. 4-5-2023, *DJe*, 8-5-2023, STJ, CR 18.506, rel. Min. Pres. Maria Thereza de Assis Moura, decisão monocrática, j. 1-2-2023, *DJe*, 3-2-2023.

37. A intervenção da parte interessada por iniciativa própria (art. 17 do Protocolo) ou por procurador constituído (art. 6, *d*, do Protocolo), porém, é admitida. Veja-se, nesse sentido, Eduardo Tellechea Bergman, *La cooperación jurídica internacional en el Mercosur*, in *Contratos internacionais*, cit., p. 123, e, STJ, CR 16.289, rel. Min. Pres. Humberto Martins, decisão monocrática, j. 9-3-2021, *DJe*, 10-3-2021, STJ, CR 11.276, rel. Min. Pres. Laurita Vaz, decisão monocrática, j. 16-11-2016, *DJe*, 21-11-2016.

38. Cf. art. 8 do Protocolo.

documentos e os antecedentes do caso à autoridade competente do seu Estado[39].

Aplicará, em princípio, a sua lei interna, ou seja, a *lex fori*, quando do cumprimento da carta rogatória. O Protocolo, porém, prevê uma exceção a essa regra: quando a autoridade rogante a requerer, a autoridade rogada a admitirá e não detectará violação da ordem pública do Estado rogado no caso concreto[40].

O Protocolo autoriza a autoridade jurisdicional rogada a aplicar as medidas coercitivas previstas na sua legislação, a fim de assegurar o cumprimento da carta rogatória. A essas medidas, portanto, sempre se aplica a *lex fori*[41].

Existe a possibilidade da presença da parte requerente da carta rogatória e da autoridade jurisdicional rogante no lugar e na data do seu cumprimento[42].

O Protocolo regula, ademais, a comunicação do cumprimento da carta rogatória[43].

---

39. Cf. art. 9 do Protocolo.

40. Cf. art. 12 do Protocolo: "A autoridade jurisdicional encarregada do cumprimento de uma carta rogatória aplicará sua lei interna no que se refere aos procedimentos. Não obstante, a carta rogatória poderá ter, mediante pedido da autoridade requerente, tramitação especial, admitindo-se o cumprimento de formalidades adicionais na diligência da carta rogatória, sempre que isso não seja incompatível com a ordem pública do Estado requerido. O cumprimento da carta rogatória deverá efetuar-se sem demora".

41. Cf. art. 13 do Protocolo: "Ao diligenciar a carta rogatória, a autoridade requerida aplicará os meios processuais coercitivos previstos na sua legislação interna, nos casos e na medida em que deva fazê-lo para cumprir uma carta precatória das autoridades de seu próprio Estado, ou um pedido apresentado com o mesmo fim por uma parte interessada".

42. Veja-se art. 11 do Protocolo: "A autoridade requerida poderá, atendendo à solicitação da autoridade requerente, informar o lugar e a data em que a medida solicitada será cumprida, a fim de permitir que a autoridade requerente, as partes interessadas ou seus respectivos representantes possam comparecer e exercer as faculdades autorizadas pela legislação da parte requerida. A referida comunicação deverá efetuar-se, com a devida antecedência, por intermédio das Autoridades Centrais dos Estados-Partes".

43. Veja-se, a respeito, art. 14 do Protocolo: "Os documentos que comprovem o cumprimento da carta rogatória serão transmitidos por intermédio das Autoridades Centrais. Quando a carta rogatória não tiver sido cumprida integralmente ou em parte, este fato e as razões do não cumprimento deverão ser comunicados de imediato à autoridade requerente, utilizando-se o meio assinalado no parágrafo anterior". Cf., ainda, art. 16 do protocolo: "Quando os dados relativos ao domicílio do destinatário da ação ou da pessoa citada forem incompletos ou ine-

Prevê, ainda, o princípio da isenção de custas quando do seu cumprimento[44]. Isso reduz o custo do processo, tendo em vista que a parte requerente não precisa constituir um advogado no estrangeiro para acompanhar a carta rogatória[45].

No seu Capítulo V, o *Protocolo de Las Leñas* disciplina o reconhecimento e a execução de sentenças e laudos arbitrais estrangeiros[46].

Dispõe que os procedimentos, inclusive a competência dos respectivos órgãos jurisdicionais, para fins de reconhecimento e execução das sentenças ou dos laudos arbitrais, serão regidos pela lei do Estado requerido[47].

Coincidentemente, dispõe de forma expressa: "O reconhecimento e execução de sentenças e de laudos arbitrais solicitado pelas autoridades jurisdicionais poderá tramitar-se por via de cartas rogatórias e transmitir-se por intermédio da Autoridade Central, ou por via diplomática ou consular, em conformidade com o direito interno". Em complemento acrescenta que "a parte interessada poderá tramitar diretamente o pedido de reconhecimento ou execução de sentença. Em tal caso, a sentença deverá estar devidamente legalizada de acordo com a legislação do Estado em que se pretenda sua eficácia, salvo se entre o Estado de origem da sentença e o Estado onde é invocado, se houver suprimido o requisito da legalização ou substituído por outra formalidade"[48].

---

xatos, a autoridade requerida deverá esgotar todos os meios para atender ao pedido. Para tanto, poderá também solicitar ao Estado requerente os dados complementares que permitam a identificação e a localização da referida pessoa".

44. Cf. art. 15 do Protocolo, e, STJ, CR 14.980, rel. Min. Pres., Humberto Martins, decisão monocrática, j. 24-5-2021, *DJe*, 25-5-2021, STJ, CR 13.524-EX, rel. Min. Pres. Humberto Martins, decisão monocrática, j. 25-2-2021, *DJe*, 26-2-2021, referentes à exceção de isenção de custas prevista no Protocolo.

45. Veja-se, entre outros, Carlos Alberto de Salles, Cooperação interjurisdicional no Mercosul, in: *Mercosul: seus efeitos jurídicos*, cit., p. 730.

46. *V.* os seus arts. 18 a 24.

47. Art. 24 do Protocolo.

48. Nesse sentido, houve uma pequena alteração do art. 19 do *Protocolo de Las Lenãs* pelo art. 19 do *Acordo de Cooperação e Assistência Jurisdicional em Matéria Civil, Comercial, Trabalhista e Administrativa entre os Estados-partes do Mercosul, a República da Bolívia e a República do Chile*, de 5-7-2002, promulgado no Brasil pelo Decreto n. 6.891, de 2-7-2009. Sobre a evolução da jurisprudência do STF e posteriormente do STJ em relação ao reconhecimento e a execução de sentenças e laudos arbitrais oriundos dos Estados contratantes cf. Kathiana Isa-

Na prática, se verifica a solicitação do reconhecimento e da execução de sentenças condenatórias por meio de cartas rogatórias, advindas de autoridades judiciárias dos Estados contratantes. Concedido o *exequatur* pelo Superior Tribunal de Justiça, os autos vêm sendo encaminhadas à Justiça Federal para as providências cabíveis[49]. Em se tratando de solicitação de averbação de sentença de divórcio em relação às partes interessadas, do reconhecimento de filiação ou adoção, ou de outra, relacionada ao estado civil de uma pessoa, será determinada a extração da carta de sentença e a averbação no registro civil competente após a concessão do *exequatur* pelo Superior Tribunal de Justiça[50].

Como o próprio Protocolo[51], também a legislação brasileira de origem interna admite a eficácia jurídica parcial de uma sentença estrangeira no País[52].

Os requisitos para o reconhecimento de uma sentença estrangeira conforme o *Protocolo de Las Leñas*[53], ademais, se conciliam com aqueles de origem interna vigentes no Brasil[54].

Quanto ao reconhecimento da litispendência internacional, o *Protocolo de Las Leñas*[55] não conflita com a legislação brasileira de origem interna[56].

---

belle Lima da Silva, Uma análise da aplicabilidade e eficácia do protocolo de Las Lenãs no sistema jurídico brasileiro: www.jus.com.br/JusNavigandi. Disponível em: https://jus.com.br-artigos. Acesso em: 10-7-2021.

49. Cf., nesse sentido, entre outros, STJ, CR 18.333, rel. Min. Pres. Maria Thereza de Assis Moura, j. 7 2 2023, *DJe*, 2 3 2023, STJ, CR 17.842, rel. Min. Pres. Maria Thereza de Assis Moura, j. 19-10-2022, *DJe*, 21-10-2022, STJ, CR 15.398, rel. Min. Pres. Humberto Martins, j. 16-12-2020, *DJe*, 22-12-2020, todas decisões monocráticas.

50. Cf., STJ, CR 18.395, rel. Min. Pres. Maria Thereza de Assis Moura, j. 16-2-2023, *DJe*, 2-3-2023, STJ, CR 18.292, rel. Min. Pres. Maria Thereza de Assis Moura, j. 16-2-2023, *DJe*, 2-3-2023 1-2-2023, STJ, CR 16.463, rel. Min. Pres. Humberto Martins, j. 2-8-2021, *DJe*, 4-8-2021, STJ, CR 15.232, rel. Min. Pres., João Otávio de Noronha, j. 23-3-2020, *DJe*, 24-3-2020, STJ, CR 13.906, rel. Min. Pres. João Otávio de Noronha, j. 4-2-2019, *DJe*, 6-2-2019, STJ, CR 10.750, rel. Min. Pres. Francisco Falcão, j. 22-8-2016, *DJe*, 30-8-2016, todas decisões monocráticas.

51. Art. 23 do Protocolo.

52. Cf., nesse sentido, art. 961, § 2º, CPC.

53. Art. 20 do Protocolo.

54. Cf., em particular, arts. 960 a 965 CPC.

55. Art. 22 do Protocolo: "(...). Do mesmo modo não se reconhecerá nem se procederá à execução, quando se houver iniciado um procedimento entre as mesmas partes, fundamentado

Em relação às sentenças de procedência estrangeira refere-se, inclusive, expressamente aos laudos arbitrais[57].

Seu reconhecimento e a sua execução, no entanto, já são regulamentados por outros tratados internacionais multilaterais, que não se restringem ao Mercosul[58]. Na realidade, a arbitragem privada internacional tende à uniformização em nível mundial.

O *Protocolo de Las Lenãs*, no Capítulo VI, ainda trata dos instrumentos públicos expedidos em um Estado-membro do Mercosul[59]. Determina que os instrumentos públicos expedidos em um Estado-membro terão no outro a mesma força probatória que seus próprios instrumentos públicos[60]. Ademais, dispõe que os respectivos documentos ficam isentos de toda certificação ou formalidade análoga quando se destinam a serem apresentados em território de outro Estado-membro do Mercosul, caso sejam tramitados por intermédio da autoridade central[61]. Uma norma especial cuida da transmissão de documentos relativos ao estado civil. Assim, cada Estado-membro do Mercosul remeterá, por intermédio da autoridade central, a pedido de outro e para fins exclusivamente

---

nos mesmos fatos e sobre o mesmo objeto, perante qualquer autoridade jurisdicional do Estado requerido, anteriormente à apresentação da demanda perante a autoridade jurisdicional que tiver pronunciado a decisão da qual haja solicitação de reconhecimento".

56. Art. 24, *caput*, CPC.

57. Note-se que foi aprovado em 23-7-1998 em Buenos Aires ainda o Acordo sobre Arbitragem Comercial Internacional do Mercosul e assinado na mesma data um acordo paralelo entre o Mercosul, a República da Bolívia e a República do Chile. Cf., a respeito, María Blanca Noodt Taquela e Guillermo Argerich, Contribución de la Comisión Interamericana de Arbitraje Comercial (CIAC-OEA) para el funcionamento de los acuerdos de arbitraje del Mercosur, *Revista de Direito do Mercosul*, 2, n. 6, p. 195-201, 1998. No Brasil, o Acordo sobre Arbitragem Comercial Internacional do Mercosul, de 23-7-1998, foi promulgado pelo Decreto n. 4.719, de 4-6-2003.

58. Nesse sentido, cumpre mencionar, em primeiro lugar, a Convenção de Nova Iorque sobre o Reconhecimento e a Execução de Sentenças Arbitrais Estrangeiras, de 10-6-1958, vinculando juridicamente 172 Estados (posição: 21-7-2023). Além disso, a Convenção Interamericana sobre Arbitragem Comercial Internacional do Panamá, de 30-6-1975, regula o reconhecimento e a execução de laudos arbitrais estrangeiros, basicamente nos seus arts. 4 a 6, estando estes em sintonia quase total com as normas correspectivas da Convenção de Nova Iorque de 10 de junho de 1958.

59. Arts. 25 a 27 do Protocolo.

60. Cf. art. 25 do Protocolo.

61. Veja-se art. 26 do Protocolo.

públicos, os traslados ou certidões dos assentos dos registros de estado civil, sem nenhum custo[62].

Por fim, dispõe, no Capítulo VII[63], sobre informação do direito estrangeiro, completando assim a *Convenção Interamericana sobre Prova e Informação acerca do Direito Estrangeiro*, de 8 de maio de 1979, já ratificada por todos os Estados-membros do Mercosul, inclusive o Brasil.

Conforme o Protocolo, as autoridades centrais dos Estados-membros do Mercosul fornecer-se-ão mútua e gratuitamente informações em matéria civil, comercial, trabalhista, administrativa e de direito internacional privado[64]. Ademais, as mesmas informações poderão ser prestadas por autoridades diplomáticas ou consulares do Estado-membro do Mercosul cujo direito está em questão[65].

O Protocolo, no entanto, deixa claro que o Estado que presta informações sobre direito estrangeiro não pode ser responsabilizado pela opinião expressada, nem está obrigado a aplicar o seu direito nesse sentido. Não existe efeito vinculativo para as suas autoridades. Do mesmo modo, a autoridade do Estado que recebe a resposta aprecia livremente o conteúdo do direito estrangeiro quando da sua aplicação[66].

C. JURISDIÇÃO EM MATÉRIA CONTRATUAL

O *Protocolo de Buenos Aires*, de 5 de agosto de 1994, *sobre Jurisdição Internacional em Matéria Contratual*, é outro documento relevante do Mercosul relacionado ao direito processual civil internacional[67].

---

62. Cf. art. 27 do Protocolo.

63. Arts. 28 a 30 do Protocolo.

64. Art. 28 do Protocolo.

65. Cf. art. 29 do Protocolo.

66. Cf. art. 30 do Protocolo.

67. Sobre o estado das ratificações cf. o Portal o Mercosul. Disponível em: https://www.mercosur.int. No Brasil, foi promulgado pelo Decreto n. 2.095, de 17-12-1996. Em relação ao Protocolo, cf., entre outros, Berta Feder, La codificación de derecho internacional privado en el ámbito de Mercosur, *Revista Uruguaya de Derecho Internacional Privado*, 1:123-7, 1994; María Blanca Noodt Taquela, Los acuerdos de elección de foro en el protocolo de Buenos Aires de 1994, in *Mercosur – balance y perspectivas*, cit., p. 135-49; Eduardo Tellechea Bergman, Un marco jurídico al servicio de la integración, in *Contratos internacionais e direito econômico no Mercosul*, cit., p. 48-74; Jürgen Samtleben, *Das Internationale...*, revista cit., p. 32-46.

No início, o *Protocolo de Buenos Aires* delimita o seu campo de aplicação[68]. Será aplicado à jurisdição contenciosa internacional com relação a contratos internacionais de natureza civil e comercial celebrados entre particulares – pessoas físicas ou jurídicas. Do âmbito de aplicação do Protocolo, no entanto, são excluídas as seguintes relações jurídicas: a) aquelas entre os falidos e seus credores e demais procedimentos análogos, especialmente as concordatas; b) a matéria tratada em acordos no âmbito do direito de família e das sucessões; c) os contratos de seguridade social e os administrativos; d) os contratos de trabalho; e) os contratos de venda ao consumidor; f) os contratos de transporte; g) os contratos de seguro; h) os direitos reais[69].

Do exposto, é de deduzir que a todo contrato internacional pertencente ao direito civil ou comercial entre sujeitos de direito privado é aplicável o Protocolo, com exclusão das exceções enumeradas especificamente ali.

Requisito para a sua aplicação é, ademais, que ambas as partes do contrato tenham, ou pelo menos uma delas tenha, seu domicílio ou sede social em um Estado-parte do Tratado de Assunção e que neste último caso tenha sido feito um acordo de eleição de foro em favor de um juízo de um Estado-parte e exista no caso concreto ainda uma conexão razoável, segundo as normas de jurisdição do Protocolo[70].

O Protocolo pronuncia-se também em relação à possibilidade de propor uma reconvenção no processo. Caso ela se fundamentar em ato ou fato que servir de base para a demanda principal, terão jurisdição para conhecê-la os juízes que intervierem na demanda principal[71].

Cumpre mencionar, ainda, que os juízes nacionais exercem jurisdição em consonância com o que for estabelecido no Protocolo[72].

---

68. Arts. 1 e 2 do Protocolo.

69. Cf. art. 2 do Protocolo.

70. *V.* art. 1, *a* e *b*, do Protocolo. A conexão razoável é aquela descrita no Capítulo II, arts. 7 a 12. Cf., nesse sentido, María Blanca Noodt Taquela, *Los acuerdos de elección de foro*, in: *Mercosur – balance y perspectivas*, cit., p. 140. *V.*, ademais, STJ, REsp 1.633.275-SC, 3ª T., rel. Min. Ricardo Villas Bôas Cueva, j. 8-11-2016, *DJe*, 14-11-2016.

71. Cf. art. 13 do Protocolo.

72. Cf. art. 3 do Protocolo.

Nele distingue-se, entre eleição de jurisdição[73] e jurisdição subsidiária[74].

Quanto à eleição de foro, são competentes os tribunais do Estado-parte a cuja jurisdição os contratantes tenham acordado submeter-se por escrito, sempre que tal ajuste não tenha sido obtido de forma abusiva[75]. Esse termo refere-se a casos de desigualdade marcante entre as partes, capazes de causar desequilíbrios inaceitáveis perante o contrato internacional em questão[76].

O Protocolo prevê, ademais, que as partes podem acordar a eleição de tribunais arbitrais[77].

Conforme o Protocolo, o acordo de eleição de jurisdição pode realizar-se no momento da celebração do contrato, durante sua vigência ou até após o surgimento do litígio[78]. A validade e os efeitos jurídicos da eleição de foro serão regidos, ademais, pelo direito dos Estados-partes que teriam jurisdição, conforme o estabelecido no Protocolo[79].

Quanto à validade do acordo, porém, será aplicado o direito mais favorável[80]. Cumpre à jurisprudência dos Estados-partes do Mercosul determinar os critérios a serem levados em consideração para definir esse direito.

O Protocolo refere-se, ainda, aos casos de eleição ou não de foro, quando o réu, depois de proposta a ação pelo autor, se submete à competência desse juízo voluntariamente. Especifica que isso deveria ocorrer de forma positiva e não ficta[81]. Cumpre à jurisprudência dos tribunais dos Estados-partes do Mercosul delimitar o conteúdo desse requisito processual. Eduardo Tellechea Bergman lembra que a solução adotada no

---

73. Arts. 4 a 6 do Protocolo; cf., María Blanca Noodt Taquela, Los acuerdos de elección de foro, in *Mercosur – balance y perspectivas*, cit., p. 135-49.

74. Arts. 7 a 12 do Protocolo.

75. Art. 4, 1, do Protocolo.

76. Cf. Eduardo Tellechea Bergman, Un marco jurídico al servicio de la integración, in: *Contratos internacionais*, cit., p. 60.

77. Art. 4, 2., do Protocolo.

78. Art. 5, 1., do Protocolo.

79. Art. 5, 2., do Protocolo.

80. Art. 5, 3., do Protocolo.

81. Cf. art. 6 do Protocolo.

Protocolo tem antecedentes na Convenção Interamericana sobre a Competência Extraterritorial das Sentenças Estrangeiras, de 24 de maio de 1984, e no Tratado de Montevidéu de Direito Civil Internacional, de 1940[82].

Questões relevantes em relação à eleição de foros em Estados-membros do Mercosul não são tratadas pelo Protocolo. Assim, este não diz se o foro eleito é exclusivo, ou seja, se as partes podem ou não ingressar perante outro juízo que seja internacionalmente competente, apesar de existir uma cláusula de eleição de foro no contrato internacional celebrado por elas. Ademais, o Protocolo silencia sobre os pressupostos que sejam necessários para que uma cláusula de eleição de foro possa obrigar os herdeiros e sucessores das partes do contrato. Deverá ser exclusivamente a *lex fori* que deve preencher essas lacunas. Trata-se, aqui, de questões relativas aos efeitos jurídicos da cláusula de eleição de foro. Estas não se restringem apenas a sua validade, o que permitiria levar em consideração o direito mais favorável nos termos do Protocolo[83].

No Capítulo II, sob o título "jurisdição subsidiária", o Protocolo estabelece regras de jurisdição para os casos em que não existe cláusula de eleição de foro válida entre as partes[84].

Para tais casos, o Protocolo prevê que tenha jurisdição à escolha do autor: a) o juízo do lugar de cumprimento do contrato; b) o juízo do domicílio do demandado; c) o juízo do domicílio ou sede social, quando demonstrar que cumpriu sua prestação[85]. Trata-se aqui de foros internacionais concorrentes.

O Protocolo especifica tanto as noções do "cumprimento do contrato"[86] quanto do "domicílio do demandado"[87].

---

82. Cf., em detalhes, Eduardo Tellechea Bergman, Un marco jurídico al servicio de la integración, in *Contratos internacionais*, cit., p. 58.

83. Cf. art. 5 do Protocolo.

84. Cf. arts. 7 a 12 do Protocolo.

85. Cf. art. 7 do Protocolo.

86. Cf. art. 8 do Protocolo: "1. Para os fins do artigo 7, alínea *a*, será considerado lugar do cumprimento do contrato o Estado-parte onde tenha sido ou deva ser cumprida a obrigação que sirva de fundamento de demanda. 2. O cumprimento da obrigação reclamada será: a) nos contratos sobre coisas certas e individualizadas, o lugar onde elas existiam ao tempo de sua celebração; b) nos contratos sobre coisas determinadas por seu gênero, o lugar do domicílio do devedor ao tempo em que foram celebrados; c) nos contratos sobre coisas fungíveis, o lugar do domicílio do devedor ao tempo de sua celebração; d) nos contratos que versem sobre prestação de serviços:

Também o direito brasileiro de origem interna reconhece o domicílio do réu[88] e o país do cumprimento da obrigação[89] como foros internacionalmente competentes no âmbito das regras sobre a jurisdição, embora sem conceituá-los mais detalhadamente, como faz o *Protocolo de Buenos Aires*, de 5 de agosto de 1994.

Indaga-se se os conceitos adotados pelo Protocolo possam servir no Brasil para interpretar o direito de origem interna. Acreditamos que não, ainda que o Protocolo se baseasse em vários tratados internacionais, como lembra Eduardo Tellechea Bergman[90], pois estes não foram ratificados pelo Brasil, com exceção do Código Bustamante, atualmente com pouca relevância na prática forense[91].

O Protocolo admite ainda a competência internacional do juízo do domicílio do autor ou de sua sede social, quando demonstrar que cumpriu sua prestação[92].

O direito brasileiro de origem interna não reconhece esse foro no âmbito das regras sobre os limites da jurisdição nacional.

A problemática desse foro é quanto ao fato de que poderia servir para prejulgar o mérito, porque em muitos casos o réu deveria justamente contestar o cumprimento da prestação pelo autor. Ainda, não está claro quais são os requisitos de prova para o autor a fim de demonstrar que cumpriu a sua prestação. Em todo caso, o réu deverá ter

---

1. se recaírem sobre coisas, o lugar onde elas existiam ao tempo de sua celebração; 2. se sua eficácia se relacionar com algum lugar especial, daquele onde houverem de produzir seus efeitos; 3. fora destes casos, o lugar do domicílio do devedor ao tempo da celebração do contrato".

87. Art. 9 do Protocolo: "1. Para os fins do artigo 7, alínea *b*, considerar-se-á domicílio do demandado: a) quando se tratar de pessoas físicas: 1. sua residência habitual; 2. subsidiariamente, o centro principal de seus negócios; e 3. na ausência dessas circunstâncias, o lugar onde se encontrar – a simples residência; b) quando se tratar de pessoa jurídica, a sede principal da administração. 2. Se a pessoa jurídica tiver sucursais, estabelecimentos, agências ou qualquer outra espécie de representação, será considerada domiciliada no lugar onde funcionem, sujeita à jurisdição das autoridades locais, no que concerne às operações que ali pratiquem. Esta qualificação não obsta o direito do autor de interpor a ação junto ao tribunal da sede principal da administração".

88. Art. 21, I, CPC.

89. Art. 21, II, CPC.

90. *V.* Eduardo Tellechea Bergman, Un marco jurídico al servicio de la integración, in: *Contratos internacionais*, cit., p. 63-6.

91. Em relação ao Código Bustamante, cf., em detalhes, p. 122-4, *retro*.

92. Art. 7, *c*, do Protocolo.

oportunidade de se manifestar a respeito das alegações e provas produzidas pelo autor antes que o juiz decida sobre a sua competência. Tal poderá, todavia, indevidamente prolongar o processo.

O Protocolo contém, ainda, normas especiais sobre o exercício de jurisdição internacional em relação às pessoas jurídicas.

Nesse âmbito, os juízes da sede principal da administração da sociedade têm jurisdição para dirimir controvérsias jurídicas entre os sócios sobre questões societárias[93].

Ademais, as pessoas jurídicas com sede em um Estado-parte, que celebram contratos em outro Estado-parte, podem ser acionadas perante os juízes deste último[94].

Por fim, o Protocolo estabelece que, se vários forem os réus, terá jurisdição o Estado-parte do domicílio de qualquer deles[95] e, com relação às demandas sobre obrigações de garantia de caráter pessoal ou para a intervenção de terceiros, determina que possam ser propostas perante o tribunal que estiver conhecendo a demanda principal[96].

No seu Título II[97], o Protocolo contém normas sobre a competência internacional direta, e isso em relação a casos de eleição de foro em contratos internacionais de natureza civil ou comercial celebrados entre particulares, pessoas físicas ou jurídicas[98], bem como para os casos sem a existência dessa cláusula quando se reporta à jurisdição subsidiária[99].

No Título III[100], o Protocolo faz referência ainda à competência internacional indireta. Para esse fim, estabelece que as suas normas sobre a competência internacional direta são idênticas àquelas às quais alude o *Protocolo de Cooperação e Assistência Jurisdicional em Matéria Civil, Comercial, Trabalhista e Administrativa de Las Leñas*, de 27 de junho de 1992, no seu Capítulo V, sobre o reconhecimento e a execução de sentenças e

---

93. Cf. art. 10 do Protocolo.
94. Cf. art. 11 do Protocolo.
95. Art. 12, 1, do Protocolo.
96. Art. 12, 2, do Protocolo.
97. *V.* arts. 3 a 13 do Protocolo.
98. Cf. arts. 4 a 6 do Protocolo.
99. *V.* arts. 7 a 13 do Protocolo.
100. Art. 14 do Protocolo.

de laudos arbitrais[101]. Em outras palavras, isso significa que, quando a competência internacional for estabelecida nos termos do Protocolo, implicará necessariamente o reconhecimento da competência internacional por parte de outro Estado-parte do Protocolo quando se tratar de reconhecer uma sentença estrangeira no seu território.

D. MEDIDAS CAUTELARES

O Código de Processo Civil atual admite a execução de decisões interlocutórias estrangeiras por meio de carta rogatória após o seu *exequatur* pelo Superior Tribunal de Justiça[102].

O Brasil, no entanto, cumpre as disposições do *Protocolo de Medidas Cautelares de Ouro Preto*, de 16 de dezembro de 1994, para fins de execução de medidas cautelares em território nacional, desde a sua vigência no seu ordenamento jurídico interno[103]. Conforme o Protocolo, basta para isso a concessão do *exequatur* à carta rogatória pelo Superior Tribunal de Justiça[104].

A autoridade jurisdicional requerida apenas poderá recusar o cumprimento de uma carta rogatória referente a medidas cautelares quando

---

101. Trata-se exatamente do art. 20, *c*, do *Protocolo de Las Leñas*, de 27-6-1992: "c) que emanem de um órgão jurisdicional ou arbitral competente, segundo as normas do Estado requerido sobre jurisdição internacional". O Protocolo, por seu lado, determina no seu Título III – A jurisdição como requisito para o reconhecimento e execução de sentenças e laudos arbitrais – art. 14: "A jurisdição internacional regulada pelo artigo 20, alínea *c*, do Protocolo de Las Leñas sobre Cooperação e Assistência Jurisdicional em Matéria Civil, Comercial, Trabalhista e Administrativa ficará submetida ao disposto no presente Protocolo".

102. Cf., em particular, arts. 36, 960, § 1º, 961, *caput*, 962, 963, 964 e 965 CPC.

103. O Protocolo foi promulgado no Brasil pelo Decreto n. 2.626, de 15-6-1998. Em relação aos Estados vinculados juridicamente ao Protocolo, cf. o Portal do Mercosul. Disponível em: https://www.mercosur.int. Sobre o Protocolo em geral, *v.* Adriano Kalfelz Martins, Medidas cautelares no Mercosul, in: *Mercosul, seus efeitos jurídicos, econômicos e políticos nos Estados-membros*, Porto Alegre, Livr. do Advogado Ed., 1995, p. 370-85.

104. *V.*, nesse sentido, entre outros, STJ, CR, 17.842, rel. Min. Pres. Maria Thereza de Assis Moura, decisão monocrática, j. 19-10-2022, *DJe*, 21-10-2022, STJ, CR 9.088, rel. Min. Pres. Francisco Falcão, decisão monocrática, j. 8-5-2015, *DJe*, 1º-6-2015.

estas sejam manifestamente contrárias à sua ordem pública[105]; nunca poderá reexaminar o mérito a seu respeito[106].

A noção da medida cautelar cujo cumprimento se requer é a mais ampla, conforme as disposições do Protocolo. Destina-se a impedir a irreparabilidade de um dano em relação a pessoas, bens e obrigações de dar, de fazer ou de não fazer[107], e poderá ser solicitada em processos de natureza civil, comercial, trabalhista e em processos penais, quanto à reparação civil[108], em relação a medidas cautelares preparatórias, incidentais de uma ação principal e as que garantam a execução de uma sentença[109].

O Protocolo determina que a autoridade jurisdicional deve ser internacionalmente competente caso seja requerido o cumprimento de uma medida cautelar nos seus termos[110]. Se, entretanto, o pedido for dirigido a uma autoridade incompetente conforme as leis do Estado requerido, esta transmitirá de ofício os documentos e antecedentes do caso à autoridade jurisdicional competente de seu Estado[111].

O cumprimento de uma medida cautelar pela autoridade jurisdicional requerida não enseja o compromisso de reconhecimento ou execução da sentença principal[112]. O seu reconhecimento depende de requisitos legais próprios. À proporção que a *lex fori* conheça medidas cautelares garantidoras da execução, a autoridade judiciária competente poderá sempre decretar tais medidas, mesmo quando se tratar de uma sentença estrangeira[113].

O Protocolo contém regras específicas com relação à lei processual aplicável. Quanto à admissibilidade da medida cautelar, esta será

---

105. Cf. art. 17 do Protocolo e STJ, CR 2.755-AR (2007/0198066-5), rel. Min. Barros Monteiro, j. 15-10-2007, *DJ*, 23-10-2007 (*imóvel situado no Brasil*).

106. *V.*, entre outros, STJ, CR 17.842, rel. Min. Pres. Maria Thereza de Assis Moura, j. 19-10-2022, *DJe*, 21-10-2022, decisão monocrática.

107. Art. 1 do Protocolo.

108. Art. 2 do Protocolo.

109. Art. 3 do Protocolo.

110. Art. 4 do Protocolo.

111. Art. 16 do Protocolo.

112. Art. 10 do Protocolo.

113. Art. 11 do Protocolo.

regida pelas leis e julgada pelos juízes ou tribunais do Estado requerente[114]. De acordo com as leis do Estado requerido, porém, serão processadas a execução da medida cautelar e sua contracautela ou respectiva garantia[115]. A mesma regra valerá, ademais, em relação às modificações que, no curso do processo, se justificarem para o seu correto cumprimento e, se for o caso, sua redução ou sua substituição, às sanções em decorrência de litigância de má-fé, bem como às questões relativas ao domínio e demais direitos reais[116]. Conforme o Protocolo, ainda, o juiz ou tribunal do Estado requerido poderá recusar o cumprimento ou, se for o caso, determinar o levantamento da medida, quando verificada sua absoluta improcedência[117]. Essa disposição do Protocolo deverá ser interpretada restritivamente, ou seja, aplicada apenas quando o cumprimento da medida cautelar em questão violar a ordem pública[118].

Caso a demanda no processo principal, entretanto, seja interposta fora do prazo previsto pela legislação do Estado requerente, a medida cautelar preparatória tornar-se-á juridicamente ineficaz[119]. O Protocolo estipula obrigações para o juiz ou tribunal do Estado requerente, bem como para aqueles do Estado requerido, de prestar mutuamente informações sobre o andamento do processo cautelar em curso[120].

O Protocolo regula também o direito do presumido devedor da obrigação e de terceiros interessados virtualmente prejudicados pela medida cautelar de oporem-se àquela perante a autoridade judicial requerida e seu procedimento[121]. Seu teor, porém, não parece ser muito claro.

O Protocolo contém uma regra especial para medidas cautelares quanto a menores[122].

---

114. Cf. art. 5 do Protocolo.

115. Cf. art. 6 do Protocolo.

116. Cf. art. 7 do Protocolo.

117. Cf. art. 8 do Protocolo.

118. Cf., a respeito da ordem pública, também art. 17 do Protocolo.

119. Cf. art. 13 do Protocolo.

120. Cf. arts. 14 e 15 do Protocolo.

121. Art. 9 do Protocolo.

122. Cf. art. 12 do Protocolo.

O instrumento de transmissão nos termos do Protocolo será a carta rogatória[123]. A sua transmissão ocorrerá pela via diplomática ou consular, por intermédio da respectiva autoridade central ou das próprias partes interessadas. Ademais, os juízes ou tribunais das zonas fronteiriças dos Estados-partes poderão transmitir, de forma direta, as cartas rogatórias[124]. Cada Estado-parte designará uma autoridade central encarregada de receber e transmitir os requerimentos de cooperação cautelar[125].

Os requisitos formais da carta rogatória são regulamentados detalhadamente pelo Protocolo[126]. Este dispõe, outrossim, sobre a sua tradução e os documentos que a acompanham[127], bem como a responsabilidade de seus custos e despesas[128]. Quando for a própria parte interessada que transmite a carta rogatória, no Brasil é necessária a sua tradução por tradutor juramentado[129].

O Protocolo não reprime as disposições mais favoráveis em outros tratados internacionais que estejam em vigor entre Estados-membros do Mercosul. Estas sempre prevalecem sobre as regras jurídicas do Protocolo[130].

E. RESPONSABILIDADE CIVIL

O *Protocolo de San Luis sobre Matéria de Responsabilidade Civil Emergente de Acidentes de Trânsito*, de 25 de junho de 1996, disciplina no mesmo diploma legal questões jurídicas relacionadas à jurisdição

---

123. Veja-se art. 18 do Protocolo.

124. Cf. art. 19 do Protocolo e Eduardo Tellechea Bergman, La cooperación jurisdiccional internacional en el ámbito del Mercosur, con especial referencia al derecho uruguayo, *Revista da AJUFERGS*, 3:16-17, 2007.

125. Art. 20 do Protocolo.

126. Arts. 19, 21 e 22 do Protocolo.

127. Art. 23 do Protocolo.

128. Arts. 24 e 25 do Protocolo.

129. *V*. art. 963, V, e parágrafo único, CPC.

130. Art. 26 do Protocolo.

internacional e ao direito aplicável em casos de conexão com mais de um ordenamento jurídico[131].

Regula a competência internacional e o direito aplicável aos casos de responsabilidade civil emergente de acidentes de trânsito ocorridos no território de um Estado-parte, nos quais participem, ou dos quais resultem atingidas pessoas domiciliadas em outro Estado-parte[132].

O Protocolo define o conceito do domicílio, considerando-o subsidiariamente e na seguinte ordem: a) quando se tratar de pessoas físicas: 1) a residência habitual; 2) o centro principal de seus negócios; 3) o lugar onde se encontrar a residência não habitual; b) quando se tratar de pessoas jurídicas: 1) a sede principal da administração; 2) caso possuam sucursais, estabelecimentos, agências ou qualquer outra espécie de representação, o lugar onde qualquer destas funcione[133].

Como regra geral, é aplicável à responsabilidade civil por acidentes de trânsito o direito interno do Estado-parte em cujo território ocorreu o acidente. Se, porém, no acidente participarem ou resultarem atingidas unicamente pessoas domiciliadas em outro Estado-parte, o direito aplicável será o deste último[134].

Quanto à responsabilidade civil por danos sofridos nas coisas alheias aos veículos acidentados como consequência do acidente de trânsito, será aplicável o direito interno do Estado-parte no qual se produziu o fato[135].

Independentemente do direito aplicável, porém, serão levadas em consideração sempre as regras de circulação e segurança em vigor no

---

131. Com relação ao estado das ratificações do Protocolo, cf. o Portal do Mercosul. Disponível em: https://www.mercosul.int. No Brasil, foi promulgado pelo Decreto n. 3.856, de 3-7-2001.

132. Art. 1 do Protocolo. V., com mais detalhes, também Rui Stoco, Protocolo de San Luis – responsabilidade civil decorrente de acidentes de trânsito ocorridos nos países integrantes do Mercosul, *RT*, *741*:100-12, 1997, e Mercosul e internalização de suas regras, *RT*, *813*:45-63, 2003.

133. Cf. art. 2 do Protocolo.

134. Art. 3 do Protocolo.

135. Art. 4 do Protocolo.

lugar e no momento do acidente[136]. Essa regra corresponde ao padrão internacional[137].

O Protocolo delimita o direito aplicável à responsabilidade civil, determinando que este abrange especialmente: as condições e a extensão da responsabilidade; as causas de isenção, assim como toda delimitação de responsabilidade; a existência e a natureza dos danos suscetíveis de reparação; a responsabilização do proprietário do veículo por atos ou fatos de seus dependentes, subordinados ou qualquer outro usuário a título legítimo; a prescrição e a caducidade[138].

O Protocolo estabelece ainda regras com relação à competência internacional dos juízes e tribunais dos Estados-membros do Mercosul. Assim, segundo o Protocolo, será internacionalmente competente à eleição do autor o juízo onde ocorreu o acidente, do domicílio do demandado e do domicílio do demandante[139].

De acordo com o Protocolo, subsistem disposições em tratados internacionais vigentes entre alguns dos Estados-membros do Mercosul se este já não regulou a questão jurídica em todos os seus aspectos[140].

---

136. Art. 5 do Protocolo.

137. *V.*, no mesmo sentido, também, art. 7 da Convenção da Haia sobre a Lei Aplicável em Matéria de Acidentes Rodoviários, de 4-5-1971.

138. Cf. art. 6 do Protocolo.

139. Cf. art. 7 do Protocolo.

140. Cf. art. 12 do Protocolo.

BIBLIOGRAFIA

ALARCON, Sylvio. Sociedades empresárias estrangeiras: estudo à luz do direito de empresa. *Revista de Direito Privado*, 70:237-57, 2016.

ALVARENGA, Rúbia Zanotelli de. Vigência e integração das convenções e das recomendações internacionais do trabalho no direito interno brasileiro. *Revista de Direito do Trabalho*, 188:233-56, 2018.

ALVAREZ, Anselmo Prieto; OYA, Norberto. Audiência virtual com auxílio da videoconferência. *Revista PGE/MS – Procuradoria-Geral do Estado de Mato Grosso do Sul*, 17:199-212, 2021. Disponível em: https://www.pge. ms.gov.br. Acesso em: 10-12-2022.

ALVIM, Arruda. Competência internacional. *RP*, 7/8:15-50, 1977.

AMADO, Renata Martins de Oliveira; MAGGIO, Renato G. R. A insolvência transnacional no ordenamento jurídico brasileiro. *In:* Recuperação de empresas e falência, alterações da Lei n. 14.112/2020. *Revista do Advogado da AASP*, 150:222-32, 2021.

AMARAL JÚNIOR, Alberto do; VIEIRA KLEIN, Luciane. A proteção internacional do consumidor no Mercosul. *Revista de Direito do Consumidor*, 106:71-88, 2016.

AMARAL JÚNIOR, Alberto do; VIEIRA KLEIN, Luciane. La elección de foro en los contratos internacionales con consumidores: la efectividad del acceso del consumidor a justicia en los Estados-partes del Mercosur. *Revista de Direito do Consumidor*, 112:229-48, 2017.

ANCEL, Jean-Pierre. L'invocation d'un droit étranger et le contrôle de la Cour de Cassation. *In:* Liber Amicorum Hélène Gaudemet-Tallon. *Vers de nouveaux équilibres entre ordres juridiques*, Paris: Dalloz, 2008.

ARAÚJO, Nádia de. O direito do comércio internacional e o Mercosul. *In:* João Grandino Rodas (Coord.). *Contratos internacionais.* 2. ed. São Paulo: Revista dos Tribunais, 1994.

ARAÚJO, Nádia de. O direito subjetivo e a teoria da autonomia da vontade no direito internacional privado. *In:* CASELLA, Paulo Borba (Coord.). *Contratos internacionais e direito econômico no Mercosul após o término do período de transição.* São Paulo: LTr, 1996.

ARAÚJO, Nádia de; FREITAS, Caio Gomes de. A dispensa do rito formal de tramitação e cumprimento dos pedidos de cooperação jurídica internacional no Brasil: uma análise do caso da obtenção de provas no exterior. *RP,* 335:69-84, 2023.

ARAÚJO, Nádia de; SALLES, Carlos Alberto de; ALMEIDA, Ricardo R. Cooperação interjurisdicional no Mercosul — cartas rogatórias, homologação de sentenças e laudos arbitrais e informações do direito estrangeiro. *In:* BASSO, Maristela (Org.). *Mercosul:* seus efeitos jurídicos, econômicos e políticos nos Estados-membros. Porto Alegre: Livr. do Advogado Ed., 1995.

ARAÚJO, Nádia de; SALLES, Carlos Alberto de; ALMEIDA, Ricardo R. Medidas de cooperação interjurisdicional no Mercosul. *RP,* 123:77-113, 2005.

ARAÚJO, Nádia de; SOUZA JR., Lauro da Gama de. Os acordos bilaterais de investimento com participação do Brasil e o direito interno — análise das questões jurídicas. *In:* CASELLA, Paulo Borba Casella; MERCADANTE, Araminta de Azevedo (Coord.). *Guerra comercial ou integração mundial pelo comércio?* A OMC e o Brasil. São Paulo: LTr, 1998.

ARAÚJO, Nádia de; VARGAS, Daniela. A Conferência da Haia de Direito Internacional Privado: reaproximação do Brasil e análise das convenções processuais. *RArb,* 35:189-211, 2012.

ARROYO, Diego P. Fernández. Current Approaches towards Harmonization of Consumer Private International Law in the Americas. *International and Comparative Law Quarterly (ICLQ),* 58:411-25, 2009.

ARROYO, Diego P. Fernández. Main Characteristics of the New Private International Law of the Argentinian Republic. *RabelsZ,* 80:130-50, 2016.

BADÁN, Didier Opertti. La CIDIP-V: una visión en perspectiva. *Revista Uruguaya de Derecho Internacional Privado,* 1:13-43, 1994.

BALZ, Manfred. Das Übereinkommen der Europäischen Union über Insolvenzverfahren. *Zeitschrift für Europäisches Privatrecht (ZEuP)*, 4:325-48, 1996.

BAPTISTA, Luiz Olavo. *Arbitragem comercial e internacional.* São Paulo: Lex Magister, 2011.

BAPTISTA, Luiz Olavo. Aplicação do direito estrangeiro pelo juiz nacional. *RT*, 764:33-45, 1999.

BAPTISTA, Luiz Olavo. *Contratos internacionais.* São Paulo: Lex Editora, 2010.

BAPTISTA, Luiz Olavo. Impacto do Mercosul sobre o sistema legislativo brasileiro. *In:* BAPTISTA, Luiz Olavo; MERCADANTE, Araminta de Azevedo; CASELLA, Paulo Borba (Orgs.). *Mercosul:* das negociações à implantação. São Paulo: LTr, 1994.

BAPTISTA, Luiz Olavo. Inserção das normas do Mercosul no direito brasileiro. *In:* BAPTISTA, Luiz Olavo; FONSECA, Roberto Franco da (Coord.). *Estudos em homenagem ao prof. Vicente Marotta Rangel, o direito internacional no terceiro milênio.* São Paulo: LTr, 1998.

BAPTISTA, Luiz Olavo. Segurança e financiamento através dos créditos documentários. *In: Direito e comércio internacional, tendências e perspectivas:* estudos em homenagem a Irineu Strenger. São Paulo: LTr, 1994.

BARRIÈRE BROUSSE, Isabelle. Le Traité de Lisbonne et le droit international prive. *Journal du Droit International (Clunet)*, 137:3-34, 2010.

BARROSO, Luís Roberto. *Curso de direito constitucional contemporâneo.* 8. ed. São Paulo: Saraiva, 2019.

BARROSO, Luís Roberto; TIBURCIO, Carmen. Homologação de sentença estrangeira: vedação à expropriação de marcas. *Revista da ABPI (Associação Brasileira de Propriedade Intelectual)*, 80:3-20, 2006.

BASEDOW, Jürgen. Grundlagen des europäischen Privatrechts. *Juristische Schulung (JuS)*, 44:89-96, 2004.

BASEDOW, Jürgen. The Communitarisation of Private International Law. *RabelsZ*, 73.455-60, 2009.

BASEDOW, Jürgen. Das Staatsangehörigkeitsprinzip in der Europäischen Union. *Praxis des Internationalen Privat- und Verfahrensrechts (IPRax)*, 31:109-16, 2011.

BASEDOW, Jürgen. 4ème Commission. Droits de l´homme et droit international privé/Human Rights and Private International Law. *In:* Institut de Droit International. *Annuaire, Session de La Haye, 2019, Travaux préparatoires*, v. 79. Paris: Editions A. Pedone, 2019, p. 1-85.

BASEDOW, Jürgen. 4ème Commission. Droits de l'homme et droit international privé/Human Rights and Private International Law. *In:* Institut de Droit International. *Annuaire, Session de Hyderabad,* v. 77-I, 2016-2017. Paris: Editions A. Pedone, 2016, p. 391-454.

BASEDOW, Jürgen. The Law of Open Societies – Private Ordering and Public Regulation of International Relations. General Course on Private International Law. *In:* Académie de Droit International. *Recueil des Cours, 2012,* t. 360. Leiden/Boston: Martinus Nijhoff Publishers, 2013, p. 9-516.

BASEDOW, Jürgen. National Privileges in the Law of InternationalSuccession – A Comparative Account of French and Latin American Developments. *In:* Facultad de Derecho Universidad de Chile. *Temas actuales de derecho internacional:* Homenaje al Profesor emérito Mario Ramirez Necochea. Santiago: Thomson Reuters Chile, 2016, p. 35-56.

BASEDOW, Jürgen. Hundert Jahre Rechtsvergleichung. *Juristenzeitung (JZ),* 71:269-80, 2016.

BASEDOW, Jürgen. Internationales Einheitsprivatrecht im Zeitalter der Globalisierung. *RabelsZ,* 81:1-31, 2017.

BASEDOW, Jürgen. The Hague Conference and the Future of Private International Law. *RabelsZ,* 82:922-43, 2018.

BASSO, Maristela. *Curso de direito internacional privado.* São Paulo: Atlas, 2009.

BASSO, Maristela. A autonomia da vontade nos contratos internacionais de comércio. *In: Direito e comércio internacional, tendências e perspectivas:* estudos em homenagem a Irineu Strenger. São Paulo: LTr, 1994.

BASSO, Maristela; POLIDO, Fabrício. Jurisdição e lei aplicável na internet: adjudicando litígios de violação de direitos da personalidade e as redes de relacionamento social. *In:* DE LUCCA, Newton; SIMÃO FILHO, Adalberto (Coord.). *Direito & Internet.* v. 2. São Paulo: Quartier Latin, 2008.

BATIFFOL, Henri; LAGARDE, Paul. *Traité de droit international privé.* 8. ed. t. 1. Paris: LGDJ/EJA, 1993.

BEHRENS, Peter. Voraussetzungen und Grenzen der Rechtsfortbildung durch Rechtsvereinheitlichung. *RabelsZ,* 50:19-34, 1986.

BENEDUZI, Renato; MARINONI, Luiz Guilherme; ARENHART, Sérgio Cruz; MITIDIERO, Daniel (Coords.) *Comentários ao Código de Processo Civil.* v. II. São Paulo: RT, 2017. (arts. 70 a 187).

BENNETT, Annabelle; GRANATA, M. Sam. *Quand le droit international privé rencontre le droit de la propriété intellectuelle – Guide* à *l'intention des juges*. Organisation Mondiale de la Propriété Intellectuelle (OMPI) e Conférence de La Haye de droit international privé (HCCH). Genebra/Haia, 2019.

BENUCCI, Renato Luís. Os efeitos da revelia na América Latina e nos países da *Common Law*. *RP*, 106:165-177, 2002.

BERGER, Klaus Peter. Die Unidroit – Prinzipien für Internationale Handelsverträge – Indiz für ein autonomes Weltwirtschaftsrecht? *Zeitschrift für Vergleichende Rechtswissenschaft (ZVglRWISS)*, 94:217-36, 1995.

BERGER, Klaus Peter. *Formalisierte oder "schleichende" Kodifizierung des transnationalen Wirtschaftsrechts. Zu den methodischen und praktischen Grundlagen der lex mercatoria*. Berlin-New York: De Gruyter, 1996.

BERGMAN, Eduardo Tellechea. La cooperación jurídica internacional en el Mercosur — el Protocolo de Las Leñas sobre Cooperación y Asistencia Jurisdiccional en Materia Civil, Comercial, Laboral y Administrativa. *In: Mercosur — balance y perspectivas*. Montevideo: Fundación de Cultura Universitaria, 1996.

BERGMAN, Eduardo Tellechea. Un instrumento para la integración jurídica regional — el Protocolo de Cooperación y Asistencia Jurisdiccional en Materia Civil, Comercial, Laboral y Administrativa entre los Estados Partes del Mercosur Aprobado en Las Leñas, República Argentina, el 27 de junio de 1992. *In: Estudios multidisciplinarios sobre el Mercosur*. Montevideo: Facultad de Derecho, Fundación de Cultura Universitaria, 1995.

BERGMAN, Eduardo Tellechea. Un marco jurídico al servicio de la integración — las regulaciones del Mercosur sobre jurisdicción internacional. *In:* CASELLA, Paulo Borba (Coord.). *Contratos internacionais e direito econômico no Mercosul após o término do período de transição*. São Paulo: LTr, 1996.

BERGMAN, Eduardo Tellechea. La cooperación jurisdiccional internacional en el ámbito del MERCOSUR, con especial referencia al derecho uruguayo. *Revista da AJUFERGS*, 3:10-55, 2007.

BEVILÁQUA, Clóvis. *Código Civil dos Estados Unidos do Brasil*. 2. ed. v. 1. Rio de Janeiro: Francisco Alves, 1921.

BLAUROCK, Uwe. Übernationales Recht des Internationalen Handels. *Zeitschrift für Europäisches Privatrecht (ZEuP)*, 1:247-67, 1993.

BOELE-WOELKI, Katharina. Die Anwendung der Unidroit – Principles auf internationale Handelsverträge. *Praxis des Internationalen Privat-und Verfahrensrechts (IPRax)*, 17:161-71, 1997.

BONNOMI, Natália Paulino. Acesso à justiça do consumidor na resolução *online* de litígios: desafios e perspectivas para o Brasil. *Revista de Direito do Consumidor*, 146:251-69, 2023.

BOOYSEN, Hércules. Völkerrecht als Vertragsstatut internationaler privatrechtlicher Verträge. *RabelsZ*, 59:245-57, 1995.

BOUCAULT, Carlos Eduardo de Abreu. *Direitos adquiridos no direito internacional privado*. Porto Alegre: Sergio A. Fabris Editor, 1996.

BRÖDERMANN, Eckart. Paradigmenwechsel im Internationalen Privatrecht. *Neue Juristische Wochenschrift (NJW)*, 63:807-13, 2010.

BUCHER, Andreas. La dimension sociale du droit international privé. Cours général. *In:* Académie de Droit International. *Recueil des Cours, 2009*, t. 341, Leiden/Boston: Martinus Nijhoff Publishers, 2010, p. 9-526.

BUENO, Cassio Scarpinella. Os princípios do processo civil transnacional e o Código de Processo Civil brasileiro. *RP*, 122:167-86, 2005.

CAHALI, Yussef Said. *Estatuto do Estrangeiro*. 2. ed. São Paulo: Revista dos Tribunais, 2011.

CALIXTO, Negi. O "repúdio" das mulheres pelo marido no direito muçulmano, visto pelo Supremo Tribunal Federal. *Revista de Informação Legislativa*, 77:279-96, 1983.

CAMARGOS, Ana Amélia Mascarenhas; COLLESI, Paula Castro. Empresas e direitos humanos. *Revista do Advogado da AASP*, 143:132-42, 2019.

CARVALHO NETO, Pythagoras Lopes de. Quem é dono do *trust?* Uma análise do *trust* à luz do direito civil brasileiro. *RT*, 995:351-81, 2018.

CARVALHO, Nuno T. P. Os inventos de empregados na nova lei de patentes. *Revista da ABPI*, 22:3-33, e 23:3-37, 1996.

CARVALHOSA, Modesto; AZEVEDO, Antônio Junqueira de (Coord.). *Comentários ao Código Civil*. v. 13. São Paulo: Saraiva, 2003. (arts. 1.052 a 1.195).

CASELLA, Paulo Borba; ARAÚJO, Nádia de (Coords.). *Integração jurídica interamericana:* as convenções interamericanas de direito internacional privado (CIDIPs) e o direito brasileiro. São Paulo: LTr, 1998.

CENEVIVA, Walter. *Lei dos Registros Públicos comentada*. 9. ed. São Paulo: Saraiva, 1994.

CINTRA, Antônio Carlos de Araújo. Prova do direito estrangeiro. *RT*, 485:16-29, 1976.

COESTER-WALTJEN, Dagmar. Himmel und Hölle: Einige Überlegungen zur internationalen Zuständigkeit. *RabelsZ*, 79:471-520, 2015.

COESTER-WALTJEN, Dagmar. Anerkennung im Internationalen Personen-, Familien- und Erbrecht und das Europäische Kollisionsrecht, *Praxis des Internationalen Privat- und Verfahrensrechts (IPRax)*, 26:392-400, 2006.

CORNELOUP, Sabine. Rechtsermittlung im Internationalen Privatrecht der EU: Überlegungen aus Frankreich. *RabelsZ*, 78:844-62, 2014.

CORNELOUP, Sabine. Migrants in Transit or Under Temporary Protection – How Can Private International Law Deal with Provisional Presence? *RabelsZ*, 87:46-75, 2023.

CORNELOUP, Sabine. Zum Bedeutungsverlust des Renvoi. *Praxis des Internationalen Privat- und Verfahrensrechts (IPRax)*, 37:147-52, 2017.

COSTA, Daniel Carnio Costa. Os impactos da PL 6.229/05 na insolvência transnacional. *In:* SALLES, Tiago; BRANCO, Erika Siebler (Org.); SALOMÃO, Luis Felipe; GALDINO, Flávio (Coord.). *Análise de impacto legislativo na recuperação e na falência.* Rio de Janeiro: Editora JC, 2020.

CUNIBERTI, Gilles. La *Lex Mercatoria* au XXIe siècle. Une analyse empirique et économique. *Journal du Droit International (JDI)*, 143:765-80, 2016.

CYSNEIROS, Vicente Cavalcanti. Aquisição de imóvel rural por estrangeiro. *In: Direito agrário no Brasil.* v. 9. Brasília: Fundação Petrônio Portella, 1982.

DASSER, Felix. *Lex Mercatoria*: Werkzeug der Praktiker oder Spielzeug der Lehre? *Sckweizerische Zeitschrift für internationales und Europäisches Recht (SZIER)*, 1:299-323, 1991.

DEMO, Roberto Luis Lucchi. A jurisdição penal brasileira. *RT*, 855:496-508, 2007.

DINAMARCO, Cândido Rangel. *Instituições de direito processual civil.* 4. ed. v. I. São Paulo: Malheiros, 2004.

DOLINGER, Jacob. Aplicação do direito estrangeiro – ônus da prova – sentença – escolha da lei aplicável pelas partes – papel do magistrado – apreciação pelo tribunal. *RF*, 344:269-79, 1998.

DOLINGER, Jacob. *Direito internacional privado* – parte geral. 3. ed. Rio de Janeiro: Renovar, 1994.

DOLINGER, Jacob. A ordem pública internacional em seus diversos patamares. *RT*, 828:33-42, 2004.

DOLINGER, Jacob. Provincianismo no direito internacional privado brasileiro. Dignidade humana e soberania nacional: inversão de princípios. *RT*, 880:33-60, 2009.

DOMINICÉ, Christian. L'arbitrage et les immunités des organisations internationales. *In:* DOMINICÉ, Christian; PATRY, Robert; REYMOND, Claude. (Eds.). Études *de droit international en l'honneur de Pierre Lalive*. Bâle- Francfort-sur-le-Main: Faculté de Droit de l'Université de Genève/Éditions Helbing & Lichtenhahn, 1993.

DUTOIT, Bernhard. Droit comparé et droit international privé ou les deux arches d'un même point. *Aktuelle Juristische Praxis (AJP)*, 12:235-45, 2003.

EBENROTH, Carsten Thomas; MESSER, Ulrich. Das Gesellschaftsrecht im neuen schweizerischen IPRG. *Zeitschrift für Schweizerisches Recht (ZSR)*, 1:49-106, ano 108, 1989.

EINSELE, Dorothee. Rechtswahlfreiheit im Internationalen Privatrecht. *RabelsZ*, 60:417-47, 1996.

FARIAS, Cristiano Chaves de; ROSENVALD, Nelson. *Curso de direito civil –* parte geral e LINDB. 20. ed. v. 1. Salvador: JusPodivm, 2022.

FAZIO, Silvia. Fusões e aquisições no contexto internacional – A prática brasileira nas operações transfronteiriças. *In:* Fusões & aquisições. *Revista do Advogado da AASP*, 158:181-8, 2023.

FAUVARQUE-COSSON, Bénédicte. Droit international privé et droit comparé: brève histoire d'un couple à l'heure de l'Europe. *In:* Liber Amicorum Hélène Gaudemet-Tallon. *Vers de nouveaux* équilibres *entre ordres juridiques*. Paris: Dalloz, 2008.

FEDER, Berta. La codificación de derecho internacional privado en el ámbito de Mercosur. *Revista Uruguaya de Derecho Internacional Privado*, 1:123-7, 1994.

FELLAS, John. The Enjoining of Brazilian Lawsuits by U.S. Courts. *Revista de Arbitragem e Mediação*, 3:155-64, 2006.

FERRARI, Franco. "Forum shopping" trotz internationaler Einheitssachrechtskonventionen, *Recht der Internationalen Wirtschaft (RIW)*, 48:169-79, 2002.

FINKELSTEIN, Cláudio. Arbitragem e ordem pública. *Revista de Direito Constitucional e Internacional*, 131:255-68, 2022

FONSECA, José Roberto Franco da. Reflexos internacionais da nacionalidade. *In: Direito e comércio internacional, tendências e perspectivas*: estudos em homenagem a Irineu Strenger. São Paulo: LTr, 1994.

FORTEAU, Mathias. L'ordre public "transnational" ou "réellement international". *Journal du Droit International (Clunet)*, 138:3-49, 2011.

FRANÇA, Erasmo Valladão A.; ADAMEK, Marcelo Vieira von. Da livre participação, como regra, de sociedade estrangeira em sociedade brasileira de qualquer tipo. *Revista de Direito Mercantil (RDM)*, 147:55-62, 2007.

GAILLARD, Emmanuel. Trente ans de *Lex Mercatoria* – pour une application sélective de la méthode des principes généraux du droit. *Journal du Droit International (JDI)*, 122:5-30, 1995.

GAILLARD, Emmanuel; PINGEL-LENUZZA, Isabelle. International Organizations and Immunity from Jurisdiction: to Restrict or to Bypass. *International & Comparative Law Quarterly (ILCQ)*, 51:1-15, 2002.

GAMA, Guilherme Calmon Nogueira da; OLIVEIRA, Andréa Leite Ribeiro de. Domicílio no Código Civil de 2002. *RF*, 388:79-91, 2006.

GARCIA, Marco Aurélio Fernandes; COSTA, José Augusto Fontoura. Contraditório e aplicação de ofício do direito estrangeiro no NCPC. *RP*, 286:159-84, 2018.

GARZILLO, Rômulo Monteiro. A relação entre a nova *lex mercatoria* e a soberania dos estados nacionais: considerações sobre o fenômeno da globalização. *Revista de Direito Constitucional e Internacional*, 116:219-244, 2019.

GAZMURI, Iñigo de la Maza; OLIVARES, Álvaro Vidal. The Principles of Latin American Contract Law (PLACL) – A Presentation on the Essential Components. *Zeitschrift für Europäisches Privatrecht (ZEuP)*, 28:418-456, 2020.

GIRSBERGER, Daniel. Konkurrenz für die internationale Schiedsgerichtsbarkeit? – Wirtschaftsmediation, Internationale Handelsgerichte und Hybride Verfahren, *Anwaltsrevue/Revue de l'avocat*, 24:327-31, 2021.

GIRSBERGER, Daniel; FURRER, Andreas; GIRSBERGER, Daniel *et al. Internationales Privatrecht*, Besonderer Teil. XI/2. Basel: Helbing Lichtenhahn Verlag, 2018.

GOLDMAN, Berthold. Nouvelles réflexions sur la *Lex Mercatoria*. *In:* DOMINICÉ, Christian; PATRY, Robert; REYMOND, Claude (Eds.). *Études de droit international en l'honneur de Pierre Lalive*. Bâle-Francfort-sur-le-Main: Éditions Helbing & Lichtenhahn/Faculté de Droit de l'Université de Genève, 1993.

GOMES, Luiz Flávio. A questão da obrigatoriedade dos tratados e convenções no Brasil (particular enfoque da Convenção Americana sobre Direitos Humanos). *RT,* 710:21-35, 1994.

GOMES, Magno Federici; CABRAL, Ana Luiza Novais; RIBEIRO, Sidiney Duarte. As plataformas de resoluções *online* de conflitos: novos paradigmas para a "desjudicialização" de litígios no Brasil. *Revista Magister de Direito Civil e Processual,* 103:136-51, 2021.

GONÇALVES, Carlos Roberto. *Direito civil brasileiro.* 12. ed. v. 1. São Paulo: Saraiva, 2014.

GOODE, Roy. Rule, Practice, and Pragmatism in Transnational Commercial Law. *International and Comparative Law Quarterly (ICLQ),* 54:539-62, 2005.

GÖSSL, Susanne Lilian. Anpassung im EU-Kollisionsrecht. *RabelsZ,* 82:618-53, 2018.

GRINOVER, Ada Pellegrini *et al. Código Brasileiro de Defesa do Consumidor.* 7. ed. Rio de Janeiro: Forense Universitária, 2001.

GROLIMUND, Pascal *et al. Materialisierung von Kollisionsrecht,* in Festschrift für Anton K. Schnyder zum 65. Geburtstag. Zürich: Schulthess, 2018.

HABSCHEID, Walther J. Jurisdiction, Gerichtsbarkeit und Zuständigkeiten im internationalen Kontext. *In:* SCHILKEN, Eberhard; BECKER-EBERHARD, Ekkehard; GERHARDT, Walter (Coords.). *Festschrift für Hans Friedhelm Gaul zum 70. Geburtstag.* Bielefeld: Verlag Ernst und Werner Gieseking, 1997.

HATZIMIHAIL, Nikitas E. *Preclassical Conflict of Laws.* Cambridge: Cambridge University Press, 2021.

HAVRENNE, Michel François Drizul. A aquisição de imóveis rurais por estrangeiros no Brasil. *RT,* 919:85-108, 2012.

HAY, Peter. On the Road to a Third American Restatement of Conflicts Law. *Praxis des Internationalen Privat- und Verfahrensrechts (IPRax),* 42:205-19, 2022.

HELLGARDT, Alexander. Das Verbot der kollisionsrechtlichen Wahl nichtstaatlichen Rechts und das Unionsgrundrecht der Privatautonomie. *RabelsZ,* 82:654-96, 2018.

HEMLER, Adrian. Virtuelle Verfahrensteilnahme aus dem Ausland und Souveränität des fremden Aufenthaltsstaats. *RabelsZ,* 86:905-34, 2022.

HENNEMANN, Moritz. Wettbewerb der Datenschutzrechtsordnungen – Zur Rezeption der Datenschutz-Grundverordnung. *RabelsZ*, 84:864-95, 2020.

HENZELIN, Marc. L'immunité pénale des ministres selon la Cour internationale de justice. *Revue Pénale Suisse (RPS)*, 120:249-64, 2002.

HERBERT, Ronald. La Convención Interamericana sobre Derecho Aplicable a los Contratos Internacionales. *Revista Uruguaya de Derecho Internacional Privado*, 1:45-62, 1994.

HERDEGEN, Matthias. *Europarecht*. 19. ed. München: C. H. Beck, 2017.

HILL, Flávia Pereira. A cooperação jurídica internacional no Projeto de novo Código de Processo Civil: o alinhamento do Brasil aos modernos contornos do direito processual. *RP*, 205:347-76, 2012.

HUCK, Hermes Marcelo. *Lex Mercatoria*. Horizonte e fronteira do comércio internacional. *Revista da Faculdade de Direito da USP*, 87:213-35, 1992.

HUCK, Hermes Marcelo. *Sentença estrangeira e "Lex Mercatoria"*; horizontes e fronteiras do comércio internacional. São Paulo: Saraiva, 1994.

JOÃO, Paulo Sergio; MANUS, Paulo Teixeira. Formas alternativas de solução dos conflitos do trabalho. *Revista de Direito do Trabalho*, 206:45-65, 2019.

JAEGER JUNIOR, Augusto; BARCELLOS, Nicole Rinaldi de. Jurisdição internacional e tutela processual do consumidor: foro do domicílio do consumidor como critério de jurisdição protetora: *Revista de Direito do Consumidor*, 131:325-344, 2020.

JAYME, Erik. Identité culturelle et intégration: le droit international privé postmoderne. Cours général de droit international privé. *In:* Académie de Droit International. *Recueil des Cours*, 1995, t. 251. Haia/Boston/London: Martinus Nijhoff Publishers, 1996.

JUENGER, Friedrich K. Contract Choice of Law in the Americas. *The American Journal of Comparative Law (AmJCompL)*, 45:195-208, 1997.

JUNKER, Abbo. Vom Citoyen zum Consommateur — Entwicklungen des internationalen Verbraucherschutzrechts. *Praxis des Internationalen Privat- und Verfahrensrechts (IPRax)*, 18:65-74, 1998.

KASSIS, Antoine. *Théorie générale des usages du commerce*. Paris: LGDJ, 1984.

KEGEL, Gerhard. Allgemeines Kollisionsrecht. *In:* STOFFEL, Walter A.; VOLKEN, Paul (Eds.). *Conflits et harmonisation*; mélanges en l'honneur d'Alfred E. von Overbeck. Fribourg: Faculté de Droit de l'Université de Fribourg/Éditions Universitaires Fribourg, 1990.

KEGEL, Gerhard. Die Rolle des öffentlichen Rechts im internationalen Privatrecht. *In: Völkerrecht — Recht der Internationalen Organisationen — Weltwirtschaftsrecht, Festschrift für Ignaz Seidl-Hohenveldern.* Köln-Berlin-Bonn-München: Heymanns Verlag KG, 1994.

KEGEL, Gerhard. Wohnsitz und Belegenheit bei Story und Savigny. *RabelsZ*, 52:431-64, 1988.

KELLER, Max; SIEHR, Kurt. *Allgemeine Lehren des Internationalen Privatrechts.* Zürich: Schulthess Polygraphischer Verlag AG, 1986.

KESSEDJIAN, Catherine. Les dangers liés a un mauvais choix du droit applicable. *Revue Internationale de Droit Comparé (RIDC)*, 47:373-83, 1995.

KESSEDJIAN, Catherine. Un exercice de rénovation des sources du droit des contrats du commerce international: les principes proposés par l'Unidroit. *Revue Critique de Droit International Privé*, 84:641-70, 1995.

KEUTGEN, Guy. L'arbitrage et la mondialisation du commerce. *Revue de Droit International e de Droit Comparé*, 87:223-45, 2010.

KIENINGER, Eva-Maria. The Law Applicable to Corporations in the EC. *RabelsZ*, 73:607-28, 2009.

KIENINGER, Eva-Maria. Internationales Gesellschaftsrecht zwischen Polbud, Panama und Paradise. *Zeitschrift für Europäisches Privatrecht (ZEuP)*, 26:309-19, 2018.

KIRCHHEFER-LAUBER, Anna. Zur interreligiösen Rechtsspaltung und der Bedeutung der Kulturgebundenheit des Rechts am Beispiel des Libanons – Abgrenzung konstitutiver religiöser Eheschließung von staatlichen Registrierungsakten. *Praxis des Internationalen Privat – und Verfahrensrechts (IPRax)*, 42:408-14, 2022.

KLAUSNER, Eduardo Antônio. A proteção jurídica do consumidor de produtos e serviços estrangeiros. *Revista de Direito do Consumidor*, 59:40-61, 2006.

KLEY-STRULLER, Andreas. Die Staatszugehörigkeit juristischer Personen. *Schweizerische Zeitschrift für internationales und europäisches Recht (SZIER)*, 1:163-202, 1991.

KOETZ, Hein. Rechtsvereinheitlichung; Nutzen, Kosten, Methoden, Ziele. *RabelsZ*, 50:1-18, 1986.

KREN KOSTKIEWICZ, Jolanta. *Schweizerisches Internationales Privatrecht*, 2. ed. Bern: Stämpfli Verlag, 2018.

KROPHOLLER, Jan. *Internationales Privatrecht*. 2. ed. Tübingen: J. C. B. Mohr (Paul Siebeck), 1994.

LAFER, Celso. Prefácio. *In:* BAPTISTA, Luiz Olavo; MERCADANTE, Araminta de Azevedo; CASELLA, Paulo Borba (Orgs.). *Mercosul:* das negociações à implantação. São Paulo: LTr, 1994.

LAGARDE, Paul. La méthode de la reconnaissance est-elle l'avenir du droit international privé? Cours général de droit international privé. *In:* Académie de Droit International. *Recueil des Cours, 2014,* t. 371. Leiden/Boston: Martinus Nijhoff Publishers, 2015.

LAGARDE, Paul. Le principe de proximité dans le droit international privé contemporain. Cours général de droit international privé. *In:* Académie de Droit International. *Recueil des Cours,* 1986, t. 196. Dordrecht/Boston/Lancaster: Martinus Nijhoff Publishers, 1987.

LEAL, Ana Lúcia Rocha. Nacionalização do trabalho. In: VOGEL NETO, Gustavo Adolpho (Coord.) *Curso de direito do trabalho, em homenagem ao Prof. Arion Sayão Romita.* Rio de Janeiro: Forense, 2000.

LEGEAIS, Raymond. L'utilisation du droit comparé par les tribunaux. *Revue Internationale de Droit Comparé (RIDC),* 46:347-58, 1994.

LEIBLE, Stefan. Gerichtsstandsklauseln und EG-Klauselrichtlinie. *Recht der Internationalen Wirtschaft (RIW),* 47:422-31, 2001.

LESGUILLONS, Henry. A Convenção de Roma de 19 de junho de 1980 sobre a lei aplicável às obrigações internacionais. *In: Direito e comércio internacional, tendências e perspectivas:* estudos em homenagem a Irineu Strenger. São Paulo: LTr, 1994.

LIMA, Ana Paula Moraes Canto de. O Código de Defesa do Consumidor e o Decreto e-Commerce: como estar em conformidade legal no ambiente digital. *In:* CRESPO, Marcelo Xavier de Freitas (Coord.). *Compliance no direito digital.* v. 3. São Paulo: Thomson Reuters, 2020.

LIPSTEIN, Kurt. One Hundred Years of Hague Conferences on Private International Law. *The International and Comparative Law Quarterly,* 42:553-653, 1993.

MADEIRA, Hélcio Maciel França. A latinidade e o humanismo de Lafayette Rodrigues Pereira. *RT,* 873:31-54, 2008.

MADRUGA FILHO, Antenor Pereira. A CIDIP-V e o direito aplicável aos contratos internacionais. *In:* CASELLA, Paulo Borba (Coord.). *Contratos internacionais e direito econômico no Mercosul após o término do período de transição.* São Paulo: LTr, 1996.

MAGALHÃES, José Carlos de. Breve análise sobre o direito aplicável a bens no direito internacional privado brasileiro: a caução de ações. *Revista de Direito Mercantil (RDM)*, 82:24-9, 1991.

MAGALHÃES, José Carlos de. *Lex Mercatoria*: evolução e posição atual. *RT*, 709:42-5, 1994.

MANKOWSKI, Peter. Direito internacional europeu de proteção ao consumidor. Desenvolvimento e Estado: um panorama atual. *Revista de Direito do Consumidor*, 67:266-302, 2008.

MANKOWSKI, Peter. Über den Standort des Internationalen Zivilprozessrechts. *RabelsZ*, 82:576-617, 2018.

MANN, F. A. Staatsunternehmen in internationalen Handelsbeziehungen. *Recht der Internationalen Wirtschaft (RIW)*, 33:186-93, 1987.

MANSUR, Júlio Emílio Abranches. A retribuição econômica devida ao empregado pela exploração de invenção mista. *Revista da ABPI (Associação Brasileira de Propriedade Intelectual)*, 82:12-24, 2006.

MARCATO, Antonio Carlos. Prorrogação da competência. *RT*, 65:7-18, 1992.

MARINONI, Luiz Guilherme; ARENHART, Sérgio Cruz; MITIDIERO, Daniel. *Curso de processo civil*. 2. ed. v. 1. São Paulo: Revista dos Tribunais, 2016.

MARINONI, Luiz Guilherme; ARENHART, Sérgio Cruz; MITIDIERO, Daniel. *Curso de processo civil*. 2. ed. v. 2. São Paulo: Revista dos Tribunais, 2016.

MARQUES, Claudia Lima. Nota sobre a proteção do consumidor no Novo Código de Processo Civil (Lei 13.105/2015). *Revista de Direito do Consumidor*, 104:555-64, 2016.

MARQUES, Claudia Lima. Texto das diretrizes de proteção do consumidor, revisão de 2015 pela Assembleia Geral da ONU em inglês e espanhol. *Revista de Direito do Consumidor*, 104:507-54, 2016.

MARQUES, Claudia Lima. Comércio eletrônico de consumo internacional: modelos de aplicação da lei mais favorável ao consumidor e do privilégio de foro. *Revista do Advogado da AASP*, 114:31-54, 2011.

MARQUES, Claudia Lima. La propuesta "Buenos Aires" de Brasil, Argentina y Paraguay: el más reciente avance en el marco de la CIDIP VII de protección de los consumidores. *Revista de Direito do Consumidor*, 73:224-65, 2010.

MARQUES, Claudia Lima. A insuficiente proteção do consumidor nas normas de direito internacional privado — da necessidade de uma convenção interamericana (CIDIP) sobre a lei aplicável a alguns contratos e relações de consumo. *RT*, 788:11-56, 2001.

MARQUES, Claudia Lima. Mercosul como legislador em matéria de direito do consumidor — crítica ao projeto de protocolo de defesa do consumidor. *Revista de Direito do Consumidor*, 26:53-76, 1998.

MARQUES, Claudia Lima; MIRAGEM, Bruno. Serviços simbióticos ou inteligentes e proteção do consumidor no novo mercado digital: homenagem aos 30 anos do Código de Defesa do Consumidor. *In:* 30 anos do Código de Defesa do Consumidor. *Revista do Advogado da AASP*, 147:14-29, 2020.

MARTINS, Adriano Kalfelz. Medidas cautelares no Mercosul. *In:* Maristela Basso (Org.). *Mercosul, seus efeitos jurídicos, econômicos e políticos nos Estados-membros.* Porto Alegre: Livr. do Advogado Ed., 1995.

MARTINS, Humberto. Diretrizes jurisprudenciais do Superior Tribunal de Justiça relacionadas à proteção do consumidor. *Revista de Direito do Consumidor*, 106:17-36, 2016.

MARTINS, Ives Gandra da Silva. Jurisdição internacional. Ajuizamento de ação no Brasil por força da aplicação da teoria do *forum non conveniens* por parte da Justiça americana. Hipótese que não se enquadra nos arts. 88 e 89 do CPC. Inexistência de jurisdição no Brasil. Indeferimento de inicial. Inocorrência de citação e de composição da lide. Falta de legítimo interesse dos pretensos réus para recorrer. *RT,* 855:57-76, 2007.

MARTINS, Juliano Cardoso Schaefer. *Contratos internacionais:* a autonomia da vontade na definição do direito material aplicável. São Paulo: LTr, 2008.

MARTINS, Ricardo José. Aspectos do crédito documentário. *Revista de Direito Mercantil (RDM)*, 110:43-145, 1998.

MARTINS, Sergio Pinto. *Direito do trabalho.* 39. ed. São Paulo: Saraiva, 2023.

MARTINS-COSTA, Judith. O *trust* e o direito brasileiro, *Revista de Direito Civil Contemporâneo (RDCC)*, 12:165-208, 2017.

MAYER, Pierre. Les méthodes de la reconnaissance en droit international privé. Le droit international privé: esprit et méthodes. *In: Mélanges en l'honneur de Paul Lagarde.* Paris: Dalloz, 2005.

MAZZUOLI, Valerio de Oliveira. O Poder Legislativo e os tratados internacionais: o *treaty-making power* na Constituição brasileira de 1988. *RF*, 355:119-42, 2001.

MAZZUOLI, Valerio de Oliveira. O novo § 3º do art. 5º da Constituição e sua eficácia. *RF*, 378:89-109, 2005.

MAZZUOLI, Valerio de Oliveira. Algumas questões jurídicas sobre a formação e aplicação do costume internacional. *RT,* 921:259-78, 2012.

MAZZUOLI, Valerio de Oliveira. *Curso de direito internacional público*. 15. ed. Rio de Janeiro: Forense, 2023.

MAZZUOLI, Valerio de Oliveira. O estado da arte da aplicação do direito internacional público no Brasil no alvorecer do século XXI. *RT,* 968:291-321, 2016.

MAZZUOLI, Valerio de Oliveira. Sobre a lei "pessoal" do *de cujus* na sucessão de bens de estrangeiros situados no país: exegese do artigo 5º, XXXI, da Constituição Federal de 1988. *Revista Síntese – Direito de Família*, 102:68-80, 2017.

MENDES, Gilmar Ferreira; BRANCO, Paulo Gustavo Gonet. *Curso de direito constitucional*. Série IDP. 18. ed. São Paulo: Saraiva, 2023.

MENEZES, Wagner. Direito comunitário. *RT*, 778:733-52, 2000.

MESQUITA, José Ignácio Botelho de. Da competência internacional e dos princípios que a informam. *RP,* 50:51-71, 1988.

MEYER, OLAF. Parteiautonomie bei Mehrrechtsstaaten. *RabelsZ,* 83:722-59, 2019.

MIRAGEM, Bruno. A contribuição essencial do direito comparado para a formação e o desenvolvimento do direito privado brasileiro. *RT,* 1000:157-90, 2019.

MIRANDA, Luiz Ricardo de. A institucionalização da cooperação internacional: uma breve análise da evolução histórica do sistema monetário internacional. *Revista de Direito Mercantil (RDM)*, 149/150:265-292, 2008.

MOGHRABI, Mahmoud M. Le principe de l'autonomie de la volonté dans le droit international privé des pays de la Zone Mena: entre immobilisme et renouveau. *Revue Internationale de Droit Comparé (RIDC)*, 74:267-86, 2022.

MOLL, Leandro de Oliveira. Imunidade de jurisdição do Estado e denegação de justiça em violações de direitos humanos fundamentais: o caso Al-Adsani v. Reino Unido. *RF,* 370:77-101, 2003.

MÖLLERS, Thomas M. J. Europäische Richtlinien zum Bürgerlichen Recht. *Juristenzeitung (JZ)*, 57:121-34, 2002.

MÔNACO, Gustavo Ferraz de Campos. O décimo quinto aniversário da convenção sobre os direitos da criança – contributo para o aprofundamento e a implementação do direito internacional dos direitos humanos. *RT,* 831:132-46, 2005.

MÔNACO, Gustavo Ferraz de Campos. Direitos da criança e adoção internacional. 2. ed. São Paulo: Thomson Reuters Brasil, 2021.

MOREIRA, José Carlos Barbosa. *Comentários ao Código de Processo Civil*. v. 5. 5. ed. rev. e atual. Rio de Janeiro: Forense, 1985. (arts. 476 a 565)

MOREIRA, José Carlos Barbosa. Garantia constitucional do direito à jurisdição — competência internacional da justiça brasileira — prova do direito estrangeiro. *RF*, 343:275-91, 1998.

MOREIRA, José Carlos Barbosa. Le juge brésilien et le droit étranger. *In: Beiträge zum internationalen Verfahrensrecht und zur Schiedsgerichtsbarkeit: FS für Heinrich Nagel zum 75. Geburtstag.* Münster: Walther J. Habscheid u. Karl Heinz Schwab, 1987.

MOREIRA, José Carlos Barbosa. Problemas relativos a litígios internacionais. *RP*, 65:144-61, 1992.

MOREIRA, José Carlos Barbosa. Relações entre processos instaurados, sobre a mesma lide civil, no Brasil e em país estrangeiro. *RF*, 252:34-8, 1975.

MOREIRA, José Carlos Barbosa. Notas sobre reconhecimento e execução de sentenças estrangeiras. *RP*, 124:19-27, 2005.

MOREIRA, José Carlos Barbosa. A nova definição de sentença. *RP*, 136:268-76, 2006.

MORRIS, J.H.C.; MC CLEAN, David; RUIZ ABOU-NIGM, Verónica. *The Conflict of Laws*. 9. ed. London: Sweet&Maxwell/Thomson Reuters, 2016.

MUNIZ, Joaquim de Paiva. Arbitragem no direito do trabalho. *Revista de Arbitragem e Mediação*, 56:179-87, 2018.

NAZO, Georgette N. Lei geral de aplicação das normas jurídicas. Projeto de lei 264/84. Senado Federal. Estudo e discussão do Anteprojeto Valladão de reforma da Lei de Introdução ao Código Civil. *RT*, 613:32-43, 1986.

NERY JUNIOR, Nelson. Competência no processo civil norte-americano: o instituto do *forum (non) conveniens. RT*, 781:28-32, 2000.

NOGUEIRA, Ruy Barbosa. *Curso de direito tributário.* 12. ed. São Paulo: Saraiva, 1994.

NOODT TAQUELA, María Blanca. Los acuerdos de elección de foro en el Protocolo de Buenos Aires de 1994. *In: Mercosur — balance y perspectivas.* Montevideo: Fundación de Cultura Universitaria, 1996.

NOODT TAQUELA, María Blanca; ARGERICH, Guillermo. Contribución de la Comisión Interamericana de Arbitraje Comercial — CIAC — OEA — para el funcionamento de los acuerdos de arbitraje del Mercosur. *Revista de Direito do Mercosul*, 2, n. 6, 195-201, 1998.

NUSSBERGER, Angelika. Die Europäische Menschenrechtskonvention und das Privatrecht, *RabelsZ*, 80:817-50, 2016.

OLIVEIRA, C. A. Álvaro de; LACERDA, Galeno. *Comentários ao Código de Processo Civil*. v. 3. t. 2. 2. ed. Rio de Janeiro: Forense, 1991. (arts. 813 a 889)

ONODY FILHO, Júlio. A ordem pública nos países do Mercosul. *In:* CASELLA, Paulo Borba (Coord.). *Contratos internacionais e direito econômico no Mercosul após o término do período de transi*ção. São Paulo: LTr, 1996.

PARRA-ARANGUREN, Gonzalo. The Centenary of the Hague Conference on Private International Law. *In:* DOMINICÉ, Christian; PATRY, Robert; REYMOND, Claude (Eds.). Études *de droit international en l'honneur de Pierre Lalive*. Bâle-Francfort-sur-le-Main: Faculté de Droit de l'Université de Genève/Éditions Helbing & Lichtenhahn, 1993.

PARRA-ARANGUREN, Gonzalo. The Fourth Inter-American Specialized Conference on Private International Law (CIDIP-IV, Montevideo, 9-15 July, 1989). *In:* STOFFEL, Walter A.; VOLKEN, Paul (Orgs.). *Conflits et harmonisation*; mélanges en l'honneur d'Alfred E. von Overbeck. Fribourg: Faculté de Droit de l'Université de Fribourg, Éditions Universitaires Fribourg, 1990.

PEIXOTO, Ravi. O incidente de arguição de inconstitucionalidade e o CPC/2015. *RP*, 287:23-44, 2019.

PEIXOTO, Ravi. O *forum non conveniens* e o processo civil brasileiro: limites e possibilidade. *RP*, 279:381-415, 2018.

PEREIRA, Luís Cezar Ramos. A prova do direito estrangeiro e sua aplicabilidade. *RP*, 39:276-84, 1985.

PEREZNIETO CASTRO, Leonel. La tradition territorialiste en droit international privé dans les pays d'Amérique Latine. *Recueil des Cours de l'Académie de Droit International*, 190:271-400, 1985-I.

PIOVESAN, Flávia. *Temas de direitos humanos*. 11. ed. São Paulo: Saraiva, 2018.

PONTES DE MIRANDA, Francisco Cavalcanti. *Tratado de direito internacional privado*. v. 1. Rio de Janeiro: José Olympio, 1935.

QUINTELLA, Leonardo P. Meirelles. A imunidade de execução do Estado estrangeiro na Justiça do Trabalho. *Revista de Direito Renovar*, 28:139-49, 2004.

PEUKERT, Alexander. Vereinheitlichung des Immaterialgüterrechts: Strukturen, Akteure, Zwecke. *RabelsZ*, 81:158-93, 2017.

RAAPE, Leo. *Internationales Privatrecht*. 4. ed. Berlin/Frankfurt: Verlag Franz Vahlen GmbH, 1955.

RAMOS, André de Carvalho. Dignidade humana como obstáculo à homologação de sentença estrangeira. *RP*, 249:31-55, 2015.

RAMOS, André de Carvalho. Direito internacional privado de matriz legal e sua evolução no Brasil. *Revista da Ajuris*, 42:89-113, 2015.

RAMOS, André de Carvalho; RIBEIRO, Marcus Vinicius. Direitos humanos, inclusão jurídica e o papel da assistência jurídica no Brasil no século XXI. *RF*, 409:27-61, 2010.

RECHSTEINER, Beat Walter. *Aplicação do direito estrangeiro no processo civil pelos tribunais suíços em relação ao Brasil*. Dissertação de mestrado – Direito Internacional – Faculdade de Direito – Universidade de São Paulo (USP). São Paulo: 1989.

RECHSTEINER, Beat Walter. *Beschränkungen des Grundstückerwerbs durch Ausländer; Eine Studie über den Stand der Rechtsentwicklung in der Schweiz mit vergleichender Berücksichtigung der Rechte der anderen Mitgliedstaaten des Europarates*. Zürcher Studien zum öffentlichen Recht. Zürich: Schulthess Polygraphischer Verlag, 1985.

RECHSTEINER, Beat Walter. A insolvência internacional sob a perspectiva do direito brasileiro. *In:* PAIVA; Luiz Fernando Valente de (Coord.). *Direito falimentar e a nova Lei de Falências e Recuperação de Empresas*. São Paulo: Quartier Latin, 2005.

RECHSTEINER, Beat Walter. Algumas questões jurídicas relacionadas à sucessão testamentária com conexão internacional. *RT*, 786:99-107, 2001.

RECHSTEINER, Beat Walter. Sucessões transnacionais de conexão com o Brasil e os Estados-membros da União Europeia: competência internacional, direito aplicável, reconhecimento e execução de decisões estrangeiras. *RT*, 1016:139-164, 2020.

RECHSTEINER, Beat Walter. O direito brasileiro e a pensão alimentícia familiar internacional – Competência internacional, direito aplicável, reconhecimento e execução de decisões estrangeiras. *RT*, 1035:195-213, 2022.

REZEK, José Francisco. *Direito internacional público*: curso elementar. 17. ed. São Paulo: Saraiva, 2018.

RIGONI, Giuliana Magalhães. Tratados bilaterais de investimento: breve análise da posição brasileira. *In:* BRANT, Leonardo Nemer Caldeira; LAGE, Délber Andrade; CREMASCO, Suzana Santi. *Direito internacional contemporâneo.* Curitiba: Juruá, 2011.

ROCHA, André Luiz Nelson dos Santos Cavalcanti da; CLEMENTINO, Marco Bruno Miranda. Cumprimento de decisão estrangeira de julgamento parcial de mérito. *RP,* 324:99-124, 2022.

ROCHA, Olavo Acyr de Lima. O imóvel rural e o estrangeiro. *Revista de Direito Agrário,* 16:9-22, 2000.

RODAS, João Grandino. A nacionalidade da pessoa física no Brasil após 1988. *In: Direito e comércio internacional, tendências e perspectivas;* estudos em homenagem a Irineu Strenger. São Paulo: LTr, 1994.

RODAS, João Grandino. Elementos de conexão do direito internacional privado brasileiro relativamente às obrigações contratuais. *In:* RODAS, João Grandino (Coord.). *Contratos internacionais.* 2. ed. São Paulo: Revista dos Tribunais, 1994.

RODAS, João Grandino. Substituenda est Lex Introductoria. *RT,* 630:243-5, 1988.

RODAS, João Grandino; MONACO, Gustavo Ferraz de Campos. *Conferência da Haia de Direito Internacional Privado:* a participação do Brasil. Brasília: Fundação Alexandre de Gusmão (FUNAG), 2008.

ROTH, Wulf-Henning. Der Einfluss des Europäischen Gemeinschaftsrechts auf das Internationale Privatrecht. *RabelsZ,* 55:623-73, 1991.

RÜHL, Gisela. Die Richtlinie über alternative Streitbeilegung und die Verordnung über Online-Streitbeilegung. *Recht der Internationalen Wirtschaft (RIW),* 59:737-45, 2013.

RÜHL, Gisela; VON HEIN, Jan. Towards a European Code on International Law? *RabelsZ,* 79:701-51, 2015.

RULE, Colin. Trazendo a resolução de disputas para a internet: Online Dispute Resolution. *In:* FEIGELSON, Bruno; BECKER, Daniel; RAVAGNANI, Giovani. *O fim dos advogados?* São Paulo: Thomson Reuters Revista dos Tribunais, 2021.

RULLI NETO, Antonio; RUFALO, David de Oliveira; SILVA, Emerson Marcelo da; AZEVEDO, Renato Asamura. O comércio eletrônico e as novas formas contratuais: point and clik agreement e click and wrap agreement. *Revista de Direito do Consumidor,* 105:65-98, 2016.

SALLES, Carlos Alberto de. A cooperação interjurisdicional no Mercosul. *In:* CASELLA, Paulo Borba (Coord.). *Contratos internacionais e direito econômico no Mercosul após o término do período de transição.* São Paulo: LTr, 1996.

SALOMÃO, Arthur Künzel; PASQUAL, Cristina Stringari. Os métodos alternativos de resolução de disputas por meio da tecnologia e a proteção do consumidor. *Revista Magister de Direito Civil e Processual,* 99:53-66, 2020.

SAMTLEBEN, Jürgen. Neue interamerikanische Konventionen zum Internationalen Privatrecht. *RabelsZ,* 56:1-115/142-75, 1992.

SAMTLEBEN, Jürgen. Die Entwicklung des Internationalen Privat- und Prozessrechts im MERCOSUR. *Praxis des Internationalen Privat- und Verfahrensrechts (IPRax),* 25:376-83, 2005.

SAMTLEBEN, Jürgen. Teixeira de Freitas e a autonomia das partes no direito internacional privado latino-americano. *Revista de Informação Legislativa,* 85:257-76, 1985.

SAMTLEBEN, Jürgen. Neukodifikation des Internationalen Privatrechts in Argentinien. *Praxis des Internationalen Privat- und Verfahrensrechts (IPRax),* 36:289-99, 2016.

SAMTLEBEN, Jürgen. Internationales Privatrecht in Panama – eine neue Kodifikation in Lateinamerika. *RabelsZ,* 82:52-135, 2018.

SAMTLEBEN, Jürgen; SALOMÃO FILHO, Calixto. Das Internationale Prozess- und Privatrecht des Mercosur. *RabelsZ,* 63:1-69, 1999.

SANDROCK, Otto. "Versteinerungsklauseln" in Rechtswahlvereinbarungen für internationale Handelsverträge. *In:* JAYME, Erik; KEGEL, Gerhard; LUTTER, Marcus (Eds.). *Ius Inter Nationes, Festschrift für Stefan Riesenfeld.* Heidelberg: C. F. Müller Juristischer Verlag, 1983.

SANTANA, Héctor Valverde. Globalização econômica e proteção do consumidor: o mundo entre crises e transformações. *Revista de Direito do Consumidor,* 98:131-51, 2015.

SANTIAGO, Ana Rita Carneiro Baptista Barreto. O tradutor público e intérprete comercial e sua contribuição ao Judiciário. *RP, 194:*415-30, 2011.

SANTOS, Enoque Ribeiro dos; FARINA, Bernardo Cunha. A igualdade jurídica do trabalhador fronteiriço. *Revista LTr,* 75-04:395-408, 2011.

SANTOS, Eronides Aparecido Rodrigues dos. Insolvência transnacional e a cooperação jurídica internacional. *In:* Recuperação de empresas e falência, alterações da Lei n. 14.112/2020. *Revista do Advogado da AASP*, 150:38-50, 2021.

SARLET, Ingo Wolfgang. O Supremo Tribunal Federal e o controle interno de convencionalidade na base dos tratados internacionais de direitos humanos. *RP*, 266:23-51, 2017.

SARLET, Ingo Wolfgang; MARINONI, Luiz Guilherme; MITIDIERO, Daniel. *Curso de direito constitucional*. 8. ed. São Paulo: Saraiva, 2019.

SAVIGNY, Friedrich Carl von. *System des heutigen römischen Rechts*. Berlin: 1849. v. 8.

SCHACK, Haimo. Hundert Jahre Haager Konferenz für IPR. Ihre Bedeutung für die Vereinheitlichung des Internationalen Zivilverfahrensrechts. *RabelsZ*, 57:224-62, 1993.

SCHACK, Haimo. Internationale Zuständigkeit und Inlandsbeziehung. *In:* Andreas Heldrich e Takeyoshi Uchida (Eds.). *Festschrift für Hideo Nakamura zum 70. Geburtstag am 2. März 1996*. Tokyo: Seibundo, 1996.

SCHACK, Haimo. *Internationales Zivilverfahrensrecht*. 7. ed. München: Verlag C. H. Beck, 2017.

SCHACK, Haimo. Das neue Haager Anerkennungs- und Vollstreckungsübereinkommen. *Praxis für des Internationalen Privat- und Verfahrensrechts (IPRax)*, 40:1-6, 2020.

SCHLOSSER, Peter. Anti-suit injunctions zur Unterstützung von internationalen Schiedsverfahren. *Recht der Internationalen Wirtschaft (RIW)*, 52:486-92, 2006.

SCHMIDT, Christian. Anti-suit injunctions im Wettbewerb der Rechtssysteme. *Recht der Internationalen Wirtschaft (RIW)*, 52:492-8, 2006.

SCHURIG, Klaus. Interessenjurisprudenz contra Interessenjurisprudenz im IPR. *RabelsZ*, 59:229-44, 1995.

SCHWIND, Fritz. Gedanken zum Personalstatut im internationalen Privatrecht. *In:* DOMINICÉ, Christian; PATRY, Robert; REYMOND, Claude (Eds.). Études *de droit international en l'honneur de Pierre Lalive*. Bâle-Francfort-sur-le-Main: Faculté de Droit de l'Université de Genève, Éditions Helbing & Lichtenhahn, 1993.

SEIDL-HOHENVELDERN, Ignaz. *Völkerrecht*. 8. Aufl. Köln-Berlin Bonn-München: Heymanns Verlag KG, 1994.

SIEHR, Kurt. Der Anwalt und das IPR. *In: "Collisio Legum"*; studi di diritto internazionale privato. Milano: Giuffrè, 1997.

SIEHR, Kurt. Die Parteiautonomie im Internationalen Privatrecht. *In: Festschrift für Max Keller zum 65. Geburtstag.* Zürich: Schulthess Polygraphischer Verlag, 1989.

SIEHR, Kurt. Rechtsangleichung im IPR durch nationale Kodifikationen. *In:* STOFFEL, Walter A.; VOLKEN, Paul (Eds.). *Conflits et harmonisation*; mélanges en l'honneur d'Alfred E. von Overbeck. Fribourg: Faculté de Droit de l'Université de Fribourg, Éditions Universitaires Fribourg, 1990.

SIEHR, Kurt. *Internationales Privatrecht. Deutsches und europäisches Kollisionsrecht für Studium und Praxis.* Heidelberg: Müller Verlag, 2001.

SIEHR, Kurt. *Das Internationale Privatrecht der Schweiz.* Zürich: Schulthess Verlag, 2002.

SIEHR, Kurt. Internationales Sachenrecht, Rechtsvergleichendes zu seiner Vergangenheit, Gegenwart und Zukunft. *Zeitschrift für Vergleichende Rechtswissenschaft (ZVglRWiss)*, 104:145-62, 2005.

SILVA, Alexandre Pereira da. Direito internacional penal (Direito penal internacional?): Breve ensaio sobre a relevância e transnacionalidade da disciplina. *Rev. Fac. Direito UFMG*, 62:53-83, 2013.

SILVA, Clóvis V. do Couto e. Direito material e processual em tema de prova. *RP,* 13:135-46, 1979.

SILVA, Isabelle Lima da. Uma análise da aplicabilidade e eficácia do Protocolo de Las Leñas no sistema jurídico brasileiro. Portal Jus.com/*Jus Navigandi*. Disponível em: https://jus.com.br. Acesso em: 10-7-2021.

SILVA, Ricardo Perlingeiro Mendes da. A jurisdição internacional na América Latina: competência internacional, reconhecimento e execução de decisão judicial estrangeira em matéria civil. *RP*, 197:299-337, 2011.

SILVEIRA, Gustavo Scheffer da. Os novos contratos da FIDIC, edição de 2017. *Revista de Arbitragem e Mediação*, 57:35-56, 2018.

SOARES, Guido Fernando Silva. A competência internacional do Judiciário brasileiro e a questão da autonomia da vontade das partes. *In: Direito e comércio internacional, tendências e perspectivas: estudos em homenagem a Irineu Strenger.* São Paulo: LTr, 1994.

SOARES, Guido Fernando Silva. As imunidades de jurisdição na justiça trabalhista brasileira. *Revista da Faculdade de Direito da USP*, 88:519-52, São Paulo: 1993.

SOARES, Guido Fernando Silva. *"Common Law":* introdução ao direito dos EUA. 2. ed. São Paulo. Revista dos Tribunais, 2000.

SOUZA JR., Lauro da Gama. Os princípios do UNIDROIT relativos aos contratos comerciais internacionais e sua aplicação nos países do Mercosul. *In:* RODAS, João Grandino (Coord.). *Contratos internacionais.* 3. ed. São Paulo: Revista dos Tribunais, 2002.

SPICKHOFF, Andreas. Internationales Handelsrecht vor Schiedsgerichten und staatlichen Gerichten. *RabelsZ,* 56:116-41, 1992.

STERN, Brigitte. Immunites e doctrine de l'Act of State. *Journal du Droit International,* Clunet, 133:63-87, 2006.

STOCO, Rui. Protocolo de San Luis — responsabilidade civil decorrente de acidentes de trânsito ocorridos nos países integrantes do Mercosul. *RT,* 741:100-12, 1997.

STOCO, Rui. Mercosul e internalização de suas regras. *RT,* 813:26-63, 2003.

STOFFEL, Walter A. Le rapport juridique international. *In:* STOFFEL, Walter A.; VOLKEN, Paul (Eds.). *Conflits et harmonisation;* mélanges en l'honneur d'Alfred E. von Overbeck. Fribourg: Faculté de Droit de l'Université de Fribourg, Éditions Universitaires Fribourg, 1990.

STRENGER, Irineu. *Direito do comércio internacional e "Lex Mercatoria".* São Paulo: LTr, 1996.

STRENGER, Irineu. *Direito internacional privado* – parte geral. 2. ed. v. 1. São Paulo: Revista dos Tribunais, 1986.

STRENGER, Irineu. La notion de *Lex Mercatoria* en droit de commerce international. *Recueil des Cours de l'Académie de Droit International,* 227:209-335, 1991-II.

STÜRNER, Rolf. The Principles of Transnational Civil Procedure. *RabelsZ,* 69:201-54, 2005.

SÜSSEKIND, Arnaldo. *Direito internacional do trabalho.* 3. ed. São Paulo: LTr, 2000.

SÜSSEKIND, Arnaldo. Harmonização do direito do trabalho no Mercosul. *Trabalho & Doutrina (T&D),* 24:38-46, 2000.

SÜSSEKIND, Arnaldo. Harmonização do direito individual do trabalho no Mercosul. *Revista LTr,* 61-05:583-5, 1997.

SÜSSEKIND, Arnaldo; TEIXEIRA FILHO, João de Lima (Coords.). *Instituições de direito do trabalho.* 16. ed. São Paulo: LTr, 1996. 2 v.

SYMENOIDES, Symeon C. The American Choice-of-Law Revolution in the Courts: Today and Tomorrow. *Recueil des Cours (Collected Courses of the Hague Academy of International Law),* 298:9-448, 2003.

TANG, Zheng Sophia. Smart Courts in Cross-Border Litigation. *RabelsZ*, 87:118-43, 2023.

TAVARES, João Paulo Lordelo Guimarães. O regime jurídico das provas digitais no direito brasileiro. *RP,* 316:373-87, 2021.

TEPEDINO, Gustavo. OLIVA, Milena Donato. Controle de abusividade da cláusula de eleição de foro. *Revista de Direito do Consumidor*, 109:187-205, 2017.

TIBÚRCIO, Carmen. Uma análise comparativa entre as convenções da CIDIP e as convenções da Haia – o direito uniformizado comparado. *In:* CASELLA, Paulo Borba; ARAÚJO, Nádia de (Orgs.). *Integração jurídica interamericana:* as convenções interamericanas de direito internacional privado (CIDIPs) e o direito brasileiro. São Paulo: LTr, 1998.

TIBÚRCIO, Carmen. As inovações da EC 45/2004 em matéria de homologação de sentenças estrangeiras. *RP*, 132:123-39, 2006.

TÔRRES, Heleno. *Pluritributação internacional sobre as rendas de empresas.* 2. ed. São Paulo: Revista dos Tribunais, 2001.

ULTSCH, Michael L. Die *Forum-non-conveniens*-Lehre im Recht der USA (insbesondere Floridas). *Recht der Internationalen Wirtschaft (RIW)*, 43:26-31, 1997.

VALLADÃO, Haroldo. *Direito internacional privado*. 5. ed. Rio de Janeiro: Freitas Bastos, 1980. v. 1.

VALLADÃO, Haroldo. *Direito internacional privado*. 3. ed. Rio de Janeiro: Freitas Bastos, 1983. v. 2.

VALLADÃO, Haroldo. *Direito internacional privado*. Rio de Janeiro: Freitas Bastos, 1978. v. 3.

VALLADÃO, Haroldo. Domicílio e residência no direito internacional privado. *RT,* 807:743- 58, 2003 (artigo reimpresso da *RT,* 732:7-21, 1966).

VALLÉLIAN, Anton. ZULIEN, Sébastien. La protection des droits de l'homme dans les contrats internationaux, *Anwalts Revue de L'Avocat*, 10/2019, 425-30.

VALTICOS, Nicolas. Aperçu de l'action de l'Institut de Droit International en matière de droit international. *In:* DOMINICE, Christian; PATRY, Robert; REYMOND, Claude (Eds.). *Études de droit international en l'honneur de Pierre Lalive*. Bâle-Francfort-sur-le-Main: Faculté de Droit de l'Université de Genève/Éditions Helbing & Lichtenhahn, 1993.

VALTICOS, Nicolas; VON POTOBSKY, Geraldo W. *International labour law*. 2. ed. Deventer/Boston, Kluwer Law and Taxation Publishers, 1995.

VELLOZA, Rubens Tarcisio Fernandes. Anotações concernentes ao comando inserido no art. 1.134 do Código Civil. *Revista de Direito Bancário e do Mercado de Capitais,* 56:277-90, 2012.

VIEIRA, Luciane Klein. El proyeto de acuerdo del Mercosur sobre derecho aplicable en materia de contratos internacionales de consumo. *Revista de Direito do Consumidor,* 99:159-81, 2015.

VIEIRA, Luciane Klein. Os 25 anos de vigência do CDC e as relações internacionais de consumo: desafios e perspectivas. *Revista de Direito do Consumidor,* 103:101-25, 2016.

VIEIRA, Luciane Klein. El derecho internacional privado del consumidor em el Mercosur: la influencia de las normativas europeas em su construcción. *Revista de Direito do Consumidor,* 117:397-440, 2018.

VIEIRA, Luciane Klein; SQUEFF, Tatiana Cardoso; FRAINER, Victória Maria. A proteção internacional do consumidor turista na agenda da Conferência de Haia de Direito Internacional Privado e do Mercosul: avanços e retrocessos.*Revista de Direito do Consumidor,* 130:237-272, 2020.

VILLELA, Anna Maria. A unificação do direito na América Latina: direito uniforme e direito internacional privado. *Revista de Direito Civil,* 27:53-70, 1984/*Revista de Informação Legislativa,* 83:15-26, 1984.

VISCHER, Frank. Der Trend zum Unilateralismus in American Conflict of Laws. Bemerkungen zum Sammelband: "American Conflicts Law at the Dawn of the 21st Century". *Schweizerische Zeitschrift für internationales und europäisches Recht (SZIER),* 13:55-66, 2003.

VITALE, Olivar. Aquisição de imóvel rural por estrangeiro. *Revista do Advogado – AASP, Direito do Agronegócio,* 134:121-31, 2017.

VITTA, E.; MOSCONI, F. *Corso di diritto internazionale privato e processuale.* 5. ed. Torino, UTET, 1994.

VOLKEN, Paul. Rechtshilfe und andere besondere Fragen innerhalb des Erkenntnisverfahrens. *In: Die Allgemeinen Bestimmungen des BG über das Internationale Privatrecht.* Veröffentlichungen des Schweizerischen Institutes für Verwaltungskurse an der Hochschule St. Gallen. St. Gallen, Ed. Yvo Hangartner, 1987. v. 29.

VON BAR, Christian. *Internationales Privatrecht;* Erster Band, Allgemeine Lehren. München: Verlag C. H. Beck, 1987.

WAIS, Hannes. Einseitige Gerichtsstandsvereinbarungen und die Schranken der Parteiautonomie. *RabelsZ,* 81:815-57, 2017.

WALD, Arnoldo. Algumas aplicações da *Lex Mercatoria* aos contratos internacionais realizados com empresas brasileiras. *In: Direito e comércio internacional, tendências e perspectivas*; estudos em homenagem a Irineu Strenger. São Paulo: LTr, 1994.

WALTER, Gerhard. *Internationales Zivilprozessrecht der Schweiz.* Bern- -Stuttgart-Wien: Paul Haupt Verlag, 1995.

WAMBIER, Teresa Arruda Alvim. O que é abrangido pela coisa julgada no direito processual civil brasileiro: a norma vigente e as perspectivas de mudança. *RP*, 230:75-89, 2014.

WEISS, Wolfgang. Völkerstrafrecht zwischen Weltprinzip und Immunität. *Juristenzeitung (JZ)*, 57:696-704, 2002.

WELLER, Marc-Philippe. Vom Staat zum Menschen: Die Methodentrias des Internationalen Privatrechts unserer Zeit. *RabelsZ*, 81:747-80, 2017.

WELLER, Marc-Philippe; HAUBER, Irene; SCHULZ, Alix. Gleichstellung im Internationalen Scheidungsrecht – talaq und get im Licht des Art. 10 Rom III-VO. *Praxis des Internationalen Privat- und Verfahrensrechts (IPRax)*, 36:123-32, 2016.

WENDEHORST, Christiane. Digitalgüter im Internationalen Privatrecht. *Praxis des Internationalen Privat- und Verfahrensrechts (IPRax)*, 40:490-9, 2020.

WERNER, Walter. Die neuen internationalen Grundlagen der Exportkontrolle. *Recht der Internationalen Wirtschaft (RIW)*, 44:179-86, 1998.

WICHARD, Johannes Christian. Die Anwendung der Unidroit — Prinzipien für internationale Handelsverträge durch Schiedsgerichte und staatliche Gerichte. *RabelsZ*, 60:269-302, 1996.

WILKINSON, Vanessa L. O. The New *Lex Mercatoria*, Reality or Academic Fantasy? *Journal of International Arbitration*, 12:103-17, 1995.

YASSARI, Nadjma. Staatszerfall und Internationales Privatrecht. *RabelsZ*, 82:944-71, 2018.

ZAJTAY, Imre. L'application du droit étranger: science et fictions. *Revue Internationale de Droit Comparé (RIDC)*, 23:49-61, 1971.

ZERBINI, Eugênia. O Brasil a distância do direito internacional dos investimentos. *Revista de Direito Bancário e do Mercado de Capitais*, 35:11-8, 2007.

ZWEIGERT, Konrad. Zur Armut des Internationalen Privatrechts an sozialen Werten. *RabelsZ*, 37:435-52, 1973.

ZWEIGERT, Konrad; KÖTZ, Hein. *Einführung in die Rechtsvergleichung auf dem Gebiete des Privatrechts*. 3. ed. Tübingen: J. C. B. Mohr (Paul Siebeck), 1996.